《楞伽經》

Laṅkāvatāra-sūtra

三種譯本比對研究

（全彩版）

上　冊

果濱　編撰

1 吾有《楞伽經》四卷，亦用付汝，即是如來心地要門，令諸眾生開示悟入。我觀漢地，唯有此經，仁者依行，自得度世。(<u>達摩祖師對慧可</u>開示)

2《楞伽》義趣幽眇(幽深淵眇)，文字簡古(簡樸古雅)，讀者或不能(斷)句，而況(能從佛之四卷)遺文(中)以得(其)義，(甚至能)忘義(本義指不認識、相遺忘於「義」，此喻不執著於語言文字義)以了(其)心者乎？此(四卷經文)其所以寂寥(寂絕寥落；冷落蕭條)於是，幾(乎被人)廢(棄)而(碩果)僅存也。(北宋·<u>蘇東坡</u>撰書《楞伽經》後)

3 嗟嗟！《梵網》、《佛頂》、《唯識》、《法華》、《占察》、《毘尼》諸述，何其順且易；《楞伽》一疏，何其逆(乖逆；違逆)且難也！(明·<u>蕅益大師</u>撰《楞伽經玄義》序文)

4 此經為發最上乘者說，所謂是法甚深奧，少有能信者。以文險義幽，老師、宿學，讀之不能(斷)句，(何)況(能從佛之四卷)遺言(中獲)得(其)義，以入「自心現量」乎？……而知之者希，望崖者眾矣！

(明·<u>憨山</u>大師撰《觀楞伽寶經閣筆記》序文)

5 不知《法華》，則不知如來救世之苦心。
不知《楞嚴》，則不知修心迷悟之關鍵。
不知《楞伽》，則不辨知見邪正之是非。
此三經者，居士宜深心究之。(明·<u>憨山</u>《憨山老人夢遊集·卷十八》)

6《心經、金剛、楞伽》三經，實治心法門。

(明洪武十一年，<u>朱元璋</u>皇帝聖諭)

序文

本書全部字數約有 **76 萬 4 千多字**，書名為**《楞伽經》三種譯本比對暨研究**(全彩版)，此乃據明・員珂﹍法師的**《楞伽會譯》**為底本，再進一步的逐段、逐句對照，並將之前**《楞伽會譯》**本中的錯誤完全修訂(《楞伽會譯》擅自將經文前後對調、錯句、缺句的問題很多，故此《楞伽會譯》本並不流行)，並參考近人談錫永譯著**《梵本新譯入楞伽經》**(此書詳台北全佛文化事業有限公司。2005.12)，成為最完整的三種譯本對照。

《楞伽經》有多重要呢？達摩祖師對禪宗二祖慧可開示說：

吾有《楞伽經》四卷，亦用付汝，即是如來心地要門，令諸眾生開示悟入。我觀漢地，唯有此經，仁者依行，自得度世。(詳唐・道宣《續高僧傳・卷十六》)

明・肉身古佛中興曹溪 憨山大師更認為有「三經」是必修的法門，如《憨山老人夢遊集・卷十八》(答錢受之太史)中云：

(若)**不知《法華》，則不知如來救世之苦心。**
(若)**不知《楞嚴》，則不知修心迷悟之關鍵。**
(若)**不知《楞伽》，則不辨知見邪正之是非。**
此三經者，居士宜深心究之。

明・洪武十一年(1378 年)，朱元璋皇帝更下聖諭云：

《心經、金剛、楞伽》三經，實治心法門。(詳《楞伽阿跋多羅寶經註解》。CBETA, T39, no. 1789, p. 343, b)

所以後代如果有人同時「精通」《楞嚴經》與《楞伽經》的修行人就被稱為「**二楞行者**」，例如明代的通潤大師就自稱自己住的地方為「**二楞庵**」，稱自己為「**二楞主人**」(詳《吳都法乘・卷六》。CBETA, B34, no. 193, p. 257, a)。

《楞伽經》有多難呢？來看看北宋・蘇東坡「大文豪」對《楞伽經》經文的「評價」，他撰寫的「書《楞伽經》後」，云：

《楞伽》義趣幽眇(幽深淵眇)**，文字簡古**(簡樸古雅)**，讀者或不能**(斷)**句，而況**(能從佛之

（四卷）遺文（中）以得（其）義，（甚至能）忘義（本義指不認識、相遺忘於「義」，此喻不執著於語言文字義）以了（其）心者乎？此（四卷經文）其所以寂寥（寂絕寥落；冷落蕭條）於是，幾（乎被人）廢（棄）而（碩果）僅存也。

蓮社宗第九代祖師，明・蕅益 智旭大師撰《楞伽經玄義・卷四》，其「序文」云：

猶憶初發心時，便從事於「禪宗」。數年之後，涉「律」、涉「教」，「著述」頗多，獨此《楞伽》，擬於「閱藏」畢後方註（蕅益大師認為《楞伽經》太難，所以打算在「閱藏」後再執筆撰寫註解）**……乃以**（農曆）**六月初三日「舉筆」**（撰寫註解《楞伽經》）**，至**（農曆）**八月十一日閣筆……僅閱七旬**（約四十九天）**，而佛事、魔事、病障、外障**（沒想到在撰著期間，竟發生一堆的「魔事、病障、外障」的事）**，殆無虛日，**（更）**易三**（個）**地**（點）**而**（所撰之）**稿始**（出）**脫。嗟嗟！《梵網》、《佛頂》、《唯識》、《法華》、《占察》、《毘尼》諸述，何其順且易；《楞伽》一疏，何其逆**（乖逆；違逆）**且難也！**

明・肉身古佛中興曹溪 憨山大師撰《觀楞伽阿跋多羅寶經記・卷第八》，其「序文」云：

此經為發最上乘者說，所謂是法甚深奧，少有能信者。以文險義幽，老師、宿學，讀之不能（斷）**句，**（何）**況**（能從佛之四卷）**遺言**（中獲）**得**（其）**義，以入「自心現量」乎？……而知之者希，望崖者眾矣！**

若要讀懂《楞伽經》，就要先有深厚的「中觀、唯識、如來藏」基礎才行，否則容易處處碰壁而「讀」不通。就因為《楞伽經》實在難讀，加上《楞伽經》曾在歷史上「中斷」過三百多年，於是造成整個唐朝只有「三本」《楞伽經》的著作而已。我們可以從劉宋・求那跋陀羅在公元 443 年譯畢此經開始算起，一直到唐初約 740 年後，《楞伽經》便逐漸「沒落」（據《楞伽師資記》，北宗禪神秀及他的門人仍然重視《楞伽經》，神秀的年代是公元 605～706 年。神秀的楞伽門人之一普寂是公元 651～739）。再來就跳至北宋 （公元 1041 年） 時的張安道 （樂全） 居士重新發現《楞伽經》，與蘇東坡的再度重揚，這中間大約「沒落」中斷了將近「350 年」！我們有幸現在還能親睹這部當年達摩祖師親傳的無上甚深成佛寶典，全拜張安道、蘇東坡二位大居士之賜。

宋、元時代，也只有「四本」《楞伽經》的著作，甚至元朝則不見任何《楞伽經》著作。一直到明・洪武十一年(1378 年)，朱元璋皇帝下聖諭云：凡是欲「出家」的僧人一定要進行類似儒家的「科舉」考試方式進行測驗，考試科目只有三科，《楞伽經》、

《金剛經》、《般若心經》，從此《楞伽經》才重新被「提倡」起來。明代因為有皇帝提倡，所以有關《楞伽經》的著作比較多，計有「九本」。清代則只有「二本」。

歷代最受批評的《楞伽經》譯本，就是劉宋・求那跋陀羅譯《楞伽阿跋多羅寶經》及菩提流支譯《入楞伽經》。例如唐・法藏撰《入楞伽心玄義》貶求那跋陀羅譯《楞伽阿跋多羅寶經》云：

> 措(思)解(讀)無由，愚類庸夫，強推邪解。

宋・寶臣《注大乘入楞伽經》亦貶求那跋陀羅譯《楞伽阿跋多羅寶經》云：

> 文字簡古(簡樸古雅)，首尾文闕。洪儒(大儒文豪)碩德，尚且病其難於句讀⁂ 。

筆者認為四卷本的《楞伽經》為「最原始」版本，也是被後人「註解」最多的版本。很多文句只要從「後面」讀回來即可破解其「句讀」問題，很多都只是同一個「梵文」字辭，用了不同的「漢文譯字」而已。

(1)例如「bhvāva」字，可譯成「性;物;果;事;法;有;體」，所以劉宋本的「**諸性自性**」就是「**諸法自性**」的意思而已。

(2)例如「samāropa」字，可譯成「**增益;建立;有**」。

(3)例如「apavāda」可譯成「**損減;誹謗;無**」。

(4)例如「artha-vikalpa」可譯成「**利妄想、義分別、財分別**」。

(5)例如「yukti-vikalpa」可譯成「**成妄想、建立分別、理分別**」。

(6)例如求那跋陀羅《楞伽阿跋多羅寶經》經文譯為：
墮性非性欲見。
經過三個譯本比對後的正確解釋是：
墮「性(有)、非性(無)」欲見。(墮性非性欲見=墮性非性所樂欲之見=墮入於所樂欲的有見與無見中)

(7)例如求那跋陀羅《楞伽阿跋多羅寶經》經文譯為：
不離離相。
經過三個譯本比對後的正確解釋是：
(故於)「不離」;(作)「離」相。(在「不」出離解脫中，作「已」出離解脫的妄想)

(8)例如求那跋陀羅《楞伽阿跋多羅寶經》經文譯為：
然不實一切法。

經過三個譯本比對後的正確解釋是：

然(而諸法)「不實」(本來就是)一切法(的性質)。→(不實一切法＝一切法不實)

(9)例如求那跋陀羅《楞伽阿跋多羅寶經》經文譯為：

說幻夢。自性相一切法。

經過三個譯本比對後的正確解釋是：

(是故我)說(如)幻(如)夢，「自性相」一切法(一切諸法的「自性相」皆如幻如夢)。

(自性相一切法＝一切法自性相＝一切法的自性相)

(10)例如求那跋陀羅《楞伽阿跋多羅寶經》經文譯為：

墮性非性欲見。

經過三個譯本比對後的正確解釋是：

墮「性(有)、非性(無)」欲見。(墮性非性欲見＝墮性非性所樂欲之見＝墮入於所樂欲的有見與無見中)

(11)例如求那跋陀羅《楞伽阿跋多羅寶經》經文譯為：

有無有外性，非性知。

經過三個譯本比對後的正確解釋是：

「有、無有」外性(法)，(皆)非性(而應)知。

(有無有外性＝外性有無有＝外物的有與無。

非性知＝知非性＝知道皆非真實之法)

　　諸如此類的經文有很多的，皆詳於本書「內文」中說明。只要「細心」將其餘的「譯本」作比對，所有的「困難」都能完全「破解」成功的。

　　另一受批評的「譯本」就是元魏‧菩提流支譯《入楞伽經》。例如唐‧法藏撰《入楞伽心玄義》貶菩提流支譯《入楞伽經》，云：

加字混文者，泥ㄋㄧˋ (阻滯)於意，或致有錯，遂使明明正理，滯以「方言」。

　　唐‧武則天《新譯大乘入楞伽經》序文中亦貶菩提流支譯《入楞伽經》，云：

流支(菩提流支)之義「多舛ㄔㄨㄢˇ」(違背；錯誤)。

　　筆者認為，這大多是後人「段句」與「理解」的問題造成，若將「前、後」經文貫通，則無疑亦無誤。《壇經》云：「**經本無疑，汝心自疑**」，故法本無誤，皆「人心」自誤造成。法藏大師認為有「**加字混文**」的錯誤問題，這其實是「理解」不夠清楚造成的。

(1)例如菩提流支《入楞伽經》經文譯為：

然無相續無相續相。

看起來「**無相續**」出現二次，會被誤為「添加」。

經過三個譯本比對後的正確解釋是：

然無(真實可得之)「**相續**(繫縛)、**無相續**(解脫)」相。

(2)例如菩提流支《入楞伽經》經文譯為：

名無相續。無相續。無相續諸法相。

看起來「**無相續**」出現三次，會被誤為「添加」。

經過三個譯本比對後的正確解釋是：

(此又)**名**(為)「**無相續**」(解脫)。

(但最究竟的佛法則為)**無**「**相續**(繫縛)、**無相續**(解脫)」**諸法相**。

(3)例如菩提流支《入楞伽經》經文譯為：

自心分別分別故，分別分別識故。

看起來「**分別**」出現四次，會被誤為「添加」。

經過三個譯本比對後的正確解釋是：

(此皆由)**自心**(的)**分別**(所)**分別故**，(為能作)**分別**(之)「**分別識**」**故**。

(4)例如菩提流支《入楞伽經》經文譯為：

以非分別分別故。

看起來「**分別**」出現二次，會被誤為「添加」。

經過三個譯本比對後的正確解釋是：

(諸佛如來能)**以**「**非分別**」(去)**分別故**(指不以「分別心」去作分別)

諸如此類的經文很多的，皆詳於本書的「內文」中說明。

　　筆者研究暨講授**《楞伽經》**最早是從 2006 年 9 月開始講授。當時就是採用明・員珂法師的**《楞伽會譯》**為底本，再進一步的逐段、逐句對照，並將**《楞伽會譯》**中的錯誤完全修訂，還參考談錫永譯著**《梵本新譯入楞伽經》**的梵文還原著作。當時為了「苦心」破解經文，都利用大學教書的「暑假期間」進行「備課」準備，為了趕在 9 月的「開學期」，我必須不眠不休的「想破頭腦」去「拆解」與「比對」，在一天中，雙眼盯者螢幕中的「四本楞伽經」長達 14 小時「以上」，甚至「用腦過度」造成「夢中」還在「破解」經文。在經過十七年後的 2023 年今天，《楞伽經》也差不多要講到第五遍了，修改也都完成，可以出書利益大眾的「因緣」已成熟了。

(附講授《楞伽經》時序表)
一、　2006 年 9 月。講授地點：臺北世界宗教博物館‧慧命成長學院。
二、　2009 年 2 月。講授地點：臺北華嚴蓮社。
三、　2021 年 2 月。講授地點：高雄光德寺‧淨覺僧伽大學。
四、　2022 年 3 月。講授地點：高雄光德寺‧淨覺僧伽大學。
五、　2023 年 9 月。講授地點：高雄光德寺‧淨覺僧伽大學。

　　本書已將**《楞伽經三種譯本比對暨研究》**作一個完整的分類歸納整理，除了保留原有的「卷名、品名」外，另自行給每一段再細分出「小標題」。您只要看到「小標題」就可知道經文的「大綱」內容，所有「難字」的「注音」及「解釋」都盡量補充進去了。為了符合現代人閱讀的方便，已在每個人名、地名、法號、字號下皆劃上「底線」。本書在最後面還附上「『中觀、唯識、如來藏』與《楞伽經》綜合整理」。裡面有多張筆者親製的「彩圖」輔助大家一定能讀懂**《楞伽經》**的。

　　最後祈望所有研究**《楞伽經》**的佛教四眾弟子、教授學者們，能從這本書中獲得更方便及快速的「理解」，能因本書的問世與貢獻，帶給更多後人來研究本經、講解本經。末學在教學繁忙之餘，匆匆撰寫，錯誤之處，在所難免，猶望諸位大德教授，不吝指正，爰聊綴數語，以為之序。

公元 2023 年 8 月 22 日　果濱序於土城楞嚴齋

目錄

(原經文並無分「門、章、節」，底下五門、二十章、51節乃據印順法師的科判而編，52節以後乃筆者自己補上)

《楞伽經》三種譯本比對暨研究(上冊)

這隻「斑頸鳩」鳥整整「聽課」一整節都沒離開過(果濱講《楞伽經》於高雄光德寺 2021
年5月7日)

https://drive.google.com/file/d/1YdO_eLU12ausCsOqv2mg6pFhrZ9wENy8/view?usp=sharing

（此為 google 雲端永久硬盤，大陸佛友需「翻牆」即可）

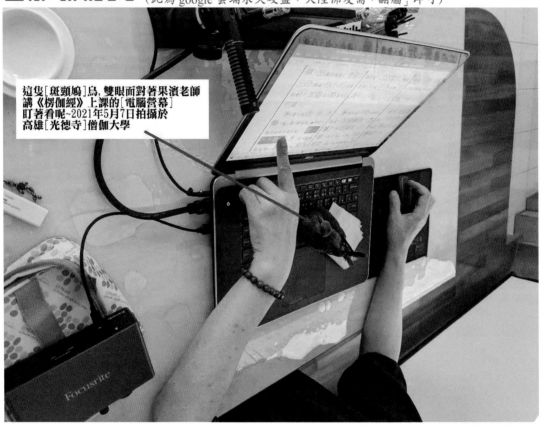

這隻[斑頸鳩]鳥, 雙眼面對著果濱老師
講《楞伽經》上課的[電腦螢幕]
盯著看呢~2021年5月7日拍攝於
高雄[光德寺]僧伽大學

這隻[斑頸鳩]鳥，雙眼面對著果濱老師講《楞伽經》上課的[電腦螢幕]盯著看呢~2021年5月7日拍攝於高雄[光德寺]僧伽大學

這隻「斑頸鳩」鳥因爲受傷，由法師暫時「領養」，順便「薰習」佛法，聽聞《楞伽經》
https://drive.google.com/file/d/1n50JpUrNIbomBB5pBX1DmHwZ4JCR2J-E/view?usp=sharing

《楞伽經》四種譯本(果濱講於高雄光德寺)
https://drive.google.com/drive/folders/1_euuWwz5mmm6RHCUE3cYCOoFshavCHxB?usp=sharing

《楞伽經》中說「如來藏」與「阿賴耶識」乃「非一非異」之理，三杯一點通(2022 年果濱講於高雄光德寺)

https://drive.google.com/file/d/1cct6LKiyeK0N7fcdkT_QhAkLkHumJQS1/view?usp=sharing

(此為 google 雲端永久硬盤，大陸佛友需「翻牆」即可)

《楞伽經》斷肉經文解讀(2022 年果濱講於高雄光德寺)

https://drive.google.com/drive/folders/1tIpFiN4ZPips-5JL9X67uHkjuXUfuaA3?usp=sharing

《楞伽經》呪語梵音版(共二段)

https://drive.google.com/drive/folders/1jKndjeD0Mfier0uSXMDNhupg9qF9GsmO?usp=sharing

新譯《大乘入楞伽經》序（唐・武則天撰）

　　蓋聞摩羅山頂，既最崇而最嚴，楞伽城中，實難往而難入。先佛弘宣之地，曩聖修行之所，爰有城主，號羅婆那，乘宮殿以謁尊顏，奏樂音而祈妙法，因曼峰以表興，指藏海以明宗，所言《入楞伽經》者，斯乃諸佛「心量之玄樞」，群經理窟之幽旨，洞明深義，不生不滅，非有非無，絕去來之二途，離斷常之雙執。以「第一義諦」得最上妙珍，體諸法之皆虛，知前境之如幻，混假名之分別，等（平等）「生死」與「涅盤」。

　　大慧之問初陳，法王之旨斯發，「一百八義」應實相而離世間，「三十九門」破邪見而顯正法。曉「名、相」之並假，祛「妄想」之迷衿，依「正智」以會「真如」，悟「緣起」而歸妙理，境風既息，識浪方澄，「三自性」皆空，「二無我」俱泯，入「如來之藏」，遊解脫之門。

　　原此經文，來自西國，至若元嘉建號，跋陀（求那跋陀羅）之譯未弘，延昌紀年，流支（菩提流支）之義「多舛」（違背；錯誤）。朕思肘付囑，情切紹隆，以久視元年，歲次庚子，林鐘紀律，炎帝司辰。於是避暑箕峰，觀風穎水，三陽宮內，重出斯經，討三本之要詮，成七卷之了教。

　　三藏沙門于闐國僧實叉難陀大德，大福先寺僧復禮等，並各追安遠，德契（合）騰（迦葉摩騰）、蘭（竺法蘭）。襲（承襲）龍樹之芳猷（美德），探馬鳴之祕府（宮廷保藏圖書秘記之所），戒香與覺花齊馥，意珠共性月同圓，故能了達「冲微」（毫釐微隱），發揮「奧賾」（精微的義蘊），以長安四年正月十五日繕寫雲畢。

　　自性匪薄（淺陋），言謝（慚愧不如）珪璋（高尚的人品）。顧（回顧）四辯（四無礙解）而多慚，瞻一乘（佛法最上乘）而罔測，難違緇（出家僧侶）俗（在家）之請，強申翰墨之文，詞拙理乖，彌增愧恧（慚愧）。

　　伏以此經微妙最為稀有，所翼破重昏之暗，傳燈之句不窮，演流注之功，湧泉之義無盡，題目品次，列於後云。

《注大乘入楞伽經》序（宋·寶臣撰）

大乘「入楞伽」經題，標說經之所，曰「楞伽」者，此云「難往」也。謂眾寶所成，光映日月，遊空夜叉所居。此城在摩羅山頂，其山高峻，下瞰大海，傍無門戶。得神通者，堪能升往，乃表「心地」法門，「無心、無證」者，方能入也。下瞰「大海」，表其「心海」本自清淨，因「境風」所轉，「識浪」波動。欲明達「境、心」空，「海」亦自寂，「心、境」俱寂，事無不照，猶如大海「無風」，日月森羅，煥然明白。

此經直為「上根」，頓說「種子業識」，為「如來藏」，異彼二乘滅「識」趣「寂」者故，亦為異彼權教「修空」菩薩「空增勝者」故。直明「識體」本性全真，便明「識體」即成「智用」。如彼大海無風，即境像便明。「心海」法門，亦復如是。言「經」者，梵音「修多羅」，此云「契經」也。「契」謂「契法、契機」，若獨契其「法」，則「法」不應「機」；獨契其「機」，則「機」不達「法」。「經」謂「常」也，以「貫攝」為義，顯乎「前聖、後聖」所說皆然，故言「常」。持「諦理」而不忘，故云「貫」；總「群生」而教之，故曰「攝」。又云如「織經」焉，「緯」而成之，在乎其「人」。

大唐三藏于闐國實叉難陀譯，按唐敬愛寺譯經沙門智嚴所注，此經劉宋譯本。其首序云：梵文廣略，通有三本，「廣本」十萬頌，「次本」三萬六千頌，「略本」四千頌。此方前後，凡四譯，皆是「略本」四千頌文，一本舊闕。大藏中現存三本者，劉宋 元嘉十二年中，天竺三藏求那跋陀羅，於金陵 草堂寺譯成四卷，唯「一品」，來文未足，題曰《楞伽阿跋多羅寶經》(在身字函)。

二者，後魏三藏菩提流支，延昌二年於洛陽 汝南王宅及鄴都 金華寺，兼補闕文，凡「三品」，經譯成一十卷，分為「十八品」，題曰《入楞伽經》(在髮字函)。

三者，唐久視初，于闐國三藏實叉難陀沙門復禮等，既譯畢《華嚴新經》(八十卷者是)，而見此經前譯兩本「煩、略」未馴，意重潤色，以廣流通，續奉詔再譯。遂於嵩嶽 天中蘭若，會三本文(上二本并一梵本)，勒成七卷，凡一十品，題曰《大乘入楞伽經》(在四字函)。故御製(指武則天)序云：「元嘉建號，跋陀之譯未弘。延昌紀年，流支之義多舛。」今此注者，正釋唐本，仍將流支所譯餘八品題，如次間入注文，經中亦成一十八品。

庶知文有始終，理無二致，讀者易曉，或謂：學者以為達磨所指唯「四卷」，較諸七軸(唐譯本的七卷)之多，且易為力。殊不知首經初譯，文字簡古(簡樸古雅)，首尾文闕。

洪儒(大儒文豪)碩德，尚且病其難於句讀夂 ，序引題跋(指蔣之奇與蘇東坡的序文)，自有明文(詳細說明)。(蘇東坡 元豐間，為張文定公寫此經四卷本，自作跋云:《楞伽》義趣幽眇，文字簡古，讀者或不能句。蔣穎叔(蔣之奇)為首序亦云:之奇常苦《楞伽經》難讀，則餘人可知)。

斯(此)經參同三本，得其純全(完整保全)，句義昭著(彰明顯著)。試發而讀之，則知思過半矣。

《楞伽阿跋多羅寶經》序（北宋·蔣之奇撰）

之奇嘗苦《楞伽經》難讀，又難得善本。會南都太子太保致政張公(張安道)施此經，而眉山 蘇子瞻(蘇東坡)為書而刻之板，以為「金山常住」。金山長老佛印 了元持以見寄。之奇為之言曰：「佛之所說經總十二部，而其多至於五千卷，方其正法流行之時。人有『聞半偈、得一句』而悟入者，蓋不可為量數。至於像法末法之後，去聖既遠，人始溺於『文字』，有『入海算沙之困』，而於一真之體，乃漫不省解」。

於是有祖師出焉，直指人心見性成佛，以為教外別傳。於動容發語之頃，而上根利器之人，已目擊而得之矣。故雲門至於「罵佛」，而藥山至戒人「不得讀經」，皆此意也。由是去「佛」而謂之「禪」，離「義」而謂之「玄」。故學佛者，必詆「禪」。而諱義者，亦必宗「玄」。二家之徒更相非，而不知其相為用也。且禪者，六度之一也，顧豈異於佛哉！

之奇以為，「禪」出於「佛」，而「玄」出於「義」，不以「佛」廢「禪」，不以「玄」廢「義」，則其近之矣。冉求問：「聞斯行諸」？孔子曰：「聞斯行之」。子路問：「聞斯行諸」？曰：「有父兄在，如之何其聞斯行之」？「求也退；故進之，由也兼人；故退之」，說豈有常哉？救其偏而已！

學佛之敝，至於溺經文、惑句義，而人不體「玄」，則言「禪」以救之。學禪之敝，至於馳空言、玩琦辯，而人不了義，則言佛以救之。二者更相救，而佛法完矣！昔達磨西來，既已傳心印於二祖，且云：吾有《楞伽經》四卷，亦用付汝。即是如來心地要門，令諸眾生開示悟入」。此亦「佛與禪」並傳，而「玄與義」俱付也。

至五祖，始易以《金剛經》傳授，故六祖聞客讀《金剛經》，而問其所從來，客云：「我從蘄州 黃梅縣東五祖山來。五祖大師常勸僧俗，但持《金剛經》即自見性成佛矣！」則是持《金剛經》者，始於五祖。故《金剛》以是盛行於世，而《楞伽》遂無傳焉。今之傳者，實自張公倡之。

之奇過南都謁張公，親聞公說《楞伽》因緣。始張公自三司使翰林學士出守滁，一日入琅邪僧舍。見一經函，發而視之，乃《楞伽經》也。恍然覺其前生之所書，筆畫宛然，其殆神光(禪宗二祖慧可早年之名)受之，甚明也。

之奇聞：羊叔子(即指羊祜，221~278年之人)五歲時，令乳母取所弄金鐶，乳母謂之：「汝

初無是物」。祛即自詣鄰人李氏東垣桑木中，探得之。主人驚曰：「此吾亡兒所失物也，云何持去？」乳母具言之。知祛之前身為李氏子也。

白樂天(即白居易)，始生七月，母指「之無」兩字，雖試百數不差？九歲，諳識「聲律」，史氏以為篤於才章，蓋天稟然，而樂天固自以為「宿習之緣」矣。人之以是一真不滅之性，而死、生、去、來於天地之間，其為世數，雖折天下之草木以為籌箸，不能算之矣。

然以淪於死生，神識疲耗，不能復記，「圓明不昧」之人知焉。有如張公以高文大冊，再中制舉，登侍從，秉鈞軸；出入朝廷，逾四十年。風烈事業，播人耳目；則其前身嘗為「大善知識」，無足疑者。其能記憶前世之事，豈不謂信然哉！故因讀《楞伽》新經，而記其因緣於經之端雲。(朝議大夫直龍圖閣權江淮荊浙等路制置鹽礬兼發運副使上護軍賜紫金魚袋蔣之奇撰)

書《楞伽經》後 （北宋·蘇東坡撰）

《楞伽阿跋多羅寶經》，先佛所說，微妙第一，真實了義，故謂之「佛語心品」。祖師達磨以付二祖曰：「吾觀震旦所有經教，唯《楞伽》四卷可以印心」。祖祖相受，以為心法。如醫之有難經，句句皆理，字字皆法，後世達者，神而明之，如盤走珠，如珠走盤，無不可者。若出新意而棄舊學以為無用，非愚無知，則狂而已。

近歲學者各其師，務從簡便，得一句一偈，自謂了證，至使婦人孺子，抵掌嬉笑，爭談禪悅，高者為名，下者為利，餘波末流，無所不至，而佛法微矣。

譬如俚俗醫師，不由經論，直授方藥，以之療病，非不或中，至於遇病輒應懸斷死生，則與知經學古者，不可同日語矣。世人徒見其有一室之功，或捷於古人，因謂難經不學而可，豈不誤哉！

《楞伽》義趣幽眇(幽深淵眇)，文字簡古(簡樸古雅)，讀者或不能(斷)句，而況(能從佛之四卷)遺文(中)以得(其)義，(甚至能)忘義(本義指不認識、相違忘於「義」，此喻不執著於語言文字義)以了(其)心者乎？此其(四卷經文)所以寂寥(寂絕寥落；冷落蕭條)於是，幾(乎被人)廢(棄)而(碩果)僅存也。

太子太保樂全先生張公安道，以廣大心，得「清淨覺」。慶曆中嘗為滁州，至一僧舍，偶見此經，入手恍然，如獲舊物，開卷未終，夙障冰解，細視筆畫，手跡宛然，悲喜太息，從是悟入。常以經首四偈，發明心要。

軾遊於公(張安道)之門三十年矣，今年二月過南都，見公於私第。公時年七十九，幻滅都盡，惠光渾圜；而軾亦老於憂患，百念灰冷。公以為可教者，乃授此經，且以錢三十萬，使印施於江、淮間。而金山長老佛印大師了元曰：「印施有盡，若書而刻之則無盡」。軾乃為書之，而元使其侍者曉機，走錢塘，求善工刻之板，遂以為「金山常住」。──北宋·元豐八年九月九日(公元1085年)，朝奉郎、新差知登州軍州兼管內勸農事騎都尉借緋蘇軾書。

《楞伽經玄義》序文（明・蕅益大師撰）
（蓮社宗第九代祖師）

猶憶初發心時，便從事於「禪宗」。數年之後，涉「律」、涉「教」，「著述」頗多。獨此《楞伽》，擬於「閱藏」畢後方註。(於)壬辰(時)結夏(於)晟溪，無處借藏(此經)，乃以六月初三日「舉筆」(撰寫註解《楞伽經》)，至八月十一日。閣筆於長水南郊之冷香堂。僅閱七旬(四十九天)，而佛事、魔事、病障、外障，殆無虛日，(更)易三(個)地(點)而(所撰之)稿始(出)脫。

嗟嗟！《梵網》、《佛頂》、《唯識》、《法華》、《占察》、《毘尼》諸述，何其順且易；《楞伽》一疏，何其逆(乖逆;違逆)且難也！得無「自覺聖智法門」，正破末世流弊。有以激「波旬」之怒耶？然「波旬」能俾予席不暇煖，而不能撓予襟期，亦不能阻予筆陣，則予必當化彼「波旬」，同成佛道。

《維摩》所謂：邪魔外道，皆吾侍者，豈不信哉？予愧為虛名所誤，犯達磨明道而不行道之記，然猶愈於說道而不明道也。賢達苟能因「語」入「義」，如燈照色，庶不負予損己利人之苦心耳。

今而後，仗三寶力，更成《閱藏知津》、《法海觀瀾》，及《圓覺》、《維摩》、《起信》諸疏，圓滿蓮花因行，則此生無遺憾矣。(蕅益 旭識於蕅花洲)

《觀楞伽寶經閣筆記》序文（明・憨山大師撰）

（肉身古佛中興曹溪憨山祖師）

《觀楞伽寶經記》，蓋為觀(楞伽)經而作也。以此經直指眾生「識藏」即「如來藏」，顯發日用現前境界。令其隨順觀察「自心現量」，頓證「諸佛自覺聖智」，故名「佛語心」，非文字也，又豈可以「文字」而解之哉？故今不曰「注疏」，而曰「觀經記」。蓋以「觀」遊心，所記「觀」中之境耳。

此經為發最上乘者說，所謂是法甚深奧，少有「能信」者。以「文險義幽」，老師、宿學，讀之不能(斷)句，(何)況(能從佛之四卷)遺言(中獲)得(其)義，以入「自心現量」乎？

昔達磨授二祖，以此為心印。自五祖教人讀《金剛》，則此經不獨為「文字」，且又束之高閣，而「知之者希」，「望崖者眾」矣。

惟我「聖祖」(此指明太祖朱元璋)，以廣大「不二真心」禦(於)「寰宇」，修文志暇，乃以《楞伽》、《金剛》、《佛祖》(此指佛祖之《般若波羅蜜多心經》)三經，以試僧(人)「得度」如「儒科」(儒家之科舉考試)，(皇帝)特命僧宗泐 等注釋之。頒佈海內，浸久而「奉行者亦希」。清(憨山德清)幼入空門，切志向上事，愧未多曆講肆。常見古人謂文字之學，不能洞當人之性源，貴在「妙悟自心」。心一悟，則回觀文字，如推門落臼，固不難矣！因入山習枯禪，直至「一字不識」之地。一旦脫然自信，回視諸經，果了然如視歸家故道。

獨於此經(指《楞伽經》)苦不能(斷)句。余居海上，時萬曆壬辰夏。偶患「足痛」不可忍，因請此「經」置(於)「案頭」，潛心力究，忽寂爾「亡身」，及開卷，讀(《楞伽經》卷一之)「百八義」，(竟分明)了然，如視白黑(般的清楚)，因憶昔五台(山)梵師(之)言，遂「落筆」記之，至「生滅章」(即從 **3-1** 開始)，其(足痛之)患即愈。

及乙未春，因弘法罹難，(吾被)幽囚(而)困楚中。一念孤光未昧，實仗「此法門」(之)威德力也，頃蒙恩遣「雷陽」。(於)丙申春，(吾)過吉州，遇大行王公性海于淨土中，請益是「經」。因出前草(稿之)二章，公首肯，遂以正受注並三譯本，稽首屬餘，請卒業焉，餘攜之。以是年三月十日抵戍所，於四月朔，即命(撰)筆，時值其地饑(荒)且癘(病)，死傷蔽野。余坐「毒霧」(之)屍陀林中，日究此經(指《楞伽經》)，至忘「寢、食」，了然如處(於)清涼國。至七月朔，甫完卷半……

幸諸宰官長者居士，各歡喜成之，願將此勝因，回向《楞伽》法性海中……第

此經單破「外道偏邪」之見，令生「正智」。以「一心」為真宗，以「摧邪顯正」為大用。其所破之執，各有所據，皆載彼宗。以瘴鄉(充滿瘴氣疾疫之鄉)苦無「經論」參考，即所引證，皆以《起信》、《唯識》提契綱宗，務在融會「三譯」(《楞伽經》三種譯本)，血脈貫通。若夫單提向上，直指一心，枝詞異說，刷洗殆盡，冥契祖印，何敢讓焉。因為述其始末如此。(萬曆己亥季夏望日海印沙門德清記)。

《楞伽經》重要觀念介紹

一、《楞伽阿跋多羅寶經》經題介紹

劉宋・求那跋陀羅譯的四卷《楞伽經》，全稱為《楞伽阿跋多羅寶經》，梵文名稱為 Laṅkā-avatāra-sūtra

    楞伽   阿跋多羅 寶經

          入；降

若以梵文羅馬拼音「原則」，則會將兩個 a 併成一個長音的 ā，但這樣就會造成「中文」譯音時會少掉一個「阿」字。

    Laṅkāvatāra-sūtra
    楞伽 跋多羅 寶經

「楞伽 laṅkā」之語，據梵文發音發式，準確應該讀為「ㄌㄤˊ ㄍㄚ」，不應讀成「ㄌㄥˊ ㄑㄧㄝˊ」或「ㄌㄥˊ ㄐㄧㄚ」。

「阿跋多羅 avatāra 譯為「入」的意思，所以將「楞伽」合「入」成一字為「laṅkāvatāra」名為「入楞伽」或「降楞伽」，即釋迦牟尼佛降臨楞伽城所說法的經典。「藏譯本、漢譯本、日譯本、梵譯本」都譯為「入楞伽」，只有劉宋譯本沒有「入」字。古德亦常將「楞伽阿跋多羅」解釋為「入不可入」，將「不可入」視為「心識」的一種「表義」，因此「楞伽」就是暗指「心識」的意思。

「楞伽 laṅkā」原是指一處地名，也有說是一座「島」的名稱，為佛陀在摩羅耶山頂 (samudra 大海濱-malaya-śikhara 山頂)的楞伽城(laṅkā-pura)中宣講《楞伽經》之處。據《入楞伽經・卷一・請佛品》所載，此摩羅耶山是：

> 彼(摩羅耶)山(有)種種「寶性」所成，諸寶間錯，光明赫 炎(赫熾火焰)，如百千日，照曜金山。復有無量「花園、香樹」，皆寶香林。微風吹擊，搖枝動葉。百千妙香，一時流布(流傳散布)。百千妙音，一時俱發。重巖(重疊山巖)屈曲，處處皆有仙堂、靈室、龕 窟，(有)無數眾寶所成。內外明徹，日月光暉(被遮掩)，(故)不能復現。(此處)皆是古昔諸仙賢聖，思(惟)「如實法」(所)得道之處。

另據《楞伽阿跋多羅寶經・卷一》所載，摩羅耶山的楞伽城位於南海之濱。《慧苑音義・卷下》亦謂摩羅耶山與楞伽城是位於南天竺南界之「海岸」。《大唐西域記・卷十一》與《續高僧傳・卷四》均謂摩羅耶山的楞伽城係位於錫蘭之一座「山」名(因

爲「楞伽」二字比摩羅耶山四字還要響亮，所以很多經論就會直接將兩者統一簡稱爲「楞伽山、楞伽城、楞伽島」、甚至是「楞伽國」），一般傳說就在今印度「東南」方的斯里蘭卡(Sri Lanka)島，斯里意爲「吉祥」，故斯里蘭卡即爲「吉祥楞伽」之隱喻。但亦有說摩羅耶山與楞伽城原爲「錫蘭」的一險「處島」上，住有「夜叉王眾」的一座山城。而在此「島」上山城中，卻蘊藏著有「無上」的「妙寶」，故「經」通字之「末」就稱爲「寶經」。

釋迦牟尼佛與「楞伽」的關係甚深，小乘佛典的《島史》中就有說釋迦佛曾三度降臨楞伽島而降伏藥叉羅剎。《楞伽經》則說「藥叉王」羅婆那(rāvaṇa)知道釋迦牟尼佛從龍宮說法而出，於是發歡喜心，請佛詣摩羅耶山頂的楞伽城而說法。

二、本經緣起

《楞伽經》中載，釋迦牟尼佛在大海龍王宮中說法圓滿的第七天後，就離開海龍王宮，然後到達「南岸」摩羅耶山的楞伽城，爲羅婆那(rāvaṇa)「夜叉王眾」說法，因而宣說了此《楞伽經》。在魏譯本的經序緣起分中說：

爾時「婆伽婆」(bhagavān)，於大海龍王宮說法，(在圓)滿「七日」已，(佛即)渡至南岸。時有無量「那由他」釋(śakra)、梵天王(brahma)、諸龍王等，無邊大眾，悉皆隨從，向海南岸……

(釋迦佛)我亦應彼摩羅耶山(samudra 大海濱-malaya 摩羅耶-śikhara 山頂)楞伽城中，爲羅婆那(rāvaṇa)夜叉王(楞伽王)上首說於此法。爾時羅婆那(rāvaṇa)夜叉王(楞伽王)以「佛神力」聞如來聲，時「婆伽婆」(已)離海龍王宮，(越)度大海已，與諸「那由他」無量釋、梵天王、諸龍王等，圍遶恭敬(著佛陀)。

爾時如來觀察眾生「阿梨耶識」大海水波，爲諸(六塵)「境界」猛風(所)吹動，(於是)轉識(前七識)波浪，(即)隨(眾)緣而(生)起。

爾時羅婆那(rāvaṇa)夜叉王(楞伽王)而自歎言：我應請如來入楞伽城，令我「長夜」(處)於「天人」中，與諸「人天」(等處)，(皆能獲)得大利益，快得(法喜之)安樂。

經文的「序品」中乃藉託「事相」以喻顯理，如說「大海水波、境界猛風」處，此乃喻眾生界的「藏識大海」所現起生死流轉之「惑業苦相」。摩羅耶山與楞伽城中有「種種寶性、諸寶間錯」，此喻佛果大覺之「清淨如來藏」具有無量的「殊勝」，以此闡明本經所宣示的「楞伽寶經」大法——「南天竺一乘宗」的「心地法門」經典。

三、南印度摩羅耶山（Malaya）介紹

摩羅耶山梵名為 Malayagiri，又作「摩羅耶山、魔羅耶山、摩羅延山、摩利山」。摩羅耶山在秣羅矩吒國(Malakūṭa)的南端，秣羅矩吒原為南印度古國名，位於印度半島之南端，是古潘底亞王朝(Pāṇḍya)所據之地，約當今日之馬杜拉(Madura)、廷尼弗利(Tinnevelly)一帶。據《大唐西域記‧卷十‧秣羅矩吒國(Malakūṭa)》云：

> 國南濱海有秣剌耶山(Malaya)，崇崖峻嶺，洞谷深澗。其中則有「白檀香樹、栴檀儞婆樹、樹類白檀」，不可以別；唯於盛夏登高遠瞻，其有「大蛇」縈（回旋纏繞）者，於是知之，猶其木性涼冷，故蛇盤也。既望見已，射箭為記，冬蟄之後，方乃採伐。「羯布羅香樹」(karpūra)松身異葉，花果斯別。初採既濕而未有香，木乾之後，循理而析，其中有香，狀若「雲母」，色如冰雪，此所謂「龍腦香」也。

其實秣剌耶山(Malaya)在玄奘之記述中，乃屬印度最南方之地，而非玄奘實際所至之處。

又據《北本‧大般涅槃經‧卷十五》云：「是身不如摩羅耶山生於栴檀。」

《大乘入楞伽經‧卷一》云：「**一時，佛住大海濱摩羅耶山頂楞伽城中。**」

唐‧菩提流志譯《大乘金剛髻珠菩薩修行分》云：「善男子，汝知之不？昔稱摩尼寶金銀所成世界者，今楞伽 摩羅耶山城是」。

故可知摩羅耶山就在秣羅矩吒國(Malakūṭa)的南端，而摩羅耶山(malaya)之頂就是楞伽城所在之地。

四、佛曾於摩羅耶山宣講過《楞伽經》及《大乘同性經》

《大乘同性經》（Mahā-yānā-bhisamaya-sūtra）二卷，又名《一切佛行入智毘盧遮那藏說經》。乃北周‧闍那耶舍所譯，又稱為《同性經》、《佛十地經》、《一切佛行入智毘盧遮那藏經》。唐代日照三藏所譯之**《證契大乘經》**二卷則為本經之「**同本異譯**」。

　　《大乘同性經》敘述如來之「十地」大乘同性之法門。初，佛於大摩羅耶(malaya)精妙山頂說法，如《大乘同性經》云：「**如是我聞，一時婆伽婆，住在大摩羅耶精妙山頂，摩訶園林華池沼邊，大持呪神所居止處，人不能行，最得道者，所居之處。共大比丘千二百五十人俱**」。楞伽城的羅剎王至佛所請問眾生「名義、業」之種類，佛乃為彼解說「聲聞、辟支佛、菩薩、如來」皆有「十地」，一切諸法如小川入於「毘盧遮那」智藏之大海，同住真如清淨之法性，楞伽王因此發菩提心，得阿耨菩提之授記。

五、羅婆那藥叉王源自印度史詩《摩訶婆羅多》中的人物

　　《楞伽經》的「緣起」記載了佛於楞伽城中為羅婆那(rāvaṇa)夜叉王(yakṣa-adhipati)說如是法。羅婆那(rāvaṇa，在《楞伽經》又名為「楞伽王」)這個人其實來自於古印度梵文大敘事詩《羅摩衍那》(rāmāyaṇa)的故事人物。《羅摩衍那》(rāmāyaṇa)與《摩訶婆羅多》(Mahā-bhārata)這兩部並稱為印度兩大史詩，為印度教經典之一。羅摩(rāma)是《羅摩衍那》(rāmāyaṇa)中的主角人物，《羅摩衍那》(rāmāyaṇa)史詩中說太子羅摩(rāma)，是為憍薩羅國(kauśala)國王達薩拉塔(daśaratha)之長子，因他不願繼承王位，因此被父王放逐到南印度森林中的頻闍耶山(vindhya)中長達十四年。而羅摩(rāma)的妻子私多(sītā)則一直陪伴著他。

　　這時位於楞伽島上的「十首」藥叉王(即羅婆那 rāvaṇa)偶然見到私多(sītā)，貪愛其美色，便將羅摩(rāma)的妻子私多(sītā)給劫走至楞伽島。羅摩(rāma)為了救出愛妻私多(sītā)，經歷了千辛萬苦，後來得到一位「猴神」哈奴曼(Hanumāna)的幫助，猴神哈奴曼(hanumat)便置了一個「跳板」於印度大陸的摩醯因羅陀山(mahā-indra)間，這個「跳板」便可讓羅摩(rāma)一躍而進入了楞伽島中把愛妻私多(sītā)救出。此後夫妻便團聚，羅摩(rāma)也重返憍薩羅國，重立為國王的位子。

　　上面的故事於佛典《雜寶藏經・卷一》之「十奢王緣」及《六度集經・卷五》均有簡略的「記述」。印度《羅摩衍那》(rāmāyaṇa)史詩中的那位「十首」，便是羅婆那(rāvaṇa，在《楞伽經》又名為「楞伽王」)，因為他擁有「十個頭顱」，所以在《楞伽經》中又名為「十首楞伽王」或「楞伽王」或「羅婆那藥叉王」。

　　由於《羅摩衍那》(rāmāyaṇa)史詩的盛行，羅摩(rāma)遂成為印度國民崇拜之英雄，尤受毘濕奴教之特別尊崇，被視為護持神毘濕奴之化身。此《羅摩衍那》(rāmāyaṇa)

詩流傳於恆河乃至南印度，更遠及錫蘭島，對文學、藝術均有很大影響。又近代印度方言文學、東南亞各地之民族文學興起，均為同類故事與敘事詩，形成所謂「羅摩文學」，足證其影響之鉅。

　　古德在解釋「入楞伽」為「入不可入」，極可能是從《羅摩衍那》(rāmāyaṇa)史詩中哈奴曼(Hanumāna)的故事引伸而來(因為哈奴曼置了一個「跳板」一躍而進入了不可入的楞伽島)。因為這部「印度史詩」的故事，確實曾傳入中國，傳來者即為印度或西域的大德。又據胡適的考證，《西遊記》中的孫悟空故事可能是從哈奴曼(hanumāna)中得到「靈感」而衍化來的(參閱《西遊記》玄奘弟子故事之演變。詳陳寅恪之《現代佛教學術叢刊》)。而孫悟空可以一個觔斗翻過十萬八千里，亦是指「人心」一轉可翻越「十萬八千里」，這都是「心識」的作用，故孫悟空亦被稱為「心猴」。說不定昔日印度或西域大德在講《楞伽經》時就是引用《羅摩衍那》(rāmāyaṇa)史詩哈奴曼(hanumāna)的故事來解說的。

印度石雕神猴「哈奴曼」胸像（印度國家博物館藏）.

六、「夜叉王」為密教之眷屬

夜叉王梵名為 yakṣa-vidyā-dharaḥ。為「持明仙」之一，「夜叉王」位於密教「胎藏」圖「曼荼羅」外「金剛部院」南門之「東方」，為「增長天」之眷屬。其形像為身呈「赤肉色」，頭戴寶冠，嚬眉怒目，右手當胸持劍，左手握拳，而伸拇指、小指置於腰前，交腳坐於圓座上。又「藥叉」持明有二位使者侍立，名為「藥叉持明女」。其形像，皆呈肉色，頭戴寶冠。左方之使者兩手持戟；右方之使者跪坐於圓座，左手握拳置於胸前，右手屈掌，掌上立有獨股杵。

「夜叉」有時又會與「羅剎」(rākṣasa)並稱，又譯作「藥叉、悅叉、閱叉、野叉」的名相，意譯為「輕捷、勇健、能噉、貴人、威德、祠祭鬼、捷疾鬼」。女性夜叉，稱為「夜叉女」(yakṣiṇī)。指住於地上或空中，以威勢惱害人，或守護正法之鬼類。據《長阿含・卷十二大會經》、《大毘婆沙論・卷一三三》、《順正理論・卷三十一》等載，「夜叉」受「毘沙門天王」統領，守護「忉利天」等諸天，得受種種歡樂，並具有威勢。

經典中亦常述及身為「正法守護神」的「夜叉」，例如《藥師如來本願經》載，「宮毘羅、跋折羅」等十二大「夜叉」大將，誓言護衛《藥師如來本願經》之受持者。據《陀羅尼集經・卷三》載，「達哩底囉瑟吒」等「十六大藥叉」將(即般若十六善神)，願護衛念誦「般若波羅蜜」者。據《大毘婆沙論・卷一八〇》載，兩國交戰時，皆由「護國藥叉」先行比鬥。

據《孔雀王咒經・卷上》載，「鉤鉤孫陀」等「一九七」名「夜叉」住於諸國，專門降伏「怨敵」。然經典中亦有述及專作「為害眾生」的各類「夜叉」。據《大吉義神咒經・卷三》載，諸「夜叉、羅剎鬼」等，常作「獅、象、虎、鹿、馬、牛、驢、駝、羊」等形象，或頭大而身小，或赤腹而一頭兩面、三面等，手持刀、劍、戟等，相狀可怖，令人生畏，能使見者錯亂迷醉，進而飲啜其精氣。《南本涅槃經・卷十五》、《觀佛三昧海經・卷二》等亦載有該類「夜叉」之可怖形狀，彼等即為「奪人精氣、噉人血肉」之猙獰惡鬼類。

《楞伽經》中指由羅婆那(rāvaṇa)夜叉王(yakṣa-adhipati)請佛說「自證聖智境界」的「楞伽法」，那《楞伽經》便與「密教」搭上關係，且魏本、唐本後面均有「陀羅尼品」，後人以為是「增添」，就算是這些「精通梵漢」的翻譯大師「增添」，亦必有所「本」，不會是憑空「創造」。後文筆者將會再提及「密教諸宗」廣引《楞伽經》作為他們思想依

據的資料。

七、本經翻釋作者介紹

劉宋·求那跋陀羅——「楞伽禪」的第一代祖師

　　劉宋譯經師印度僧求那跋陀羅(guṇabhadra 394～468)，意譯作「功德賢」。原屬「婆羅門」種姓，幼即學習「五明」諸論，廣研「天文、書算、醫方、咒術」等學，後讀《雜阿毘曇心論》而崇信佛法，遂剃髮出家，並受具足戒。求那跋陀羅為人慈和恭順，專勤學業，先習「小乘」教法，博通三藏，後轉學「大乘」教法，深研《大品般若經》、《華嚴經》等諸經，進而讀誦宣講，並以佛法勸化父母，其父受師感化亦歸信佛教。

　　在劉宋元嘉十二年（435），求那跋陀羅經由「海路」至廣州，劉宋 文帝遣使迎求那跋陀羅入建康的祇洹寺，從事譯經工作。求那跋陀羅與慧嚴、慧觀等於祇洹寺招集義學僧，譯出了《雜阿含經》五十卷，後又於東安寺譯出《大法鼓經》二卷，次於丹陽郡譯出《勝鬘經》一卷。其後，受譙 王之請而居止荊州之新寺，宣講《華嚴》等經。求那跋陀羅廣演大乘之教法，譯經弘化，故世稱之為「摩訶衍」。

　　依據敦煌遺書《楞伽師資記》，在「楞伽宗」的師資中，排列第一的是求那跋陀羅，達摩則列第二。所以，如果把求那跋陀羅視為「楞伽禪」的先驅者，似不為過。求那跋陀羅列為「楞伽師資」的首位，可能是因為他是四卷《楞伽經》的翻譯者。

　　《楞伽師資記》對求那跋陀羅的「禪學」頗有記載。求那跋陀羅說：「**《楞伽經》云：諸佛心第一。教授法時，心不起處是也。此法超度三乘，越過十地，究竟佛果處，只可默心自知。無心養神，無念安身……擬作佛者，先學安心**(詳唐·淨覺集《楞伽師資記》)。」由此可見求那跋陀羅是把《楞伽經》的教法，視為「**超度三乘，越過十地**」的頓教法門。他這段話中提到的「**安心**」、「**無心**」、「**無念**」等主張，都是達摩或後來禪宗的重要禪法及用語。

　　求那跋陀羅又提到「**達理達行**」，將「**理**」與「**行**」並列，令人聯想到後來達摩的「**理入**」與「**行入**」。求那跋陀羅說：「**不以愛水，溉灌業田，不於中種識種子，如是比丘，名為法行**(詳唐·淨覺集《楞伽師資記》)。」這裡的「**法行**」，和達摩「四行」中的「**稱法行**」，名稱上也很相似。他又說：「**會實性者，不見生死涅槃有別，凡聖為異，境智無二，理**

事俱融，真俗齊觀，染淨一如。佛與眾生，本來平等一際_(詳唐·淨覺集《楞伽師資記》)。」這和達摩論「**理入**」的說法，同一旨趣。

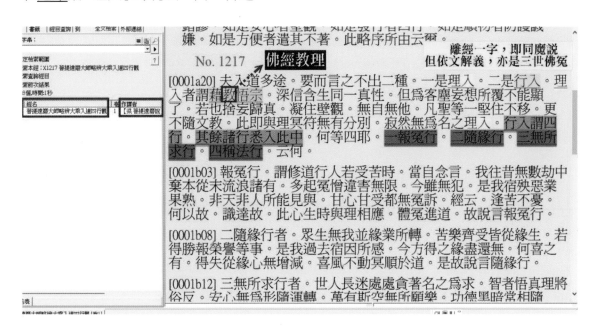

求那跋陀羅非常強調「**安心**」法門。他說：「擬作佛者，先學安心。心未安時，善尚非善，何況其惡」？「有求大乘者，若不先學安心，定知是誤」_(詳唐·淨覺集《楞伽師資記》)。這與後來達摩提倡的「**大乘安心之法**」，正可前後輝映。求那跋陀羅進而指出：「**安心**」有四種。四種「**安心**」，一方面顯示由凡至聖的四種進程，提出「**安心**」在各個階段的不同修養方法和境界；一方面也正視「**心**」與「**理**」的關係，並開列「**心**」與「**理**」的四種關係來論述，頗具創意。

關於四種「**心**」，求那跋陀羅說_(詳·淨覺集《楞伽師資記》)：

一者、「**背**」理心，謂一向凡夫心也。_(這是指未習禪法的凡夫說)

二者、「**向**」理心，謂厭惡生死，以求涅槃，趣向寂靜，名聲聞心也。_(這是指修聲聞乘的行者說，與《楞伽經》「四種禪」的第一種「愚夫所行禪」近似)

三者、「**入**」理心，謂雖復斷障顯理，**能所未亡**，是菩薩心也。_(這是指修菩薩乘的行者說，與《楞伽經》的「觀察義禪」、「攀緣如禪」相近)

第四、「**種**」理心。_(是指佛的心說，與《楞伽經》的第四種「如來禪」屬同一層次)

下面再例舉求那跋陀羅引《楞伽經》思想的言論。

據唐·淨覺集《楞伽師資記》中載求那跋陀羅引《楞伽阿跋多羅寶經》云：「一

切無涅槃，無有涅槃佛，無有佛涅槃，遠離覺所覺。若有若無有，是二悉俱離。」經文內容指的就是《般若》「第一義空」的中道思想。

如求那跋陀羅云：「大道本來廣遍，圓淨本有，不從因得，如似浮雲底日光，雲霧滅盡，日光自現(詳唐·淨覺集《楞伽師資記》)。」這是「如來藏」的「自性清淨說」。

如求那跋陀羅云：「亦如磨銅鏡，鏡面上塵落盡，鏡自明淨(詳唐·淨覺集《楞伽師資記》)。」這是楞伽「北宗」神秀所主張的「漸修」法門。

求那跋陀羅以「常樂我淨」為如來境界。如云：「何用更多廣學知見，涉歷文字語言」。「從師而學，悟不由師(詳唐·淨覺集《楞伽師資記》)。」這與禪宗的教旨相同。

如求那跋陀羅云：「汝能入瓶入柱，及能入穴山，杖能説法不？……瓶中有水不？水中有瓶不？乃至天下諸水，一一中皆有瓶不？……又樹葉能説法，瓶能説法，柱能説法，及地水火風皆能説法，土木瓦石亦能説法者，何也(詳唐·淨覺集《楞伽師資記》)？」

據梁代的《高僧傳》記載，求那跋陀羅曾宣講《華嚴經》。因此，他這段話有華嚴「一即一切；一切即一」的思想。後來禪宗有所謂「華嚴禪」的發展，求那跋陀羅或許也可視為其先驅之一。而這段話也涉及「無情説法」的主張，這也是後來禪宗的重要論題，由此可見求那跋陀羅對後代佛學有很多的佛學貢獻。

東晉·寶雲──與求那跋陀羅共譯四卷《楞伽阿跋多羅寶經》

東晉·寶雲（376～449）。東晉時西行求法譯經僧。於晉安帝隆安（397～401）初年，與法顯、智嚴等先後遊西域，跋涉流沙，翻越雪嶺，歷經于闐、天竺諸國，得遍禮聖蹟；又廣學「梵書」，研鑽「音字訓詁」。後與慧達、僧景等，共還長安，師事佛馱跋陀羅，修學禪法。劉宋時住於建康 道場寺，曾與求那跋陀羅譯出《雜阿含經》、《楞伽阿跋多羅寶經》、《法鼓經》、《勝鬘經》等。

元魏·菩提流支（十卷《楞伽經》的譯者）

(1)元魏·菩提流支，梵名 Bodhiruci，又作菩提留支，意譯為道希。北天竺人，中國北魏僧人。為大乘「瑜伽系」之學者，資性聰敏，遍通三藏，精通「咒術」。

(2)元魏·菩提留支夙懷「弘法廣流」之志，於北魏·宣武帝永平元年(公元508)至洛陽，

宣武帝非常器重菩提留支，令敕住於永寧寺，進行翻譯梵經。計譯有《十地經論》、《金剛般若經》、《佛名經》、《法集經》、《深密解脫經》、《大寶積經論》、《法華經論》、**《楞伽經》十卷**、《無量壽經論》(《無量壽經優波提舍願生偈》；《往生論》。約公元 529 年或 531 年譯畢)等，凡三十九部一二七卷。

(3)元魏・菩提留支對「判教」亦有其獨到之看法，他依據《涅槃經》判釋一代佛法為「半、滿」兩教，謂佛「成道」後的「十二年內」所說法義皆為「半字教」，佛「成道」後的「十二年後」所說法義屬於「滿字教」。

(4)佛陀以「一種語言」演說一切法之意，又作「一圓音教、一音說法」。佛唯以「一音」說法，然眾生隨其根性之別，而有「大小、空有、頓漸」等教義之異解，故「一音教」又稱為「一音異解」，而菩提留支亦曾判立「一音教」，他認為佛陀的「一音教」中包含「大、小」二乘之教法。

(5)元魏・菩提留支又別依《楞伽經》而提倡「頓、漸」二教之判。因與中印度北魏僧勒那摩提(ratnamati)共譯《十地經論》，故菩提留支被尊為「地論宗」之始祖。

(6)元魏・菩提留支又嘗授曇鸞以《觀無量壽經》長生不死之法，故元魏・菩提留支亦曾被尊為「淨土宗」之祖師。例如：日本聖冏於 1363 年撰寫的《淨土真宗付法傳》中，以馬鳴、龍樹、天親、菩提流支、曇鸞、道綽、善導、源空之「經卷相承」為「淨土宗」的「八祖相承」，其中又以天親、菩提流支、曇鸞、道綽、善導、源空之「直授相承」為「六祖相承」。

唐・菩提流志

(1)唐・菩提流志(Bodhiruci，562～727)，也有寫作菩提流支，原名達摩流支(Dharmaruci)，意譯法希。菩提流志梵文名為 Bodhiruci，但此梵名 Bodhiruci 則與北印度北魏僧人菩提流支(菩提留支)同名，北魏的菩提流支為大乘「瑜伽系」之學者，遍通三藏，精通「咒術」。唐・菩提流志則為南印度人，也是精通「咒術」的。兩人的資料如下表所示：

北魏	唐
菩提流支;菩提留支 (Bodhiruci，生卒年不詳) 公元 **508** 至洛陽譯經	**菩提流志**，有時也寫作**菩提流支** (Bodhiruci，562～727)
北印度人	南印度人
《十地經論》、《深密解脫經》、《大寶積經論》、《法華經論》、**《楞伽經》十卷**、《無量壽經論》(《無量壽經優波提舍願生	《大寶積經》、《不空絹索神變真言經》、《一字佛頂輪王經》、《千手千眼觀世音菩薩姥陀羅尼身經》、《如意輪陀羅尼

偈》;《往生論》)	經》、《佛心經品亦通大隨求陀羅尼》

(2)唐・菩提流志天資聰睿，十二歲就出家，曾師事「婆羅奢羅」外道，故通曉「聲明、數論」，又通「陰陽曆數、地理天文、咒術醫方」等。菩提流志年六十始悟釋教之深妙，隱居山谷，修習「頭陀」。

(3)唐・菩提流志又從耶舍瞿沙學習「三藏」，未及五載，皆悉了達，遍臨諸講肆。唐・高宗皇帝曾遙聞菩提流志的「雅譽」，遣使迎之。菩提流志遂於長壽二年(公元 693)至長安。當時的則天 武后非常厚禮菩提流志，敕住洛陽的佛授記寺。菩提流志於同年譯出《佛境界》、《寶雨》等十一部經。

(4)唐中宗・神龍二年(公元 706)，菩提流志移住長安崇福寺，譯《不空絹索神變真言經》、《一字佛頂輪王經》等。菩提流志又繼玄奘之遺業，譯《大寶積經》，歷經八年，遂畢其功，新譯二十六會 39 卷，新舊合有四十九會 120 卷。

(5)唐・菩提流志後辭譯業，專事「禪觀」，壽過「百歲」，道業不虧。菩提流志於開元十年(公元 722)入住洛陽 長壽寺。

(6)唐・菩提流志於開元十五年九月，菩提流志絕飲食藥餌，而「神色」與平常無異，於十一月五日奄然示寂，世壽為 166 歲(另一說為 156)。帝追贈菩提流志為「鴻臚大卿」，諡號「開元一切遍知三藏」。師所傳譯凡 53 部 111 卷，為唐代譯經之雄。

唐・實叉難陀 (七卷《楞伽經》的譯者)

唐・于闐（新疆和闐）人實叉難陀（652～710。śikṣānanda）。譯作「學喜、喜學」。精通大、小二乘，旁通異學。證聖元年（695），持梵本《華嚴經》至洛陽，奉則天武后之命，與菩提流志、義淨等，於東都大內大遍空寺共譯成漢文，是即《新譯華嚴經》八十卷。此外另譯有《大乘入楞伽經》、《文殊授記經》等，凡十九部，一〇七卷。

長安四年（705）歸國，後經再三迎請，於中宗景龍二年（708）再度來華，帝親迎於郊外。未幾罹疾，景雲元年十月示寂，世壽五十九。荼毘後，其舌不壞。門人悲智等，送其靈骨及舌返于闐，起塔供養。後人並於荼毘處建立七重塔，稱「華嚴三藏塔」。

唐・寂友 （彌陀山）——與實叉難陀共譯七卷《大乘入楞伽經》

唐代譯經僧寂友，梵名音譯彌陀山。北印度 都貨邏國（Tukhāra）人。自幼出家，

遊諸印度，遍學經論。武后時來唐，與實叉難陀共譯《大乘入楞伽經》，又與法藏等共譯《無垢淨光陀羅尼經》。事畢辭歸，武后敕厚禮餞之。

唐・復禮──與實叉難陀共譯七卷《大乘入楞伽經》

唐代譯經僧復禮。京兆（陝西）人，俗姓皇甫。生卒年不詳。年少出家，住於大興善寺。曾隨地婆訶羅、實叉難陀等翻譯經典，與實叉難陀等共譯出《大乘入楞伽經》。高宗永隆二年（681），太子文學（唐代管理經籍之官吏）權無二對佛教提出「二十條質疑」，師就此撰著《十門辯惑論》以答之，權無二遂折服，而為其弟子。復禮另著有「**真妄頌**」，為論「真心」與「妄心」之關係。

唐中宗時，復禮法師請問諸方學者「真如」與「無明」之關係，復禮即作「五言十句」之偈頌。如云（詳卍續一四八・二九七上）：「**真法性本淨，妄念何由起？從真有妄生，此妄何所止？無初則無末，有終應有始；無始而無終，長懷懵茲理；願為開玄妙，析之出生死。**」意謂「真如法性」，本來清淨，「無明妄念」由何生起？若由「真如」而生，「無明」亦如「真如」之無終，然「無明」斷盡，是否終歸「真如」？

復禮法師的「**真妄頌**」於宗門中流傳頗盛，歷代學者亦盡力解之，所作註疏散見諸書，如「法相宗」之安國寺利涉、「華嚴宗」之清涼寺澄觀、「禪宗」之章敬寺懷暉、德洪（覺範）、「天台宗」之知禮、如杲、可度等。

唐・法藏──與實叉難陀共譯七卷《大乘入楞伽經》

唐・法藏 賢首（643〜712）為「華嚴宗」第三祖。號國一法師，又稱香象大師、康藏國師。早年師事智儼，聽講《華嚴》，深入其玄旨。能通西域諸國語與梵文經書，遂奉命參與義淨之譯場，先後譯出《新華嚴經》、《大乘入楞伽經》等十餘部。法藏賢首師一生宣講《華嚴經》三十餘遍，致力於華嚴教學之組織大成，又注釋《楞伽》、《密嚴》、《梵網》、《起信》等經論，並仿天台之例，將佛教各種思想體系分類為五教十宗，而推崇華嚴之組織乃最高者，華嚴哲學於現實世界中乃屬理想世界之實現。

著作甚多，計有《華嚴經探玄記》二十卷、《華嚴料簡》、《華嚴五教章》、《大乘密教經疏》四卷、《梵網經疏》、《大乘起信論疏》、《華嚴綱目》、《華嚴

玄義章》等二十餘部。

將《楞伽經》由漢文轉譯成藏文的唐·法成

　　吐蕃（西藏）僧唐·法成（西藏名 Chos-grub）。嘗住西藏果耶寺（藏 Hgos），任吉祥天王（藏 Khri-ral-pa-can）之翻譯官，封號「**大蕃國大德三藏法師**」。唐代太和七年（833）至沙州（敦煌）永康寺從事譯經工作，一生所譯「漢、藏」典籍可考者有二十三種。其中，法成師曾將《大寶積經被甲莊嚴會》、**《入楞伽經》**、**《楞伽阿跋多羅寶經》**、《賢愚經》、《善惡因果經》、《金光明最勝王經》等二十部「漢文佛典」，翻傳為「西藏語」，對吐蕃及當時河西地區之佛教具有莫大貢獻。由「藏文」譯為「漢文」者有《般若波羅蜜多心經》、《諸星母陀羅尼經》等五種。此外，由其抄錄、講述之經籍有《大乘四法經論》及《廣釋開決記》等四種。

八、本經古四譯表解

翻譯年代	北涼	劉宋	元魏	唐
譯者	曇無讖	求那跋陀羅譯 (Guṇabhadra)	菩提流支譯 (Bodhiruci)	實叉難陀與復禮等 譯(Śikṣānanda)
卷數	傳為四卷	四卷	十卷	七卷
翻譯年代	約公元412 到433	公元443年譯畢	公元513年譯 畢	公元700元譯畢
經名	今佚	《楞伽阿跋多羅 寶經》	《入楞伽經》	《大乘入楞伽經》

隋・費長房《歷代三寶紀》卷9

《大般涅槃經》四十卷……

《大方等大集經》三十一卷……

《悲華經》十卷……

《楞伽經》四卷

《金光明經》四卷……

《勝鬘經》一卷……

《菩薩戒本》一卷（第二出）

《菩薩戒壇文》一卷（亦云優婆塞戒壇文見寶唱錄）

右二十四部，合一百五十一卷。

晉安帝世，中天竺國三藏法師曇摩讖，或云無讖。

唐・道宣《大唐內典錄》卷3

《大般涅槃經》四十卷……

《大方等大集經》三十一卷……

《悲華經》十卷……

《楞伽經》四卷……

《勝鬘經》……

菩薩戒本（第二出）

菩薩戒壇文（一優婆塞壇文見唱錄）

右二十四部。合一百五十一卷。晉安帝世。中天竺國三藏法師曇摩讖。

九、本經其餘譯本

譯者	日本南條文雄	藏譯本	藏譯本
翻譯年代	公元 1923		
經名	《Nanjro Bunjru, ed. The Laṅkāvatāra Sūtra》 Kyoto: Otani; University Press,1923	'Phags pa lang kar gshegs pa theg pa chen po'i mdo 《聖入楞伽大乘經》 (失譯)	'Phags pa lang kar gshegs pa rin po che'i mdo las sangs rgyas thams cad kyi gsung gi snying pa shes bya ba'i leu 《聖入楞伽寶經名為諸佛所說心髓品》, Chos grub 譯
附註	梵文重校本	北京版,ngu 函,頁 60-208。 奈塘版,ca 函,頁 81-298。 德格版,ca 函,頁 56-191。	北京版,ngu 函,頁 208-313。 奈塘版,ca 函,頁 298-456。 德格版,ca 函,頁 192-284。

譯者	鈴木大拙	安井広濟訳	常盤義伸訳
翻譯年代	公元 1956	公元 1976	
經名	《 Daisetz Teitarao Suzuki, The Laṅkāvatāra Sūtra 》 (Routledge & Kegan Paul Ltd, 1956)	《梵文和訳入楞伽經》	《ランカーに入る─《梵文入楞伽經の全譯と研究》
附註		京都:法藏館,	京都:花園大學國際禪學研究所,1994 年 12 月 1 日。

譯者	高崎直道校訂	談錫永重譯

翻譯年代	公元 1981	公元 2005 譯畢
經名	Vaidya,P,L.,ed.,The Saddharma Laṅkāvatāra Sūtra.Darbhanga:Mithila Institute, 1963 《新訂入楞伽經第六章・剎那品》	《入楞伽經梵本新譯》十品
附註	東京大學文學部 1981年 3 月。	

十、三種譯本的褒貶價值

翻譯年代	劉宋	元魏	唐
譯者	求那跋陀羅譯（Guṇabhadra）	菩提流支譯（Bodhiruci）	實叉難陀與復禮等譯（Śikṣānanda）
經名	《楞伽阿跋多羅寶經》	《入楞伽經》	《大乘入楞伽經》
卷數	四卷	十卷	七卷
異同		❶經首多一篇《請佛品》。 ❷經末多一篇《陀羅尼品第十七》及及《總品》	❶經首多一篇《羅婆那王勸請品》。 ❷經末多一篇《陀羅尼品第九》及一篇《偈頌品》。
褒貶（唐·法藏撰《入楞伽心玄義》）	❶四卷迴文(喻回環往復讀之均能成誦之文)不盡，語順西音(印度梵文)。 ❷致令髦彥(傑出的人才)英哲，措(思)解(讀)無由，愚類庸夫，強推邪解。	❶雖文品少具，聖意難顯。 ❷加字混文者，泥(阻滯)於意，或致有錯，遂使明明正理，滯以「方言」。	❶今則詳五梵本，勘二漢文(指求那跋陀羅本與菩提流支本)。 ❷取其所得，正(糾正)其所失(失當)，累載(多年)優業，當盡其旨，庶(希望)令學者，幸無訛謬。
褒貶（唐·武則天《新譯大乘入楞伽經》）序文		延昌紀年，流支(菩提流支)之義「多舛」(違背；錯誤)。	討「三本」之要詮，成「七卷」之了教(了義之教)。三藏沙門于闐國僧實叉難陀大德，大福先寺僧復禮等……德契(合)騰(迦葉摩騰)、蘭(竺法蘭)，襲(承襲)龍樹之芳猷(美德)，探馬鳴之祕府(宮廷保藏圖書秘記之所)……故能了達「沖微」(毫釐微隱)，發揮「奧賾」(精微的義蘊)…此經微妙最為希有，破重昏之暗。傳燈

			之句不窮，演流注之功，湧泉之義無盡
褒貶 (宋·寶臣《注大乘入楞伽經》)	首經初譯，文字簡古(簡樸古雅)，首尾文闕。洪儒(大儒文豪)碩德，尚且病其難於句讀ㄉㄡ，序引題跋(指蔣之奇與蘇東坡的序文)，自有明文(詳細說明)。		❶互收三翻(三種翻譯)之品題，證足一經之妙理。方諸前古，文敷暢(鋪敘暢達)而義昭然(明白清楚)，直使後來，力不勞而功必倍，當時稱為「大備」。 ❷斯經參同三本，得其純全(完整保全)，句義昭著(彰明顯著)。試發而讀之，則知思過半矣。
褒貶 (明·宗泐ㄌㄜ、如玘ㄑㄧ《楞伽阿跋多羅寶經註解》)	❶文辭簡古。 ❷至於句讀ㄉㄡ (段句) 有不可讀。		若論所譯文之難易，則唐之七卷，文易義顯，始末具備。
褒貶 (印順法師《楞伽阿跋多羅寶經》釋題)	❶梵文直出，語多倒綴，不易句讀ㄉㄡ (段句)。 ❷文澀義晦，不為南方學者所重。	文繁而晦。	譯義始暢。
褒貶 (印順講，印海記《楞伽阿跋多羅寶經親聞記》)	❶比較深奧，但代表最古《楞伽》。 ❷求那跋陀羅法師不善「華文」，多採用「直譯」。	文多義晦。	較為明暢，易於研讀。
褒貶	四卷《楞伽》最具特	法藏評：「其十卷雖文	

（印海《楞伽經概說》）	色。全經只有【一切佛語心品】一品而已。	品少具，聖意難顯，加字混文者泥於意，或致有錯，遂於明明之正理，以滯於方言」。 然而，現今缺少「魏譯」之梵文原典，不知法藏所批評其短處是否確當？或者現存之原典上就是如此……菩提流支所用的梵文原本一開始就具有多少冗漫（繁瑣蕪雜）之傾向。 又或因菩提流支為了幫助原典之通順可讀，混加了個人的一些註解，讀者又無從辨別經典正文與個人的註解之差別。	
褒貶 （談錫永重譯《入楞伽經梵本新譯》）	❶譯筆忠實。 ❷造句不依照漢土的「文法」，仍然保持「梵文句法」結構的形式，因此變得非常難讀。	❶誤譯頗多。 ❷由於譯師僅懂華言，只能語譯，且筆受之人佛學水平不高，故時時誤解譯師之意。	增添文字以求暢達，故易誤導讀者。
筆者研究後的意見	❶此為最原始版本，也是被後人「註解」最多的版本。 ❷很多文句只要從後面讀回來即可破解其「句讀」問題。 ❸很多都只是同一個「梵文」字辭，用了不同的「漢文譯	❶大多是後人「段句」與「理解」的問題造成，若將「前、後」經文貫通，則無疑亦無誤。《壇經》云：「經本無疑，汝心自疑」，故法本無誤，皆「人心」自誤也。 ❷法藏大師認為有「加	唐本雖最接近梵文譯本，但後面「經文偈頌」部份則反而是以魏本與「梵本」最接近的，唐本則「遺漏」甚多。	

字」而已。

❹例如「bhvāva」字，可譯成「性;物;果;事;法;有;體」。

❺例如「samāropa」字，可譯成「增益;建立;有」。

❻例如「apavāda」可譯成「損減;誹謗;無」。

❼諸如此類的經文很多的，皆詳於內文中說明。

❽只要「細心」將其餘的「譯本」作比對，所有的「困難」都能完全「破解」成功的。

字混文」的錯誤問題，其實這是「理解」不夠清楚造成的。

❸例如經文譯為：

然無相續無相續相。

看起來「無相續」出現二次，會被誤為「添加」。

經過三個譯本比對後的正確解釋是：

然無（真實可得之）「**相續**（繫縛）、**無相續**（解脫）」相。

❹例如經文譯為：

名無相續。無相續。無相續諸法相。

看起來「無相續」出現三次，會被誤為「添加」。

經過三個譯本比對後的正確解釋是：

（此又）**名**（爲）「**無相續**」（解脫）。

（但最究竟的佛法則爲）**無**「**相續**（繫縛）、**無相續**（解脫）」諸法相。

❺例如經文譯為：

自心分別分別故，分別分別識故。

看起來「分別」出現四次，會被誤為「添加」。

經過三個譯本比對後的正確解釋是：

（此皆由）**自心**（的）**分別**（所）**分別故**，（爲能作）**分別**（之）「**分別識**」故。

❻例如經文譯為：

以非分別分別故。

看起來「分別」出現二

		次，會被誤為「添加」。 經過三個譯本比對後的正確解釋是： (諸佛如來能)以「非分別」 (去)分別故(指不以「分別心」 去作分別) ❼ 諸如此類的經文很 多的，皆詳於內文中說 明。	

《六祖大師法寶壇經》

～經本無疑，汝心自疑～

來看看歷代祖師在「翻譯」佛典時的「精心、嚴謹」態度，所以會發生「誤譯、誤添、誤解」的情形，機率真的會那麼「多」嗎？

(1)據《梵網經序》云：

於草堂之中，(有)三千「學士」，與(鳩摩羅)什參定「大、小」二乘，(共有)五十餘部。

(2)據《出三藏記集·卷十四》之「佛陀耶舍傳」載其協助羅什譯經云：

于時(鳩摩)羅什出《十住經》，一月餘日，(對於梵文原典中的某些奧義)「疑難」猶豫，(故)尚未操筆，(直待佛陀)耶舍既至，(鳩摩羅什方與之)共相徵決(諮徵決斷)，辭理(修辭文理)方定，(時)道、俗(計有)「三千」餘人，皆歎其「賞要」(精微深奧之法義要道)。

(3)據《出三藏記集·卷八》之慧觀法師《法華宗要序》云：

鳩摩羅什……集四方義學沙門，(計)「二千」餘人，更(譯)出斯經(指《妙法蓮華經》)，與眾詳究。(鳩摩羅)什自手執「胡經」，口譯秦語。曲從「方言」，而(經文旨)趣不乖(違背)本。

(4)翻譯佛經，少則「百人」，據《出三藏記集·卷九》之慧觀法師《勝鬘經序》云：

求那跋陀羅，手執(梵經)「正本」，口宣「梵音」……(底下具)「德行」諸僧慧嚴等(計有)「一百餘」人，(眾等訓)考(校訂梵)音詳(明經文大)義，以定厥(其)文……等。

再來看看翻譯《雜阿含經》、《楞伽經》、《解深密經》(卷四、卷五)的劉宋·求那跋陀羅的相關資料

(1)劉宋譯經師印度僧求那跋陀羅（394～468 Guṇabhadra），意譯作「功德賢」。原屬「婆羅門」種姓，自幼以來「蔬食終身 (詳《高僧傳·卷三》)」的。精通「五明」諸論，廣研「天文、書算、醫方、咒術」等學，深研《大品般若經》、《華嚴經》等諸經，求那跋陀羅廣演大乘之教法，譯經弘化，故世稱之為「摩訶衍」。

(2)所翻譯的經典,大約有:《大法鼓經》、《大般泥洹經》、《菩薩行方便境界神通變化
經》、《央掘魔羅經》、《拔一切業障根本得生淨土神咒》、《小無量壽經》（已失,
此即鳩摩羅什譯之《阿彌陀經》一卷）、《勝鬘經》、《無量義經》、《過去現在因果經》、
《大方廣寶篋經》、《佛說罪福報應經》、《佛說輪轉五道罪福報應經》、《十二品生
死經》……上百餘部。

《高僧傳・卷三》

(1)(求那跋陀羅)進學大乘,大乘師試,令探取「經匣」,即得 《大品》(大品《般若經》)、《華
嚴》。師嘉而歎曰:汝於大乘有重緣矣……

(2)(求那跋陀羅)所出(所譯出經),凡百餘卷,常令弟子法勇傳譯度語,譙王欲請講《華嚴》
等經……

(3)大明六年,天下亢旱,禱祈山川,累月無驗。世祖請令(求那跋陀羅)「祈雨」,必使有
感。如其無獲,不須相見。跋陀(求那跋陀羅)曰:仰憑三寶,陛下天威,冀必隆澤。如
其不獲,不復重見。

(4)(求那跋陀羅)即往北湖 釣臺燒香祈請,不復飲食,默而「誦經」,密加「祕呪」。明日晡
ㄨ 時,西北雲起如蓋。日在桑榆(日落時光照桑榆樹端,因以指日暮),風震雲合,連日降雨……

(5)跋陀(求那跋陀羅)自幼以來「蔬食終身」,常執持「香鑪」,未嘗輟手。每食竟輒,分食
飛鳥。

《大唐內典錄・卷五》

《勝天王般若波羅蜜經》七卷……太清二年,忽遇于闐婆羅門僧求那跋陀(求那跋陀羅)。
陳言德賢,有《勝天王般若》梵本,那(求那跋陀羅)因祈請,乞願弘宣。

《佛光字典》

佛陀跋陀羅所譯的《六十華嚴經》,「傳者」有慧觀、法安、求那跋陀羅等。

十一、本經曾「沒落」達三百餘年，後竟由居士再度傳承《楞伽經》

從北宋·蔣之奇《楞伽阿跋多羅寶經》序文中可知；到了北宋 仁宗時，有一位朝庭大臣，官位至「翰林學士」(掌四方表疏批答、應和文章，起草詔書及應承皇帝的各種文字官員)，名張安道(樂全)居士，於仁宗 慶曆(公元1041年)出使滁州(今安徽省東部)時，「一日入琅瑯僧舍，見一經函，發而視之，乃《楞伽經》也」。接著張安道居士「怳然覺其前生之所書，筆畫宛然」。另外在蘇東坡的《書楞伽經後》一文中也說張安道居士見《楞伽經》乃「**如獲舊物，開卷未終，夙障冰解，細視筆畫，手跡宛然，悲喜太息**(大聲長嘆)，**從是悟入。常以經首四偈，發明心要。**」

後來張安道居士即以此《楞伽經》親自教授蘇東坡，並且出錢三十萬，請蘇東坡刻印此經，令流傳於世。蘇東坡的好友佛印和尚卻向他建議說：「**印施有盡，若書而刻之則無盡**(意思是：與其刻印，不如由蘇東坡自己來書寫，然後再刻印，更能流傳得久，因為東坡居士的書法是有名的，世人為珍惜其墨寶，定會妥為保存其手寫之經)，蘇東坡於是將此經寫一遍，然後刻印傳世。我們現今所傳的《楞伽經》即是來自張安道居士所傳、東坡居士所手書的。

所以本經從公元443年劉宋年代的求那跋陀羅譯畢開始流行，一直到唐初約740年後逐漸沒落(據《楞伽師資記》，北宗禪神秀及他的門人仍然重視《楞伽經》，神秀的年代是公元605～706年。神秀的楞伽門人之一普寂是公元651～739)，至北宋(公元1041年)，張安道(樂全)居士重新發現《楞伽經》，與蘇東坡再度重揚，這中間大約沒落中斷了將近「350年」！我們有幸現在還能親睹這部當年達摩祖師親傳的無上甚深成佛寶典，全拜張安道、蘇東坡二位大居士之賜。

十二、從唐到清有關《楞伽經》流行過程

本經傳入中國之初，因為劉宋譯本「四卷」文字深奧，中國「南方」的學者們不大接受，一直等到菩提流支的魏譯本流通以後，這部經才能夠從「南方」傳到「北方」。菩提流支是「地論宗」的祖師(「地論宗」是以世親菩薩所著的《十地經論》為宗依)，地位很高，所以學《楞伽經》的人就特別多，本經更受重視。

達摩祖師最初專弘劉宋「四卷譯本」的《楞伽經》，以「楞伽印心」。二祖、三祖、四祖、五祖，他們都以《楞伽經》來印證修行的功夫，五祖甚至把「**楞伽變相圖**」畫

在牆上，以說明修行的過程。<u>六祖</u>大師<u>惠能</u>讀《金剛經》開悟，他改以《金剛經》印證。後來禪宗的祖師們，也有弘揚《楞伽經》者，但已逐漸沒落。整個唐朝只有「三本」《楞伽經》的著作，如：

①唐・<u>法藏</u>撰《入楞伽心玄義》。
②唐・<u>智儼</u>注《楞伽經注》。
③唐・<u>淨覺</u>集《楞伽師資記》。

<u>宋</u>、<u>元</u>後的禪宗不大研究教義，只講究「參話頭、公案、機鋒」，對《楞伽經》的弘揚非常少，相關著作也少。只有「**四本**」《楞伽經》的著作，如：

1宋・<u>寶臣</u>《注大乘入楞伽經》。
2宋・<u>正受</u>集記《楞伽經集注》。
3宋・<u>楊彥國</u>纂《楞伽經纂》。
4宋・<u>善月 柏庭</u>《楞伽經通義》。

元朝則不見《楞伽經》的著作。

到了<u>明</u>朝，《楞伽經》的地位突然變得十分崇高，曾作為「佛教考試」的出題範圍。明太祖<u>朱元璋</u>就規定：出家須經考試，考試的內容就是《楞伽經》。當時的<u>宗泐</u>、<u>如玘</u> 法師著有**《楞伽經註解》**，以供大眾備考時研讀。在明<u>洪武</u>十一年(1378年)，<u>朱元璋</u>皇帝還頒下聖諭說：「**《心經、金剛、楞伽》三經，實治心法門**」(詳《大正藏》第三十九冊頁 343 中)。

《楞伽阿跋多羅寶經註解》卷 1
聖諭：以為《心經》、《金剛》、《楞伽》三經，實「治心」法門。遣情離著，具在是矣！爾輩可不勉乎！(臣)等受命以來，夙夜兢惕，懼無以上副宸衷，於是竭誠殫慮，註釋《心經》、《金剛》二典，已於<u>洪武</u>十一年正月二十八日。

《釋鑑稽古略續集》卷 2
丁巳<u>洪武</u>十年，詔天下沙門，講《心經》、《金剛》、《楞伽》三經，命<u>宗泐</u>、<u>如玘</u>等註釋頒行，御制，演佛寺住持<u>玘</u>太璞字說。

《朝鮮佛教通史》卷 2

洪武十年（佛紀二四〇四年）

詔天下沙門。講《心經》、《金剛》、《楞伽》三經。命宗泐ㄌㄜˋ、如玘ㄑㄧˇ等，註三經，頒行天下。

明初到明末有關《楞伽經》的著作比較多，有「**九本**」，如：

❶明・智旭撰述《楞伽經玄義》和《楞伽經義疏》。
❷明・通潤述《楞伽經合轍》。
❸明・憨山 德清筆記《觀楞伽經記》和《楞伽補遺》。
❹明・曾鳳儀《楞伽經宗通》。
❺明・廣莫參訂《楞伽經參訂疏》。
❻明・焦竑ㄏㄨㄥˊ纂《楞伽經精解評林》。
❼明・宗泐ㄌㄜˋ、如玘ㄑㄧˇ《楞伽阿跋多羅寶經註解》。
❽明・陸西星《楞伽要旨》。
❾明・普真貴《楞伽科解》（即指明・慈慧寺開山比丘，蜀東普真貴）。

《中華大藏經總目錄》卷6
《楞伽阿跋多羅寶經科解》十卷、科一卷
明・普真貴述，萬曆癸丑自序，木刻十一冊。

此書在《大正新修大藏經》與《卍新纂續藏》均未收錄，本文所用版本為台北新文豐出版股份有限公司所影印安徽省「蕪湖佛經流通所」的木刻本。

清朝只有「**二本**」，如：

①清・淨挺著《楞伽經心印》。
②清・函是疏《楞伽經心印》。

十三、歷代祖師同時精通《楞嚴經》與《楞伽經》
（稱為「二楞行者」）

1 唐‧大珠 慧海大師

　　俗姓朱，世稱大珠和尚、大珠 慧海。生卒年雖不詳，但可確定與馬祖同時代之人。曾遊諸方，參謁馬祖 道一（709—788），曾事奉馬祖六載。馬祖 道一（709—788）評曰「大珠圓明」，世人遂稱之「大珠和尚」。（見《景德傳燈錄‧卷六》）。撰有《頓悟入道要門》一卷（收於卍續藏第一一○冊。原為一卷，現存本則有上、下二卷。下卷又稱《諸方門人參問語錄》，或稱《諸宗所問語錄》。卷尾有妙叶之跋）。大師之《頓悟入道要門》即徵引《楞嚴經》。《頓悟入道要門論》所引的經典有總共有《楞伽經》、《維摩經》、《遺教經》、《楞嚴經》、《佛名經》、《梵網經》、《金剛經》、《涅槃經》、《金光明經》、《華嚴經》、《法華經》等等。（資料詳於《祖堂集‧卷十四》、《禪門拈頌集‧卷八》、《佛祖歷代通載‧卷十四》、《頓悟要門》（岩波文庫））。

　　　　　　　——《佛祖歷代通載‧卷十四》。《大正藏》第四十九冊頁 609 上。

　　　　　　　——徵引《楞嚴經》文見於《頓悟入道要門論‧卷上》，《卍續藏》第一一○冊頁 841 下。

2 唐‧神清大師

　　大師昌明（四川 彭明）人（？~820），俗姓章，字靈庾，少習儒典，多聞強記，工詩文。於開元寺出家，致力經論史傳，虔誦《法華》、《維摩》、《楞伽》、《佛頂》（《楞嚴經》）等經。曾撰《北山參玄語錄》十卷，都計百餘軸，最為南北鴻儒名僧高士之所披翫焉。

　　　　　　　——詳《宋高僧傳‧卷六》。《大正藏》第五十冊頁 740 下。

3 南宋‧善月大師

　　（1149—1241）。釋善月，字光遠，號柏庭，姓方氏，定海人，餘杭 上天竺講寺僧。母夢月墮懷，生之夕白光滿室，因以名焉。初學語，嘗合掌道「南無」字；甫成童，其父編《六經》授之，讀如習舊業。年十二，通《春秋》大義。母攜往正覺寺，循殿楹數匝，寺主道并謂其母曰：「吾夜夢白龍繞此柱，其徵此兒乎？」於是父母始許出家，年十五具戒，乃往南湖依草庵。嘗以科目繁冗為勞，草庵誨之曰：「白日看家書有何難解？」善月為之一省，草庵曰：「異時鼓吹吾宗者，其在子乎！」梓庵講道月波往謁焉，聞世相嘗住之旨，益有省發。所居古柏獨秀，遂自號柏庭。

　　端平三年，得目眚，請老東庵。一日示疾，坐床上若相酬酢者，左右或問之，曰：「吾與荊溪尊者對談祖道耳。」將入寂，顧其屬曰：「人患無實德爲後世稱，若但崇虛譽，我則不暇，千載之下謂吾爲柏庭叟，則吾枯骨爲無愧，幸勿請謚，以汙我素業。」言已累足而化。淳祐元年正月十九日也。留龕七日，面色鮮白，心頂俱暖。塔於寺東，壽九十三，法臘七十八。所遺衣髮及《四經解》，合藏於南湖祖塔之側。

　　有《楞嚴玄覽》、《金綱會解》、《圓覺略説》、《楞伽通義》、《因革論》、《簡境十策》、《三部格言》、《金錍義解》、《宗教淺述》、《仁王疏記》、《附鈔箋要》，皆行於世。自餘雜製曰《緒餘》、《講餘》，各若干卷。嗣其法者，香林 清賜爲上首。（詳於《佛祖統紀·卷十八、卷二十五》）。

　　　　　　　　　　　　　　──《新續高僧傳·卷三》。《佛教藏》第一六一冊頁 109─111。

按：宋·柏庭 善月大師之《楞嚴經玄覽》二卷，出自《扶桑藏外現存目錄》頁 562 中（《昭和法寶》第二冊）。今佚失或未見。

4 元·中峰大師

　　（1263─1323）。元代臨濟宗僧，杭州 錢塘（浙江 杭縣）人，俗姓孫，又稱智覺禪師、普應國師。幼於天目山參謁高峰 原妙。二十四歲從高峰出家，其後並嗣其法。自此居無定所，或泊船中，或止菴室，自稱幻住道人，僧俗瞻禮之，世譽為江南古佛。仁宗曾招請入內殿，師固辭不受，僅受金襴袈裟及「佛慈圓照廣慧禪師」之號，元英宗且歸依之。後於至治三年八月示寂，世壽六十一。遺有《廣錄》三十卷，其墨迹亦著稱於世。古先 印元即其門下。

　　其《天目中峰和尚廣錄》凡三十卷。乃元代慈寂編，由參學門人北庭 慈寂等人所集。收錄「示眾」、「小參」、「山房夜話」、「信心銘闢義解」、「楞嚴徵心辯見或問」、「別傳覺心」、「金剛般若略義」、「幻住家訓」、「擬寒山詩」、「東語西話」、「雜著」、「偈頌」等。

　　中峰並廣泛引用各經典要旨及諸宗師之話頭，例如《華嚴》、《法華》、《楞嚴》、《圓覺》、《維摩》、《楞伽》，以及達磨、慧能、臨濟、黃檗、百丈、溈山、洞山等，融合諸説而主張禪淨習合、教禪一致，故世人有「佛法中興本中峰」之讚。（詳於《禪籍目錄》、《佛祖歷代通載·卷二十二》）。

—《增續傳燈錄‧卷六》。《卍續藏》第一四二冊頁894上—895下。

按：<u>中峰國師</u>曾被譽爲「江南古佛」，<u>元英宗</u>亦禮爲「國師」。大師對《楞嚴經》之闡，詳見於《天目中峰和尚廣錄‧卷十三》頁975—982之「楞嚴徵心辯見或問」（《佛教大藏經》第七十三冊）。以大師修持之證量還證《楞嚴經》之眞僞，明矣！

5 元‧允澤大師

（1232—1298）。元‧<u>允澤大師</u>，字<u>立翁</u>，自號<u>雲夢</u>。<u>越之剡溪</u>（<u>浙江</u> <u>嵊州</u>東）<u>裘</u>氏（或<u>求</u>氏）。師生時，伯父夢「神人」東下，眾多「輿服」導從，非常不凡。明日戶外「瑞彩」充幃，異香滿室，師乃生娩。師於褓褓時，即神氣冲裕，雖齠齔時，即類成人思想。不茹世味，故年十四即於<u>報恩寺</u>出家，依<u>剡源</u> <u>妙悟</u>得度，翌年稟具戒。

師精通《法華》、《楞嚴》、《楞伽》諸經。年廿九出住<u>崇壽</u>，遷<u>廣福</u>，升<u>延慶</u>講席。後於<u>餘山</u>建<u>報恩</u>，於<u>龍井</u>創<u>安養</u>。<u>元世祖</u>召見稱旨，賜「紅金襴大衣」，及<u>佛慧</u> <u>玄辨</u>之號。璽書屢降，光被諸方。翰林<u>張伯淳</u>譽為「權實之教魁，圓頓之宗碩」。得法弟子有<u>志安</u>、<u>元淨</u>等。參見《續佛祖統紀》上。

—《續佛祖統紀》。《卍續藏》第七十五冊頁742中。

—<u>震華法師</u>遺稿《中國佛教人名大辭典》頁120。

6 元末明初‧清濬大師

（1328—1392）。元末明初‧<u>清濬大師</u>，字<u>天淵</u>，別號<u>隨庵</u>。<u>浙江</u> <u>台州</u> <u>路黃</u> <u>岩縣</u>人（今<u>浙江省黃岩縣</u>），俗姓<u>李</u>。係一傑出之「地圖」學者。明‧<u>文琇</u>撰《增集續傳燈錄》卷五載（《卍續》第一四二冊，頁864下）：「師幼學鄉校，穎悟特異，然不甘處俗，年十三依<u>妙明</u>（出家）。」師年十四，受具足戒，此後隨侍<u>妙明</u>坐究行參，閱《楞嚴》、《圓覺》、《楞伽》、《維摩》等經，皆深究義趣，了然於心。師於中年之後，返回<u>四明</u>，後掛錫於<u>東湖</u> <u>青山</u>。西元1368年，<u>朱元璋</u>建立明朝，<u>清濬</u>師應當地郡守之邀，住持<u>萬壽寺</u>。1371年，<u>明成祖</u>在<u>蔣山</u>（今<u>鍾山</u>）親設「普度大會」，召全國有道沙門十人，<u>清濬</u>即為其一。1368年又任<u>靈谷寺</u>住持，<u>洪武</u>15年(1382年)，<u>清濬</u>受命為「僧錄司左覺義」。<u>明太祖</u>嘗親製《山居詩十二首賜靈谷寺左覺義清濬》。1392年<u>清濬</u>師入寂，享年六十五。

—《中華佛教百科全書》（七）/清濬。3947.2。

—《增集續傳燈錄》卷五。《卍續藏》第八十三冊頁326中。

7 明·德清大師

釋<u>德清</u>，字<u>澄印</u>，晚號<u>憨山</u>，姓<u>蔡</u>氏，<u>全椒</u>人也。<u>廬山</u> <u>法雲寺</u>僧。父<u>彥高</u>，母<u>洪</u>氏，夢大士攜童子入門，抱之遂娠。及誕，白胞重裹，生性穎異。方七歲，叔父死，陳尸於床，便問：「死從何處去？」及見人舉子，又問：「生從何處來？」若已抱生死去來之疑者。九歲能誦《普門品》。才及舞勺，辭親入<u>江寧</u> <u>報恩寺</u>，依<u>西林</u>染剃。<u>內江</u> <u>趙文</u> <u>肅</u>公摩其頂曰：「兒他日人天師也。」逾年受《法華》，四月而成誦。遂以次講習，通貫內外典籍。

年十九祝髮受戒具。於<u>無極</u>聽講《華嚴》玄譚，至「十玄門海印森羅常住」處，悟法界圓融無盡之旨。從<u>雲谷</u>結禪於<u>天界寺</u>，發憤參究，疽發於背，禱於伽藍神，願誦《華嚴》十部，乞假三月，以畢禪期，禱已熟寐，晨起而病良已。三月之中，恍在夢中出行市上，儼如禪坐。

一日粥罷經行，忽立定光明如大圓鏡，山河大地影見其中；既覺身心湛然，了不可得。因說偈曰：「瞥然一念狂心歇，內外根塵俱洞徹，翻身觸破太虛空，萬象森羅徒起滅。」遊<u>雁門</u>，兵使<u>胡</u>君請賦詩，甫搆思詩句逼湊喉嗌，從前記誦見聞一瞬見前，渾身是口不能盡吐。<u>清</u>默念此法光所謂禪病也，唯睡熟可以消之。擁衲跏趺，一坐五晝夜，<u>胡</u>君撼之不動，鳴磬數聲乃出定。默坐卻觀知出入動息，住山行腳皆夢中事，其樂無以喻也。

還山刺血書《華嚴經》，點筆念佛不廢應對，口誦手畫歷然分明，鄰僧異之。眾相詰難已，皆讚歎而去。嘗夢登<u>彌勒</u>樓閣聞說法曰：「分別是識，無分別是智；依識染，依智淨；染有生死，淨無諸佛。」自此識智之分了然心目。癸丑，至<u>衡陽</u>遊<u>南嶽</u>禮八十八祖道影。甲寅夏，至<u>湖東</u>，<u>慈聖</u>上賓詔至，慟哭披剃返僧服。又二年，念<u>達觀</u>法門生死之誼，赴葬於<u>雙徑</u>為作茶毘佛事。箴<u>吳越</u>禪人之病，作「擔版歌」；弔<u>蓮池</u>，宏於<u>雲棲</u>發揮其密行以示學者。

自<u>吳門</u>返<u>廬山</u>結庵<u>五乳峰</u>下，效<u>遠公</u>六時刻漏專脩淨業。示人偈曰：「但觀一句彌陀佛，念念心中嘗不斷，若能念念最分明，即與彌陀親見面。只想淨土在目前，日用頭頭無缺欠，佛土全收一句中，便是往生異方便。只在了了分明時，不可更起差別見。」居四年復往<u>曹溪</u>，以<u>天啟</u>三年癸亥十月十一日妙峰登也。<u>清</u>示寂<u>曹溪</u>，水忽涸百鳥哀鳴，夜有光燭天三日。入龕面色如生，鬚髮皆長，鼻端微汗，手足如綿。世壽七十八，僧臘五十九。

所著有《楞伽筆記》、《華嚴綱要》、《楞嚴懸鏡》、《法華擊節》、《楞嚴法華通義》、《起信唯識解》，及《觀老莊影響論》、《道德經解》、《大學中庸直指》、《春秋左氏心法》、《夢遊集》各若干卷行於世。前後得度弟子甚眾；從之於獄職納橐饘者福善也；始終依於粵者，善與通炯 超逸 通岸也；歸肉身於五乳，留爪髮於曹溪為之塔銘者，弟子皖舒 吳應賓，常熟 錢謙益也；為之傳與碑記者，會稽 陸夢龍也；為述靈龕還曹溪供奉始末者，劉起相也。俱詳《夢遊集》。

——《新續高僧傳‧卷八》。《佛教藏》第一六一冊頁 192—197。

按：大師最後示現「肉身不壞」，誠為一大菩薩應世也，後世讚為「肉身古佛中興曹溪憨山祖師」。大師於三十一歲開悟時，尚無人請益，遂展《楞嚴》印證，嘗述云：「徵聞初祖以《楞伽》四卷印心，今憨祖以《楞嚴》全部印心，先聖後聖，其揆一也」、「是盧祖作我，非我作盧祖。《楞嚴》印我，非我印《楞嚴》。」以此「肉身古佛」修行之證量對《楞嚴經》之盛讚、護持與印心。《楞嚴經》之真偽，明矣！

8 明‧德昌大師

明‧德昌大師，字東巖。長洲（江蘇 吳縣）人。出家姑蘇 西禪寺。初習大乘，受具戒後，參永定 九皋 聲得《法華》玄奧，復依報恩 德巖學《楞嚴》、《楞伽》等義，俱得了達。後南遊兩浙，北走燕 趙，念故寺凋零，即還鄉募資，修葺一新。參見《華嚴佛祖傳》、《賢首宗乘》。

——震華法師遺稿《中國佛教人名大辭典》頁 1001。

9 明‧通潤大師

（1565—1624）。明‧通潤大師，字一雨。姑蘇（江蘇 蘇州）鄭氏。削髮長壽寺，與巢松同事雪浪 洪恩，盡其所學，時有「巢講雨註」之稱。嘗卜居太湖 鐵山，築「二楞庵」，於此疏《楞嚴》、《楞伽》二經，自號為「**二楞主人**」。

後移華山，講說相繼。每慨法相一宗，奘、基而後，已成絕學，於是遍探《深密》、《瑜伽》諸部，廣為弘通。嘗自誓：「生生世世，永居學地」。有《法華大竅》、《楞嚴楞伽合轍》、《圓覺近釋》、《維摩直疏》、《秋水庵集》等。參見《吳都法乘》六下、《列朝詩集‧閏集》三、《漁洋山人感舊集》四。

——震華法師遺稿《中國佛教人名大辭典》頁 616。

10 明・子實大師

明・<u>子實大師</u>，字<u>印海</u>，號<u>相庵</u>，姓仲氏，<u>嘉興 奧溪</u>人，母感異夢有娠，<u>子實</u>生而穎異，年十三依<u>海鹽 祇園寺 勒</u>公出家，厭棄瑜伽，專誦儒典。十九祝髮進具，聞<u>玉岡</u>說法於<u>演壽</u>，往詢法要，<u>玉岡</u>留之，授以「天台」諸書，令熟誦之，<u>玉岡</u>遷<u>演福</u>，招師掌僧事，嘗修「觀音期」七七日，夢感大士剖腹裁心，從而聰利，後居<u>白蓮華院</u>，獲授「止觀」，續看「妙玄」，辨才宏肆。

明・<u>洪武</u>三年，皇帝詔徵天下高僧至京，奏對芯旨，復歸<u>奧溪福嚴</u>，<u>洪武十一年詔令天下僧講 《楞伽》</u>、《金剛》、《心經》，<u>子實</u>師於<u>海鹽 天寧</u>敷暢厥旨，多所弘益。

師平居持戒甚嚴，動靜語嘿，不違其教，於山家諸部，精研力索，不極其妙不止。凡學者有所啟問，莫不懇懇為言其指歸，所至聽眾雲集，用能扶樹教道，為一時所宗。忽一日賦「懷淨土辭」一篇，端坐稱佛名而逝，時明・<u>洪武</u>廿四年辛未九月廿五日也，春秋七十八，夏五十九，門人收舍利塔于<u>飛來峯</u>之陽。所著有 《楞嚴略疏》、《圓覺文句》、《楞伽指南》、《金剛般若燈論》、《心經》、《遺經疏》、《四分戒本鈔》、《四教儀正說解指要問津》、《金錍起文》。

師一生所修有「法華期懺」十有七會，「金光明期」廿三，「彌陀淨土期」五，「請觀音」五，「大悲」三，「常坐三昧」二，皆獲禎應，得法者<u>法喜</u>、<u>道愆</u>、<u>仁讓</u>、<u>一奇</u>、<u>如秩</u>、<u>妙解</u>。

—《續佛祖統紀・卷二》。《卍續藏》第七十五冊頁 747 下。

—<u>震華</u>法師遺稿《中國佛教人名大辭典》頁 45。

11 明・智旭大師

釋<u>智旭</u>，字<u>素華</u>，晚稱<u>蕅益</u>老人，姓鍾氏，<u>吳</u>人也。<u>青陽 九華山 華嚴菴</u>僧。父<u>岐仲</u>，持大悲咒十年。母<u>金</u>氏，夢大士抱兒授之，遂生子。<u>旭</u>七歲，聞父訓，甘蔬食不逐腥羶。年十二，就傅讀書，日聆師說，即以聖學自任，作《闢佛論》數十篇，復進酒肉。弱冠閱<u>蓮池</u>《自知錄敘》，及《竹窗隨筆》，乃取所著論焚之。年二十，詮《論語》「至天下歸仁」，不能下筆，廢寢食者累日。是歲，居父喪，讀《地藏本願經》動出世心，日誦佛名，盡焚所為文。

　　鬱鬱三載，聽一法師講《首楞嚴經》，至空生大覺，忽疑何故有此大覺，致為空界張本？悶絕無措，因於佛前發願拾身。後夢禮憨山，涕泣言：「自恨緣慳，相見太晚。」憨山云：「此是苦果，應知苦因。」語未竟，遽請曰：「弟子志求上乘，不願聞四諦法。」憨山云：「且喜居士有向上志。」時憨山在曹谿不能往從，乃從其徒雪嶺剃度。明天啟二年也。尋往雲棲聽古德法師講《唯識論》，疑與《首楞嚴》宗旨不合。問古德云：「性相二宗不許和會。」心竊怪之，佛法豈有二耶？遂入徑山坐禪。

　　明年精進益深，覺身心世界忽然消殞，從此性相二宗一時透徹。又明年，受比丘菩薩戒，徧閱律藏。未幾母病，割股和藥，卒不能救。既葬，掩關於吳江。疾甚乃一意求生淨土，及疾少閒，結壇持「往生淨土咒」七日。說偈云：

　　稽首無量壽，拔業障根本，觀世音勢至，誨眾菩薩僧。
　　我迷本智光，妄墮輪迴苦，曠劫不暫停，無救無歸趣。
　　劣得此人身，仍遭劫濁亂，雖獲預僧倫，未入法流水。
　　目擊法輪壞，欲挽力未能，良由無始世，不植勝善根。
　　今以決定心，求生極樂土，乘我本願船，廣度沈淪眾。
　　我若不往生，不能滿所願，是故於娑婆，畢定應捨離。
　　猶如被溺人，先求疾到岸，乃以方便力，悉拯暴流人。
　　我以至誠心，深心迴向心，然臂香三炷，結一七淨壇。
　　專持往生咒，唯除食睡時，以此功德力，求決生安養。
　　我若退初心，不向西方者，寧即墮泥犁，令疾生改悔。
　　誓不戀人天，及以無為處，折伏使不退，攝受令增長。

　　獨居二年，足不踰閾。既而度南海覲洛伽山，還住龍居。慨律學墜廢，多緣偽誤，以弘律自任。既述《毘尼集要》，擬注《梵網》。爇香告佛，以決所宗，拈得天台，於是究心台部。已而居九華華嚴，述《梵網合注》。旭律儀雖精，每念躬行未逮，不敢為範。因於佛前枚卜自和尚以次，退居菩薩沙彌優婆塞，應居何地位？卒得菩薩沙彌，遂終身不為人授戒。

　　其後歷溫陵、漳州、石城、晟谿、長水、新安，而歸於靈峰。生平撰述都四十餘種，其著作有《首楞嚴玄義》、《法華文句會義》、《楞伽義疏》、《唯識心要》，而《彌陀要解》提持淨土尤為簡切。今有《淨信堂集》行世，可見一班。

　　清順治十年冬有疾，命弟子曰：「闍維後，屑骨和粉施諸水中。」明年正月二十

一日示寂。後二年將就闍維，啟龕髮長覆耳，面如生，牙齒不壞。門人不忍從遺言，收骨塔於靈峰。年五十七，臘三十四。其別眾偈曰：

> 生平過失深重，猶幸頗知內訟，渾身瑕玷如芒，猶幸不敢覆藏。
> 藉此慚愧種子，方堪寄想樂邦，以茲真言苦語，兼欲告戒諸方：
> 不必學他口中瀾翻五宗八教，且先學他一點樸樸實實心腸。

嘗集僧十五人結淨社，以三年為期，日三時誦佛名迴向淨土，二時止靜研究諸大乘經。其生平行事多實踐云。

——《新續高僧傳·卷九》。《佛教藏》第一六一冊頁 203—206。

12 明·一清大師

明·一清大師，名夭。出家於蘇州 能仁庵，授業於德巖 行，得「賢首」宗旨。撰有《華嚴》、《圓覺》、《楞嚴》、《楞伽》諸經註。參見《吳都法乘·卷六下》。

——震華法師遺稿《中國佛教人名大辭典》頁 3。

13 明·耶溪大師

明·耶溪大師，諱志若，字耶溪，山陰 姚氏子。母晏氏，初禱白衣觀音，夢「洗足頭陀」謂曰：「吾與汝作獅子兒！」覺而有娠。生而機穎，幼喜趺坐念佛，父早喪，母孀居。甫七歲，母病，日夜悲泣，母臨危，囑曰：「汝宿僧也，無負本願。」言訖而逝，師以母遺命，尋禮會稽 華嚴寺 賢和尚出家，年十七，始薙染。

居常切念生死大事，即之牛頭山，立志參究，未幾從荊山法師，聽《法華經》於天台，即隱山中，憤力向上事。單棲六載，偶觸境「有省」。年廿六，聞雪浪 恩公開法於南都，乃瓢笠而往，先從棲霞 素菴法師受具，遂依雪浪座下，執業十有二載。研窮諸經論，深造玄奧。

明·萬曆己丑，師年三十六，眾請講《楞嚴》於吳門。壬辰，講《法華》於杭之靈隱，明年講《楞伽》於淨慈。壬寅，棲息於武林之飛來峰北，有永福寺故址，師開演諸經論者，三十餘處，會五十餘期，稱「一代師匠」。

一日師示微疾，手予書曰：「本意追大師歸，今予將長往，不能待矣！」囑弟子曰：「我留最後供，必為獻之。」明日索浴，自起更衣，端坐而逝。

嗚呼！公秉夙慧，童真出家，即志向上事，及有發明，力窮教典，為人天師，豈非願力然哉。生平清節自守，應世疇然，三衣之外無長物，臨終脫然無罣礙。蓋般若根深，人未易察識也。嗟予老朽，三十餘年，慕公止一面，且末後不忘，非宿緣哉，乃敘公行履之概，而為之銘曰。

——《憨山老人夢遊集・卷二十八》。《卍續藏》第七十三冊頁 661 中。

14 明・曾鳳儀居士

明代衡州（湖南 衡陽）人，字舜徵，號金簡，仕至禮部郎中，性敏好學，宗陸象山之理學，隱退之後，於鄉中設書院講學，門人頗眾。偶遇一僧，諍論三日不休，由是信佛。持戒茹素，研讀經論，致力參省工夫。一日見月落日昇，豁然得悟，自謂疑礙盡消，已得兩家真意，後著書立說。作有《首楞嚴經宗通》、《楞伽經宗通》、《金剛經宗通》等。其生卒年不詳。（見《衡州府志》）。

——《佛光大辭典》頁 5042。

按：南岳 曾鳳儀撰《楞嚴經宗通》十卷，今收於《卍續藏》第二十五冊

15 清・寂覺大師

（1609—1657）。清・寂覺大師，字文照。長洲（江蘇 吳縣）朱氏，依廣慧 湛明為師，受具於三峰師。參密雲 悟師於育王。過武林，受《唯識》於至若師。覺師精於《楞伽》、《楞嚴》、《法華》。後還吳門謁汰如，受《華嚴玄談》。明・崇禎十六年（1643 年），主白椎院。寂後塔建白椎之右。參見《南來堂詩集》、《華嚴佛祖傳》、《賢首宗乘》。

——震華法師遺稿《中國佛教人名大辭典》頁 680。

16 清・智賢大師

（1608—1673）。清・智賢大師，字履平，又字超凡。寧國（今屬安徽）人。年廿祝髮。參寶華 宏贊 襄公，授《楞嚴》、《楞伽》、《金剛》奧義，承侍十載，遵命「閉關六年」。年四十一，建中山 靈臺道場，棲身修真，默修淨業。

清・順治末，師應明州 金峨寺請，宏開法席。遺著有五篇。參見《金峨寺志》。

——震華法師遺稿《中國佛教人名大辭典》頁 764。

17 清·本心大師

（1842—1905）。釋本心，字法忍，姓郭氏，蕭人也。句容 赤山僧。童年好道，不昧夙因。年及弱冠，禮本州 朝陽寺 明月得度。月尚苦行，躬親田牧，不授一經，心力作逾人，少倦輒遭棒喝，安然受之，不以為苦。歷六寒暑，一日自念，別母出家，乃為種田求生計耶？因於殘編中得《般若經》一卷，讀之皆心中所欲言者，及聞僧誦《法華經》至「學無學品」，焂然有省。遂潛入都，從西域寺 圓通受具。貧不能購經，乃以直綴一襲易得《法華》全部。披讀一周，洞見諸佛出世本懷，深入「法華三昧」。

心常曰：「末法之世，淺嘗末道，專用邪智穿鑿古人言句，盲箋混釋，自炫多聞，無知之徒奉為秘典，此《楞嚴》所謂斷送佛祖慧命者，莫此為甚。」其痛心宗教如此。心雖秉拈花之旨，而深契如來一代時教，每禪餘為眾講解大乘要義，通徹骨髓。楚北 歸元寺請講《楞嚴》、《法華》者再。平日機辯縱橫，如疾雷迅電不可摸捉，及誘掖後進，恒諄諄不倦，務使人人因指見月，得意妄詮而後已。尤善《楞伽》、《唯識》諸部。語學者曰：「修行不能掀翻八識窠臼，縱有妙語皆識神耳。」

乙巳秋，方講《觀楞伽筆記》，忽焉示疾。乃辭眾曰：「吾化緣已畢，將長行矣！」有弟子問曰：「此去依止何地？」曰：「一切無依，唯依般若。」語畢潛然。次日黎明，右脇吉祥而逝。時光緒三十一年乙巳十月十六日也。世壽六十有一，僧臘四十有二。明年四月，門人奉全身塔於茲山，起龕之日，千眾圍繞，聲音動地，香花塞途。

——《新續高僧傳·卷十》。《佛教藏》第一六一冊頁 222—224。

18 清·無隱大師

清·無隱大師，名亹，俗為毗陵（江蘇 常州）丁氏人。幼喜閱佛經，年十三，了悟《楞嚴》大義，即入郡西 可庵出家，精研《華嚴》、《楞伽》、《起信》、《唯識》諸大乘經論。開講於紹興 戒珠寺。晚住夫椒 神駿寺。有《無隱禪師語錄》一卷。參見《語錄事略》。

——震華法師遺稿《中國佛教人名大辭典》頁 743。

19 清·續法大師

（1641—1728）。清·續法大師，一名成法，字伯亭，別號灌頂。仁和（浙江 杭

州）沈氏。九歲禮杭城慈雲 祖源為師，年十六薙染，十九圓戒。一日腹生一癰，跽大士前，諷《楞嚴咒》求之，未逾三晝夜，變毒為瘡而愈，三壇戒法，得以圓就。

年廿，參先師乳峰 德水 源和尚，於城山聽《楞嚴》。夙慧頓發，洞徹微旨。年廿二，研究賢家諸祖教部，內衡法師聽《楞伽》。年廿六春夏，上竺聽老師《楞嚴》，石公和尚聽《華嚴》懸談。

年廿七，因加「如意陀羅尼」百八徧於《楞嚴咒》後，晨夕病冗無間。迨誕辰，忽夢僧曰：「宜持釋迦、藥師、彌陀三佛名於《楞嚴》前，加『藥師、往生』二神咒於『如意』後，可免三十三歲之災」。

此後早晚課之不缺，更自號為灌頂，憶昔先師熟誦本文之囑，又將《楞嚴》、《法華》、《圓覺》、《梵網》、《金剛》、《藥師》、《華嚴》諸品、《四分律》、《起信論》、《唯識頌》、《法界觀》，一日五葉，細細記背，三晝一轉，練為常行。

年三十一，集諸學徒，講《楞嚴》三轉，時景淳和尚，來寺聞之……慧業彌高峻，芳聲更遠聞，流泓傳乳寶，雨密蘊慈雲，行見談經處，天花向座紛，外又撰《楞伽記》三十八卷。年三十四，撰《楞伽圓談》十卷。年三十五，講《楞伽》，并五教儀。己未三十九歲，就於本寺慈雲，開為叢林，設無遮會，秋演《楞嚴》。年四十三，春講《楞嚴》，夏疏《觀經》二卷，冬解《金剛》四卷。

師遍研諸經，融會眾說，不拘泥一端。後每講說，四眾雲集，盛極一時。歷主慈雲、崇壽、上天竺諸剎。清‧雍正六年示寂，世壽八十八。傳法弟子廿餘人，培豐、慈裔、正中、天懷四師最為著名。撰有《華嚴別行經圓談疏鈔記》、《楞嚴經序釋圓談疏》、《賢首五教儀》、《五教儀科註》、《五教儀開蒙》、《五祖略記》等共六百餘卷。參見《華嚴佛祖傳》、《五教儀開蒙增註》卷首圖序、《浙江通志》一九八。

—《伯亭大師傳記總帙》。《卍續藏》第八十八冊頁 393。

—震華法師遺稿《中國佛教人名大辭典》頁 1140。

20 清‧鄂爾泰居士

（1680—1745）。清‧鄂爾泰居士，字毅庵，號坦然。滿洲 鑲藍旗 西林覺 羅氏。康熙舉人。授侍衛。雍正時，屢官三省總督。喜讀《楞嚴》、《楞伽》諸經，會

歸「無言」。有《禪課截句問答偈錄》等作，世宗編入《當今法會》，另有《西林遺稿》著作，卒諡文端。參見《清史稿》二八八。

—震華法師遺稿《中國佛教人名大辭典》頁 646。

21 清・應慈大師

（1873—1965）。安徽 歙縣人，俗姓余，字顯親。光緒二十四年（1898），投南京 三聖庵出家。越四年，受戒於浙江 天童寺，以「八指頭陀」為戒和尚。後參禪於常州 天寧寺 冶開和尚座下，頗有領悟。光緒三十四年，與月霞法師同時受法於冶開和尚。後嘗繼月霞領導「法界學院」。民國十二年（1923），掩關於杭州 西湖 菩提寺，未久開講於常州「清涼學院」。師畢生以弘揚《華嚴》為職志，以參禪為心宗，倡刻《華嚴經》三種譯本、法藏《華嚴五教章》、澄觀《華嚴大疏演義鈔》，及《法華》、《楞嚴》、《楞伽》等諸經疏。五十四年八月於上海示寂，世壽九十三。

—《佛光大辭典》頁 6435。

22 賢首第三十二世印彰 真璽法師（達元 性法嗣）

師諱真璽，字印彰。籍係山西 太原府 李氏子。二十歲深厭世俗，發心出家。禮本州 靈巖寺 了悟大師薙染。後詣西岩寺依壽山和尚聽講《法華》、《楞伽》等經。次依隆一法師聽講《圓覺》、《楞嚴》等經。丙戌之秋，聞嘉興 達元和尚講演教乘，遂往參拜。達元老人見真璽師修持四威儀，曾無放逸，可作末法津梁人，遂以「賢首第三十二世」而印之。

真璽師平日加倍精進，午夜參究《法華》、《楞嚴》等諸經要旨。常開講座，大弘法要。五十六年辛亥春，覺有恙，七月十三日集眾弟子，囑之曰：「凡出家者，當痛念無常，盡力修持，不可為事緣所累。浪死虛生，寶所空回，是誰之過歟？慎之慎之」。復端坐念佛化去。

—詳《寶通賢首傳通錄・卷下》頁 46。

23 清・性寶大師

清・性寶大師，字貝巖。襄陽（今屬湖北）李氏。幼依石佛寺 天光披薙。歷參雲門 湛然、天童 密雲，於徑山閱藏三年。至金陵 天界，受法於月潭。力弘「賢首」教觀。明・崇禎十二年（1639 年），受請住南京 水草庵，開講廿餘年。

清・康熙元年（1662 年）退隱棲霞 宜谷三載。後復回水草講《楞嚴》。有《楞

嚴》、《楞伽》、《法華》、《維摩》諸部問答釋疑，及《性相綱要》。寂後塔於棲霞。
參見《華嚴佛祖傳》、《賢首宗乘》。

—震華法師遺稿《中國佛教人名大辭典》頁 451。

十四、《楞伽經》梵本原有十萬頌，流通於漢地乃為殘缺本也

《楞伽經》原本有「十萬頌」，現在流通於漢地只是「殘缺本」而已，關於這個問題，底下將分數點來說明。

1、唐・法藏《入楞伽心玄義・第八部類傳譯》中說：

《入楞伽心玄義》卷1：「第八部類傳譯者。先明部類：

依所見聞，有其三部：

一、「大本」(即「大本」的《楞伽經》)：有「十萬頌」，如《開皇三寶錄》說：在于闐南遮俱槃國山中，具有《楞伽》等「十本」大經，各「十萬頌」。

(遮俱槃國位於新疆 葉爾羌城(莎車)東南之古國名，為古西域唯一之大乘佛法國，又作遮拘迦國；遮拘槃國；遮居國；朱駒波國；朱俱波國；朱居國；朱俱槃國；斫句迦國；沮渠國)

二、「次本」(即「中本」的《楞伽經》)：有「三萬六千頌」，如此所翻諸梵本中皆云「三萬六千偈」，經中某「品」即備答「一百八問」，如吐火羅(Tukhara 睹貨邏、吐火羅，或名為 Bactria 大夏，位於中亞阿姆河流域之古國名，即今阿富汗、烏茲別克、塔吉克間)三藏彌陀山(即指寂友法師)，(其人)親(自)於天竺受持此(中)本(的《楞伽經》)。復云：西國(指印度)現(仍)有龍樹菩薩(對《楞伽經》)所造(的)《釋論》，解此一部(「中本」的《楞伽經》)。

三、「小本」(即「小本」的《楞伽經》)：(計有)「千頌」有餘，名《楞伽紇伐耶》(紇利陀耶 hṛdaya)，此云「楞伽心」，即「此本」是(即現今流通本的「四卷本」)。舊云「乾栗太心」者，訛也。其「四卷本」，就中(國)人更「重略」之耳。

根據以上所說，《楞伽經》可能存在「大、次、小」三種的卷本；但此三本與歷史上的所翻譯來華之三種譯本又不盡相同。所以是否宋譯的四卷就是指《小本》「千頌」有餘之《楞伽紇伐耶》呢？在法藏《入楞伽心玄義》的〈釋題目者〉最後又說：

何故(《楞伽經》的)「四卷」(本)，都名(為)【佛語心品】者？準下文，此經一部俱是「楞伽心」也。「佛語」者，準梵語正翻名為「佛教」，於佛教「楞伽」中，此為「中心要妙」之說，非是「緣慮」等心。如「般若心」等，此是「滿部」(全部圓滿)之都名，(並)非(指)「別品」(之)目(錄)。

　　法藏則以為四卷本的《楞伽》應為三種譯本之「精髓」，因為「唐譯七卷本」與「魏譯十卷本」的「品目」都是各各別立的，只有「四卷劉宋本」沒有這些「品目」分類，全部以「一切佛語心品」而貫通全經文，所以推出四卷本的《楞伽》應為三種譯本之「精髓」。

2、 印順法師《華雨集》中之《楞伽阿跋多羅寶經釋題》之三「文義次第」中說：傳說《楞伽經》有大本「十萬頌」，一百五十品，雖確否難知，而現存《楞伽經》，則似為「殘本」。

3、 經文前的大慧菩薩代眾生跟佛問了一百八問題(重新細分應為 112 句的問義)，而佛有根據題目而作詳細的回答並不多。是否為經文有遺漏？或者原經文就是如此的安排呢？

4、 本經之末並無「囑累品」或「流通分」，有違反一般佛典的「慣例」，或著本經的「流通分」有遺漏？雖然在唐本七卷經本末有偈頌說：「**教由理故成，理由教故顯，當依此教理，勿更餘分別**」。這也不像是為「完整」版的「囑累品」或「流通分」內容。

5、 在「四卷本」的結尾中，突然以「斷肉」的理論，說明生在「梵志」的種族，可得「智慧、富貴」，所以決定不可食肉，作為「終結」，這是否「原經文」有遺漏？但在魏譯十卷本《楞伽》中，為了經典體裁之「完整」，又特意地「補足」文句而說：「**佛說此妙經，聖者大慧士，菩薩摩訶薩，羅婆那大王，甕耳等羅叉，天龍夜叉等，乾闥婆、修眾，諸天比丘僧，大歡喜奉行**」。有了比較「完整」的「結尾」語氣。

6、《楞伽經》前面的「總問略答，直示佛心」一大科文，與第二「漸問廣答」漸入自心之一大「科文」完全是「分開」的二種不同經文「體裁」。這是否為原經文的遺漏呢？

7、 西藏多羅那他的《印度之佛教史》第二十章說：「**那爛陀寺因法難被毀，經論因而殘缺，故原本所藏的《楞伽經》，在火後僅存〈如來藏品〉**」。若照這樣的說法，則劉宋譯本只作一品〈一切佛語心品〉(佛語心品)，極可能就是原始「梵本」之「遺舊」。但如果據梶山雄一著、吳汝鈞譯之《空之哲學》中說：「**印度論師寂護**(Śānta-rakṣita 700～760)、**蓮花戒**(kamalaśīla 八世紀頃印度中觀派之學僧)、**寶作寂**(ratna-karaśānti)**等人皆曾引用《楞伽經·偈頌品》的頌文**」。照這樣說，《楞伽經》的梵本除了〈如來藏品〉外，應該還有〈偈頌品〉都仍流通傳世，未受到那爛陀寺的火難。

也許護法龍天特別珍重〈如來藏品〉，故仍令流傳於世也。

8、唐、魏二譯本，在前面都有〈羅婆那王〉、〈請佛品〉，末後則有〈陀羅尼品〉、〈偈頌品〉，亦不足以言此已是「完整」的譯本。

9、在論及「外道的九種轉變見」時，只有解釋第一種「形處轉變」，另外八種「轉變見」皆沒有解釋，是否為遺漏？

10、四卷譯本的《楞伽》經文中沒有「咒語」，而魏本與唐本皆有「咒語」，是不是原始經文有遺漏？或是後人「增添」，就算「增添」，其所「增」者來自何處？譯經師總不會「大膽」到「自創咒語」吧？

11、本經經文思想並不「一貫」，各品間也缺少「連繫」。如經前文以「一百八句」為一段，經後文則又分為「三十九門」或「四十一門」為一段，並且多以「隨問隨答」，也不復深求其「次第」。民國初年的歐陽漸有感而作《楞伽疏決》說：「**雅頌失所，琴瑟不調，增安繁蕪，安能純繹！讀雜亂書，倍阻機穎**」。他索性將本經割裂拆散，把「問」與「答」放在一處，分為「六聚」，從而使文義前後連貫。這是不是原始經文就有遺漏而導致各品間缺乏「連貫」呢？

12、日本鈴木博士研究《楞伽經》後，曾說：

「四卷」宋譯本確實是保存《楞伽》之原型，而「七卷本」及「十卷本」，經過了百年、二百年以後，在原始《楞伽》上添加了不少。只從外表看，不能驟下判斷；但讀到「添加」之部分，看出其內容，感知到在後代有所「添加」。關於這一點，說到聖典的開展發達，一切並非是「單純化」的。或者從其內容意義方面看到中間具有變化行跡之路標。

十五、本經由達摩祖師傳下

禪宗只講「心法」，不立「文字」，但達摩最終遺願還是要後人--依「法」為師，不是以「他本人」為師。達摩自己說：

吾有《楞伽經》四卷，亦用付汝，即是如來心地要門，令諸眾生開示悟入。我觀漢地，唯有此經，仁者依行，自得度世。

禪宗六祖，不識字的<u>慧能</u>，從沒有「閱藏」過，但自「明心見性」後，為眾「開示」，後人集結成《六祖壇經》，從此門人都依「經法」為師，也沒有依「人」的問題。但整個《六祖壇經》的道理都沒有離開過佛說的《大藏經》。

我們不能永遠都只說---「師父說的？上人說的？師公說的？大師說的？祖師說的？」應該要儘量改成講「某經典中佛說過的、佛典中有說的」這樣的話語。

大家應該要儘量依著「經、法」來修行。

<u>達摩</u>大師，已修證到幾乎是「菩薩」階位了，也證得「五眼六通」，入水不溺，入火不燒的「大神通」，但他也沒有對後人說----以後你們都要以「我」為師；反而叫大家依「佛」講的《楞伽經》為主、依「法」為師啊！

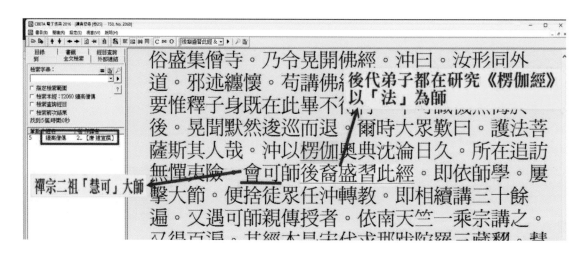

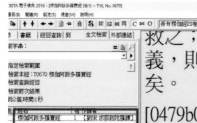

達摩祖師將《楞伽經》親傳給二祖慧可大師，並云：

❶吾觀漢地，唯有此經，仁者依行，自得度世。(詳唐・道宣律師《續高僧傳・卷十六》)

❷有《楞伽經》四卷，仁者依行，自然度脫。(詳唐・淨覺《楞伽師資記》)

❸吾有《楞伽經》四卷，亦用付汝，即是如來心地要門，令諸眾生開示悟入。

　(詳宋・道原《景德傳燈錄・卷三》)

❹唐・馬祖 道一禪師：「一日謂眾曰：汝等諸人，各信自心是佛，此心即是佛心。達摩大師從南天竺國來，躬至中華，傳上乘一心之法，令汝等開悟。又引《楞伽經》

文,以印眾生心地。恐汝顛倒不自信,此心之法,各各有之。故《楞伽經》云:**佛語心為宗**(四卷《楞伽》只有一品,名〈一切佛語心品〉,或簡稱〈佛語心品〉,所以古來大德便將之演繹成「佛語心爲宗」,實際上「佛語心爲宗」這五個字並不存在「經文」裡面的),**無門為法門**(四卷的《楞伽經》也沒有「無門爲法門」這五個字,應該是古來大德將經文演繹而成的)。又云:夫求法者應無所求,心外無別佛,佛外無別心。不取善、不捨惡,淨穢兩邊,俱不依怙。達罪性空,念念不可得,無自性故。故三界唯心,森羅萬象,一法之所印。凡所見色,皆是見心」。(詳宋·道原《景德傳燈錄·卷六》)

❺宋·祖琇著《隆興佛教編年通論》卷七稱:「昔嵩明教著《傳法正宗記》,稱達摩住世凡數百年,諒其已登聖果,得意生身,非分段生死所拘。」(《續藏經》第一輯,頁248右一左)。「**意生身**」若依《楞伽經·卷二》所言:得「無生法忍」,住「第八菩薩地」,得離「心、意、意識、五法」(名、相、妄想、正智、如如)、(三)自性、二無我相」,得「意生身」……譬如「意」去,迅疾無礙,故名「意生」。譬如「意」去,(能於)「石壁」(而)無礙(的往來),(能)於彼異方(而穿越)無量「由延」(yojana),因先(前)所見(之諸境),(能)憶念不忘,(於)自心(能)「流注」(相續而)不絕,於「身」(而)無(有能)障礙(其)生。大慧!如是「意生身」,(能)得(於)一時(即)俱(生)。達摩被傳已證得「意生身」,依此經文之說,即是證入了「八地菩薩」的境界。

❻達摩《二入四行論》云:
「理入」者,謂籍教悟宗。深信含生「凡聖」同一真性,但為客塵妄覆,不能顯了。若也舍妄歸真,凝住辟觀,(無)自(無)他,凡聖等一,堅住不移,更不隨於言教。此即與真理冥狀,無有分別,寂然無(爲),名之「理入」。 (詳《楞伽師資記》卷一)

達摩此說,顯然是依於《楞伽經》的,如《楞伽經》云:**大慧!此「如來藏、識藏**(阿賴耶識)」,(由於)一切「聲聞、緣覺」(皆以妄)心(邪)想所見,雖(如來藏與藏識乃)「自性清淨」,(但二乘與外道爲)客塵所覆故,猶見(如來藏與藏識皆爲)「不淨」。非諸「如來」(如來則不如是見)。大慧!「如來」者,(能現證)現前境界,(能觀如來藏與藏識)猶如掌中視「阿摩勒果」(般的容易且清楚)。經又云:「如來藏自性清淨。轉(現)三十二相。(如來藏)入於一切眾生身中,如大價寶,(爲)垢衣所纏。「如來之藏」(爲不生不滅之)常住不變,亦復如是。」

從這些記載來看,後人多推論四卷本的《楞伽經》應為達摩祖師所傳,用以「印心」的,雖然後世另有魏譯、唐譯二本,但大都只被當是當作參考用,而且一般談到《楞伽經》時,也大多指的是最初劉宋譯本的四卷《楞伽經》而言。

　　後人雖多推論達摩祖師與《楞伽經》有深厚的關係，可是另有一人則完全否定了此一說明，那就是宋代「臨濟宗」禪僧達觀　曇穎(989～1060)，他從「禪宗」絕對的立場，及根據「史實」等來推翻達摩與《楞伽經》的關係。如達觀　曇穎《人天眼目・卷五》就說：

> 僧自聰問：達摩大師自西天帶《楞伽經》四卷來，是否？答曰：非也。好事者為之耳。且達摩單傳心印，不立文字，直指人心，見性成佛，豈有四卷經(此指達摩並不是翻譯《楞伽經》的人，也不是將《楞伽經》梵本帶來中國的人)耶？
>
> (自)聰曰：《寶林傳》亦如是說。(曇)穎曰：編修者，不暇詳討矣。試為子評之，夫《楞伽經》三譯，而初譯四卷，乃宋天竺三藏求那跋陀之所譯。次十卷，元魏時菩提流支譯。流支與達摩同時(代的人)，下藥以毒達摩者是也。後七卷，唐天后代，于闐三藏實叉難陀譯。以上證之，先後虛實可知矣。仰山　寂禪師(即仰山 慧寂)亦嘗辯之，其事甚明。

　　依據曇穎的看法，《楞伽經》當然是由「他人」所譯而傳來中國，這與達摩自己「攜來楞伽經」是無任何關係的，曇穎站在「禪宗絕對不立文字」的觀點來辯論達摩與《楞伽經》是無關的。其實《楞伽經》所說的「自覺聖智境地」乃佛的最高境界，亦是禪宗所追求的最高意趣，達摩祖師會以這部《楞伽經》為最高的「心要」法門，並非全無道理。至於文末中有關仰山　慧寂禪師曾經辯論《楞伽經》與達摩之事，今早已失傳，也無可確認仰山　慧寂所說內容是否為真了？

　　從達摩祖師以後，正法眼藏的傳承，始終都是以四卷《楞伽經》作為「印心」之據，這反而是件「千真萬確」的事實，如《續高僧傳》之「慧可傳」之終末說：「故使那、滿等師，常齎四卷《楞伽》以為心要，隨說隨行，不爽(不會爽失錯過)遺委(所遺付之委託)」。那(僧那法師，慧可弟子)、滿(慧滿法師，僧那弟子)等人是慧可之弟子，他們從始至終皆以《楞伽經》作為左右伴侶。二祖慧可每每講《楞伽經》時就感慨說：「此經四世之後，變成名相」(《續高僧傳・卷十六》)。結果約過一百年後，到了四祖道信大師，與《楞伽經》有關的學說就漸漸轉為只是「名相」之學，因此五祖弘忍大師才開始改以《金剛經》為禪宗「印心」之經典。

　　五祖雖採用《金剛經》作為「印心」的經典，但他並未捨《楞伽經》，如在《傳燈錄》之三十二祖「弘忍大師傳下」說：「其壁本欲令處士盧珍繪《楞伽》變相」。另在《六祖壇經》中亦附加有「五祖堂前，有步廊三間，擬請供奉盧珍畫『楞伽經變相』及『五祖血脈圖』」之一句。從五祖弘忍供「楞伽圖」於僧堂之壁畫上，可知五祖弘

忍仍將《楞伽經》放在修行弘法中「最重要」的一部禪宗大經。

　　到了六祖大師就確定只以《金剛經》作為「印心」，例如惠能曾聞客誦《金剛經》而有所悟時，問客從哪裡來，客答說：「我從蘄ㄑㄧ州 黃梅縣 東禪寺來，其寺是五祖忍大師在彼主化……大師常勸僧俗，但持《金剛經》，即自見性，直了成佛。」因此《金剛經》即開始盛行於世，而《楞伽經》則從唐以後即漸漸沒落，乃至失傳(約公元**740**左右，據《楞伽師資記》，北宗禪神秀及他的門人仍然重視《楞伽經》，神秀的年代是公元605～706年。神秀的楞伽門人之一普寂是公元651～739)。

十六、慧可門人下研究《楞伽經》的師承與盛況

　　據《續高僧傳‧卷二十五》有「釋法沖」之傳記，法沖法師乃專門研究《楞伽經》，法沖與《續高僧傳》作者道宣律師(596～667)為同一時代之人，約公元587?～665時，《續高僧傳》中對法沖的傳記，記云：

(法)沖以《楞伽》(乃一部)奧(妙經)典，(但本經)沈淪(沈廢淪失)日久。(法沖於其)所在追訪(追蹤尋訪師道)，無憚ㄉㄢˋ(憚)夷險(平坦與險阻)。
(法沖適)會(遇)可(指慧可法師487～593)師後裔(學徒)，盛習此經，即依師(慧可門徒)學，屢擊(命中)大節(法典綱要)，(慧可門徒)便捨徒眾，任(法)沖轉教(轉而由他來教授此經)，即相續(開)講(《楞伽經》)「三十餘遍」。(法沖)又遇(曾得)可師親傳授者(之人)，(皆)依南天竺「一乘宗」(之旨而)講之，又得(講解了)「百遍」。

　　其(楞伽)經本是宋代求那跋陀羅三藏翻，(由)慧觀法師筆受。故其「文、理」(皆)克(能)諧(和諧)，行(文)、(氣)質相貫。專唯念「慧」，不在「話言」。於後達摩禪師傳之南北，「忘言、忘念、無得、正觀」為宗，(便)後行(於)中原。

　　慧可禪師(在)創得「綱紐」(之後)，(由於當時)魏境(魏國之境)文學(由於不解禪境，故)多不齒之。(若能)領宗(領悟禪宗)得意者，時能「啟悟」。今以人(年)代轉遠，(容易造成)紕ㄆㄧ繆ㄇㄡˋ(錯誤於)後學，(慧)可公別傳略以詳之。今敘「師承」以為「承嗣」，(令其)所學「歷然」(清楚)有(根)據。

　　達摩禪師後有慧可、慧育(據《達摩傳》中作道育)二人。育師受道(後而)「心」行，(故其)

「口」未曾説。

(慧)可禪師後，(有)粲禪師(即僧粲禪師)、惠禪師、盛禪師、那老師、端禪師、長藏師、真法師、玉法師(以上並口説玄理，不出文記)。

(慧)可師後，(有)善老師(出《抄》四卷)、豐禪師(出《疏》五卷)、明禪師(出《疏》五卷)、胡明師(出《疏》五卷)。

遠承可師後，(有)大聰師(出《疏》五卷)、道蔭師(《抄》四卷)、沖法師(《疏》五卷)、岸法師(《疏》五卷)、寵法師(《疏》八卷)、大明師(《疏》十卷)。

不承可師，(但)自依《攝論》者。(有)遷禪師(即隋・曇遷(542～607)法師，出《疏》四卷)、尚德律師(出《入楞伽疏》十卷)。

那老師後，(有)實禪師、惠禪師、曠法師、弘智師(名住京師西明，寺亡法絕)。

明禪師後，(有)伽法師、寶瑜師、寶迎師、道瑩師(並次第傳燈，于今揚化)。

(法)沖公自從經術，專以《楞伽》命家，前後敷弘(此經)，(宣講)將「二百遍」(遍之多)，須便為引。

(法沖)曾未涉「文」(字之記載)，而(今)通變(且)適(隨其因)緣，(望能)寄(此)勢(而)陶(冶)誘(導後學之人)，(若能)得(其)意(旨，則皆)如一，(若有)隨言(之語則)便(容易造成)異(不同)。

(有)師(於法沖之)學者，苦請(其)出「義」，(法沖)乃告曰：「義」者，道理也，(若有所)言説(皆)已(屬)麤，況舒在「紙」？(則更)麤中之麤矣！事不獲已，(故)作《疏五卷》，題為「私記」，今盛行之。

現在將這段文字整理製表如下：

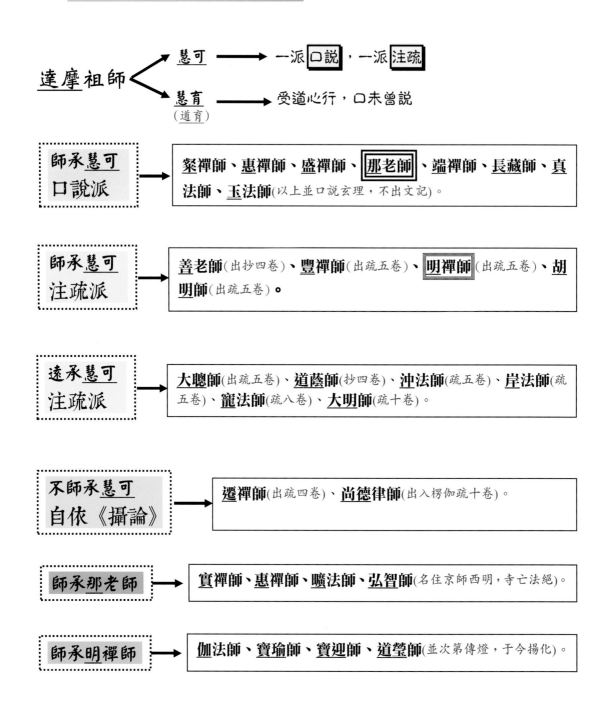

從《法沖傳》可知慧可所提倡的《楞伽經》禪宗玄旨就是「專唯念慧，不在話言」、「忘言、忘念、無得、正觀」等，這些都是禪的特質，也是《楞伽經》之宗旨。傳記中又說到魏國諸「義學」之徒，由於不識慧可據《楞伽經》所創的「禪法」而加以排斥。法沖則說自己是「(若能)得(其)意(旨，則皆)如一，(若有)隨言(之語則)便(容易造成)異(不同)」。當大眾諸學硬要法沖將義理寫在紙上，他回答說：「義者，道理也，言說已麁，況舒在

紙，甋中之甋矣」！寫在紙上是「甋中之甋」的事了。這足以說明當時禪宗「不立文字」的准則。然而「達摩禪宗」與《楞伽經》之關係，仍舊不斷地延續到法沖時代。

禪宗五祖弘忍（602～675）、道宣（596～667）及法沖皆是同一時代的人。從道宣的《續高僧記》中可知當時研究《楞伽經》非常普遍而興盛，且在五祖時代《楞伽經》之「注疏」也較多，雖然經文段句難解，但卻為當時的禪修大德所喜好。《續高僧傳・卷二十五》載：法沖研究《楞伽經》時說：「《楞伽》（乃一部）奧（妙經）典，（但本經）沈淪（沈廢淪失）日久」。算算時間，從達摩到法沖的時代才不到「一百五十」年，法沖自己就說本經已是「沈淪（沈廢淪失）日久」？也許因當時沒有印刷，只能靠手寫傳遞，所以「失散」的情形也可能是造成《楞伽經》的「衰落」之因吧？

《楞伽經》除了「禪」的傳承以外，也有「瑜伽唯識派」之傳承。例如曇遷禪師及尚德律師則以《攝大乘論》來解說《楞伽經》，這也是為何《楞伽經》後來即成為「唯識法相宗」所據的「六經十一論」之一了。

十七、「南天竺一乘宗」與《楞伽經》的關係

據《續高僧傳・法沖傳》載，四卷《楞伽經》之講述可分為二支，一為僧粲以下諸師，依「南天竺一乘宗」講述之；一為曇遷等諸師，依《攝大乘論》而講述之。因慧可常以四卷《楞伽經》為法要，故此派又稱為「楞伽宗」。

十八、「佛心宗」與《楞伽經》的關係

「佛心宗」為禪宗之別稱，係出自《楞伽經》之「佛語心為宗」而來（四卷《楞伽》只有一品，名〈一切佛語心品〉，或簡稱〈佛語心品〉，所以古來大德便將之演繹成「佛語心為宗」，實際上「佛語心為宗」這五個字並不存在「經文」裡面的）。禪宗以「不立文字、不依經典」，直傳「佛之心印」為宗旨，故又稱「佛心宗」。《碧巖錄》第十三則之評唱（《大正藏》第四十八冊，頁153下）：「第十五祖提婆尊者……因見第十四祖龍樹尊者，以針投缽，龍樹深器之，傳佛心宗。」

然於日本，「曹洞宗」之祖道元稱其所倡導之禪法乃正傳之佛法，舉凡習禪悟道，皆應以「坐禪」為宗旨正門，故不應以狹隘之「禪宗、佛心宗、達摩宗」等名稱來稱謂。

十九、《楞伽經》內容介紹

　　唐代西明寺之法藏(643～712，賢首國師，華嚴宗第三祖)，曾經參加唐本七卷《楞伽經》之漢譯工作，所以法藏另撰有《入楞伽心玄義》一卷，法藏師用「十門」來分別註釋其要點，其中第六門是「所詮宗趣」，概括地記述《楞伽經》之內容，下面作簡單介紹，並製簡表：

　　《入楞伽心玄義》中說：
第六：所詮宗趣者，語之所表曰宗，宗之所歸曰趣。通辯此經宗趣有十：
一、或說無宗。二、或唯妄想。三、或自覺聖智。四、或說一心。五、或開二諦。
六、三無等義。七、或以四門法義。八、或以五門相對義。九、立破無礙。十、顯密自在。

一	或說「無宗」
二	或唯「妄想」
三	或「自覺聖智」
四	或說「一心」
五	或開「二諦」
六	「三無等」義
七	或以「四門」法義
八	或以「五門」相對義
九	立、破無礙
十	顯、密自在

初、「無宗」者。謂辨諸法性相圓融，心言路絕，既「無所立」，故不可辨「宗」。經云：一切法不生者，不應立宗。「五分論」多過故，是故以「無宗」為宗，此語亦「不受」為趣。

　　第一、《楞伽》之宗，以「無」為宗者，即說明一切諸法之存在是「圓融無礙」之心體，既非「言語」可及，亦非「思索」能達。《楞伽》之宗旨，以「無」為宗，既「無所立」，所以「不可說宗」。如經中說「外道立五分論是有眾多之過失」。若以「無宗」為宗，就連「無宗」的立場也"無"掉，故亦「無歸趣」，因此《楞伽》以「無」為出發點。

> **二**、或以「妄想」為宗者。以妄想有二義。一「病」、二「藥」。「病」謂「執見」,但是虛妄之想,是所對治,故是病也。「藥」謂「佛語眾生言」,汝起「有、無」見,皆是妄想。眾生聞已即離彼見,故是「藥」也。但由佛說於「妄想」還治「妄想」之病。是故唯以「妄想」二字消釋一部經文。以「妄念」若起,即是「妄想」。遂令「妄念」止息,即到此經處,故以為宗。是故以「妄想」為宗,「妄盡」為趣。

第二、《楞伽》以去「妄想」為宗,本經教導吾人超出「分別」之世界,任何的執著,任何之所見,皆是「分別心」所成,若執持「有、無,一、異,自、他」等等皆屬於迷執,皆是妄想。應該遠離「妄想」,遠離「妄想」處即是《楞伽》之旨歸趣處。

> **三**、以「自覺聖智」為宗者。非直覺一切法唯是自心,悉皆平等。亦復覺此「能覺」智之自體如理一味,妙絕「能、所」,離「覺、所覺」。故下云:無有佛涅槃,遠離「覺、所覺」。覺在「初心」,滿在「佛果」。經文具辨,故以為宗。是故「舉覺」為宗,「覺泯」為趣。

第三、應該實際體會得「自覺聖智」。以一切存在唯是「自心」所現,悉皆平等。但覺知此「能覺智之自體」亦「如如一味」,妙絕「能、所」,超越「能覺、所覺」之分別。只要能到達「自覺」之實際時,「自覺之心」也要泯滅。所以說:「是故舉覺為宗,泯覺為趣」。

> **四**、或說「一心為宗」者。以辨諸法皆由「心現」,謂習氣內擾,妄境風起,吹擊心海,濤波萬端。莫不皆是「心之所現」。下文所說雖有多門,莫不皆顯此「唯心義」。故以為宗。是則舉「唯心」為宗,「心盡」為趣。下文云:「無心」之心量,我說為「心量」。

第四、以「一心」為宗者,在《楞伽》中到處可以看到。應知一切存在皆是唯心所現,《玄義》中說:「**習氣內擾,妄境風起,吹擊心**(識大)**海,濤波萬端**」,此是以內習氣為因,外妄鏡為緣,出現了分別之世界,現又執著此知的世界,各自展開妄執之現象。所以經中雖分有多門,無非顯此唯心之義。今說「唯心為宗,心盡為趣」。因此經中說:「**無心之心量,我說為心量**」一切被引到「唯心」上。但此「唯心」之心亦不可保留,最後方得解脫,故知《楞伽》之歸趣是在「無心」之心量,如經文云:「**受想悉寂滅。亦無有心量**」、「**無心之心量,我說為心量**」、「**過諸心地法,是住寂靜果**」、「**亦越於心量,而住無相果**」、「**超度諸心量、如來智清淨**」、「**超度一切心、意、意識**」。

五、「二諦」為宗者。謂開前「一心」以為「二諦」。即心相差別，染淨緣起。凡聖區分以約「俗諦」，心體平等，染淨相盡。一味無二，名為「真諦」。此中「真俗相對」，有其五義：

一、「相違義」。

二、「相害義」。

三、「相順義」。

四、「相成義」。

五、「無礙義」。

初者謂「談真違俗」，以違俗生滅故。順「俗」則違「真」，以乖真一味故。如水靜波動，理必相違。若不爾者，二諦雜亂，此是非一門也。

二、「相害」者。非直二理相違，亦乃互奪其體。謂要由泯俗令盡，真性方顯，亦由覆真令隱，俗相得成。如舉水波無不盡，取波水無所遺。全體互奪，二諦方立。若不爾者則二諦別體，不成「非一」。此則「非異」之「非一」門也。

三、「相順」者。謂此盡俗之真要，不礙俗立。以真非斷空故，此覆真之俗要，不礙真顯。以俗是虛幻故。如盡「波」之「水」，必不礙「波」，以水非木石故。動水之波要不隱水，以波虛無體故。若不爾者各乖本位，二諦不成。上是「非一」之「非異」門也。

四、「相成」者。非直相順，纔不相違。亦乃全體相與方各得成。謂真是理實，故必不違緣。舉體隨隱而成俗，以俗是事虛，故必不乖理。舉體相盡而顯真，如虛波攬水成，水徹於波相，則無波而非水，成波乃名水。則波徹於水體，無水而非波，動靜交徹，二諦雙立。若不爾者，「理、事」不融，二諦俱壞，此「非異」門也。

五、「無礙」者。合前四句所說，為一「無礙法界」。是故即真即俗、即違即順、即成即壞。圓融自在，同時俱現。聖智所照，無礙頓見，是謂二諦，甚深之相。

經意在此，故以為宗，觀此成行，用以為趣。

　　第五、《楞伽》以「二諦」為宗者，說明「二諦」之相關性。在凡夫心相上有種種分別，是為「世俗諦法」；在聖者心智中遠離「染、淨」緣起，進入一味無二之相，名為「真諦」。「真、俗」二諦之關係，有「順、逆」各方面。依據「聖智」之作用觀察一

切法圓融自在，無不自得。因而，依此自得之理向修行方向前進時，皆屬《楞伽》宗趣。

六、以「三無等」義為宗趣者。

　一、無上境。

　二、無等行。

　三、無等果。

初者，謂前二諦所觀之境，依此令成悲智等行，行滿究竟得智斷果。如《攝論》十殊勝義釋。論師攝為此三，謂初二殊勝為「無等境」，以所知依是「第八識」，及所知相是三性，俱是所觀故。次「六殊勝」為無等行。以「四尋、思觀、六度、十地」及「三學」等俱是正行故。後二殊勝是「無等果」。以彼果即是菩提，彼果斷是涅槃。俱是所得故。今此經，中、上、下所辨，不出此三，故亦同彼以為宗趣。

第六、以三種「無等」義為宗趣者。一、「無上境地」，二、「無等行業」，三、「無等效果」。此即由於證得前述之「真、俗」二諦，圓融無礙後，菩薩能觀察到無上之「境」地，依此境地能成就悲智等「行」。行滿究竟，得智斷菩提、涅槃二「果」。《楞伽》之宗趣，即是勸令我們體悟「境、行、果」三種無等。若以《攝大乘論》所說「十殊勝義」配合說明，更為易知。於此十殊勝第一殊勝之「所知依」，即是「第八阿賴耶識」，第二殊勝是「所知相」即是「三自性」，此二是菩薩之所觀之無等「境」。從第三到第八殊勝是無等「行」，由於菩薩修「四尋伺觀、六度、十地」及「戒、定、慧」三學等，皆是正「行」。最後二種殊勝是無等「果」，彼智果，即是菩提果，彼果斷，即是涅槃果，皆是菩薩所能獲得。所以《楞伽》所說，不出此「境、行、果」三種法門。

七、以「四門法義」為宗趣者。

　一、五法。

　二、三性。

　三、八識。

　四、二空。

初謂凡聖心境，隨緣為五。剋其自實不離「三性」。三性所依，唯有「八識」。八識義立，方顯二空。或亦依「空性」以立諸識，束「八識」以為三性，開「三性」以為「五法」。是則依本起末。凡聖區分不離「二空」，性唯一味，是故於此四義或隨觀一門，即起信生解，行成得果。或二、或三，乃至具四，開合無礙，以成正見。大乘法相，不越於此，此經盛說，故以為宗。餘義至文當辨。

第七、以「四門法義」為宗趣者。四門：一、五法(名、相、妄想、正智、如如)。二、三自性(遍計、依他、圓成)。三、八識(眼、耳、鼻、舌、身、意、末那、阿賴耶)。四、二空(我空、法空)。初門五法中，前三是「凡夫境界」，後二是「聖人智境」，究其義理又不出「三種自性」。「三自性」之所依卻又不離「八個識」。「八識」唯是說明「我空、法空」，即「人無我、法無我」之義。若從還元的方向看：依於「二空」之理，說明有「八個識」，束「八個識」以攝「三自性」，開「三自性」成為「五法」，此是依本起末。凡聖區別不離「二空」，法唯一味。所以於此四義中，隨觀一門，即「起信、生解」，「行成、得果」，開合無礙，由此確立大乘正見。一切大乘法相，不越於此，本經重點講說此四門法義。

八、「五門相對」為宗趣者。
一、「教義相對」。設「教」為宗，以「義」為趣，要令尋「教」，得其「義」故。
二、「理事相對」者。謂就義中緣起事相，意令趣入「真性」故。
三、「境行相對」者。說真俗諦境，意欲令成「無二正行」故。
四、「比證相對」者。於行中近說「地」前次行，意在入「地」深證。
五、「因果相對」者。謂令菩薩順行萬行，令成佛果菩提。此上「十事五對」，於此一部通皆備足，故為宗趣。

第八、「五門相對」義者。一、「教義相對」，設教為宗，以義為趣。本經要令吾人尋教而得其義。二、「理事相對」，就其義中所說緣起差別事相上，使令吾人趣入真性理體中。三、「境行相對」，說真、俗二諦之「境」，欲令吾人成就無二正「行」。四、「比證相對」，於修行中，近說菩薩地前之行相，其意在深入十地之境界，真實證得自內智覺。五、「因果相對」，菩薩成就萬行之「因」，意在畢竟獲得佛「果」菩提。以上「十事五對」，本經完全具備。

九、「立、破無礙」者。此經所「破」，略有三位：
一、邪見外道。
二、法執二乘。
三、謬解菩薩。

---

❶其外道者。謂宗「六師」，乃至「九十五種」皆悉隨機以理徵破，務令捨邪歸正。如經可知。

---

❷「二乘二部」乃至「十八」，皆亦隨此破其所執。務令捨小歸大，亦如文顯。

---

❸「謬解菩薩」聞說「真空」，將謂「斷滅」。聞有「業果」，謂實「非空」。聞此二說，將謂別體。今並授以正理，令捨妄歸真，亦如文顯。

所「立」亦三：
一、萬法唯心，通治三病。
二、唯一真性「如來藏」法。
三、以不動「真性」而建立諸法。

❶或亦泯事歸理，理現而事不壞。

❷攬理成事，事立而理不隱。
❸理事圓融，不二而二。此法若立，無惑而不遣，即「立」無「不破」也。障盡方證，即「破」無「不立」也。是則「立、破」之破「非破」也；「破、立」之立「非立」也。「立、破」形奪，雙泯無寄。經意在此故以為宗，是則「立、破」為宗，「無寄」為趣。

　　第九、「立、破無礙」者，本經所破有三：一是「邪見外道」，二是「法執二乘」，三是「謬解菩薩」。以正理使令以上三類人等捨妄歸真。正如本經文中所說，主張萬法唯心，通治以上三類人之病。唯一真性如來藏性，以不動真性而建立諸法，或者亦以「**泯事歸理，理現而事又不壞；攬理成事，事立而理不隱。理事圓融，不二而二……立破形奪，雙泯無寄，經意在此，故以此為宗，是則立破為宗，無寄為趣**」。故知此經為破外道、二乘乃至偏見菩薩，發揮了大乘之甚深妙理，此為一部《楞伽》宗旨。

✚、「顯密自在門」者。但入法根器有其二種。

一、「純」。二、「雜」。

為彼「純器」，直示法體，令修證得果。
若為「雜器」以覆相「密語」，亦言異意異，名為「密意」。如下文：二夜中間不說一字，四種平等此佛，即彼五無間業，證大菩提，如是「非一」。是則教有「顯、密」不同，理無隱現差別，隨機顯密，經至八萬四千。其次統收，猶為「一百八句」。若「攝末」以「歸本」，唯是「一心」。真如是歸心，一性不礙，「百八」宛然。散說八萬四千，不失「一心平等」，良以本末無二，圓通無礙。是故以「顯、密」為宗，「泯二」為趣。深性宗趣包括多塗，略舉十門，顯斯一部宗趣之義，略辨如是。

　　第十、「顯、密自在」者，以進入佛法眾生根器，有「鈍、雜」二類，對於「鈍根」者，直示法體，使令修證得果。若為「雜根」者，使用加減方便，以覆相「密語」，或

說「異意、異名」為密意。例如**佛說法四十九年，一字未說**」。又如說**彼五無間業，證大菩提**」。如此所說不少。所以，「教有顯、密不同，理無隱、現差別」。隨眾生根器而有顯密之法。又如見指見月，見月忘指，經前將一切法總收為「一百八句」，若攝末歸本，唯是「一心真如」，歸心一性，不礙百八句宛然而現。由於本末無二，圓融無礙。閱讀《楞伽》，這一類的想法，處處皆有。

以上是法藏大師對《楞伽》之「宗趣」所作的詳解。

《楞伽經》還有幾點極為重要的幽旨大義，分敘如下：

1、《楞伽經》(以劉宋譯四卷《楞伽》爲依據)與《密嚴經》、《勝鬘經》等有很多相同的經文觀念，只是《楞伽經》可能是較為早期集成的經典。

2、《楞伽經》集成和流傳於世的時間，大約在公元第四世紀中葉的笈多(Gupta)王朝盛世的時代。

3、集成的地點，應在南印度的海濱一處有「山海」景觀的地方。依據的理由是：
①本經「異譯本」的緣起分，以佛出印度南海岸之龍宮，再登上摩羅耶山的楞伽城說法。
②經中說南天竺的龍樹，乃持佛正法。
③傳「南天竺一乘宗」的達摩，是南天竺人，並也以此經而印心。
④本經最初譯本的求那跋陀羅，也是從海道來中華。
⑤經中有記載摩羅耶山海或楞伽城中所具的「險峻」環境，或許是指當時的環境狀況的確如此。

4、經序所說的楞伽山海情況，原為象徵眾生「心識及心境」的，亦即託事以喻顯眾生「業繫生死」的苦惱與恐怖的世界相。而佛登上眾寶莊嚴的摩羅耶山城，為「夜叉王」說法施化，也就是象徵著「大乘佛法」亦曾流行弘傳於楞伽島的古錫蘭。《西域記》亦曾記載：玄奘大師西遊天竺時，嘗到南印度，知道楞伽島上多有能精通「大乘法相」的學者。

5、《楞伽經》雖廣說「唯識」義理，也一再說諸法皆「自心現量」，但是另一方又認為「唯心所現」並不是究竟的真實。諸法究竟的真實義相，並非一般所說的「唯心」或是「唯識」，而是「即」心識而「超越」心識，以中觀的名相來說就是「不即」心識

和「不離」心識。如下經文所舉證。

4-17

劉宋本	魏本	唐本
若說真實者。	若說真實者。	若說真實者。
彼心無真實。	彼心無真實。	彼心無真實。
譬如海波浪。	譬如海波浪。	譬如海波浪。
鏡中像及夢。	鏡中像及夢。	鏡中像及夢。
一切俱時現。	俱時而得現。	俱時而顯現。
心境界亦然。	心境界亦然。	心境界亦然。

19-19

劉宋本	魏本	唐本
大慧！「如實處」(如實住處)見一切法者,謂：超「自心現量」。	大慧！云何住「如實見」？謂：入「自心」見諸法故。	大慧！見一切法「如實處」(如實住處)者,謂：能了達「唯心所現」。

53-11

魏本	唐本
若從因緣生,不得言唯心	心既從緣起,唯心義不成
心取於自心,無法無因生	心性本清淨,猶若淨虛空
心法體清淨,虛空中無薰	令心還取心,由習非異因
虛妄取自心,是故心現生	執著自心現,令心而得起
外法無可見,是故說唯心	所見實非外,是故說唯心
……	……
過諸心地法,是住寂靜果	亦越於心量,而住無相果

53-32

魏本	唐本
莫見唯心法,莫分別外義	安住於唯心,不分別外境
住於真如觀,過於心境界	住真如所緣,超過於心量

53-65

魏本	唐本
何等人無事，但有於內心	若言無外境，而唯有心者
遠離於心事，不得說唯心	無境則無心，云何成唯識
若觀於外事，眾生起於心	以有所緣境，眾生心得起
云何心無因，不得說唯心	無因心不生，云何成唯識

53-66

魏本	唐本
真如唯心有，何人無聖法	真如及唯識，是眾聖所行
有及於非有，彼不解我法	此有言非有，彼非解我法
能取可取法，若心如是生	由能取所取，而心得生起
此是世間心，不應說唯心	世間心如是，故非是唯心

53-70

魏本	唐本
若不生分別，不得說唯心	云何心不起，而得有唯心

6、據《高僧傳》記載：菩提達摩來華傳授的「禪法」，嘗特以劉宋譯本的四卷《楞伽經》授與慧可 神光，以為「印證」傳授「南天竺一乘宗」的心地法門。「可（慧可）師後裔，盛習此經」。可見「早期」的禪宗與《楞伽經》的關係至為「深切」，然而後代的「禪徒」，也很可能忘了禪宗最根本的經典是--《楞伽經》了！

二十、越南早期之禪宗「滅喜禪派」均以《楞伽經》為傳法心要

「滅喜」，梵名為「Vinītaruci」，又稱「毘尼多流支禪派」，係越南早期之禪宗派別，於六世紀頃由禪僧毘尼多流支（？～594）所創。毘尼多流支為「南天竺」人，於北周武帝建德三年（574）至長安，適逢武帝破佛之際，遂往鄴縣參謁禪宗三祖僧璨。其後至交州(今越南北部)法雲寺弘法，以「真如佛性不生不滅」、「眾生同一真如本性」等思想為教義。

嗣法弟子法賢法師（？～626）為第一祖，俗姓杜，朱鳶人，最初參謁法雲寺 觀緣禪師，後入毘尼多流支法師的門下。毘尼多流支法師在示寂後，法賢法師則至北寧慈山創建眾善寺，仍以《楞伽經》為傳法心要，據傳弟子有「三百餘」人。

在數傳至清辨法師（？～686），係交州人，初為北寧崇業寺 惠嚴之弟子，則以《金剛經》為傳法心要。其後，較著名者有定空（729～808）、萬行（？～1018）、依山（？～1216）等，自定空法師為始，本宗的教法即趨近中國「南宗」禪之「頓悟禪法」。最終在依山法師之後，本「滅喜禪派」即漸趨沒落了。

二十一、《楞伽經》與密教「瑜伽中觀派」的關係

大乘佛教「中觀學派」衍化出之「瑜伽中觀派」創始者印度僧寂護大師(Śānta-rakṣita 700～760)，他對《楞伽經》非常的重視，在印順《印度佛教思想史・第十章》就云：寂護竟引《楞伽經・偈頌品》，並作為大乘正見的準量(印順此說，亦與敦珠寧波車的說法相同)。寂護大師於公元 747 年，應西藏王赤松德贊（藏 Khri-sroṅ-lde-btsan）之請，與蓮華生上師(Padma-saṃbhava)、迦摩羅什羅(kamala-śīla)同至西藏傳布「真言密教」。寂護大師既然認為《楞伽經》的「偈頌品」已盡攝大乘佛法的正見，則《楞伽經》均為顯密所共重共揚的一部無上大經。

據西藏「寧瑪派」之說，公元一世紀「大圓滿」法系大師俱生喜金剛(梵名 pra-hevajra 藏名 garab dorje)所傳的「偈頌」即與四世紀所譯的《楞伽經》有相同的「法義」，這種法義，後人即稱為「大中觀」，如果弘揚這種「法義」的人則稱為「瑜伽行中觀派」。

在寂護(Śānta-rakṣita 700～760)之前，有位印度學者寫了一本《究竟一乘寶性論》。西藏認為這本是彌勒菩薩所造的論，漢土則認為是堅慧論師所造的，然而這二位都屬於「瑜伽行中觀派」的人。而該《究竟一乘寶性論》所發揚的就是《楞伽經》的觀點(詳談錫永梵文新譯《究竟一乘寶性論》一書)。

二十二、《楞伽經》與密教「覺囊派」的關係

「覺囊」(西藏名 Jo-naṅ-pa)是個地名，全名為「覺摩囊」，在西藏日喀則專區的拉孜縣境彭措林寺東的一座山溝內，位於雅魯藏布江的南岸。覺囊寺是「公元十三世紀」時袞邦·吐吉尊追(1243—1313)所建的，他最初是「薩迦派」僧，曾為「薩迦」八思巴弟子。後來袞邦·吐吉尊追從袞欽·卻古沃色聽《時輪講解》和《六支瑜伽》，得到卻古沃色以「他空見」解釋「時輪」的教授，經過實修後，證悟了「他空中觀」樂空雙運之理。袞邦·吐吉尊追又以「他空見」講解《時輪六支瑜伽》，於是遂獨成一派，因其駐錫地為覺摩囊，後遂稱他為密教的「覺囊派」，又作「爵囊派」、「爵南派」。(詳《青史》904-905 頁)

「覺囊派」的教法大多來源於「薩迦」，所以「覺囊」與「薩迦」在觀點上較為接近。他們是從「唯識學」發展起來的。而「覺囊派」的教理中提出「五法、三自性」說法，均出自《楞伽經》的思想內容。

「覺囊派」的「大中觀」思想，實際是在「唯識」基礎上發展起來的，唯識學上提倡「阿賴耶識」是「有為法」，只能含攝「染」法，但「覺囊派」改提「如來藏」才是「無為法」，而且「染淨」兼攝。為表示「覺囊派」的教義是本自佛語經教，他們也提出了四依與不依：「依法不依人，依經不依論，依了義不依不了義，依智不依識」(詳覺囊派書《他空莊嚴論》頁 148-149)。「覺囊派」又引《楞伽經》的經文說：「依於唯識理，不觀察外境，依於無相理(空宗)，始知超唯識，緣於緣真實(有宗)，又超過無相，非有相瑜伽，不能見大乘」(詳覺囊派書《了義海論》頁 274)。他們所主張的「勝義有」，其實就是指「有相瑜伽」。

底下再舉「覺囊派」書中有《楞伽經》的「如來藏與阿賴耶識」思想資料，可知「覺囊派」的思想確實是有根據於《楞伽經》而發展的。

「如來藏」為「萬有」之根，在「染」時之根，則名為「阿賴耶識」，為「無明種子習氣雜染」之依託處，是煩惱根。「阿賴耶」為「有為法」，隨萬有生滅轉變，故「轉

識成智」，「妄識」自「空」，作為「萬有所依」之根本是「無為法」，不變動則恢複本面，所謂「阿賴耶」有「識、智」之分，轉「識」之「根」，稱為「淨根」，「染淨」都是「一根」，又名為「根之根」，實即僅是一「如來藏」分位所立之「名」，所以並沒有「有為」轉為「無為」的問題。(詳覺囊派書《文選》頁 207)

「如來藏」如「虛空」，非空無一物，有「智慧」不二智，此為「本具」，非「緣生法」，若「因緣」生法，終有斷滅。故「如來藏」智慧則為甚深之「空性」，乃「真常之自性」。(詳覺囊派書《了義海論》頁 234、236、238)

「如來藏」自性為「自覺智」，或稱「不二智」，此即眾生之「覺性」，佛與眾生僅是「迷悟」之差，他們說「二取空」後之根「不可空」，如證「二取空」，誰知證了「空性」，知此即是「自覺智」，若無此智，則成「頑空斷空」。「自覺智」是有，此頗符合諸大續部之旨趣。(詳覺囊派書《知識總匯》頁 550)

「能、所」二取，是虛妄分別，是客塵，有始有終之法，屬「自空」。而剩下的即此「自覺智」，屬本具，「真常自性」，是為「如來藏」脫去所裹穢衣，離去世俗之染即為「勝義如來藏」。如來藏之「自覺智」即為「佛性」，是由悟得來的，不是由修得來的。

一切虛妄分別去了，才能顯露出「如來藏」包含宇宙萬有之真機的真本面。 說畢竟空者，認為一切皆空，他們忽略了如來藏的「秘奧」和「自覺之妙智」。不管真妄心，心皆非若木石，有「靈明妙覺」，稱為「不二智」，即明空雙運之智也。(詳覺囊派書《了義海論》頁 233、詳覺囊派書《他空精義》頁 234)

二十三、《楞伽經師資記》介紹

唐代淨覺集於景龍二年(708)頃，又稱《楞伽師資血脈記》，收於《大正藏》第八十五冊，內容記述《楞伽經》八代相承傳持之經過。中國禪宗初期，原有「南、北」宗之分，而各宗所撰之「傳承史」皆以其本宗之傳承為正統。《楞伽師資血脈記》即站在「北宗」立場所撰述之初期禪宗傳承史，由於初期宗師之傳法特重《楞伽經》，故名為《楞伽師資記》。

本書內容次序如下：(一)《楞伽經》之譯者求那跋陀羅。(二)菩提達摩。(三)慧可。(四)僧璨。(五)道信。(六)弘忍。(七)神秀、玄賾、老安。(八)普寂、敬賢、義福、惠福等八代傳承，以上均屬「北宗」禪系統。

　　《楞伽師資記》於敦煌發現後，對研究「北宗禪」有急速之發展，因為本書有另一特色，即對於弘忍之「付法」一事，與一般所習知者(即《壇經》等「南宗禪」所傳者)大異。本書內容竟謂：弘忍門下有十大弟子，即神秀、智詵、惠藏、玄約、老安、法如、惠能、智德、義方、玄賾等。其中以神秀、玄賾二人最為弘忍所重視，至於惠能之地位，竟然並無「突出」之處。《楞伽師資記》的「原版」目前現存於「倫敦大英博物館」與「巴黎國民圖書館」中。

　　神秀是弘傳「北宗禪」的，所以他是「北宗」之祖。神秀於唐中宗神龍二年 (公元706年) 示寂時，中書令張說製神秀碑文，其中就記載了一句重要的話說：「特奉《楞伽》，遞為心要」之句，可見神秀非常認真的從五祖弘忍那邊習學了《楞伽經》的精華，並以《楞伽經》作為禪宗全部的心要法門。相對的，惠能則選定《金剛經》為傳承法門。可以粗略的說：神秀是「楞伽派」，惠能是「金剛派」。

代	人名
一	劉宋‧求那跋陀羅
二	梁‧菩提達摩
三	唐‧慧可
四	唐‧僧粲
五	唐‧道信
六	唐‧弘忍
七	唐‧神秀、玄賾、老安
八	唐‧普寂 (651～739)、敬賢、義福、惠福

　　《楞伽經師資記》云：自宋朝以來，大德禪師，代代相承。起自宋求那跋陀羅三藏，歷代傳燈，至于唐朝，總「八代」。得道獲果，有「二十四人」也。

二十四、惠能與《楞伽經》的關係

　　六祖惠能是否也繼承了達摩的「楞伽禪」？這是個有趣的問題。我們先引惠能的開悟偈頌：「菩提本無樹，明鏡亦非臺。佛性常清淨，何處有塵埃」(現流通版作：本來無一物，何處惹塵埃。此乃晚唐‧惠昕所改)，這與《楞伽經》「自性清淨，客塵所覆故，猶見不淨」的經文是不謀而合的。當代佛學大師印順亦認為惠能的法門實際上仍是《楞伽》的「如

來禪」，印順法師引惠能的再傳弟子馬祖 道一的話來證明，如《佛祖歷代通載・卷十四》馬祖 道一禪師說：「達摩……傳上乘一心之法……引《楞伽經》文，以印眾生心地，恐汝顛倒，不自信此心之法各各有之」。引文中的「**此心**」，指的就是《楞伽經》所說的「**真實心**」，可見惠能及其門下所傳仍然是達摩的「楞伽禪」。

一、就整體而言，《六祖壇經》到處說「**即心即佛**」、「**見性成佛**」，即可說明惠能是主張「唯心論」或「如來藏」學說的。如《壇經》云：「吾今教汝……見自心佛性，汝等自心是佛，更莫狐疑」。此一「佛性」就是眾生的「自性、本性」或「本心」，它相當於《楞伽經》所說的「如來藏」或 自證聖智心」。

二、《壇經》中的弟子「機緣品」中也曾經記載智通法師研讀《楞伽經》的情形，云：

僧**智通**，**壽州**(今安徽省 壽縣)**安豐人**，初看《楞伽經》約**千餘遍**，而不會「**三身、四智**」，禮師求解其義。師(惠能大師)曰：「**三身**」者，

清淨法身，汝之「性」也。
圓滿報身，汝之「智」也。
千百億化身，汝之「行」也。

從智通法師與惠能的對話，我們可以發現惠能大師將《楞伽經》「三身」思想「簡化」了。原《楞伽經》的「三身佛」的確有點複雜，現將經文說明如下：

大慧！「**法依佛**」(報身佛)說：一切法(皆)入「**自相**」(與)「**共相**」。(眾生以)「**自心**」(所)現**習氣**(薰習為其)**因**，(不斷的)**相續**(繫縛於)**妄想**，(一切皆是)**自性**(對習氣妄想的)**計著因**(計量執著之因)……**大慧**！(此)是名「**依佛**」(報身佛)說法。

大慧！「**法**(身)**佛**」者：(為)「**離心自性相**」。(為)「**自覺聖所緣境界**」(自內身聖智證法所緣之境界)，(而)**建立施作**。

大慧！「(應)**化佛**」者：說「**施、戒、忍、精進、禪定**」及「**心智慧**」。離「**陰、界、入**」(法)。(求)**解脫**(者,應於諸)**識相**(的)**分別**(行相上),(去)**觀察**(與)**建立**(之)。(應)**超**(越)「**外道**」見、(超越)「**無色**」見。

大慧！又「**法**(身)**佛**」者：離(能)**攀緣**、(所)**攀緣離**，(於)一切「**所作、根量**(諸根所思量的境界)」(等)**相**(而令)**滅**。(法身佛乃)**非諸**「**凡夫、聲聞、緣覺、外道**」(境界),(彼等外道仍)**計著**(計量執著)「**我相**」所著境界。(應於)「**自覺聖**」(自內身聖智證法的)**究竟差別相**(上而)**建立**。

三、《壇經》說：「**我本元自性清淨**」、「**世人性本清淨**」。此一「本淨的自性」又是「**常住不動**」的，如云：「**真性常自在……於第一義而不動。**」雖這個「常住不變」的自性是本淨的，可是如同《楞伽經》所說一樣，會被「**客塵**」所覆，如《壇經》云：「**人性本淨，由妄念故，蓋覆真如。世人性本清淨……被妄念浮雲蓋覆自性，不得明朗**」。引文中雖以「**浮雲**」代替《楞伽經》的「**客塵**」名詞，但這個「**浮雲**」指的就是「妄念」，此「妄念」和《楞伽經》所說：大慧！(所謂)「阿黎耶識」者，(原本亦即是)名(為)「如來藏」(的)！而(阿黎耶識會)與(生起)「無明」(住地的前)七識共俱。此即指「阿賴耶識」乃會與生起「無明住地」的「前七識」共俱，這個觀點與《壇經》所說是相同的。

四、從《壇經》另一段話可以看得更清楚，如云：「**自性能含萬法，名『含藏識』。若起『思量』，即是『轉識』，生『六識』、出六門**(六根)**、見六塵。如是一十八界，皆從自性起用**」。引文中說到「**自性能含萬法**」，名「**含藏識**」，這其實就是《楞伽經》所說一切法唯心所現的「藏識」思想。《大乘入楞伽經·卷第一》中說：(如來觀)見(大)海波浪，觀其「眾會」(之)「藏識」(阿賴耶識)大海，(被六塵)境界風(所吹)動，(於是)轉識(前七識)(生)浪(生)起。這是說原本性淨的「藏識」(第八識)，如果生起「思量」分別(第七識)，即隨「前六識」共俱。「六根身」乃妄執「六外境」，因而有「根、境、識」和合所生起的一切法，其實這都是從「自性起妄念分別」所產生的作用。《壇經》的「藏識」思想，與《楞伽經》思想是一致的。

五、《壇經》另外還提到如同《楞伽經》所說的「宗通」與「說通」的思想。《楞伽阿跋多羅寶經·卷第三》云：爾時大慧菩薩復白佛言：世尊！唯願為我及諸菩薩說「宗通相」(siddhānta 宗義；教理；成就-naya 理趣；正法；真實-lakṣana 相→宗趣法相。《六祖壇經》名此為「心通」，指證悟自己本來心性，遠離一切語言文字及種種妄想)。若(能)善分別「宗通相」者，我及諸菩薩(即能)通達是相，通達是相已，(即能)速成「阿耨多羅三藐三菩提」，不(再)隨(妄)覺想」及「眾魔外道」……佛告大慧：一切「聲聞、緣覺、菩薩」有二種「通相」。謂：「宗通」及「說通」(deśanā-naya-lakṣana 所說；言說；巧說；能說；說法；說通。指能隨眾生根機，以巧方便為之說法)。《壇經》則云：「**說通**」及「**心通**」，如日處虛空。惟傳「**見性法**」，出世破「**邪宗**」。

六、《楞伽經》提到不該立「一切法不生宗」，因為若有所「立」，則相對的就有「不立」產生。諸法的最高境界是泯除「相對」法，是「如是如是」的離言絕相，故不應另立一個「**諸法不生宗**」，如《楞伽阿跋多羅寶經·卷第三》云：

復次大慧！「一切法不生」者，菩薩摩訶薩不應立是「宗」，所以者何？……說「一切法不生」宗，彼「宗」則「壞」……以宗「有待」而生故。……謂：「一切法不生」，如是「一切法空」，如是「一切法無自性」，不應立「宗」。(所謂「一切法不生、一切法空、一切法無自性」均不應立宗)

底下用五點來作詳細解說：

❶「一切法即是不生」，則為無所「宗」之法體，既已無所宗，又何有「法」所立呢？
❷既立了一個「宗」義，則必有「成宗」之「因」，則「一切法不生宗」就有了一個「生」相了。
❸「一切法不生」是「相待」而生的，並不是一種超越「相待」的「不生」理論。
❹既是由「相待」而生的「諸法不生宗」，那就會落於世間「生滅」的一切法中了，也不得名為「不生」理論了。
❺既是「不生」，就是「不壞」相，既然從本已來就是「不生」，故不可再另立一個「不生相」。若另立一個「不生」宗，那就等於成立了一個「生」宗，有了「生」，就會有「滅」與「壞」，那就會造成「自己破壞」了自己的「宗派」了。

《壇經》對「不立」的思想也有相同的看法，如《壇經・頓漸第八》云：

志誠再啟師曰：如何是「不立」義？師曰：自性「無非、無癡、無亂」，念念「般若觀照」。常離「法相」，自由自在。縱橫盡得，有何可「立」？自性自悟，頓悟、頓脩，亦無「漸次」，所以「不立」一切法。

《壇經・頓漸第八》云：
若「悟自性」，亦不立「菩提涅槃」，亦不立「解脫知見」。無一法可得，才能建立萬法。

《南宗頓教最上大乘摩訶般若波羅蜜經六祖惠能大師於韶州大梵寺施法壇經一卷》(敦煌版壇經)則更清楚的說：

然此教門立「無念」為宗，世人離「境」，不起於「念」，若「無有念」，「無念」亦不立。

可見的惠能大師的思想與《楞伽經》的思想脈絡的確有很多相承之處。

　　從上所述可知，惠能所弘傳的仍然是不離達摩「楞伽禪」的思想。

二十五、本經經文中獨特之處

1、在大乘經典中，如《般若》、《法華》、《華嚴》等經，都會出現有眾多的「佛、菩薩」之名字，如「彌勒、文殊、普賢、觀音」等，有時也看到有小乘聖者，如舍利弗、目犍連、阿難等尊者出現，並參預其事。可是本《楞伽經》唯有「大慧菩薩」一人的參與而已。除此外，本經並無佛之「千二百五十」常隨眾諸弟子，甚至經中之「大比丘僧」及「大菩薩眾」皆來自他方國土，並非是娑婆世界之人。也就是莫非本經的「聽眾」都只能是從「外國」來的大慧菩薩與「大菩薩眾」與「大比丘眾」等人？沒有來自「地球」上佛陀的「千二百五十」常隨眾弟子的「參加」？

2、在唐譯七卷《大乘入楞伽經》，或魏譯十卷的《入楞伽經》中，另有楞伽城主羅婆那(在《楞伽經》又名為「楞伽王」)出現於〈請佛品第一〉中。但最原始之《楞伽》四卷譯本，從始至終，只有「佛陀」與「大慧」二人之間交談內容而已。

3、在《楞伽阿跋多羅寶經》卷首中有說到一句：「爾時大慧菩薩(Mahā-prajñā 或 Mahā-mati)與摩帝菩薩(Mahā-mati)，俱遊一切諸佛剎土」。照理來說，此「摩帝菩薩」即是「大慧菩薩」之梵文音譯。《楞伽經》的當機眾是「大慧菩薩」，「大慧菩薩」的名字梵文音譯全稱應是「摩訶摩帝 Mahā-mati」。但卻在劉宋譯的四卷本，和唐譯的七卷本中，只譯為「摩帝」，但在魏譯的十卷本中卻譯為「大慧」。所以無論從「梵音」，或是「漢譯」來看，「摩帝」與「大慧」究竟是同一個名字，同一人？還是同名的兩個人呢？若是二人，為何用同一名字？若是同一人，「自己與自己」，究竟作何解釋？而魏譯的《入楞伽經》中所說的：「爾時聖者大慧菩薩與諸一切大慧菩薩，俱遊一切諸佛國土」。為何是「大慧菩薩」與「一切」的「大慧菩薩」呢？

4、唐譯七卷本的《大乘入楞伽經》云：**爾時世尊以神通力，於彼**(諸)**山中，復更化作**(更多)**無量「寶山」，悉以諸天百千萬億「妙寶」**(而)**嚴飾。**(於)**一一**(實)**山上，皆**(示)**現**(有)**佛身。**

(講法的佛陀，有無量無邊，變化出生在一一的寶山頂上。聽法的大眾&大慧菩薩，亦有無量無邊，都在一一佛的面前恭敬請法、聞法中)

(於)**一一佛前，皆**(現)**有羅婆那王及其眾會。**(於)**十方所有一切國土**(亦)**皆於中**(而顯)**現。**(於)**一一國中悉有如來，**(於)**一一佛**(身)**前，咸有羅婆那王并其眷屬。**(有無量的)**楞伽大**

城阿輸迦園(aśoka 無憂樹)，**如是莊嚴**，(平)**等無有異**，(於)**一一**(佛身之前)**皆有大慧菩薩
而興請問**(法)。**佛為**(眾等)**開示**「**自證智境**」(自內身聖智證法)。

「一一皆有**大慧菩薩**而興請問」，於一一佛身之前，皆有**大慧菩薩**而興請問法，這
是佛陀以「大神通力」化現而來的境界，因此吾人今天正在「研討」本經，不就也是
「直接置身」於佛陀所化現之「列」嗎？所以《楞伽經》之「當機眾」並不是只有一
位與佛陀交談的「大慧菩薩」。應該說：凡發心研讀或講授本經者，皆在「當機眾」
之列的。

5、本經富有「大乘唯識、唯心理論、般若空性」的哲理思維特徵，同時也具有「外道
哲學」的意蘊。唯有飽學過「中觀、唯識、如來藏」之士，才有能力研讀本經，一
般常人很難完全領會經中的深意。即使是已經很深入的了解佛教思想的人，但對
於「印度哲學」卻沒有深入研究過，其實也很難了解本經中的許多「術語」和邏輯
「理論」。

二十六、「曹溪禪」中含有《楞伽》祖統的實質
之事實

「曹溪禪」中含有《楞伽》祖統的實質之事實，學術界亦中多有此主張。如楊惠
南《壇經中之自性的意含》、《禪史與禪思》頁 209。郭朋《隋唐佛教》頁 526，皆
主張這樣的觀點。

唐・馬祖 道一所傳的禪法，特別重視《楞伽經》。在《祖堂集》中，他說「每謂
眾曰：汝今各信自心是佛，此心即是佛心，是故達摩大師自南天竺國來，傳上乘一
心之法，令汝開悟，又數引《楞伽經》文，以印眾生心地，恐汝顛倒，不自信此一心
之法，各各有之。故《楞伽經》云：『佛語心為宗，無門為法門』。」(詳《祖堂集・卷十
四》，《高麗藏》第 45 冊頁 274 中)

引文中可見《楞伽經》在馬祖時代非常地受到重視，這樣的思潮，對他所開啟
的「洪州宗」，也有著一定的影響。如《祖堂集》中載有仰山弟子道存的提問：「馬大
師語本及諸方老宿，數引《楞伽經》，復有何意(詳《祖堂集・卷十八》)？從這資料看來，
馬祖的影響力確實存在；另外「諸方老宿」引用《楞伽經》的情況，在當時禪門中是
非常普遍的，尤其是初唐禪宗派之一「保唐宗」的無住和尚(714～774)，他對《楞伽經》

的重視，較馬祖可謂有過之而無不及，《曆代法寶記》記錄無住和尚引用《楞伽經》的次數就有十一次之多！

禪宗五門「神會、臨濟、溈 仰、雲門、法眼」的思想中，也都可見禪師們引用《楞伽》或經文中「唯識學」的理念。例如：

神會說：「夫求解脫者，離身意識，五法、三自性、八識、二無我……」這些觀念，完全是引自《楞伽》經文。（參《南陽和上頓教解脫禪門直了性壇語》，詳楊曾文編《神會和尚禪話錄》頁 8）

「臨濟宗」義玄 慧照禪師說：「莫隨境緣分別，所以心生種種法生，心滅種種法滅」。（詳《天聖廣燈錄》，卷十一）

溈 山 大圓禪師說：「三界二十五有，內外諸法，盡知不實，從心變起，悉是假名」。（參《禪門諸祖偈頌·卷二》）

《人天眼目卷之四·溈仰宗》載：
師諱靈祐……得法於百丈 海和尚，初至大溈木食澗飲，十餘年始得仰山 慧寂禪師，相與振興其道……師謂仰山曰：吾以「鏡智」為宗要，出三種生，所謂「想生、相生、流注生」。
其中「想生、相生、流注生」都是《楞伽經》中名相。

「雲門宗」說：「教云：心生種種法生，心滅種種法滅。」（詳《古尊宿語錄·卷十六》）

「法眼宗」說：「三界唯心，萬法唯識。」（詳《景德傳燈錄·卷二十九》）

這都是明確運用了「唯識學」的觀念。

「曹溪禪」確實採用《楞伽經》結合「唯識」理論而成為「如來禪」的修法，它將《楞伽經》中那套極繁瑣的「唯識觀念」體系簡化了，將它濃縮成最精簡而完整的綱要，借此與「如來藏」學方便互相搭配運用以廣度眾生。

二十七、《楞伽經》所提的龍樹非龍樹也

　　龍樹之梵名與譯名，依《龍樹菩薩傳》、《大唐西域記‧卷八》、《十二門論宗致義記‧卷上》等之說，其梵名為 Nāgārjuna。又梵文《菩提行經》、月稱之《中論釋》、師子賢之《般若釋》等，亦皆舉出 Nāgārjuna 之名。

　　但在梵文《入楞伽經》（詳 **53-18**）中譯為「龍樹」之名的梵文是 Nāgāhvaya，故應譯為龍叫、或龍猛。據多羅那他之《印度佛教史》第十七章則謂龍樹與龍叫為不同之二人，龍叫為龍樹之弟子，與提婆是為同時代之人，住於那爛陀寺。印順法師即依準上記說法，於所著《空之探究‧第四章之一》，謂龍叫（或龍猛）並非龍樹，其年代遲於龍樹，活躍於公元 320 年以後之旃陀羅笈多王之時代。

二十八、《楞伽經》的結集早於《中論》與《唯識三十頌》？

近代學者大致都認為《楞伽經》的「結集」比龍樹的《中論》還晚，甚至也有認為比世親更晚。但最近丹麥籍學者 C. Lindtner 提出了從《中論》各品「結頌」與《楞伽經》的對比，推論出《中論》實應受了《楞伽經》的影響。又如唐・法藏《入楞伽心玄義・第八部類傳譯》中就說：

《次(中)本》有「三萬六千頌」，如此所翻諸梵本中皆云「三萬六千偈」。經中某品，即備答「一百八問」，如吐火羅(Tukhara 睹貨邏、吐火羅，或名為 Bactria 大夏，位於中亞阿姆河流域之古國名，即今阿富汗、烏茲別克、塔吉克間)**三藏彌陀山**(即指寂友法師)**親於天竺受持此本。復云：西國現有龍樹菩薩所造《釋論》，解此一部。**

既然「現有龍樹菩薩所造釋論，解此一部」。那龍樹不就早已注「解」過或「引用」過《楞伽經》嗎？所以一般都說《楞伽經》的結集比較「晚」，但是《楞伽經》的「經義」與「偈頌義理」應在龍樹之「前」就已經開始流行了。

Lindtner 指出龍樹的《中論》及《不思議讚》都曾多次引用《楞伽經》的「偈頌」。而在 Lambert Schmithausen, "A Note on Vasubandhu and the Laṅkāvatāra-sūtra," Asiatische Studien (XLVI・1・1992)的論文中，也證明了世親的《唯識三十頌》亦引用《楞伽經》義理。

由於在《楞伽經》中出現有關於龍樹(龍樹的梵文本名作 nāgārjuna，但《楞伽經》此處的梵文卻作 nāgāhvaya，故正確應譯為龍叫或龍猛。龍樹與龍叫為不同之二人，龍叫為龍樹之弟子)事蹟的記載，所以某些學者就會推論出《楞伽經》的出現「時期」一定是「晚」於龍樹；但由於今日所見魏譯、唐譯本《楞伽經》，已與最初劉宋譯本內容有些許的「差異」，因此我們合理可以推論出：《楞伽經》應是「非一時一地之作」，所以無從判斷出《楞伽經》中所出現的龍樹此人究竟是真龍樹？還是名為龍叫呢？

即使《楞伽經》中有可能與《中論》各品的「結頌」意義「相近」的頌文，但在「詮釋」上也不能說《中論》一定是奠基於《楞伽經》上的。因為若從龍樹《中論》大致都在批駁部派「說一切有部」等論師「執有」的偏見來看，在「立敵共許」的原則下，龍樹評破「論敵」時，必須一定要引用《楞伽經》嗎？這也是一個相當可討論的論文

觀點了。

下面是《楞伽經》與《中論》有著「相對應」的字句，製表如下：

《楞伽經》	《中論》
非於「生死」外有「涅槃」。 非於「涅槃」外有「生死」。 「生死、涅槃」無相違相，如「生死、涅槃」，一切法亦如是，是名「無二相」。 大慧！涅槃「不壞、不死」， 若涅槃「死」者，復應受「生、相續」。 若「壞」者，應墮「有為相」， 是故涅槃「離壞、離死」，是故修行者之所歸依。	無得亦無至，不斷亦不常。 不生亦不滅，是說名涅槃。 涅槃不名有，有則老死相。 終無有有法，離於老死相。 若涅槃是有，涅槃即有為。 終無有一法，而是無為者。 (觀涅槃品第二十五) 涅槃與世間，無有少分別。 世間與涅槃，亦無少分別。 涅槃之實際，及與世間際。 如是二際者，無毫釐差別。 (觀涅槃品第二十五) 不離於生死，而別有涅槃。 實相義如是，云何有分別。 　(觀縛解品第十六)
諸聲聞盡智，諸佛如來生。 一切辟支佛，無和合而生。(魏本) 於煩惱隨眠，離苦得解脫。 聲聞為盡智，緣覺寂靜智。(唐本) 緣覺眾與諸菩薩，由除煩惱而成就， 於彼有中無外色，外境唯心所自見。(談錫永梵本新譯)	若佛不出世，佛法已滅盡。 諸辟支佛智，從於遠離生。 (鳩摩羅什觀涅槃品第十八) 諸佛未出世，聲聞已滅盡。 然有辟支佛，依寂靜起智。 (波羅頗密多羅《般若燈論》) 正覺不出世，聲聞復滅盡。 彼緣覺正智，從於厭離生 (法護《大乘中觀釋論》)
我常說空法，遠離於斷常。	所有受法者，不墮於斷常。

生死如幻夢，而業亦不壞。 虛空及涅槃，滅度亦如是。 愚夫妄分別，諸聖離有無。	因果相續故，不斷亦不常。 （觀成壞品第二十一） 如幻亦如夢，如乾闥婆城。 所說生住滅，其相亦如是。 （觀三相品第七） 雖空亦不斷，雖有亦不常。 業果報不失，是名佛所說。 （觀業品第十七） 定有則著常，定無則著斷。 是故有智者，不應著有無。 （觀有無品第十五）
猶如火所成，理趣似非似。 如火頓燒時，然可然皆具。 妄取我亦然，云何無所取。 若生若不生，心性常清淨， 外道所立我，何不以為喻。	若謂然可然，二俱相離者。 如是然則能，至於彼可然。 若因可然然，因然有可然。 先定有何法，而有然可然。 （觀然可然品第十）
如不生子，無父名。如未有子，不得言父。 如刀不自割，如指不自觸。 如心不自見，其事亦如是。 如刀不自割，指亦不自指。 如心不自見，其事亦如是。	如一切諸法，生相不可得， 以無生相故，即亦無滅相。（7） 諸法不自生，亦不從他生。 不共不無因，是故知無生。 （觀因緣品第一） 法不自相滅，他相亦不滅。 如自相不生，他相亦不生。 （觀三相品第七） 法不自體滅，他體亦不滅。 如生不自生，他體亦不生。 （法護《大乘中觀釋論》）

為遮於「能作」，說「因緣和合」。 為遮於「常」過，說「緣」是「無常」。 因緣應「和合」，以遮「因」生法。 我遮於「常」過，若諸緣無常。 非「本生、始生」，諸因緣無體。	諸佛或說「我」，或說「無我」。 諸法實相中，無「我」、無「非我」。 若法從「緣」生，「不即、不異」因。 是故名實相，「不斷」亦「不常」。 （觀法品第十八） 以有空義故，一切法得成， 若無空義者，一切則不成。（２２）
真如離心法，遠離於分別。 若無清淨法，亦無有於染， 以有清淨心，而見有染法。	不因於淨相，則無有不淨。 因淨有不淨，是故無不淨。 不因於不淨，則亦無有淨。 因不淨有淨，是故無有淨。 （觀顛倒品第二十三）
我說於世間，無有於本際， 生死無前際，是我之所說。	大聖之所說，本際不可得。 生死無有始，亦復無有終。 （觀本際品第十一） 非但於生死，本際不可得。 如是一切法，本際皆亦無。 （觀本際品第十一）
<u>大慧</u>！此「空無生、無自性、無二相」，悉入一切諸佛所說「修多羅」中。佛所說經皆有是義。 諸法「無自性」，亦復無言說，不見「空、空義」，愚夫故流轉，一切法「無性」，離語言分別。 謂諸佛菩薩觀一切法皆「無有相」，「不生、不滅」，「非有、非無」。證法無我，入如	眾因緣生法，我說即是空， 亦為是假名，亦是中道義。（２４） 以有空義故，一切法得成， 若無空義者，一切則不成。（２２） 未曾有一法，不從因緣生， 是故一切法，無不是空者。（２４） 是故經中說，若見因緣法，

來地。	則為能見佛，見苦集滅道。（２４）
我從某夜得最正覺，乃至某夜入般涅槃。於其中間「不說一字」，亦不已說、當說。	如來過去時、現在時、滅度後，皆不言「有」與「無」。 諸法不可得，滅一切戲論，無人亦無處，佛亦無所說。 諸法實相者，心行言語斷，如是性空中，思惟亦不可。 若有不空法，則應有空法。實無不空法，何得有空法。（１３） 大聖說空法，為離諸見故，若復見有空，諸佛所不化。（１３）
大慧！如是如來法身之相，於五陰中不可說「一」、不可說「異」。 於解脫中不可說「一」、不可說「異」。 於涅槃中不可說「一」、不可說「異」。 如是依解脫故，說名如來法身之相。 ……	若我是五陰，我即為生滅。若我異五陰，則非五陰相。 （觀法品第十八） 非陰不離陰，此彼不相在。如來不有陰，何處有如來。 （觀如來品第二十二） 若於一異中，如來不可得。五種求亦無，云何受中有。 （觀如來品第二十二）
大慧菩薩復白佛言：世尊！彼迷惑法為「有」？為「無」？ 佛告大慧：彼迷惑法「執著」種種相故名「有」。大慧！彼迷惑法於妄想中若是「有」者，一切聖人皆應不離執著「有、無」虛妄法故。	此相對於《楞嚴經‧卷四》之理 佛告富樓那：譬如迷人，於一聚落，惑「南」為「北」，此迷為復因「迷」而有？因「悟」所出？ 富樓那言：如是迷人，亦不因「迷」，又不因「悟」。何以故？

	「迷」本「無根」，云何因「迷」？悟非生「迷」，云何因「悟」？
	佛言：彼之迷人，正在迷時，倐(忽然) 有「悟人」，指示令悟。
	<u>富樓那</u>！於意云何？此人縱迷於此聚落，更生「迷」不？
	不也！世尊！
	<u>富樓那</u>！十方如來亦復如是。
	此迷無本，性畢竟空。
	昔本無「迷」，似有迷覺(好似有被迷惑的感覺)。
	覺迷迷滅(覺悟這個「迷惑」後，這個「迷惑」就會消滅了)，「覺」不生迷。

二十九、《楞伽經》經文難句解例舉

黑字體加 黑框 ，表示《大正藏》原經文的「排列」及「斷句」模式。

下面則是重新「段句」及「排列」的情形。

劉宋・求那跋陀羅譯 （Guṇabhadra）	元魏・菩提流支譯 （Bodhiruci）	唐・實叉難陀與復禮等譯 （Śikṣānanda）
四卷	十卷	七卷
公元 443 年譯畢 距今接近 1600 年了	公元 513 年譯畢 距今約有 1500 多年了	公元 700 年譯畢 距今約有 1300 多年了
《楞伽阿跋多羅寶經》	《入楞伽經》	《大乘入楞伽經》
因所作相異不異。合業生相深入計著。	因事相故。遞（同遞字）共不相離故。業體相使縛故。	大慧。因所作相非一非異。業與生相相繫深縛。
因「所作相」（乃）「異、不異」。合「業、生相」，深入「計著（計量執著）」	因「事相」故，迭共「不相離」故。「業、體相」使縛（繫縛）故	大慧！因「所作相」（乃）「非一、非異」。「業」與「生相」相繫深縛

劉宋・求那跋陀羅譯 《楞伽阿跋多羅寶經》	元魏・菩提流支譯 《入楞伽經》	唐・實叉難陀與復禮等譯 《大乘入楞伽經》
大慧。得自覺聖差別樂住菩薩摩訶薩。非滅門樂正受樂。顧憫眾生及本願不作證。大慧。是名聲聞得自覺聖差別相樂。菩薩摩訶薩於彼得自覺聖差別相樂。不應修學。	大慧。菩薩摩訶薩入諸聲聞內證聖行三昧樂法。而不取寂滅空門樂。不取三摩跋以憫愍眾生故起本願力行。是故雖知不取為究竟。 大慧。是名聲聞內身證聖修行樂相。大慧。菩薩摩訶薩應當修行內身證聖。修行樂門而不取著。	菩薩摩訶薩雖亦得此聖智境界。以憫愍眾生故。本願所持故。不證寂滅門及三昧樂。諸菩薩摩訶薩。於此自證聖智樂中不應修學。
大慧！（亦有獲）得（與二乘一樣的）「自覺聖差別樂住」菩薩摩訶薩。	大慧！菩薩摩訶薩（亦能得）入「諸聲聞內證聖行三昧樂法」。	菩薩摩訶薩雖亦（有）得（於）此（二乘所證的）聖智境界。

①(但菩薩)非(去取執於)「滅門樂(nirodha-sukha)、正受(samāpatti 等至)樂」。	①(但菩薩)而不取(執於)「寂滅空門樂」(nirodha-sukha)，不取(執於)「三摩跋提」(samāpatti 等至、正定現前)樂。	②(但菩薩)以憐愍眾生故，(由)「本願」所持(之)故。
②(菩薩為了)顧憫眾生及(其)「本願」(力故)，(故)不作(去取)證(寂滅空門樂與正受樂)。	②(菩薩)以憐愍眾生故，起「本願力」行，是故雖知(而)「不取」(不取執)為究竟。	①(故菩薩)不(去取)證「寂滅門(nirodha-sukha)」及「三昧樂」。
③大慧！(此)是名「聲聞得自覺聖差別相樂」。	③大慧！(此)是名「聲聞內身證聖修行樂相」。	
④(諸)菩薩摩訶薩於彼(二乘所)得(的)「自覺聖差別相樂」(時)，(皆)不應修學。	④大慧！菩薩摩訶薩應當修行(菩薩之)「內身證聖」，(應)修行(菩薩之)「樂門」而「不取著」。	④諸菩薩摩訶薩於此(二乘所得的)「自證聖智樂」中，(皆)不應修學。

劉宋·求那跋陀羅譯《楞伽阿跋多羅寶經》	元魏·菩提流支譯《入楞伽經》	唐·實叉難陀與復禮等譯《大乘入楞伽經》
大慧。此諸聲聞乘無間外道種性。不出出覺。為轉彼惡見故應當脩學。	大慧。是名聲聞乘外道性。於非離處而生離想。大慧。汝應轉此邪見脩行如實行故。	此是聲聞乘及外道種性。於未出中生出離想。應勤脩習捨此惡見。
大慧！此諸「聲聞乘無間、外道種性」。	大慧！(此)是名「聲聞乘、外道性」。	此是「聲聞乘」及「外道種性」。
(於)不「出」；(而生)「出」(之妄)覺。(指於未「究竟出離解脫處」，而作已達「究竟出離解脫」之想)	於「非離」處；而生「離想」。(指於未「究竟出離解脫處」，而作已達「究竟出離解脫」之想)	於「未出」(離)中；(而)生「出離想」，
為轉(化)彼(聲聞與外道之)「惡見」，故(汝)應當修學。	大慧！汝應轉此(聲聞人與外道之)「邪見」，修行「如實」(之)行故。	應勤修習捨此(聲聞人與外道之)「惡見」。

劉宋・求那跋陀羅譯《楞伽阿跋多羅寶經》	元魏・菩提流支譯《入楞伽經》	唐・實叉難陀與復禮等譯《大乘入楞伽經》
云何彼彼空。謂於彼無彼空。是名彼彼空。 大慧。譬如鹿子母舍。無象馬牛羊等。非無比丘眾。而說彼空。非舍舍性空。亦非比丘比丘性空。非餘處無象馬。	大慧。何者彼彼空。謂何等何等法處。彼法無此法有。彼法有此法無是故言空。 大慧。我昔曾為鹿母說殿堂空者。無象馬牛羊等名為空。有諸比丘等名為不空。而殿堂殿堂體無。比丘比丘體亦不可得。而彼象馬牛羊等非餘處無。	云何彼彼空。謂於此無彼。是名彼彼空。譬鹿子母堂無象馬牛羊等。我說彼堂空。非無比丘眾。 大慧。非謂堂無堂自性。非謂比丘無比丘自性。非謂餘處無象馬牛羊。

壹云何「彼彼空」(itaretara-śūnyatā 相對空；互相空；更互空；彼彼空)？謂：

貳於彼無彼「空」(喻如在講堂之「彼地」，沒有彼等之「象馬牛羊」的一種空)，是名「彼彼空」。(指「彼地」沒有「某些東西」，就說「彼地」是完全「空無」的)。

參大慧！譬如「鹿子母舍」，(只是暫時)無「象、馬、牛、羊」等，(所以可稱呼說「鹿子講堂」是「空」的)，「非無」(並非說完全沒有)比丘眾(等的存在)，而(只是)說彼(講堂目前暫時是)「空」。

壹大慧！何者「彼彼空」(相對空)？謂：

貳何等何等法處，彼法「無」；(相對的就說)此法「有」。彼法「有」；(相對的又說)此法「無」，是故言「空」。

參大慧！我昔曾為「鹿母」說殿堂(稱呼為)「空」者，(其實殿堂只是暫時)無「象、馬、牛、羊」等，(故)名為「空」。(假若)有諸比丘等(存在的話)，(則講堂)名為「不空」。

壹云何「彼彼空」(相對空)？謂：

貳於此無彼(喻如在講堂「此地」如沒有彼等之「象馬牛羊」)，是名「彼彼空」。(「彼彼空」亦名「互無空」，即於「彼地」沒有了「此物」，或於「此地」沒有了「彼物」，就說它是「空無」的。如在講堂「彼地」沒有「此地」之象馬牛羊，或在講堂「此地」沒有彼等之「象馬牛羊」)。

參譬如「鹿子母堂」(Mṛgāra-mātṛ-prāsāda)，(暫時)無「象、馬、牛、羊」等，我(則可稱呼)說彼(講)堂(為)「空」，「非無」(並非說完全沒有)比丘眾(等的存在)。(只是暫時沒有「象馬牛羊」等，故稱它為「空」)

| ㊗非舍(並非說講堂);舍性「空」(講堂一定沒有自體而空無。其實講堂只是暫時沒有象馬牛羊而已)。亦非比丘(並非說比丘);比丘性「空」(比丘一定沒有自體而空無。其實講堂如果有比丘來坐,就不會是空無一物了)。非餘處無「象、馬」。(只是講堂中暫時無「象馬牛羊」,並非是指所有其餘地方也沒有「象馬牛羊」) | ㊗而殿堂;殿堂「體」無(講堂一定沒有自體而成為空無斷滅嗎?其實講堂只是暫時沒有象馬牛羊而已)。比丘;比丘「體」亦不可得(比丘一定沒有自體而成為空無斷滅嗎?其實講堂如果有比丘來坐,就不會是空無一物了)。而彼「象、馬、牛、羊」等,非餘處無。(只是講堂中無「象馬牛羊」,並非是指所有其餘地方也沒有「象馬牛羊」) | ㊗大慧!非謂堂(並非說講堂);無堂「自性」(就沒有了講堂之自體性,成為空無斷滅)。非謂比丘(並非說比丘);無比丘「自性」(就沒有了比丘之自體性,成為空無斷滅)。非謂餘處無「象、馬、牛、羊」。(只是講堂中暫時無「象馬牛羊」,並非是指所有其餘地方也沒有「象馬牛羊」) |

劉宋·求那跋陀羅譯《楞伽阿跋多羅寶經》	元魏·菩提流支譯《入楞伽經》	唐·實叉難陀與復禮等譯《大乘入楞伽經》
非於涅槃彼生死。非於生死彼涅槃。異相因有性故。是名無二。	大慧。如世間涅槃一切諸法各各有二。大慧。何等涅槃。彼處無世間。何處世間。彼處無涅槃。以異因相故。	大慧。非於生死外有涅槃。非於涅槃外有生死。
非於「涅槃」(外而另有)彼「生死」,非於「生死」(外而另有)彼「涅槃」。 (涅槃與生死皆以)異相因(不同的異相為其因),(所以才能成為)「有」性(法)故,是名「無二」。	大慧!如「世間、涅槃」,一切諸法(看似)各各有「二」。大慧!何等「涅槃」彼處(而定)無「世間」?何處「世間」彼處(而定)無「涅槃」? (涅槃與世間皆)以「異因」(而成為其存有之)相故。	大慧!非於「生死」外(而另)有「涅槃」,非於「涅槃」外(而另)有「生死」。

劉宋·求那跋陀羅譯《楞伽阿跋多羅寶經》	元魏·菩提流支譯《入楞伽經》	唐·實叉難陀與復禮等譯《大乘入楞伽經》
復次大慧。彼中亦無相續及不相續相……	大慧。然無相續無相續相……	大慧。此中實無密非密相……

見相續寂靜。故於一切法。無相續不相續相。	大慧。以見分別有無法故。名為相續以見諸法寂靜故。名無相續。無相續。無相續諸法相。	隨順觀察。於若有若無分別密執。悉見寂靜。是故無有密非密相。
復次大慧！彼中亦無(眞實可得之)「相續」(繫縛)及「不相續」(解脫)相…… (若由觀察而)見(其)相續(繫縛相)、(或見其)「寂靜」(相)故。 (但究竟的佛法則應)於一切法無「相續(繫縛)、不相續(解脫)」相。	大慧！然無(眞實可得之)「相續(繫縛)、無相續(解脫)」相…… 大慧！以見分別(於)「有、無」法故，(此)名為「相續」(繫縛)。以見諸法(之)「寂靜」(相)故，(此又)名(爲)「無相續」(解脫)。 (但最究竟的佛法則爲)無「相續(繫縛)、無相續(解脫)」諸法相。	大慧！此中實無(眞實可得之)「密(繫縛)、非密(解脫)」相…… (若能)隨順觀察，於「若有、若無」(的一切法中)，(由)分別(心所生的)「密執」(繫縛)。(或又見一切法皆)悉見(其)「寂靜」(相)。 是故(究竟的佛法則)無有(眞實可得之)「密(繫縛)、非密(解脫)」相。

劉宋・求那跋陀羅譯《楞伽阿跋多羅寶經》	元魏・菩提流支譯《入楞伽經》	唐・實叉難陀與復禮等譯《大乘入楞伽經》
餘離有無無生之論。亦說言無。 謗因果見拔善根本。壞清淨因。勝求者當遠離去。作如是說。彼墮自他俱見有無妄想已。墮建立誹謗。以是惡見當墮地獄。	如是言。諸法不生不滅有無寂靜。彼人名為不正見者。 大慧。彼諸外道謗因果法。因邪見故拔諸一切善根白法清淨之因。 大慧。欲求勝法者當遠離說如是法人。彼人心著自他二見。執虛妄法墮於誹謗。建立邪心入於惡道。	於離有無無生之論。亦說為無。 此謗因果拔善根本。應知此人分別有無起自他見。當墮地獄。欲求勝法。宜速遠離。
①(其)餘(已)離「有、無」(者)，(或已得)「無生」之論(者)，(外道)亦說言(彼等皆是斷滅	①如是(於正見上)言：「諸法(本)不生不滅、有無(俱)寂靜」。彼(外道)人(則)名(此)	①於(正見上的)離「有、無」(者)，(或已得)「無生」之論(者)，(外道)亦說(彼皆)為(斷

虛)無。	為「不正見」者(指外道認為「已離有無，已得無生者」是「不正見」者)。	滅之虛)無。
②(外道)謗「因果」見，拔「善根」本，壞「清淨」因。	②大慧！彼諸外道謗「因果」法，因「邪見」故，拔諸一切善根「白法清淨」之因。	②此(外道)謗「因果」，拔「善根」本。
③「勝求」(欲求殊勝法要)者，當遠離去「作如是說」(會作如上邪見之說者)，彼(外道)墮「自、他、俱」見，(具)「有、無」妄想已，(將)墮「建立(samāropa 增益；建立)、誹謗(apavāda 損減；誹謗)」，以是「惡見」，當墮(入)「地獄」。	③大慧！欲求「勝法」者，當遠離「說如是法人」(會作如上邪見之說者)。彼(外道)人，心(執)著(於)「自、他」二見。執(著於)虛妄法，(將)墮於「誹謗(減損)、建立(增益)」，(因其)「邪心」(而)入於「惡道」。	③應知此(外道)人，分別「有、無」，(生)起「自、他」見，當墮「地獄」。欲求「勝法」(者)，宜速遠離(如上邪見之說者)。

劉宋・求那跋陀羅譯《楞伽阿跋多羅寶經》	元魏・菩提流支譯《入楞伽經》	唐・實叉難陀與復禮等譯《大乘入楞伽經》
而彼水泡非摩尼非非摩尼。取不取故。如是外道惡見妄想習氣所熏。於無所有說有生緣。有者言滅。	大慧。而彼水泡非寶珠非不寶珠。何以故。有取不取故。 大慧。彼諸外道因虛妄心分別熏習亦復如是。說非有法依因緣生。復有說言實有法滅。	然彼水泡非珠非非珠。取不取故。外道亦爾。惡見分別習氣所熏。說非有為生壞於緣有。
⑤而彼「水泡」，(實)「非摩尼、非非摩尼」。(眾生則有)「取、不取」(之分別心)故。	⑤大慧！而彼水泡(實)「非寶珠、非不寶珠」。何以故？(眾生則)有「取、不取」(之分別心)故。	⑤然彼水泡(實)「非珠、非非珠」。(眾生則有)「取、不取」(之分別心)故。

㈡如是外道，(因)惡見「妄想習氣」所薰，於「無所有」(的非真實法)，(竟)說有(真實的)生緣。 ㈢(外道於真實之)「有」(法)者，(又說)言(為斷)滅。	㈡大慧！彼諸外道因「虛妄心分別」(之)薰習，亦復如是，(故)說「非有法」(非真實法)依「因緣」(而有)生。 ㈢復(外道於真實之)「有」(法)，(竟)說言「實有法」(是斷)滅(的)。	㈡外道亦爾，(因)惡見「分別習氣」所薰，(故)說「非有」(而作)為(真實之有)生。 ㈢(然後外道又)壞(滅)於(從)緣(而生之真實)「有」(法)。

劉宋·求那跋陀羅譯 《楞伽阿跋多羅寶經》	元魏·菩提流支譯 《入楞伽經》	唐·實叉難陀與復禮等譯 《大乘入楞伽經》
譬如有人咒術機發。以非眾生數。毘舍闍鬼。方便合成動搖云為。凡愚妄想計著往來。	大慧。譬如有人依咒術力起於死屍。機關木人無眾生體。依毘舍闍力。依巧師力作去來事。而諸愚癡凡夫。執著以為實有。以去來故。	大慧。譬如木人及以起屍。以毘舍闍機關力故。動搖運轉云為不絕。無智之人取以為實。
譬如有人咒術(指起屍鬼以咒力令屍起)機發(如用機關令木人發動)，以非眾生數(並非真是活的眾生數)，(由)「毘舍闍鬼」(piśāca)方便合成(而發生)動搖(的現象)，(無智者即)云：(木人有動搖之自力行)為。 凡愚妄想計著(計量執著)「往、來」。	大慧！譬如有人依咒術力「起於死尸」，(就像)機關「木人」無眾生體，(乃)依「毘舍闍」(piśāca)力，(及)依巧師力，(而令木人)作「去、來」事。 而諸愚癡凡夫執著以為「實有」，以(以為真實有)「去、來」故。	大慧！譬如(有人依咒力驅使)「木人」及以「起屍」，(此乃)以「毘舍闍(鬼的附身力)，(就像後面有個)「機關」力(在推動)故，(遂讓木人)動搖運轉，(凡愚者)云：(木人有動搖之自力行)為(而)不絕。 無智之人取以為「實」。

劉宋·求那跋陀羅譯 《楞伽阿跋多羅寶經》	元魏·菩提流支譯 《入楞伽經》	唐·實叉難陀與復禮等譯 《大乘入楞伽經》

復次大慧。為淨煩惱爾燄障故。譬如商主。次第建立百八句無所有。善分別諸乘及諸地相。	復次大慧。諸佛說法離二種障煩惱障智障。如大商主將諸人眾。次第置於至未曾見究竟安隱寂靜之處。次第安置令善解知乘地差別相故。	大慧。諸佛說法為淨惑智二種障故。次第令住一百八句無相法中。而善分別諸乘地相。猶如商主善導眾人。
復次大慧！(諸法說法皆)為(眾生)淨(除)「煩惱(煩惱障)、爾燄(jñeya 識境;所知;境界;智境)」障故。 譬如商主(般的導引大眾)，次第(令眾生得)建立(於)「百八句」(之)無所有(無相法中)。 (再令能)善分別「諸乘」及「諸地」相。	復次大慧！諸佛說法，(為眾生能)離二種障「煩惱障、智障」。 如大商主，將(帶領)諸人眾，次第(將眾人安)置於至未曾見「究竟安隱寂靜」之處。 (於)次第安置(後)，(再)令(能)善解知「(諸)乘、(諸)地」差別相故。	大慧！諸佛說法，(皆)為(眾生)淨(除)「惑(煩惱障)、智(所知障)」二種障故， 次第令(眾生得)住(於)「一百八句」(之)無相法中。而(能)善分別「諸乘、(諸)地相」， 猶如商主，善(於)導(引)眾人。

劉宋·求那跋陀羅譯《楞伽阿跋多羅寶經》	元魏·菩提流支譯《入楞伽經》	唐·實叉難陀與復禮等譯《大乘入楞伽經》
佛告大慧。一切自性習氣藏意意識見習轉變。名為涅槃。諸佛及我涅槃。自性空事境界。	佛告聖者大慧菩薩言。涅槃者。轉滅諸識法體相故。轉諸見熏習故。轉心意阿梨耶識法相熏習。名為涅槃。 　大慧。我及諸佛說如是涅槃法體境界空事故。	佛告大慧。一切識自性習氣。及藏識意識見習轉已。我及諸佛說名涅槃。即是諸法性空境界。
㊀佛告大慧：(若能將)一切(識之)「自性」(與)習氣、(及)藏(阿賴耶識)、意(末那識)、意識(第六識)、(諸)見(薰)習「轉變」	㊀佛告聖者大慧菩薩言：大慧！言「涅槃」者，(若能)「轉滅」諸識「法體相」(即「識之自性相」)故，轉「諸見	㊀佛告大慧：(若能將)一切「識(之)自性」(與)「習氣」，及藏識(阿賴耶識)、意(末那識)、意識(第六識)、見習(諸見薰習)

（轉依），（此即）名為「涅槃」。	薰習」故，轉「心、意」（及）「阿梨耶識」（的）法相薰習，（此即）名為「涅槃」。	轉（轉依）已，我及諸佛（即）說（此）名「涅槃」。
（貳）諸佛及我（皆說）「涅槃」（即是）「自性空」事（之）境界。 （轉識成智，成就「大圓鏡智」＝自性空＝涅槃。所以證入了「涅槃」＝證入了「空性」）	（貳）大慧！我及諸佛（皆）說如是「涅槃」法體境界（即是）「空」（性）事故。	（貳）（此亦）即是諸法「性空」（之）境界。

劉宋・求那跋陀羅譯《楞伽阿跋多羅寶經》	元魏・菩提流支譯《入楞伽經》	唐・實叉難陀與復禮等譯《大乘入楞伽經》
世尊外道亦說有無有生。世尊亦說無有生生已滅…… 世尊說觀因有事。觀事有因。如是因緣雜亂。如是展轉無窮。	世尊。外道亦說。從於有無而生諸法。世尊說言。諸法本無依四緣生生已還滅…… 如來說法因亦依果果亦依因。若爾因緣無因無果。世尊。若爾彼此因果展轉無窮。世尊說言。從此法生彼法。若爾無因生法。	世尊。外道亦說以作者故從無生有。世尊亦說以因緣故一切諸法本無而生生已歸滅…… 世尊所說。果待於因因復待因。如是展轉成無窮過。又此有故彼有者。則無有因。
（壹）世尊！外道亦說（從）「有、無有」生。 （外道認為➜）世尊亦說（從）「無」（而）「有」生，生已（又還）滅。 …… （貳）（外道認為➜）世尊（所）說	（壹）世尊！外道亦說，從於「有、無」而生諸法。 （外道認為➜）世尊說言：諸法本「無」，依「因緣」（而）生，生已（又）還滅。 …… （貳）（外道認為➜）如來（所）說	（壹）世尊！外道亦說以「作者」故，（更能）從「無」（而）生「有」。 （外道認為➜）世尊亦說以「因緣」故，一切諸法本「無」而（有）生，生已（又）歸滅。 …… （貳）（外道認為➜）世尊所說（的

(的法是)：	(的)法(是)：	法是)：
觀因(而)有事(bhāva 果)，觀事(而)有因。 sāmagrī(因果和合)-parīkṣā(觀) bhāva 的梵文有多種解釋，如「果、事、物、法、體……」等。 如是(佛所説之)因緣(是)「雜亂」(的)，如是展轉(則會成為)「無窮」(生的一種過失)。	因亦「依」果，果亦「依」因。 若爾，因緣(就會成為)「無因、無果」(之義)。 世尊！若爾，彼(與)此(的)「因果」(即會)展轉(發展成為)「無窮」(生的一種過失)。	果(依)「待」於因，因復(又依)「待」(於)因。 (若因與果是)如是(的)展轉(下去)，(即)成(為)「無窮」(生的一種過)(失)。

劉宋・求那跋陀羅譯 《楞伽阿跋多羅寶經》	元魏・菩提流支譯 《入楞伽經》	唐・實叉難陀與復禮等譯 《大乘入楞伽經》
佛告大慧。無性而作言說。謂兔角龜毛等。世間現言說。 大慧。非性非非性但言說耳。如汝所説。言説有性。有一切性者。汝論則壞。	佛告大慧。亦有無法而說言語。謂兔角龜毛石女兒等。於世間中而有言説。 大慧。彼兔角非有非無而說言語。 大慧。汝言已有言說應有諸法者。此義已破。	佛告大慧。雖無諸法亦有言說。豈不現見龜毛兔角石女兒等。世人於中皆起言説。 大慧。彼非有非非有。而有言説耳。 大慧。如汝所説。有言說故有諸法者。此論則壞。
⓵佛告大慧：(就算是)無性(法)而(仍能)作「言說」(的)。謂「兔角、龜毛」等，世間(皆)現「言說」。	⓵佛告大慧：亦有「無法」而(能)說(的)「言語」。謂「兔角、龜毛、石女兒」(vandhyā 新譯作「虛女」。《四分律行事鈔資持記・卷中二之一》云：「石女者，根不通婬者」故無子也。亦喻如龜毛兔角之理)等，於世間中而有「言說」。	⓵佛言大慧：雖無「諸法」亦有(能說的)「言說」。豈不現見「龜毛、兔角、石女兒」等，世人於中皆(生)起「言説」。
⓶大慧！(例如兔角等皆是)	⓶大慧！彼兔角(乃)「非	⓶大慧！彼(兔角等皆是)

「非性(非有)、非非性(非非有)」，但(亦有)「言說」耳。 ⑧如汝所說：(凡有)「言說」(則必定)有性(法)、(必)有一切性(法)者，汝論則(已被破)壞。	有、非無」，而說「言語」。 ⑧大慧！汝言：以有「言說」(必)應有「諸法」者，此義已破(解)。	「非有、非非有」，而(亦)有「言說」耳。 ⑧大慧！如汝所說：有「言說」故(必)有「諸法」(的存在)者，此論則(已被破)壞。

劉宋·求那跋陀羅譯《楞伽阿跋多羅寶經》	元魏·菩提流支譯《入楞伽經》	唐·實叉難陀與復禮等譯《大乘入楞伽經》
大慧復白佛言。世尊。非言說有性有一切性耶。世尊。若無性者。言說不生。是故言說有性有一切性。	大慧復言。世尊。有言語說。應有諸法。世尊若無諸法者。應不說言語。世尊。是故依言說應有諸法。	大慧復白佛言。世尊。有言說故。必有諸法。若無諸法。言依何起。
①大慧復白佛言：世尊！非(豈非有)「言說」(就)有性(法)？(必會)有一切性(法)耶？ ②世尊！若無性(法)者，「言說」(則)不生。 是故(只要有)「言說」(就會)有性(法)，(及)有一切性(法)？	①大慧復言：世尊！(只要)有「言語說」，(則必)應「諸法」(存在吧)？ ②世尊！若無「諸法」者，(則)應不說(有)「言語」。 世尊！是故(只要是)依「言說」(的)應(該必)有「諸法」(的存在吧)？	①大慧菩薩復白佛言：世尊！(凡有)「言說」故，必有「諸法」(的存在吧)？ ②若無「諸法」(的存在)，(那)「言」(又)依何(而)起？

劉宋·求那跋陀羅譯《楞伽阿跋多羅寶經》	元魏·菩提流支譯《入楞伽經》	唐·實叉難陀與復禮等譯《大乘入楞伽經》
佛告大慧。為惑亂。以彼惑亂。諸聖亦現而非顛倒…… 大慧。彼惑亂者。有種	佛告聖者大慧菩薩言。大慧。依迷惑法我說為常。何以故。大慧。聖人亦見世間迷惑法非顛倒心……	佛言。大慧。依妄法說。以諸妄法聖人示現然不顛倒…… 大慧。妄法現時無量差

種現非惑亂作無常。所以者何。謂離性非性故。	大慧。有智慧者見彼種種迷惑之事不生實心。何以故離有無法故。	別。然非無常。何以故。離有無故。

⑤佛告大慧：(此)為「惑亂」(造成)。	⑤佛告聖者大慧菩薩言：大慧！(此乃)依「迷惑法」，(故)我說為(有)「常」(法)。何以故？	⑤佛言：大慧！(此乃)依「妄法」(而)說。
以彼「惑亂」(法)，「諸聖」亦現(而見之)，而(聖人已)非「顛倒」(心)。 (若見諸相非相，即見如來。 當然還是有「見」到諸相的啊) ……	大慧！聖人亦(能)見「世間迷惑法」，(但已)非「顛倒心」。 ……	以諸妄法，聖人(亦)示現(見之)，然(聖人已)不「顛倒」(心)。 ……
⑥大慧！彼「惑亂」(法)者，有種種(相顯)現，(但對愚者來說亦)非(將「惑亂」(法視)作(是完全)「無常」(之義)。所以者何？謂(諸惑亂迷相乃)離「性」(有)、非性(無)故。 (惑亂法對愚者來說，是「恒常」存在的，就像見到「陽焰、火輪、毛輪、乾闥婆城、幻、夢、水中月、鏡中像」，此對愚者來說，是「恒常」存在的，所以也不能將這些「惑亂法」當作是完全的「無常」現象看待，但對智者來說，「惑亂法」就是一種顛倒心所見)	⑥大慧！有智慧者見彼種種「迷惑之事」，不生「實心」(真實存有之心)。何以故？(諸惑亂迷相乃)離「有、無」法故。	⑥大慧！(當)「妄法」(顯)現時，(具有)無量差別，然(對愚者來說亦)非(屬於)「無常」。何以故？(因為諸惑亂迷相乃)離「有、無」故。

劉宋・求那跋陀羅譯 《楞伽阿跋多羅寶經》	元魏・菩提流支譯 《入楞伽經》	唐・實叉難陀與復禮等譯 《大乘入楞伽經》

大慧。云何離性非性惑亂。
謂一切愚夫種種境界故。
如彼恆河。餓鬼見不見故。
無惑亂性。
　於餘現故非無性。如是
惑亂。諸聖離顛倒不顛倒。
是故惑亂常。謂相相不壞
故。
　大慧。非惑亂種種相妄
想相壞。是故惑亂常。

佛告聖者大慧菩薩言。
　大慧。云何迷惑法「離於
有無」。謂諸愚癡凡夫。見
有種種境界。如諸餓鬼大
海恆河見水不見。
　大慧。是迷惑法不得言
有不得言無。
　大慧。餘眾生見彼是水
故不得言無。
　大慧。迷惑之事亦復如
是。以諸聖人離顛倒見故。
　大慧。言迷惑法常者。
以想差別故。
　大慧。因迷惑法見種種
相。而迷惑法不分別異差
別。
　是故大慧。迷惑法常。

云何「離有無」。一切愚夫
種種解故。如恆河水有見
不見。餓鬼不見不可言有。
　餘所見故不可言無。聖
於妄法離顛倒見。
　大慧。妄法是常。相不
異故。非諸妄法有差別相。
以分別故而有別異。是故
妄法其體是常。

(壹)大慧！云何離「性(有)、
非性(無)」惑亂？謂一切愚
夫(執取)種種境界故。

如彼恒河，餓鬼(有)見(水)、
不見(水的區別)故。

(貳)(惑亂諸法對聖者來說是)無
(真實的)惑亂性，(但這些惑亂法
能)於(其)餘(愚夫眾人前顯)現
故，(也)非(是完全)無性。

(壹)佛復告聖者大慧菩薩
言：大慧！云何「迷惑法」
(是)離於「有、無」？謂諸愚
癡凡夫，見有種種境界。
如諸餓鬼(於)大海恒河(中
有)見水、不見(水的區別)。

(貳)大慧！是「迷惑法」，
(對聖者來說)不得言「有」，(但
對愚夫眾人來說亦)不得言「無」。
大慧！(有)餘眾生(的業力感召
下仍)見彼是「水」，故不得言
無(水)。

(壹)云何離「有、無」？一
切愚夫(作)種種(錯)解故。

如(於)恒河水，有見(水)、不
見(水的區別)，餓鬼(則)不見
(水)。
(餓鬼因業力感召，所以不見水，只見
火、灰、膿血、便利等諸相)

(貳)(迷惑諸法對聖者來說)不可
言「有」，(但對其)餘(愚夫眾人之)
所見故，(則)不可言「無」。

如是「惑亂」(法)，諸聖(者於此已)離「顛倒、不顛倒」。	大慧！「迷惑之事」亦復如是，(唯)以諸「聖人」(已能)離「顛倒見」故。	(唯)聖(者)於(此)「妄法」，(已)離「顛倒見」。
㊝是故(愚夫將)「惑亂」(法視為永恒的)「常」，謂(惑亂諸)相(其)相(是永恒存在的)「不壞」故。	㊝大慧！(愚夫)言「迷惑法」(是永恒的)「常」者，(因為愚夫眾生)以(種種妄)想「差別」(分別心)故。	㊝大慧！(愚夫視)「妄法」是(永恒的)「常」，(並認為惑亂諸)相(是永恒存在)不(變)異故。 (愚夫執著「萬法」是「恒常」的，因為他們沒有「無常」的概念)
㊣大慧！(對智者來說，並)非「惑亂」(法有)種種相(的差別相)，(但愚夫生)「妄想」相壞(又將惑亂諸相當作有變易與消壞)。	㊣大慧！因「迷惑法」，(愚夫便又)見(有)種種相，而「迷惑法」(對智者來說本來就是)不「分別、異差別」。(此指迷惑法本來就是「無有分別、無有相異」的區別)	㊣(對智者來說，並)非諸「妄法」(是)有「差別相」(的)，(但愚夫眾生皆)以「分別」(心)故，而(又認為妄法皆)有「別異」(差別變異相)。 (愚夫有分別心，所以看出去的「萬法」都是有「差別變異」的。而聖者無有分別心，所以看見的「萬法」則無有差別)
㊄是故(愚夫將)「惑亂」(法視為永恒的)「常」。	㊄是故大慧！(愚夫將)「迷惑法」(視為永恒的)「常」。	㊄是故(愚夫將)「妄法」其體(視為)是(永恒的)「常」。

劉宋·求那跋陀羅譯 《楞伽阿跋多羅寶經》	元魏·菩提流支譯 《入楞伽經》	唐·實叉難陀與復禮等譯 《大乘入楞伽經》
大慧。云何惑亂真實。若復因緣。諸聖於此惑亂不起顛倒覺非不顛倒覺。 大慧。除諸聖於此惑亂有少分想。非聖智事相。 大慧。凡有者。愚夫妄說。非聖言說。	大慧。云何迷惑法名之為實。以諸聖人迷惑法中不生顛倒心。亦不生實心。 大慧。而諸聖人見彼迷惑法起少心想。不生聖智事相。 大慧。起少想者。是謂凡夫非謂聖人。	大慧。云何而得妄法真實。謂諸聖者於妄法中不起顛倒。非顛倒覺。若於妄法有少分想則非聖智。有少想者。當知則是愚夫戲論非聖言説。

㊀大慧！云何(將)「惑亂」(法視爲是)「真實」？若復(乃由諸)因緣(之變化)，諸聖(者)於此「惑亂」(法中已)不(生)起「顛倒覺」、(及)非「不顛倒覺」。	㊀大慧！云何(將)「迷惑法」名之為(是)「實」？以諸聖人(於此)「迷惑法」中(已)不生(起)「顛倒心」，亦不生(起)「實心」(非顛倒心)。	㊀大慧！云何而得(將)「妄法」(視爲是)「真實」？謂：諸聖者於「妄法」中(已)不(生)起「顛倒、非顛倒」覺。(愚夫對妄法生「顛倒覺」，智者對妄法生「不顛倒覺」，而更高的聖人對妄法則是二覺都不生，不生「顛倒覺、不顛倒覺」)
㊁大慧！除諸聖(者之外)，(若)於此「惑亂」(法)有「少分」(妄)想(生起時)，(則已)非(爲)「聖智」(之)事相。	㊁大慧！而諸聖人見彼「迷惑法」(後)，(若仍生)起「少心」(妄)想(者)，(則)不生「聖智」(之)事相。	㊁若於「妄法」有(生起)「少分」(妄)想(者)，則(已)非「聖智」(之事相)。
㊂大慧！凡有(生起少分妄想)者，(當知即是)愚夫(之)妄說，(此乃)非聖(者之)言說。	㊂大慧！(若於「迷惑法」中生)起少(分妄)想者，(即)是謂(爲)凡夫，(此已)非謂(爲)聖人(之言說)。	㊂(若於「妄法」中)有少(分妄)想(生起)者，當知則是(爲)愚夫(之)戲論，(此已)非聖(者之)言說。

劉宋‧求那跋陀羅譯《楞伽阿跋多羅寶經》	元魏‧菩提流支譯《入楞伽經》	唐‧實叉難陀與復禮等譯《大乘入楞伽經》
大慧。止記論者。我時時說。為根未熟不為熟者。	大慧。為待時故說如是法。為根未熟非為根熟。是故我說置答之義。	大慧。止記論者我別時說。以根未熟且止說故。
大慧！(所謂使用)「止記論」者，我(於某一)時(的)時(機亦)說(此理)，(但乃)為根(器)未熟(者說)，不為(根器成)熟者(說)。	大慧！(我)為待時(機因緣)故，(方)說如是(之)法。(我只)為根(器)未熟(者說)，非為根(器成)熟(者說)，是故我(仍有)說「置答之義」(的時候)。	大慧！(所謂使用)「止記論」者，我(將於特)別(的)時(機上而)說，(只)以(爲)根(器)未熟(者說)，(對根器成熟者則)且「止說」故。

劉宋‧求那跋陀羅譯《楞伽阿跋多羅寶經》	元魏‧菩提流支譯《入楞伽經》	唐‧實叉難陀與復禮等譯《大乘入楞伽經》

大慧。識者因樂種種跡境界故。餘趣相續。 大慧。地等四大及造色等。有四大緣。非彼四大緣。所以者何。謂性形相處。所作方便無性。大種不生。 大慧。性形相處所作方便。和合生非無形。是故四大造色相外道妄想非我。	佛告大慧。識能執著種種境界樂求異道。取彼境界故。 大慧。四大有因。謂色香味觸。 大慧。四大無因。何以故。謂地自體形相長短不生四大相故。 大慧。依形相大小上下容貌而生諸法。不離形相大小長短而有法故。 是故大慧。外道虛妄分別四大及四塵。非我法中如此分別。	大慧。識者以執著種種言說境界。為因起故。於餘趣中相續受生。 大慧。地等造色有大種因。非四大種為大種因。何以故。謂若有法有形相者。則是所作非無形者。 大慧。此大種造色相外道分別。非是我說。

㊀大慧！「識」者，因樂(於)種種(事)跡境界故，(造成於)餘趣(其餘的三有六趣中)相續(受生輪迴)。	㊀佛告大慧：「識」(者)能執著(於)種種「境界」，樂求(於)「異道」(其餘的三有六趣)，(貪)取彼「境界」故。	㊀大慧！「識」者，以執著種種「言說、境界」為因、(為生)起故。於「餘趣」(其餘的三有六趣)中「相續受生」。
㊁大慧！(如大)「地」等(之)「四大」及「造色」等，(皆)有「四大」(之)緣。 (四大➜不離因緣)	㊁大慧！「四大」(亦)有(其)因，謂「色、香、味、觸」。 (四大➜不離因緣)	㊁大慧！(如大)「地」等(之)「造色」，有「大種」(為其)因。 (四大➜不離因緣)
(然亦)非彼(有)「四大」(之)緣。 (四大➜不即因緣)	大慧！(然)「四大」(亦)無(其)因。 (四大➜不即因緣)	(然亦)非(有)「四大種」為(其)「大種」(之)因。 (四大➜不即因緣)
所以者何？	何以故？	何以故？
㊂謂：(例如於)「性(有)、形相、處所、作、方便」(中皆)無(自)性，(故四)大種(皆)不生。	㊂謂：(例如於)「地、自體、形相、長短」(中)，(皆)不生(其)「四大」(之)相故。	

（性、形相、處所、作、方便➔不即四大）	（地、自體、形相、長短➔不即四大）	
㉒大慧！（又如所有的）「性（有）、形相、處所、作、方便」（又必須眾緣）和合（而）生，（故）非（是）「無形」（完全虛妄無形）。 （性、形相、處所、作、方便➔不離眾緣）	㉒大慧！（必須）依（依於）「形相、大小、上下」容貌（之眾因緣）而生諸法，（亦）不離（其）「形相、大小、長短」而有法故。 （形相、大小、上下➔不離眾緣而生）	㉒謂：若「有法、有形、相」者，則是（必須由眾緣和合而有）所作（用）。（所以「有法、有形、相」都並）非（是）「無形者」（完全虛妄的無形）。 （有法、有形、相➔不離眾緣）
㉓是故（此能造的）四大、（與所）造（的四塵）色相」，（爲）外道「妄想」。非我（佛門之法教）。 （「四大」與「四塵」兩者「不一不異、不即不離」，即爲佛法觀點。若兩者是「一」或「異」，則成爲外道之邪說）	㉓是故大慧！外道虛妄分別（能造的）「四大」及（所造的）「四塵」。非我（佛）法中（有）如此（之）分別。	㉓大慧！此（能造的四）大種、（與所）造（的四塵）色相」，（爲）外道「分別」（心之說）。非是我（佛門之）說。

劉宋·求那跋陀羅譯 《楞伽阿跋多羅寶經》	元魏·菩提流支譯 《入楞伽經》	唐·實叉難陀與復禮等譯 《大乘入楞伽經》
彼一切起煩惱過習氣斷。三昧樂味著非性。無漏界覺。	爾時離於諸過。三昧無漏醉法。	是時乃離三昧所醉。於無漏界而得覺悟。
彼一切（所生）起（的）煩惱過（失）習氣斷（除）。 （遠離對）「三昧樂」（的）味著（執著）；非性（非有實性），（應於）「無漏界」（而得）覺（悟）。	爾時（始）離於諸過（失）。 三昧，無漏，醉法。 （上文應作：不迷醉執著於「三昧樂」，應覺悟「無漏界」法。詳看下面世尊重說偈言的內容便知）	是時（過失習氣）乃離。 （遠離對）「三昧」所（沈）醉（的執著），於「無漏界」而得「覺悟」。

劉宋·求那跋陀羅譯 《楞伽阿跋多羅寶經》	元魏·菩提流支譯 《入楞伽經》	唐·實叉難陀與復禮等譯 《大乘入楞伽經》
云何破僧。謂異相諸陰和	大慧。何者破和合僧。謂	云何破和合僧。謂諸蘊異

合積聚。究竟斷彼。名為破僧。	五陰異相和合積聚。究竟斷彼。名為破僧。	相和合積聚。究竟斷彼。名為破僧。
壹云何(名為內身的)「破僧」？謂：	壹大慧！何者(名為內身的)「破和合僧」？謂：	壹云何(名為內身的)「破和合僧」？謂：
貳(具五種)異相(之)「諸陰」，(乃由)「和合」(而)積聚，(故應)究竟斷彼(五陰)。(若能照見五陰皆空、五蘊皆空的話，那就是「破和合僧」了)	貳「五陰」(之)異相，(乃由)「和合」(而)積聚，(故應)究竟斷破(五陰)。	貳「諸(五)蘊」異相，(乃由)「和合」(而)積聚，(故應)究竟斷彼(五蘊)。
參(此是)名為(內身的)「破僧」。	參(此是)名為(內身的)「破僧」。	參(此是)名為(內身的)「破僧」。

劉宋·求那跋陀羅譯《楞伽阿跋多羅寶經》	元魏·菩提流支譯《入楞伽經》	唐·實叉難陀與復禮等譯《大乘入楞伽經》
佛告大慧。此世間依有二種。謂依有及無墮性非性。欲見不離離相。	佛告大慧。世間人多墮於二見。何等二見。一者見有。二者見無。以見有諸法見無諸法故。非究竟法生究竟想。	佛言。大慧。世間眾生多墮二見。謂有見無見。墮二見故非出出想。
佛告大慧：此世間(所)依有二種，謂依「有」(astitvaniśrita 有見)及「無」(nāstitvaniśrita 無見)。	佛告大慧：世間人多墮於「二見」，何等「二見」？一者見「有」。二者見「無」。	佛言：大慧！世間眾生，多墮「二見」，謂：「有見」、無見」。
墮「性(有)、非性(無)」欲見，(墮性非性欲見=墮性非性所樂欲之見=墮入於所樂欲的有見與無見中)，	以見「有諸法」見「無諸法」，	墮二見，
(故於)「不離」；(作)「離」相。	故(於)「非究竟法」(中)生「究竟」想。	故(於)「非出」；(作)「出」想。

(在「不」出離解脱中，作「已」出離解脱的妄想)	(在「非」究竟解脱中，生出「已」得究竟解脱的妄想)	(在「非」出離解脱中，作「已」出離解脱的妄想)

劉宋・求那跋陀羅譯《楞伽阿跋多羅寶經》	元魏・菩提流支譯《入楞伽經》	唐・實叉難陀與復禮等譯《大乘入楞伽經》
大慧。云何世間依有。謂有世間。因緣生非不有。從有生非無有生。 　大慧。彼如是說者。是說世間無因。	大慧。云何世間墮於有見。謂實有因緣而生諸法非不實有。實有法生非無法生。 　大慧。世間人如是說者。是名為說無因無緣及謗世間。無因無緣而生諸法。	云何有見。謂實有因緣而生諸法非不實有。實有諸法從因緣生非無法生。 　大慧。如是說者則說無因。
㊀大慧！云何世間(人所)依(止之)「有」(見)？謂： ㊁(墮「有見」者認為實)「有」世間「因緣生」(實有世間法是從真實的因緣而生)，非不「有」。 從(實)「有」(而)生，非(從)「無有」(而)生(出)。 ㊂大慧！彼(墮「有見」而作)如是說者，(即)是說世間(乃為)「無因」(無生)。	㊀大慧！云何世間(人)墮於「有見」？謂： ㊁(墮「有見」者認為)“實有”「因緣」而生諸法(實有真實的因緣而能生出一切法)，非不「實有」。 「實有」法生，非(從)「無法」(而)生(出)。 ㊂大慧！世間人(作)如是說者，(此)是名為說「無因無緣」，及謗世間(乃)「無因無緣」而生諸法。	㊀云何「有見」？謂： ㊁(墮「有見」者認為)“實有”「因緣」而生諸法，非不「實有」。 「實有」諸法從「因緣」生(實有諸法是從真實的因緣而生)，非(從)「無法」(而)生(出)。 ㊂大慧！如是(墮「有見」之)說者，則說(世間乃為)「無因」(無因生)。 (佛說因緣，即非因緣，是名因緣。外道說因緣，即是因緣，恒是因緣。外道有能生與所生的執著分別心。)

劉宋・求那跋陀羅譯《楞伽阿跋多羅寶經》	元魏・菩提流支譯《入楞伽經》	唐・實叉難陀與復禮等譯《大乘入楞伽經》

世尊。何故遮眾生有無有見。事自性計著。聖智所行境界計著。墮有見。說空法非性。而說聖智自性事。	世尊何故遮諸眾生有無見事。而執著實法聖智境界。世尊。復令一切眾生墮無見處。何以故。以言諸法寂靜無相。聖智法體如是無相故。	世尊何故令諸眾生離有無見所執著法。而復執著聖智境界墮於有見。何以不說寂靜空無之法。而說聖智自性事故。

㊀世尊！何故(為了要)遮(斷)眾生(執著於)「有、無有」見事(上的)自性計著， (而復教令眾生轉而去執著不是究竟圓滿的)「聖智所行境界」(之)計著， (然後又令)墮(入另一個「聖智境界」的)「有」見(呢)？ ㊁ (一方面對眾生)說「空法非性」。 (空性之法並非有自性➡此見易令眾生墮「空無」) 而(另一方面又)說(有一個)「聖智自性事」？ (➡此見又易令眾生墮「實有」)	㊀世尊！何故(為了要)遮(斷)諸眾生(所執著的)「有、無」見事， 而(復教令眾生去)執著(另一個不是究竟圓滿的)「實法聖智境界」？ 世尊！(如此)復令一切眾生(又會)墮(入另一個)「無見」處(此指「無所有見」境界)？ ㊁何以故？ (一方面對眾生)以言諸法(為)「寂靜無相」。 (➡此見易令眾生墮「空無」) (另一方面又說有一個)「聖智法體」(具)如是(之)「無相」(無所有見之相)故。 (➡此見又易令眾生墮於「無所有見」境界)	㊀世尊！何故(為了要)令諸眾生(能遠)離(於)「有、無」見所執著(的)法， 而復(又教令眾生去)執著(另一個不是究竟圓滿的)「聖智境界」？ (然後又令)墮(入)於(另一個「聖智境界」的)「有」見(呢)？ ㊁何以故？ 不(應先對眾生)說「寂靜空無」之法。 (➡此見易令眾生墮「空無」) 而(只先)說(有一個)「聖智自性事」故？ (➡此見又易令眾生墮於「實有」) (意即先以「利益、功德」引誘你進來誦經、持咒，最終要導引你「放下」這些功利，達到「寂靜無相」的「無我人眾生相」最高境界)

劉宋・求那跋陀羅譯 《楞伽阿跋多羅寶經》	元魏・菩提流支譯 《入楞伽經》	唐・實叉難陀與復禮等譯 《大乘入楞伽經》
如我所說一切法無我。當知此義。無我性是無我。一切法有自性無他性。如牛馬。 大慧。譬如非牛馬性非馬牛性。其實非有非無。彼非無自性。 如是大慧。一切諸法非無自相。有自相。	佛復告大慧。我說一切諸法無我。汝當諦聽無我之義。夫無我者。內身無我是故無我。 大慧。一切諸法自身為有他身為無。如似牛馬。 大慧。譬如牛身非是馬身。馬亦非牛。是故不得言有言無。而彼自體非是無耶。 大慧。一切諸法亦復如是。非無體相有自體相。	大慧。如我所說諸法無我。以諸法中無有我性故說無我。非是無有諸法自性。如來句義應知亦然。 大慧。譬如牛無馬性馬無牛性。非無自性。 一切諸法亦復如是。無有自相。而非有即有。
⑤如我所說，一切「法無我」，當知此義，「無我性」（即）是「無我」（無有真實之我，但並非成為「完全斷滅虛無之我」）。	⑤佛復告大慧：我說一切「諸法無我」，汝當諦聽「無我」之義。夫「無我」者，（即是指）內身「無我」（無有真實之我），是故「無我」。	⑤大慧！如我所說：「諸法無我」，以諸法中無有（真實）「我性」，故說「無我」。（此並）非是（指完全）「無有」（了）諸法（的）「自性」。（有關）「如來」（等諸）句義，應知亦然。
⑥一切法： 「有自性」？ （或完全）無「他性」？ 如「牛、馬」（之性的道理一樣）。	⑥大慧！一切諸法（之）「自身」： 為有「他身」（之性）？ 為無（他身之性）？ 如（相）似（於）「牛、馬」（之性的道理一樣）。	⑥
大慧！譬如： 非牛（會有）「馬」（之）性； （或）非馬（會有）「牛」（之）性。 其實（牛或馬皆具有）「非有、非	大慧！譬如： 「牛」身，非是「馬身」； 「馬」亦非「牛」， 是故不得（對牛或馬）言「有」	大慧！譬如： 牛，（當然是）無「馬」（之）性（性質；特性）； 馬，（當然是）無「牛」（之）性 （但牛或馬並）非「無」（完全沒有了）

無」(的性質)， (牛非是眞實存有，但也非是屬於虛無的斷滅，馬亦如是) (而)彼(牛或馬並)非「無」(完全沒有了)自性。	(或)言「無」。 (牛非是眞實存有，但也非是屬於虛無的斷滅，馬亦如是) 而彼「自體」非是「無」(虛無斷滅)耶？	自性。
⑧如是大慧！一切諸法，(並)非「無」(完全沒有了)自相，「有」(指仍然會有「假名有」之)自相。	⑧大慧！一切諸法亦復如是，非「無」(虛無斷滅)體相，「有」(指仍然有假名「有」之)自體相。	⑧一切諸法，亦復如是，無有「自相」而「非有」(並非是完全沒有「自相」的一種斷滅式的「非有」)，即「有」(指仍然有「假名」之「有」)。

劉宋·求那跋陀羅譯 《楞伽阿跋多羅寶經》	元魏·菩提流支譯 《入楞伽經》	唐·實叉難陀與復禮等譯 《大乘入楞伽經》
是故大慧。無相見勝非相見。相見者受生因故不勝。 大慧。無相者。妄想不生。不起不滅我說涅槃。	是故大慧。見寂靜者名為勝相。非見諸相名為勝相。以不能斷生因相故。 大慧。言無相者遠離一切諸分別心。無生無相者是我所說名為涅槃。	是故大慧。無相見勝。非是相見。相是生因。若無有相則無分別。不生不滅則是涅槃。
①是故大慧！ 「無相」見「勝」， (能見「寂靜無相」者乃最爲殊勝) 非「相」見。 (並非執於「諸相」之見爲殊勝) (若於諸)相(而生執著)見者： (因爲「諸相」能作爲接)受(「他法」的一種)生因(生起之因)，故「不勝」(不是最殊勝的)。 ②大慧！(所謂)「無相」者：	①是故大慧！ 見「寂靜」(寂靜無相)者，名為「勝相」， (並)非(是)「見諸相」(才)名為(最殊)勝相。 (若有執著於「諸相」見者：則爲)以不能斷(除爲「他法」的)生因(生起之因)相故。 ②大慧！(所)言「無相」者：	①是故大慧！ 「無相」見「勝」， (能見「寂靜無相」者乃最爲殊勝) 非是「相」見。 (並非執於「諸相」之見爲殊勝) (因爲諸)相是(能作爲「他法」的一種)生因(生起之因)。 ②若「無有相」(者)：

「妄想」不生，(進而達到)「不起、不滅」(的境界)，我說(此即是一種)「涅槃」(之理)。	(此指)遠離一切諸「分別心」，(進而達到)「無生、無相」(境界)者，(此亦)是我所說名為「涅槃」(之理)。	則無「分別」，(進而達到)「不生、不滅」(之境)，(此)則(就)是(一種)「涅槃」(之理)。

劉宋・求那跋陀羅譯《楞伽阿跋多羅寶經》	元魏・菩提流支譯《入楞伽經》	唐・實叉難陀與復禮等譯《大乘入楞伽經》
外道不覺計著作者。為無始虛偽惡習所熏。名為識藏……	諸外道等不知不覺。是故三界生死因緣不斷。 大慧。諸外道等妄計我故。不能如實見如來藏。以諸外道無始世來虛妄執著種種戲論諸熏習故。大慧。阿黎耶識者。名如來藏……	外道不知執為作者。無始虛偽惡習所熏。名為藏識……
脩行者作解脫想。不離不轉名如來藏識藏。七識流轉不滅。所以者何。	若脩行者生解脫相。以不轉滅虛妄相故。 大慧。如來藏識不在阿黎耶識中。是故七種識有生有滅。如來藏識不生不滅。何以故。	便妄生於得解脫想。而實未捨未轉如來藏中藏識之名。若無藏識七識則滅。何以故。

⚪(彼諸)「外道」不(能)覺(悟究竟的「如來藏」)，(於是便)計著(有真實的一個)「作者」。

⚪大慧！諸外道等，(將究竟的「如來藏」)妄計(為有一個真實的)「我」，故(外道)不能「如實」(得)見(究竟的)「如來藏」(義)。

⚪「外道」不知(究竟的「如來藏」義)，(便)執(著)為(有一個真實的)「作者」。

(因為凡夫與外道皆)為無始虛偽(的)「惡習」所熏，(所以原本清淨的「如來藏」即轉稱)名為「識藏」(阿賴耶識)。
(其實外道也能證得「相似」的「如來藏」。

以諸(凡夫與)「外道」，(從)無始世來，虛妄執著(於)「種種戲論」，(因)諸熏習故(因為種種「戲論」之熏習，故原本清淨的「如來藏」便另有了一個「阿黎耶識」的名

(因為凡夫與外道皆為)無始虛偽(的)「惡習」所熏，(所以原本清淨的「如來藏」即轉稱)名為「藏識」(阿賴耶識)。

但不得佛法中「究竟」的「如來藏」，因為「究竟」的「如來藏」唯有佛能得)	稱)。 **大慧！** (所謂)「**阿黎耶識**」者，(原本亦即是)名(為)「**如來藏**」(的)！ ……	 ……
…… （貳）(若有二乘的)修行者，(即將此)作(真實的)「解脫想」(如此就會落入外道)。	（貳）若(是屬於二乘的)修行者，(便妄)生(作真實的)「解脫相」(如此就會落入外道)。	（貳）(若有二乘的修行者)便(於此)妄生於(已得(真實的)「解脫想」(如此就會落入外道)。
（參）(如果仍然)不離、不轉名(為)「**如來藏**」(中的)「識藏」(阿賴耶識)。	（參）(其實仍)以不知(要)「轉滅」虛妄相(之)故， **大慧！**「如來藏識不在阿黎耶識」中。	（參）而(其)實(仍)未捨、未轉「**如來藏**」中(的)「藏識」(阿賴耶識)之名。
（肆）(「藏識」既然未轉染成淨，則餘)「七識」(亦將)流轉(而)「不滅」(不轉滅)。	（肆）是故「七種識」(乃)「有生有滅」，「如來藏識」(乃是)「不生不滅」。	（肆）若無「藏識」(阿賴耶識)，「七識」則(亦跟著)「滅」(盡)。
所以者何？	何以故？	何以故？

解說：
密教經典常有「伏藏、不共傳」之密義，為何顯教經典沒有？「義」不在「言」中，若「悟」即了。請試探！

1、據《梵本新譯》是：「藏識(阿賴耶識)」未轉至得「如來藏」之名前，則「七轉識」仍「未滅」。

解說： 若能將「藏識」轉成「如來藏」名，則「七轉識」亦跟著轉識成智，則捨「七轉識」之名，成為「成所作智(前五)、妙觀察智(第六)、平等性智(第七)」。

2、據《唐本》：而實未捨、未轉「如來藏」中「藏識(阿賴耶識)」之名。若無「藏識(阿賴耶識)」，「七識」則 "滅" 。

解說： 未捨、未轉「如來藏」中的「藏識」名，如果真能「轉、捨」其「藏識」名(即成「轉識成智」也)，那就不會再有「藏識」之名，相對的「七轉識」之名亦得「轉」而成為「成

所作智(前五)、妙觀察智(第六)、平等性智(第七)」。

3、據《魏本》：以不知「轉滅」虛妄相故，**大慧**！「如來藏識」不在「阿黎耶識」中。
是故「七種識」有生有滅，「如來藏識」不生不滅。

解說：因為不知「轉滅」掉虛妄的「阿黎耶識」，所以「如來藏」就"不在"「阿黎耶識」
中，也就是「阿黎耶識」未「轉淨」之前，它與「如來藏」還是有區別的。如果知道
要轉「阿黎耶識」的話，則轉「識」成「智」後，「阿黎耶識」即轉為「大圓鏡智」，既
是「大圓鏡智」則與「如來藏」而同為「不生不滅」，「如來藏」就"在"已轉成「大
圓鏡智」的「阿黎耶識」中！且《魏譯》前經文已詳說：**大慧**！『阿黎耶識』者
名『如來藏』，而與『無明七識』共俱」。「七種識」是有生有滅的，但透過轉「識」
成「智」後，亦成為「不生不滅」的「成所作智(前五)、妙觀察智(第六)、平等性智(第七)」。

4、據《劉宋本》：不離、不轉名「如來藏」(之)「識藏(阿賴耶識)」，「七識」流轉"不滅"。

解說：不離、不轉「如來藏」中的「藏識」名，如果真能「離、轉」其「藏識」名(即成「轉識
成智」也)，那就沒有「藏識」之名了。如果不離、不轉「如來藏」中的「藏識」名，則
「七轉識」也會跟著流轉而不滅，如果能「離、轉」其「藏識」之名，則「七轉識」亦
將成為「不生不滅」的「成所作智(前五)、妙觀察智(第六)、平等性智(第七)」。

劉宋・求那跋陀羅譯 《楞伽阿跋多羅寶經》	元魏・菩提流支譯 《入楞伽經》	唐・實叉難陀與復禮等譯 《大乘入楞伽經》
得十三昧道門樂。三昧覺所持。觀察不思議佛法自願。不受三昧門樂及實際。向自覺聖趣。不共一切聲聞緣覺及諸外道所修行道。得十賢聖種性道及身智意生離三昧行。 是故大慧。菩薩摩訶薩欲求勝進者。當淨如來藏及識藏名。	爾時得十種三昧門等為上首。得無量無邊三昧。依三昧佛住持。觀察不可思議諸佛法及自本願力故。遮護三昧門實際境界。遮已入自內身聖智證法真實境界。不同聲聞辟支佛外道脩行所觀境界。爾時過彼十種聖道。入於如來意生身智身。離諸功用三昧心故。 是故大慧。諸菩薩摩訶薩欲證勝法如來藏阿黎耶	得於十種三昧樂門。為三昧力諸佛所持。觀察不思議佛法及本願力。不住實際及三昧樂獲自證智。不與二乘諸外道共。得十聖種性道及意成智身離於諸行。是故大慧。菩薩摩訶薩欲得勝法。應淨如來藏藏識之名。

	識者。應當脩行令清淨故。	
(得證第八地菩薩後的境界是:)	(得證第八地菩薩後的境界是:)	(得證第八地菩薩後的境界是:)
❶得「十三昧道門樂」(十定、十大三昧、十三昧)。	❶爾時得「十種三昧門」等為上首。	❶得於「十種三昧樂門」。
❷(八地菩薩所得的)「三昧」(力),(乃由如來正)覺「所持」(此指由如來正覺的三昧神力所加持)。	❷(八地菩薩所)得(的)無量無邊「三昧」,(其所)依(的)「三昧」(皆由)佛(之所)「住持」(神力加持)。	❷(八地菩薩所)為(的)「三昧力」,(皆為)諸佛所「持」(神力加持)。
❸(能)觀察不思議(之)「佛法」,(及觀察)自願(自本往昔之願力)。	❸(能)觀察不可思議諸「佛法」,及自本(往昔之)願力故。	❸(能)觀察不思議「佛法」,及(自己往昔之)「本願力」。
❹(即能)不受(二乘所樂的)「三昧門樂」,及(不受)「實際」(此指八地菩薩已「不住、不受」於涅槃境界)。	❹(即能)遮護(而不住於二乘所樂的)「三昧門」,(及遮護)「實際境界」(此指八地菩薩已「不住、遮護」於涅槃境界)。	❹(即能)不住(於)「實際」(此指八地菩薩已「不住」於涅槃境界),及(不住於二乘所樂的)「三昧樂」。
❺(已)向(於)「自覺聖趣」(自內身聖智證法所趣之境),(已)不共(與)一切「聲聞、緣覺」及諸「外道」所修(之)行道。	❺(既已)遮已,(即可證)入「自內身聖智證法」(的)真實境界,(已)不同(於)「聲聞、辟支佛、外道」(所)修行、所觀(的)境界。	❺(已)獲「自證智」(自內身聖智證法),(已)不與「二乘」諸外道(之所)共。
❻(已)得「十賢聖種性道」,	❻爾時(超越)過彼(後,即可獲得)「十種聖道」,	❻(已)得「十聖種性道」,
❼及(得)「身智意生(意生身)」,(已)離(有為功用的)「三昧行」。	❼(已能)入於如來「意生身智身」,(已能)離「諸功用三昧心」故。	❼及(得)「意生(身)智身」,(已)離於(有為)「諸行」(有功用之三摩地行)。
是故大慧!菩薩摩訶薩欲求「勝進者」,當(同時)淨(除)「如來藏」及「識藏」(阿賴耶識)名。	是故大慧!諸菩薩摩訶薩欲證「勝法」(之)如來藏(及)「阿黎耶識」者,應當修行,令(兩者皆)「清淨」故。	是故大慧!菩薩摩訶薩欲得「勝法」,應「淨」如來藏(之)「藏識」(阿賴耶識)之名。(根據談錫永重譯的《入楞伽經梵本新

		譯》則譯作：
		大慧！菩薩摩訶薩若求「殊勝義」(viśeṣa-artha)者，當求名為「藏識」之「如來藏」清淨(tathāgata-garbha-ālaya-vijñāna-saṃśabdito-viśodhayitavaḥ)

劉宋・求那跋陀羅譯《楞伽阿跋多羅寶經》	元魏・菩提流支譯《入楞伽經》	唐・實叉難陀與復禮等譯《大乘入楞伽經》
大慧。若無識藏名如來藏者則無生滅。 大慧。然諸凡聖悉有生滅。脩行者自覺聖智現法樂住不捨方便。 大慧。此如來藏識藏。一切聲聞緣覺心想所見。雖自性清淨。客塵所覆故猶見不淨。非諸如來。 大慧。如來者現前境界。猶如掌中視阿摩勒果。	大慧。若如來藏阿黎耶識名為無者。離阿黎耶識無生無滅。一切凡夫及諸聖人。依彼阿黎耶識故有生有滅。以依阿黎耶識故。諸脩行者入自內身聖行所證。現法樂行而不休息。 大慧。此如來心阿黎耶識如來藏識境界。一切聲聞辟支佛諸外道等不能分別。何以故。以如來藏是清淨相。客塵煩惱垢染不淨。	大慧。若無如來藏名藏識者則無生滅。然諸凡夫及以聖人悉有生滅。是故一切諸脩行者雖見內境住現法樂。而不捨於勇猛精進。 大慧。此如來藏藏識本性清淨。客塵所染而為不淨。一切二乘及諸外道。憶度起見不能現證。如來於此分明現見。如觀掌中菴摩勒果。

<table>
<tr><td>㊀大慧！若無「識藏」(阿賴耶識)名(為)「如來藏」者，

(如來藏)則(處於)「無生滅」(的境界)。</td><td>㊀大慧！若「如來藏」(中之)「阿黎耶識」名為「無」者，(若能轉)離(染分的)「阿黎耶識」(的話)，(則如來藏乃處於)「無生無滅」(的境界)。</td><td>㊀大慧！若無「如來藏」名(為)「藏識」(阿賴耶識)者，

(如來藏)則(便是屬於)「無生滅」(的境界)。</td></tr>
<tr><td>㊁大慧！然諸「凡、聖」(皆依著彼「阿賴耶識」，故)悉(皆)有「生、滅」。</td><td>㊁一切「凡夫」及諸「聖人」，(皆)依彼「阿黎耶識」，故(為)「有生、有滅」(的狀態)，</td><td>㊁然諸「凡夫」及以「聖人」(皆依著彼「阿賴耶識」，故)悉有「生、滅」(的狀態)。</td></tr>
</table>

	（皆）以依（於）「阿黎耶識」（之）故。	
（參）（諸）修行者，（能入於）「自覺聖智」（自內身聖智證法之境界），（雖能得）「現法樂住」，（但亦）不捨方便（此指不捨「精進」及「度化眾生」之方便門）。	（參）諸修行者，（能）入自「內身聖行」（自內身聖智證法之）所證，（雖能得）「現法樂行」，而（仍）不休息（此指不捨「精進」及「度化眾生」之方便門）。	（參）是故一切「諸修行者」，雖（能入）「見內」（自內身聖智證法之）境，（亦能得）「住現法樂」（中），而（仍）不捨於「勇猛精進」。
（肆）大慧！此「如來藏、識藏」（阿賴耶識），（由於）一切「聲聞、緣覺」（皆以妄）心（邪）想所見，雖（如來藏與藏識乃）「自性清淨」，（但二乘與外道爲）客塵所覆故，猶見（如來藏與藏識皆爲）「不淨」。	（肆）大慧！此「如來心」（的）阿梨耶識、如來藏」（之）諸境界，（所有）一切「聲聞、辟支佛、諸外道」等（皆）不能（究竟的去）分別。何以故？以「如來藏」是「清淨相」，（二乘與外道爲）客塵煩惱，（故視如來藏與藏識皆）垢染「不淨」。	（肆）大慧！此「如來藏、藏識」（阿賴耶識）本性清淨，（但二乘與外道爲）客塵所染，而（視如來藏與藏識皆）爲「不淨」。一切「二乘」及「諸外道」，（由於）憶度（生）起（邪）見，（故）不能現證（如來藏與藏識）。
（伍）非諸「如來」（如來則不如是見）。大慧！「如來」者，（能現證）現前境界，（能觀如來藏與藏識）猶如掌中視「阿摩勒果」（般的容易且清楚）。		（伍）如來於此（如來藏與藏識），（能）分明（究竟而）現見，如觀掌中「菴摩勒果」（般的容易且清楚）。

劉宋・求那跋陀羅譯《楞伽阿跋多羅寶經》	元魏・菩提流支譯《入楞伽經》	唐・實叉難陀與復禮等譯《大乘入楞伽經》
故勝鬘夫人承佛威神。說如來境界。非聲聞緣覺及外道境界。	對勝鬘說言。如來藏是如來境界。大慧。如來藏識阿黎耶	大慧。爲勝鬘夫人說佛境界。非是外道二乘境界。大慧。此如來藏藏識是

如來藏識藏。唯佛及餘利智依義菩薩智慧境界。是故汝及餘菩薩摩訶薩。於如來藏識藏。當勤脩學。莫但聞覺作知足想。	識境界。我今與汝及諸菩薩甚深智者。能了分別此二種法。諸餘聲聞辟支佛及外道等執著名字者。不能了知如此二法。 大慧。是故汝及諸菩薩摩訶薩當學此法。	佛境界。與汝等比淨智菩薩。隨順義者所行之處。非是一切執著文字外道二乘之所行處。是故汝及諸菩薩摩訶薩。於如來藏藏識。當勤觀察。莫但聞已便生足想。

壹故勝鬘夫人（乃）承佛「威神」，（亦能開演宣）說「如來境界」，（此）非「聲聞、緣覺」及「外道」（所能得悟之）境界。

→從《勝鬘經》中可獲知，此是勝鬘夫人「承佛神力」而由勝鬘夫人宣講出來的法義。

壹（如來）對勝鬘說言：「如來藏」（即）是「如來境界」。

壹大慧！（如來）為勝鬘夫人說「佛境界」，（此）非是「外道、二乘」（所能得悟的）境界。

貳「如來藏、識藏（阿賴耶識）」，（這兩者法的境界）唯「佛」及（其）餘（具有）「利智」（菩薩才能得知）。

（如來藏與阿賴耶識乃是具有）依「義」菩薩（的）智慧（才能獲得的）境界。

貳大慧！「如來藏識、阿黎耶識」（的）境界。

我今與（大慧）汝，及諸菩薩（具有）「甚深智」者，（才）能（明）了分別此（如來藏與阿賴耶識）二種法。

貳大慧！此「如來藏、藏識（阿賴耶識）」是「佛境界」，

（我今）與（大慧）汝等，（及具有）比（相比；等比）「淨智」（的）菩薩，（及具有）隨順「義」（的菩薩）者；（其）所（能）行之處。

參諸餘「聲聞、辟支佛」及「外道」等，（與）執著（於）「名字」者，（皆）不能（究竟）了知如此（如來藏與藏識）「二法」。

參（此）非是一切執著（於）「文字」（的）「外道、二乘」之所（能）行處。

肆是故（大慧）汝，及餘菩薩摩訶薩，於「如來藏、識藏（阿賴耶識）」，（在這兩者法當中）當勤修學（與觀察）。

肆大慧！是故（大慧）汝，及諸菩薩摩訶薩當學此（「如來藏」與「阿賴耶識」這兩種）法。

肆是故（大慧）汝，及諸菩薩摩訶薩，於「如來藏、藏識（阿賴耶識）」，（在這兩者法當中）當勤「觀察」（與修學）。

莫但(於)「聞覺」(聽聞覺知之後)，(便)作「知足想」。		莫但(聽)聞已，(即)便生(知)「足想」。

劉宋·求那跋陀羅譯《楞伽阿跋多羅寶經》	元魏·菩提流支譯《入楞伽經》	唐·實叉難陀與復禮等譯《大乘入楞伽經》
大慧。剎那者。名識藏。如來藏意俱。生識習氣剎那。無漏習氣非剎那。非凡愚所覺。計著剎那論故。不覺一切法剎那非剎那。以斷見壞無為法。	大慧。言剎尼迦者。名之為空。阿黎耶識名如來藏。無共意轉識熏習故名之為空。具足無漏熏習法故。名為不空。 大慧。愚癡凡夫不覺不知。執著諸法剎那不住。墮在邪見而作是言。無漏之法亦剎那不住。破彼真如如來藏故。	大慧。如來藏名藏識。所與意等諸習氣俱。是剎那法。無漏習氣非剎那法。此非凡愚剎那論者之所能知。彼不能知一切諸法有是剎那非剎那故。彼計無為。同諸法壞墮於斷見。
㊆大慧！ (所謂具有生滅)「剎那」者， (即)名(為)「識藏」(阿賴耶識)， (識藏亦名為)「如來藏」， (識藏若與第七)**意俱生識**(的有漏)習氣(相結合則名為生滅的)「剎那」(法)。 (識藏若與)**無漏習氣**(相結合，則名為不生不滅的)「非剎那」。	㊆大慧！言： (所謂)「剎尼迦」(kṣaṇika)者，名之為「空」(此處指生滅的一種「虛無斷滅」意思)。 「阿梨耶識」(亦)名「如來藏」， (阿梨耶識若)無共「**意**(第七)**轉識**」熏習(的話)，故(阿梨耶識即可)**名之為「空」**。 (「阿梨耶識」若永遠不會被「前七轉識」所熏習的話，那「阿梨耶識」就被變了「虛無」的「斷滅空」了) (阿梨耶識因能)具足(與)「**無漏熏習法**」(的能力)，故名為「**不空**」(此指「非虛無斷滅」，或也可指「不生不滅」之義)。	㊆大慧！ 「如來藏」(亦)名「藏識」(阿賴耶識)， (但藏識若)所與(第七)**意**等諸(有漏)習氣俱，(藏識)是(為一種具生滅的)「**剎那**」法。 (藏識若能與)**無漏習氣**(相結合，則名為不生不滅的)「**非剎那**」法。

貳（此）非「凡、愚」（之）所（能）覺（悟），

（彼凡愚）計著（於生滅的）「剎那論」故，不（能）覺（悟）一切法（其實仍有）「剎那、非剎那」（之別）。

（凡夫皆）以「斷」（滅）見，（甚至破）壞（所有的）「無為法」（指「無漏法」）。

（意指「凡愚」將「無漏、非剎那、不生不滅」的「如來藏」也執著爲「有漏、有生滅、有剎那」法）

貳大慧！愚癡凡夫（於此理而）不覺（亦）不知，

（凡愚）執著（於）諸法（一定都是屬於生滅的）「剎那」不住，（於是）墮在「邪見」而（竟）作是言：

（所謂的）「無漏」之法亦（屬於生滅）「剎那」不住（的）。

（凡愚乃）破（壞）彼「真如、如來藏」（之法）故。

貳此非凡愚，（及）「剎那論者」之所能知。

彼（凡愚）不能知一切諸法（仍）有：是（生滅的）「剎那」、（與不生不滅的）「非剎那」（之分別）故。

彼（凡愚）計（著）「無為」（無漏法），（竟相）同（於）諸（有爲）法（而同被破）壞，

（此諸凡愚者乃）墮於「斷」（滅）見。

劉宋·求那跋陀羅譯 《楞伽阿跋多羅寶經》	元魏·菩提流支譯 《入楞伽經》	唐·實叉難陀與復禮等譯 《大乘入楞伽經》
大慧。心意意識眼識等七。剎那習氣因。善無漏品離。不復輪轉。大慧。如來藏者。輪轉涅槃苦樂因。空亂意慧愚癡凡夫所不能覺。	大慧。七種識。意意識眼耳鼻舌身念念不住。因虛妄熏習離於無漏諸善法故。 大慧。如來藏世間不生不死。不來不去。常恆清涼不變。 復次大慧。依如來藏故有世間涅槃苦樂之因。而諸凡夫不覺不知。而墮於空虛妄顛倒。	大慧。意及意識眼識等七。習氣為因是剎那性。離無漏善非流轉法。 大慧。如來藏者。生死流轉及是涅槃苦樂之因。凡愚不知妄著於空。
壹大慧！ （第七）心意、 （第六）意識，	壹大慧！七種識（者）， （第七）意、 （第六）意識，	壹大慧！ （第七）意及 （第六）意識、

劉宋·求那跋陀羅譯《楞伽阿跋多羅寶經》	元魏·菩提流支譯《入楞伽經》	唐·實叉難陀與復禮等譯《大乘入楞伽經》
(與)眼識等 (共)七(個識)， (具生滅之)「剎那」(性)，(皆以)「習氣」(薰習爲)因。 (前七識多以剎那之「染污習氣」爲因，故與「純善之無漏法」相離)	(加上前五識)眼、耳、鼻、舌、身(等共七種識)， (具)念念不住(的生滅性)，因虛妄(而被)薰習。	(與)眼識等 (共)七(個識)， (皆以)「習氣」(薰習)爲因，是(具生滅之)「剎那」性。
(貳)(前七識乃與)「善無漏品」(遠)離，(故前七識)不復(作爲生死)「輪轉」(之法)。	(貳)(前七識乃遠)離於「無漏諸善法」故。	(貳)(前七識乃遠)離(於)「無漏善」，(故前七識)非(爲生死之)流轉法。
(參)大慧！「如來藏」者，(皆可作爲)「輪轉、涅槃、苦樂」(之)因。 「如來藏」具有二種性質，一是本具「自性清淨心」之如來藏；一是會被「煩惱所染」的如來藏。 若是具「自性清淨心」之如來藏者，則經常被稱作淨分的「阿賴耶識」，爲「解脫」與證「涅槃」之主因。 若是會被「煩惱所染」的如來藏者，則經常被稱作染分的「阿賴耶識」，常遭「不善、善」之薰習，亦爲「六道生死」之主因)	(參)大慧！(若是具「自性清淨心」之)「如來藏」，(則於)世間(乃)「不生、不死、不來、不去」，常恒清涼、不變。 復次大慧！ 依(於)「如來藏」，故有「世間、涅槃、苦樂」之因。 (本段請參閱魏譯本 46-2 及 49-8)	(參)大慧！「如來藏」者，(皆可作爲)「生死流轉」(之因)，(以)及(亦)是「涅槃、苦樂」之因。 (據唐·澄觀《大方廣佛華嚴經疏·卷四十二》云： 「阿賴耶識」真如法中故……住真如者，以「本識」有二分： 一、妄「染分」，凡夫所住； 二、真「淨分」，此「地」所住，由住「真如」故，捨「黎耶」之名。又「佛地」單住「真如」，不云「黎耶」真如)
(肆)(凡愚者墮於)「空」亂意慧(墮於「空虛斷滅」及「意亂邪慧」中)，愚癡凡夫(於此)所不能覺。	(肆)而諸凡夫「不覺、不知」(此理)，而墮於(斷滅)空，(生)虛妄顛倒(心)。	(肆)凡愚不知(此理)，妄著於(斷滅)空(而生顛倒)。
大慧白佛言。世尊。不建	大慧白佛言。世尊。世尊。	大慧言。世尊。豈不建立

立八識耶。佛言。建立。大慧白佛言。若建立者。云何離意識非七識。

佛告大慧。彼因及彼攀緣故七識不生。意識者。境界分段計著生。習氣長養藏識意俱。我我所計著思惟因緣生。不壞身相藏識。因攀緣自心現境界計著心聚生。展轉相因譬如海浪。自心現境界風吹。若生若滅亦如是。是故意識滅七識亦滅。

可不說八種識耶。佛告大慧。我說八種識。大慧言。若世尊說八種識者。何故但言意識轉滅。不言七識轉滅。

佛告大慧。以依彼念觀有故。轉識滅七識亦滅。

復次大慧。意識執著取境界生。生已種種熏習增長。阿黎耶識共意識故離我我所相。著虛妄空而生分別。

大慧。彼二種識無差別相。以依阿黎耶識。因觀自心見境。妄想執著生種種心。猶如束竹迭共為因。如大海波。以自心見境界風吹而有生滅。是故大慧。意識轉滅七種識轉滅。

八種識耶。佛言建立。大慧言。若建立者。云何但說意識滅非七識滅。

佛言。大慧。以彼為因及所緣故。七識得生。

大慧。意識分別境界起執著時。生諸習氣長養藏識。由是意俱我我所執。思量隨轉無別體相。藏識為因為所緣故。執著自心所現境界。心聚生起展轉為因。

大慧。譬如海浪。自心所現境界風吹而有起滅。是故意識滅時七識亦滅。

(壹)大慧白佛言：世尊！(豈)不建立八(個)識耶？佛言：建立！

(貳)大慧白佛言：若建立者，云何(說只需遠)離(第六)意識，(而)非(去轉滅其餘的)七識(呢)？

(參)佛告大慧：(修行上是以)彼(第六識爲)因，及(以)彼(第六識爲)攀緣(的主力)，故(只需第六識轉滅的話，則餘)七識(亦可漸達)

(壹)大慧白佛言：世尊！世尊可不說「八種識」耶？佛告大慧：我說「八種識」！

(貳)大慧言：若世尊說「八種識」者，何故但言(只需將第六)意識轉滅，(而)不言(要將其餘的)七識(去)轉滅(呢)？

(參)佛告大慧：以依彼(第六識爲)念、(而去)觀有(外境諸有)故，(若能)轉(第六)識(而令)滅，(則餘)七識亦(能漸轉而令)滅。

(壹)大慧言：世尊！豈不建立「八種識」耶？佛言：建立！

(貳)大慧言：若建立者，云何但說(只需將第六)意識(轉)滅，(而)非(令其餘的)七識(去轉)滅(呢)？

(參)佛言：大慧！以彼(第六識)為因，及(爲主要)所(攀)緣(之力)故，(然後才能讓餘)七識得(以)生(起諸業之薰習)。

不生(之境)。 (八識中乃以「第六識」為造業之主因，亦是對外「攀緣」之主因，其餘七個識並非是生起諸業的「主因」)	(唯識理云：六七因中轉，五八果上轉。故先轉第六識，餘七識則次第而轉)	(八識中以「第六識」為造業之主因，亦為外境「所攀緣」之因。諸業經「第七識」之思量與執著，再由「第八識」薰習執藏。故「第六識」為造業之「主因」，其餘七個識方次第生起諸業薰習)
㈣(第六)意識者，(於外)境界分段(而生)計著(計量執著)，(不斷造業增)生(業力之)習氣，(然後再去)長養「藏識」(阿賴耶識)。	㈣復次大慧！(第六)意識執著，取境界生，(不斷造業增)生(業力習氣)已，(然後再以)種種「薰習」，(去)增長「阿黎耶識」。	㈣大慧！(第六)意識(能)分別境界，(於生)起執著時，(能)生諸(業)「習氣」，(然後再去)長養「藏識」(阿賴耶識)。
㈤意(第七識)俱「我、我所」計著，(能)思惟(思量計度)。「因(藏識為第七識的生起之因)、緣(藏識為第七識所緣的對象)」生，不壞身相「藏識」(阿賴耶識)。	㈤共「意(第七)、識(第六)」故，(第七識具)「我、我所」相，(執)著「虛妄」(之)空而生分別。大慧！彼二種識「無差別相」(指第六與第七無差別相)，(皆)以依(止於)「阿黎耶識」。	㈤由是意(第七識)俱「我、我所」執，(能)「思量」隨轉，(第七識自己)無「別體相」(個別的體相；自體相)，(因為)藏識(阿賴耶識)為(第七識生起之)「因」、(亦)為(第七識)所緣(的對象)故。
㈥因攀緣「自心」(所)現境界(而)計著(計量執著)，(所有的)心(識皆積)聚(而)生(起)，(諸識彼此)「展轉」相(互為)因。	㈥因觀「自心」(所顯)見境，(而生)妄想執著，生種種(分別)心，(諸識)猶如「束竹」(捆成束的竹子)，(乃彼此)迭共(展轉)為因。	㈥執著「自心所現」(之)境界，(所有的)心(識)聚(積而)生起，(諸識彼此)「展轉」(互相)為因。
㈦譬如「海浪」(大海喻第八識，浪喻第七識)，「自心」(顯)現境界，風(喻六根、六境、六識)吹，(便有)「若生、若滅」(的現象)，亦如是。	㈦如「大海波」，以「自心」(顯)見境界，風(喻六根、六境、六識)吹而有「生、滅」(的現象)。	㈦大慧！譬如「海浪」，(由)「自心所現」境界，風(喻六根、六境、六識)吹而有「起、滅」(的現象)。
㈧是故(修行上只需將第六)意識(轉)滅，(則餘)七識亦(將次第逐漸而轉)滅。	㈧是故大慧！(只需先將第六)意識轉滅，(則餘)七種識(將次第逐漸)轉滅。	㈧是故(第六)意識(轉)滅時，(則餘)七識亦(將次第逐漸轉)滅。

《楞伽經》古舊著，按年代排列

1. **《入楞伽心玄義》**（一卷）。唐・法藏撰。《大正藏》第三十九冊。

2. **《楞伽經注》**（卷二及卷五，殘缺）。唐・智儼注。《續藏經》第一編，第九十一套，第二冊。

3. **《楞伽人法志》**。唐・玄賾撰。玄賾為禪宗五祖弘忍之法嗣。景龍二年（708），奉敕至京師，受唐中宗之皈依。今**《楞伽人法志》**不存。其弟子淨覺即以《楞伽人法志》為基礎，撰述著名之《楞伽師資記》。

4. **《楞伽師資記》**（一卷）。唐・淨覺集。

5. **《注大乘入楞伽經》**（十卷）宋・寶臣注。大正藏》第三十九冊。

6. **《楞伽說題集解補注四卷》**。宋・可觀 宜翁（1092～1182）著，號解空、竹庵。講經餘暇，則補注《楞伽經》。大慧 宗杲曾由徑山前來相與言談終日，譬之以「**教海老龍**」。今未見。詳《佛光大辭典》頁 1607。

7. **《楞伽經集注》**（四卷）。宋・正受集記。《續藏經》第一編，第二十六套，第四冊。

8. **《楞伽經纂》**（四卷）。宋・楊彥國纂。《續藏經》第一編，第九十一套，第二冊。

9. **《楞伽經通義》**（六卷）。宋・善月 柏庭(1149～1241)述。《續藏經》第一編，第二十五套，第三冊。

10. **《楞伽阿跋多羅寶經注解》**（八卷）。明・宗泐 、如𤦛 同注。《大正藏》第三十九冊。

11. **《楞伽經玄義》**（一卷）。明・智旭撰述。《續藏經》第一編，第二十套，第一冊。
　　《楞伽經義疏》（九卷）。明・智旭疏義。《續藏經》第一編，第二十套，第一冊。

12. **《楞伽經合轍》**（八卷）。明・通潤述。《續藏徑》第一編，第二十六套，第五冊。

13. **《觀楞伽經記》**（八卷）。明・德清筆記。
　　《楞伽補遺》（一卷）。明・德清撰。

14. **《楞伽經宗通》**（八卷）。明・曾鳳儀宗通。《續藏經》第一編，第二十六套，第三冊、第四冊。

15. **《楞伽經參訂疏》**（八卷）。明・廣莫參訂。《續藏經》第一編，第二十七套，第一冊。

16. **《楞伽經精解評林》**（一卷）。明・焦竑纂。《續藏經》第一編，第九十一套，第二冊。

17. 《楞伽經心印》（一卷）。清·淨挺著。《續藏經》第一編，第五十九套，第二冊。

18. 《楞伽經心印》（八卷）。清·函是疏。《續藏經》第一編，第二十七套，第一冊、第二冊。

19. 菩提流支譯《提婆菩薩破楞伽經中外道小乘四宗論》。刻本，重印。北京：中國佛教協會：文物出版社，1989。

20. 《楞伽筆記》·清·法忍 本心（1842～1905）著。提倡坐禪，耕作之餘，復說《楞嚴》、《法華》，《楞伽》、《唯識》等經論，被譽為清末宗門「四大尊宿」之一，著有《楞伽筆記》，今未見。詳《佛光大辭典》頁3351。

21. 《入楞伽經註》（ārya-laṅkāvatāra-vṛtti）。智吉祥賢（梵名 Jñāna-śrī-bhadra，西藏名 Yes-śesdpal bzaṅ-po）著。此書收於《西藏大藏經·丹珠爾·經疏部》，其生卒年、傳記不詳，因其屢次引用法稱之偈，故知其為法稱以後之人。智吉祥賢之《入楞伽經註》並非僅對《入楞伽經》之文句加以解釋而已，而更呈現不少有關印度思想史上之豐富性、時代性之資料，並對諸外道之學說多所評論，對教理史之發展，亦時有交待。例如書中所談小乘部派之情形，恰與義淨《南海寄歸傳》一書中提到小乘部派時相同，皆僅舉出「有部、正量部、大眾部、上座部」等四種之名，可見義淨入天竺時部派之情況，在其後仍大致一樣，並無多大改變。故知就印度思想史、教理史之發展背景而言，該書具有極大之價值。

《楞伽經》民國以來著作

1. 王樹海注釋。《楞伽經注釋》。長春：長春出版社，1995年。

2. 北京社科院宗教研究所編譯。《白話佛教經典 (八)--楞伽阿跋多羅寶經》。臺北市：博遠出版社，1994年。

3. 北京社會科學院宗教研究所譯。《楞伽經》。第一版。台北市：恩楷，民89年。

4. 白雲禪師著。《楞伽經抉疑》。北京：宗教文化出版社，2003年。初版。台北市：白雲廣播，民90。

5. 全佛編輯部主編。《楞伽阿跋多羅寶經·入楞伽經》。初版。台北市：全佛文化，民85年。

6. 吳信如著。《楞伽經講記 2冊》。中國北京：中國文史出版社，2003年。

7. 求那跋陀羅等譯。《楞伽經會譯》。初版。台北市：老古，民80年。（停印）

8. 東方橋。《讀楞伽經的方法學》。臺北市：玄同文化事業有限公司，2001年。

9. 南懷瑾。《楞伽大義今釋》。15版。臺北市：老古，民80年。

10. 唐一玄講述。《四卷楞伽經注箋》。高雄縣：菜根香文教基金會，1993年。

11. 陸西星真人，周演濟述，呂澂著。《楞伽要旨;佛說灌佛經疏;佛典汎論》。一版。台北市：新文豐，民 82 年。

12. 普真貴編。《楞伽科解》。一版。台北市：新文豐，民 83 年。

13. 菩提留支譯。《入楞伽經》。第 2 版。台北市：圓明，民 86 年。

14. 歐陽漸編註。《楞伽疏決》。臺北市：大乘精舍印經會，1979 年。

15. 蓮歌子作。《楞伽經》。初版。台北市：多識界圖書文化，民 89 年。

16. 談錫永導讀。《楞伽經導讀》。初版。台北市：全佛文化，民 88 年。

17. 談錫永譯。《入楞伽經梵本新譯》。台北市：全佛文化，2005，12。

18. 賴永海釋譯。《楞伽經》。初版。台北市：佛光，民 85 年。

19. 釋太虛。《楞伽經義記》。臺北市：佛陀教育基金會，民 89 年。

20. 釋月溪。《月溪法師講楞伽經》。臺北市：大乘精舍印經會，民 82 年。

21. 釋印順。《楞伽阿跋多羅寶經親聞記》。台北市：佛陀教育基金會，民 85 年。
釋印順講說；釋印海記述。《楞伽經親聞記》。初版。台北市：嚴寬祜基金會，民 92 年。

22. 釋成觀。《楞伽阿跋多羅寶經義貫》(已增訂到第三版)。高雄市：高雄文殊講堂，民 84 年。

23. 釋能學著。《楞伽阿跋多羅寶經》。高雄縣：白話佛經雜誌社，1990 年。

24. 釋普行。《楞伽經今文譯註》。台北市：佛陀教育基金會，民 86 年。

25. 釋顯明著。《顯明大師法集. 3：楞伽阿跋多羅寶經要解》。初版。台北市：觀宗別院，民 72 年。

26. 強梵暢編。《楞伽經法要表解》。臺一版。台北市：大乘精舍印經會，2005 年。梵文佛典刊行會編纂。

27. 何金洲著。《楞伽經一粟》。臺北市大乘基金會。民 109。2020 年。

28. 蔡銘宗編著。《楞伽經闡微》。2011 年。民 100。

其餘相關《楞伽經》文章

1. 王俊彥編述。「楞伽經所說之三識」。《方便菩提(四)：心意識》。台中市：尚哲，民 79。

2. 任繼愈主編。「《楞伽經》思想剖析」。《中國佛教史. 第三卷》。中國北京：中國社會科學，1985-1988。

3. 朱世龍著。「大乘入楞伽經中緣生法」。《佛教哲理與中西文化》。台北市：獅子吼，民 65。

4. 牟宗三著。「楞伽經與起信論」。《佛性與般若. 上冊》。台北市：臺灣學生，民 82。

5. 吳汝鈞著。「如來藏思想與《楞伽經》」。《中國佛學的現代詮釋》。台北市：文津，

民 84。

6. 岑詠芳。「楞伽經來藏與藏識一體二名之辨」。《唐君毅先生紀念論文集》。臺北：臺灣學生書局，1983：頁 609-654。

7. 周繼武。「楞伽疏決與唯識抉擇談質疑」。《現代佛教學術叢刊.28》。臺北市：大乘文化，1980.10：頁 61-68。
宗浩。

8. 「《楞伽經》中的如來禪和神會的如來禪」。《中國賓川雞足山佛教文化論壇論文集》。中國北京：中國社會科學院世界宗教研究所，2003：頁 384-385。

9. 善慧。《楞伽經》編集時地考」。《現代佛教學術叢刊.91》。臺北市：大乘文化，1980：頁 365-371。

10. 應機。《楞伽阿跋多羅寶經》題略釋」。《現代佛教學術叢刊.91》。臺北市：大乘文化，1980：頁 361-364。

11. 譚明光編著。「入楞伽經」。《大藏經入門》。台北縣新店市：常春樹，民 77。
蘇俊源，周亞平主編；

12. 韋志林編著。「《楞伽經》為什麼會受到禪宗的特別重視？」。《佛學文物館.10：典籍篇》。台北縣板橋市：長圓圖書，民 83-84。

13. 釋印順。「宋譯《楞伽》與達摩禪」。《現代佛教學術叢刊.12》。臺北市：大乘文化，1980：頁 17-28。

14. 釋默如著。「楞伽經羅婆那王勸請品研究·增補」。《默如叢書(一)：經釋》。台北市：新文豐，民 78。

本書閱讀方法：

本《楞伽經》三種譯本比對暨研究，乃據明・臨濟正宗沙門員珂⸀法師的《楞伽會譯》為底本，再進一步的逐段、逐句對照，並將之前《楞伽會譯》本中的錯誤完全修訂（《楞伽會譯》擅自將經文前後對調、錯字、缺句的問題很多，故此《會譯》本並不流行），並參考近人談錫永譯著《梵本新譯入楞伽經》（此書詳台北全佛文化事業有限公司。2005.12），成為最完整的三種譯本對照。

1 出現「鋼筆字型＋加底線」，如「<u>知生滅智</u>」，這只是將原經文的「位置」複製一份至此處，乃方便與其它經文相對照用。所以有這種「鋼筆字型＋加底線」的地方，都不是原經文的「原始位置」。

2 出現壹貳參肆伍陸柒捌玖拾的符號，在「原始經文」中是沒有的。這只是方便「分段」，供左右兩邊詳細的參照使用。

3 其餘❶❷❸、①②③、⑴⑵⑶、1. 2. 3.、㈠㈡㈢這些編號，在「原始經文」中也是

沒有的，這是為了「歸納細目條文」而作的標示。

4 為了更清楚的標示內文重點，故大部份均以「」或" "符號段開，此乃為三種譯本參照時可以更精準的參考到其「關鍵字」的變化。

5 至於經文中的標點符號問題，大部份的「經文」都已做標點處理，其餘則以《大正藏》為底本，只以「。」段開。

6 筆者從 2006 年開講第一次《楞伽經》時，就已花了很多時間作「比對」與「整理」，後來陸續都再重複講授與修正，經過十七年後，於今 2023 年，終於可以「訂裝成冊」的出書了，可謂「準備十七年」才完成《楞伽經三種譯本比對暨研究》之著作啊！

第壹門　開宗明義門

第一章　直示佛心章
第 1 節　序起

1－1 佛住大海濱<u>摩羅耶山頂</u>的<u>楞伽城</u>中，與大比丘眾及諸大菩薩俱，<u>大慧菩薩</u>而為上首。本經並無佛之千二百五十常隨眾諸弟子。經中之「大比丘僧」及「大菩薩眾」皆來自他方國土。本經第一次提到「五法、三自性、八識、二無我」之名相

劉宋·求那跋陀羅譯 （Guṇabhadra）	元魏·菩提流支譯 （Bodhiruci）	唐·實叉難陀與復禮等譯 （Śikṣānanda）
四卷	十卷	七卷
公元 443 年譯畢 距今接近 1600 年了	公元 513 年譯畢 距今約有 1500 多年了	公元 700 年譯畢 距今約有 1300 多年了
《楞伽阿跋多羅寶經》	《入楞伽經》	《大乘入楞伽經》
【卷一·一切佛語心品之一】	【卷一·請佛品第一】	【卷一·羅婆那王勸請品第一】
㊀如是我聞，一時佛住南海濱<u>楞伽</u>(laṅkā)山頂。 (較精準的話，應該說是摩羅耶山頂的楞伽城。因為「楞伽」二字比摩羅耶山四字還要響亮，所以很多經論就會直接將兩者統一簡稱為「楞伽山、楞伽城、楞伽島、甚至是「楞伽國」)	㊀歸命大智海<u>毘盧遮那佛</u>(virocana)。如是我聞，一時婆伽婆(bhagavān)住大海畔，(於)<u>摩羅耶山頂</u>(samudra 大海濱-malaya-śikhara 山頂)上(的)<u>楞伽城</u>中。	㊀如是我聞，一時佛住大海濱，<u>摩羅耶山頂</u>(的)<u>楞伽城</u>(laṅkā-pura)中。
㊁(以)種種寶華，以為莊嚴。	㊁彼(摩羅耶)山(有)種種「寶性」所成，諸寶間錯，光明赫 炎(赫熾火焰)，如百千日，照曜金山。復有無量「花園、香樹」，皆寶香林。微風吹擊，搖枝動葉。百千妙香，一時流布(流傳散布)。百千妙音，一時俱發。	

	重巖(重疊山巖)屈曲，處處皆有仙堂、靈室、龕ᵏ窟，(有)無數衆寶所成。內外明徹，日月光暉(被遮掩)，(故)不能復現。(此處)皆是古昔諸仙賢聖，思(惟)「如實法」(所)得道之處。	
㈢(釋迦佛)與「大比丘僧」及「大菩薩」衆俱(會)，從彼(但彼等諸大比丘與大菩薩衆皆從)種種「異佛剎」(而)來。是諸菩薩摩訶薩(具足)「無量三昧自在之力」神通游戲。	㈢(釋迦佛)與大比丘僧及大菩薩衆(俱會)，(但彼等諸大比丘與大菩薩衆)皆從種種「他方佛土」俱來集會。是「諸菩薩」(皆)具足「無量自在三昧神通之力」奮迅(振奮迅疾；精神振奮，行動迅速)遊化。	㈢(釋迦佛)與大比丘衆及大菩薩衆俱(會)。其諸菩薩摩訶薩，
㈣(諸菩薩中以)大慧菩薩(Mahā-mati)摩訶薩而為上首，一切諸佛(皆以)手灌其(大慧菩薩之)頂。	㈣(從他方國土來的諸大比丘、大慧菩薩等衆已)善知「五法(名、相、妄想、正智、如如)、(三)自性、(八)識、二種無我」究竟通達。	㈣(從他方國土來的諸大比丘、大慧菩薩等衆)悉已通達「五法(名、相、妄想、正智、如如)、三(自)性、諸(八)識、(二)無我」。
(大慧菩薩以)「自心」現境界，善解其義。	大慧菩薩(Mahā-mati)摩訶薩而為上首，一切諸佛(皆以)手灌其(大慧菩薩之)頂，而授(予)「佛位」。	善知「境界」，「自心」現義，
(有)種種衆生、種種心色，(有)無量度(脫)門，(皆)隨類(而)普現。	(大慧菩薩以)「自心」為境，善解其義。	「遊戲無量自在三昧神通」諸力。(已能)隨衆生心，現種種形，方便調伏(衆生)。
(從他方國土來的諸大比丘、大慧菩薩等衆)於「五法(名、相、妄想、正智、如如)、(三)自性、(八)識、二種無我」，(已)究竟通達。	(有)種種衆生、種種心色，隨種種心、種種異念，(有)無量度(脫)門，(皆)隨所應度，隨所應見而為普現。	一切諸佛手灌其(大慧菩薩之)頂。(彼等諸大比丘與大菩薩衆)皆從種種「諸佛國土」而來此會，

		(諸菩薩中以)<u>**大慧菩薩**</u>(Mahā-mati)摩訶薩為其上首。

八五三二(又名「楞伽四法」)

(1)指「八識、五法、三性、二無我」之謂,此為《楞伽經》、《成唯識論》所提的名辭。

(2)「八識」:指「眼、耳、鼻、舌、身、意、末那、阿賴耶等識」。

　　「五法」:指「相、名、分別、正智、如如」。

　　「三性」:指「妄計性(遍計所執)、緣起性(依他起性)、圓成性(圓成實性)」。

　　「二無我」:指「人無我、法無我」。

(3)以上四法又名為「楞伽四法」。

(4)另一個名相稱為「五三八二」,指「五法、三性、八識、二無我」。

1-2 過去諸佛亦於楞伽城說「自內身聖智證法」,令離外道「邪見」之「覺觀」,此非二乘所能臆度的境界

劉宋·求那跋陀羅譯《楞伽阿跋多羅寶經》	元魏·菩提流支譯《入楞伽經》	唐·實叉難陀與復禮等譯《大乘入楞伽經》
缺	⓵爾時「婆伽婆」(bhagavān),於大海龍王宮說法,(在圓)滿「七日」已,(佛即)渡至南岸。時有無量那由他釋(Śakra)、梵天王(Brahma)、諸龍王等,無邊大眾,悉皆隨從,向海南岸。 ⓶爾時「婆伽婆」(bhagavān),遙望觀察摩羅耶山(samudra 大海濱-malaya-śikhara 山頂)楞伽城(laṅkā-pura),光顏(光亮的容顏)舒悅(舒詳愉悅),如動金山(像金光閃	⓵爾時世尊於海龍王宮說法,過「七日」已(說法已圓滿),(佛即)從大海(龍宮中而)出。(時)有無量億梵(Brahma)、釋(Śakra)、護世諸天龍等,奉迎於佛。 ⓶爾時如來,舉目觀見摩羅耶山(malaya)楞伽大城(laṅkā-pura),即便「微笑」而作是言:

	動的金山般)，熙ᴵ 怡(熙顏和怡)「微笑」而作是言： ❶ 過去諸佛應正遍知，於彼摩羅耶山頂上(之)楞伽城中，說「自內身聖智證法」(pratyātmārya-jñāna)。 ❷ (自內身聖智證法乃)離於一切「邪見」(之)覺觀(新譯作「尋伺」。覺➜尋求推度之意，即對事理之粗略思考。觀➜即細心思惟諸法名義等之精神作用)，(此)非諸「外道、聲聞、辟支佛」等修行(之)境界。 (釋迦佛)我亦應彼摩羅耶山(malaya)楞伽城中，為羅婆那(rāvaṇa)夜叉王(楞伽王)上首說於此法。	❶ 昔諸如來應正等覺，皆於此(楞伽)城說「自所得聖智證法」(pratyātmārya-jñāna 自內身聖智證法)。 ❷ (自所得聖智證法乃)非諸「外道」臆度(之)「邪見」，及以「二乘」修行(之)境界。 (釋迦佛)我今亦當為羅婆那(rāvaṇa)王(楞伽王)開示此法。

❋pratyātma-dharmatā 自內證法性；自身內證法

❋pratyātmārya-jñāna 自內身聖智證法；自覺聖智

❋pratyātmārya-jñāna-gati 自覺聖智「所趣」；自覺內證聖智「修行相」

❋pratyātmārya-jñāna-gati-gocara 自覺聖智所行「境界」

❋pratyātmārya-jñāna-gati-lakṣaṇa 自證聖智「行相」；自證聖智「相」；自身內證聖智「修行相」

Sūtr.；自覚，自証，内身証 Laṅk.；～m 内，内別，自 Abh-vy., Bodh-bh., Madhy-vibh., Sūtr.

praty-ātmaka 形 自身に属する，個人個人の.

pratyātma-gati 因 漢訳 内身所証(法)，内行，内心行；自悟処，自証行，自証処，自智所行，自証智境，自覚境界 Laṅk.

pratyātma-gatika 形 漢訳 内身実智 Laṅk.

pratyātmagati-gamya 形 漢訳 内証智所行 Laṅk.

pratyātmagati-gocara 男 漢訳 自証法，自到境界，自覚境界，内行境界，内身智境界 内身聖智修行界，自証聖智所行，自証聖智所行境界 Laṅk.

pratyātmagati-cintaka 形 漢訳 内心善思惟，証智常明了 Laṅk.

pratyātmagati-vijñāna 田 漢訳 内身証修行法，証自智境界，自覚聖智趣 Laṅk.

pratyātmāryagati-gocara 男 漢訳 自覚聖智所行，P証聖行境界 Laṅk.

pratyātmārya-jñāna (°ma-ār°) 田 漢訳 自覚聖智 自証聖智 内身聖智 Laṅk.

pratyātmāryajñāna-gata 形 漢訳 自覚聖智修行(者)，自身進趣証聖智，自証聖法 Laṅk.

pratyātmāryajñāna-gati 因 漢訳 自覚聖智趣，自覚聖智所趣，自覚聖智究竟，自覚聖智相，自証聖智行相，自身内証聖智修行相 Laṅk.

pratyātmāryajñānagati-gocara 男 漢訳 自覚聖智所行境界，聖智修行境界行処，自証聖智所行 Laṅk

pratyātmāryajñānâdhigama 男 漢訳 自覚聖智所得，聖智内身証得，自証聖智所行 Laṅk.

pratyātmārya-dharma (°ma-ār°) 男 漢訳 自証聖法，自覚聖趣 Laṅk.

（上面的梵文資料圖檔來自日人‧荻原雲來編《梵和大辭典》，本書所引用的「梵漢」資料皆同此）

覺(新譯爲：尋) vitarka 尋求;探尋;思尋;尋思;推尋;尋析;尋度 「尋心所」從「欲界」到色界「初禪」的中間都會現起。 「二禪」以上則無「尋心所」。	尋求推度，對事理進行「粗略」的思考能力。 《阿毘達磨俱舍論》云： **心之「麁」性，名「尋」。** 《成唯識論》云： **「尋」謂「尋求」。令心怱遽**出 (指讓心發生「怱務急遽」的現象，「遽」是指急忙;迫切;恐懼)，**於(而)言境**(由自己的「意識」去取著與攀緣外在的「境界」)，(以)**「麁轉」為性。**
觀(新譯爲：伺) vicāra 伺察;偵伺;密伺;微伺的一種觀察力。 「伺心所」從「欲界」到色界「二禪」的「中間」都會現起。 「二禪」以上則無「伺心所」。	細心密伺的思惟，對諸法名義進行「精細」的觀察力。 《阿毘達磨俱舍論》云： **心之「細」性，名「伺」。** 《成唯識論》云： **「伺」謂「伺察」。令心怱遽**出 (指讓心發生「怱務急遽」的現象，「遽」是指急忙;迫切;恐懼)，**於意(而)言境**(由自己的「意識」去取著與攀緣外在的「境界」)，(以)**「細轉」為性。**

覺（新譯為：尋）vitarka
對事理進行「粗略」的思考能力

觀（新譯為：伺ㄙ）vicāra
對諸法名義進行「精細」的觀察力

尋求；探尋；思尋；
尋思；推尋；尋析；尋度

伺察；偵伺；密伺；
微伺的一種觀察力

尋：只有「粗略、大略」的思考與分辨。
一盤水果，有綠色、黃色、紅色。

伺：所有的形狀、大小、顏色都做「精細」的觀察與分別。
五樣水果。奇異果8。柳丁8。櫻桃8。草莓1。香蕉片8

「尋」心所從「欲界」到色界「初禪」的「中間」都會現起。
「二禪」以上則無「尋」心所。

「伺」心所從「欲界」到色界「二禪」的「中間」都會現起。
「二禪」以上則無「伺」心所。

「二禪」以上，到「色究竟天」，都是無「尋」無「伺」。

1-3 羅婆那夜叉王請如來入楞伽城，令我及與諸天世人於長夜中得大饒益。本經第一次出現「阿梨耶識、藏識、轉識」之名相

劉宋・求那跋陀羅譯《楞伽阿跋多羅寶經》	元魏・菩提流支譯《入楞伽經》	唐・實叉難陀與復禮等譯《大乘入楞伽經》
缺	⑤爾時羅婆那(rāvaṇa)夜叉王(楞伽王)以「佛神力」聞如來聲，時「婆伽婆」(已)離海龍王宮，(越)度大海已(此指如來於大海龍王宮說法，在圓滿「七日」之後，即渡至南岸而出)，與諸「那由他」無量釋、梵天王、諸龍王等，圍遶恭敬(著佛	⑤爾時羅婆那(rāvaṇa)夜叉王(楞伽王)以「佛神力」聞佛言音，遙知如來(將)從龍宮出(此指如來於大海龍王宮說法，在圓滿「七日」之後，即渡至南岸而出)，(有)梵、釋、護世天龍圍遶(著佛陀)。

	陀)。 ㏜爾時如來觀察眾生「阿梨耶識」大海水波,為諸(六塵)「境界」猛風(所)吹動,(於是)轉識(前七識)波浪,(即)隨(眾)緣而(生)起。 ㏜爾時羅婆那夜叉王(楞伽王)而自歎言: 我應請如來入楞伽城(laṅkā-pura),令我「長夜」(處)於「天人」中,與諸「人天」(等處),(皆能獲)得大利益,快得(法喜之)安樂。	㏜(如來觀)見(大)海波浪,觀其「眾會」(之)「藏識」(阿賴耶識)大海,(被六塵)境界風(所吹)動,(於是)轉識(前七識)浪(生)起。 ㏜(時楞伽王)發歡喜心,於其城中,(便)高聲唱言: 我當詣佛,請(佛)入此(楞伽)城,令我及與「諸天、世人」,(處)於「長夜」(的輪迴)中,(能獲)得大饒益。

1—4 羅婆那夜叉王與諸眷屬以種種伎樂、樂器、梵聲等,歌頌如來一切功德

劉宋・求那跋陀羅譯 《楞伽阿跋多羅寶經》	元魏・菩提流支譯 《入楞伽經》	唐・實叉難陀與復禮等譯 《大乘入楞伽經》
缺	爾時楞伽城(laṅkā-pura)主羅婆那(rāvaṇa)夜叉王(即楞伽王),與諸眷屬,乘「花宮殿」(此喻像宮殿般莊嚴的「法車」)至如來所,與諸眷屬,從宮殿下,遶佛三匝。 (楞伽王與諸眷屬)以種種「伎樂」,(取)樂於如來。(其)所持樂器皆是「大青因陀羅	(楞伽王)作是語已,(楞伽王)即與眷屬乘「花宮殿」(應屬於移動式的「宮殿」,而不是車子,所以不是「著陸地」而行,而是「飛昇」)往世尊所。到已,下殿,右遶三匝。 (楞伽王與諸眷屬)作眾伎樂,供養如來。(其)所持(的)「樂器」皆是「大青因陀羅寶」,(用)

	寶」而用造作，(用)「大毘琉璃瑪瑙」諸寶，以為間錯，(用)無價「色衣」以用纏裹(這些高貴的「大青因陀羅寶樂器」)。	「琉璃」等寶，以為間錯，(用)無價「上衣」而用纏裹(這些高貴的「大青因陀羅寶樂器」)。
	以「梵聲」等無量種音，(用來)「歌歎」如來一切(的)「功德」。(楞伽王於中)而說偈言：	其(梵)聲(皆)美妙，音節相和。(楞伽王)於中(而)說偈，而讚佛曰：
	(此)心(即)具於(一切自性之)法藏，離，無我，見垢(遠離邪見諸染垢)。	(此)心(所具)自性(之)法藏，(為)無我、(為)離見垢(遠離邪見諸染垢)。
	世尊(所)說(之)諸行，(皆由)內心(所證)所知(之)法。	(此為)「證智」(者)之所知，願佛(能)為(我)宣說。
	(由)「白法」(白淨法而證)得「佛身」，(皆為自)內身所證法。(所有的變)「化身」、(能)示(現之)「化身」，時(皆能)到入楞伽(城)。	(由)「善法」(聚)集為(得佛)身，證「智」常「安樂」。(所有)變化(之化身)、(及已得)自在者，願(皆能得)入楞伽城(laṅkā-pura)。
	今(於)此楞伽城(laṅkā-pura)，(有)過去無量佛，及諸佛子等(曾住過)，(此楞伽城曾為)無量(諸變化)身(之所)受用(過)。	(有)過去(諸)佛、菩薩，皆曾住(於)此(楞伽)城。
	世尊若說法，(有)無量諸「夜叉」，(皆)能現「無量身」，欲聞(世尊之)說法聲。	此諸「夜叉」眾，(皆)一心願聽(世尊所說)法。

1－5 羅婆那夜叉王以「都吒迦」種種妙聲歌頌如來功德

劉宋·求那跋陀羅譯《楞伽阿跋多羅寶經》	元魏·菩提流支譯《入楞伽經》	唐·實叉難陀與復禮等譯《大乘入楞伽經》
缺	爾時羅婆那(rāvaṇa)楞伽王(laṅkādhipati)，以「都吒迦」(toṭaka 韻律。乃歌詠、讚歎時所發之一種韻律。經典中常載聞法者，因喜悦而出此音)種種妙聲，「歌歎」如來諸功德已。	爾時羅婆那(rāvaṇa)楞伽王(laṅkādhipati)，以「都吒迦」(toṭaka 韻律)音「歌讚」佛已。
	(楞伽王)復更以「伽陀」妙聲，「歌歎」如來，而說偈言： 如來於七日，(於)大海「惡獸」(makara)中，(然後)渡海至彼岸(此指如來於大海龍王宮說法，在圓滿「七日」之後，即渡至南岸而出)，出已即便住。	(楞伽王)復以「歌聲」而說頌言： 世尊於七日，住(於)摩竭(makara)海中，然後出龍宮(此指如來於大海龍王宮說法，在圓滿「七日」之後，即渡至南岸而出)，安詳昇(至)此岸。
	羅婆那王共，妻子夜叉等。及無量眷屬，大智諸大臣。叔迦婆羅那(śuka. sāraṇa)，如是等大眾。	我與諸婇女，及夜叉眷屬。輸迦娑剌那(śuka. sāraṇa)，眾中聰慧者。
	各各悉皆現，無量諸神通。乘妙花宮殿，俱來到佛所。到已下花殿，禮拜供養佛。依佛住持力，即於如來前。自說己名字，我(乃)十頭羅剎(此即是楞伽王)。	悉以其神力，往詣如來所。各下花宮殿，禮敬世所尊。復以佛威神，對佛稱己名。我是羅剎王，(即是)十首羅婆那(此即是楞伽王)。
	願(佛)垂哀愍我，及(於)此(楞伽)城(之)眾生。受此楞伽城(laṅkā-pura)，摩羅耶寶山	今來詣佛所，願佛攝受我。及(於)楞伽城(laṅkā-pura)中，所有諸眾生。

	(malaya)。	
	過去(有)無量佛，(皆)於此楞伽城。	過去(有)無量佛，咸昇(此)寶山頂(此指摩羅耶山)。
	(過去無量佛皆於)種種寶山(此指摩羅耶山)上，說「身所證法」(自内身聖智證法)。	(過去無量佛皆)住(於此)楞伽城中，說「自所證法」(自内身聖智證法)。
	(今日之)如來亦應爾，於此寶山(此指摩羅耶山)中。	(今日之)世尊亦應爾，住(於)彼寶嚴山(此指摩羅耶山)。
	同諸過去(之)佛，亦說如是法(自内身聖智證法)。	

註：<u>摩竭</u>➡梵名 makara，又作「摩伽羅魚、麼迦羅魚」，意譯爲「大體魚、<u>鯨魚</u>、巨鼇」，爲經論中多處記載之「大魚」，被視爲與「鱷魚、鯊魚、海豚、鯨魚」等同類。

1-6 於過去未來所有無量佛，有諸菩薩共圍遶，皆共演說《入楞伽經》，此經爲往昔諸佛所稱讚

劉宋・求那跋陀羅譯《楞伽阿跋多羅寶經》	元魏・菩提流支譯《入楞伽經》	唐・實叉難陀與復禮等譯《大乘入楞伽經》
缺	願(世尊能)共諸佛子，(宣)說此「清淨法」。	(有)菩薩衆(共)圍遶(著)，(願世尊)演說「清淨法」。
	我及(住於)楞伽(城之大)衆，咸皆欲聽聞《入楞伽》經典，(此經爲)過去(諸)佛(之所)讚歎。(此爲)「內身」智(所證之)境界，離所說(之)名字(相)。	我等於今日，及住(於)楞伽(城之大)衆。一心共欲聞，離言(的)「自證法」(自内身聖智證法)。
	我念過去世，(有)無量諸如來，(與)諸佛子(共)圍遶，(宣)	我念(過)去、(未)來世，所有無量佛(有)菩薩共圍遶，

	說此（《入楞伽經》）「修多羅」。	（共）演說《楞伽經》。此《入楞伽》典，（為）昔佛所稱讚。
	如來於今日，亦應為我等。及諸一切眾，說此甚深法。未來諸世尊，及諸佛子等。於此寶山（此指摩羅耶山）上，亦說此「深法」。	願佛同往尊，亦為眾開演。請佛為哀愍，無量夜叉眾。入彼寶嚴（眾寶莊嚴之楞伽）城，說此（微）妙法門。
	今此（處之）楞伽城（laṅkā-pura），微妙（超）過（諸）天宮。	此（微）妙楞伽城（laṅkā-pura），（有）種種（眾）寶嚴飾。
	牆壁（亦）非土石（所造），（有）諸寶「羅網」（所遮）覆。	牆壁（亦）非土石（所造），羅網悉（有）珍寶。
	此諸夜叉等，已於過去佛（而作供養與種善根）。（具足）修行（遠）離諸過（失），畢竟（常）住（於）「大乘」。	此諸夜叉眾，昔曾供養佛。（具足）修行（遠）離諸過（失），
	內心「善思惟」，（與）「如實念」（而）相應。	（如實）「證知」常（獲）明了。
	願佛憐愍故，（能）為諸夜叉說（法）。願佛天人師，（能）入（此）摩羅耶山（malaya）。	

1-7 有住於此楞伽城的甕耳諸羅剎，亦曾供養過去無量億諸佛。今亦欲聞諸佛之「自內身聖智證法」，欲得究竟之「大乘道法」

劉宋·求那跋陀羅譯《楞伽阿跋多羅寶經》	元魏·菩提流支譯《入楞伽經》	唐·實叉難陀與復禮等譯《大乘入楞伽經》

缺	(有)夜叉及妻子，欲得「摩訶衍」。	(有)夜叉男女等，渴仰於「大乘」，自信「摩訶衍」，亦樂令他(人能)信。
	(有)甕耳(kumbhakarṇa 瓶耳。雙耳如瓶之夜叉)等羅剎，亦住(於)此(楞伽)城中。	唯願無上尊，為諸羅剎眾，(例如)甕耳等眷屬，(彼等己)往詣(於此)楞伽城。
	(亦)曾供養過去無量億諸佛。今復願供養，現在(之)大法王。 欲聞(諸佛之)內心行(自內身聖智證法)，欲得(究竟之)「摩訶衍」(大乘法)。	我於去來今，(皆)勤供養諸佛。 願聞(諸佛之)自證法(自內身聖智證法)，究竟(之)「大乘道」。
	願佛憐愍我，及諸夜叉眾。(能)共諸佛子(眾)等，(皆)入此楞伽城(laṅkā-pura)。	願佛哀愍我，及諸夜叉眾。(能)共諸佛子(眾)等，(皆)入此楞伽城(laṅkā-pura)。
	我所有宮殿、妻子及眷屬、寶冠諸瓔珞，(有)種種莊嚴具，(與)阿舒迦(aśoka 無憂樹)園林，種種皆可樂(可令人愛樂)。	我宮殿、婇女，及以諸瓔珞，(與)可愛(可令人愛樂之)無憂園(aśoka 無憂樹)。
	及所乘(之)花殿，(願布)施(於)佛及大眾。	願佛哀納(而)受(我之供)。
	我於如來所，無有不捨(之)物。 願大牟尼尊，哀愍我(而)受用(我之供養)。	我於佛菩薩，無有不捨(之)物。 乃至(將己)身(作)給侍，唯願(如來能)哀納受。
	我及諸佛子，受佛(之)所說	

	法。願佛垂哀愍，為我(而)受用(供養並宣)說(大法)。	

1-8 佛說有過去諸佛，於此摩羅耶寶山中，為夜叉王宣說諸佛之「自內身聖智證法」，未來諸佛亦爾。此法亦是修行「甚深觀行現法樂者」之所住處

劉宋·求那跋陀羅譯 《楞伽阿跋多羅寶經》	元魏·菩提流支譯 《入楞伽經》	唐·實叉難陀與復禮等譯 《大乘入楞伽經》
缺	爾時三界尊，聞夜叉(王之)請已。 即為夜叉(王宣)說過去、未來(諸)佛(之殊勝因緣)。 夜叉(王)！(有)過去(諸)佛，(於)此勝寶山(此指摩羅耶山)中，(為)憐愍夜叉(王)故，(宣)說(諸佛之)「內身證法」(自內身聖智證法)。 (於)未來佛亦爾，(皆能)於此寶山中，為諸夜叉(王)等，亦說此(自內身聖智證法之)「深法」。 夜叉(王)！(於)此寶山(中)，(有)「如實」(之)修行人。(有能)「現見法」(之)行人，乃能住(於)此處。 夜叉(王)！今告汝，我及諸佛子，(為)憐愍汝等故，受汝施(之)請(而宣)說。	爾時世尊聞是語已，即告之言： 夜叉王！(於)過去世中，(有)諸大導師，咸哀愍汝，受汝(之)勸請，(皆)詣(於)寶山(此指摩羅耶山)中，(宣)說(諸佛之)「自證法」(自內身聖智證法)。 (於)未來諸佛，亦復如是(能於此寶山中宣說「自內身聖智證法」)。 此(法亦)是修行「甚深觀行現法樂者」之所住處。 我及諸菩薩，哀愍汝故，受汝(之)所請，(故)作是語已。

| | 如來略答竟(畢)，(便)寂靜默然(而)住。 | (如來便)默然而住。 |
| | | |

1-9 世尊及諸菩薩，受羅婆那夜叉諸供養已，即各為略說「自證境界甚深之法」

劉宋・求那跋陀羅譯《楞伽阿跋多羅寶經》	元魏・菩提流支譯《入楞伽經》	唐・實叉難陀與復禮等譯《大乘入楞伽經》
缺	羅婆那羅剎(王)，(即)奉(施於)佛(自乘之)花宮殿。 如來及佛子，受(供養)已，即皆乘(此花宮殿)。 羅婆那夜叉(王)，亦自乘(此)華(宮)殿。 以諸婇女(眾)樂，樂佛(能)到(往)彼(楞伽)城。 (佛)到彼妙(楞伽)城已，羅婆那夜叉，及其夜叉妻，夜叉(之)男女等。更持(殊)勝供具，種種皆微妙，供養於如來，及諸佛子等。 諸佛及菩薩，皆受彼供養。 羅婆那等眾，供養(佛菩薩)說法者。 (世尊便)觀察所說(之)法，(略說)內身證境界(自內身聖智證	時羅婆那王，即以所乘(之)妙花宮殿，奉施於佛。 佛(便)坐(於)其(花宮殿)上。 (羅婆那)王及諸菩薩(便於如來)前後(作)導從。 (有)無量婇女(作)歌詠讚歎，供養於佛；(佛便)往詣彼(楞伽)城。 (佛)到彼(楞伽)城已，羅婆那王及諸眷屬，復作種種上妙「供養」，(於)夜叉眾中，童男童女，以寶「羅網」供養於佛。 羅婆那王(布)施寶「瓔珞」，奉佛菩薩以掛其頸(上)。 爾時世尊及諸菩薩受供養已，(即)各為略說「自證境

	法)。	界甚深之法」(自內身聖智證法)。

1－10 羅婆那王與諸眷屬更共同供養大慧大士，言：今有大慧大士，願意代眾生而奉問於世尊，有關一切諸如來之「自內身聖智證法」之境界

劉宋・求那跋陀羅譯 《楞伽阿跋多羅寶經》	元魏・菩提流支譯 《入楞伽經》	唐・實叉難陀與復禮等譯 《大乘入楞伽經》
缺	(羅婆那王與諸眷屬更共同)供養大慧(大)士，數 數而(勸)請言： (大慧)大士！(汝)能問佛(有關)「內身行境界」(自內身聖智證法之境界)。	時羅婆那王幷其眷屬，復更供養大慧菩薩，而勸請言： 我今(有)諸(大慧)大士，(願意代眾生而)奉問於世尊，(有關)一切諸如來(之)「自證智境界」(自內身聖智證法之境境)。
	我與夜叉眾，及諸佛子等，一切諸聽者，(皆)咸請(大慧)仁者(去)問(佛高深的法義)。	我與夜叉眾，及此諸菩薩，(皆)一心願欲聞，是故咸勸(大慧仁者去向佛陀)請(法)。
	(大慧)大士(於)說法(中為最)勝，(於)修行(中)亦(為)最勝。	(大慧)汝是修行者，(於)言論中(為)最(殊)勝。
	我尊重(大慧)大士，(故勸汝去)請問佛(最殊)勝(之)行。	是故(眾等皆對汝)生尊敬，(故)勸汝(去向如來)請問法。
	(能)離諸「外道」邊，亦離「二乘」過(失的法)。	(有關)自證清淨法(自內身聖智證法)， (能)究竟入佛地(之法)。
	(請佛宣)說「內法清淨」(自內身聖智證法)， (能)究竟(入)如來地(之法)。	(能遠)離「外道、二乘」一切諸過失(的法)。

1-11 世尊以神通力化無量寶山，於一一山上皆現佛身，於一一佛前，皆有<u>羅婆那王</u>及其眾會，於一一佛前皆有<u>大慧菩薩</u>而興請問法義

劉宋・求那跋陀羅譯 《楞伽阿跋多羅寶經》	元魏・菩提流支譯 《入楞伽經》	唐・實叉難陀與復禮等譯 《大乘入楞伽經》
缺	爾時佛神力，復化作(諸)山城，(皆具)崔嵬（崔巍嵬峨）百千相，(莊)嚴(校)飾對須彌(與須彌山相對之大的，與須彌山「差不多」同大的)。 (有)無量億花園，皆是眾寶林。香氣廣流布(流傳散布)，芬馥(皆)未曾聞。 (於)一一寶山中，皆示現(有)佛身。	爾時世尊以神通力，於彼(諸)山中，復更化作(更多)無量「寶山」，悉以諸天百千萬億「妙寶」(而)嚴飾。 (於)一一(寶)山上，皆(示)現(有)佛身。 (講法的佛陀，有無量無邊，變化出生在一一的寶山頂上。 聽法的大眾&大慧菩薩，亦有無量無邊，都在一一佛的面前恭敬請法、聞法中)
	(於一一佛前)亦(現)有羅婆那(與)夜叉眾等住。 (於)十方佛國土，及於諸佛身(中)，(亦皆現有)佛子、夜叉王(等眾)，皆來集(於)彼山。 而(於)此楞伽城(中)，所有諸眾等，皆悉見自身(進)入(此)化(現的)楞伽(城)中。	(於)一一佛前，皆(現)有羅婆那王及其眾會。 (於)十方所有一切國土(亦)皆於中(而顯)現。 (於)一一國中悉有如來，(於)一一佛(身)前，咸有羅婆那王幷其眷屬。

	(因)如來神力(所)作，亦同彼楞伽(城)。諸山及園林，(妙)寶莊嚴亦爾。 (於)一一山中(皆有)佛(身)，(於一一佛前)皆有大慧(在向佛)問(法)。	(有無量的)楞伽大城阿輸迦園(aśoka 無憂樹)，如是莊嚴，(平)等無有異， (於)一一(佛身之前)皆有大慧菩薩而興請問(法)。

1－12 佛以百千妙音開示「自內身聖智證法」，開示畢，佛及諸菩薩突於空中隱而不現，唯有羅婆那王自身一人，住於本宮中

劉宋·求那跋陀羅譯 《楞伽阿跋多羅寶經》	元魏·菩提流支譯 《入楞伽經》	唐·實叉難陀與復禮等譯 《大乘入楞伽經》
缺	如來悉為(眾等宣)說「內身所證法」(最高的法義境界，總是「離言絕相」的)。 (如來)出百千妙聲，說此經法已。 佛及諸佛子，(突然)一切隱不現。 (原本的場景是：講法的佛陀，有無量無邊，變化出生在一一的寶山頂上。聽法的大眾&大慧菩薩，亦有無量無邊，都在一一佛的面前恭敬請法、聞法中) (只剩)羅婆那夜叉，忽然見自身(一人)，在己「本宮殿」，更不見(其)餘(諸)物。 (楞伽王)而作是思惟： ❶向見者誰作？ ❷說法者為誰？	佛為(眾等)開示「自證智境」(自內身聖智證法)。 (如來)以百千「妙音」說此經已， 佛及諸菩薩皆於空中，(突然)隱而不現。 (只剩)羅婆那王，唯自見身(一人)住(於)本宮中，(於是楞伽王而)作是思惟： ❶向者是誰？

❸是誰而聽聞？	❸誰聽其說？
❹我所見何法？	❹所見何物？
❺而有此等事？	❺是誰(為)能見？
❻彼諸佛國土，及諸如來身，如此諸妙事，今皆何處去？	❻佛及國城，眾寶山林，如是等物，今何所在？
❼為是夢所憶？	❼為夢所作？
❽為是幻所作？	❽為幻所成？
❾為是實城邑？	
❿為乾闥婆城？	❿為復猶如乾闥婆城？
⓫為是翳(之)妄見？	⓫為翳(之)所見？
⓬為是陽炎(所生)起？	⓬為(陽)炎(之)所惑？
⓭為(如)夢？	⓭為如夢中？
⓮(為)石女生？	⓮(為)石女生子？
(vandhyā 新譯作「虛女」。《四分律行事鈔資持記・卷中二之一》云：「石女者，根不通婬者」故無子也。亦喻如龜毛兔角之理)	
⓯為我(所)見(的)火輪？	⓯ ⓰為如煙、焰？
⓰為(所)見火輪(之)烟？	(為)旋火輪耶？
⓱我所見云何？	

1—13 羅婆那王思惟一切諸法唯是「自心分別」境界，無「能見、所見、能說、所說」

劉宋・求那跋陀羅譯《楞伽阿跋多羅寶經》	元魏・菩提流支譯《入楞伽經》	唐・實叉難陀與復禮等譯《大乘入楞伽經》
缺	(楞伽王)復自深思惟：諸法體(皆)如是。(此)唯自心境界，(自)內心(所)能證知。 而諸凡夫等，(被)無明所覆障。(以)虛妄心(之)分別，而	(楞伽王)復更思惟：一切諸法性皆如是，唯是「自心分別」境界， 凡夫迷惑，不能解了。

	不能(有所)覺知。	
	能見及所見，一切不可得。說者及所說，如是等亦無。佛法真實體，非有亦非無。法相恒如是，唯自心(所)分別。	無有「能見」亦無「所見」。無有「能說」亦無「所說」。(若有)「見佛、聞法」皆是分別(心生起)。
	如見物為(眞)實(存在者)，彼人(則)不見佛(必須要「若見諸相非相者」，才能見如來)。	如向(剛剛)所見(若是眞實存在者)，(則此人便)不能見佛。
	不住「分別心」，亦不能見佛。(若完全不生起分別作用，完全無「心識」者，亦不能見佛。不是說要完全「斷滅」六塵者，才能見佛的，是「不住」六塵，即能見佛)	(若能)不(生)起分別(心者)，是則能見(佛)。(不住色聲香味觸法者。不住六塵者，即能見佛。離一切相，即一切法)
	不見有「諸行」(眞實存在)，如是名為(見)佛。	
	若能如是見(者)，彼人(即能眞實得)見如來。	
	智者(應作)如是「觀」一切(六塵)諸境界。	
	(若能)「轉身」(即能)得「妙身」，(當下)即是「佛菩提」(此喻轉識成智)。	

1－14 羅婆那 楞伽王尋即開悟，證「唯自心」，住「無分別」，自

內證「如來藏」，究竟通達「佛地」。本經第一次出現「心、意、意識、如來藏」之名相

請參閱 **36-5**

劉宋·求那跋陀羅譯《楞伽阿跋多羅寶經》	元魏·菩提流支譯《入楞伽經》	唐·實叉難陀與復禮等譯《大乘入楞伽經》
缺	壹爾時羅婆那十頭羅剎楞伽王(laṅkādhipati)， ①見「分別心」(諸)過(過失罪惡漏習)，而不(再)住於「分別心」中。 ②以過去世「善根力」故，(能)「如實」覺知一切諸論，「如實」能見(於)「諸法實相」。 ③(能)不隨他(人之)教(導而能自悟)，(能)善自「思惟」，(能)覺知諸法，能離一切「邪見覺知」。 ④善能修行「如實」(之)行法。 ⑤於自身中，能現一切種種「色像」，而得究竟大方便解。 ⑥(能)善知一切「諸地」，上上自體(之)相貌。 ⑦(能善)樂觀(第八)心、(第七)意、(第六)意識(等之)自體(性)。 (必須去「觀照」心意識之「自體性」乃不可得，既是「不可得」，當下即能「遠離」) ⑧見於「三界相續」(自)身斷 (會令你自身相續繫縛於三界的三	壹時楞伽王(laṅkādhipati)尋即開悟， ①離諸雜染，證唯(諸法唯)「自心」(所現)，住「無分別」(之境)。 ②(以)往昔所種(之)「善根力」故，於一切法(能)得「如實」(之)見。 ③(能)不隨他(人之教導而能自)悟，能以「自智」善巧(之)「觀察」，(能)永離一切「臆度邪解」。 ④(能)住「大修行」，為修行(之)師。 ⑤(能)現種種身，善達方便。 ⑥(能)巧知「諸地」，上增進相。 ⑦常樂「遠離」(第八)心、(第七)意、(第六)意識。 ⑧(除)斷(自身的)「三相續」(三種貪瞋癡的相續繫縛)見，離外

	種貪瞋癡應除斷)，離諸外道(之)「常」見。	道執著(之「常見」)。
	⑨因智(之)「如實」，(故能)善知「如來之藏」。	⑨(能)內自「覺悟」，(能)入「如來藏」。
	⑩(能)善住「佛地」(之)內心「實智」。	⑩(能)趣於「佛地」。
	(貳)(楞伽王)聞「虛空」中及「自身」中，出於妙聲，而作是言：	(貳)(楞伽王)聞「虛空」中及「宮殿」內咸出聲言：
	善哉！善哉！楞伽王！諸修行者，悉應如汝之所修、(之所)學。	善哉！大王！如汝(之)所學，諸修行者，應(作)如是學，應(作)如是見。
	(參)(「虛空」中及「自身」中所出的妙聲)復作是言：善哉！楞伽王！	(參)(「虛空」中及「自身」中所出的妙聲)
	諸佛如來(之)「法」及「非法」(義)，(皆)如汝(之)所見。	一切如來(的「法」與「非法」)皆應(作)如是(如汝之)見。
	若「不如」汝之所見者，(即)名為斷(滅之)見。	一切諸法若(與之為)「異見」者(指不同於「如是之見」者)，則是(為)斷(滅之)見。

1－15 應遠離「心、意、意識」，修行「諸法實相」及「內法」，莫著「外道染義邪見」之相

劉宋·求那跋陀羅譯《楞伽阿跋多羅寶經》	元魏·菩提流支譯《入楞伽經》	唐·實叉難陀與復禮等譯《大乘入楞伽經》
缺	(「虛空」中及「自身」中所出的妙聲云：) ❶楞伽王！汝應遠離「心、意、意識」。	(「虛空」中及「自身」中所出的妙聲云：) ❶汝應永離「心、意、意識」。

	❷如實修行「諸法實相」。	❷應勤觀察一切「諸法」。
	❸汝今應當修行「內法」。	❸應修「內行」。
	❹莫著「外(道染)義邪見」之相。	❹莫著「外見」(外道邪見)。

1－16 不應貪執的六種外道邪見和行門，此為「如實修行者」之要門

劉宋・求那跋陀羅譯 《楞伽阿跋多羅寶經》	元魏・菩提流支譯 《入楞伽經》	唐・實叉難陀與復禮等譯 《大乘入楞伽經》
缺	(「虛空」中及「自身」中所出的妙聲云：)	(「虛空」中及「自身」中所出的妙聲云：)
	①楞伽王！汝莫修行「聲聞、緣覺」諸「外道」等修行境界。	①②莫墮「二乘」，及以「外道」所修(的)「句義」，所見(的)「境界」，及(外道其)所應得(的)「諸三昧法」。
	②汝不應住一切外道(所修得的)「諸餘三昧」。	
	③汝不應樂(於)一切外道(的)「種種戲論」。	③汝不應樂(於外道的)「戲論談笑」。
	④汝不應住一切外道(的)「圍陀」(catur-veda 四韋陀，婆羅門教之根本聖典)邪見。	④汝不應(生)起(外道的)「圍陀」(catur-veda)諸見。
	⑤汝不應(貪)著「王位」(而)放逸(於權力所得的)自在力中。 (人有了權力，就能擁有更多的「自在力」)	⑤亦不應(貪)著「王位」(與其所得的)自在(力)。
	⑥汝不應(執)著(於)「禪定、神通、自在、力」中。	⑥亦不應(執著)住(於)「六定」 (習相定、性定、道慧定、道種慧定、大慧定、正觀慧定)等中。

1-17 「如實修行者」能降、能破、能轉、能捨種種外道邪執。
本經第一次出現「微細識、所依識」之名相

劉宋·求那跋陀羅譯 《楞伽阿跋多羅寶經》	元魏·菩提流支譯 《入楞伽經》	唐·實叉難陀與復禮等譯 《大乘入楞伽經》
缺	(「虛空」中及「自身」中所出的妙聲云:)	(「虛空」中及「自身」中所出的妙聲云:)
	楞伽王!如此等事,皆是「如實修行者(之)行」,	若能如是,即是「如實修行者(之)行」,
	(1)能降一切外道邪論。	(1)能摧他論。
	(2)能破一切虛妄邪見。	(2)能破惡見。
	(3)能轉一切見「我見」過(過失罪惡漏習)。	(3)能捨一切「我見」執著。
	(4)能轉一切「微細識」(喻第八識)行。	(4)能以「妙慧」轉「所依(之)識」(喻第八識)。 (「所依識」即指第八識,所以要以妙慧去轉「識」成「智」)
	(5)(能)修大乘行。	(5)能修菩薩大乘之道。
註:《虛空孕菩薩經·卷下》云:乃至命盡之時,眼不覩色,耳不聞聲,鼻不聞香,舌不得味,身不得觸。唯有「微細氣息」身中暖氣,及「微細識」,猶在,未離。當是時間,虛空孕菩薩為彼眾生,示現己身。		

1-18 能入「如來自證之地」,得轉至「上上」更清淨之法。莫著「二乘、外道」境界,並以之為是殊勝妙樂處

劉宋·求那跋陀羅譯 《楞伽阿跋多羅寶經》	元魏·菩提流支譯 《入楞伽經》	唐·實叉難陀與復禮等譯 《大乘入楞伽經》
缺	(「虛空」中及「自身」中所出的妙聲云:)	(「虛空」中及「自身」中所出的妙聲云:)
	壹楞伽王!汝應內身入「如來地」,修「如實行」。如是修行者,得轉(至)「上上」(更)「清淨」之法。	壹能入「如來自證之地」,汝應如是勤加修學,令「所得法」(能)轉更(至)「清淨」。
	貳楞伽王!汝莫捨汝所證之道,(應)善修「三昧、三摩跋提(samāpatti 等至、正定現	貳(應)善修「三昧、三摩鉢底」。

前）」。	
㊂莫(貪)著「聲聞、緣覺、外道」三昧境界(並)以為(是殊)勝(妙)樂(處)，如毛道凡夫外道(之)修行者，汝莫分別。	㊂莫(貪)著「二乘、外道」境界(並)以為(是殊)勝(妙)樂(處)，如凡(夫)修(行)者之所分別(一樣)。
㊃楞伽王！外道著「我見」，有「我相」，故虛妄分別。外道見有「四大之相」，而著「色、聲、香、味、觸、法」以為實有。	㊃外道執「我見」有「我相」，及(執著)「實」(dravya 陀羅驃。印度勝論派外道哲學認為宇宙諸法皆有六種原理[六諦;六句義]，此為第一句，稱「實」句義，指法之「實體」)、「求那」(guṇa 功德;功德之性。印度勝論派外道哲學認為宇宙諸法皆有六種原理[六諦;六句義]，此為第二句，指法的「德性、屬性」)而生取著。
㊄「聲聞、緣覺」見「無明」緣「行」，以為(真)實(存)有。	㊄二乘見有「無明」緣「行」(且真實存有)。 (二乘執著於「十二因緣」的「法執」上)
㊅(二乘人)起執著心，(遠)離「如實空」。虛妄分別，專著「有法」(二乘專著於「法執」上的真實存在)，而墮「能見、所見」心中。	㊅(二乘人)於「性空」中(「諸法性空」的法義當中)，亂想分別(而墮於能見、所見中)。

1-19 外道行者執著於「我」，不能離執。見「識法、自性」二義以為「實有」，故見有「生、滅」

劉宋・求那跋陀羅譯 《楞伽阿跋多羅寶經》	元魏・菩提流支譯 《入楞伽經》	唐・實叉難陀與復禮等譯 《大乘入楞伽經》

缺	(「虛空」中及「自身」中所出的妙聲云：)	(「虛空」中及「自身」中所出的妙聲云：)
	壹楞伽王！此勝道法，能令眾生「內身覺觀」，能令眾生得(殊)勝大乘，能出(離)「三有」(三界)。	壹楞伽王！此法殊勝是大乘道，能令成就「自證聖智」，於諸有(三有、三界)中，受「上妙生」。
	貳楞伽王！此入大乘行，能破眾生種種「翳膜」(無明翳膜)、種種識波(諸識妄心如海波浪)，不墮「外道」諸見行中。楞伽王！此是入「大乘行」，非入「外道行」。	貳楞伽王！此大乘行，(能)破「無明」翳，滅「識波浪」(諸識妄心如海波浪)，不墮外道諸「邪行」中。
	參外道行者，依於「內身」，有「我」而行，見「識(法)、色(性)」二法以為(真)實(存)有，故見有「生、滅」(現象)。	參楞伽王！外道行者執著於「我」，作諸「異論」，不能演說(遠)離「執著」，見(有)「識(法)、(自)性」二義。
	肆善哉！楞伽王！「思惟」此義，如汝(之正)「思惟」，即是(了)見佛(性)。	肆善哉！楞伽王！汝先見佛，(應)「思惟」此義，如是(之正)「思惟」，乃是(了)見佛(性)。

1-20 如來於觀行已獲大自在，能說「自證聖智境界」。住如來定，入三昧樂，故名「大觀行師、如實修行者、大哀愍者」

劉宋・求那跋陀羅譯《楞伽阿跋多羅寶經》	元魏・菩提流支譯《入楞伽經》	唐・實叉難陀與復禮等譯《大乘入楞伽經》
缺	爾時羅婆那 楞伽王復作是念：我應問佛「如實(之)行法」，(能)轉(化)於一切諸	爾時羅婆那王復作是念：願我更得奉見如來，如來世尊(已能)於「觀」(觀行上證得)

	外道行。(如來)內心(能)修行(於)「所觀」境界(「所觀境界」四字梵文作 abhisamaya，譯為「現觀、現前之觀境、所證、現證」)，(已)離於應(化身)佛所作(之)應事(應行之事)。	自在，(已)離「外道」法，(如來)能說「自證聖智境界」(內身自證聖智之境界)，(已)超諸「應化」(身佛)所應作(之)事。
	(如來)更有(殊)勝(之)法，所謂(一位)「如實修行者」證於「法」時，所得「三昧究竟之樂」。若(能)得彼(三昧究竟之)樂(者)，是則名為「如實修行者」。是故我應問(具)「大慈悲(之)如來世尊」。	(如來已)住「如來定」，入「三昧樂」，是故說(如來)名「大觀行師」，亦復名為「大哀愍者」。
	①如來能燒「煩惱薪」(而令)盡，及諸佛子亦能燒盡(煩惱)。	①能燒「煩惱、分別」薪(而令)盡。
	②如來能知一切「眾生心」(之所有的結)使煩惱。	②諸佛子眾所共圍遶(於如來)，(如來能)普入一切眾生心中。
	③如來(能)遍至「一切智」處。	③(如來能)遍一切處，具「一切智」。
	④如來(能)「如實」，善能知解「是相、非相」。	④(如來已)永離一切分別「事、相」。
	我今應以「妙神通力」見於如來。	我今願得重見如來大神通力，
	❶(若能得)見如來已，未得(聖果)者(能令)得(聖果)，已得(聖果)者(能令)不退。	❶(若)以得見(如來)故，未得(聖果)者(能令)得(聖果)，已得(聖果者能令)不退。
	❷(能)得「無分別」，(住)「三昧、三摩跋提(samāpatti 等至、正定現前)」。	❷(能)離諸「分別」，住「三昧樂」。
	❸(能)得增長滿足「如來(之)行處」。	❸(能)增長滿足「如來(之)智地」。

	(如來之行處=如來智慧之地)	

(下面的梵文資料圖檔來自日人·荻原雲來編《梵和大辭典》，本書所引用的「梵漢」資料皆同此)

1-21 世尊知羅婆那 楞伽王即當證悟「無生法忍」之時已到。佛宣說「自內身聖智證法」及種種的「名字、章句」

劉宋·求那跋陀羅譯《楞伽阿跋多羅寶經》	元魏·菩提流支譯《入楞伽經》	唐·實叉難陀與復禮等譯《大乘入楞伽經》
缺	⑤爾時世尊如實照知楞伽王，(其)應證「無生法忍」(之)時至(已到)，(為)憐愍「十頭羅剎王」(楞伽王)故，(其原本)所隱(之)宮殿，(全部)還復(原)如本(莊嚴之狀)，(如來)身(重)於種種寶網莊嚴山城中現。爾時「十頭羅剎楞伽王」見諸宮殿(又)還復如(原)本(華麗莊嚴之狀)。	⑤爾時世尊知楞伽王即當證悟「無生法忍」，為哀愍故，(如來)便(重)現其身，令(剛剛)所(變)化(諸)事，(全部)還復(原)如本(華麗莊嚴之狀)。時「十頭王」(楞伽王便重)見所曾觀無量山城，悉寶莊嚴。(原本的場景是：講法的佛陀，有無量無邊，變化出生在一一的寶山頂上。聽法的大眾&大慧菩薩，亦有無量無邊，

		都在一一佛的面前恭敬請法、聞法中)
	㊍(於)一一山中，處處皆見有佛世尊應正遍知，(具)「三十二相」(之)妙莊嚴身，而在山中，(楞伽王)自見己身遍(於一一)諸佛(之)前。	㊍(於)一一(楞伽)城中，皆有如來應正等覺，(具)「三十二相」以嚴其身，(楞伽王)自見其身，遍(於一一)諸佛(之)前。
	㊎(楞伽王)又見一切諸佛國土及諸國王，(應)念「身無常」，由(於)貪王位、妻子、眷屬，(遭)五欲相縛，無解脫期。(國王)便捨國土、宮殿、妻妾、象馬、珍寶，施佛及僧，入於山林，出家學道。	
	㊏(楞伽王)又見佛子在山林中，勇猛精進，投身餓虎、師子、羅剎，以求佛道。	
	㊐(楞伽王)又見佛子在林樹下「讀誦」經典，為人「演說」，以求佛道。	
	㊑(楞伽王)又見菩薩念「苦眾生」，坐於道場菩提樹下，思惟「佛道」。	
	㊒(楞伽王)又見(於)一一佛前皆有聖者大慧菩薩，(如來正在宣)說於「內身修行境界」(自內身聖智證法的境界)。	㊒(於一一佛前)悉有大慧、夜叉(等眾)圍遶，(如來宣)說「自證智」(自內身聖智證法)所行之法。

	(楞伽王)亦見(有)一切「夜叉」眷屬圍遶，(如來正在爲彼眾生)而說(種種的)「名字、章句」。	(楞伽王)亦見(有)十方諸佛國土，如是等事，悉(與前面的場景)無有(差)別。 (回到原本的場景： 講法的佛陀，有無量無邊，變化出生在一一的寶山頂上。 聽法的大眾&大慧菩薩，亦有無量無邊，都在一一佛的面前恭敬請法、聞法中)

1－22 眾生著語言文字，隨言取義，執二乘外道之行。世尊已離「諸識境界」，何因緣故而「欣然大笑」？

劉宋・求那跋陀羅譯 《楞伽阿跋多羅寶經》	元魏・菩提流支譯 《入楞伽經》	唐・實叉難陀與復禮等譯 《大乘入楞伽經》
缺	⑴爾時世尊(以)「智慧觀察」現在大眾，非(用)「肉眼」觀。(如來便)如「師子王」(般的)奮迅(振奮迅疾；精神振奮，行動迅速)視眄䀹(視瞻盼眄)，(且)「呵呵大笑」。 (如來)頂上肉髻，放無量光，肩、脅、腰、髀ㄅㄧˋ、胸「卍德處」及諸毛孔，皆放一切無量光明。如空中(彩)虹，如日(之)千光，如(世界之)劫(將滅)盡時，(有)大火熾然，猛炎之相。 (時有)帝釋、梵王、四天王等，於虛空中「觀察」如來，見佛坐於須彌相對(與須彌山相對大小般的)楞伽山頂上「呵	⑴爾時世尊普觀眾會，以「慧眼」觀，非「肉眼」觀。(如來便)如「師子王」(般的)奮迅(振奮迅疾)迴眄㕙(迴頭顧盼㕙)，(且)「欣然大笑」。 (如來)於其眉間、髀ㄅㄧˋ、脅、腰、頸、及以肩、臂，(及胸卍)「德字」之中，一一毛孔，皆放無量妙色光明。如(彩)虹(之)放(射光)輝，如日(之)舒光(舒展光芒)，亦如劫火猛焰熾然。 時虛空中，(有)「梵、釋、四天」，遙見如來坐如須彌(般大小的)楞伽山頂(而)「欣然大笑」。

呵大笑」。

（貳）爾時大菩薩眾，帝、釋、梵天、四天王等，作是思惟：何因？何緣？如來應正遍知，於一切法中而得「自在」，未曾如是「呵呵大笑」（有點不莊重、不莊嚴）？（如來）復於自身出「無量光」，默然而住。

（如來已）專念「内身智慧」（自内身聖智證法之）境界，（但卻）不以為（是殊）勝，（如來）如「師子」（之）視，（而）觀楞伽王（其心所）念（之）「如實行」。

（參）爾時聖者大慧菩薩摩訶薩，先受楞伽 羅婆那王所啓請已，（又憑）念楞伽王。

（大慧菩薩）知諸一切大菩薩眾（其）心行之法，觀察未來一切眾生，心皆樂（著）於「名字說法」（眾生皆沉迷在「名相」當中），（造成）心迷生疑，（皆）如（其名字所）說而取著於一切「聲聞、緣覺、外道」之行。

（肆）諸佛世尊（已）離諸「一切心識」之行，能（夠這樣的）笑？大笑（嗎）？為（令）彼大

（貳）爾時諸菩薩及諸天眾咸作是念：如來世尊於法（已得）「自在」，何因緣故「欣然大笑」？（如來）身放光明，默然不動。

（如來已）住「自證境」（自内身聖智證法之）、入「三昧樂」，（如來）如「師子王」（般的）周迴顧視，（而）觀羅婆那（其心所）念（之）「如實法」。
（如來正在「觀注」楞伽王的「心念」是否具足如實法？與如實行？）

（參）爾時大慧菩薩摩訶薩，先受羅婆那王請，

復知菩薩眾會之心，及觀未來一切眾生，皆悉樂著（於）「語言文字」，（並）隨「言」取「義」而生迷惑（眾生皆沉迷在「名相」當中），（且）執取（於）「二乘、外道」之行。

（肆）（大慧菩薩）或作是念：世尊已離「諸識境界」，何因緣故（而）「欣然大笑」（佛當然

	眾(能)**斷**於「疑心」，(大慧菩薩代眾生)而問佛言：如來(究竟)何因？何緣？何事？(竟然)「呵呵大笑」？	可以「示現」大笑的啊？為(令)**斷**彼(大眾之)疑，而(代眾生)問於佛。

1－23「法」(二乘、外道、凡夫的虛妄分別見，見有實物而生種種法)**與**「**非法**」(兔角、驢角、駱駝角、石女兒，本無而以爲有)**二種義之差別之相，一切**「**二乘**」**及**「**諸外道**」**皆不能由**「**觀修**」**而測度其究竟之真實義**

劉宋・求那跋陀羅譯 《楞伽阿跋多羅寶經》	元魏・菩提流支譯 《入楞伽經》	唐・實叉難陀與復禮等譯 《大乘入楞伽經》
缺	㊀佛告聖者大慧菩薩：善哉！善哉！善哉！大慧！復言：善哉！大慧！汝能觀察世間「妄想」分別之心(與)「邪見顛倒」，汝(已)實能知「三世之事」而問此事。如汝(之)所問，(如)智者之(所)問，亦復如是，(皆)為「自利、利他」故。(所以才代眾生跟佛請法) ㊁大慧！此楞伽王(已)曾(經)問(於)「過去」一切諸佛應正遍知(有關)如是(之)「二法」(指「法」與「非法」)，今復「現在」亦欲(重復)問我如是(之)「二法」(指「法」與「非法」)。 ㊂此「二法」(指「法」與「非法」)者，一切「聲聞、緣覺、外道」未嘗知此「二法」之相。	㊀佛即告言：善哉！大慧！善哉！大慧！汝觀(察)世間，愍諸眾生，(皆)於三世中(爲)「惡見」所纏，(爲)欲令(眾生)「開悟」而問於我。諸智慧人(皆)為利「自、他」，(故)能作是問。(智者，皆代眾生跟佛請法) ㊁大慧！此楞伽王(已)曾問「過去」一切如來應正等覺(有關的)「二種之義」(指「法」與「非法」)，今亦欲(重復)問，「未來」亦爾(指未來亦將重復再問)。 ㊂此「二種義」(指「法」與「非法」)差別之相，一切「二乘」及「諸外道」皆不能(真實)測(度)。

	㊑**大慧**！此「十頭羅剎」(楞伽王)亦(會重復)問「未來」一切諸佛如此(之)「二法」(指「法」與「非法」)。	(智者，皆代眾生跟佛請法)

1-24 若得「法」與「非法」二義，則能善知諸地，住十地菩薩境界。通達諸法無我，能得入「佛地」

劉宋‧求那跋陀羅譯 《楞伽阿跋多羅寶經》	元魏‧菩提流支譯 《入楞伽經》	唐‧實叉難陀與復禮等譯 《大乘入楞伽經》
缺	㊀爾時如來知(此事已)而故問羅婆那王而作是言： 楞伽王！汝欲問我(指「法」與「非法」義)，隨汝疑心，今悉可問。我悉能答，(能)斷汝(之)疑心，令得歡喜。 ❶楞伽王！汝(已能)斷「虛妄分別」之心。 ❷(汝能)得(諸菩薩階)「地」(所應)對治(的種種)方便觀察(修行)。 ❸(汝能以)如實智慧，能入內身(之)「如實之相」。 ❹(汝能入)「三昧樂行(之)三昧」，佛即攝取(汝)身。 ❺(汝能)善住「奢摩他樂」(Śamatha-sukha)境界中。 ❻(汝能超越)過諸「聲聞、緣覺」(所修得)「三昧」(其有關的)不淨之垢。	㊀爾時如來知楞伽王欲問此義(指「法」與「非法」義)，而告之曰： 楞伽王！汝欲問我，宜應速問。我當為汝分別解釋，滿汝所願，令汝歡喜。 ❶(汝)能以「智慧」思惟觀察，(能)離諸分別(心)。 ❷(汝能)善知諸(菩薩階)「地」(的種種方便觀察修行)。 ❸(汝能)修習對治(而)「證真實義」。 ❹(汝能)入「三昧樂」，(能)為諸如來之所「攝受」。 ❺(汝能)住「奢摩他樂」(Śamatha-sukha)。 ❻(汝能)遠離二乘(所修得)「三昧」(的種種)過失。

❼(汝)能住「(第八)不動、(第九)善慧、(第十)法雲」等「地」。 ❽(汝已能)善知如實(的)「無我之法」。 ❾(汝已能於)「大寶蓮花王座」上而坐，(能)得無量三昧，而受「佛職」(佛位之職)。 (貳)楞伽王！汝當不久，(即當)自見己身，亦在如是「蓮花王座」上而坐。爾時(有手)持無量「蓮花」王(諸)眷屬、(與)無量(的)菩薩眷屬，各各皆坐(於)「蓮花」王座(上)，而自圍遶，(諸菩薩皆)迭相瞻視(於楞伽王汝)。(諸菩薩)各各不久，皆(當)得住彼「不可思議境界」。 (參)所謂(楞伽王汝應生)起「一行方便」行，住(於)「諸地」中。 (肆)(楞伽王汝)能見(如上所說的)「不可思議境界」。 (伍)(楞伽王汝當)見(入於)「如來地」，(具)無量無邊種種「法相」。(此於)一切「聲聞、緣覺、四天王、帝釋、梵王」等(皆)所未曾見。	❼(汝能)住於「(第八)不動、(第九)善慧、(第十)法雲」菩薩之地。 ❽(汝已)能如實(證)知「諸法無我」。 ❾(汝)當(入)於「大寶蓮花宮」中，(佛能)以「三昧水」而灌其頂。 (貳)復現無量(有)「蓮花」圍繞，(有)無數菩薩，於中止住，與諸眾會，遞相瞻視(於楞伽王汝)，如是境界(皆)不可思議。 (參)楞伽王！汝(應生)起「一方便行」，住(於)「修行地」，復(生)起無量諸方便行。 (肆)(楞伽王)汝定當得如上所說(之)「不思議事」。 (伍)(楞伽王汝即當)處(於)「如來位」，(能)隨形(而)應物，汝所當得(之)。(此於)一切「二乘」及諸「外道、梵釋、天」等(皆)所未曾見。

1-25 楞伽王隨三界化現種種「諸音樂器」，以「大寶羅網」遍覆一切諸佛菩薩大眾之上，作種種莊嚴供養

劉宋・求那跋陀羅譯《楞伽阿跋多羅寶經》	元魏・菩提流支譯《入楞伽經》	唐・實叉難陀與復禮等譯《大乘入楞伽經》
缺	㊀爾時楞伽王聞佛世尊「聽已問已」（聽許自己想請問有關「法」與「非法」的問題後），彼（楞伽王即）於無垢無量光明「大寶蓮花」眾寶莊嚴山上（而起座），（此時有）無量「天女」而自圍遶。	㊀爾時楞伽王蒙佛（已）「許已」（許可想請問有關「法」與「非法」的問題後），（楞伽王）即於清淨光明如「大蓮華寶」山頂上，從座而起，（此時有）諸「婇女眾」之所圍繞。
	㊁（楞伽王化）現於無量種種「異花」，種種異香、散香、塗香、寶幢、幡蓋、寶冠、瓔珞，莊嚴身具。	㊁（楞伽王）化（現）作無量種種「色花」，種種色香、末香、塗香、幢幡、幰蓋、冠珮、瓔珞。
	㊂復（化）現世間未曾「聞見」種種勝妙「莊嚴之具」。	㊂及餘世間未曾「見聞」種種勝妙「莊嚴之具」。
	㊃復（化）現無量種種「樂器」，（超越）過諸「天、龍、夜叉、乾闥婆、阿修羅、迦樓羅、緊那羅、摩睺羅伽、人、非人」等所有「樂具」（樂器莊嚴具）。	㊃又復化（現）作欲界所有種種無量「諸音樂器」，（超越）過諸「天、龍、乾闥婆」等一切世間之所有者。
	㊄復隨三界「欲界、色界、無色界」，所有「樂具」（樂器莊嚴具），皆悉化（現所）作。復隨十方諸佛國土，所有種種勝妙「樂具」（樂器莊嚴具），	㊄又復化（現）作十方佛土，昔所曾見「諸音樂器」。

	皆悉化(現所)作。	
	陸化(現)作無量「大寶羅網」，遍覆一切諸佛菩薩大眾之上。	陸又復化(現)作「大寶羅網」，遍覆一切佛菩薩上。
	柒復(化)現無量種種「寶幢」。羅婆那王作如是等變化事已，身昇虛空，高「七多羅」樹，住(於)虛空中。雨種種伎樂，雨種種花，雨種種香，雨種種衣，滿虛空中，如澍＊大雨，以用供養「佛」及「佛子」。雨供養已，從上而下。(楞伽王)於「虛空」中，即坐(於)「第二」(此喻光明接近於太陽，所以稱第二日)電光明(之)「大寶蓮花王」(上)，(其具有)種種寶山(之)上。	柒復(化)現種種「上妙衣服」，建立「幢幡」，以為供養。(楞伽王)作是事已，即昇虛空，高「七多羅」樹。於虛空中復雨種種諸「供養雲」，作諸「音樂」，(音樂諸聲皆)從空而下。(楞伽王)即坐「第二日」電光明(此喻光明接近於太陽，所以稱第二日)，如「大蓮花寶山頂」上。

1-26 「法」與「非法」之義，於過去諸佛已說，今「應化、變化」佛更說此二法，此非「根本法身如來」所說。「根本法身如來」已入「三昧樂境界」者，不說心識外諸境界

請參閱 **1-31**

劉宋·求那跋陀羅譯《楞伽阿跋多羅寶經》	元魏·菩提流支譯《入楞伽經》	唐·實叉難陀與復禮等譯《大乘入楞伽經》
缺	壹爾時如來見其(楞伽王)坐(如「第二日」之電光明的大蓮花寶山頂之上)已，發於「微笑」，(然)聽(許)楞伽王問「二種法」(指「法」與「非法」)。時楞伽	壹(楞伽王)歡喜恭敬而作是言：我今欲問如來「二義」(指「法」與「非法」)。

	王白佛言：	
	㊂世尊！此「二種法」我已曾問「過去」諸佛應正遍知，彼佛世尊已為我說(過此法了)。	㊂如是「二義」，我已曾問「過去」如來應正等覺，彼佛世尊已為我說(過此法了)。
	㊂世尊！我今現在依「名字、章句」亦(重)問如來，如來畢竟應為我(重)說。世尊！(此乃爲)「應化、(變)化」佛說此「二法」(指「法」與「非法」)，(並)非(由)「根本如來」(來解釋這二種法義)。	㊂我今亦欲(重)問於是義，唯願如來(重)為我宣說。世尊！(此乃爲)「變化如來」說此「二義」(指「法」與「非法」)，(並)非(由)「根本佛」(來解釋這二種法義)。
	㊃世尊！「根本如來」(法身佛)修行「三昧樂境界」者，不說「心識」外(之)諸境界。善哉！世尊！如來自身於一切法而得「自在」。	㊃「根本佛」(法身佛只)說(入)「三昧樂境」，不說「虛妄分別」(之)所行。善哉！世尊於法(已得)「自在」。
	㊄唯願世尊應正遍知(重)說此「二法」(指「法」與「非法」)，一切佛子及我己身，亦願欲聞。	㊄唯願哀愍(重)說此「二義」(指「法」與「非法」)，一切佛子，心皆樂聞。

1-27 「法」尚應捨，何況「非法」。如何是「捨」？何謂「法」？「非法」？若有「捨」即墮分別相中

劉宋‧求那跋陀羅譯《楞伽阿跋多羅寶經》	元魏‧菩提流支譯《入楞伽經》	唐‧實叉難陀與復禮等譯《大乘入楞伽經》
缺	㊀爾時世尊知而即告楞伽王言：楞伽王！汝問此	㊀爾時世尊告彼王言：汝應問，我當為汝說。時

二法(指「法」與「非法」)。爾時夜叉王(楞伽王)更著種種金冠瓔珞、金莊嚴具而作是言：	夜叉王(楞伽王)更著種種寶冠瓔珞、諸莊嚴具以嚴其身而作是言：
㉒如來常說：「法」(dharma)尚應捨，何況「非法」(adharma)？世尊！	㉒如來常說：「法」尚應捨，何況「非法」？
❶云何言二法「捨」？	❶云何得「捨」此二種法？
❷世尊！何者是「法」？ ❸何者「非法」？	❷何者是「法」？ ❸何者「非法」？
㉓世尊！「捨」法云何有二？以墮「分別相」中。(於是)虛妄分別是「有、無」法，(與分別)無大(與)有大(之諸法)。	㉓法若應「捨」，云何有二？有二，即墮「分別相」中。「有體、無體、是實、非實」，如是一切皆是「分別」。
㉔世尊！「阿梨耶識」(雖具微細了)知名識(差別)相，(但)所有(諸「法」的)體相(皆)如虛空中有「毛輪」(「毛」是多而細碎的意思，「輪」是指「旋轉」的意思，也就是當一個人眼睛有「病」時，會看見空中的「幻華」，會看見很多東西在眼前「轉來轉去」的，或者類似輪盤的「圓圈圈」在眼前轉來轉去的)住(一樣)，(此)不(是已證)「淨智」所知(之)「境界」。	㉔(此乃由於)不能了知「阿賴耶識」(乃)無「差別相」(aviśeṣa-lakṣaṇā 無分別性相)，(諸「法」皆)如(虛空中的)「毛輪」住，(此)非(已證)「淨智」(之)境。
世尊！「法」若如是，云何而「捨」？	「法」性如是，云何可「捨」？

1-28 「法、非法」的差別之相，乃依凡夫分別心而有。證「聖智」者，實不見有「法」與「非法」➔ 故「法」與「非法」乃非真實可得

劉宋‧求那跋陀羅譯《楞伽阿跋多羅寶經》	元魏‧菩提流支譯《入楞伽經》	唐‧實叉難陀與復禮等譯《大乘入楞伽經》
缺	⑧佛告楞伽王：楞伽王！汝不見瓶等(具有)「無常敗壞」之法，(唯有)毛道凡夫(才去)分別境界「差別」之相。	⑧爾時佛告楞伽王言：楞伽王！汝豈不見瓶等(具有)「無常敗壞」之法，(唯有)凡夫於中(而)妄生「分別」。
	②楞伽王！(汝今)何故不如是取(所謂)有「法、非法」(之間的)差別之相？依「毛道凡夫」(之)分別心(而)有(法與非法的差別)，(此)非「聖證智」(者)以為可見。	②汝今何故不如是(而)知(所謂)「法」與「非法」(之間的)差別之相？此是「凡夫」之所分別，(此)非(已證)「聖智」(之所)見。
	③楞伽王！且置「瓶」等種種相事，毛道凡夫心(皆)謂為(實)「有」，(此)非謂「聖人」(將)以為(這些諸相是屬於)「有法」。	③凡夫(皆)墮在種種(外)相中，(此)非諸「聖者」(會以為這些諸相是屬於「有法」之事)。
	④楞伽王！譬如一火，(能)焚燒「宮殿、園林、草木」，(雖)見(有)種種火，光明色炎，(有)各各差別(不同)。(火性乃)依種種「薪、草木」長短，分別見有「勝、	④楞伽王！如燒「宮殿、園林」，(於是)見(有)種種(火)焰，「火性」(雖只)是「一」(種)，(但其)所(生)出(的)「光焰」(乃)由(不同的)「薪」力，故(有)長短、大小(等)各各差別。

負」之相。	
㊄(汝今)此中何故不如是知(所謂)有「法、非法」(之間的)差別之相？	㊄汝今云何不如是知(所謂的)「法」與「非法」(之間的)差別之相？
楞伽王！非但火炎(只)依(於)一(個)「相續」身中，(但因所燒的「對象」不同，故)見有種種諸相(之)差別。	

1-29 覺悟「如實道」的修行者，其「內證」行中亦見種種異相。「法」與「非法」之差別乃由「分別」生→故「法」與「非法」亦非虛無斷滅

劉宋・求那跋陀羅譯《楞伽阿跋多羅寶經》	元魏・菩提流支譯《入楞伽經》	唐・實叉難陀與復禮等譯《大乘入楞伽經》
缺	㊀楞伽王！如一「種子」，(依)一「相續」(而)生「芽、莖、枝、葉、華、果、樹林」，種種異相。如是「內、外」所生諸法。(例如以)「無明」(為主要因緣)，(然後)及(自)行(生出)「陰、界、入」等一切諸法。	㊀楞伽王！如一「種子」生「芽、莖、枝、葉」及以「花、果」，(有)無量差別。「外法」如是，「內法」亦然。謂：(以)「無明」為緣，(而)生「蘊、界、處」一切諸法。
	㊁(於)三界所生(而有)差別之相，現「樂、形相、言語、去來、勝智」異相(差別之相)。(於)「一」相境界而取(著)於相，見「下、中、上」勝相，「染、淨、善、不善相」(之諸差別)。	㊁於三界中受諸趣生，(於是)有「苦樂、好醜、語默、行止」各各差別。又如諸「識相」雖是「一」，隨於境界有「上、中、下、染、淨、善、惡」種種差別。

	㊜楞伽王！非但(於)種種法中見(有)差別相。覺「如實道」者，(於)「內證」行中亦有見於種種異相。何況(於)「法、非法」(之中)，(能)無分別種種差別相(嗎)？	㊜楞伽王！非但如上法有差別。諸修行者(於)修觀行時，(因)「自智」所行，亦復見有差別之相。況(於)「法」與「非法」，而(能)無種種差別分別(嗎)？
	㊝楞伽王！(仍是)有「法、非法」(之)種種「差別相」(的)。 (聖人能清楚的知道「法」與「非法」的分辨，但不會去「執著」與生「分別心」。 凡人第一種是：不清楚「法」與「非法」的分辨。 凡人第二種是：能清楚知道「法」與「非法」的分辨，但卻又生「執著」與「分別心」)	㊝楞伽王！「法」與「非法」差別相者，當知悉是「相分別」故。

1-30 何謂「法」義？諸「二乘、外道、凡夫」的虛妄分別見，見有實物，生種種法，如見「瓶」而生起分別

劉宋・求那跋陀羅譯 《楞伽阿跋多羅寶經》	元魏・菩提流支譯 《入楞伽經》	唐・實叉難陀與復禮等譯 《大乘入楞伽經》
缺	楞伽王！何者為「法」？ ❶所謂一切「外道、聲聞、緣覺、毛道凡夫」(的)分別之見。 ❷從因「實物」，以為根本，生種種法。	楞伽王！何者是「法」？ ❶所謂「二乘」及「諸外道」(的)虛妄分別(之見)。 ❷說「有實」等，為諸法因。

	❸如是等法，應捨、應離。 ❹莫取於「相」，而生分別。 ❺(若能)見「自心法」(者)，(即知此皆是)計(著)以為實(有諸相)。 楞伽王！無「瓶」(之)實法，而毛道凡夫(作種種)「虛妄分別」。「法」本無相，(能以)「如實」智(去)觀(照)，(此)名「捨諸法」。	❸如是等法，應捨、應離。 ❹不應於中分別取「相」。 ❺(若能)見「自心法性」(者)，則無(有)執著。 (例如)「瓶」等諸物，凡愚所(執)取，(瓶)本無有(實)體。諸觀行人(能)以「毘鉢舍那」(vipaśyanā 觀)如實觀察，(此)名「捨諸法」。

1-31 何謂「非法」義？「兔角、驢角、駱駝角、石女兒」等皆「無身、無相」，而凡夫取以為「有」

請觀閱 **1-26**

劉宋·求那跋陀羅譯 《楞伽阿跋多羅寶經》	元魏·菩提流支譯 《入楞伽經》	唐·實叉難陀與復禮等譯 《大乘入楞伽經》
缺	ⓛ楞伽王！何者為「非法」？ ⓩ所謂(諸法)「無有身相」，唯自心(所現)，(應)滅「妄想分別」，而諸凡夫(則)見(有)「實法、非實法」。菩薩「如實見」(之)，如是(名)捨「非法」。 **註：本段據《藏經》另譯作** 謂未得身相時，有因義不見彼法，故虛妄分別「實」與「非實」，楞伽王！如是	ⓛ楞伽王！何者是「非法」？ ⓩ所謂諸法「無性、無相」，永離「分別」。「如實見」者，「若有、若無」如是境界，彼皆不起，是名捨「非法」。

等法應捨、應離。

㊂復次楞伽王！何者復為「非法」？所謂「兔、馬、驢、駝」角，(及)「石女兒」(子宮或性器皆受損，永不能受孕者)等，(皆屬於)「無身、無相」。

㊂復有「非法」，所謂「兔角、石女兒」(vandhyā 新譯作「虛女」。《四分律行事鈔資持記‧卷中二之一》云：「石女者，根不通淫者」故無子也。亦喻如龜毛兔角之理)等，皆「無性」，(其)「相」(亦)不可分別。

而毛道凡夫(仍)取以為「有」，(此諸物為)(隨)世間義(而)說於「名字」，(此皆)非(為可)取(之)相，(並非)如彼瓶等法(是屬於)可捨(之相)。
(「非法」之「兔角、駝角」並非如「瓶」法等而可取著，或可捨棄，因為「兔角、駝角」是根本就不存在的東西啊)

(兔角與石女兒)但隨「世俗」說(而)有「名字」，(此並)非如「瓶」等而(為)可取著(之相)。

㊃「智者」不取如是虛妄分別，(例如)「兔角」等(之虛假)名字法，(此)亦是可捨。是故(應)捨「法」及「非法」。

㊃以彼(兔角與石女兒)非是「識」之所取，如是(之)分別亦應捨離。是名(應)捨「法」及捨「非法」。

㊄楞伽王！汝今問我「法」及「非法」云何捨？我已說竟。

㊄楞伽王！汝先所問我(有關於「法」與「非法」如何捨的議題)已說竟。

㊅楞伽王！汝(自)言：我於「過去」(諸如來)應正遍知(之所)，已問(過)此法(指法與非法的議題)，彼諸如來(亦早)已為我說(過此法)。
楞伽王！(其實)汝言「過

㊅楞伽王！汝(自)言：我於「過去」諸如來所，已問(過)是義，彼諸如來已為我說(過此法)。
楞伽王！(其實)汝言「過

	去者」，(亦)即(是一種)「分別」相，(所有)「未來、現在」，(皆是屬於)分別亦爾。 (聖人能清楚的知道「法」與「非法」的分辨，但不會去「執著」與生「分別心」)。 凡人第一種是：不清楚「法」與「非法」的分辨。 凡人第二種是：能清楚知道「法」與「非法」的分辨，但卻又生「執著」與「分別心」)	去」，但是(此仍屬於為)「分別」(之相)，(所有)「未來」亦然。我亦同彼。

1-32 佛說「真如法體」是「如實存在」者，此亦是分別。如來為「無相行、無相智慧」，離「能、所」分別

劉宋・求那跋陀羅譯 《楞伽阿跋多羅寶經》	元魏・菩提流支譯 《入楞伽經》	唐・實叉難陀與復禮等譯 《大乘入楞伽經》
缺	⑤楞伽王！我說「真如法體」是「如實(如實存在)者」，亦是(一種名相)分別(故佛云：法尚應捨，何況非法)，(例)如分別「色」為「實際」。(如來)為(已)證「實智」樂，修行「無相智慧」。 ⑥是故(對如來)莫(生)分別，如來(已)為「智身(以智為身)、智體(以智為體)」，心中莫(對如來生)分別。(於第七)「意」中莫取「我、人、命」等。云何不分別？ ⑦(於第六)「意識」中(而攀)取種種「境界」，如(取)「色	⑤楞伽王！彼諸佛法皆離「分別」，已出(離)一切「分別戲論」，非如「色相」(而具有其相)。(如來)唯「智」能證，為令眾生得安樂故，而演說法。(如來)以「無相智」說名如來。 ⑥是故如來以「智」為體，「智」為身，故不可分別。不可以「我相」分別，不可以「人、眾生相」分別。何故不能分別？ ⑦以(第六)「意識」因「境界」(生)起，(而攀)取「色形

	形相」。如是(應)莫取，莫(生能)分別、可(所)分別。	相」。是故(應)離「能分別」，亦(應)離「所分別」。

1-33 有情眾生似如顯現於「壁」上的影畫諸相，但凡愚於此並不能了達。諸法乃「無聞、無說」，若能如是見者，即名為「正見」

劉宋・求那跋陀羅譯《楞伽阿跋多羅寶經》	元魏・菩提流支譯《入楞伽經》	唐・實叉難陀與復禮等譯《大乘入楞伽經》
缺	壹復次楞伽王！譬如(於)「壁」上畫種種相，一切眾生亦復如是。	壹楞伽王！譬如(於)「壁」上(之)彩畫眾生，(彼眾生並)無有(真實之)覺知。
	貳楞伽王！一切眾生(亦)猶如草木，(似如)「無業、無行」(般之影現)。	貳世間(之)眾生，悉亦如是，(似如)「無業、無報」(般之影現)。
	參楞伽王！一切「法、非法」，(本)「無聞、無說」。	參諸法亦然，(本)「無聞、無說」。
	肆楞伽王！一切世間法皆如幻，而諸外道凡夫(仍)不(覺)知。	肆楞伽王！世間眾生猶如變化，凡夫外道(於此)不能了達。
	伍楞伽王！若能「如是見、如實見」者，名為「正見」。	伍楞伽王！(若)能如是見，名為「正見」。
	陸若(有作)「異見」者，(即)名為「邪見」。	陸若(有作)「他見」者，(即)名(為)「分別見」。
	柒若(具有)「分別」(心)者，(即)名為「取二」(取著於二)。	柒由(於有)「分別」(心)故，(即)「取著於二」。

1-34 諸法如「鏡中像、水中影、月下影、壁上影、空谷響聲」。
「法」與「非法」皆是虛假之妄想分別

劉宋・求那跋陀羅譯《楞伽阿跋多羅寶經》	元魏・菩提流支譯《入楞伽經》	唐・實叉難陀與復禮等譯《大乘入楞伽經》
缺	⑴楞伽王！譬如(於)「鏡」中像，(乃)自見(其)像。譬如(於)「水」中影，(乃)自見(其)影。	⑴楞伽王！譬如有人於「水、鏡」中，(而)自見其像。
	⑵如月燈光，在屋室中(所現之)影，(乃)自見(其)影。	⑵於燈月中，自見其影。
	⑶如(於)空中(之)響聲，(乃)自出聲，(但卻執)取以為(真實之)聲。	⑶於山谷中自聞其響，便生(出)分別，而起「取著」，此亦如是。
	⑷若如是取(執)「法」與「非法」，(此)皆是虛妄(之)「妄想分別」。	⑷「法」與「非法」唯是(由)「分別」(心而生起)。
	⑸是故(若)不知「法」及「非法」(之真實義)，(將)增長虛妄，(便)不得「寂滅」(之義)。	⑸由(生)分別故，(便)不能捨離，但更增長一切虛妄，(便)不得「寂滅」(之義)。
	⑹(所謂)「寂滅」者，(即)名為「一心」(梵文作 ekāgra，譯為「專注於一個對象」，故作「一境、一緣、一心」解)。	⑹「寂滅」者，所謂(即是)「一緣」(之義)。
	⑺(所謂)「一心」者，(即)名為「如來藏」，(能)入「自內	⑺(所謂)「一緣」者，(即)是「最勝三昧」，從此能生「自

	身智慧境界」(自內身聖智證法)，得「無生法忍三昧」。	證聖智」(自內身聖智證法)，以「如來藏」而為境界。

1-35 大慧菩薩與摩帝菩薩俱遊一切諸佛剎土，承佛神力，右膝著地，合掌恭敬，以偈讚佛

劉宋・求那跋陀羅譯《楞伽阿跋多羅寶經》	元魏・菩提流支譯《入楞伽經》	唐・實叉難陀與復禮等譯《大乘入楞伽經》
【卷一・一切佛語心品之一】	【卷一・問答品第二】	【卷一・集一切法品第二之一】
爾時大慧菩薩(Mahā-prajñā 或 Mahā-mati)與摩帝菩薩(Mahā-mati)，俱遊一切諸佛剎土，承佛神力，從座而起，偏袒右肩，右膝著地，合掌恭敬，以偈讚佛：	爾時聖者大慧菩薩與諸一切大慧菩薩，俱遊一切諸佛國土，承佛神力，從座而起，更整衣服，右膝著地，合掌恭敬，以偈讚佛：	爾時大慧菩薩與摩帝菩薩，俱遊一切諸佛國土，承佛神力，從座而起，偏袒右肩，右膝著地，向佛合掌，曲躬恭敬，而說頌言：

1-36 偈頌內容

劉宋・求那跋陀羅譯《楞伽阿跋多羅寶經》	元魏・菩提流支譯《入楞伽經》	唐・實叉難陀與復禮等譯《大乘入楞伽經》
世間離生滅。猶如虛空華。智不得有無。而興大悲心。一切法如幻。遠離於心識。智不得有無。而興大悲心。	佛慧大悲觀。世間離生滅。猶如虛空華。有無不可得。佛慧大悲觀。一切法如幻。遠離心意識。有無不可得。佛慧大悲觀。	世間離生滅。譬如虛空華。智不得有無。而興大悲心。一切法如幻。遠離於心識。智不得有無。而興大悲心。

遠離於斷常。	世間猶如夢。	世間恒如夢。
世間恒如夢。	遠離於斷常。	遠離於斷常。
智不得有無。	有無不可得。	智不得有無。
而興大悲心。	佛慧大悲觀。	而興大悲心。

1-37 偈頌內容

劉宋・求那跋陀羅譯《楞伽阿跋多羅寶經》	元魏・菩提流支譯《入楞伽經》	唐・實叉難陀與復禮等譯《大乘入楞伽經》
知人法無我。	煩惱障智障。	知人法無我。
煩惱及爾燄。	二無我清淨。	煩惱及爾熖。
常清淨無相。	有無不可得。	常清淨無相。
而興大悲心。		而興大悲心。

1-38 偈頌內容

劉宋・求那跋陀羅譯《楞伽阿跋多羅寶經》	元魏・菩提流支譯《入楞伽經》	唐・實叉難陀與復禮等譯《大乘入楞伽經》
一切無涅槃。	佛不入不滅。	佛不住涅槃。
無有涅槃佛。	涅槃亦不住。	涅槃不住佛。
無有佛涅槃。	離覺所覺法。	遠離覺所覺。
遠離覺所覺。	有無二俱離。	若有若非有。
若有若無有。		
是二悉俱離。		

1-39 偈頌內容

劉宋・求那跋陀羅譯《楞伽阿跋多羅寶經》	元魏・菩提流支譯《入楞伽經》	唐・實叉難陀與復禮等譯《大乘入楞伽經》
牟尼寂靜觀。	若如是觀佛。	法身如幻夢。

是則遠離生。	寂靜離生滅。	云何可稱讚。
是名為不取。	彼人今後世。	知無性無生。
今世後世淨。	離垢無染取。	乃名稱讚佛。
		佛無根境相。
		不見名見佛。
		云何於牟尼。
		而能有讚毀。
		若見於牟尼。
		寂靜遠離生。
		是人今後世。
		離著無所取。

1-40 偈頌內容

劉宋・求那跋陀羅譯 《楞伽阿跋多羅寶經》	元魏・菩提流支譯 《入楞伽經》	唐・實叉難陀與復禮等譯 《大乘入楞伽經》
爾時大慧菩薩偈讚佛已，自說姓名：	爾時大慧菩薩摩訶薩如法偈讚佛已，自說姓名：	爾時大慧菩薩摩訶薩偈讚佛已，自說姓名：
我名為大慧。 通達於大乘。 今以百八義（重新細分應爲 112 句的問義）。 仰諮尊中上。	我名為大慧。 願通達大乘。 今以百八問（重新細分應爲 112 句的問義）。 仰諮無上尊。	我名為大慧。 通達於大乘。 今以百八義（重新細分應爲 112 句的問義）。 仰諮尊中上。

1-41 偈頌內容

劉宋・求那跋陀羅譯 《楞伽阿跋多羅寶經》	元魏・菩提流支譯 《入楞伽經》	唐・實叉難陀與復禮等譯 《大乘入楞伽經》
世間解之士。 聞彼所說偈。	最勝世間解。 聞彼大慧問。	時世間解。 聞是語已。

觀察一切眾。 告諸佛子言。 汝等諸佛子。 今皆恣所問。 我當為汝說。 自覺之境界(自內身聖智證法之境界)。	觀察諸眾生。 告諸佛子言。 汝等諸佛子。 及大慧諮問。 我當為汝說。 自覺之境界(自內身聖智證法之境界)。	普觀眾會。 而作是言。 汝等諸佛子。 今皆恣所問。 我當為汝說。 自證之境界(自內身聖智證法之境界)。

《楞伽經》大慧菩薩提出 112 個問題。《華嚴經》普慧菩薩提出 200 個問題

《大方廣佛華嚴經・卷三十六》

爾時，普慧菩薩知諸菩薩大眾雲集，問普賢菩薩言：佛子！

❶何等為諸菩薩摩訶薩依果？

❷何等為奇特想？

❸何等為行？

❹何等為善知識？

❺何等為勤修精進？

❻何等為正希望？

❼何等為成就眾生？

❽何等為戒？

❾何等為自知受記法？

❿何等為入？

⓫何等為入如來？

⓬何等為入眾生心行？

⓭何等為入世界？

⓮何等為入劫？

⓯何等為說三世？

⓰何等為入三世間？

⓱何等為離憂心無厭悔？

⓲何等為無壞智？

⓳何等為陀羅尼？

⓴何等為知分別說佛？

㉑何等為發普賢心？
㉒何等為普賢願行法？
㉓何等為大悲？
㉔何等為發菩提心因緣？
㉕何等為於善知識起恭敬心？
㉖何等為清淨？
㉗何等為波羅蜜？
㉘何等為隨順覺知？
㉙何等為決定智？
㉚何等為力？
㉛何等為平等？
㉜何等為佛法句？
㉝何等為說法？
㉞何等為受持？
㉟何等為辯？
㊱何等為勝法？
㊲何等為無著？
㊳何等為平等心？
㊴何等為出生智慧？
㊵何等為變化？
㊶何等為持？
㊷何等為大正希望？
㊸何等為深入佛法？
㊹何等為依止？
㊺何等為發無畏心？
㊻何等為除滅一切疑惑發無疑心？
㊼何等為不思議？
㊽何等為巧方便微密語？
㊾何等為巧方便分別智？
㊿何等為正受三昧？
(51)何等為一切處？
(52)何等為法門？
(53)何等為通？
(54)何等為明？

(55)何等為解脫？
(56)何等為園林？
(57)何等為宮殿？
(58)何等為樂？
(59)何等為莊嚴？
(60)何等為發不動心？
(61)何等為不捨深心？
(62)何等為智觀察？
(63)何等為分別法？
(64)何等為無垢？
(65)何等為智印？
(66)何等為智慧光明？
(67)何等為不可稱量住？
(68)何等為無懈怠心？
(69)何等為須彌山王正直之心？
(70)何等為深入智慧大海成無上菩提？
(71)何等為寶住？
(72)何等為發金剛心莊嚴大乘？
(73)何等為發大事？
(74)何等為究竟大事？
(75)何等為不壞信？
(76)何等為授記？
(77)何等為善根迴向？
(78)何等為得智慧？
(79)何等為發無量無邊廣心？
(80)何等為藏？
(81)何等為調順？
(82)何等為自在？
(83)何等為眾生自在？
(84)何等為剎自在？
(85)何等為法自在？
(86)何等為身自在？
(87)何等為願自在？
(88)何等為境界自在？

89 何等為智自在？

90 何等為通自在？

91 何等為神力自在？

92 何等為力自在？

93 何等為遊戲神通？

94 何等為勝行？

95 何等為力？

96 何等為無畏？

97 何等為不共法？

98 何等為業？

99 何等為身？

100 何等為身業？

101 何等為淨身業？

102 何等為口？

103 何等為淨口業？

104 何等為淨口業得諸守護？

105 何等為口業成辦大事？

106 何等為心？

107 何等為發心？

108 何等為心滿？

109 何等為根？

110 何等為直心？

111 何等為深心？

112 何等為方便？

113 何等為樂修？

114 何等為解脫深入世界？

115 何等為入眾生性？

116 何等為習氣？

117 何等為熾然？

118 何等為趣？

119 何等為具足法？

120 何等為退失佛法？

121 何等為離生？

122 何等為決定法？

(123)何等為出生佛道法？
(124)何等為得善男子名號？
(125)何等為道？
(126)何等為無量道？
(127)何等為道具？
(128)何等為修道？
(129)何等為莊嚴道？
(130)何等為足？
(131)何等為手？
(132)何等為腹？
(133)何等為藏？
(134)何等為心？
(135)何等為莊嚴？
(136)何等為器仗？
(137)何等為頭？
(138)何等為眼？
(139)何等為耳？
(140)何等為鼻？
(141)何等為舌？
(142)何等為身？
(143)何等為意？
(144)何等為行？
(145)何等為住？
(146)何等為坐？
(147)何等為臥？
(148)何等為住？
(149)何等為行？
(150)何等為觀察？
(151)何等為周遍觀察？
(152)何等為奮迅？
(153)何等為師子吼？
(154)何等為淨施？
(155)何等為淨戒？
(156)何等為淨忍？

❿157 何等為淨精進？

❿158 何等為淨禪？

❿159 何等為淨慧？

❿160 何等為淨慈？

❿161 何等為淨悲？

❿162 何等為淨喜？

❿163 何等為淨捨？

❿164 何等為義？

❿165 何等為法？

❿166 何等為功德具？

❿167 何等為智具？

❿168 何等為明足？

❿169 何等為求法？

❿170 何等為明了法？

❿171 何等為向法？

❿172 何等為魔？

❿173 何等為魔業？

❿174 何等為捨離魔業？

❿175 何等為見佛？

❿176 何等為佛業？

❿177 何等為慢業？

❿178 何等為智業？

❿179 何等為魔攝持？

❿180 何等為佛攝持？

❿181 何等為法攝持？

❿182 何等為住兜率天所行事業？

❿183 何等為兜率天示現命終？

❿184 何等為示現降神母胎事？

❿185 何等為示現微細趣？

❿186 何等為生？

❿187 何等為大莊嚴？

❿188 何等為遊行七步？

❿189 何等為示現童子地？

❿190 何等為示現采女眷屬？

⑲何等為示現捨家出家？

⑲何等為示現苦行？

⑲何等為往詣道場？

⑲何等為坐道場？

⑲何等為坐道場時顯奇特相？

⑲何等為示現降魔？

⑲何等為成等正覺？

⑲何等為轉法輪？

⑲何等為因轉法輪得白淨法？

⑳佛子！何等為如來、應供、等正覺示現大般涅槃？

善哉佛子！如向所問，願具演說。

爾時，<u>普賢菩薩摩訶薩</u>告<u>普慧</u>……

第 2 節之一　問佛百八句（重新細分應為 112 句的問義）

2-1 大慧菩薩提出一百一十二個問題裡的問題。關於「意念、剎土、佛子、解脫、禪境、三乘」等的種種問題。1~10

劉宋·求那跋陀羅譯《楞伽阿跋多羅寶經》	元魏·菩提流支譯《入楞伽經》	唐·實叉難陀與復禮等譯《大乘入楞伽經》
爾時大慧菩薩摩訶薩承佛所聽，頂禮佛足，合掌恭敬，以偈問曰：	爾時聖者大慧菩薩摩訶薩聞佛聽問，頂禮佛足，合掌恭敬，以偈問曰：	爾時大慧菩薩摩訶薩蒙佛許已，頂禮佛足，以偈問曰：
1.云何淨其念？	云何淨諸覺。	云何起計度。
2.云何念增長？	何因而有覺。	云何淨計度。
3.云何見癡惑？	何因見迷惑。	云何起迷惑。
4.云何惑增長？	何因有迷惑。	云何淨迷惑。
5.何故剎土化。	何因有國土。	云何名佛子。
相及諸外道？	化相諸外道。	及無影次第。
6.云何無受次？	云何名佛子。	云何剎土化。
何故名無受？	寂靜及次第。	相及諸外道。
7.何故名佛子？	解脫至何所。	解脫至何所。

8. 解脫至何所？	誰縛何因脫。	誰縛誰能解。
誰縛誰解脫？	禪者觀何法。	云何禪境界。
9. 何等禪境界？	何因有三乘。	何故有三乘。
10. 云何有三乘？		
唯願為解說。		

2-2 關於「因緣、作、所作、無色定、滅盡定、滅想定、生諸地」等的種種問題。11~20

劉宋・求那跋陀羅譯 《楞伽阿跋多羅寶經》	元魏・菩提流支譯 《入楞伽經》	唐・實叉難陀與復禮等譯 《大乘入楞伽經》
（大慧菩薩以偈問曰）	（大慧菩薩以偈問曰）	（大慧菩薩以偈問曰）
11. 緣起何所生？	何因緣生法。	彼以何緣生。
12. 云何作所作？	何因作所作。	何作何能作。
云何俱異說？	何因俱異說。	誰說二俱異。
13. 云何為增長？	何因無而現。	云何諸有起。
14. 云何無色定？	何因無色定。	云何無色定。
及與滅正受？	及與滅盡定。	及與滅盡定。
15. 云何為想滅？	何因想滅定。	云何為想滅。
16. 何因從定覺？	何因從定覺。	云何從定覺。
17. 云何所作生？	云何因果生。	云何所作生。
18. 進去及持身？	何因身去住。	進去及持身。
19. 云何現分別？	何因觀所見。	云何見諸物。
20. 云何生諸地？	何因生諸地。	云何入諸地。

2-3 關於「破三有、生何處、最勝子、得神通、自在三昧、得定心」等的種種問題。21~24

劉宋・求那跋陀羅譯 《楞伽阿跋多羅寶經》	元魏・菩提流支譯 《入楞伽經》	唐・實叉難陀與復禮等譯 《大乘入楞伽經》
（大慧菩薩以偈問曰）	（大慧菩薩以偈問曰）	（大慧菩薩以偈問曰）
21. 破三有者誰？	破三有者誰。	云何有佛子。

何處身云何？	何身至何所。	誰能破三有。
往生何所至？	云何處而住。	何處身云何。
22.云何最勝子？	云何諸佛子。	生復住何處。
23.何因得神通？	何因得神通。	云何得神通。
及自在三昧？	及自在三昧。	自在及三昧。
24.云何三昧心？	何因得定心。	三昧心何相。
最勝為我說。	最勝為我說。	願佛為我說。

2-4 關於「藏識、意、意識、生滅、心量、建立、無我、無眾生、世諦、常斷見」等的種種問題。25~34

劉宋・求那跋陀羅譯《楞伽阿跋多羅寶經》	元魏・菩提流支譯《入楞伽經》	唐・實叉難陀與復禮等譯《大乘入楞伽經》
(大慧菩薩以偈問曰)	(大慧菩薩以偈問曰)	(大慧菩薩以偈問曰)
25.云何名為藏？	何因為藏識。	云何名藏識。
云何意及識？	何因意及識。	云何名意識。
26.云何生與滅？	何因見諸法。	云何起諸見。
云何見已還？	何因斷所見。	云何退諸見。
27.云何為種性？	云何性非性。	云何性非性。
28.非種及心量？	云何心無法。	云何唯是心。
29.云何建立相？	何因說法相。	何因建立相。
30.及與非我義？	云何名無我。	云何成無我。
云何無象生？	何因無象生。	云何無象生。
31.云何世俗說？	何因有世諦。	云何隨俗說。
32.云何為斷見？	何因不見常。	云何得不起。
及常見不生？	何因不見斷。	常見及斷見。
33.云何佛外道。	云何佛外道。	云何佛外道。
其相不相違？	二相不相違。	其相不相違。
34.云何當來世。	何因當來世。	何故當來世。
種種諸異部？	種種諸異部。	種種諸異部。

2-5 關於「性空、刹那滅、胎藏生、不動、夢幻、揵闥婆、水

中月、菩提分、國土亂」等的種種問題。35~42

劉宋・求那跋陀羅譯《楞伽阿跋多羅寶經》	元魏・菩提流支譯《入楞伽經》	唐・實叉難陀與復禮等譯《大乘入楞伽經》
（大慧菩薩以偈問曰）	（大慧菩薩以偈問曰）	（大慧菩薩以偈問曰）
35.云何空何因？	云何名為空。	云何為性空。
36.云何剎那壞？	何因念不住。	云何剎那滅。
37.云何胎藏生？	何因有胎藏。	胎藏云何起。
38.云何世不動？	何因世不動。	云何世不動。
39.何因如夢幻？	云何如幻夢。	云何諸世間。
及揵闥婆城。	說如犍闥婆。	如幻亦如夢。
世間熱時燄。	陽炎水中月。	乾城及陽焰。
及與水月光？	世尊為我說。	乃至水中月。
40.何因說覺支。	云何說覺支。	云何菩提分。
及與菩提分？	何因菩提分。	覺分從何起。
41.云何國土亂？	何因國亂動。	云何國土亂。
42.云何作有見？	何因作有見。	何故見諸有。

2-6 關於「不生滅、虛空華、覺世間、無分別、虛空、波羅蜜心、諸地次第、二無我、境界淨」等問題。43~56

劉宋・求那跋陀羅譯《楞伽阿跋多羅寶經》	元魏・菩提流支譯《入楞伽經》	唐・實叉難陀與復禮等譯《大乘入楞伽經》
（大慧菩薩以偈問曰）	（大慧菩薩以偈問曰）	（大慧菩薩以偈問曰）
43.云何不生滅？	何因不生滅。	云何知世法。
世如虛空華？	何因如空華。	云何離文字。
44.云何覺世間？	何因覺世間。	云何如空華。
45.云何說離字？	何因無字說。	不生亦不滅。
46.離妄想者誰？	云何無分別。	真如有幾種。
47.云何虛空譬？	何因如虛空。	諸度心有幾。
48.如實有幾種？	真如有幾種。	云何如虛空。
49.幾波羅蜜心？	何名心幾岸。	云何離分別。
50.何因度諸地？	何因地次第。	云何地次第。

51.誰至無所受？	真如無次第。	云何得無影。
52.何等二無我？	何因二無我。	何者二無我。
53.云何爾焰淨？	何因境界淨。	云何所知淨。
54.諸智有幾種？	幾種智	聖智有幾種。
55.幾戒？	幾戒。	戒眾生亦然。
56.眾生性？	何因眾生生。	

2－7 關於「諸寶、語言、五明、伽陀、飲食、愛欲、小王、國土、天地星宿」等的「世間法」問題。57~69

劉宋・求那跋陀羅譯《楞伽阿跋多羅寶經》	元魏・菩提流支譯《入楞伽經》	唐・實叉難陀與復禮等譯《大乘入楞伽經》
(大慧菩薩以偈問曰)	(大慧菩薩以偈問曰)	(大慧菩薩以偈問曰)
57.誰生諸寶性。　摩尼真珠等？	誰作諸寶性。金摩尼珠等。	摩尼等諸寶。斯並竝云何出。
58.誰生諸語言。　眾生種種性？	誰生於語言。眾生種種異。	誰起於語言。眾生及諸物。
59.明處及	五明處技術。	明處與技術。
60.技術。　誰之所顯示？	誰能如是說。	誰之所顯示。
61.伽陀有幾種？　長頌及短句。	伽陀有幾種。云何長短句。	伽陀有幾種。長行句亦然。
62.成為有幾種？　云何名為論？	法復有幾種。解義復有幾。	道理幾不同。解釋幾差別。
63.云何生飲食？	何因飲食種。	飲食是誰作。
64.及生諸愛欲？	何因生愛欲。	愛欲云何起。
65.云何名為王？　轉輪及小王。	云何名為王。轉輪及小王。	云何轉輪王。及以諸小王。
66.云何守護國？	何因護國土。	云何王守護。
67.諸天有幾種？	諸天有幾種。	天眾幾種別。
68.云何名為地？	何因而有地。	地日月星宿。
69.星宿及日月？	何因星日月。	斯等並是何。

五明

(1)梵語 pañca vidyā-sthānāni。指五種「學藝」，為古印度之學術分類法。即：

(2)五明有「內、外」之分，依《法華三大部補注・卷十四》載，有「內五明」和「外五明」之分。

內五明：

①聲明	②工巧明	③醫方明	④因明	⑤內明
śabda-vidyā	śilpakarma-vidyā	cikitsā-vidyā	hetu-vidyā	adhyātma-vidyā
語言、文典之學。	工藝、技術、算曆之學。	醫學、藥學、咒法之學。	論理學。	專心思索五乘因果妙理之學，或表明自家宗旨之學。

外五明：

①聲明	②工巧明	③醫方明	④咒術明	⑤符印明
śabda-vidyā	śilpakarma-vidyā	cikitsā-vidyā	mantra-vidyā	

2－8 關於「解脫修行、弟子、阿闍梨、如來、本生、魔、異學、自性、假名」等的「出世間法」問題。70~79

劉宋・求那跋陀羅譯《楞伽阿跋多羅寶經》	元魏・菩提流支譯《入楞伽經》	唐・實叉難陀與復禮等譯《大乘入楞伽經》
（大慧菩薩以偈問曰）	（大慧菩薩以偈問曰）	（大慧菩薩以偈問曰）
70.解脫。	解脫有幾種。	解脫有幾種。
71.修行者。	行者有幾種。	修行師復幾。
是各有幾種？		
72.弟子有幾種？	弟子有幾種。	云何阿闍梨。
73.云何阿闍梨？	阿闍梨幾種。	弟子幾差別。
74.佛復有幾種？	如來有幾種。	如來有幾種。
復有幾種生？	本生有幾種。	本生事亦然。
75.魔及	摩羅有幾種。	眾魔及異學。

76.諸異學。 　彼各有幾種？	異學有幾種。	如是各有幾。
77.自性及與	自性有幾種。	自性幾種異。
78.心。 　彼復各幾種？	心復有幾種。	心有幾種別。
79.云何施設量？ 　唯願最勝說。	云何施假名。 世尊為我說。	云何唯假設。 願佛為開演。

2－9 關於「天空、風雲、林樹、馬獸、蔓草、卑陋、六時、一闡提、男女」等的「有情器世間」問題。80~88

劉宋・求那跋陀羅譯 《楞伽阿跋多羅寶經》	元魏・菩提流支譯 《入楞伽經》	唐・實叉難陀與復禮等譯 《大乘入楞伽經》
(大慧菩薩以偈問曰)	(大慧菩薩以偈問曰)	(大慧菩薩以偈問曰)
80.云何空？	何因有風雲。	云何為風雲。
81.風雲？		
82.云何念聰明？	何因有黠慧。	念智何因有。
83.云何為林樹？	何因有樹林。	藤樹等行列。
云何為蔓草？	世尊為我說。	此並誰能作。
84.云何象馬鹿？	何因象馬鹿。	云何象馬獸。
云何而捕取？	何因人捕取。	何因而捕取。
85.云何為卑陋？	何因為矬陋。	云何卑陋人。
何因而卑陋？	世尊為我說。	願佛為我說。
86.云何六節攝？	何因有六時。	云何六時攝。
87.云何一闡提？	何因成闡提。	云何一闡提。
88.男女及不男？	男女及不男。	女男及不男。
斯皆云何生？	為我說其生。	此並云何生。

2－10 關於「修行進退、禪師、來往諸趣、何相、致財、釋種、甘蔗種」等的「修行與果報」問題。89~93

劉宋・求那跋陀羅譯	元魏・菩提流支譯	唐・實叉難陀與復禮等譯

《楞伽阿跋多羅寶經》	《入楞伽經》	《大乘入楞伽經》
（大慧菩薩以偈問曰）	（大慧菩薩以偈問曰）	（大慧菩薩以偈問曰）
89.云何修行退？	何因修行退。	云何修行進。
云何修行生？	何因修行進。	云何修行退。
90.禪師以何法？	教何等人修。	瑜伽師有幾。
建立何等人？	令住何等法。	令人住其中。
91.眾生生諸趣。	諸眾生去來。	眾生生諸趣。
何相何像類？	何相何像類。	何形何色相。
92.云何為財富？	何因致財富。	富饒大自在。
云何致財富？	世尊為我說。	此復何因得。
93.云何為釋種？	云何為釋種。	云何釋迦種。
何因有釋種？	何因有釋種。	云何甘蔗種。
云何甘蔗種？	何因甘蔗種。	
無上尊願說	（釋迦佛所屬之本姓為瞿曇 Gautama，又稱為甘蔗種，屬於印度四姓階級中之第二階級「刹帝利」種姓 kṣatriya，地位僅次於「婆羅門」）	

2－11 關於「長壽仙、不食肉、日月形、因陀羅網、日月光土」等「世間諸相」的問題。94~97

不食肉請參閱 **51－1**

劉宋・求那跋陀羅譯《楞伽阿跋多羅寶經》	元魏・菩提流支譯《入楞伽經》	唐・實叉難陀與復禮等譯《大乘入楞伽經》
（大慧菩薩以偈問曰）	（大慧菩薩以偈問曰）	（大慧菩薩以偈問曰）
94.云何長苦仙？	何因長壽仙。	仙人長苦行。
彼云何教授？	長壽仙何親。	是誰之教授。
95.如來云何於	云何彼教授。	何因佛世尊。
一切時刹現？	世尊如虛空。	一切刹中現。
種種名色類。	為我分別說。	異名諸色類。
最勝子圍繞？	何因佛世尊。	佛子眾圍遶。
	一切時刹現。	
	種種名色類。	

	佛子眾圍遶。	
96.云何不食肉？ 云何制斷肉？ 食肉諸種類。 何因故食肉？	何因不食肉。 云何制斷肉。 食肉諸種類。 何因故食肉。	何因不食肉。 何因令斷肉。 食肉諸眾生。 以何因故食。
97.云何日月形。 須彌及蓮華。 師子勝相剎。 側住覆世界。 如因陀羅網。 或悉諸珍寶。 箜篌細腰鼓。 狀種種諸華。 或離日月光。 如是等無量？	何因日月形。 須彌及蓮華。 師子形勝相。 國土為我說。 亂側覆世界。 如因陀羅網。 一切寶國土。 何因為我說。 如箜篌琵琶。 鼓種種華形。 離日月光土。 何因為我說。	何故諸國土。 猶如日月形。 須彌及蓮華。 卍字師子像。 何故諸國土。 如因陀羅網。 覆住或側住。 一切寶所成。 何故諸國土。 無垢日月光。 或如花果形。 箜篌細腰鼓。

2－12 關於「化佛、報佛、智慧佛、成正覺、般涅槃、正法、悉檀、毘尼、比丘、無相」等的「佛法」問題。98~104

劉宋·求那跋陀羅譯 《楞伽阿跋多羅寶經》	元魏·菩提流支譯 《入楞伽經》	唐·實叉難陀與復禮等譯 《大乘入楞伽經》
（大慧菩薩以偈問曰）	（大慧菩薩以偈問曰）	（大慧菩薩以偈問曰）
98.云何為化佛？ 云何報生佛？ 云何如如佛？ 云何智慧佛？ 99.云何於欲界。 不成等正覺？ 何故色究竟。 離欲得菩提？	何等為化佛。 何等為報佛。 何等如智佛。 何因為我說。 云何於欲界。 不成等正覺。 云何色究竟。 離欲中得道。	云何變化佛。 云何為報佛。 真如智慧佛。 願皆為我說。 云何於欲界。 不成等正覺。 何故色究竟。 離染得菩提。

100.善逝般涅槃。	如來般涅槃。	如來滅度後。
誰當持正法？	何人持正法。	誰當持正法。
天師住久如。	世尊住久如。	世尊住久如。
正法幾時住？	正法幾時住。	正法幾時住。
101.「悉檀」及與	如來立幾法。	悉檀有幾種。
102.「見」。	各見有幾種。	諸見復有幾。
各復有幾種？		
103.毘尼比丘分。	毘尼及比丘。	何故立毘尼。
云何何因緣？	世尊為我說。	及以諸比丘。
104.彼諸最勝子。	何因百變易。	一切諸佛子。
緣覺及聲聞。	何因百寂靜。	獨覺及聲聞。
何因百變易。	聲聞辟支佛。	云何轉所依。
云何百無受？	世尊為我說。	云何得無相。

2－13 關於「世俗通、出世通、七地心、僧伽、醫方論」等的種
　　　種問題。105~109

劉宋・求那跋陀羅譯 《楞伽阿跋多羅寶經》	元魏・菩提流支譯 《入楞伽經》	唐・實叉難陀與復禮等譯 《大乘入楞伽經》
（大慧菩薩以偈問曰）	（大慧菩薩以偈問曰）	（大慧菩薩以偈問曰）
105.云何世俗通？	何因世間通。	云何得世通。
106.云何出世間？	何因出世通。	云何得出世。
107.云何為七地？	何因七地心。	復以何因故。
唯願為演說。	世尊為我說。	心住七地中。
108.僧伽有幾種？	僧伽有幾種。	僧伽有幾種。
云何為壞僧？	何因為破僧。	云何成破僧。
109.云何醫方論？	云何醫方論。	云何為眾生。
是復何因緣？	世尊為我說。	廣說醫方論。

2－14 關於「迦葉、拘留孫、拘那含、斷常、我、無我、男女林、
　　　金剛山、無量寶」等的問題。110~112

劉宋·求那跋陀羅譯《楞伽阿跋多羅寶經》	元魏·菩提流支譯《入楞伽經》	唐·實叉難陀與復禮等譯《大乘入楞伽經》
(大慧菩薩以偈問日)	(大慧菩薩以偈問日)	(大慧菩薩以偈問日)
110.何故大牟尼。 　唱說如是言。 　迦葉 拘留孫。 　拘那含是我？	迦葉 拘留孫。 拘那含是我。 常為諸佛子。 何故如是說。 何故說人我。	何故大牟尼。 唱說如是言。 迦葉 拘留孫。 拘那含是我。
111.何故說斷常。 　及與我無我？ 　何不一切時。 　演說真實義？ 　而復為衆生。 　分別說心量？	何故說斷常。 何故不但說。 唯有於一心。	何故說斷常。 及與我無我。 何不恒說實。 一切唯心造。
112.何因男女林(Śītavana 尸陀林) 　訶梨(haritakī) 　阿摩勒(āmala)。 　雞羅及鐵圍。 　金剛等諸山。 　無量寶莊嚴。 　仙闥婆充滿？	何因男女林(Śītavana 尸陀林)。 訶梨 阿摩勒。 雞羅及鐵圍。 金剛等諸山。 次及無量山。 種種寶莊嚴。 仙樂人充滿。 世尊為我說。	云何男女林(Śītavana 尸陀林)。 訶梨 菴摩羅。 雞羅娑輪圍。 及以金剛山。 如是處中間。 無量寶莊嚴。 仙人乾闥婆。 一切皆充滿。 此皆何因緣。 願尊為我說。

2-15 世尊的答問

劉宋·求那跋陀羅譯《楞伽阿跋多羅寶經》	元魏·菩提流支譯《入楞伽經》	唐·實叉難陀與復禮等譯《大乘入楞伽經》
無上世間解。 聞彼所說偈。 大乘諸度門。	大天佛聞彼 所說諸偈句。 大乘諸度門。	爾時世尊。 聞其所請。 大乘微妙。

諸佛心第一。	諸佛心第一。	諸佛之心。
善哉善哉問。	善哉善哉問。	最上法門。
		即告之言。
（佛陀回答云：）	（佛陀回答云：）	（佛陀回答云：）
大慧善諦聽。	大慧善諦聽。	善哉大慧。
我今當次第。	我今當次第。	諦聽諦聽。
如汝所問說。	如汝問而說。	如汝所問。
		當次第說。
		即說頌曰。

第 2 節之二　佛牒難(重疊問難)百八句(重新細分應為112句的問義)

2-16 佛陀重述大慧菩薩問的 112 句法義。1~6

劉宋・求那跋陀羅譯《楞伽阿跋多羅寶經》	元魏・菩提流支譯《入楞伽經》	唐・實叉難陀與復禮等譯《大乘入楞伽經》
（佛重述大慧菩薩問的 112 句法義）	（佛重述大慧菩薩問的 112 句法義）	（佛重述大慧菩薩問的 112 句法義）
1.生及與不生。	生及與不生。	若生若不生。
2.涅槃 3.空 4.刹那。	涅槃空刹那。	涅槃及空相。
5.趣至 6.無自性。	趣至無自體。	流轉無自性。

2-17 佛陀重述大慧菩薩問的 112 句法義。7~10

劉宋・求那跋陀羅譯《楞伽阿跋多羅寶經》	元魏・菩提流支譯《入楞伽經》	唐・實叉難陀與復禮等譯《大乘入楞伽經》
（佛重述大慧菩薩問的 112 句法義）	（佛重述大慧菩薩問的 112 句法義）	（佛重述大慧菩薩問的 112 句法義）
7.佛諸波羅蜜。	佛波羅蜜子。	波羅蜜佛子。
8.佛子與聲聞。	聲聞辟支佛。	聲聞辟支佛。
緣覺 9.諸外道。	外道無色者。	外道無色行。
10.及與無色行。		
如是種種事。		

2-18 佛陀重述**大慧菩薩**問的 112 句法義。11~21

劉宋·求那跋陀羅譯 《楞伽阿跋多羅寶經》	元魏·菩提流支譯 《入楞伽經》	唐·實叉難陀與復禮等譯 《大乘入楞伽經》
(佛重述**大慧菩薩**問的 112 句法義)	(佛重述**大慧菩薩**問的 112 句法義)	(佛重述**大慧菩薩**問的 112 句法義)
11.須彌巨海山。	須彌海及山。	須彌巨海山。
12.洲渚13.刹土14.地。	四天下土地。	洲渚刹土地。
15.星宿及日月。	日月諸星宿。	星宿與日月。
16.外道天修羅。	外道天修羅。	天眾阿修羅。
17.解脫18.自在通。	解脫自在通。	解脫自在通。
19.力禪三摩提。	力思惟寂定。	力禪諸三昧。
20.滅21.及如意足。	滅及如意足。	滅及如意足。
覺支及道品。	覺支及道品。	菩提分及道。

2-19 佛陀重述**大慧菩薩**問的 112 句法義。22~31

劉宋·求那跋陀羅譯 《楞伽阿跋多羅寶經》	元魏·菩提流支譯 《入楞伽經》	唐·實叉難陀與復禮等譯 《大乘入楞伽經》
(佛重述**大慧菩薩**問的 112 句法義)	(佛重述**大慧菩薩**問的 112 句法義)	(佛重述**大慧菩薩**問的 112 句法義)
22.諸禪定無量。	諸禪定無量。	禪定與無量。
23.諸陰身24.往來。	五陰及去來。	諸蘊及往來。
25.正受滅盡定。	四空定滅盡。	乃至滅盡定。
26.三昧起心說。	發起心而說。	心生起言說。
27.心意及與識。	心意及意識。	心意識無我。
28.無我29.法有五。	無我法有五。	五法及自性。
30.自性31.想所想。	自性相所想。	分別所分別。
及與現二見。	所見能見二。	能所二種見。

2-20 佛陀重述**大慧菩薩**問的 112 句法義。32~40

劉宋・求那跋陀羅譯《楞伽阿跋多羅寶經》	元魏・菩提流支譯《入楞伽經》	唐・實叉難陀與復禮等譯《大乘入楞伽經》
(佛重述大慧菩薩問的 112 句法義)	(佛重述大慧菩薩問的 112 句法義)	(佛重述大慧菩薩問的 112 句法義)
32.乘及諸種性。	云何種種乘。	諸乘種性處。
33.金銀摩尼等。	金摩尼珠性。	金摩尼真珠。
34.一闡提 35.大種。	一闡提四大。	一闡提大種。
36.荒亂 37.及一佛。	荒亂及一佛。	荒亂及一佛。
38.智爾焰 39.得向。	智境界教得。	智所知教得。
40.眾生有無有。	眾生有無有。	眾生有無有。

2－21 佛陀重述大慧菩薩問的 112 句法義。41~43

劉宋・求那跋陀羅譯《楞伽阿跋多羅寶經》	元魏・菩提流支譯《入楞伽經》	唐・實叉難陀與復禮等譯《大乘入楞伽經》
(佛重述大慧菩薩問的 112 句法義)	(佛重述大慧菩薩問的 112 句法義)	(佛重述大慧菩薩問的 112 句法義)
41.象馬諸禽獸。	象馬諸禽獸。	象馬獸何因。
云何而捕取。	云何而捕取。	云何而捕取。
42.譬因成悉檀。	譬喻因相應。	云何因譬喻。
43.及與作所作。	力說法云何。	相應成悉檀。
	何因有因果。	所作及能作。

2－22 佛陀重述大慧菩薩問的 112 句法義。44~54

劉宋・求那跋陀羅譯《楞伽阿跋多羅寶經》	元魏・菩提流支譯《入楞伽經》	唐・實叉難陀與復禮等譯《大乘入楞伽經》
(佛重述大慧菩薩問的 112 句法義)	(佛重述大慧菩薩問的 112 句法義)	(佛重述大慧菩薩問的 112 句法義)
44.叢林 45.迷惑 46.通。	林迷惑如實。	眾林與迷惑。
47.心量不現有。	但心無境界。	如是真實理。
48.諸地不相至。	諸地無次第。	唯心無境界。
49.百變百無受。	百變及無相。	諸地無次第。
50.醫方 51.工巧論。	醫方工巧論。	無相轉所依。
52.技術 53.諸明處。	咒術諸明處。	醫方工巧論。

54.諸山須彌地。	何故而問我。	技術諸明處。
巨海日月量。	諸山須彌地。	須彌諸山地。
下中上眾生。	其形量大小。	巨海日月量。
身各幾微塵。	大海日月星。	上中下眾生。
	云何而問我。	身各幾微塵。
	上中下眾生。	
	身各幾微塵。	

2-23 佛陀重述**大慧**菩薩問的 112 句法義。55~56

劉宋·求那跋陀羅譯 《楞伽阿跋多羅寶經》	元魏·菩提流支譯 《入楞伽經》	唐·實叉難陀與復禮等譯 《大乘入楞伽經》
(佛重述<u>大慧</u>菩薩問的 112 句法義)	(佛重述<u>大慧</u>菩薩問的 112 句法義)	(佛重述<u>大慧</u>菩薩問的 112 句法義)
55.一一剎幾塵。	肘步至十里。	一一剎幾塵。
弓弓數有幾。	二十及四十。	一一弓幾肘。
肘步拘樓舍。		幾弓俱盧舍。
半由延由延(yojana)。		半由旬由旬。
56.兔毫窗塵蟣。	兔毫窗 塵蟣。	兔毫與隙遊。
羊毛䵃 麥塵。	羊毛䵃 麥塵。	蟣 羊毛㢱 麥。
缽他幾䵃 麥。	一升幾䵃 麥。	半升與一升。
阿羅䵃 麥幾。	半升幾頭數。	是各幾㢱 麥。
獨籠那佉梨。	一斛及十斛。	一斛及十斛。
勒叉及舉利。	百萬及一億。	十萬暨千億。
乃至頻婆羅。	頻婆羅幾塵。	乃至頻婆羅。
是各有幾數。		是等各幾數。
為有幾阿瓷。	芥子幾微塵。	幾塵成芥子。
名舍梨沙婆。	幾芥成草子。	幾芥成草子。
幾舍梨沙婆。	幾草子成豆。	復以幾草子。
名為一賴提。	幾銖成一兩。	而成於一豆。
幾賴提摩沙。	幾兩成一斤。	幾豆成一銖。
幾摩沙陀那。	如是次第數。	幾銖成一兩。

復幾陀那羅。 為伽梨沙那。 幾伽梨沙那。 為成一波羅。 此等積聚相。 幾波羅彌樓。 是等所應請。 何須問餘事。	幾分成須彌。 佛子今何故。 不如是問我。	幾兩成一斤。 幾斤成須彌。 此等所應請。 何因問餘事。

一由旬(yojana)＝十「拘樓舍」(krośa)。

一拘樓舍＝五百「弓」(dhanus)。

一弓＝四「肘」(hasta)。

一肘＝二「尺」。

一尺＝二「半尺」。

一半尺＝七「指節」(aṅguliparva)

一指節＝七「礦麥」塵(yava)。

一礦 塵＝七「芥子」(sarṣapa)。

一芥子＝七「虱」。(「虱」即是虱子)。

一虱＝七「蟣」。(likṣā。「蟣」,虱的幼蟲)。

一蟣＝七「牛毛端塵」(vālapatha)

一牛毛端塵＝七「羊毛端塵」。

一羊毛端塵＝七「兔毛端塵」。

一兔毛端塵＝七「窗塵」。

一窗塵＝七「微塵」(paramāṇu)。

「缽他」：一升

「阿羅」：一斗

「獨籠」：一斛。(古時十斗爲一斛,後五斗爲一斛)

「那佉梨」(khārī)：十斛。

「勒叉」(lakṣa)：一萬。

「舉利」：一億。

「頻婆羅」(bimbara)：一兆

「阿㝹」(aṇu)：「塵」之義。

「捨梨沙婆」(sarṣapa)：芥子。

「賴提」：草子

「摩沙」(māṣa)：豆子。

「陀那」：銖，重量單位，一兩的二十四分之一。

「迦梨沙那」：兩。➜迦利沙鉢那(kārṣāpaṇa，約 11.3 公克至 18 公克)

「波羅」：斤。

「彌樓」(Meru)：山。

2-24 佛陀重述大慧菩薩問的 112 句法義。57~58

劉宋·求那跋陀羅譯《楞伽阿跋多羅寶經》	元魏·菩提流支譯《入楞伽經》	唐·實叉難陀與復禮等譯《大乘入楞伽經》
(佛重述大慧菩薩問的 112 句法義)	(佛重述大慧菩薩問的 112 句法義)	(佛重述大慧菩薩問的 112 句法義)
57.聲聞辟支佛。	緣覺聲聞等。	聲聞辟支佛。
佛及最勝子。	諸佛及佛子。	諸佛及佛子。
身各有幾數。	身幾微塵成。	如是等身量。
何故不問此。	何故不問此。	各有幾微塵。
58.火燄幾阿㝹。	火燄有幾塵。	火風各幾塵。
風阿㝹復幾。	風微塵有幾。	一一根有幾。
根根幾阿㝹。	根根幾塵數。	眉及諸毛孔。
毛孔眉毛幾。	毛孔眉幾塵。	復各幾塵成。
		如是等諸事。
		云何不問我。

2-25 佛陀重述大慧菩薩問的 112 句法義。59~65

劉宋·求那跋陀羅譯《楞伽阿跋多羅寶經》	元魏·菩提流支譯《入楞伽經》	唐·實叉難陀與復禮等譯《大乘入楞伽經》
(佛重述大慧菩薩問的 112 句法義)	(佛重述大慧菩薩問的 112 句法義)	(佛重述大慧菩薩問的 112 句法義)
59.護財自在王。	何因則自在。	云何得財富。
60.轉輪聖帝王。	轉輪聖帝主。	云何轉輪王。
61.云何王守護。	何因王守護。	云何王守護。

62.云何為解脫。	解脫廣略說。	云何得解脫。
63.廣說及句說。	種種眾生欲。	云何長行句。
如汝之所問。	云何而問我。	
64.眾生種種欲。	何因諸飲食。	婬欲及飲食。
65.種種諸飲食。		

2─26 佛陀重述**大慧**菩薩問的 112 句法義。66~68

劉宋·求那跋陀羅譯《楞伽阿跋多羅寶經》	元魏·菩提流支譯《入楞伽經》	唐·實叉難陀與復禮等譯《大乘入楞伽經》
(佛重述**大慧**菩薩問的 112 句法義)	(佛重述**大慧**菩薩問的 112 句法義)	(佛重述**大慧**菩薩問的 112 句法義)
66.云何男女林。	何因男女林(Sītavana 尸陀林)。	云何男女林。
金剛堅固山。	金剛堅固山。	金剛等諸山。
	為我說云何。	
67.云何如幻夢。	何因如幻夢。	幻夢渴愛譬。
野鹿渴愛譬。	野鹿渴愛譬。	諸雲從何起。
	何因而有雲。	
	何因有六時。	時節云何有。
	何因種種味。	何因種種味。
	男女非男女。	女男及不男。
	何因諸莊嚴。	佛菩薩嚴飾。
	佛子何因問。	
68.云何山天仙。	云何諸妙山。	云何諸妙山。
犍闥婆莊嚴。	仙樂人莊嚴。	仙闥婆莊嚴。

2─27 佛陀重述**大慧**菩薩問的 112 句法義。69~79

劉宋·求那跋陀羅譯《楞伽阿跋多羅寶經》	元魏·菩提流支譯《入楞伽經》	唐·實叉難陀與復禮等譯《大乘入楞伽經》
(佛重述**大慧**菩薩問的 112 句法義)	(佛重述**大慧**菩薩問的 112 句法義)	(佛重述**大慧**菩薩問的 112 句法義)
69.解脫至何所。	解脫至何所。	解脫至何所。
誰縛誰解脫。	誰縛云何縛。	誰縛誰解脫。

劉宋·求那跋陀羅譯《楞伽阿跋多羅寶經》	元魏·菩提流支譯《入楞伽經》	唐·實叉難陀與復禮等譯《大乘入楞伽經》
70.云何禪境界。	云何禪境界。	云何禪境界。
71.變化及72.外道。	涅槃及外道。	變化及外道。
73.云何無因作。	云何無因作。	云何無因作。
云何有因作。	何因可見轉。	云何有因作。
有因無因作。		云何轉諸見。
及非有無因。		云何起計度。
74.云何現已滅。		云何淨計度。
(同前問26.云何見已還?)		所作云何起。
75.云何淨諸覺。	何因淨諸覺。	云何而轉去。
(同前問1.云何淨其念?)		
云何諸覺轉。	何因有諸覺。	
(同前問2.云何念增長?)		
76.及轉諸所作。	何因轉所作。	
(同前問11.緣起何所生?	唯願為我說。	
12.云何作所作?)	何因斷諸想。	云何斷諸想。
77.云何斷諸想。		
(同前問46.離妄想者誰?)	何因出三昧。	云何起三昧。
78.云何三昧起。		
(同前問16.何因從定覺?)	破三有者誰。	破三有者誰。
79.破三有者誰。		
何處為何身。	何因身何處。	何處身云何。
(同前問21.破三有者誰?何處身云何?)		

2-28 佛陀重述大慧菩薩問的 112 句法義。80~84

劉宋·求那跋陀羅譯《楞伽阿跋多羅寶經》	元魏·菩提流支譯《入楞伽經》	唐·實叉難陀與復禮等譯《大乘入楞伽經》
(佛重述大慧菩薩問的 112 句法義)	(佛重述大慧菩薩問的 112 句法義)	(佛重述大慧菩薩問的 112 句法義)
80.云何無眾生。	云何無人我。	云何無有我。
而說有吾我。	何因依世說。	云何隨俗說。
81.云何世俗說。		
唯願廣分別。		

82.所問相云何。	何因問我相。	汝問相云何。
（引前問 29.云何建立相？）		
83.及所問非我	云何問無我。	及所問非我。
（引前問 30.及與非我義？）		
84.云何為胎藏。	云何為胎藏。	云何為胎藏。
（引前問 37.云何胎藏生？）	汝何因問我。	及以餘支分。
及種種異身。		

2-29 佛陀重述大慧菩薩問的 112 句法義。85~106

劉宋·求那跋陀羅譯 《楞伽阿跋多羅寶經》	元魏·菩提流支譯 《入楞伽經》	唐·實叉難陀與復禮等譯 《大乘入楞伽經》
（佛重述大慧菩薩問的 112 句法義）	（佛重述大慧菩薩問的 112 句法義）	（佛重述大慧菩薩問的 112 句法義）
85.云何斷常見。	何因斷常見。	云何斷常見。
（引前問 32.云何為斷見？及 常見不生？）		
86.云何心得定。	何因心得定。	云何心一境。
（引前問 23.何因得神通？及 自在三昧？）		
87.言說及 88.諸智。	何因言及智。	云何言說智。
（引前問 58.誰生諸語言。 54.諸智有幾種？）		
89.戒 90.種性 91.佛子。	界性諸佛子。	戒種性佛子。
（引前問 55.幾戒？27.云何為 種性？）		
92.云何成及論。	堪解師弟子。	云何稱理釋。
（引前問 62.成為有幾種？云 何名為論？）		
93.云何師 94.弟子。		云何師弟子。
（引前問 72.弟子有幾種？73. 云何阿闍梨？）		
95.種種諸眾生。	種種諸眾生。	眾生種性別。
斯等復云何。		

(引前問88男女及不男？斯皆云何生？)		
96.云何為飲食。	云何飲食魔。	飲食及虛空。
(引前問63云何生飲食？)		
97.聰明98.魔99.施設。	虛空聰明施。	聰明魔施設。
(引前問82云何念聰明？75魔及76諸異學。彼各有幾種？79云何施設量？)		
100.云何樹葛藤。	何因有樹林。	云何樹行布。
最勝子所問。	佛子何因問。	是汝之所問。
(引前問83云何爲林樹？云何爲蔓草？)		
101.云何種種刹。	云何種種刹。	何因一切刹。
(引前問5何故刹土化。)		種種相不同。
102.仙人長苦行。	何因長壽仙。	或有如箜篌。
(引前問94云何長苦仙？)		腰鼓及衆花。
103.云何為族姓。	何因種種師。	或有離光明。
(引前問93云何爲釋種？何因有釋種？云何甘蔗種？)	汝何因問我。	仙人長苦行。
104.從何師受學。		或有好族姓。
(引前問90禪師以何法？建立何等人？)		令衆生尊重。
105.云何為醜陋。	何因有醜陋。	或有體卑陋。
(引前問85云何爲卑陋？何因而卑陋？)		為人所輕賤。
106.云何人修行。	修行不欲成。	
(引前問89云何修行退？云何修行生？)		
欲界何不覺。		云何欲界中。
(引前問99云何於欲界，不成等正覺？)		修行不成佛。
阿迦膩吒成。	色究竟成道。	而於色究竟。
(引前問99何故色究竟，離欲得菩提？)	云何而問我。	乃昇等正覺。

2-30 佛陀重述**大慧**菩薩問的 112 句法義。107~111

劉宋‧求那跋陀羅譯《楞伽阿跋多羅寶經》	元魏‧菩提流支譯《入楞伽經》	唐‧實叉難陀與復禮等譯《大乘入楞伽經》
(佛重述大慧菩薩問的 112 句法義)	(佛重述大慧菩薩問的 112 句法義)	(佛重述大慧菩薩問的 112 句法義)
107.云何俗神通。	何因世間通。	云何世間人。
（引前問105.云何世俗通？）		而能獲神通。
108.云何為比丘。	何因為比丘。	何因稱比丘。
（引前問103.毘尼比丘分，云何何因緣？）		
109.云何為化佛。	云何化報佛。	何故名僧伽。
云何為報佛。	何因而問我。	云何化及報。
云何如如佛。	云何如、智佛。	真如、智慧佛。
平等智慧佛。		
（引前問98.云何為化佛？云何報生佛？云何如如佛？云何智慧佛？）		
110.云何為眾僧。	云何為眾僧。	
（引前問108.僧伽有幾種？）		
佛子如是問。		
111.箜篌腰鼓華。	箜篌鼓華剎。	
剎土離光明。	云何離光明。	
（引前問97.箜篌細腰鼓，狀種種諸華，或離日月光。）		

2-31 佛陀重述**大慧**菩薩問的 112 句法義。112

劉宋‧求那跋陀羅譯《楞伽阿跋多羅寶經》	元魏‧菩提流支譯《入楞伽經》	唐‧實叉難陀與復禮等譯《大乘入楞伽經》
(佛重述大慧菩薩問的 112 句法義)	(佛重述大慧菩薩問的 112 句法義)	(佛重述大慧菩薩問的 112 句法義)
112.心地者有七。	云何為心地。	云何使其心。

(引前問107.云何爲七地？) 所問皆如實。 此及餘眾多。 佛子所應問。 一一相相應。		得住七地中。 此及於餘義。 汝今咸問我。 如先佛(之)所說。 (以上)一百八種句。 ((重新細分後。佛重述大慧菩薩問的112句法義)
	佛子而問我。 此及餘眾多。 佛子所應問。 一一相相應。	一一相相應。
遠離諸見過。 悉檀離言說。 我今當顯示。 次第建立句。 佛子善諦聽。	遠離諸見過。 離諸外道法。 我說汝諦聽。	遠離諸見過。 亦離於世俗。 言語所成法。 我當爲汝說。 佛子應聽受。
此上百八句。 (佛重述大慧菩薩問的112句法義) 如諸佛(之)所說。	此上百八見。 (佛重述大慧菩薩問的112句法義) 如諸佛(之)所說。 我今說少分。 佛子善諦聽。	

第 2 節之三　佛立百八句(重新細分應爲106句)

2-35 佛立「百八句」(重新細分應爲106句)相待式的法義。此爲 1~8

劉宋·求那跋陀羅譯 《楞伽阿跋多羅寶經》	元魏·菩提流支譯 《入楞伽經》	唐·實叉難陀與復禮等譯 《大乘入楞伽經》
(佛立106句相待式的法義)	(佛立106句相待式的法義)	爾時大慧菩薩摩訶薩白佛言：世尊！何者是一百八句(重新細分應爲106句)？ 佛言：大慧！所謂：

1.不生句、生句。	1.生見、不生見。	1.生句、非生句。
2.常句、無常句。	2.常見、無常見。	2.常句、非常句。
3.相句、無相句。	3.相見、無相見。	3.相句、非相句。
4.「住、異」句；非「住、異」句。	4.「住、異」見；非「住、異」見。	4.「住、異」句；非「住、異」句。
5.剎那句、非剎那句。	5.剎那見、非剎那見。	5.剎那句、非剎那句。
6.自性句、離自性句。	6.離自性見、非離自性見。	6.自性句、非自性句。
7.空句、不空句。	7.空見、不空見。	7.空句、非空句。
8.斷句、不斷句。	8.斷見、非斷見。	8.斷句、非斷句。

2-36 佛立「百八句」（重新細分應為106句）相待式的法義。此為 9~23

劉宋‧求那跋陀羅譯《楞伽阿跋多羅寶經》	元魏‧菩提流支譯《入楞伽經》	唐‧實叉難陀與復禮等譯《大乘入楞伽經》
（佛立106句相待式的法義）	（佛立106句相待式的法義）	（佛立106句相待式的法義）
	9.心見、非心見。	9.心句、非心句。
9.邊句、非邊句。	10.邊見、非邊見。	10.中句、非中句。
10.中句、非中句。	11.中見、非中見。	11.恒句、非恒句。
11.常句、非常句。	12.變見、非變見。	
12.緣句、非緣句。	13.緣見、非緣見。	12.緣句、非緣句。
13.因句、非因句。	14.因見、非因見。	13.因句、非因句。
14.煩惱句、非煩惱句。	15.煩惱見、非煩惱見。	14.煩惱句、非煩惱句。
15.愛句、非愛句。	16.愛見、非愛見。	15.愛句、非愛句。
16.方便句、非方便句。	17.方便見、非方便見。	16.方便句、非方便句。
17.巧句、非巧句。	18.巧見、非巧見。	17.善巧句、非善巧句。
18.淨句、非淨句。	19.淨見、非淨見。	18.清淨句、非清淨句。
19.成句、非成句。	20.相應見、非相應見。	19.相應句、非相應句。
20.譬句、非譬句。	21.譬喻見、非譬喻見。	20.譬喻句、非譬喻句。
21.弟子句、非弟子句。	22.弟子見、非弟子見。	21.弟子句、非弟子句。
22.師句、非師句。	23.師見、非師見。	22.師句、非師句。

2-37 佛立「百八句」(重新細分應為106句) 相待式的法義。此為 24~31

劉宋·求那跋陀羅譯《楞伽阿跋多羅寶經》	元魏·菩提流支譯《入楞伽經》	唐·實叉難陀與復禮等譯《大乘入楞伽經》
(佛立106句相待式的法義)	(佛立106句相待式的法義)	(佛立106句相待式的法義)
23.種性句、非種性句。	24.性見、非性見。	23.種性句、非種性句。
24.三乘句、非三乘句。	25.乘見、非乘見。	24.三乘句、非三乘句。
25.所有句、非所有句。	26.寂靜見、非寂靜見。	25.無影像句、非無影像句。
		26.願句、非願句。
26.願句、非願句。	27.願見、非願見。	27.三輪句、非三輪句。
27.三輪句、非三輪句。	28.三輪見、非三輪見。	28.摽相句、非摽相句。
28.相句、非相句。	29.相見、非相見。	29.有句、非有句。
29.有品句、非有品句。	30.有無立見、非有無立見。	30.無句、非無句。
	31.有二見、無二見。	31.俱句、非俱句。
30.俱句、非俱句。		

2-38 佛立「百八句」(重新細分應為106句) 相待式的法義。此為 32~41

劉宋·求那跋陀羅譯《楞伽阿跋多羅寶經》	元魏·菩提流支譯《入楞伽經》	唐·實叉難陀與復禮等譯《大乘入楞伽經》
(佛立106句相待式的法義)	(佛立106句相待式的法義)	(佛立106句相待式的法義)
31.緣自聖智現法樂句、非現法樂句。	32.緣內身聖見、非緣內身聖見。	32.自證聖智句、非自證聖智句。
	33.現法樂見、非現法樂見。	33.現法樂句、非現法樂句。
32.剎土句、非剎土句。	34.國土見、非國土見。	34.剎句、非剎句。
33.阿㝹句、非阿㝹句。	35.微塵見、非微塵見。	35.塵句、非塵句。
34.水句、非水句。	36.水見、非水見。	36.水句、非水句。
35.弓句、非弓句。	37.弓見、非弓見。	37.弓句、非弓句。
36.實句、非實句。	38.四大見、非四大見。	38.大種句、非大種句。
37.數句、非數句。	39.數見、非數見。	39.算數句、非算數句。
38.數句、非數句。		
39.明句、非明句。	40.通見、非通見。	40.神通句、非神通句。
40.虛空句、非虛空句。	41.虛妄見、非虛妄見。	41.虛空句、非虛空句。

2-39 佛立「百八句」(重新細分應爲106句)相待式的法義。此爲 42~58

劉宋・求那跋陀羅譯《楞伽阿跋多羅寶經》	元魏・菩提流支譯《入楞伽經》	唐・實叉難陀與復禮等譯《大乘入楞伽經》
(佛立106句相待式的法義)	(佛立106句相待式的法義)	(佛立106句相待式的法義)
41.雲句、非雲句。	42.雲見、非雲見。	42.雲句、非雲句。
42.工巧技術明處句、非工巧技術明處句。	43.工巧見、非工巧見。	43.巧明句、非巧明句。
	44.明處見、非明處見。	44.技術句、非技術句。
43.風句、非風句。	45.風見、非風見。	45.風句、非風句。
44.地句、非地句。	46.地見、非地見。	46.地句、非地句。
45.心句、非心句。	47.心見、非心見。	47.心句、非心句。
46.施設句、非施設句。	48.假名見、非假名見。	48.假立句、非假立句。
47.自性句、非自性句。	49.自性見、非自性見。	49.體性句、非體性句。
48.陰句、非陰句。	50.陰見、非陰見。	50.蘊句、非蘊句。
49.眾生句、非眾生句。	51.眾生見、非眾生見。	51.眾生句、非眾生句。
50.慧句、非慧句。	52.智見、非智見。	52.覺句、非覺句。
51.涅槃句、非涅槃句。	53.涅槃見、非涅槃見。	53.涅槃句、非涅槃句。
52.爾燄句、非爾燄句。	54.境界見、非境界見。	54.所知句、非所知句。
53.外道句、非外道句。	55.外道見、非外道見。	55.外道句、非外道句。
54.荒亂句、非荒亂句。	56.亂見、非亂見。	56.荒亂句、非荒亂句。
55.幻句、非幻句。	57.幻見、非幻見。	57.幻句、非幻句。
56.夢句、非夢句。	58.夢見、非夢見。	58.夢句、非夢句。

2-40 佛立「百八句」(重新細分應爲106句)相待式的法義。此爲 59~82

劉宋・求那跋陀羅譯《楞伽阿跋多羅寶經》	元魏・菩提流支譯《入楞伽經》	唐・實叉難陀與復禮等譯《大乘入楞伽經》
(佛立106句相待式的法義)	(佛立106句相待式的法義)	(佛立106句相待式的法義)
57.燄句、非燄句。	59.陽燄見、非陽燄見。	59.陽燄句、非陽燄句。
58.像句、非像句。	60.像見、非像見。	60.影像句、非影像句。
59.輪句、非輪句。	61.輪見、非輪見。	61.火輪句、非火輪句。

劉宋・求那跋陀羅譯	元魏・菩提流支譯	唐・實叉難陀與復禮等譯
60.犍闥婆句、非犍闥婆句。	62.犍闥婆見、非犍闥婆見。	62.乾闥婆句、非乾闥婆句。
61.天句、非天句。	63.天見、非天見。	63.天句、非天句。
62.飲食句、非飲食句。	64.飲食見、非飲食見。	64.飲食句、非飲食句。
63.婬欲句、非婬欲句。	65.婬欲見、非婬欲見。	65.婬欲句、非婬欲句。
64.見句、非見句。	66.見、非見見。	66.見句、非見句。
65.波羅蜜句、非波羅蜜句。	67.波羅蜜見、非波羅蜜見。	67.波羅蜜句、非波羅蜜句。
66.戒句、非戒句。	68.戒見、非戒見。	68.戒句、非戒句。
67.日月星宿句、非日月星宿句。	69.日月星宿見、非日月星宿見。	69.日月星宿句、非日月星宿句。
68.諦句、非諦句。	70.諦見、非諦見。	70.諦句、非諦句。
69.果句、非果句。	71.果見、非果見。	71.果句、非果句。
70.滅起句、非滅起句。	72.滅見、非滅見。	72.滅句、非滅句。
	73.起滅盡定見、非起滅盡定見。	73.滅起句、非滅起句。
		74.醫方句、非醫方句。
71.治句、非治句。	74.治見、非治見。	75.相句、非相句。
72.相句、非相句。	75.相見、非相見。	76.支分句、非支分句。
73.支句、非支句。	76.支見、非支見。	
74.巧明處句、非巧明處句。	77.巧明見、非巧明見。	
75.禪句、非禪句。	78.禪見、非禪見。	77.禪句、非禪句。
76.迷句、非迷句。	79.迷見、非迷見。	78.迷句、非迷句。
77.現句、非現句。	80.現見、非現見。	79.現句、非現句。
78.護句、非護句。	81.護見、非護見。	80.護句、非護句。
79.族句、非族句。	82.族姓見、非族姓見。	81.種族句、非種族句。

2-41 佛立「百八句」(重新細分應爲106句)相待式的法義。此爲 83~100

劉宋・求那跋陀羅譯 《楞伽阿跋多羅寶經》	元魏・菩提流支譯 《入楞伽經》	唐・實叉難陀與復禮等譯 《大乘入楞伽經》
(佛立106句相待式的法義)	(佛立106句相待式的法義)	(佛立106句相待式的法義)
80.仙句、非仙句。	83.仙人見、非仙人見。	82.仙句、非仙句。
81.王句、非王句。	84.王見、非王見。	83.王句、非王句。
82.攝受句、非攝受句。	85.捕取見、非捕取見。	84.攝受句、非攝受句。

劉宋・求那跋陀羅譯《楞伽阿跋多羅寶經》	元魏・菩提流支譯《入楞伽經》	唐・實叉難陀與復禮等譯《大乘入楞伽經》
83. 寶句、非寶句。	86. 實見、非實見。	85. 寶句、非寶句。
84. 記句、非記句。	87. 記見、非記見。	86. 記句、非記句。
85. 一闡提句、非一闡提句。	88. 一闡提見、非一闡提見。	87. 一闡提句、非一闡提句。
86. 女男不男句、非女男不男句。	89. 男女見、非男女見。	88. 女男不男句、非女男不男句。
87. 味句、非味句。	90. 味見、非味見。	89. 味句、非味句。
88. 事句、非事句。	91. 作見、非作見。	90. 作句、非作句。
89. 身句、非身句。	92. 身見、非身見。	91. 身句、非身句。
90. 覺句、非覺句。	93. 覺見、非覺見。	92. 計度句、非計度句。
91. 動句、非動句。	94. 動見、非動見。	93. 動句、非動句。
92. 根句、非根句。	95. 根見、非根見。	94. 根句、非根句。
93. 有為句、非有為句。	96. 有為見、非有為見。	95. 有為句、非有為句。
94. 無為句、非無為句。		
95. 因果句、非因果句。	97. 因果見、非因果見。	96. 因果句、非因果句。
96. 色究竟句、非色究竟句。	98. 色究竟見、非色究竟見。	97. 色究竟句、非色究竟句。
97. 節句、非節句。	99. 時見、非時見。	98. 時節句、非時節句。
98. 叢樹葛藤句、非叢樹葛藤句。	100. 林樹見、非林樹見。	99. 樹藤句、非樹藤句。

2-42 佛立「百八句」（重新細分應為106句）相待式的法義。此為 101~106

劉宋・求那跋陀羅譯《楞伽阿跋多羅寶經》	元魏・菩提流支譯《入楞伽經》	唐・實叉難陀與復禮等譯《大乘入楞伽經》
（佛立 106 句相待式的法義）	（佛立 106 句相待式的法義）	（佛立 106 句相待式的法義）
99. 雜句、非雜句。	101. 種種見、非種種見。	100. 種種句、非種種句。
100. 說句、非說句。	102. 說見、非說見。	101. 演說句、非演說句。
		102. 決定句、非決定句。
101. 毘尼句、非毘尼句。	103. 比丘見、非比丘見。	103. 毘尼句、非毘尼句。
102. 比丘句、非比丘句。	104. 比丘尼見、非比丘尼見。	104. 比丘句、非比丘句。
	105. 住持見、非住持見。	
103. 處句、非處句。		105. 住持句、非住持句。

104. 字句、非字句。	106. 字見、非字見。	106. 文字句、非文字句。
大慧！是百八句(重新細分應為 **106** 句)，(皆為)先佛(之)所說，汝及諸菩薩摩訶薩應當修學。	大慧！此百八見(重新細分應為 **106** 句)，(為)過去諸佛(之)所說，汝及諸菩薩當如是學。	大慧！此百八句(重新細分應為 **106** 句)，皆是過去諸佛(之)所說。

第貳門　入勝解行地門

第二章　心意意識章

第３節　析妄見真(生住滅相)

3－1 諸識皆有二種「生、住、滅」，此非「外道」及「思量臆度」所能知

劉宋·求那跋陀羅譯《楞伽阿跋多羅寶經》	元魏·菩提流支譯《入楞伽經》	唐·實叉難陀與復禮等譯《大乘入楞伽經》
	【卷二·集一切佛法品第三之一】	
㊀爾時大慧菩薩摩訶薩復白佛言：世尊！諸識(此指前七識+染分阿賴耶識)有幾種「生、住、滅」？	㊀爾時聖者大慧菩薩復白佛言：世尊！諸識有幾種「生、住、滅」？	㊀爾時大慧菩薩摩訶薩復白佛言：世尊！諸識有幾種「生、住、滅」？
㊁佛告大慧：諸識(皆)有二種「生、住、滅」，(此)非「思量」所(能)知。 (若是屬於「淨分阿賴耶識」，則等同「清淨如來藏」之義，即無生無滅、非常非斷)	㊁佛告聖者大慧菩薩言：大慧！諸識(皆有)「生、住、滅」，(此)非「思量」者之所能知。	㊁佛言：大慧！諸識(皆)有二種「生、住、滅」，(此)非「臆度」者之所能知。

3－2 諸識皆有「相續生」(流注生)及「相至生」兩種「生相」

劉宋·求那跋陀羅譯《楞伽阿跋多羅寶經》	元魏·菩提流支譯《入楞伽經》	唐·實叉難陀與復禮等譯《大乘入楞伽經》
諸識(皆)有二種「生」。謂：	大慧！諸識(此指前七識+染分阿賴耶識)各有二種「生、住、滅」。	所謂：

	大慧！諸識二種「滅」者。一者「相_ⅰ滅」。 (lakṣaṇa-nirodha 滅)	②「相_ⅰ續生」，及
②「流注生」(指八個識皆有「生、住、滅」的流注性。諸識剎那而前滅後生，相續不斷，如水之流注)，及 ①「相_ⅰ生」。	二者「相_ⅰ續滅」。 (prabandha 相續；流注。nirodha)	①「相_ⅰ生」。

註：本段的三個版本，次序略有不同。

3-3 諸識皆有「相續住」(流注住)及「相_ⅰ住」兩種「住相」

劉宋・求那跋陀羅譯 《楞伽阿跋多羅寶經》	元魏・菩提流支譯 《入楞伽經》	唐・實叉難陀與復禮等譯 《大乘入楞伽經》
(諸識皆)有二種「住」。謂： (2)「流注住」及 (1)「相_ⅰ住」。	大慧！諸識又二種「住」。 一者「相_ⅰ住」。 二者「相_ⅰ續住」。	(2)「相_ⅰ續住」及 (1)「相_ⅰ住」。

註：本段的三個版本，次序略有不同。

3-4 諸識皆有「相續滅」(流注滅)及「相_ⅰ滅」兩種「滅相」

劉宋・求那跋陀羅譯 《楞伽阿跋多羅寶經》	元魏・菩提流支譯 《入楞伽經》	唐・實叉難陀與復禮等譯 《大乘入楞伽經》
(諸識皆)有二種「滅」。謂： (二)「流注滅」及 (一)「相_ⅰ滅」。	大慧！諸識(此指前七識+染分阿賴耶識)有二種「生」。 一者「相_ⅰ生」。 二者「相_ⅰ續生」。	(二)「相_ⅰ續滅」及 (一)「相_ⅰ滅」。

> 註：本段的三個版本，次序略有不同。

3-5 諸識皆有「轉相、業相、真相(智相識)」三種「相」

劉宋·求那跋陀羅譯《楞伽阿跋多羅寶經》	元魏·菩提流支譯《入楞伽經》	唐·實叉難陀與復禮等譯《大乘入楞伽經》
大慧！諸識(皆)有三種相。謂： ①「轉相」。 （八個識皆有「轉起、生起」之相） ②「業相」。 （八個識皆有造作「業力」之相） ③「真相」。 （jāti-lakṣaṇa） （八個識皆有「最本質之真實相」，或指八個識皆有「證自證分」之「原始清淨相」）	大慧！識有三種，何等三種？ 一者「轉相識」。 （pravṛtti-lakṣaṇa） 二者「業相識」。 （karma-lakṣaṇa） 三者「智相識」。 （jāti-lakṣaṇa） （關於 jāti-lakṣaṇa 字，據談錫永《梵本新譯入楞伽經》中譯此字為「賦性相」，其實該字的梵文 jāti 又作「出生、初生、性質、純正、起源」解，這樣可翻成「最本質的真實相」，用唯識名相比較接近這句含意的即指「證自證分」）	諸識有三相。謂： ①「轉相」。 ②「業相」。 ③「真相」。 （jāti-lakṣaṇa）

> 註：
> 龍樹菩薩造《釋摩訶衍論·卷第四》 云：
>   第一「轉相」，即是三細所攝「轉識」。
>   第二「業相」，即是三細所攝「業識」。
>   第三「真相」，即是意識細分所攝之「末那識」。
>   【註：三細者，1 無明業相(業相)、2 能見相(見相、轉相)、3 境界相(現相、境相)】。
>
> 永明 延壽《宗鏡錄·卷第五》云：
>   此三種相，通於八識，謂「起心」名「轉」，八俱起故，皆有生滅，故名「轉相」。
>   「動」則是「業」，如「三細」中，初「業相」故，八識皆動，盡名「業相」。
>   八之「真性」，盡名「真相」。
>
> 蕅益 智旭《楞伽阿跋多羅寶經·卷第一義疏上》云：
>   當知八識相「生、住、滅」，皆「轉相」也。
>   八識流注「生、住、滅」，皆「業相」也。
>   二種「生、住、滅」，無體無性，如波與流，唯一濕性，即「真相」也。
> 故應作➡「轉相」指八個識皆有「轉起、生起」之相。
>   「業相」指八個識皆有造作「業力」之相。
>   「真相」指八個識皆有「最本質之真實相」，或指八個識皆有「證自證分」之「原始清淨相」。

499   **jāti-saṃpanna**

> **jātâmarṣa** 形 忿怒を發せる. 憤激せる.
> **jātâvamāna** 形 自己輕蔑を以て充されたる.
> **jātâśru** 形 涙を流す.
> **jātāstha** (°ta-ās°) 形 勘考する, 考慮する.
> **jāti** 安 誕生, 產出, 起原, 再生; 存在の形態(人・動物
> 等); 存在, 生命; 狀態; 生れながらの位置, 等級, 種
> 姓(階級); 血統; 家族, 種族, 民族; 種屬 [類屬の 對],
> 族 [個別の 對], 種類, 階級; 性質; 通常の性格, 純正;
> 一般財產; 自家撞著の答; [一群の音律の名]; [歌法の
> 一種]; [植物の名, 學名 *Jasminum grandiflorum*];
> 肉荳蔻(シ)樹, 肉荳蔻; 西藏 生, 出生, 初生, 世
> *Divy.*, *Saddh-p.*, *Suv-pr.*, *Rāṣṭr.*, *Laṅk.*, *Śikṣ.*,
> *Abh-k.*, *Madhy-vibh.*, *Dharm-s.*, *Mvyut.* 梵千 等;
> 類, 種, 性, 種性; 類推; 斷後 *Daś-bh.*, *Vijñ-t.*,
> *Abh-k.*, *Abh-vy.*, *Nyāy-pr.*, *Mvyut.*; 肉冠樹 *Mvyut.*;
> 香藥 [樹の名, 香の名] 闍提 *Saddh-p.*: sarvasyām
> ～au 爲 生生世世 *Śikṣ.* 14. 奥, ～tas, °——
> 副 生れつき.

3-6 諸識廣説有「八」種。略説有三種：「真識」(第九識 or 淨分阿賴耶
識)。「現識」(第八識 or 染分阿賴耶識)。「分別事識」(前七識)

請參閱 **3-13** **3-14**

劉宋・求那跋陀羅譯 《楞伽阿跋多羅寶經》	元魏・菩提流支譯 《入楞伽經》	唐・實叉難陀與復禮等譯 《大乘入楞伽經》
大慧！略說有「三種識」，廣說有「八相」。何等為三？謂：	大慧！有「八種識」，略說有「二種」。何等為二？	大慧！識廣說「有八」，略則「唯二」。謂：
(1)「真識」(第九識 or 淨分阿賴耶識)。		
(2)「現識」(第八識 or 染分阿賴耶識)及	一者「了別識」(第八識)。	(1)「現識」(第八識)及 (khyāti 顯現：能現-vijñāna)
(3)「分別事識」(前七識)。	二者「分別事識」(前七識)。	(2)「分別事識」(前七識)。 (vastu 事-prativikalpa 分別；執著-vijñāna 識)

大慧！(第八識)譬如「明鏡」，(能)持諸色像，「現識」(第八識)處(處於明鏡中而)現(諸色像)，亦復如是。	大慧！(第八識)如(於)「明鏡」中(顯)見(現出)諸色像。大慧！「了別識」(第八識)亦如是，(能顯)見(現)種種「鏡像」。	大慧！(第八識)如(於)「明鏡」中(顯)現諸色像，「現識」(第八識)亦爾。

註：

➜《魏譯本·卷九·總品第十八之一》云：**53-1**

　八、九種種識，如水中諸波，依薰種子法，常堅固縛身，心流轉境界，如鐵依磁石。

➜《唐譯本·卷六·偈頌品第十之一》云：**53-1**

　八、九識種種，如海眾波浪，習氣常增長，槃根堅固依，心隨境界流，如鐵於磁石。

➜《入楞伽經梵本新譯·偈頌品》云：**53-1**

　說為八識、九識等，恰如大海起波濤，習氣常時作長養，如根槃結於其位，心隨世間境界轉，猶如鐵依於磁石。

(一)眞識	**(二)現識**(了別識)	**(三)分別事識**
(此字乃劉宋本才出現的「漢字」，所以並無「梵文」可參考；但若照經文前面的「眞相」二字梵文是作 jāti-lakṣaṇa。那麼「眞識」的梵文極可能就是 jāti-vijñāna。梵文 jāti 又作「出生、初生、性質、純正、起源」解，這樣可翻成「最本質的眞實相」來解。所以喻如第九識 or 淨分阿賴耶識，應是可行的。	(khyāti 顯現；能現-vijñāna)	(vastu 事-prativikalpa 分別；執著-vijñāna 識)
1 指自性清淨真淨之識，即「淨分」之「第八阿賴耶識」；此識能了別真實之自體。 2 或指「第九阿摩羅識」。 3 亦有說「真識」即是清淨「如來藏」。	1 指「所藏之種子」變現根身與世界之識，即「染分」之「第八阿賴耶識」。 2 但也有說「現識」是以「第七末那識」能了別妄相，而別為妄識者。	1 指生起六塵等諸境分別之識，即指「七轉識」。 2 亦有說「分別事識」為「前六識」能了別事相，而別為分別事識者。

分別

く，呼ぶ；（漢譯）說，廣說，廣辯，廣釋，廣分別 *Abh-vy.*（受）**vyākhyāyate**（漢譯）見，現 *Laṅk.*（過受分）**vyākhyāta** 說明せられたる，詳述せられたる，語られたる．

sam-ā- 附言す，列舉す，計算す；物語る，報告す；(iti)なりと宣告す．（過受分）**samākhyāta** 名づけられたる；數へられたる；話されたる；(iti と)宣告せられたる．

pari- 見廻す，見る；觀察す，認む；（受）を無視す．（受）**parikhyāyate** 認めらる．（過受分）**parikhyāta**（図）と見做されたる，名づけられたる；名高き．

pra- 見る；布告す；話す；稱讚す．（受）**prakhyā-yate** 見らる，知らる，認知せらる，稱讚せらる．（過受分）**prakhyāta** 知られたる，認められたる；名聲ある．（使役）**prakhyāpayati** 一般に知らしむ，公告す．（使役）（過受分）**prakhyāpita**（図）として知られたる．

prati- 知覺す，見る．

vi- 見る，見廻す，見上ぐ；知覺す；輝く，明るくす，見えしむ；示す，照す．（過受分）**vikhyāta** 一般に知られたる，有名なる；‥‥として知られたる，名づけられたる，呼ばれたる．（使役）**vikhyāpayati** 宣言す；示す，知らしむ；（漢譯）現 *Bodh-bh.*

現

abhi-vi- 視る．

sam- （直）（具）と俱に現はる，‥‥と關聯す，‥‥に屬す；合計す，計算す；（具）によりて評價す．（使役）**samkhyāpayati**（具）に見られしむ．

pari-sam- 合算す，計算す；或る數に制限す；囘復す，好轉せしむ．

了別

prati-sam- 數ふ，計算す；熟慮す；（漢譯）作念，作（是）念，思擇，思惟；能思擇，觀察，思惟計校 *Aṣṭ-pr.*, *Bodh-bh.*（不變分）**pratisamkhyāya**（漢譯）思擇，審思惟已 *Bodh-bh.*

khyāta（過受分）⟶ KHyā.（漢譯）名稱 *Buddh-c.*

khyāta-kīrti（形）名聲高き．

khyāti（女）知覺；假定，斷言；知識；名譽，名聲；名稱；題名；（漢譯）名；現見，顯現，能現，能現 *Laṅk.*, *Nyāy-pr.*, *Bodh-bh.*

現

khyāti-kāma（形）榮譽を望める．

唐·澄觀《大方廣佛華嚴經疏·卷四十二》

「阿賴耶識」真如法中故……住「真如」者，以「本識」(第八阿賴耶識)有二分：

一、妄「染分」，凡夫所住。

二、真「淨分」，此「地」所住，由住「真如」故，捨「黎耶」之名。

又「佛地」單住「真如」，不云「黎耶」真如。

宋·寶臣《注大乘入楞伽經》卷2〈集一切法品 3〉

「真」即(是指阿賴耶)「識」(之)「實性」，亦屬「賴耶」(的)「淨分」。

宋·寶臣《注大乘入楞伽經》卷2〈集一切法品 3〉

「賴耶藏識」，是以此「藏識」中，(有關)「不生不滅」(的)「淨分真相」竟(是)不滅(的)。

但(有關賴耶識)「生滅」(的)「染分業相」(是有生)滅也。

宋·寶臣《注大乘入楞伽經》卷9〈偈頌品 18〉

但是「第八」具分(的)「賴耶」(識)，開而為二。

以「有漏分」為「染」(分)。

(以)「無漏分」為「淨」(分)……

顯示「阿賴耶」殊勝之「藏識」，離「能取、所取」(離「染分」也)，我說為「真如」(即「淨分」也)。

(如果阿賴耶識能離「能取、所取」，遠離「染分」的阿賴耶識，轉染成淨，就能成為「淨分」的阿賴耶識，即等同於「清淨」的真如「如來藏」)

《成唯識論》卷3

然「第八識」，總有二位。

一、「有漏」位(染分)：(為)「無記性」(所)攝，唯與「觸」(觸、作意、受、想、思)等五法相應，但緣前(面所)說(的內容)，(有)「執受」(於)處、境(的作用)。

二、「無漏」位(淨分)：唯(與)「善性」攝，(總共)與「二十一心所」相應，謂「遍行」(與)「別境」，各五(「遍行心所」有5個，「別境心所」有5個)，善十一(「善心所」共有11個)，與「一切心」恒相應故。

《大乘起信論》卷1

「阿梨耶識」此識有二種義，能「攝」一切法、(能)「生」一切法。云何為二？

一者、「覺」義(淨分阿賴耶識)。

二者、「不覺」義(染分阿賴耶識)。

所言「覺」義者，謂心體「離念」，離「念相」者，等虛空界，無所不遍，法界「一相」，即是如來「平等法身」，依此「法身」說名「本覺」……

如凡夫人，(雖能)覺知「前念」(所生)起(之)惡故，能(阻)止「後念」(而)令其不起，雖復(可)名(為是一種)「覺」，(但仍然)即是(屬於)「不覺」(的狀態之)故……

一切眾生不名為「覺」(的原因是)，以從本(以)來，念念相續，未曾離「念」故，說(為)無始(之)「無明」。

唐・法藏《大乘密嚴經疏》卷4

「阿賴耶」雖有「淨分」，而由「染分」，待轉「生死」(而得)。

唐・地婆訶羅譯《大乘密嚴經・卷下》	唐・不空譯《大乘密嚴經・卷下》
㊀ 「阿賴耶識」亦復如是，為「生死法」之所攝持，往來諸趣，「非我」(而)「似我」。如水中有物，雖無「思覺」，而隨於水，流動不住。	㊀ 如是「賴耶」識，為生死所攝，往來於諸趣，「非我」而「似我」，(無我亦無非我)如海中漂物，無「思」隨水流，
㊁ 「阿賴耶識」亦復如是，雖無分別，依「身」運行。	㊁ 「賴耶」無分別，依身而運動。
㊂ 如有二象(喻真妄和合之薰習猶如二象)，挶逐(角逐;較量)力而鬥，若一被傷(喻「妄薰習者」)，退而不復。	㊂ 譬如二象鬥，被傷者永退。

唐・地婆訶羅譯《大乘密嚴經・卷下》	唐・不空譯《大乘密嚴經・卷下》
㊀ 「阿賴耶識」應知亦然，斷諸「染分」，更不「流轉」。	㊀ 「賴耶」亦如是，斷「染」(而)無「流轉」。
㊁ 譬如蓮花，出離淤泥，皎潔清淨，離諸塵垢，諸天貴人，見之珍敬。	㊁ 譬如淨蓮華，離泥而皎潔。人天皆受用，莫不咸珍敬。

（參） 「阿賴耶識」亦復如是，出「習氣泥」，而得「明潔」，為諸佛菩薩大人所重。 如有「妙寶」，世所希絕，存愚下人邊，常被「污賤」。	（參） 如是「賴耶」識，出於「習氣泥」。 「轉依」得「清淨」，佛菩薩所重。 譬如殊勝寶，野人所輕賤。
（肆） 智者得已，獻之於王，用飾寶冠，為王所戴。	（肆） 若用飾冕旒，則為王頂戴。

唐・地婆訶羅譯《大乘密嚴經・卷下》	唐・不空譯《大乘密嚴經・卷下》
（壹） 「阿賴耶識」亦復如是，是諸「如來清淨種性」。	（壹） 如是「賴耶」識，是清淨「佛性」。
（貳） (賴耶識於)於「凡夫位」恒被雜染。 (賴耶識於)菩薩證已，斷諸習氣，乃至成佛，常所寶持。 如美玉在水，蠹(通「苔」)衣(苔類與蘚丂 類)所覆。	（貳） (賴耶識於)「凡位」恒雜染，(賴耶識於)「佛果」常寶持。 如美玉在水，苔衣(苔類與蘚丂 類)所纏覆。
（參） 「阿賴耶識」亦復如是，在生死海，為諸「惡習」覆而不現。	（參） 「賴耶」處生死，「習氣」縈乙 (纏繞:牽纏)不現。

唐・地婆訶羅譯《大乘密嚴經・卷下》	唐・不空譯《大乘密嚴經・卷下》
（壹） 諸仁者！「阿賴耶識」有「能取、所取」，二種相生，如蛇有二頭，所樂同往。	（壹） 於此「賴耶」識，有「二取」相生。 如蛇有二頭，隨樂而同往。
（貳） 此亦如是，(阿賴耶識)與「色相」俱，世間之	（貳） 「賴耶」亦如是，與諸「色相」具。

人取之為(真實之)「色」。	一切諸世間，取之以為(真實之)「色」。
（參） 或計「我、我所」，若「有」、若「無」，(阿賴耶識)能作「世間」，於世「自在」。	（參） 惡覺者迷惑，(妄)計為「我、我所」。若「有」、若「非有」，(阿賴耶識能)自在作「世間」。

唐‧地婆訶羅譯《大乘密嚴經‧卷下》	唐‧不空譯《大乘密嚴經‧卷下》
（壹） 諸仁者！「阿賴耶識」雖種種「變現」，而性甚深。	（壹） 「賴耶」雖「變現」，體性恒甚深。
（貳） 「無智」之人，不能覺了。	（貳） 於諸「無知」人，悉不能覺了。
（參） 譬如「幻師」，幻作「諸獸」，或行、或走，相似「眾生」，都無「定實」。	（參） 譬如於幻師，幻作種種獸。或行而或走，似有情「非實」。
（肆） 「阿賴耶識」亦復如是，幻作種種「世間」眾生，而「無實事」。	（肆） 「賴耶」亦如是，幻作於「世間」。一切諸有情，體性「無真實」。
（伍） 凡愚不了，妄生取著，起「微塵、勝性、自在、丈夫、有無」等見。	（伍） 凡愚不能了，妄生於「取著」。起「微塵、勝性」，「有、無」異分別。及與於「梵天、丈夫」等諸見。

3－7 「現識」(第八識)與「分別事識」(前七識)無差別相，非壞、非不壞，相互為緣，展轉相生

劉宋‧求那跋陀羅譯 《楞伽阿跋多羅寶經》	元魏‧菩提流支譯 《入楞伽經》	唐‧實叉難陀與復禮等譯 《大乘入楞伽經》
大慧！現識(第八識)及分別	大慧！了別識(第八識)、分別	大慧！現識(第八識)與分別

事識(前七識)，此二「壞(變異差別)、不壞(非變異差別)」，相展轉因。 (另解➜「現識」可執持種子，使之不失，即「不壞相」也。「分別事識」會隨境而生滅，即是「壞相」也，然此二識雖有壞與不壞之差異，但彼此展轉相因，故二者仍「非一非異、不即不離」也)	事識(前七識)，彼二種識「無差別」相，迭共為因。	事識(前七識)，此二識「無異相」，互為因。

3-8 現識(第八識)以不可思議之「薰、變」為因，而起種種的「變現功用」

劉宋・求那跋陀羅譯 《楞伽阿跋多羅寶經》	元魏・菩提流支譯 《入楞伽經》	唐・實叉難陀與復禮等譯 《大乘入楞伽經》
大慧！(第八識以)不思議(之)「薰」(「無明」薰習「真如」而生妄法)，及不思議(之)「變」(「真如」之心受「無明」所薰而轉變)，(薰與變)是現識(第八識之)因。	大慧！了別識(第八識以)不可思議(之)「薰、變」(為主)因。 (據談錫永《梵本新譯入楞伽經》後面還有一行話： 而生起「變現功用」。 acintyavāsanā-pariṇāmahetuka)	大慧！現識(第八識)以不思議(之)「薰、變」為(主)因。

不可思議薰變

(1)指「不思議薰」與「不思議變」。

(2)「真如」乃「無為堅實」之法，不可薰而「能受薰」，不可變而「能變異」，故稱「不思議」。

(3)「薰即不薰、變即不變，不薰之薰、不變之變」，所以稱為「不思議」。

不思議薰	不思議變
「薰」是「薰炙」之義	「變」是「轉變」之義
「無明」薰習「真如」而生妄法	「真如」之心受「無明」所薰而轉變

3-9 「分別事識」(前七識)由無始「戲論習氣」為因，而生起能分別

外境之功用

劉宋・求那跋陀羅譯《楞伽阿跋多羅寶經》	元魏・菩提流支譯《入楞伽經》	唐・實叉難陀與復禮等譯《大乘入楞伽經》
大慧！(前七識能攀)取種種(外)塵，及(受)無始「妄想」(之)薰(習)，(此)是分別事識(前七識能生起作用之)因。	大慧！分別事識(前七識)，(以能)分別(攀)取境界，(此乃)因無始來(受)「戲論」(之)薰習。	分別事識(前七識)，以(能)分別境界，及(由)無始(受)「戲論習氣」為(其)因。

3－10 若覆蓋「真識」的種種虛妄習氣滅除，則一切六根諸識亦將跟著滅，此名爲諸「識」之「相」滅

劉宋・求那跋陀羅譯《楞伽阿跋多羅寶經》	元魏・菩提流支譯《入楞伽經》	唐・實叉難陀與復禮等譯《大乘入楞伽經》
大慧！若覆(蓋)彼真識(淨分阿賴耶識 or 第九識)種種不實(之)諸虛妄(若)滅(此處指染分「阿賴耶識」的虛妄習氣種子，覆蓋了淨分「阿賴耶識→真識」)，則一切(六)根、(餘諸)識(亦將跟著)滅。	大慧！「阿黎耶識」(之)虛妄分別種種薰(若)滅，(則)諸(六)根亦(將跟著)滅。	大慧！「阿賴耶識」(之)虛妄分別種種習氣(若)滅，即一切(六)根、(餘諸)識(亦將跟著)滅，
大慧！(此即)是名(爲)「相王滅」。	大慧！(此即)是名(爲)「相王滅」。	(此即)是名(爲)「相王滅」。

3－11 諸識「所依」的「無始妄想薰習」，與「所攀緣」的「自心所現境界」滅者，此即爲「相續滅」

劉宋・求那跋陀羅譯《楞伽阿跋多羅寶經》	元魏・菩提流支譯《入楞伽經》	唐・實叉難陀與復禮等譯《大乘入楞伽經》
⑤大慧！「相續滅」者，相續所(依之)因滅，則「相續」滅。所(依之)從滅，及所	⑥大慧！「相續滅」者，相續(所依之)「因」滅，則「相續」滅。(所依之)「因」滅，(則所攀	⑥大慧！「相續滅」者，謂所依(之)因滅，及所(攀之)緣滅，(此)即「相續滅」。

(舉之)緣滅，則「相續滅」。 貳大慧！所以者何？是其所「依」故。 (1)(所)「依」者謂：(依)無始妄想(之)薰(習)。 (2)(所舉之)「緣」者：謂(由)「自心」(所顯)見等(之)「識境妄想」。	之)「緣」滅，則「相續滅」。 貳大慧！所謂(所)依(之)法、(所)依(之)緣。 (1)言「依法」者，謂：(依)無始「戲論妄想」(之)薰習。 (2)言「依緣」者，謂：(由)「自心識」(所顯)見(之)「境界分別」。	(1)「所依因」者，謂：(依)無始「戲論虛妄」(之)習氣。 (2)「所緣」者，謂：(由)「自心」所(顯)見(之)「分別境界」。

註《大乘起信論》云：
　復次分別「生滅相」者有二種。云何為二？一者「粗」，與心相應故。二者「細」，與心不相應故……此二種生滅，依於「無明熏習」而有，所謂依「因」依「緣」。依「因」者：「不覺」義故。依「緣」者：妄作境界義故。若「因」滅，則「緣」滅；因滅故，「不相應心」滅；緣滅故，「相應心」滅。
　《大乘起信論》云：
　「智淨相」者，謂依法力熏熏習，如實修行，滿足方便故。破「和合識相」，滅「相續心相」。

3－12　「泥團」(喻如「前七轉識」)與「微塵」(喻如「藏識」)，「金」與「金莊嚴具」，此二者皆「非異、非不異」也

劉宋·求那跋陀羅譯《楞伽阿跋多羅寶經》	元魏·菩提流支譯《入楞伽經》	唐·實叉難陀與復禮等譯《大乘入楞伽經》
壹大慧！譬如「泥團、微塵」(乃)「非異、非不異」。「金、莊嚴具」，亦復如是(皆非一非異)。 貳大慧！若「泥團、微塵」(為)「異」者(完全無關與不同)，(若泥團)非(由)彼(微塵)所成，而(泥團)實(由)彼(微塵)成，是故(兩者為)「不異」。	壹大慧！譬如「泥團、微塵」(乃)「非異、非不異」。「金、莊嚴具」，亦復如是；「非異、非不異」。 貳大慧！若「泥團」(為)「異」者，(若泥團)非(由)彼所成，而(泥團)實(由)彼(微塵)成，是故(兩者為)「不異」。	壹大慧！譬如「泥團」與「微塵」(乃)「非異、非不異」。「金」與「莊嚴具」亦如是(皆非一非異)。 貳大慧！若「泥團」與微塵」(為)「異」者，(若泥團)應非(由)彼(微塵)成，而(泥團)實(由)彼(微塵)成，是故(兩者為)「不異」。

㊂若(兩者皆)「不異」者(完全有關與相同)，則「泥團、微塵」應(完全)無分別。	㊂若(兩者皆)「不異」者，(則)「泥團、微塵」應(完全)無分別。	㊂若(兩者皆)「不異」者，(則)「泥團、微塵」應(完全)無分別。

3－13 「轉識」(前七識)與「藏識」(阿賴耶識)二者乃「非異、非不異」也

請參閱 **3-6** **49-7**

劉宋‧求那跋陀羅譯《楞伽阿跋多羅寶經》	元魏‧菩提流支譯《入楞伽經》	唐‧實叉難陀與復禮等譯《大乘入楞伽經》
㊀如是大慧！轉識(前七識)、藏識(阿賴耶識)真相，若「異」(完全無關與不同)者，(則)藏識(阿賴耶識)非(為生成「前七識」之)因。	㊀大慧！如是「轉識(前七識)、阿黎耶識」，若「異相」(完全無關與不同)者，(前七識則)不從「阿黎耶識」(而)生。	㊀大慧！轉識(前七識)、藏識(阿賴耶識)若「異」(完全無關與不同)者，藏識(阿賴耶識)非彼因(非為生成「前七識」之因)。
㊁若(兩者皆)「不異」(完全有關與相同)者，轉識(前七識)滅(則)藏識(阿賴耶識)亦應(跟著同)滅，而(其藏識)自(體之)「真相」(此指第八識「最本質之真實相」，亦指「證自證分」之「原始清淨相」)實不滅。	㊁若(兩者皆)「不異」(完全有關與相同)者，轉識(前七識)滅(則)「阿黎耶識」亦應滅，而(其)「自相」(之)「阿黎耶識」(實)不滅。	㊁若(兩者皆)「不異」(完全有關與相同)者，轉識(前七識)滅(則)藏識(阿賴耶識)亦應滅，然彼(自體之)真相(識實)不滅。

3－14 「藏識」自體之「真相識」(指「最本質之真實相」，亦指「證自證分」之「原始清淨相」)是不滅的，唯有「業相識」(造作業力之相)滅。若「藏識」亦滅，則同外道之斷滅論

劉宋‧求那跋陀羅譯《楞伽阿跋多羅寶經》	元魏‧菩提流支譯《入楞伽經》	唐‧實叉難陀與復禮等譯《大乘入楞伽經》
㊀是故大慧！非自(體之)「真相識」滅，但「業相」(造作業力之相)滅。若自(體之)「真	㊀是故大慧！諸「識自相」(若)滅，(若)「自相」滅者，「業相」(造作業力之相)滅。若	㊀大慧！「識真相」(此指第八識「最本質之真實相」，亦指「證自證分」之「原始清淨相」)不滅，但

相識」(此指第八識「最本質之真實相，亦指「證自證分」之「原始清淨」)滅者，藏識(阿賴耶識)則(亦)滅。	「自相」滅者，「阿黎耶識」應滅。	「業相」(造作業力之相)滅。若「真相」滅者，藏識(阿賴耶識)應滅。
㈻大慧！(若)藏識(阿賴耶識)滅者，(則)不異(於)外道(之)「斷見」論議。	㈻大慧！若「阿黎耶識」(亦)滅者，此不異(於)外道(之)「斷見」戲論。	㈻若藏識(阿賴耶識)滅者，即不異(於)外道(之)「斷滅」論。

3-15 外道認為對「外境」的取著心若滅，則「相續識」(指八個識皆有「生、住、滅」的流注相續性)亦跟著斷滅，於是無始來的「相續識」亦全「斷滅」。外道亦認為「相續識」乃從真實存有的「作者」而生，不是從「眾因緣」而生起

劉宋·求那跋陀羅譯《楞伽阿跋多羅寶經》	元魏·菩提流支譯《入楞伽經》	唐·實叉難陀與復禮等譯《大乘入楞伽經》
㊀大慧！彼諸外道作如是論，謂：(若)攝受「境界」滅(者)，(則)「識流注」(指八個識皆有「生、住、滅」的流注性。諸識剎那而前滅後生，相續不斷，如水之流注)亦(跟著斷)滅。	㊀大慧！彼諸外道作如是說，所謂：(若能)離諸「境界」，(則)「相續識」(亦跟著)滅，(但若)「相續識」滅已，即(能斷)滅(所有)諸識。	㊀大慧！彼諸外道作如是說：(若攀)取「境界」(之)「相續識」(指八個識皆有「生、住、滅」的流注相續性)滅(者)。
㈻若「識流注」(斷)滅者，(則)無始(之識)「流注」(亦)應(全部)斷(滅)。	㈻大慧！若「相續識」(斷)滅者，(則)無始世來「諸識」(亦)應(斷)滅。	㈻即無始(之)「相續識」(亦跟著完全斷)滅。
㈼大慧！外道說(八個識的)「流注」(其)生(起之)因，(皆)非(由)「眼、識、色、明」集會(和合)而生，更(別立說)有「異因」(指更說諸識乃由其餘真實的「作者」而生)。	㈼大慧！諸外道說「相續諸識」(乃)從(真實的)「作者」生，不說「識」(乃)依「眼、色、空、明」和合(之眾因緣)而生，而(竟)說(諸識)有(真實的)「作者」。	㈼大慧！彼諸外道說「相續識」(乃)從(真實的)「作者」生，不說「眼識」依「色、光明」和合而生，唯說(有真實的)「作者」為生因故。

㊼大慧！彼(外道)因者說言：(諸識的生起因緣一定有一個作者，例如：)	㊼大慧！何者是外道(所說的)作者？(所謂諸識的生起因緣一定有一個作者，例如：)	㊼(諸識的生起因緣一定有一個)作者是何？彼(外道)計：
若「勝妙」(pradhāna)、若「士夫」(puruṣa)、若「自在」(īśvara)、若「時」(kāla)、若「微塵」(皆是生起諸識的「真實作者」之因)。	「勝」(pradhāna)、「人」(puruṣa)、「自在」(īśvara 自在天)、「時」(kāla)、「微塵」(aṇu)等，(皆)是能(生起諸識的真實)作者。	「勝性」(pradhāna)、「丈夫」(puruṣa)、「自在」(īśvara 自在天)、「時」(kāla)及「微塵」(aṇu)，(皆)為「能作」(之)者。

3-16 有七種「性自性」(諸性之自性相)

劉宋・求那跋陀羅譯《楞伽阿跋多羅寶經》	元魏・菩提流支譯《入楞伽經》	唐・實叉難陀與復禮等譯《大乘入楞伽經》
復次大慧！(外道認為)有七種(的)「性自性」(諸法之自性)，所謂：	復次大慧！外道(認為)有七種「自性」，何等為七？	復次大慧！(外道認為)有七種(的)「自性」，所謂：
①「集性自性」。(samudaya-svabhāva)	一者「集性自性」。	①「集自性」。
②「性自性」。(bhāva-svabhāva)	二者「性自性」。	②「性自性」。
③「相性自性」。(lakṣaṇa-svabhāva)	三者「相性自性」。	③「相自性」。
④「大種性自性」。(mahā-bhūta-svabhāva)	四者「大性自性」。	④「大種自性」。
⑤「因性自性」。(hetu-svabhāva)	五者「因性自性」。	⑤「因自性」。
⑥「緣性自性」。(pratyaya-svabhāva)	六者「緣性自性」。	⑥「緣自性」。
⑦「成性自性」。	七者「成性自性」。	⑦「成自性」。

（niṣpatti-svabhāva)		

3-17 如來依「第一義之覺心」證悟七種「第一義」

劉宋·求那跋陀羅譯《楞伽阿跋多羅寶經》	元魏·菩提流支譯《入楞伽經》	唐·實叉難陀與復禮等譯《大乘入楞伽經》
復次<u>大慧</u>！有七種(佛法中的)「第一義」，所謂：	復次<u>大慧</u>！我有七種(佛法中的)「第一義」，何等為七？	復次<u>大慧</u>！有七種(佛法中的)「第一義」，所謂：
①「心」境界。(citta-gocara)	一者：「心」境界。	①「心」所行(之境界)。
②「慧」境界。(jñāna-gocara)	二者：「智」境界。	②「智」所行(之境界)。
③「智」境界。(prajñā-gocara)	三者：「慧」境界。	③「二見」所行(之境界)。
④(有無二)見境界。(dṛṣṭidvaya-gocara 二取見境界)	四者：「二見」境界。	④超「二見」所行(之境界)。
⑤超(有無)二見境界。(dṛṣṭidvayātikrānta-gocara 離二取見境界)	五者：過「二見」境界。	⑤超「(諸佛)子地」所行(之境界)。
⑥超「(諸佛)子地」境界。(suta-bhūmy-anukramaṇa-gocara)	六者：過「(諸)佛子地」境界。	⑥如來所行(之境界)。
⑦如來「自到境界」(指如來自內身聖智證法之境界)。(tathāgatasya-pratyātmagati-gocara)	七者：「入如來地內行境界」(自內身聖智證法所行之境界)。	⑦如來「自證聖智所行」(自內身聖智證法所行之境界)。

超子地境界、過佛子境界、超子地所行：

suta-bhūmy-anukramaṇa-gocara

suta-bhūmy-anukramaṇa-gocara 男 超子地境
界, 過仏子地境界 超子地所行 *Laṅk.*

3- 18 三世諸佛皆證「性自性」(諸法之自性)及「第一義」，二者皆為
諸佛之「心」

劉宋・求那跋陀羅譯《楞伽阿跋多羅寶經》	元魏・菩提流支譯《入楞伽經》	唐・實叉難陀與復禮等譯《大乘入楞伽經》
大慧！此是「過去、未來、現在」諸如來應供等正覺 (之所證的)「性自性」(諸法之自性)，(與)「第一義」心。	大慧！此是「過去、未來、現在」諸佛如來應正遍知 (之所證的)「性自性」(諸法之自性)，(與)「第一義」心。	大慧！此是「過去、未來、現在」一切如來應正等覺 (之所證的)「法自性」(諸法之自性)，(與)「第一義」心。

bhāla . 956

bhāva 男 生成すること，生起すること，起ること；（一゜）に変わること，（西）に変形すること；在ること，存在；永続，存続；[一゜-tā ならびに -tva のように 歯 を形成する]…である状態；あることまたは成ること [勤 の抽象的基礎概念，抽象名詞の表わす意味，非人 受 (西 pacyate) に見られる意味]；振舞，行状；状態，状況，階級，地位；(占星術における)(遊星の)視座；真の状態，真実 [一゜ 副 実際に]；あり方，性質；心境，性向，気質；考え方，思想，意見，心情，感情；情緒 [修辞 において八種または九種の根本的の bhāva を数える，これは rasa すなわち 情趣の数と一致する]；想定；意義，趣旨 [iti ~ḥ は常に ity arthaḥ または ity abhiprāyaḥ のように註釈者によって説明の最後に用いられる]；愛情，愛；情緒の所在，心臓，精神；物，事物；実在，生類；思慮ある人 [戯曲：呵 旦那様 (とくに劇場の支配人を呼ぶのに用いる)]；占星術上の宿または宮 (天を十二分するものの一つ)；複数 有，有性，有法 有分，有果；本，性，法，体，自体，有体，物体，法体；身，事，物，事物，事用；資具 Abh-vy., Bodh-bh., Bodh-c., Cat-ś., Laṅk., Madhy-bh., Madhy-v., Madhy-vibh., Mvyut., Nyāy-pr., Saddh-p., Sāṃkhy-k., Sapt-pr., Sūtr.; 意，心 Bodh-bh., Divy., Sūtr.: ~ena praviśati 能正悟入，此理得入 Madhy-bh. 63.；一゜ 作，性，為，成，得 Abh-vy.；複 諸法，万物，諸体 Madhy-v. ➝ a~，ātma~，āmukhī，āvir~，bhikṣu~. ~o ~ṃ nigacchati 類をもって集まる. ~ṃ dṛḍhaṃ Kṛ 固い決心をする. ~ṃ Kṛ または Bandh (西) に対して愛情を抱く. ~ṃ amaṅgalaṃ Kṛ (西) に対して悪意を抱く. ~ṃ pāpakaṃ Kṛ [同上]. anyaṃ ~ṃ āpadyate 死ぬ. 夏 ~ena まことに.

3-19 諸佛依「性自性、第一義」心成就「世間、出世間、出世間上上法」，諸佛乃以「聖慧眼」入「自、共」相，而建立諸法萬象

劉宋・求那跋陀羅譯 《楞伽阿跋多羅寶經》	元魏・菩提流支譯 《入楞伽經》	唐・實叉難陀與復禮等譯 《大乘入楞伽經》
壹(諸佛皆)以「性自性」(諸法之自性)，(與)「第一義」心，成就如來「世間、出世間、出世間上上法」。	壹大慧！(諸佛皆)依此「性自性」(諸法之自性)，(與)「第一義」心，(成就)諸佛如來，畢竟得於「世間、出世間」。	壹(諸佛皆)以此「心」成就如來「世間、出世間」最上法。

(諸佛以)「聖慧眼」入「自、共」相，(而)建立(諸法)，如所(之)建立，(乃)不與外道論「惡見」共(同)。	諸佛(以)「智慧眼」(之)「同相、別相」諸法(而)建立，如所(之)建立，不與外道「邪見」共同。	以「聖慧眼」入「自、共」相(之)種種安立，其所安立，不與外道「惡見」共(同)。
㈡大慧！云何(是與)外道論(之)「惡見」共(同)？所謂：	㈡大慧！云何不與外道「邪見」共同？所謂：	㈡大慧！云何為外道(之)「惡見」？謂：
(由)自(心生起)境界(之)妄想見，(竟)不覺(皆由)識(之)自心所現(之)「分齊」(妄想差別的分際齊限)，不通(無法通達)。	分別自心境界(之)「妄想見」，而不覺知(皆由)自心(所現之)「想見」(妄想邪見)。	不知境界(乃由)「自分別現」(自我之分別心所顯現)。

註：「分齊」指「限界、差別」，也可稱「分際齊限」，指大小粗細分類的界限，又指有所差別之內容、範圍、程度，或指具有程度差別之階位、身分等。其不云「分別」或「界別」等語者，概用以強調程度上之差異、區別，而非僅為一般性質之異同出入而已。

自相與共相

「自相」與「共相」，有深淺不同的定義，如下表所列：

自相(自性)	共相
梵語 sva-lakṣaṇa 或 svabhāva。	梵語 sāmānya-lakṣaṇa。
指「自體個別」之體相，不與「他相」共通，而具有自己一定之特質者，稱為「自相」。	不圍限於「自相」，而與其他諸法有「共通之義」相者。
據《成唯識論述記・卷二》載，諸法之自體，唯「證智」可知而「不可言喻」者，是為「自相」。	據《成唯識論述記・卷二》載，諸法之體性，為「假智」所緣，且可藉「語言詮解」者，是為「共相」。
「自相」係「現量」之所得，非以「分別之假智」能得知，而必須依「證真之智慧」方能證知。	以「分別心」安立施設諸法之「能詮、所詮」者為「共相」。
①《因明入正理論疏・卷上》認為在「可言說法」之中，包含「自相」與「共相」，此二相並有相重之關係。 ②如「色、受」等五蘊為「自相」，而五蘊之「無常」等為「共相」。 ③以「聖智所證」之「本真自性」為「自相」。	①《因明入正理論疏・卷上》以為「色蘊」中之「色處」為「自相」，而「色蘊」則為「共相」。 ②「色處」中之「青」、「黃」等色為「自相」，則「色處」為「共相」。 ③以其他之「假自性」(以不離「假智」及「言詮」故)則為「共相」。

①據《佛地經論・卷六》載:凡各守「自性」,不與「他相」共通,且為「現量智」所緣而「不可言詮」者,稱為「自相」。②如「水之冷、火之煖」皆為水火「各自所有之體相」而不通於一切諸法,且於「冷煖自知」之外,亦無法以言詮表示之。	①據《佛地經論・卷六》載:凡理通諸法,為「假智」所緣,且可藉言語詮解者。②如「苦、空、無常」等通於一切諸法之義相,故稱為「共相」。

3-20 凡愚不解佛法之「性自性、第一義」,持「有、無」二見論

劉宋・求那跋陀羅譯《楞伽阿跋多羅寶經》	元魏・菩提流支譯《入楞伽經》	唐・實叉難陀與復禮等譯《大乘入楞伽經》
大慧!愚癡凡夫性無「性自性(諸法之自性)、第一義」,作「二見論」。	大慧!諸愚癡凡夫無有(諸佛所證的)「實體」(諸法之自性實體),(及佛)以為(之)「第一義」,(竟)說(有)「二見論」。	(凡夫外道)於「自性、第一義」(中)見「有」、見「無」,而起(邪見)言說。

3-21 若了境如幻,均是「自心所現」,則應滅由妄想而生起的「三有」之苦,及滅「無知、愛、業、諸緣」

劉宋・求那跋陀羅譯《楞伽阿跋多羅寶經》	元魏・菩提流支譯《入楞伽經》	唐・實叉難陀與復禮等譯《大乘入楞伽經》
復次大慧!妄想「三有」苦滅(應滅由妄想而生起的「三有」之苦),(應將)「無知、愛、業、(諸)緣」滅,(諸法皆)「自心所現」(之)幻境隨見,今當說。	復次大慧!汝今諦聽!我為汝說:(若將)虛妄分別,以為(真實)「有物」。為(應)斷三種苦,何等為三?謂「無知、愛、業、因緣」滅,(諸法皆)「自心所見」(之)如幻境界。	大慧!我今當說:若了境如幻,(諸法皆由)「自心所現」,則(應)滅(由)妄想(生起之)「三有」苦,及(滅)「無知、愛、業、(諸)緣」。

3-22 有婆羅門與沙門,竟作外道之邪說,計執能由「無種」而生起「有種」事物,而且「實有」物住,先「有」而後「無」

劉宋・求那跋陀羅譯《楞伽阿跋多羅寶經》	元魏・菩提流支譯《入楞伽經》	唐・實叉難陀與復禮等譯《大乘入楞伽經》
大慧！若有沙門、婆羅門（竞作外道之邪說），欲令「無種」（而生出）「有種」，（由「無」而成為「有」的一種）「因果」現。	大慧！諸沙門、婆羅門，（竞）作如是（外道之邪）說：（原）本（是）「無」（然後才開）始生（起事物），依（著「無」而成為「有」的一種）「因果」而現。	大慧！有諸沙門、婆羅門（具外道之邪說），（竞）妄計「非有」及「有」，於（離開）「因果」（之）外（而亦能）顯現諸物。
及（有真實的）「事、時」住，（攀）緣（實有的）「陰、界、入」（及真實之）「生、住」。	復作是（邪）說：「實有」（真實之）物（而）住，依（真實可得之）「諸緣」故，（計）有（真實之）「陰、界、入」（及真實之）「生、住、滅」。	（或）依「時」而住，或計（有真實之）「蘊、界、處」；依（真實可得之）「緣生」（而）住。
或言：生已滅（因「有」生而後「滅」→先「有」後「無」也）。	故以「生」者「滅」故（先「有」生而後「滅」→先「有」後「無」也）。	有已即滅（先「有」生而後「滅」→先「有」後「無」也）。

3-23 外道對於「相續、事、生、滅、有、涅槃、道、業、果、諦」等法義，皆持「斷滅」之見。彼不見「諸法根本」，亦無獲得諸法之「正觀」

劉宋・求那跋陀羅譯《楞伽阿跋多羅寶經》	元魏・菩提流支譯《入楞伽經》	唐・實叉難陀與復禮等譯《大乘入楞伽經》
大慧！彼（沙門婆羅門具外道邪見，所以對於底下的道理）：①若相續、	大慧！彼沙門、婆羅門（具外道之邪見，所以對於底下的道理）說：①相續體。（有關從）本「無」始（變成）「有」（的道理），	大慧！彼（沙門婆羅門具外道邪見，所以對）於（底下的道理）：①若相續、
②若事、	②若生、	②若作用、
③若生、	③若滅、	③若生、
④若有、	④若涅槃、	④若滅、
⑤若涅槃、	⑤若道、	⑤若諸有、
⑥若道、	⑥若業、	⑥若涅槃、
⑦若業、	⑦若果、	⑦若道、

⑧若果、 ⑨若諦。	⑧若諦。	⑧若業、 ⑨若果、 ⑩若諦。
(彼等沙門婆羅門具外道邪見，皆以)破壞(之)「斷滅論」(去理解)，所以者何？	(彼等沙門婆羅門具外道邪見，皆以)破壞諸法(的方式去理解)，(即)是「斷滅論」，(此)非我(佛法之)所說。何以故？	(彼等沙門婆羅門具外道邪見，皆)是(以)破壞(之)「斷滅」(見去理解)。何以故？
以(外道邪見於)此「現前」(現前諸法之「正觀」)不可得， 及(於)見(諸法之根)始(而)非分(無法分別)故。	以(外道邪見於)「現法」(現前諸法之「正觀」)不可得故， (亦)不見(諸法)「根本」故。	(此外道邪見)不得「現法」(現前諸法之「正觀」)故， (亦)不見(諸法)「根本」故。

3-24 「陰、界、入」於三世皆無「真實可得」，亦無真實之次第相續生，諸法皆「自心」虛妄所變現

劉宋·求那跋陀羅譯 《楞伽阿跋多羅寶經》	元魏·菩提流支譯 《入楞伽經》	唐·實叉難陀與復禮等譯 《大乘入楞伽經》
⑤大慧！譬如破「瓶」，(則)不(能再)作「瓶」事。亦如「焦種」(焦敗的種子)，(即永)不作芽事。	⑤大慧！譬如「瓶」破，(則)不得(再作)「瓶」用。大慧！譬如「燋種」(燋敗的種子)，(即永)不生芽等。	⑤大慧！譬如「瓶」破，(則)不(能再)作「瓶」事。又如「燋種」(燋敗的種子)，(即永)不能生芽，此亦如是。
⑥如是大慧！若「陰、界、入」性(法)，已滅、今滅、當滅，(一切皆是由)「自心妄想」(之所顯)見。	⑥大慧！彼「陰、界、入」是滅，過去(之)「陰、界、入」(法亦)滅；現在、未來亦滅。何以故？(皆)因「自心」虛妄分別見故。	⑥若「蘊、界、處」法，「已、現、當」(過去、現在、當來)滅，
無(真實可得之)因故，彼無(無真實可得之「陰、界、入」相續)次第	大慧！無彼(真實可得的)「陰、界、入」相續(之)體故。	應知此則無(真實可得的)「相續生」，以無(真實可得之)因

(而)生。		故，但(皆因)「自心」虛妄所(顯)見。

3-25 外道認為「無」中能生「有」法，「識」亦從真實「三緣和合」生。外道之「有、無」說，破壞因果，永無意義

劉宋・求那跋陀羅譯《楞伽阿跋多羅寶經》	元魏・菩提流支譯《入楞伽經》	唐・實叉難陀與復禮等譯《大乘入楞伽經》
❶大慧！若(外道)復說：	❶大慧！(外道說：)	❶復次大慧！(外道說：)
(從)「無種」(能生出萬物之)有種。識(乃從真實可得的)「三緣」(和)合(而)生者。	若(原)本(從)「無」(而)始(能)生(出有一切萬物)，依(真實可得的)「三法」(和合而)生種種「識」者。	若(原)本「無」(而能生)有(萬物)，識(乃依著真實可得之)「三緣」(和)合(而)生。
❷(那麼)「龜」應生毛，「沙」應出油。	❷(那麼)「龜」毛何故不生？「沙」(何故)不出油？	❷(那麼)「龜」應生毛，「沙」應出油。
❸汝(外道之)宗則(破)壞(一切)，違(背)決定義。	❸汝(外道)之所立(其)決定之義，是即自(我破)壞。	❸汝(外道之)宗則(破)壞(一切)，違(背)決定義。
❹(外道的)「有種」(與)「無種」(之)說，(皆)有如是過(過失罪惡)，(其)所作(之諸)事業，(皆)悉空(虛而)無義。	❹汝(外道所)說(之)「有、無」，(與所)說(之)生，(及其)所成(之)「因果」亦(將自)壞。	❹(外道其)所作(之)事業，(皆)悉空(虛而)無益。

3-26 外道認為「識」從真實的「三緣和合」生，即有「因果自相」，則亦有真實的「三世」及「有、無」諸相。外道住於「自覺觀地」(覺想地；抉擇地)，並依其「理教」及「邪見」薰習之餘氣，故作如是之說

劉宋・求那跋陀羅譯	元魏・菩提流支譯	唐・實叉難陀與復禮等譯

《楞伽阿跋多羅寶經》	《入楞伽經》	《大乘入楞伽經》
⑤大慧！彼諸外道說有(真實可得的)「三緣合生」者，(而有)所作方便因果(之)「自相」，(於是有)「過去‧未來‧現在」(三世)，(與有)「有種、無種」(之)相。	⑤大慧！若(外道)如是依(真實可得的)「三法因緣」(而和合)，應生諸法因果(之)「自相」，(於是有)「過去、現在、未來」(三世)，(與有)「有、無」諸相(之)譬喻。	⑤大慧！(外道認為)「三合」為(真實可得之)「緣」，(即)是「因果」(之)性，可說為(真實可得之)有「過(去)、現(在)、未來」(三世)，從「無」(而能)生「有」。
⑥(外道)從本已來(所)成(之)事，(皆)相承(於)「覺想地」(而)轉(轉起;生起)，(及因)自(我)見過(失罪惡)習氣(之薰習)，(而)作如是(之)說。	⑥及(外道住於)「阿含」(āgama教理)「自覺觀地」(tarka-bhūmi)，依(著)自(我惡)見薰(習其)心，(而)作如是(之)說。 (外道認為有真實可得之三緣和合法，作有真實可得之三世法，亦有真實可得之「有、無」二種邪見)	⑥此(外道)依住(於)「覺想地」(tarka-bhūmi)者，(其)所有(之)「理教」(yuktyāgama)，及(依著)自(心)「惡見」薰習(之)餘氣，(而)作如是(之)說。

覺想地(抉擇地)

(1)「覺想地」一詞在《楞伽經》的梵文譯本中翻作「**抉擇地**」(tarka-bhūmi)。

(2)此為印度「正理學派」所立之「十六種認識」及「推理論證」方式，又作「**十六句義**」(ṣoḍaśa padārthāḥ)。

(3)「正理學派」以考察「十六諦」乃到達解脫之要件。而龍樹則批判此「十六諦」，並一一破之。

(4)所謂「十六諦」者：

①量	②所量	③疑	④用	⑤喻	⑥悉檀	⑦支分	⑧思擇
pramāṇa	prameya	saṃśaya	prayojana	dṛṣṭānta	siddhānta	svayava	tarka
乃獲得真智之方法，有現量、比量、聲量、譬喻量四種。	知識之對象，有：我、身、根、境、覺、意、作業、煩惱、彼	對所見事物之特性未明確之知，此乃推理論證之基因。	解疑之作用	凡人、學者皆認可的推理論證之標準根據。	即宗義，乃立者之主張	論證之形式，即指五支作法。	為了知事物真相，根據其原因，而行深思推理。

⑨決	⑩論義	⑪紛義	⑫壞義	⑬似因	⑭難難	⑮諍論	⑯墮負
							有、果、苦、解脫十二種。(上接表格)|

⑨決	⑩論義	⑪紛義	⑫壞義	⑬似因	⑭難難	⑮諍論	⑯墮負
nirṇaya	vāda	jalpa	vitaṇḍā	hetvābhāsa	chala	jāti	nigrahasthāna
義理之決定。		為堅守自說,用難難等不正之法。	自無立論,而以不正之法難他人之立論。	似是而非之因,即不正之因,有不定、相違、問題相似、所立相似、過時五種。	故意將敵者之語曲解,而非難之。	敵者顛倒同法、異法,以非難立者之正確論證,此與古因明之十四過類相當。	立者因誤解、不解而致敗北。

3-27 愚癡凡夫,為惡見之所吞噬,邪曲迷醉,自己「無智」,卻又妄稱此為「一切智」之所說

劉宋‧求那跋陀羅譯《楞伽阿跋多羅寶經》	元魏‧菩提流支譯《入楞伽經》	唐‧實叉難陀與復禮等譯《大乘入楞伽經》
如是大慧!愚癡凡夫,(為)惡見(之)所(吞)噬,邪曲迷醉,「無智」(而又)妄稱(此為)「一切智」(之所)說。	大慧!愚癡凡夫,亦復如是。(為)惡見(之)所害,邪見迷意,「無智」(而又)妄稱(此為)「一切智」(之所)說。	大慧!愚癡凡夫,(為)惡見所(吞)噬,邪見迷醉,「無智」(而)妄稱(此乃為)「一切智」(之所)說。

3-28 婆羅門(在家)與沙門(出家)者,觀一切法皆「無自性」,不離「自心」,「身、資具、住處」皆由「藏識」(阿賴耶識)所攝受之境界,應離「能取、所取」及「生、住、滅」

劉宋‧求那跋陀羅譯《楞伽阿跋多羅寶經》	元魏‧菩提流支譯《入楞伽經》	唐‧實叉難陀與復禮等譯《大乘入楞伽經》
大慧!若復諸餘「沙門、婆	大慧!若復有「沙門、婆羅	大慧!復有「沙門、婆羅

羅門」。	門」。	門」。
①(應觀)見(諸法皆)「離自性」。	①(應觀)見諸法(皆)「離自性」故。	①(應)觀一切法皆「無自性」。
②浮雲。	②如雲。	②如空中雲。
③火輪。	③火輪。	③如旋火輪。
④(如)揵闥婆城(而)無生。	④(如)揵闥婆城(而)不生、不滅故。	④如乾闥婆城。
⑤幻、燄。	⑤如幻、陽燄。	⑤如幻、如焰。
⑥水月及	⑥水中月故。	⑥如水中月。
⑦夢。	⑦如夢。	⑦如夢所見。
⑧(所有由)內外心(所)現(之)妄想,(皆由)無始虛偽(之戲論),不離自心(所現)。(應將諸)「妄想、因緣」(皆)滅盡,(遠)離妄想(之能)說、(與)所說;(遠離能)觀、(與)所觀。	⑧(所有之)內外心,(皆)依無始世來(之)虛妄「分別戲論」而(的)現故。(應)離「自心」虛妄「分別」、(與離)可見(之)「因緣」故。(應)離滅盡妄想(之能)說、(與)所說法故。	⑧不離「自心」,由無始來虛妄(之)見,故取以為外(境)。(應)作是觀已,斷「分別」、(因)緣」,亦離妄心「所取」(之)名義。
⑨(吾人所)受用(與所)建立(之)「身」,(皆)之(於)藏識(阿賴耶識),(故應)於「識」(之)境界,(及所)「攝受」及「攝受者」(都)不(與之)相應(而執著)。	⑨(應)離「身、資生」(所)持用法故,(應)離「阿梨耶識」(所)取(而與)「境界」相應故。	⑨(應)知「身」及「物」并所「住處」,一切皆是「藏識」(阿賴耶識所現之)境界。
(之於=緣於=由於=源自)		
⑩無所有(外境之)境界,(遠)離「生、住、滅」。(應正思惟一切皆由)自心(所生)起(而)隨入分別。	⑩(應)入「寂靜」境界故,(遠)離「生、住、滅」法故。(應)如是(正)思惟觀察(皆)「自心」以為生(起)故。	⑩無「能、所取」及「生、住、滅」。(應)如是(之正)思惟,恒住(如是正思惟而)不捨。

3-29 證第八地菩薩後之種種殊勝境界。不即因緣,不離因緣也。應次證「等覺菩薩」之「金剛喻三摩提」,應離「心、意、意識」,應漸次「轉身」即得「如來身」

劉宋・求那跋陀羅譯《楞伽阿跋多羅寶經》	元魏・菩提流支譯《入楞伽經》	唐・實叉難陀與復禮等譯《大乘入楞伽經》
大慧！彼菩薩不久(將)：	大慧！如是菩薩(於)不久(將)：	大慧！此菩薩摩訶薩，不久(將)：
(1)當得「生死、涅槃」(皆)平等(之心)。	(1)當得「世間、涅槃」平等之心。	(1)當得「生死、涅槃」二種平等(之心)。
(2)(得)「大悲巧方便」(之)「無開發」(無功用)方便。	(2)大慧！汝(將得)「巧方便」(之)開發(功用)方便。	(2)(得)「大悲方便」(之)無功用行。
(3)大慧！彼於一切眾生界，皆(視之)悉如幻(影)。	(3)觀察一切諸眾生界，皆悉如幻、如鏡中像故。	(3)觀諸眾生如幻、如影。
(4)不勤「因緣」。 (不必勤勞而假於因緣，不必殷勤而假於因緣。因為眾生如幻，皆非從真實可得的因緣而生)	(4)無(從真實可得之)「因緣」(而生)起。	(4)從(眾)緣(而)無(有真實之生)起。
(5)(應)遠離「內、外」境界，(若離於)心(則)外無所見(之境界)。	(5)(應)遠離「內、外」境界故，(一切皆由)「自心」(所顯)見(之)「外境界」故。	(5)知一切境界，(若)離「心」(則)無(所)得。
(6)(應)次第隨入「無相處」，(應)次第隨入從「地」至「地三昧」境界。	(6)(應)次第隨入「無相處」故，(應)次第隨入從「地」至「地三昧」境界故。	(6)(應)行「無相道」，漸昇諸地，住「三昧境」。
(7)(應)解三界(皆)如幻。	(7)(應)信三界「自心」(所現如)幻故。大慧！	(7)(應)了達三界皆唯「自心」。
(8)(應)分別觀察，當得「如幻三昧」。 (māyopama-samādhi)	(8)如是修行者當得「如幻三昧」故。	(8)(應)得「如幻(三昧)定」，(除)絕「眾影像」。
(9)(應越)度「自心」(所)現，(外境界皆)無所有，(應)得住「般若波羅蜜」，(應)捨離彼「生(滅法)、所作(之作者)、方便」。	(9)(應)入「自心寂靜境界」故，(應)到「彼岸境界」故，(應)離「作者、生(滅)法」故。	(9)(應)成就智慧，(應)證「無生法」。
(10)(應得)「金剛喻三摩提」。 (vajra-bimbopama-samādhi)	(10)(應)得「金剛三昧」故。	(10)(應)入「金剛喻三昧」。
(11)(應)隨入「如來身」，(應)隨入「如如」(之)化(身)。	(11)(應隨)入「如來身」故，(應隨)入「如來化身」故。	(11)當得佛身，恒住(於)「如如」(之化身)。

劉宋·求那跋陀羅譯	元魏·菩提流支譯	唐·實叉難陀與復禮等譯
⑿(應具)神通、自在，慈悲、方便，具足(諸)莊嚴。	⑿(應)入諸(十)力、(神)通、自在，大慈大悲莊嚴身故。	⑿(應)起諸變化，(十)力、(神)通、自在。
⒀(應平)等(而能)入一切「佛刹」，(亦能入)「外道」(之)入處。	⒀(應)入一切「佛國土」故，(亦能)入一切眾生所「樂」(處)故。	⒀大慧！(用種種)「方便」以為嚴飾，(能)遊眾「佛國」。
⒁(應)離「心、意、意識」。	⒁(應)離「心、意、意識」境界故。	⒁(應)離諸「外道」及「心、意、識」。
⒂是菩薩漸次(修行)「轉身」(即)得「如來身」。	⒂(應修)「轉身」(而)得「妙身」故。	⒂(應修)「轉依」(而)次第成(就)「如來身」。
	大慧！諸菩薩摩訶薩如是修行者，必得如來無上(之)「妙身」。	

金剛喻三摩提(金剛三昧、金剛喻定、金剛滅定、金剛心、頂三昧)

(1)梵語 vajropama-samādhi或 vajra-bimbopama-samādhi。指有如「金剛」一般堅利之定。

(2)「定」，其「體」乃「堅固」，其「用」乃「銳利」，可摧毀一切煩惱，故以能破碎諸物之「金剛」而比喻之。

(3)此乃「三乘學人」之「末後心」，亦即「小乘聲聞」或「大乘菩薩」於修行即將完成之階段，欲斷除「最後煩惱」所生起之「定」；生起此「定」者，即可斷除「極微細之煩惱」而各得其「極果」。若於「聲聞」之最高悟境，可達「阿羅漢果」，若於「菩薩」之最高極果，則可得「佛果」。

(4)一般稱「斷煩惱」之階位為「無間道」，而由此證得「真理」之階位則稱為「解脫道」，遂生起的「金剛喻定」則可相當於「無間道」；並由此「無間道」而得「阿羅漢果」或「佛果」，亦相當於「解脫道」的意思。故只要能生起「金剛喻定」之「無間道」，亦稱為「金剛無間道」。

(5)依大乘之說，「金剛喻定」即為「第十地菩薩」所修之行。

3-30 菩薩欲證「如來身」者，應離「蘊、處、界、心念、因緣、業行、修學、生、住、滅」等，諸法「唯心」

劉宋·求那跋陀羅譯 《楞伽阿跋多羅寶經》	元魏·菩提流支譯 《入楞伽經》	唐·實叉難陀與復禮等譯 《大乘入楞伽經》
大慧！是故欲得「如來隨	大慧！菩薩欲證「如來身」	大慧！菩薩摩訶薩欲得

入身」者。	者。	「佛身」。
①當遠離「陰、界、入、心（心念）、因緣、所作、方便、生、住、滅」妄想虛偽。（以）「唯心」（爲）直進（直道進修）。	①當遠離「陰、界、入、心（心念）、因緣和合法」故，遠離「生、住、滅」虛妄分別（諸）戲論故。（以）諸法「唯心」（爲觀修）。	①應當遠離「蘊、界、處、心（心念）、因緣、所作、生、住、滅」法，（遠離）戲論分別。但住「心量」（爲觀修）。
②觀察無始虛偽（諸）過（過失罪惡漏習），（皆以）妄想習氣（爲）因，（對）「三有」（需有正見的）思惟，（皆）無（眞實）所有。	②當如是知見「三界」，（皆）因無始世來，（諸）「虛妄分別」（之）戲論而有故。	②觀察「三有」（三界），（皆由）無始時來「妄習」所（生）起。
③（思惟觀察）佛地「無生」，（即能）到「自覺聖趣」（自內身聖智證法所趣之境）。	③（當）觀如來地（爲）「寂靜不生」故，（即能）進趣（上進趣向至）「內身聖行」（自內身聖智證法所行之境界）故。	③思惟佛地（爲）「無相、無生」，（即能獲）「自證聖法」（自內身聖智證法）。
④（當得）自心「自在」，（能）到「無開發（無功用）行」。	④大慧！汝當不久得「心自在」（而得）「無功用行」（之）究竟故。	④（能）得「心自在」（與）「無功用行」。
⑤如（能）隨衆色（之）「摩尼」（寶），（此摩尼寶能）隨入衆生「微細之心」。	⑤如衆色（皆能）隨（著）「摩尼寶」（而變化），（此摩尼寶能）化身入諸衆生「微細心」故。	⑤如「如意寶」，（能）隨宜（而）現身（於一切）。
⑥而（能）以化身（入）隨（衆生）心（之）量度，（能令衆生於）諸「地」漸次（的）相續建立（起來）。	⑥以（能）入隨（衆生之）「心地」故，（更能）令諸衆生次第（而）入（諸）「地」故。	⑥令達「唯心」，（而能）漸入諸「地」。
是故大慧！（對於）「自悉檀」（siddhānta 宗義；教理；成就→自心修證之成就），善應當（好好）修學。	是故大慧！諸菩薩摩訶薩應當善知諸菩薩修行自內（心之）法故。	是故大慧！菩薩摩訶薩於「自悉檀」（自心修證之成就），應善（於）修學。

第 4 節　藏識妄現(識轉因緣)

4-1 諸佛為菩薩宣說「心、意、意識、五法、三自性、諸相」等法門，及宣說「藏識」如大海浪之「法身」境界

劉宋·求那跋陀羅譯《楞伽阿跋多羅寶經》	元魏·菩提流支譯《入楞伽經》	唐·實叉難陀與復禮等譯《大乘入楞伽經》
		【卷二·集一切法品第二之二】
⑤爾時大慧菩薩復白佛言：世尊！(為我等)所說(之)「心、意、意識、五法(名、相、妄想、正智、如如)、(三)自性、(諸)相」，(此亦為)一切諸佛菩薩所行(之法門)。	⑤爾時聖者大慧菩薩摩訶薩復白佛言：世尊！唯願為諸菩薩摩訶薩(宣)說「心、意、意識、五法(名、相、妄想、正智、如如)、(三)自體、(諸)相」等法門，(此亦為)諸佛菩薩修行之處。	⑤爾時大慧菩薩摩訶薩復白佛言：世尊！唯願為我說「心、意、意識、五法(名、相、妄想、正智、如如)、(三)自性、(諸)相」眾妙法門。此(法門)是一切諸佛菩薩(所)入(之處)。
⑥(於)自心(所顯)見等(諸法)，(及自心)所(攀)緣(之)境界，(應遠離而)不(與之)和合。	⑥(應)遠離自心(所現)邪見，(與外)境界和合故，	⑥(於)自心(所現之)境，(應遠離)其(所行)相，
(應)顯示一切(真實義之)說，(並)成(就其)真實相，(此為)一切(諸)佛(法)語(之)心(地法門)。	能破(除)一切「言語、譬喻」(之)體相故，(此為)一切諸佛所說(教)法(之)心(地法門)。	(應)稱(歎具有)「真實義」(之)諸佛教(法)心(地法門)。
⑦(願如來)為楞伽國摩羅耶(malaya)山(與)海中住處(之)諸大菩薩(宣)說：	⑦(願如來)為楞伽城(laṅkā-pura)摩羅耶(malaya)山(與)大海中(之)諸菩薩說：	⑦唯願如來為此(malaya摩羅耶)山中諸菩薩眾，「隨順」過去諸佛(而)演說：
如來所(讚)歎(隨喜之法)，(如大)海浪(般的)「藏識」(阿賴耶識)	觀察「阿黎耶識」大海波(之)境界，(宣)說：「法身如來」	「藏識」(阿賴耶識)海浪(之)「法身」境界。

境界(之)「法身」。	所說(之)法故。	

4－2 有「四種緣」能讓「眼識」生起作用。「阿賴耶識」如「瀑流海水」，能生出「轉識」(前七識)如「波浪之流」

劉宋・求那跋陀羅譯《楞伽阿跋多羅寶經》	元魏・菩提流支譯《入楞伽經》	唐・實叉難陀與復禮等譯《大乘入楞伽經》
爾時世尊告大慧菩薩言：(有)「四因緣」故，「眼識」(得以)轉(生起)。何等為四？謂： (據《成唯識論》載：「眼識」需要這九種緣方能發生作用。如：「光明、空間&距離、根、境、作意、第6識分別依、第7識染淨依、第8識根本依、種子」等九種緣)	爾時佛告聖者大慧菩薩摩訶薩言：大慧！有「四因緣」，「眼識」(得以轉)生(而起)。何等為四？	爾時世尊告大慧菩薩摩訶薩言：有「四種因緣」，「眼識」(得以)轉(生而起)。何等為四？所謂：
①(色塵外境皆為)自心(所)現，(凡愚眾生竟)攝受(此幻境而)不覺(悟)。 (以上指眼識要生起的因緣是「色塵境界」)	一者：不覺(悟色塵皆由)自內身(所現)，(而竟)取(著)境界故。	①不覺(悟)自心(所)現(之色塵)，而(竟)執取故。
②(由)無始虛偽過(過失罪惡漏習)，(對)色(塵)習氣(的)計著(邪計執著)。 (以上指眼識生起的因緣，與吾人自無始以來，不斷受「外境色塵」的「虛偽邪見」與「戲論習氣」薰習，因此產生對「色塵」的強烈執著心。 以唯識名相來看，此處大略相似於「種子」，眼識是依「眼根種子」而能見色。唯識宗都以「習氣」為「種子」之異名)	二者：(由)無始世來，虛妄分別「色境界」，(與種種)薰習執著(於)「戲論」故。	②(由)無始時來(累積)取著於色(塵)，(由種種)虛妄(所薰之)習氣故。

③(由於有)「識性自性」(識本性之自體性)。 (以唯識名相來看，此處應包括「第六識、第七識、第八識」)	三者：(由於有)「識自性體」(識之自體性)，(導致能)如是(生起眼識)故。	③(由於有)「識本性」(vijñāna 識-prakṛti 本來;性-svabhāvata 自性;體性。整句可譯作「識本性之自體性」)，(導致能)如是(生起眼識)故。
④(有)欲見種種「色相」(之作意力)。 (以唯識名相來看，此處應指「作意力;思惟力;聚焦力」。《成唯識論》說需要九種緣，但整理《楞伽經》經文後，大約能歸納出六個緣)	四者：(有)樂見種種「色相」(之作意力)故。	④(有)樂見種種諸色相(之作意力)故。
大慧！是名四種(能生起眼識之)因緣，(就像)水流(波浪)處(於)藏識(阿賴耶識中)，(能令)「轉識」(前七識)浪(而)生(起)。	大慧！是名四種(能生起眼識之)因緣，(就像)於「阿黎耶識」(之大)海(中生)起「大湧波」，能生(起)「轉識」(前七識)。	大慧！以此「四緣」(即能生起眼識)，「阿賴耶識」(即)如「瀑流水」，(能)生(起)「轉識」(前七識)浪。
註：「識之本性」(vijñāna 識-prakṛti 本來;性-svabhāvata 自性;體性)。		

九緣生識：

緣是「助成」之義。謂「明、空、根、境、作意、(第六識)分別依、(第七識)染淨依、(第八識)根本依、種子」等九種緣，「眼識」需要這九種緣方能發生作用。

據《成唯識論》卷二至卷五載：

(一)「明緣」：「明」指「光明之緣」，有「光源」方能顯現出色相。眼睛亦因「光源」而得見，若無「光明」則難以起發「眼識」。例如「光明」為「眼識」生起之其中一緣。

(二)「空緣」：「空」指「空間或距離」，「鼻、舌、身」三識需「根、境」相合接觸才能作用。但「眼、耳」二識可在「根、境」相離不必接觸下起作用，亦即「眼、耳」二識需在一定的「空間或距離」才能現出作用。例如「空間或距離」為「眼識」與「耳識」生起之其中一緣。

(三)「根緣」：「根」指「眼、耳、鼻、舌、身」五根，即指「扶根;浮塵根;扶塵根;浮根;扶根塵」這些「生理、身體」上的名詞。謂「眼識」需依「眼根」而能見，「耳識」亦需依「耳根」才能聞，「鼻識」需依「鼻根」而能嗅，「舌識」依「舌根」而能嚐，「身識」需依「身根」而能覺。若無「五根」則「五識」無所依止，難

生作用。例如「眼根」為「眼識」生起之其中一緣。

（四）**「境緣」**：「境」指指「色、聲、香、味、觸」五塵之「境」。謂「眼」等五根雖具有「見、聞、嗅、嚐、覺」等五識，若無「色、聲、香、味、觸」五種塵境與之「相對」，則「五識」的能力不能生起作用。例如「色境、色塵」為「眼識」生起之其中一緣。

（五）**「作意緣」**：「作意」指「心所法」，有「覺察」之義，指「起心動念」之意。比如「眼睛」初對「色境」時，便能有所「覺察」，有所「起心動念」，進而促使「第六識」生起「分別善惡之念」，這一切皆由「作意、起心動念」的力量造成。如果沒有了這個「作意力」或「聚焦力」，就會發生「視而不視、聽而不聽」的問題。所以「作意力」為「眼識」生起之其中一緣。

（六）**「根本依緣」**：「根本依」即指「第八阿賴耶識」。「依」是「倚託」的意思。「第八識」為其餘「七個識」之根本。第八識的「見分」會變現出「眼」等七個識之「種子」，如「眼識、耳識、鼻識、舌識、身識、第六識、第七末那識」皆是第八識的「見分」所變現。第八識的「相分」則變現出「根身、器界」，「根身」指吾人的「眼耳鼻舌身」等「五色根」，亦指身體之五官及其機能。「器界」則指眾生所依之「山河大地」等世界。例如「根本依」為「眼識」生起之其中一緣。

（七）**「染淨依緣」**：「染淨依」指「第七末那識」，一切「染淨」諸法皆依「第七識」而生起。「第七末那識」是以「第八意識」的「見分」來當作自己的「相分」。「第七末那識」對內能了別「第八意識」的作用；對外則為助長「前六識」的分別作用。它有主導「前六識」的作用，也能分別「前六識」對外境的「粗糙」作用。例如「染淨依」為「眼識」生起之其中一緣。

（八）**「分別依緣」**：「分別依」指「第六識」。「眼、耳、鼻、舌、身」五識僅以「單純的感覺作用」來攀緣外境，而不具有深度認識及分別之作用；「第六識」始具有深度認識及分別的作用，即指「正根;勝義根;淨色根」這些「神經系統」上的名詞。「第六識」專門佐助「前五識」所攀緣之境，所以「第六識」又稱為「分別依、明了依、分別事識」。例如「分別依」為「眼識」生起之其中一緣。

（九）**「種子緣」**：「種子」指眼等全部八個識中之「種子」。如「眼識」是依「眼根種子」而能見「色」，「耳識」依「耳根種子」而能「聞聲」……底下類推。「第七識」則依「染淨種子」而能相續。「第八識」則依含藏有「一切種子」而能出生諸法萬物。《瑜伽師地論》中立「阿賴耶識」為「種子識」，因為「阿賴耶識」能生「色、心、善、惡」等一切諸法，而藏有「一切種子」。例如「種子」為「眼識」生起之其中一緣。

(10)唯識偈頌說：**眼識九緣生，耳識唯從八，鼻舌身三七，後三五三四，**

若加「等無間」，從頭各增一。（這個偈頌是從唐朝以後才開始流行的，查 CBETA 即知）

註：「鼻、舌、身」這三個識，每一個都需要七種緣即可生起作用，所以叫「三七」。

「後三」是指「第六識」需要「五種緣」、

「第七識」需要「三種緣」、

「第八識」需要「四種緣」。

不過「第七識」亦有說需要「四緣」才行，亦即還要再加上一個「第八意識」的「見分」。

「等無間緣依」又名「開導依」。

❶吾人之心識作用，念念相續，無有間隔，「前一念」滅謝時，「後一念」隨即生起，且於此「前後念」的「生滅」之間具有密切的「互倚」關係。

❷前一念之「心王」會成爲"後一念"「心王、心所」生起時所須「依靠」之條件因緣。

❸前一念之「心王」於「滅謝」之同時，既「避開」其「現行位」，復能引導「後念」之「心王、心所」之生起，故稱爲「開導依」。

❹以「前念」具有資助、生長"後念"「心王、心所」之功能，故因此有「開導根」之稱。

❺以「前、後」念「生滅」之際，歷然相望，且緊密相接而無有間斷，故又稱爲「等無間緣依」。

(11)下面將八識生起所需的緣，圖表如下頁所示：

識體	諸識生起所需的緣									等無間緣 開導依緣
	增上緣	增上緣	增上緣	所緣緣	增上緣	增上緣	增上緣	增上緣	親因緣	
眼識 (九種緣)	空 空間距離	明 光明亮度	(眼)根 此指「扶根;浮塵根;扶塵根;浮根;扶根塵」	(色)境	作意 起心動念	第六識 分別依	第七識 染淨依	第八識 根本依	種子	✓
耳識 (八種緣)	空 需要一定的空間或距離	✗ 不需光或亮度	(耳)根	(聲塵)境	作意	第六識	第七識	第八識	種子	✓
鼻識 (七種緣)	✗ 需要極近的距離	✗	(鼻)根	(香塵)境	作意	第六識	第七識	第八識	種子	✓
舌識 (七種緣)	✗ 需要零距離	✗	(舌)根	(味塵)境	作意	第六識	第七識	第八識	種子	✓
身識 (七種緣)	✗ 需要零距離	✗	(身)根	(觸塵)境	作意	第六識	第七識	第八識	種子	✓
第六意識 (五種緣)	✗ 完全不需	✗	✗	(法塵)境 (一切法)	作意	✗	第七識	第八識	種子	✓
第七末那識 (三種緣) 或說四種緣	✗ 完全不需	✗	✗	境 (此處指第八識的「見分」)	作意	✗	✗	第八識	種子	✓
阿賴耶識 (四種緣)	✗ 完全不需	✗	✗	境 (此處指種子、根身、器界)	作意	✗	第七識	✗	種子	✓

諸識俱起分位	俱起識名	俱起識數
五無心位	【第八、第七】(永遠都是現起的)	2
前六識中唯「第六識」現起	【第八、第七、第六】	3
前五識中任一識現起	【第八、第七、第六】、前五識中現行的任一識	4
前五識中任二識現起	【第八、第七、第六】、前五識中現行的任二識	5
前五識中任三識現起	【第八、第七、第六】、前五識中現行的任三識	6
前五識中任四識現起	【第八、第七、第六】、前五識中現行的任四識	7

前五識中全五識現起	【第八、第七、第六】、前五識中現行的全五識	8

4-3 「八個識」展轉的生起，有「頓生、漸生」的情形，如猛風吹動大海水，於是造成「識浪」相續不絕的轉動

劉宋・求那跋陀羅譯 《楞伽阿跋多羅寶經》	元魏・菩提流支譯 《入楞伽經》	唐・實叉難陀與復禮等譯 《大乘入楞伽經》
⑤大慧！如「眼識」(生時)，(其餘)一切「諸根、微塵、毛孔」(亦)俱生(此指頓生)，(或)隨(著)次(第的)境界(而漸)生(起)，亦復如是。	⑤大慧！如「眼識」(生)起識(時)，(其餘)一切「諸根、毛孔」，一時(此指頓生)轉識(前七識)生。	⑤如「眼識」(之)餘，亦(復)如是，於一切「諸根、微塵、毛孔、眼」等(生起)，轉識(前七識)或「頓生」。
⑥譬如「明鏡」(此喻第八識)現眾色像。	⑥如「鏡中像」多少一時(而頓現)，復有隨因緣(而)次第(漸)生。	⑥譬如「明鏡」(此喻第八識)現眾色像，或(屬)「漸生」(方式)。
⑦猶如「猛風」(喻前六識)吹「大海水」(喻第八識)，外「境界風」飄蕩(著)「心海」，(於是)「識浪」(喻前七識)不斷(生起而相續不絕)。	⑦大慧！猶如「猛風」(喻前六識)吹境「心海」(喻第八識)，而「識波」(喻前七識)生(起而)不斷。	⑦猶如「猛風」(喻前六識)吹「大海水」(喻第八識)，「心海」亦爾，(由)「境界風」(而)吹起，(所以)諸「識浪」(喻前七識)相續不絕。

4-4 「諸業識」與「生相」互相纏縛生起，故不得解脫，亦不能了知「色」等「五識身」生起之因。「八個識」不知道自己彼此是互相展轉為因而生起。「第六意識」一起「分別」即生「第七識」的「執著」性

請參閱 **22-12** **49-6**

劉宋・求那跋陀羅譯 《楞伽阿跋多羅寶經》	元魏・菩提流支譯 《入楞伽經》	唐・實叉難陀與復禮等譯 《大乘入楞伽經》
⑤因(七轉識與藏識)「所作相」(乃)「異、不異」。	⑤因「事相」(指七轉識與藏識)故，迭共「不相離」故。	⑤大慧！因(七轉識與藏識)「所作相」(乃)「非一、非異」。

合「業、生相」，深入「計著」（計量執著），不能了知「色」等自性，故五識身（前五識）轉（生起之因）。 （「五識身」指「前五識」，在「識」後面附加上一個「身」字，以表示「複數」，故稱為「五識身」）	「業、體相」使縛（繫縛）故，不覺「色」體故，而五識身（前五識）轉（生起之因）故。	「業」與「生相」相繫深縛，不能了知「色」等自性，（其）五識身（前五識）轉（生起之因）。
㈡大慧！（第六識）即（與）彼（前）「五識身」（共）俱，因（第六識有）「差別」分段（與識）相（了）知（的觀察力），當知（此）是（第六）意識。	㈡大慧！（第六識）不離彼（前）五識，因（第六識具有）「了別識相」（的觀察力），（故）名為（第六）意識。	㈡大慧！（第六識）與（前）五識（共）俱，或因（具有）「了別」差別境相（之觀察力而）有（第六）「意識（之）生。
㈢（第六識）因「彼」身轉（「彼」指「餘七識」➔即第六識乃由餘七識生起）。 彼（皆）不作是念：	㈢（第六識）共彼（指餘七個識）因常（互相）轉（生）故。 大慧！（前）五識及「心、識」（指六、七、八識）不作是念：	㈢ 然「彼諸識（指八個識）」不作是念：
我（指八個識是互相）展轉（為）相因（的）。	我（指八個識是）迭共（互相）為（生起之）因。	我（指八個識）等同時（能互相）展轉為因（的）。
㈣（外境皆）自心（所）現，（第六識生）妄想，（第七識生）計著（計量執著）轉（生而起）。	㈣（外境皆）「自心」見，（喻六識生）虛妄「分別」，（第七識）「取」諸境界。	㈣而於「自心」所現（之）境界，（第六識的）分別、（第七識的）執著，俱時而（生）起。
而彼（諸識）各各「壞相」（指皆有生住滅之壞相），（能同時）俱轉（而生起）分別境界（之功用）。（諸識所生的）分段差別，（即）謂：（由）彼轉（由彼自心識所轉現生起的境界）。	而彼（諸識）各各「不異相」（無差異相），俱現（同時現起而去）分別境界，如是彼識（諸識均有）微細（的）「生滅」（相）。	（諸識）無差別相，各了（各自了別）自（心所現之）境。

註： **3-1** 云諸識皆有二種「生、住、滅」，非「外道」及「思量臆度」所能知。

4-5 「藏識」(阿賴耶識)微細之行相，如來與「住地菩薩」能知，餘一切「二乘、外道」，雖依定慧之力亦不能覺知此理

請參閱 **46-7** **46-8**

劉宋・求那跋陀羅譯《楞伽阿跋多羅寶經》	元魏・菩提流支譯《入楞伽經》	唐・實叉難陀與復禮等譯《大乘入楞伽經》
⑤如修行者入「禪三昧」，(對於)微細「習氣」轉(生起)而(仍)不覺知。	⑤(修行者)以入「修行三昧」者，(仍)不覺不知微細(的習氣)薰習。	⑤大慧！諸修行者入於「三昧」，以習(氣)力(細)微(的生)起而(仍)不覺知。
⑥(修行者)而作是念：(我於諸)「識」(已轉)滅，然後(已)入「禪正受」。實不「識」滅(其實諸識仍未轉滅)而入「正受」(samāpatti 等至)。	⑥而修行者作是念：我(已轉)滅諸「識」(而)入「三昧」。而修行者(實仍)不(轉)滅諸「識」(而)入「三昧」。	⑥但作是念：我(已轉)滅諸「識」(而)入於「三昧」。(但)實(仍)不(轉)滅(諸)「識」而入「三昧」。
⑦(乃因)以「習氣種子」(仍)不滅，故不滅(仍未轉滅諸識)。	⑦大慧！(乃因)「薰習種子」心(仍)不滅，(仍)「取」外境界，	⑦(乃因)以彼不滅(仍未轉滅諸識)「習氣種」故。
⑧以「境界」轉(生起時)，(能)攝受(而)不具(不取執)，故滅(所以才能轉滅諸識也)。	⑧(需完全不取諸境)，諸「識」滅(諸識才能轉滅)。	⑧但(完全)「不取」諸境，(實乃)名為(諸)識(真實的轉)滅。
⑨大慧！如是微細藏識(阿賴耶識)究竟(之)邊際，除諸「如來」及「住地」菩薩(者，其餘皆不能知)。	⑨大慧！如是微細(之)「阿黎耶識」行，唯除「佛如來」及入「地」諸菩薩摩訶薩(者，其餘皆不能知)。	⑨大慧！如是藏識(阿賴耶識)行相(之)微細，唯除「諸佛」及「住地」菩薩(者，其餘皆不能知)。
⑩諸「聲聞、緣覺、外道」修行所得(的)「三昧、智慧」之力，一切(皆)不能測量決	⑩諸餘「聲聞、辟支佛、外道」修行者不能知故，(甚至已)入「三昧、智力」(者)亦	⑩其餘一切「二乘、外道」(者)，(依其)「定、慧」之力皆不能知(此理)。

了(此理)。	不能覺(知此理)。	

註：明‧曾鳳儀《楞伽阿跋多羅寶經宗通‧卷七》云：
何以謂之「住地」耶？「第七地」所修「人法」二無我智一切遠離，名「遠行地」，尚餘「藏識」心量未滅，至「第八地」捨離，「藏識」心量都滅，名「不動地」，方證「法空」一無所有，此二均謂之「住地」。得「不退轉」，不名「最勝」也，唯「等、妙覺」證入佛地妙莊嚴海，方名「究竟果地」，更無勝於此者。

註：天台山華頂嗣祖沙門詠震(寂震)述《金剛三昧經通宗記‧卷第六》云：
然「七地」與「八地」俱名「住地」菩薩，皆得不退轉故。
又「七地」雖得「無相、無生」之法，而「功用」未忘，「藏識」未淨，不得任運現身現土，故又名為「心量地」。
此「八地」，由轉捨「藏識」，心量都盡，證「無生忍」，入「不動地」，又名「無所有地」，以住於「無功用」故。

4-6 依「智慧力」方能了知菩薩「諸地相」，善能決定果斷諸法「句義」，於無邊佛所「廣集善根」。「心、意、意識」乃「自心」所現，行者須習近「諸佛菩薩」與「善知識」

劉宋‧求那跋陀羅譯《楞伽阿跋多羅寶經》	元魏‧菩提流支譯《入楞伽經》	唐‧實叉難陀與復禮等譯《大乘入楞伽經》
壹 ①(菩薩之)餘地相(乃由)「智慧」巧便分別(而能了知)，	壹 ①(諸二乘及外道)以其不知(菩薩)「諸地」相故，以不能知(菩薩)「智慧」方便差別，	壹 ①唯有修行「如實行者」，以「智慧力」了(知菩薩)「諸地相」，
②(才能)決斷(決定果斷佛法諸)「句義」，	②(才能通達)善「決定」(諸法句義)故。	②(才能)善(通)達(諸法)「句義」，
③(於諸佛)最勝無邊「善根」(而令)成熟，	③以(諸二乘及外道)不能覺諸佛如來「集諸善根」故。	③(於)無邊佛所「廣集善根」。
④離「自心」現妄想虛偽。	④以(諸二乘及外道)不能知「自心」(顯)現境界(而作種種)分別戲論故。	④不(再)妄分別(由)「自心」所(顯)見(外境)，(已)能(正確)知之耳。
貳宴坐(於)山林，(不論是)「下、中、上」(根器皆如是而)修，(皆)能見「自心」(所生的)妄想「流注」(指刹那而前滅後生，相續不斷，如水之流注)。	貳以(諸二乘及外道)不能入種種稠林「阿黎耶識」窟故(喻無法觀見由「阿黎耶識」所現的種種虛妄邪見)。大慧！依「下、中、上」(不同根器而作)如實(的)修	貳大慧！諸修行人(於)宴(坐)處(於)山林，(不論是)「上、中、下」(根器皆如是而)修，(皆)能見「自心」(所現的)分別「流注」(指刹那而前滅後生，相續

	行者，乃能分別見「自心中」(中之)虛妄見故。	不斷，如水之流注)。
㊣(能得)無量刹土(之)諸佛(所)灌頂。	㊣能於無量國土為諸如來(所)授(記佛)位故。	㊢(能)得諸「三昧、自在、(十)力、(神)通」。
㊣(能)得「自在、(十)力、神通、三昧」。	㊢得無量「自在、(十)力、神通、三昧」故。	㊣㊤(能得)諸佛灌頂菩薩圍繞。
㊥(能依止)諸善知識，(及獲)佛子眷屬(等眾圍繞)。	㊥(能)依(止於)善知識(及獲)佛子眷屬(眾等圍繞)。	
㊤彼「心、意、意識」，(皆由)「自心」所現(之)自性境界。	㊤而能得見「心、意、意識」，(皆由)自心「自體」(之)境界故。	㊤知「心、意、意識」所行(之)境界。
㊧(有關)虛妄之想，生死(三)有(大)海，「業、愛、無知」，如是等因，悉已(能)超度。	㊧(有關種種)分別、生死(輪迴)大海，以「業、愛、無知」以為(生死輪迴之)因(而生諸)有故。	㊧超(越)「愛、業、無明」生死大海。
㊨是故，大慧！諸修行者，應當親近最(殊)勝(之諸佛菩薩)，(與善)知識。	㊨大慧！是故(一位)「如實修行」者，應推覓親近「善知識」故。	㊨是故汝等應當親近諸佛菩薩，(與)如實修行(之)「大善知識」。

4-7 偈頌內容

劉宋・求那跋陀羅譯《楞伽阿跋多羅寶經》	元魏・菩提流支譯《入楞伽經》	唐・實叉難陀與復禮等譯《大乘入楞伽經》
爾時世尊欲重宣此義而說偈言：	爾時世尊而說偈言：	爾時世尊重說偈言：
譬如巨海浪。	譬如巨海浪。	譬如巨海浪。

斯由猛風起。	斯由猛風起。	斯由猛風起。
洪波鼓冥壑。	洪波鼓冥壑。	洪波鼓溟壑。
無有斷絕時。	無有斷絕時。	無有斷絕時。
藏識海常住。	黎耶識亦爾。	藏識海常住。
境界風所動。	境界風吹動。	境界風所動。
種種諸識浪。	種種諸識浪。	種種諸識浪。
騰躍而轉生。	騰躍而轉生。	騰躍而轉生。
青赤種種色。	青赤鹽珂乳。	青赤等諸色。
珂乳及石蜜。	味及於石蜜。	鹽貝乳石蜜。
淡味眾花果。	眾華與果實。	花果日月光。
日月與光明。	如日月光明。	非異非不異。
非異非不異。	非異非不異。	意等七種識。
海水起波浪。	海水起波浪。	應知亦如是。
七識亦如是。	七識亦如是。	如海洪波浪。
心俱和合生。	心俱和合生。	心俱和合生。

4-8 偈頌內容

劉宋・求那跋陀羅譯 《楞伽阿跋多羅寶經》	元魏・菩提流支譯 《入楞伽經》	唐・實叉難陀與復禮等譯 《大乘入楞伽經》
譬如海水變。	譬如海水動。	譬如海水動。
種種波浪轉。	種種波浪轉。	種種波浪轉。
七識亦如是。	黎耶識亦爾。	藏識亦如是。
心俱和合生。	種種諸識生。	種種諸識生。
謂彼藏識處。	心意及意識。	心意及意識。
種種諸識轉。	為諸相故說。	為諸相故說。
謂以彼意識。		
思惟諸相義。		

4-9 偈頌內容

劉宋・求那跋陀羅譯	元魏・菩提流支譯	唐・實叉難陀與復禮等譯

《楞伽阿跋多羅寶經》	《入楞伽經》	《大乘入楞伽經》
不壞相有八。	諸識無別相。	八識無別相。
無相亦無相。	非見所見相。	無能相所相。
譬如海波浪。	譬如海水波。	譬如海波浪。
是則無差別。	是則無差別。	是則無差別。
諸識心如是。	諸識心如是。	諸識心如是。
異亦不可得。	異亦不可得。	異亦不可得。
心(第八)名採集業。	心(第八)能集諸業。	心(第八)能積集業。
意(第七)名廣採集。	意(第七)能觀集境。	意(第七)能廣積集。
諸識(第六)識所識。	識(第六)能了所識。	了別(第六)故名識。
現等境說五。	五識現分別。	對現境說五。

4－10 偈頌內容

劉宋・求那跋陀羅譯 《楞伽阿跋多羅寶經》	元魏・菩提流支譯 《入楞伽經》	唐・實叉難陀與復禮等譯 《大乘入楞伽經》
爾時大慧菩薩以偈問曰：	爾時聖者大慧菩薩摩訶薩以偈問佛：	爾時大慧菩薩摩訶薩以頌問曰：
青赤諸色像。	青赤諸色像。	青赤諸色像。
眾生發諸識。	自識如是見。	眾生識顯現。
如浪種種法。	水波相對法。	如浪種種法。
云何唯願說。	何故如是說。	云何願佛說。

4－11 偈頌內容

劉宋・求那跋陀羅譯 《楞伽阿跋多羅寶經》	元魏・菩提流支譯 《入楞伽經》	唐・實叉難陀與復禮等譯 《大乘入楞伽經》
爾時世尊以偈答曰：	爾時世尊以偈答曰：	爾時世尊以頌答曰：
青赤諸雜色。	青赤諸雜色。	青赤諸色像。
波浪悉無有。	波中悉皆無。	浪中不可得。

| 採集業說心。 | 說轉識心中。 | 言心起眾相。 |
| 開悟諸凡夫。 | 為凡夫相說。 | 開悟諸凡夫。 |

4-12 偈頌內容

劉宋・求那跋陀羅譯 《楞伽阿跋多羅寶經》	元魏・菩提流支譯 《入楞伽經》	唐・實叉難陀與復禮等譯 《大乘入楞伽經》
彼業悉無有。	彼業悉皆無。	而彼本無起。
自心所攝離。	自心離可取。	自心所取離。
所攝無所攝。	可取及能取。	能取及所取。
與彼波浪同。	與彼波浪同。	與彼波浪同。

4-13 偈頌內容

劉宋・求那跋陀羅譯 《楞伽阿跋多羅寶經》	元魏・菩提流支譯 《入楞伽經》	唐・實叉難陀與復禮等譯 《大乘入楞伽經》
受用建立身。	身資生住持。	身資財安住。
是眾生現識。	眾生惟識見。	眾生識所現。
於彼現諸業。	是故現轉識。	是故見此起。
譬如水波浪。	水波浪相似。	與浪無差別。

4-14 偈頌內容

劉宋・求那跋陀羅譯 《楞伽阿跋多羅寶經》	元魏・菩提流支譯 《入楞伽經》	唐・實叉難陀與復禮等譯 《大乘入楞伽經》
爾時大慧菩薩復說偈言： 大海波浪性。 鼓躍可分別。 藏與業如是。 何故不覺知。	大海波浪動。 鼓躍可分別。 阿黎耶識轉。 何故不覺知。	爾時大慧復說頌言： 大海波浪性。 鼓躍可分別。 藏識如是起。 何故不覺知。

4-15 偈頌內容

劉宋・求那跋陀羅譯《楞伽阿跋多羅寶經》	元魏・菩提流支譯《入楞伽經》	唐・實叉難陀與復禮等譯《大乘入楞伽經》
爾時世尊以偈答曰： 凡夫無智慧。 藏識如巨海。 業相猶波浪。 依彼譬類通。	 凡夫無智慧。 黎耶識如海。 波浪轉對法。 是故譬喻說。	爾時世尊以頌答曰： 阿賴耶如海。 轉識同波浪。 為凡夫無智。 譬喻廣開演。

4-16 偈頌內容

劉宋・求那跋陀羅譯《楞伽阿跋多羅寶經》	元魏・菩提流支譯《入楞伽經》	唐・實叉難陀與復禮等譯《大乘入楞伽經》
爾時大慧菩薩復說偈言： 日出光等照。 下中上眾生。 如來照世間。 為愚說真實。 已分部諸法。 何故不說實。	爾時聖者大慧菩薩摩訶薩復說偈言： 日出光等照。 下中上眾生。 如來出世間。 為凡夫說實。 佛得究竟法。 何故不說實。	爾時大慧復說頌言： 譬如日光出。 上下等皆照。 世間燈亦然。 應為愚說實。 已能開示法。 何不顯真實。

4-17 偈頌內容

劉宋・求那跋陀羅譯《楞伽阿跋多羅寶經》	元魏・菩提流支譯《入楞伽經》	唐・實叉難陀與復禮等譯《大乘入楞伽經》
爾時世尊以偈答曰：		爾時世尊以頌答曰：

若說真實者。	若說真實者。	若說真實者。
彼心無真實。	彼心無真實。	彼心無真實。
譬如海波浪。	譬如海波浪。	譬如海波浪。
鏡中像及夢。	鏡中像及夢。	鏡中像及夢。
一切俱時現。	俱時而得現。	俱時而顯現。
心境界亦然。	心境界亦然。	心境界亦然。

4-18 偈頌內容

劉宋・求那跋陀羅譯《楞伽阿跋多羅寶經》	元魏・菩提流支譯《入楞伽經》	唐・實叉難陀與復禮等譯《大乘入楞伽經》
境界不具故。	境界不具故。	境界不具故。
次第業轉生。	是故次第現。	次第而轉生。
識者識所識。	識者識所識。	識以能了知。
意者意謂然。	意者然不然。	意復意謂然。
五則以顯現。	五則以現見。	五識了現境。
無有定次第。	定中無如是。	無有定次第。

4-19 偈頌內容

劉宋・求那跋陀羅譯《楞伽阿跋多羅寶經》	元魏・菩提流支譯《入楞伽經》	唐・實叉難陀與復禮等譯《大乘入楞伽經》
譬如工畫師。	譬如巧畫師。	譬如工畫師。
及與畫弟子。	及畫師弟子。	及畫師弟子。
布彩圖眾形。	布彩圖眾像。	布彩圖眾像。
我說亦如是。	我說法亦爾。	我說亦如是。
彩色本無文。	彩色本無文。	彩色中無文。
非筆亦非素。	非筆亦非器。	非筆亦非素。
為悅眾生故。	為眾生說故。	為悅眾生故。
綺錯繪眾像。	綺錯畫眾像。	綺煥成眾像。

4-20 偈頌內容

劉宋·求那跋陀羅譯《楞伽阿跋多羅寶經》	元魏·菩提流支譯《入楞伽經》	唐·實叉難陀與復禮等譯《大乘入楞伽經》
言說別施行。	言說離真實。	言說則變異。
真實離名字。	真實離名字。	真實離文字。
分別應初業。	我得真實處。	我所住實法。
修行示真實。	如實內身知。	為諸修行說。
真實自悟處。	離覺所覺相。	真實自證處。
覺想所覺離。	解如實為說。	能所分別離。
此為佛子說。	此為佛子說。	此為佛子說。

4-21 偈頌內容

劉宋·求那跋陀羅譯《楞伽阿跋多羅寶經》	元魏·菩提流支譯《入楞伽經》	唐·實叉難陀與復禮等譯《大乘入楞伽經》
愚者廣分別。	愚者異分別。	愚夫別開演。
種種皆如幻。	種種皆如幻。	種種皆如幻。
雖見無真實。	唯見非真實。	所見不可得。
如是種種說。	如是種種說。	如是種種說。
隨事別施設。	隨事實不實。	隨事而變異。
所說非所應。	為此人故說。	所說非所應。
於彼為非說。	於彼為非說。	於彼為非說。

4-22 偈頌內容

劉宋·求那跋陀羅譯《楞伽阿跋多羅寶經》	元魏·菩提流支譯《入楞伽經》	唐·實叉難陀與復禮等譯《大乘入楞伽經》
彼彼諸病人。	彼彼諸病人。	譬如眾病人。
良醫隨處方。	良醫隨處藥。	良醫隨授藥。
如來為眾生。	如來為眾生。	如來為眾生。

隨心應量說。	唯心應器說。	隨心應量說。
妄想非境界。	妄想非境界。	世間依怙者。
聲聞亦非分。	聲聞亦非分。	證智所行處。
哀愍者所說。	諸如來世尊。	外道非境界。
自覺之境界。	自覺境界說。	聲聞亦復然。

4－23 菩薩欲了知「能取、所取」實為「自心」所現，當離「憒鬧、群聚、睡眠、外道邪論、二乘法」等

劉宋・求那跋陀羅譯《楞伽阿跋多羅寶經》	元魏・菩提流支譯《入楞伽經》	唐・實叉難陀與復禮等譯《大乘入楞伽經》
復次大慧！若菩薩摩訶薩欲知(由)自心(所)現量(之能)攝受及(所)攝受者(之)妄想境界。	復次大慧！若菩薩摩訶薩欲知「自心離虛妄分別」(之)「能取、可取」境界相者。	復次大慧！菩薩摩訶薩若欲了知「能取、所取」分別境界，皆是自心之所(顯)現者。
①當離「群聚、習俗、睡眠」。	①當離「憒鬧」、離「睡眠蓋」。	①當離「憒鬧、昏滯、睡眠」。
②(於)初、中、後夜，(應)常自覺悟修行方便。	②(於)初夜(至)後夜，(應)常自覺悟修行方便。	②(於)初、中、後夜，(應)勤加修習。
③當離「惡見」經論言說，及(遠離)諸「聲聞、緣覺」乘相。	③(應)離諸外道一切「戲論」，(遠)離「聲聞、緣覺」乘相。	③遠離曾聞「外道邪論」及「二乘法」。
④當通達「自心(所)現妄想之相」。	④當通達「自心現見虛妄分別之相」。	④通達「自心分別之相」。

4－24 菩薩應修學「離二乘與外道之生起相、一切諸佛本願力加持相、自證聖智的究竟之相」等三種「上聖智三相」

劉宋・求那跋陀羅譯《楞伽阿跋多羅寶經》	元魏・菩提流支譯《入楞伽經》	唐・實叉難陀與復禮等譯《大乘入楞伽經》
壹復次大慧！菩薩摩訶	壹復次大慧！菩薩摩訶	壹復次大慧！菩薩摩訶

薩建立「智慧相住」(citta-prajñā-jñāna-lakṣaṇa 心般若智相)已,於「上聖智三相」當勤修學。何等為「聖智三相」當勤修學?所謂:	薩建立住持「智慧心相」(Citta-prajñā-jñāna-lakṣaṇa 心般若智相)者,於「上聖智三相」當勤修學。大慧!何等為「上聖智三相」?所謂:	薩住「智慧心所住相」(citta-prajñā-jñāna-lakṣaṇa 心般若智相)已,於「上聖智三相」當勤修學。何者為三?所謂:
(1)無所有相。 (nirābhāsa-lakṣaṇa 離識境相)	(1)無所有相。 (nirābhāsa-lakṣaṇa 離識境相)	(1)無(任何)影像相。 (nirābhāsa-lakṣaṇa 離識境相)
(2)一切諸佛自願(加持之)處相。	(2)一切諸佛自願「住持」(加持之)相。	(2)一切諸佛(本)願(力加)持相。 (sarva-buddha-svapraṇi-dhānādhiṣṭhana-lakṣaṇa)
(3)「自覺聖智」(自內身聖智證法)究竟之相。	(3)「內身聖智」(之)自覺知相。	(3)「自證聖智」(自內身聖智證法)所趣(之)相。
貳修行(若能)得此(上聖智三相)已,(即)能捨「跛驢心智慧相」(跛驢 khañja-gardabha,此喻未得「無功用道」),(便)得(能入)「最勝子第八之地」,則於彼「上(聖智)三相」修(行中而)生。	貳修行此已,能捨「跛驢智慧之相」(八地之「前」的菩薩,皆為「有功用道」。八地以上,已生起純淨無漏功德,故稱為「無功用道、無功用地」。若就最高的「佛果」而言,則八地以上仍然屬「有功用道」,唯有證得「佛果」方為「無功用道」),得「勝子第八地」(的上聖智)三相修行。	貳諸修行者,(若能)獲此(上聖智三相)相已,即(能)捨「跛驢智慧心相」(khañja 跛。gardabha 驢),(便得能)入菩薩「第八地」,(故應)於此(上聖智)三相修行(而)不捨。
參大慧!「無所有相」者,謂:(無)「聲聞、緣覺」及「外道」相,彼(二乘與外道皆)修習生(起之相)。	參大慧!何者「無所有相」?謂:(應)觀「聲聞、緣覺、外道」相(而無生起之相)。	參大慧!「無影像相」者,謂:(行者)由(於已)慣習(習慣熟習)一切「二乘、外道」(之)相故,(也知道外道)而得生起(的原因)。
肆大慧!「自願處相」者謂:諸先佛自願(加持之)處修(習而)生。	肆大慧!何者「一切諸佛自願住持(神力加持)相」?謂:諸佛本自作願「住持」	肆「一切諸佛願(加)持相」者,謂:由諸佛自本願力所「加持」故,而得生起。

	(神力加持)諸法。	
㈤大慧！（所謂）「自覺聖智究竟相」（自內身聖智證法的「究竟相」）者：	㈤大慧！何者「內身聖智自覺知相」（自內身聖智證法所覺的「究竟相」）？	㈤（所謂）「自證聖智所趣相」（自內身聖智證法所趣的「究竟相」）者，謂：
一切法相，無所「計著」（計量執著），（能）得「如幻三昧身」，（於）「諸佛地處」（能）進趣（上進趣向修）行（而）生（起）。	（於）一切法相無所「執著」，（證）得「如幻三昧身」，（於）「諸佛地處」（能）進趣（上進趣向而）修行。	由不取（著）一切法相，（能）成就「如幻諸三昧身」，（能進）趣（於）「佛地智」故而得生起。
㈥大慧！是名「聖智三相」，若成就此「聖智三相」者，（則）能到「自覺聖智究竟境界」（自內身聖智證法所趣的「究竟相」）。	㈥大慧！是名「上聖智三相」，若成就此「三相」者，（則）能到「自覺聖智境界」（自內身聖智證法所趣的「究竟相」）。	㈥大慧！是名「上聖智三種相」，若得此相，即（能）到「自證聖智所行之處」（自內身聖智證法所行的「究竟相」）。
㈦是故大慧！「聖智三相」，當勤修學。	㈦是故大慧！諸菩薩摩訶薩求「上聖智三相」者，當如是學。	㈦汝及諸菩薩摩訶薩應勤修學。

第三章 諸法自性章

第5節 離有無妄想

5-1 佛為諸菩薩大眾說：為「百八句」分別所依之「聖智事分別自性法門」

劉宋・求那跋陀羅譯《楞伽阿跋多羅寶經》	元魏・菩提流支譯《入楞伽經》	唐・實叉難陀與復禮等譯《大乘入楞伽經》
爾時大慧菩薩摩訶薩知大菩薩眾「心之所念」，名「聖智事分別自性經」，承一切佛威神之力，而白佛言：	爾時聖者大慧菩薩摩訶薩知諸大菩薩眾「心之所念」，承佛如來住持(神力加持)之力問於如來；名「聖智行分別法門體」。	爾時大慧菩薩摩訶薩知諸菩薩「心之所念」，承一切佛威神之力白佛言：
世尊！唯願為說「聖智事分別自性經」，(此皆以)「百八句」(重新細分應為106句)分別(之)所依。	世尊！願為我說名「聖智行分別法門體」，(此皆)依「百八句」(重新細分應為106句)分別(而)說。	唯願為說「百八句」(重新細分應為106句)差別所依(之)「聖智事自性法門」。(ārya-jñana-svabhāva-vastu 聖智自性事)

5-2 如來為菩薩墮入「自相、共相」之「妄想自性」者，而宣說種種「妄想自性」之差別法。善知此義者，入「二無我」，超「二乘、外道」三昧樂，離「五法、三自性」，昇「兜率陀宮、色究竟天」，成如來法身

劉宋・求那跋陀羅譯《楞伽阿跋多羅寶經》	元魏・菩提流支譯《入楞伽經》	唐・實叉難陀與復禮等譯《大乘入楞伽經》
❶如來應供等正覺，依此(百八句而)分別說：(若有)菩薩摩訶薩(墮)入「自相、共相」(之)「妄想自性」(遍計所	❶如來應正遍知，(皆)依此「百八句」(重新細分應為106句)，為諸菩薩摩訶薩分別說：(具有)「自相、同相」(之)	❶一切如來應正等覺，為諸菩薩摩訶薩(凡有)墮「自、共」相者，(而)說此「妄計性差別義門」。

執)，(則)以「分別說妄想自性(過計所執)」故。	「妄想分別(過計所執)體修行差別法」。	
㊍(若菩薩得此法門)則能善知(而)周遍觀察「人、法無我」，(即能)淨除「妄想」，(及)照明「諸地」。	㊍諸菩薩善得此「妄想分別(過計所執)自體法行差別」，(即)能清淨「人無我、法無我」，(及)善解「諸地」。	㊍(若菩薩)知此義已，則能淨治「二無我」，(及)觀(如來)境(而)照明「諸地」。
㊌(即可)超越一切「聲聞、緣覺」，及諸「外道」(之)諸「禪定樂」。	㊌(即可超越)過諸「聲聞、辟支佛」禪定「三摩跋提(samāpatti 等至、正定現前)之樂」。	㊌(即可)超越一切「二乘、外道」(之)「三昧之樂」。
㊍(能)觀察「如來不可思議所行境界」。	㊍(能)得「諸佛如來不可思議境界修行」故。	㊍(能)見諸「如來不可思議所行境界」。
㊎畢定(能轉)捨離「五法(名、相、妄想、正智、如如)、(三)自性」。	㊎得(轉)離「五法(名、相、妄想、正智、如如)、(三)自體相行」。	㊎畢竟(能轉)捨離「五法(名、相、妄想、正智、如如)、(三)自性」。
㊏(能以)諸佛如來「法身智慧」(而)善自莊嚴，(能生)起「幻境界」。	㊏(能)入諸佛「法身」體真實行故，(能)得如來「法身」善決定處，(於)「如幻境界」所(能)成(就)故。	㊏以一切佛「法身智慧」而自莊嚴，(能)入「如幻境」。
㊐(能上)昇(至)一切佛刹，(或昇至)「兜率天宮」，乃至(到)「色究竟天宮」。	㊐(能上昇至)一切國土(處)，(或)從(至)「兜率天、阿迦尼吒(Akaniṣṭha)」處。	㊐(能)住(於)一切(佛)刹(土)，(或昇至)「兜率陀宮、色究竟天」。
㊑(最終能)逮得「如來常住法身」。	㊑(最終)得(證)「如來法身」故。	㊑(最終能)成「如來身」。

5-3 外道執著「空無」邪見，謂諸法均同兔而「無」角。外道見

「**大種、求那、極微、陀羅驃、形、處**」等橫法(縱橫交錯之法)**各各差別，又執兔「無」角，牛「有」角**

劉宋・求那跋陀羅譯 《楞伽阿跋多羅寶經》	元魏・菩提流支譯 《入楞伽經》	唐・實又難陀與復禮等譯 《大乘入楞伽經》
⑤佛告大慧：有一種外道，作「無所有」(空無斷滅)，妄想「計著」(計量執著)，覺知(諸法皆隨其)「因」(的壞)盡(而成為虛無)，(故生)兔「無」角(之妄)想，如兔「無」角，(故)一切法亦復如是(終歸斷滅)。	⑤佛告聖者大慧菩薩：有一種外道邪見執著「空無」(空無斷滅)，(其)所有妄想(的)分別智因有二(種)，(有)自體、無(自)體，(如)分別兔角(之)「無」，如兔角(既)「無」，(那)諸法亦「無」。	⑤佛言：大慧！有一類外道，見一切法隨(其)「因」(的壞滅)而(生滅)盡(想)，生分別(見)解；(妄)想兔「無」角，起於(斷滅的)「無」見，如兔角(之)「無」，(故)一切諸法悉亦如是。
⑥大慧！復有餘外道見「種」(四大種)、求那(guṇa 功德；功德之性。印度勝論派外道哲學認為宇宙諸法皆有六種原理[六諦；六句義]，此為第二句，指法的「德性、屬性」)、極微(paramāṇa)、陀羅驃(dravya。印度勝論派外道哲學認為宇宙諸法皆有六種原理[六諦；六句義]，此為第一句，稱「實」句義，指法之「實體」)、形、處」橫法(縱橫交錯之法)各各差別。	⑥大慧！復有餘外道見「四大、功德(guṇa 功德；功德之性)、實有物(dravya 陀羅驃)」，見各各有「差別相」(種種劃分之差別相)。	⑥復有外道見「(四)大種、求那(guṇa 功德)、塵(paramāṇa)」等諸物「形、量」分位(種種劃分差別諸位)，各差別已。
見已，「計著」(計量執著)「無」兔角(的)橫法(縱橫交錯之法)，(又另)作牛(一定)「有」角想。	實「無」兔角，(但外道)虛妄執著(其虛無)，(又)「妄想分別」實「有」牛角。	(外道)執兔(一定是)「無」角，於此而(另)生牛(一定是)「有」角想。

印度勝論派外道哲學主張宇宙萬有，都具有「六種原理」(六諦；六句義)傳係為古代印度勝論學派之祖師優樓佉(Ulūka)所立，至後代的慧月(Maticandra)論師乃依據「六句義」而另廣開為「十句義」。

六句義：

❶**實**句義(陀羅驃;主諦;所依諦→dravya-padārtha)：指諸法之「實體」皆有「地、水、火、風、空、時、方、我、意」等九種的「實體」義。

❷**德**句義(求那;依諦→guṇa-padārtha)：指「實句義」的「屬性」功能，或稱「功德之性、德性」，即諸法事物之「性質、狀態、數量」等義。在《勝論經》(Vaiśeṣika-sūtra)中有舉出諸法之「實體」具有「色、香、味、觸、數、量、別體、合、離、彼體、此體、覺、樂、苦、欲、瞋、勤勇」等十七種之「德」性。但後人**慧月**所創的「十句義」論則更加「重體、液體、潤、行、法、非法、聲」等七種之「德」性，總共列舉諸法實體具有「二十四」種之德性。

❸**業**句義(作用諦→karma-padārtha)：指諸法「實體」的一種業力「運動」，包括有「取、捨、屈、伸、行」等五種的業力「運動」。

❹**同**句義(總相諦;總諦;有句義→sāmānya-padārtha)：指諸法皆具有「相同」或「總相諦」上的一種特性，所以此句又名「有性」，又作「有句義」。

❺**異**句義(別相諦;同異句義;別諦→viśeṣa-padārtha)：指諸法皆有「差別」上的不同性質。

❻**和合**句義(無障礙諦→samavāya-padārtha)：指諸法皆具有「實、德、業、同、異」等這五句的特質，但也具有「相互攝屬」的「和合」而無障礙、亦不相離。

最後復由**慧月**成立十句義說。即：

①**實**(dravya)句義：為法之「實體」，亦為以下九者所依之體，計有「地、水、火、風、空、時、方、我、意」等九種。即形成「諸法萬有」之要素分為九類，前五者為「物質」之要素，如：

「時、方」為成立的「時間、空間」要素。

「我、意」二者指「心理」之要素。

有「色、味、香、觸」者為「地」；

有「色、觸、味」及「液潤」者為「水」；

有「色、觸」者為「火」；

唯有「觸」者為「風」；

唯有「聲者」為「空」；

令起「彼此、俱不俱、遲速」等語及概念之「因」，即為「時」；

令起「東、西、南、北」等語及「概念」之因，即為「方」；

「覺、樂、苦」等「和合」之因緣，而亦能起智之相，即為「我」；

「覺、樂、苦」等「不和合」之因緣，而亦能起智之相，即為「意」。

②**德**(guṇa)句義：指「實句義」之「屬性」功能。即事物之「性質、狀態、數量」等義，計有二十四種。即「色、味、香、觸、數、量、別體、合、離、彼體、此體、覺、樂、苦、欲、瞋、勤勇、重體、液體、潤、行、法、非法、聲」等，（古說無「重體」以

下之七性）。

③業(karma)句義：指實體之「動作」，計有「取業、捨業、屈業、伸業、行業」五種，以此五種包括一切「運動」。

④同(sāmānya)句義：即「有性」，故又作「有句義」。為事物相互類「同原因」之原理。係知「實、德、業」三者皆「同」為「有」，為詮智之因。

⑤異(viśeṣa)句義：賦與萬有一切的「特殊性、個別性」，使其產生「差異原因」之原理，故產生九種「實句義」相互間之「差異」。對於「六句義」說，此「異句義」尚包含「有能、無能、俱分」三句義。

⑥和合(samavāya)句義：「結合」以上「實、德、業、同、異」等五個原理，皆能「繫屬」有「共同」關係之原理。

⑦有能(śakti)句義：此與「實、德、業」三句義和合，決定共同或個別造「自果」的必須之因。

⑧無能(aśakti)句義：此與「實、德、業」三句義和合，決定三者不造「自果」以外之其他「餘果」必須之因。

⑨俱分(sādṛśya)句義：一法體具有「亦同亦異」兩用之因，即諸法「同、異」之關係，除「同、異」句義之「極端」外，其他一切的關係均能包攝於此「俱句義」中。

⑩無說(abhāva)句義：對以上九種存在之原理，指成為「非存在、不存在」之原理。以「實、德、業」等為例，若因緣未和合，則有未生之「未生無」；因緣力盡則滅之「已滅無」；有一方則無他方之「更互無」；有性與「實、德、業」不和合故，無之「不會無」；以「無因」故，過、現、未不生之「畢竟無」等五種的「無」。

前九句皆有關於「有性」，第十句則就「非有」而立「句義」，以總括「萬有」之「生存壞滅」。在《成唯識論述記・卷一》末，也廣以諸門分別這「十句義」。

5-4　「離有離無」者，而仍作兔「無角」想，此亦為邪想，但亦不能作牛「有角」想。聖人智境皆已離「有、無」等分別

劉宋・求那跋陀羅譯《楞伽阿跋多羅寶經》	元魏・菩提流支譯《入楞伽經》	唐・實叉難陀與復禮等譯《大乘入楞伽經》
㊀大慧！彼(外道)墮(有無)「二見」，不解「心量」，(皆由)「自心」(所現之)境界，妄想(所)增長。	㊀大慧！彼諸外道墮於(有無)「二見」，不知(諸法)「唯心」，妄想分別，增長「自心」(所生之外境)界。	㊀大慧！彼(外道)墮(有無)「二見」，不了「唯心」，但於「自心」增長分別。
㊁(自)身、(資生所)受用(的一	㊁大慧！如「身、資生、	㊁大慧！「身」及「資生、

切)建立，(皆以)妄想(爲)根量(諸根所思量的境界)。**大慧！**一切法性亦復如是，(應)離「有、無」，不應作(妄)想(分別)。	器世間」等，唯是心分別，(故)不得分別兔角(之有無)，(應)離於「有、無」。**大慧！**不得分別一切諸法，(應)離於「有、無」。	器世間」等，一切皆唯「分別」(之)所現。
(參)**大慧！**若復(已)離「有、無」者；而(仍)作兔「無角」(之)想，(此)是名「邪想」，彼(皆爲)「因待」觀(有角與無角皆是「相因對待」所觀之法)。故兔(之)「無角」，不應作(此之)想。	(參)**大慧！**若有人(已)離於「有、無」，(而仍)作如是言：「無有、有」兔角(的)分別。(故應)不得分別「無有、有」兔角。彼人見(彼皆)「相待因」(有角與無角皆是「相因對待」所觀之法)，(故)不得分別「無」兔角。何以故？	(參)**大慧！**應知兔角(乃)離於「有、無」，諸法悉然，勿生分別。云何兔角離於「有、無」？(因彼皆)互「因待」(有角與無角皆是「相因對待」所觀之法)故。
(肆)乃至(觀察)「微塵」分別(之)事性(體性)，悉不可得。	(肆)**大慧！**乃至觀察「微細微塵」，不見實事(真實之事體、自體相)。	(肆)(再)分析「牛角」(之有無)，乃至(一切)「微塵」，求其「體相」終不可得。
(伍)**大慧！**聖境界「離」(遠離有與無「相對待」之邪見)，不應作牛「有」角想。	(伍)「離」(遠離有與無「相對待」之邪見，乃是)聖人智境界，(故)不得分別「有」牛角。	(伍)聖智(之)所行，(皆)「遠離」彼見(有與無「相對待」之邪見)，是故於此(兔無角牛有角)不應分別。

5-5 凡愚外道見「不生」之相時(如見兔無角之相)，即以「比度思量」(比量)的推測牛「有角」，故計執兔角之「虛無」，此理正確否？

劉宋・求那跋陀羅譯《楞伽阿跋多羅寶經》	元魏・菩提流支譯《入楞伽經》	唐・實叉難陀與復禮等譯《大乘入楞伽經》
爾時大慧菩薩摩訶薩白佛言：世尊！(凡愚外道)得無(豈不；莫非是將)妄想者，見「不生相」(如見兔無角的「不生」相)已，	爾時聖者大慧菩薩摩訶薩白佛言：世尊！世尊！愚癡凡夫不見分別相(指凡夫不見「有、無」之種種分別相並非真實有)，	爾時大慧菩薩摩訶薩復白佛言：世尊！彼(凡愚外道)豈不以(豈不是將)「妄見」起相，(而去)「比度」(比度思量)觀待(觀

隨(而)「比思量」(比度思量)觀察，「不生」(將兔無角的「不生」相)妄想(妄想計執而去)言「無」(虛無)耶？	而「比智」(比度思量)分別，彼人(凡愚外道)見「無」(妄計爲「虛無」)？	察相對待之法)，妄計(妄想計執)「無」(虛無)耶？

5-6 觀察「兔無角」之相而言「無」，乃依「牛有角」之「相待」分別而起「無」之妄想，此理乃謬。「分別心」乃依於「有角」與「無角」外在形像之妄想。吾人要遠離「分別心」與「兔角有無」之間的「異」與「不異」這種相對待法。故兔角之「有」與「無」不應依於「相待」之分別，亦如「空性」之理，不應「相待」於「實有」而產生

劉宋・求那跋陀羅譯《楞伽阿跋多羅寶經》	元魏・菩提流支譯《入楞伽經》	唐・實叉難陀與復禮等譯《大乘入楞伽經》
㊀佛告大慧：(並)非(去)觀察(兔角的)「不生」(相，然後才)妄想(計執的去)言(其虛)無(的角)。所以者何？	㊀佛告聖者大慧菩薩：大慧！(並)非(從)觀「分別心」(而去言)彼人(之虛)無相。何以故？	㊀佛言：不以分別(心生)起「相待」(法)以(去)言(其虛)無。何以故？
㊁妄想(妄想之分別心)者，(乃)因彼(指「角」之有無)生故。	㊁因虛妄「分別」心(的生起)，(乃)依「角」(之有無而)有分別心。	㊁彼以「分別」(角之有無)為生(起分別心之)因故，
㊂(外道凡愚乃)依彼「角」(而)生妄想，以依「角」(之有無而)生妄想。	㊂大慧！依止「虛妄角」(而)有「分別心」。	㊂以「角」(之)分別，為其所依(角的「有與無」乃妄想分別心之所依止)。
㊃是故言：「依因」(依著兔角的「有與無」乃生起妄想分別之因)故，離「異、不異」(即遠離「異」與「不異」的相待法)，故(並)非(去)觀察(兔角的)「不生」(相，然後才)妄想(計執的去)言(其虛)無	㊃是故「依、依止因」(兔角的「有與無」乃是妄想分別心之能依與所依處)，離「相待法」(即遠離「異」與「不異」的相待法)，非見法(而言)彼無角。(並非是見到了「兔無角」的「不生」相法，然後才去妄想執	㊃「所依」(兔角的「有與無」乃妄想分別心之所依止)為因，離「異、不異」(即遠離「異」與「不異」的相待法)，非由「相待」(法中去)顯(示)兔角(虛)無(之理)。

(的)角。	著的認爲「兔角是虛無」的)	

5-7 關於「分別妄想心」與「兔角有無」的道理，吾人應遠離「異」與「不異」這種相對待法。若將「角」分析至「極微」處，皆無「牛有角、兔無角」的妄想可推得，外道持「有、無」的「相待」見，故堅持言「有角、無角」

劉宋・求那跋陀羅譯《楞伽阿跋多羅寶經》	元魏・菩提流支譯《入楞伽經》	唐・實叉難陀與復禮等譯《大乘入楞伽經》
⑴大慧！若復(將生起)妄想(的分別心)異(離)「角」者，則(妄想分別心就)不因「角」(而)生。	⑴大慧！若(能)離「分別心」，(而)更有「分別」(的話)，應離「角」有(應遠離從「角之有無」而產生的分別心)，非因「角」有(並不是從「角之有無」而產生的分別心)。	⑴大慧！若此「分別」(心)能異(離)「兔角」者，則非「角」因(則「角」就非是妄想生起之因了)。
⑵(妄想分別心)若「不異」(不離)者，則因「彼」(「彼」字指「角」→分別心確實是由「角」而生起)故。	⑵大慧！若「不離」(者)，「彼」分別心(「彼」字指「角」→分別心確實是由「角」而生起)。	⑵(分別心)若「不異」(不離)者，因「彼」而起(「彼」字指「角」→分別心確實是由「角」而生起)。
⑶乃至(觀察分析其「角」至)「微塵」(處)，(進而)分析推求，悉不可得。	⑶(從)「彼」法(「彼」字指「角」)乃至觀察(分析其「角」至)「微塵」(處)，(皆)不見有實物。	⑶大慧！分析「牛角」乃至(觀察到)「極微」(處)，求(之皆)不可得。
⑷(分別心乃)「不異」(不離)角故，「彼」(指「角」)亦「非性」(非有真體性)。(角之有無)二俱「無性」(無自性)者，(既如此的話,那有)何法、何故而(能再)言(兔角之爲)「無」耶？	⑷大慧！(角)「不離」於(分別)心，「彼」(指「角」)法應無。以彼(角)二法(之)「有、無」，(皆)不可得，若爾(若可得的話)，見何等法？有何等法(亦跟兔角一樣是)無(嗎)？	⑷(若)「異」(相異於)於「有角」，(即)言(是)「無角」者。如是分別(這種相對待的分別心)，決定「非理」，(角之有與無)二俱「非有」(無真實的存有)，誰「待」(相對待)於誰？
⑸大慧！若(兔角本)「無」	⑸大慧！若不如是見	⑸若「相待」不成，(若相)

故「無」角。(若是去)觀(察牛之)「有」(角)，故言兔(之)「無」角者，(皆)不應作(此相待的分別妄)想。	「有、無」，不得分別「有、無」。此義云何？見「有」牛角，(或)見「無」兔角，(此皆)不得如是(的從相對待法而生起妄想)分別。	「待」於(牛之)「有」(角)，故(去)言兔角(之)「無」，(此皆)不應(從相對待法中而生起妄想)分別。
㈥大慧！(此爲)不正「因」故(並非爲「正見的理解之因」)。	㈥大慧！以因「不相似」故。	㈥不正「因」故(並非爲「正見的理解之因」)。
㈦而(因「角」之有無而)說「有、無」，(其)二俱(皆)不成(立)。	㈦「有、無」義不成，以諸「外道、凡夫、聲聞」(所)說(的)「有、無」義，(其)二俱(皆)不成(立)故。	㈦(外道凡愚之)「有、無」論者，執「有」(或)執「無」，(其)二俱(皆)不成(立)。

5-8 有外道見「色、形狀、虛空」分別相而生執著，彼不善知「虛空」之自性，更言「色」異於「虛空」

劉宋・求那跋陀羅譯《楞伽阿跋多羅寶經》	元魏・菩提流支譯《入楞伽經》	唐・實叉難陀與復禮等譯《大乘入楞伽經》
㊀大慧！復有餘外道見計著(計量執著)「色、空、事、形、處」橫法(縱橫交錯之法)，不能善知「虛空」(之)分齊(差別的分際齊限)。	㊀大慧！復有餘外道見「色」有因，妄想執著「形相」長短(見色有因➔起執其形相色差)。見「虛空」(爲)無「形相」(之一種)分齊。 (外道凡愚見虛空是無形的，於是生起執著其「虛無斷滅」之「無形」。此表示外道凡愚不能善知「虛空」之自性乃不異於「色」的道理)	㊀大慧！復有外道見「色、形狀、虛空」(之)分齊(差別的分際齊限)，而生執著。
㊁(外道凡愚竟)言「色」(乃)離(於)「虛空」，起「分齊」(差別的分際齊限之邪)見妄想。	㊁(外道凡愚竟)見諸「色相」(乃)異於「虛空」，有其「分齊」(分別)。	㊁(外道凡愚竟)言「色」(乃)異(於)「虛空」，起於分別。

5-9 「虛空」為「能持」；「色」為「所持」。「虛空」與「色」能互入，故「虛空」與「色」乃「不離」也。四大「地水火風」有堅、溼、暖、動各自差別，亦不住「虛空」，故「虛空」與「色」乃「不即」也

劉宋・求那跋陀羅譯《楞伽阿跋多羅寶經》	元魏・菩提流支譯《入楞伽經》	唐・實叉難陀與復禮等譯《大乘入楞伽經》
❶大慧！「虛空」(即)是「色」，(虛空能)隨入「色種」(色大)。	❶大慧！「虛空」即是「色」，以「色大」(能隨)入「虛空」故。	❶大慧！「虛空」(即)是「色」，(能)隨入「色種」。
❷大慧！「色」(即)是「虛空」，「(能)持、所持」處所建立性(能持之虛空法與所持之色法，乃互相建立、互相依止也)。(所以有關)色(法)、(虛)空(法)事(之)分別，當(作如是)知。(即→色「不離」虛空也)	❷大慧！「色」即是「虛空」，依「此法」(色法)有「彼法」(虛空法)，依「彼法」(虛空法)有「此法」(色法)故，以依「色」(法而)分別「虛空」，(或)依「虛空」(而)分別「色」(色法)故。(即→色「不離」虛空也)	❷大慧！「色」(即)是「虛空」，「能持、所持」建立性(能持之虛空法與所持之色法，乃互相建立、互相依止也)故。(所以有關)「色、空」分齊(差別的分際齊限)，應(作)如是知。(即→色「不離」虛空也)
❸大慧！「四大種」生(起)時，(其)自(體)相各別(各個互別)。	❸大慧！「四大種」生(起)時，(其)自(體)相各別(各個不同)。	❸大慧！(四)大種,生(生起)時,(其)自(體)相各別(各個不同),
❹(四大種)亦不住(於)「虛空」；(即→四大種「不即」虛空也)	❹(四大種亦)不住(於)「虛空」；(即→四大種「不即」虛空也)	❹(四大種亦)不住(於)「虛空」中；(即→四大種「不即」虛空也)
❺(若亦)非「彼」(四大種)，(則亦)無「虛空」。(即→四大種亦「不離」虛空也)	❺而(於)「四大」中，(亦)非無「虛空」。(即→四大種亦「不離」虛空也)	❺(若)非「彼」(四大種)，(則亦)無「虛空」。(即→四大種亦「不離」虛空也)

5－10 分析「牛角」至「微塵」，再析彼「彼塵」，其相不現，均不可得見。既不可得見，如何由「相待之有無觀念」來決定其「有」或「無」？凡有「相待」之法，皆非佛之「正量」

劉宋・求那跋陀羅譯 《楞伽阿跋多羅寶經》	元魏・菩提流支譯 《入楞伽經》	唐・實叉難陀與復禮等譯 《大乘入楞伽經》
❶如是大慧！(因)觀牛(之)「有」角，故(言)兔(之)「無」角。	❶大慧！「兔角」亦如是，因(觀)牛角(之)「有」，(而去)言兔角(之)「無」。	❶大慧！「兔角」亦爾，(因)觀(相)待(法之)牛(有)角，(而去)言彼(兔)角(之)「無」。
❷大慧！又「牛角」者(將之)析為「微塵」，又(再去)分別(其)「微塵」，(乃)刹那不住(與不可得)。	❷大慧！又(將)彼「牛角」析為「微塵」，(再去)分別「微塵」相，(皆)不可得見。	❷大慧！分析「牛角」乃至「微塵」，又析彼「塵」，其相(皆)不現。
❸彼(兔角如)何(能以「相待法」)之所「觀」故，而(去)言(兔角之)「無」耶？若言(以此「相待法」去)「觀」(一切)餘物者，彼法亦然。	❸彼何等何等法(為)「有」？何等何等法(為)「無」？而(從「相待法」中去)言「有」耶？(去言)「無」耶？若(以)如是(的「相待法」去)「觀」(一切)餘法亦然。	❸彼(兔角如)何(從)所(相)待(之法中)而(去)言(其)「無」耶？若(以相)待(法去看一切)餘物，彼亦如是。

5－11 離「兔角、牛角、虛空、形色」等異見妄想，思惟「自心」所現妄想，即入一切刹土，為佛「最勝子」

劉宋・求那跋陀羅譯 《楞伽阿跋多羅寶經》	元魏・菩提流支譯 《入楞伽經》	唐・實叉難陀與復禮等譯 《大乘入楞伽經》
❶爾時世尊告大慧菩薩摩訶薩言：當離「兔角、牛角、虛空、形色」(等種種)異見妄想。	❶爾時佛告聖者大慧菩薩言：大慧！汝當應離「兔角、牛角、虛空、(形)色」異妄想見等。大慧！汝亦應為諸菩薩說離「兔角」等(妄)相。	❶大慧！汝應遠離「兔角、牛角、虛空」及(形)色(等)所有(的妄想)分別。

㊣汝等諸菩薩摩訶薩當思惟「自心」(所)現(之)「妄想」。	㊣大慧！汝應當知「自心所見」虛妄分別之相。	㊣汝及諸菩薩摩訶薩應常觀察(由)「自心所見」分別之相。
㊂(如此即能)隨入為一切剎土，(成爲佛之)「最勝子」，以「自心」現方便而教授之。	㊂大慧！汝當於諸佛國土中，為「諸佛子」，說汝「自心」現見一切虛妄境界。	㊂於一切國土為「諸佛子」說觀察「自心」修行之法。

5－12 偈頌內容

劉宋·求那跋陀羅譯《楞伽阿跋多羅寶經》	元魏·菩提流支譯《入楞伽經》	唐·實叉難陀與復禮等譯《大乘入楞伽經》
爾時世尊欲重宣此義而說偈言：	爾時世尊重說偈言：	爾時世尊即說頌言：
色等及心無。	色於心中無。	心所見無有。
色等長養心。	心依境見有。	唯依心故起。
身受用安立。	內識眾生見。	身資所住影。
識藏現眾生。	身資生住處。	眾生藏識現。
心意及與識。	心意與意識。	心意及與識。
自性法有五。	自性及五法。	自性五種法。
無我二種淨。	二種無我淨。	二無我清淨。
廣說者所說。	如來如是說。	諸導師演說。
長短有無等。	長短有無等。	長短共觀待。
展轉互相生。	展轉互相生。	展轉互相生。
以無故成有。	以無故成有。	因有故成無。
以有故成無。	以有故成無。	因無故成有。
微塵分別事。	分別微塵體。	微塵分析事。
不起色妄想。	不起色妄想。	不起色分別。
心量安立處。	但心安住處。	唯心所安立。
惡見所不樂。	惡見不能淨。	惡見者不信。

覺想非境界。	非妄智境界。	外道非行處。
聲聞亦復然。	聲聞亦不知。	聲聞亦復然。
救世之所說。	如來之所說。	救世之所說。
自覺之境界。	自覺之境界。	自證之境界。

第6節 淨自心現流(頓漸法)

6－1 如何「淨除眾生由自心所現的習氣煩惱流」？此為頓(一時淨)？為漸(漸次淨)？

請參閱 **15－1** **15－5** **15－6**

劉宋‧求那跋陀羅譯 《楞伽阿跋多羅寶經》	元魏‧菩提流支譯 《入楞伽經》	唐‧實叉難陀與復禮等譯 《大乘入楞伽經》
㊀爾時大慧菩薩為「淨除(眾生由)自心(所)現(的習氣煩惱)流」故，復請如來白佛言：	㊀爾時聖者大慧菩薩摩訶薩為「淨(除眾生)自心(所)現(的習氣煩惱)流」，復請如來而作是言：	㊀爾時大慧菩薩摩訶薩為「淨(除眾生)自心(所)現(的習氣煩惱)流」故，而請佛言：
㊁世尊！云何「淨除一切眾生自心現流」？ 為(一時即能完全淨除的)頓？ 為(逐)漸(才能淨除)耶？	㊁世尊！云何「淨除自心現流」？ 為「次第淨」？ 為「一時」耶？	㊁世尊！云何「淨諸眾生自心現流」？ 為「漸次淨」？ 為「頓淨」耶？

6－2 譬如「菴摩羅果」是屬於「漸熟」而非「頓」，如來「為淨除眾生由自心所現的習氣煩惱流」，乃「漸淨」而非「頓」

劉宋‧求那跋陀羅譯 《楞伽阿跋多羅寶經》	元魏‧菩提流支譯 《入楞伽經》	唐‧實叉難陀與復禮等譯 《大乘入楞伽經》
㊀佛告大慧：(如來為淨除眾生由自心所現的習氣煩惱流乃)「漸淨」(而)非「頓」，如「菴羅果」，	㊀佛告聖者大慧菩薩摩訶薩言：大慧！「淨自心現流」，(是)次第「漸淨」，非為	㊀佛言：大慧！(如來為淨除眾生由自心所現的習氣煩惱流乃)「漸淨」(而)非「頓」，如「菴

(即是)「漸熟」(而)非「頓」。	「一時」(即能淨除)。 大慧!譬如「菴摩羅果」, (即是)「漸次成熟」(而)非為 「一時」。	羅果」,(即是)「漸熟」(而)非 「頓」。
⚁如來「淨除一切眾生 自心現流」,亦復如是,(屬 於)「漸淨」非(而非)「頓」。	⚁大慧!眾生「清淨自 心現流」,亦復如是,(屬於) 「漸次清淨」,非為「一時」。 (即能淨除)。	⚁諸佛如來「淨諸眾生 自心現流」,亦復如是,(屬 於)「漸淨」(而)非「頓」。

6-3 譬如「陶師」造作諸器都是「漸成」而非「頓」,如來「為淨除眾生由自心所現的習氣煩惱流」,乃「漸淨」而非「頓」

劉宋・求那跋陀羅譯 《楞伽阿跋多羅寶經》	元魏・菩提流支譯 《入楞伽經》	唐・實叉難陀與復禮等譯 《大乘入楞伽經》
⚀譬如「陶家」(kumbha- kāra)造作諸器,(皆是)「漸成」 (而)非「頓」。	⚀譬如「陶師」(kumbha- kāra)造作諸器,(皆是)「漸次 成就」,非為「一時」。	⚀如「陶師」(kumbha-kāra) 造(作諸)器,(皆)「漸成」(而) 非「頓」。
⚁如來「淨除一切眾生 自心現流」,亦復如是,(屬 於)「漸淨」(而)非「頓」。	⚁大慧!諸佛如來「淨 諸眾生自心現流」亦復如 是,(屬於)「漸次」而淨,(而) 非「一時淨」。	⚁諸佛如來「淨諸眾生 自心現流」,亦復如是,(屬 於)「漸」而非「頓」。

6-4 譬如「大地漸生萬物」都是屬於「漸生」而非「頓」,如來「為淨除眾生由自心所現的習氣煩惱流」,乃「漸淨」而非「頓」

劉宋・求那跋陀羅譯 《楞伽阿跋多羅寶經》	元魏・菩提流支譯 《入楞伽經》	唐・實叉難陀與復禮等譯 《大乘入楞伽經》
⚀譬如大地,(都是屬於) 「漸生」萬物,非「頓生」也。	⚀大慧!譬如大地,生 諸樹林、藥草、萬物,(都是屬 於)「漸次增長」,非「一時」	⚀譬如大地,生諸草木, (都是屬於)「漸生」(而)非「頓」。

	成。	
⑳如來「淨除一切眾生自心現流」，亦復如是，(屬於)「漸淨」(而)非「頓」。	⑳大慧！諸佛如來「淨諸眾生自心現流」，亦復如是，(屬於)「漸次」而「淨」，非「一時淨」。	⑳諸佛如來「淨諸眾生自心現流」，亦復如是，(屬於)「漸」而非「頓」。

> **6-5** 譬如「學音樂、書畫」技術亦屬於「漸成」而非「頓」，如來「為淨除眾生由自心所現的習氣煩惱流」，乃「漸淨」而非「頓」

劉宋・求那跋陀羅譯 《楞伽阿跋多羅寶經》	元魏・菩提流支譯 《入楞伽經》	唐・實叉難陀與復禮等譯 《大乘入楞伽經》
①譬如人學音樂、書畫(等)種種技術，(都是屬於)「漸成」(而)非「頓」。	①大慧！譬如有人，學諸音樂、歌舞、書畫(等)種種技術，(都是屬於)「漸次」而解，(而)非「一時」知。	①大慧！譬如人學音樂、書畫(等)種種技術，(都是屬於)「漸成」(而)非「頓」。
⑳如來「淨除一切眾生自心現流」，亦復如是，(屬於)「漸淨」(而)非「頓」。	⑳大慧！諸佛如來「淨諸眾生自心現流」亦復如是，(屬於)「漸次」而淨，(而)非「一時」淨。	⑳諸佛如來「淨諸眾生自心現流」，亦復如是，(屬於)「漸」而非「頓」。

> **6-6** 譬如「明鏡」能「頓現」眾像而無分別，如來「為淨除眾生由自心所現的習氣煩惱流」，亦能「頓現」一切「無實體相的境界」而無「能所」分別

劉宋・求那跋陀羅譯 《楞伽阿跋多羅寶經》	元魏・菩提流支譯 《入楞伽經》	唐・實叉難陀與復禮等譯 《大乘入楞伽經》
①譬如「明鏡」，(能)「頓現」(出)一切無(實體)相(的)色像。	①大慧！譬如「明鏡」，(能)無分別心，「一時」(即能)俱現(出)「一切色像」。	①譬如「明鏡」，(能)「頓現」眾像而無分別。

㊌如來「淨除一切眾生自心現流」,亦復如是,(能)頓現(出一切)無(實體)相(的境界),(而)無「能有、所有」(兩種相對待的一種)清淨境界。	㊌如來世尊亦復如是,無有分別,(能)「淨諸眾生自心現流」,(令眾生)「一時」(皆獲)清淨,非「漸次淨」,令(眾生能)住「寂靜無分別處」。	㊌諸佛如來「淨諸眾生自心現流」,亦復如是,(能)「頓現」(出)一切無(實體)相(的)境界,而(亦)無(能所的)分別。

6-7 譬如「日月輪」能「頓照」顯示一切色像,如來「為淨除眾生由自心所現的習氣煩惱流」,亦能「頓時」為眾生顯示出「不思議智最勝境界」

劉宋·求那跋陀羅譯《楞伽阿跋多羅寶經》	元魏·菩提流支譯《入楞伽經》	唐·實叉難陀與復禮等譯《大乘入楞伽經》
㊀如「日月輪」(能)「頓照」顯示(出)一切色像。	㊀大慧!譬如「日月輪相」光明,(於「一時」(即能)遍照一切(的)色像,(光明)非為(有)前、後(的差別)。	㊀如「日月輪」(能於)「一時」,(即)遍照一切(的)色像。
㊌如來為(令)離(由)自心(所)現(的)習氣過患(過失罪患)眾生,亦復如是,(如來能以)「頓」(時)為(眾生)顯示(出)「不思議智最勝境界」。	㊌大慧!如來世尊亦復如是,為令眾生遠離「自心煩惱」見薰(惡見薰習的)習氣過患,(如來能於)「一時」(為眾生)示現「不思議智最勝境界」。	㊌諸佛如來,(為令)淨諸眾生(由)自心(所現的)過習(過患惡習),亦復如是,(如能乃以)「頓」(時即)為(眾生顯)示現「不可思議諸佛如來智慧境界」。

6-8 譬如「藏識」亦能 "頓現" 出「自身、資生之具、器世間」等,皆為「頓現」也。「報身佛」(等流佛)能於 "頓時" 而去成熟諸眾生,並安置眾生於「色究竟天」宮殿,令作種種修學

劉宋·求那跋陀羅譯《楞伽阿跋多羅寶經》	元魏·菩提流支譯《入楞伽經》	唐·實叉難陀與復禮等譯《大乘入楞伽經》
㊀譬如「藏識」(阿賴耶識能)	㊀大慧!譬如「阿黎耶	㊀譬如「藏識」(阿賴耶識能)

頓（現出其餘七種識之）分別，（而）知（皆由）自心（所）現，及（亦能頓現出）「身、安立（資生之具）、受用境界（器世間）」。

識」（能）分別現境（出）「自身、資生（資生之具）、器世間」等，（能於）「一時」而知，非是（有）前、後（之差別）。

頓現（出）於「身」及「資生（資生之具）、國土」一切境界。

㈢彼諸「依佛」（所依之報身佛）亦復如是，（報身佛能）「頓熟」眾生所處（之）境界，（能令）以（諸）修行者（皆）安處於彼「色究竟天」（之中）。

㈢大慧！「報（身）佛」如來，亦復如是，（報身佛能於）「一時」成熟諸眾生界，（並）置（眾生於色）究竟天（的）淨妙宮殿修行清淨之處。

㈢「報（身）佛」亦爾（Niṣyanda-Buddha 等流佛；報身佛），（能置眾生）於「色究竟天」，（於）「頓」能成熟一切眾生（而）令修諸行。

註：「等流佛」即指「等流法身」，爲密教「四種法身」之一。密教將「大日如來」之法身分爲「自性、受用、變化、等流」四種，「等流法身」指佛身「變化」所示現之身，此「等流法身」與九界（即十界中除佛界外之地獄、餓鬼、畜生、修羅、人間、天上、聲聞、緣覺、菩薩等界）眾生皆有相等同之「化身」。

據《真言名目》記載：「等流法身」乃佛於「九界隨流之身」，並非真佛體。或說「等流法身」雖有佛形，然爲無而忽有，暫現速隱之佛，故攝於「等流身」中。

---

ni-Ṣyand niṣyandate. ➝ Syand.
ni-ṣyanda 男 =ni-syanda；驟雨；流 等流，等流果，所流，隨流，伝流 Abh-k., Abh-vy., Aṣṭ-pr., Bodh-bh., Daś-bh., Gaṇḍ-vy., Madhy-vibh., Mvyut., Sūtr.；生，出生，從……生，起 Abh-vy., Daś-bh., Sam-r., Śikṣ.；果，報 Daś-bh., Laṅk.；依，所緣，因緣，順因 Gaṇḍ-vy., Laṅk., Mvyut.；變穢 Abh-vy. ～ḥ sa tathāgataḥ puṇyānām 彼如來諸福等流，彼仏福因順合 Mvyut. ➝ ni-syanda.
niṣyanda-dharma 男 正法 Sūtr.
niṣyanda-paramatā 女 等流最勝，勝流無比 Madhy-vibh.
niṣyanda-phala 甲 等流果，隨流果，順因果，依果 Bodh-bh., Madhy-vibh., Mvyut., Sūtr.
niṣyanda-buddha 男 所流仏，報仏，依仏，所緣仏 Laṅk. 所流佛；報佛；報身佛；依佛；所緣佛
niṣyandâgra 圓 驟雨 Madhy-vibh.

6-9 譬如「法身佛」能放諸光明而頓成「報身佛、化身佛」。「自證聖智」者能"頓時"以光明照耀邪見眾生，令離「有、無」

見

劉宋・求那跋陀羅譯《楞伽阿跋多羅寶經》	元魏・菩提流支譯《入楞伽經》	唐・實叉難陀與復禮等譯《大乘入楞伽經》
㊀譬如法(身)佛(能變化出)所作(的)「依佛」(此處原指所依之「報身佛」，應也包含「化身佛」)，(三身佛皆能以種種)光明照耀(一切)。	㊀大慧！譬如法(身)佛(能頓出)「報(身)佛」(而)放諸光明，(亦)有應化(身)佛照(耀)諸世間。	㊀譬如法(身)佛(能)頓現(出)報(身)佛，及以化(身)佛，(三身佛皆能以種種)光明照曜(一切)。
㊁(已證)「自覺聖趣」(自內身聖智證法之所趣)，亦復如是，彼(眾生若)於法相(中執著)「有性、無性」(的)惡見妄想，(自覺聖趣者皆能以光明)照(耀而)令除滅(有無二邊的惡見)。	㊁大慧！(已證)「內身聖行」(自內身聖智證法之行者)，(其)光明法體(者)，(亦能)照除世間「有、無」邪見，亦復如是。	㊁(已證)「自證聖境」(自內身聖智證法之境界)，亦復(能)如是，(能)「頓現」法相而為照曜，令(眾生能)離一切「有、無」惡見。

bhāla 956

bhāva 男 生成すること，生起すること，起ること；
（一）に変わること，（西）に変形すること；在ること，存在；永続，存続；〔一 -tā ならびに -tva の
ように 動 を形成する〕…である状態；あることまたは成ること〔動 の抽象的基礎概念，抽象名詞の表
わす意味，非人 受（例 ɓacyate）に見られる意味〕；
振舞，行状；状態，状況；階級，地位；（占星術における）（遊星の）視座；真の状態，真実〔一 副 実
際に〕；あり方，性質；心境，性向，気質；考え方，思想，意見，心情，感情；情緒〔修辞 において八
種または九種の根本的の bhāva を数える，これは
rasa すなわち 情趣の数と一致する〕；想定；意義，
趣旨〔iti ～ḥ は常に ity arthaḥ または ity abhiprā=
yaḥ のように註釈者によって説明の最後に用いられる〕；愛情，愛；情緒の所在，心臓，精神；物，
事物；実在，生類；思慮ある人〔戲曲：呼 旦那様
（とくに劇場の支配人を呼ぶのに用いる）〕；占星術上
の宿または宮（天を十二分するものの一つ）；漢訳 有，
有性，有法 有分，有果，本，性，法，体，自体，
有体，物体，法体；身；事，物，事物，事用；資生
具 Abh-vy., Bodh-bh., Bodh-c., Cat-ś., Laṅk.,
Madhy-bh., Madhy-v., Madhy-vibh., Mvyut.,
Nyāy-pr., Saddh-p., Sāṃkhy-k., Sapt-pr., Sūtr.；
意，心 Bodh-bh., Divy., Sūtr.：～ena praviśati
能正悟入，此理得入 Madhy-bh. 63.；一 作，
性，為，成，得 Abh-vy.；（複）諸法，万物，諸体
Madhy-v. ➜ a～，ātma～，āmukhī, āvir～，
bhikṣu～. ～o -ṃ nigacchati 類をもって集まる. ～ṃ dṛḍhaṃ Kṛ 固い決心をする. ～ṃ Kṛ
または Bandh（西）に対して愛情を抱く. ～ṃ
amaṅgalaṃ Kṛ（西）に対して悪意を抱く. ～ṃ
pāpakaṃ Kṛ〔同上〕. anyaṃ ～m āpadyate 死
ぬ. 具 ～ena まことに.

6-10 何謂「報身佛」（法性所流佛；法性等流佛；法依佛；等流佛）之法教？

劉宋・求那跋陀羅譯《楞伽阿跋多羅寶經》	元魏・菩提流支譯《入楞伽經》	唐・實叉難陀與復禮等譯《大乘入楞伽經》
壹大慧！「法依佛」（報身佛）說一切法（皆）入「自相」（與）「共相」。 (Niṣyanda-Buddha 等流佛；報身佛；法依佛；法性所流佛；法性等流佛) 貳（眾生以）「自心」（所）現習	壹復次大慧！「法（身）佛（能頓出）報（身）佛（而）說一切法（所具的）「自相」（與）「同相」故。 貳因故（眾生）「自心」（所）現	壹復次大慧！「法性所流（之）佛」（即指報身佛）說一切法（皆具）「自相」（與）「共相」。 貳（眾生以）「自心」（所）現「習

氣(薫習為其)因，(不斷的)相續(繫縛於)妄想，(一切皆是)自性(對習氣妄想的)計著因(計量執著之因)。	(邪)見薫習相故，因(為)虛妄分別(的)「戲論」相(繼繫)縛故。(於)如(自心現出虛妄下的)所說法，(皆)無如是「體」故(此指一切虛妄戲論並無真實體性)。	氣」(為)因相，(以)妄計性所執(為)因相，更相(不斷的)繫(縛接連相)屬。
㊷種種不實(皆)如幻，(眾生的)種種「計著」(計量執著)，(皆)不可得。	㊷大慧！譬如幻師，幻作一切種種形像，諸愚癡人取以為「實」，而彼諸像，實不可得。	㊷種種幻事皆「無自性」，而諸眾生種種「執著」，取以為「實」，悉不可得。

6-11「妄計自性」(遍計所執性)乃執著「緣起自性」(依他起性)而生起，如巧幻師，眾生見之以為是人，而實無人體

請參閱 53-55

劉宋・求那跋陀羅譯《楞伽阿跋多羅寶經》	元魏・菩提流支譯《入楞伽經》	唐・實叉難陀與復禮等譯《大乘入楞伽經》
㊀復次大慧！計著(計量	㊀復次大慧！「虛妄法	㊀復次大慧！「妄計自

執著)「緣起自性」(paratantra-svabhāva 依他起性)生「妄想自性相」(parikalpita-svabhāva 遍計所執性)。	體」(遍計所執性)依「因緣法」(依他起性)，執著(依他起性)有「實」，分別而生。	性」(遍計所執性)執著「緣起自性」(依他起性)起。
⓪大慧！如工「幻師」，依(著)「草木、瓦石」(而)作種種幻，(生)起一切眾生若干形色，(生)起種種妄想。彼諸妄想，亦無「真實」。	⓪大慧！如巧「幻師」，依(著)「草木、瓦石」(而)作種種事，(或)依於「咒術、人工」之力，成就一切眾生「形色、身分」之相，名「幻(化)人像」。眾生見「幻」種種形色，執著為「人」，而實無「人」。大慧！眾生雖見以為是「人」，無實「人體」。	⓪大慧！譬如「幻師」，以幻術力，依(著)「草木、瓦石」，(而)幻作眾生若干(種)色像，令其(人)見者(而生)種種分別。(此諸幻像)皆「無真實」。

6－12 取著「緣起自性」(依他起性)，故生「妄想自性」(遍計所執性)，此名為「妄想自性相生」，亦為「報身佛」(法性所流佛)說法之教

劉宋・求那跋陀羅譯《楞伽阿跋多羅寶經》	元魏・菩提流支譯《入楞伽經》	唐・實叉難陀與復禮等譯《大乘入楞伽經》
⓵如是大慧！依「緣起自性」(依他起性)起「妄想自性」(遍計所執性)，(生)種種妄想，心(生起)種種相，(有種種)行事妄想相，(與)計著(計量執著)「習氣」妄想。	⓵大慧！(所有)「因緣法體」(依他起性)隨「心分別」亦復如是，以見心相(有)種種幻故。何以故？以執著「虛妄相」，因「分別心」(之)薰習(力)故。	⓵大慧！此亦如是，由取著境界「習氣力」故，於「緣起性」(依他起性)中，有「妄計性」(遍計所執性)種種相現。
⓶大慧！是為「妄想自性」(遍計所執)相生」。	⓶大慧！是名「分別虛妄(遍計所執)體相」。	⓶是名「妄計性(遍計所執)生」。
⓷大慧！(此)是名「依佛」(報身佛)說法。	⓷大慧！(此)是名「報(身)佛」說法之相。	⓷大慧！(此)是名「法性所流佛」(此指報身佛)說法相。

6－13 何謂「法身佛」(法性佛)說法之教？

劉宋・求那跋陀羅譯 《楞伽阿跋多羅寶經》	元魏・菩提流支譯 《入楞伽經》	唐・實叉難陀與復禮等譯 《大乘入楞伽經》
大慧！「法(身)佛」者， ①(為)「離心自性相」。 ②(為)「自覺聖所緣境界」(自內身聖智證法所緣之境界)，(而)建立施作。	大慧！「法(身)佛」說法者， ①(為)「離心相應體」故。 ②(為建立)「內證聖行境界」(自內身聖智證法所行之境界)故。 大慧！是名「法(身)佛說法」之相。	大慧！「法性佛」(法身佛)者， ②(為)建立「自證智所行」(自內身聖智證法所行之境界)。 ①(為)「離心自性相」。

6－14 何謂「化身佛」(應化佛)說法之教？

劉宋・求那跋陀羅譯 《楞伽阿跋多羅寶經》	元魏・菩提流支譯 《入楞伽經》	唐・實叉難陀與復禮等譯 《大乘入楞伽經》
大慧！「(應)化佛」者， ❶說「施、戒、忍、精進、禪定」及「心智慧」。 ❷離「陰、界、入」(法)。 ❸(求)解脫(者，應於諸)識相(的)分別(行相上)，(去)觀察(與)建立(之)。 ❹(應)超(越)「外道」見、(超越)「無色」見。	大慧！「應化佛」所作，應(化)佛； ❶說「施、戒、忍、精進、禪定、智慧」故。 ❷(離)「陰、界、入」(而得)解脫故。 ❸(為了解脫，所以應)建立(諸)識想(的)差別行故。 ❹(宣)說(應超越)諸外道(與)「無色」三摩跋提(samāpatti 等至)次第相。	大慧！「(應)化佛」； ❶說「施、戒、忍、進、禪定、智慧」。 ❷(離)「蘊、界、處」法。 ❸又諸(求)解脫(者，應於)諸識(的)行相(中去)建立(其)差別(相)。 ❹(應超)越「外道」見，(應)超(越)「無色」行。

	大慧！(此)是名「應(化)佛」所作，「應(化)佛」說法相。	

6- 15 「**法身佛**」(法性佛)**的殊勝境界**

劉宋・求那跋陀羅譯《楞伽阿跋多羅寶經》	元魏・菩提流支譯《入楞伽經》	唐・實叉難陀與復禮等譯《大乘入楞伽經》
大慧！又「法(身)佛」者， (1)離(能)攀緣、(所)攀緣離，(於)一切「所作、根量(諸根所思量的境界)」(等)相(而令)滅。 (2)(法身佛乃)非諸「凡夫、聲聞、緣覺、外道」(境界)，(彼等外道仍)計著(計量執著)「我相」所著境界。 (3)(應於)「自覺聖」(自內身聖智證法的)究竟差別相(上而)建立，是故大慧！(應於)「自覺聖究竟差別相」(上)，當勤修學。 (4)(於)「自心現見」(自心所現之種種分別邪見諸相)，應當(令)除滅。	復次大慧！「法(身)佛」說法者， (1)離「攀緣」故，離「能觀、所觀」故，離「所作、相量(諸根所思量的外相)」(等)相故。 (2)大慧！(法身佛乃)非諸凡夫、聲聞、緣覺、外道」境界故，以諸外道(仍)執著虛妄「我相」故。 (3)是故大慧！(應)如是(於)「內身自覺」(自內身聖智證法的)修行勝相(上)，當如是學。 (4)大慧！汝當應離「見自心相」，以(之)為非實。	復次大慧！「法性佛」(法身佛)； (1)非「所攀緣」，(於)一切(的)「所緣」，(於)一切(的)「所作、根量(諸根所思量的境界)」等相，悉皆遠離。 (2)(法身佛乃)非「凡夫、二乘」(的境界)，及諸「外道」(仍)執著「我相」所取境界。 (3)是故大慧！(應)於「自證聖智」(自內身聖智證法的)勝境界相(上)，當勤修學。 (4)於「自心所現分別見相」，當速捨離(之)。

第 7 節 辨真妄迷悟(聲聞差別相)

7- 1 聲聞乘亦有「自證聖智殊勝相」及「分別執著自性相」的「兩

種差別相」

劉宋·求那跋陀羅譯《楞伽阿跋多羅寶經》	元魏·菩提流支譯《入楞伽經》	唐·實叉難陀與復禮等譯《大乘入楞伽經》
復次大慧！有二種「聲聞乘通分別相」，謂： ①得「自覺聖」(的)差別相。及 ②「性妄想自性(遍計所執)計著相」。	復次大慧！聲聞乘有「二種差別相」，謂： ①於「內身」(所)證得(的)「聖相」故。 ②「執著虛妄相分別有物故」。	復次大慧！聲聞乘有「二種差別相」，所謂： ①(於)自證「聖智」(的)殊勝相」。 ②「分別執著自性相」。

7-2 何謂聲聞乘的「自證聖智殊勝相」？

劉宋·求那跋陀羅譯《楞伽阿跋多羅寶經》	元魏·菩提流支譯《入楞伽經》	唐·實叉難陀與復禮等譯《大乘入楞伽經》
云何(為二乘所)得(之)「自覺聖差別相聲聞」？謂： ❶(二乘已證悟)「無常、苦、空、無我」境界。 ❷(已獲得)真諦(之)「離欲寂滅」。 ❸(已)息(滅)「陰、界、入」，(與)「自、共」相。 ❹(但於)外(能)不壞(其)相。 ❺(已能)「如實知」，心得「寂止」。 ❻(獲)「心寂止」已，(得)「禪定解脫、三昧、道、果、正受(samāpatti 等至)解脫」。	大慧！何者(為)「聲聞內身證得聖相」？謂： ❶(二乘已證悟)「無常、苦、空、無我」境界故。 ❷(已獲得)真諦(之)「離欲寂滅」故。 ❸(於所有的)「陰、界、入」故，(與)「自相、同相」(皆已息滅)故。 ❹(於)「內、外」(皆)不滅(壞其)相故。 ❺(已能)「見如實法」，故得「心三昧」。 ❻(已)得「心三昧」已，得「禪定解脫、三昧道、果、三摩跋提(samāpatti 等至、正定	云何(為二乘的)「自證聖智殊勝相」？謂： ❶(二乘已)明見(證悟)「苦、空、無常、無我」諸諦境界。 ❷(已獲得)「離欲寂滅」故。 ❸於「蘊、界、處」，若「自」、若「共」(皆以息滅)。 ❹(但於)外(能)不壞(其)相。 ❺(已能)「如實了知」，故「心住一境」。 ❻(獲心)「住一境」，獲「禪解脫、三昧道、果」，而得「出離」。住(於)「自證聖智境

	現前)不退解脫」故。	界樂」。
❼(二乘仍然)不離「習氣」(之薰習)、(尚不離)「不思議變易死」(變易生死)，	❼(二乘仍然)未得(脫離)「不可思議薰習」(之習氣)、(仍未脫離)變易死(變易生死)故，	❼(二乘仍然)未離「習氣」(薰習)，及(未離)「不思議變易死」。
(不離「習氣、不思議變易死」=不離「習氣」之薰習+仍不離「不思議變易死」)	(未得「不可思議薰習、變易死」=未脫離「不可思議薰習」之習氣+仍未脫離「變易生死」)	(未離「習氣」及「不思議變易死」=仍然未離「習氣」之薰習+仍未離「不思議變易死」。二乘者只能住「不可思議變易生死」，而仍不能超越「不可思議變易生死」)
(雖已證)得「自覺聖樂住聲聞」。	(雖然)內身(已)證得「聖樂行法住聲聞地」故。	(此)是名「聲聞乘自證聖智境界相」。
(此)是名得「自覺聖差別相聲聞」。	大慧！(此)是名「聲聞內身證得聖相」。	

7-3 何謂「聲聞得自覺聖差別相樂」？

劉宋・求那跋陀羅譯《楞伽阿跋多羅寶經》	元魏・菩提流支譯《入楞伽經》	唐・實叉難陀與復禮等譯《大乘入楞伽經》
大慧！(亦有獲)得(與二乘一樣的)「自覺聖差別樂住」菩薩摩訶薩。	大慧！菩薩摩訶薩(亦能得)入「諸聲聞內證聖行三昧樂法」。	菩薩摩訶薩雖亦(有)得(於)此(二乘所證的)聖智境界。
①(但菩薩)非(去取執於)「滅門樂(nirodha-sukha)、正受(samāpatti 等至)樂」。	①(但菩薩)而不取(執於)「寂滅空門樂」(nirodha-sukha)，不取(執於)「三摩跋提」(samāpatti 等至、正定現前)樂。	②(但菩薩)以憐愍眾生故，(由)「本願」所持(之)故。
②(菩薩為了)顧愍眾生及(其)「本願」(力故)，(故)不作(去取)證(寂滅空門樂與正受樂)。	②(菩薩)以憐愍眾生故，起「本願力」行，是故雖知(而)「不取」(不取執)為究竟。	①(故菩薩)不(去取)證「寂滅門(nirodha-sukha)」及「三昧樂」。
③大慧！(此)是名「聲聞得自覺聖差別相樂」。	③大慧！(此)是名「聲聞內身證聖修行樂相」。	
④(諸)菩薩摩訶薩於彼(二乘	④大慧！菩薩摩訶薩應當	④諸菩薩摩訶薩於此(二乘

| 所(得的)「自覺聖差別相樂」(時),(皆)不應修學。 | 修行(菩薩之)「內身證聖」,(應)修行(菩薩之)「樂門」而「不取著」。 | 所得的「自證聖智樂」中,(皆)不應修學。 |

7-4 何謂聲聞乘「分別執著自性相」?

劉宋・求那跋陀羅譯《楞伽阿跋多羅寶經》	元魏・菩提流支譯《入楞伽經》	唐・實叉難陀與復禮等譯《大乘入楞伽經》
大慧!云何(二乘之)「性妄想自性」(遍計所執)計著相聲聞」?所謂:	大慧!何者是「聲聞分別有物執著虛妄相」?謂:	大慧!云何(二乘之)「分別執著自性相」?所謂:
❶(應知四)大種;(及)「青、黃、赤、白、堅、濕、煖、動」(等法),(皆)非(有)作(者)生。(二乘者見其有)「自相、共相」,(然後)先(自以為是)勝(解的一種)善說,見(諸教理)已,於(仍)彼(生)起「自性妄想」。	❶於「四大」;(及)「堅、濕、熱、動」相,(與)「青、黃、赤、白」等相故,(實)無「作者」而有生故。(二乘者見其有)「自相、同相」故,(二乘者)斟量相應(於)「阿含」(āgama 教理),(然後)先(自以為是)勝見(的一種)善說故。(其實所)依(的)彼法(仍是)「虛妄」,(二乘仍)執著以為「實有」。	❶(應知)知「堅、濕、煖、動、青、黃、赤、白」,如是等法,(皆)非(有)「作者」生。然(二乘者)依(其所學過的)教理(而)見(其)「自、共」相,(另生)分別執著。
	大慧!(此)是名「聲聞分別有物執著虛妄相」。	(此)是名「聲聞乘分別執著相」。
❷菩薩摩訶薩於彼應「知」、應「捨」。 ❸(菩薩應)隨入「法無我」相,(然後)滅「人無我」相見,(再)漸次諸「地」,相續建立。	❷大慧!菩薩摩訶薩於彼聲聞法,應「知」而「捨」。 ❸捨已,(菩薩應)入「法無我」相,入「法無我」相已,入「人無我」。(菩薩)觀察「無我相」已,(再)次第入	❷菩薩摩訶薩於此法中應「知」。 ❸(菩薩)應捨離「人無我」見,入「法無我」相,(再)漸住(於)諸「地」。

	諸「地」。	
(此)是名「諸聲聞性妄想自性(遍計所執)計著相」。	大慧！(此)是名「聲聞分別有物執著虛妄相」。 大慧！所言「聲聞乘有二種相」者，我已說竟。	

7-5 世尊說「常不思議」，外道亦說「常不思議」，兩者有何區別？

劉宋‧求那跋陀羅譯 《楞伽阿跋多羅寶經》	元魏‧菩提流支譯 《入楞伽經》	唐‧實叉難陀與復禮等譯 《大乘入楞伽經》
竃爾時大慧菩薩摩訶薩白佛言：世尊！世尊所說： ❶「常不思議」(法)， ❷「自覺聖趣境界」(自內身聖智證法所趣之境界)，及 ❸「第一義境界」。 (以上三者的定義與彼此的關連如何) 竃世尊！(佛所說的「常不思議」難道)非諸外道所說(的)「常不思議」因緣耶？	竃爾時聖者大慧菩薩摩訶薩復白佛言：世尊！世尊所說： ❶「常不可思議法」， ❷「內身證聖境界法」(自內身聖智證法所行之境界)， ❸「第一前法」。 (以上三者的定義與彼此的關連如何) 竃世尊！外道亦說「常不可思議」因果，此義云何？	竃爾時大慧菩薩摩訶薩白佛言：世尊！如來所說： ❶「常不思議」(法)， ❷「自證聖智」(自內身聖智證法)， ❸「第一義境」。 (以上三者的定義與彼此的關連如何) 竃(佛所說的「常不思議」難道)將無同諸外道所說「常不思議」作者耶？

7-6 外道之「常不思議」，非依於「因之自性相」(因之自性相→第一義諦)，故不成。若依於「因之自性相」，則又以「能作與所作」為「因相」，故外道不得成立「常不思議」

| 劉宋‧求那跋陀羅譯 | 元魏‧菩提流支譯 | 唐‧實叉難陀與復禮等譯 |

《楞伽阿跋多羅寶經》	《入楞伽經》	《大乘入楞伽經》
⑤佛告大慧：(佛所說的「常不思議」並)非諸外道「因緣」(所)得(的)「常不思議」。所以者何？	⑤佛告聖者大慧菩薩言：大慧！諸外道(所)說(的)「常不可思議」因果，不(能)成(立)。何以故？	⑤佛言：大慧！(佛所說的「常不思議」並)非諸外道「作者」得「常不思議」。所以者何？
⑥諸外道(所說的)「常不思議」，不(依於)「因自相」(因之自性相→第一義諦)成。	⑥大慧！諸外道說「常不可思議」，非(與)「因自相」(因之自性相→第一義諦)相應故。	⑥諸外道「常不思議」，「因自相」(因之自性相→第一義諦)不成。
若(外道之)「常不思議」不(依於)「因自相」(因之自性相→第一義諦)成(成立)者，	大慧！諸外道說「常不可思議」，若(能與)「因自相」(因之自性相→第一義諦)相應者，此何等法，何等法了出？是故外道不得言「常不可思議」。	既「因自相」(因之自性相→第一義諦)不成，
(所以要以)何因(去)顯現(出外道之)「常不思議」？		(所以要)以何(法去)顯示(出外道之)「常不思議」？
⑦復次大慧！(外道之常)「不思議」若(依於)「因自相」(因之自性相)成(成立)者，彼則應(屬於恒)「常」。	⑦復次大慧！諸外道說「常不可思議」者，若(與其)「因自相」(因之自性相)相應者；應成(永恒之「常」法)。	⑦大慧！外道所說(之)「常不思議」，若(依於)「因自相」(因之自性相)成(立者)，彼則有「常」。
⑧(外道)由(有)「作者」(能作與所作)因相，故(於佛之)「常不思議」(乃)不(能得)成。	⑧(外道)無(佛之)「常不可思議」，以有(能作與所作)「因相」故，是故(外道)不(能得)成(佛之)「常不可思議」。	⑧(外道)但以「作者」(能作與所作)為「因相」故，(故於佛之)「常不思議」(乃)不(能得)成。

7-7 佛之「常不思議」與「第一義」相應，皆依於「因之自性相」(指「第一義智」就是「因之自性相」)，但非有實「作者」，且超越「有、無」。佛之「第一義智」與「虛空、涅槃、寂滅」同，故為「常不思議」，亦為如來「自證聖智」之「如如」境界

| 劉宋·求那跋陀羅譯 | 元魏·菩提流支譯 | 唐·實叉難陀與復禮等譯 |

《楞伽阿跋多羅寶經》	《入楞伽經》	《大乘入楞伽經》
大慧！我(所說的)第一義(乃)「常不思議」。	大慧！我說(的)「常不可思議」(乃)第一義。	大慧！我(說的)第一義(乃)「常不思議」。
(1)「第一義」(乃依於)「因相」成(指「第一義智」就是「因之自性相」)，(但為)離「性(有)、非性(無)」。	(1)「常不可思議」與「第一義」相(之)因果相應，以離「有、無」故。	(1)「第一義」(乃依於)「因相」成(指「第一義智」就是「因之自性相」)，遠離「有、無」。
(2)(「第一義」雖)得「自覺相」(自內身聖智證法所行之相)，故(仍)有(假名之)相。	(2)(「第一義」)以「內身證相」(自內身聖智證法所行之相)故，以(仍)有彼(假名之)相故。	(2)(「第一義」乃由)「自證聖智所行相」(自內身聖智證法所行之相)，故(仍)有(假名之)相。
(3)「第一義智」因(指「第一義智」為其「因之自性相」)，故(仍)有(假名之)因，(但此實乃)離「性(有)、非性(無)」故。	(3)以「第一義智」因(指「第一義智」為其「因之自性相」)相應故，以離「有、無」故，以非(有)「所作」故。	(3)「第一義智」為其因(指「第一義智」為其「因之自性相」)，故(仍)有(假名之)因，(但此實乃)離「有、無」，故非(有)「作者」。
(4)(「第一義」)譬如「無作、虛空、涅槃、滅盡」，故(「第一義」乃為)常(不思議)。	(4)(「第一義」)與「虛空、涅槃、寂滅」譬喻相應故，是故(「第一義」乃為)「常不可思議」。	(4)(「第一義」)如「虛空、涅槃、寂滅」法，故(「第一義」乃為)「常不思議」。
(5)如是大慧！(佛之「常不思議」乃)不同(於)外道(之)「常不思議」論。	(5)是故大慧！我說(佛之)「常不可思議」(乃)不同(於)外道(之)「常不可思議」論。	(5)是故我說(佛之)「常不思議」(乃)不同外道所有「諍論」。
如是大慧！此(佛之)「常不思議」(是)諸如來「自覺聖智」(自內身聖智證法)所得，如是故(佛之)「常不思議」(乃是由)「自覺聖智」(自內身聖智證法)所得，(諸菩薩)應當修學。	大慧！此(佛之)「常不可思議」(是)諸佛如來應正遍知，實是(不生不滅之)「常」法，以諸佛「聖智內身」(自內身聖智證法所)證得故，(此佛之「常不異議」乃)非「心、意、意識」(之)境界故。 大慧！是故菩薩摩訶薩應當修行(佛之)「常不可思	大慧！此(佛之)「常不思議」是諸如來「自證聖智」(自內身智證法)所行(之)「真理」，是故菩薩當勤修學。

| | 議」，(此是由)「內身所證聖智行法」(自內身聖智證法所行之法)。 | |

性=物；果；事；法；有；體

| bhāla | 956 |

bhāva 男 生成すること，生起すること，起ること；
(一)に変わること，(略)に変形すること；在ること，存在；永続，存続；[一·-tā ならびに -tva. のように 函 を形成する]…である状態；あること または成ること [動 の抽象的基礎概念，抽象名詞の表わす意味，非人 受(奥 pacyate)に見られる意味]；振舞，行状；状態，状況，階級，地位；(占星術における)(遊星の)視座；真の状態，真実[一 副 実際に]；あり方，性質；心境，性向，気質；考え方，思想，意見，心情，感情；情緒[修辭 において八種または九種の根本的の bhāva を数える，これは rasa すなわち 情趣の数と一致する]；想定；意義，趣旨[iti ~ḥ は常に ity arthaḥ または ity abhiprāyaḥ のように註釈者によって説明の最後に用いられる]；愛情，愛；情緒の所在，心臓，精神；物，事物，実在，生類；思慮ある人 [戲曲：呼 旦那様(とくに劇場の支配人を呼ぶのに用いる)]；占星術上の宿または宮(天を十二分するものの一つ)；**實** **有**，**有性**，**有法** 有分，有果，本，**性**，**法** **体**，**自体** 有体，物体，**法体**，身，**事** **物**，事物，事用；資生具 Abh-vy., Bodh-bh., Bodh-c., Cat-ś., Laṅk., Madhy-bh., Madhy-v., Madhy-vibh., Mvyut., Nyāy-pr., Saddh-p., Sāṃkhy-k., Sapt-pr., Sūtr.；意，心 Bodh-bh., Divy., Sūtr.: ~ena praviśati 能正悟入，此理得入 Madhy-bh. 63.；一 作，性，為，成，得 Abh-vy.；(複)**諸法**，万物，諸体 Madhy-v. →a~, ātma~, āmukhi, āvir~, bhikṣu~. ~o ~ṃ nigacchati 類をもって集まる。~ṃ dṛḍhaṃ Kṛ 固い決心をする。~ṃ Kṛ または Bandh (函)に対して愛情を抱く。~ṃ amaṅgalaṃ Kṛ (函)に対して悪意を抱く。~ṃ pāpakaṃ Kṛ [同上]. anyaṃ ~m āpadyate 死ぬ。圓 ~ena まことに．

7-8 諸外道的「常不可思議」理論，乃見「有、無」法而言其「常」。見「無常」法，而「比度思量」成立其「相對待」的「常」法

劉宋・求那跋陀羅譯《楞伽阿跋多羅寶經》	元魏・菩提流支譯《入楞伽經》	唐・實叉難陀與復禮等譯《大乘入楞伽經》
壹復次大慧！外道(之)	壹復次大慧！諸外道	壹復次大慧！外道(之)

「常不思議」,「無常」性(乃取於)「異相」(之)因(外道的「常」乃取自與「無常」相異、相對待的「常」),故非「自作因相力」(指外道沒有佛才有的「第一義智」的「因」之自性相),故「常」(所以這是外道成立「常不思議」之原因)。	(之)「常不可思議」,(乃取於)「無常」法「相因相應」故(外道的「常」乃取自與「無常」相異、相對待的「常」),是故「無常」,非(由)「因相」而得名故(指外道沒有佛才有的「第一義智」的「因」之自性相),是故(此爲外道成立)「常法不可思議」(之原因)。	「常不思議」,以「無常」(乃取於)「異相」(之)因(外道的「常」乃取自與「無常」相異、相對待的「常」),故「常」,非「自相因力」(指外道沒有佛才有的「第一義智」的「因」之自性相),故「常」(所以這是外道成立「常不思議」之原因)。
㈡復次大慧！諸外道(之)「常不思議」,(是建立)於所作(諸法的)性(有)、非性(無),(然後從「有無」中而作)「無常」見已,(進而)「思量」計(爲)「常」。	㈡大慧！若諸外道(之)「常不可思議」,(是從)見「有、無」法(中)而(去)言「常」,以彼(指外道之「常」)法(乃由)「比智知」(比量推知)言(而)有「常」。	㈡大慧！外道(之)「常不思議」,以(乃)見(有)所作法,(從)「有」已還「無」,(而作)「無常」(之見)已,(此是從)「比知」(比量推知)是「常」。

7-9 外道之「常不思議」乃依止於「相對待」下的一種「因之自相」,此「因之自相」實爲「非有」,已同於「兔角」於理

劉宋・求那跋陀羅譯《楞伽阿跋多羅寶經》	元魏・菩提流支譯《入楞伽經》	唐・實叉難陀與復禮等譯《大乘入楞伽經》
㊀大慧！我亦以如是,(見)因緣所作者(之諸法皆有)「性(有)、非性(無)」,(我雖亦見)「無常」見已。(但我不會因有「無常」而去比量推知其「常」)。(佛之)自覺聖境界」說彼(外道之)「常」(乃)無因(沒有佛之「因」之自性相)。	㊀大慧！我亦如是,即因此法(而)作「有、無」(之)見,(但外道即作「無常」解)「無常」應「常」(有「無常」,相對待的就有「常」)。何以故？(彼外道之「常不思議」)以無「因相」(沒有佛之「因」之自性相)故。	㊀我亦見所作法「有」已還「無」(的現象),(我雖亦見)「無常」已,(但我)不因此(不會因有「無常」而比量推知)說為「常」。(佛乃超越相對待,不見「有」而說「無」,亦不見「無常」而說「常」)
㊁大慧！若復諸外道「因相」(「常」與「無常」、「有」與「無」的相對待因相中),(而)成「常不思議」。	㊁復次大慧！諸外道說若「因相」(「常」與「無常」、「有」與「無」的相對待因相中)相應,(而)成(其)「常不可思議」。	㊁大慧！外道以如是「因相」(「常」與「無常」、「有」與「無」的相對待因相中),(而)成(其)「常不思議」。

(其實外道所認為)「因自相」(之)性(有),(其實仍是)「非性」(無),(故如)同於(追求)「兔角」(之理)。	以彼外道(自)言(其所依的)「因自相」(為實)有,(其實仍是)「無」故者,(就就如)同於(追求)「兔角」(之理)。	此(外道所說的)「因相」(皆)非(真實)有(因為所有「相對待」的諸相皆非真實存有),(故如)同於(追求)「兔角」(之理)故。
(參)此(外道之)「常不思議」,但(為一種)「言說妄想」,諸外道輩(皆)有如是過(過失罪惡)。所以者何?	(參)大慧!此「常不可思議」(於)諸外道等,但(為一種)「虛妄分別」。何以故?	(參)(外道之)「常不思議」唯是(一種)「分別」,但有「言說」(而無實義)。何故?
謂(彼)但(依其)「言說妄想」(而建立),(即)同於「兔角」(之理),(外道於佛之)「自因相」(因之自性相)非分(不能分別、不能分辨)。	以(本)無「兔角」,但(由)虛妄分別故,(外道於佛之)「自相」(因之自性相)無故。	彼(外道所依止之)「因」(即)同於「兔角」,無(佛之)「自因相」(因之自性相)故。

7-10 佛之「常不思議」是以「自證聖智」為其「因相」,乃離「作者、有、無、外相」之法,假名為「常」。此非由「推度思量」而來,亦非由「常與無常」的相對中挑選出來。外道不解「常不思議」乃佛「自覺聖智」的「自因之相」

劉宋・求那跋陀羅譯《楞伽阿跋多羅寶經》	元魏・菩提流支譯《入楞伽經》	唐・實叉難陀與復禮等譯《大乘入楞伽經》
(壹)大慧!我(之)「常不思議」,因(由)「自覺」得相(自內身聖智法所得之相)故,(是)離「所作、性(有)、非性(無)」,故(假名為)「常」。	(壹)大慧!我(之)「常不可思議」,唯(以)「內身證相」(自內身聖智法所得之相)因故,(是)離「作、有、無」法故,是故(亦假名為)「常不可思議」。	(壹)大慧!我(之)「常不思議」,(乃)以「自證」(自內身聖智證法)為「因相」。
非「外性」(外法;外相➔指離一切相),(亦)非(從)性「無常」(中去)「思量」計「常」。(並非是從	以無「外相」故(指離一切相),(但與不生不滅之)「常」法相應故。	

「無常」的相對法中去「比度思量」其「常」法)		
㊍大慧！（諸外道）若復（見）「外性」（外法；外相）非性（此指見外相爲「無」之時），（於是就從）「無常」（中去）「思量」（比度思量）計「常不思議」（也是一種恒）"常"。	㊍大慧！諸外道等見無「外相」（時），（於是就去）「比智知」（比度思量）「常不可思議」以為（也是一種恒）"常"。	㊍（佛之「常不思議」）不以外法（之從）「有」已還「無」，（亦不以）「無常」為因。 （不以外法「有」已還「無」、「無常」爲因。 ＝不以外法「有」已還「無」 ＋不以外法「無常」爲因）
㊌而彼（外道）不知（佛之）「常不思議」（的）「自因之相」。	㊌彼外道等不知（佛之）「常不可思議」（的）「自因相」。	㊌外道反此（相反於此理），（外道）曾（乃）不能知（佛之）「常不思議」（的）「自因之相」，
（外道離）去得（佛之）「自覺聖智」境界相（自内身聖智證法所趣之境），（非常的遙）遠。	彼（佛的）「（自）因相」故，（乃）以「內身聖智證」（自内身聖智證法）境界（爲）相故。	而（外道只能）恒在於（佛所證的）「自證聖智」（自内身聖智證法）所行相（之）外（面而已）。
彼（外道是從）不應說（佛法這種道理的啊）！	大慧！彼諸外道「外」於我（佛門之）法，（故外道從）不應為說（佛法這種道理的啊）！	此（外道是從）不應說（佛法這種道理的啊）！

7－11 「生死」與「涅槃」實無差別，其實只要能轉「藏識」即可證「自覺聖智」，得「大涅槃」。若不了「唯心」，則生死輪常轉

請參閱 **17－6**

劉宋・求那跋陀羅譯 《楞伽阿跋多羅寶經》	元魏・菩提流支譯 《入楞伽經》	唐・實叉難陀與復禮等譯 《大乘入楞伽經》
復次大慧！ ①諸「聲聞」畏「生死妄想」苦而求「涅槃」。 ②（聲聞者）不知「生死、涅槃」	復次大慧！ ①諸「聲聞、辟支佛」畏「生死妄想苦」，而求「涅槃」。 ②（聲聞者）不知「世間、涅槃」	復次大慧！ ①諸「聲聞」畏「生死妄想苦」而求「涅槃」。 ②（聲聞者）不知「生死、涅槃」

(實無)差別。	(實)無差別故。	(實無)差別之相。
③(聲聞者將佛曾教導過的)一切性(法),(皆是)妄想,(而誤解成諸法都是)「非性」(非真實的一種滅盡)。	③(聲聞者將佛曾教導過的)分別一切「法」與「非法」(之理),而(誤解成應)滅(盡)諸相(才對)。	③(聲聞者將佛曾教導過的)一切皆是(一種)妄分別(之理),(然後誤解成諸法之)有(都是完全)無所有(的一種滅盡)故。
④(遂易墮入)未來「諸(六)根、(六)境界」(皆作)休息(休停止息的滅盡之想),(而竟以此)作(是一種)「涅槃想」。	④(遂易墮入)不取未來(諸六塵)境界,妄取以為(就是一種)「涅槃」。	④(遂易墮入)妄計未來「諸(六)根、(六)境」(皆)滅(盡),(竟以此作)以為(是一種)「涅槃」。
⑤(聲聞者)非(不知→應去證)「自覺聖智」趣(自內身聖智證法所趣之境),(其只要將)「藏識」(阿賴耶識)「轉」(即能證得「自覺聖智」的「大涅槃」)。	⑤(聲聞者)不知(應去證)「內身證修行法」(自內身聖智證法所修之法)故,(亦)不知(其實只要將)「阿黎耶識」「轉」故(即能證得「自覺聖智」的「大涅槃」)。	⑤(聲聞者)不知(應去)證「自智境界」(自內身聖智證法所行之境),(其實只要)「轉」所依(的)「藏識」(阿賴耶識)為「大涅槃」(即可)。
⑥是故凡愚說(必)有「三乘」(法),(竟)說(由)「心量」(所)趣(之理是)無所有(的)。 (凡愚者竟認為「唯有心量之所趣向」的道理是一無是處、是不對的)	⑥大慧!是故彼愚癡人說(必)有「三乘法」,而不能知(一切皆)「唯心」(而外)相(應除)滅,(才能)得寂靜法。	⑥彼愚癡人說(必)有「三乘」(法),(而)不說「唯心」(與)無有(外在)境界(之理)。
⑦是故大慧!彼(無智愚人)不知「過去、未來、現在」諸如來(所說)「自心」現境界。(無智愚人)計著(計量執著)「外心現境界」(心外所現的境界)。	⑦是故彼無智愚人不知「過去、未來、現在」諸佛如來應正遍知(所說)「自心」見境界故。(無智愚人皆)執著「外心境界」(心外所現的境界)故。	⑦大慧!彼(無智愚)人不知「(過)去、(未)來、現在」諸佛所說「自心境界」。(無智愚人皆)取(著)「心外境」(心外所現的境界)。
⑧(無智愚人於)「生死輪」(迴中)常轉(而不停)。	⑧是故大慧!彼愚癡人,於世間「生死輪」(迴)中,常轉(而)不住(不停止;不停住)。	⑧(無智愚人則)常於「生死輪轉」(中而)不絕。

相。凡夫墮於「生住滅」相中，執著「有、無」相

劉宋・求那跋陀羅譯《楞伽阿跋多羅寶經》	元魏・菩提流支譯《入楞伽經》	唐・實叉難陀與復禮等譯《大乘入楞伽經》
㊀復次大慧！一切法「不生」，（此）是「過去、未來、現在」諸如來所說。所以者何？	㊀復次大慧！「過去、未來、現在」一切諸佛皆說諸法「不生」。何以故？	㊀復次大慧！「（過）去、（未）來、現在」諸如來說一切法「不生」。何以故？
謂（由）自心（所）現（之）「性（有）、非性（無）」，（應）離「有、非有」生故。 大慧！一切性（法皆）「不生」。	謂（皆由）自心（所）見（之）「有、無」法故，若（能）離「有、無」，（則）諸法「不生」故。 是故大慧！一切法（皆）「不生」。	（一切皆由）「自心所見」（故）非有（實）性，故（應）離「有、無」生故。
㊁一切法如「兔、馬」等（之）角。	㊁大慧！一切法如「兔、馬、驢、駝」（之）角等。	㊁（諸法皆）如「兔、馬」等（之）角。
是愚癡凡夫，不覺（悟）「妄想自性」（遍計所執）妄想故。	大慧！愚癡凡夫，「妄想分別」（遍計所執）分別諸法，是故一切諸法（本）「不生」。	（但）凡愚（則）妄取（之）。
㊂大慧！一切法「不生」，（此理是）「自覺聖智」趣境界（自內身聖智證法所趣之境）者。一切性（法之）「自性相」（本）不生，（此）非彼愚夫妄想（之）「二（能取所取）境界」。	㊂大慧！一切諸法（其）「自體相」不生，（此理）是內身「證聖智」境界（自內身聖智證法所趣之境）故，（此）非諸凡夫自體（之）「分別二（能取所取）境界」故。	㊂（諸法本不生之理乃）唯「自證聖智」所行之處（自內身聖智證法所行之境），（此）非諸愚夫（之）「二（能取所取）分別境」。
㊃自性（之）「身、財」（之）建立，（及所）趣（之）自性相（都是阿賴耶識的變現產生）。 大慧！「藏識」（阿賴耶識有能）攝（取）、所攝（取）相（而）"轉"	㊃大慧！是「阿黎耶識」（為）「身、資生、器世間」去來（之）「自體相」故，（故）見（有）能取、可取（所取）"轉"（生起）故。	㊃大慧！「身」及「資生、器世間」等，一切皆是「藏識」（阿賴耶識）影像，（故現有種種的）「所取、能取」二種相現（現起）。

（生起）。		
㐅(但)愚夫(即)墮(於)「生、住、滅」(之能取與所取)二見(相中)，希望一切性(法)生，(於是)「有、非有」(之)妄想(即)生。(此皆是愚夫之見，)非聖賢也。	㐅諸凡夫(即)墮於「生、住、滅」(之能取與所取)二相心故，(於)分別諸法(中)，生「有、無」故。	㐅彼諸愚夫(即)墮(於)「生、住、滅」(之能取與所取)二見(相)中故，於中妄起「有、無」(之)分別。
陸大慧！(汝)於彼應當修學。	陸大慧！汝應知如是法故。	陸大慧！汝於此義當勤修學。

第 8 節　立種性差別

8-1 「五乘種性」的分類

劉宋·求那跋陀羅譯《楞伽阿跋多羅寶經》	元魏·菩提流支譯《入楞伽經》	唐·實叉難陀與復禮等譯《大乘入楞伽經》
復次大慧！有「五無間種性」，云何為五？謂：	復次大慧！我說「五種乘性證法」，何等為五？	復次大慧！有「五種種性」，何等為五？謂：
①「聲聞乘無間種性」。(śrāvakayānābhi-samaya-gotra)	一者「聲聞乘性證法」。	①「聲聞乘種性」。
②「緣覺乘無間性」。(pratyeka-buddhayānābhi-samaya-gotra)	二者「辟支佛乘性證法」。	②「緣覺乘種性」。
③「如來乘無間種性」。(tathāgatayānābhi-samaya-gotra)	三者「如來乘性證法」。	③「如來乘種性」。

④「不定種性」。	四者「不定乘性證法」。	④「不定種性」。
(aniyatā-ekatara-gotra)		
⑤「各別種性」。	五者「無性證法」。	⑤「無種性」。
(a-gotra 非種;非性;無姓)		

五性（五姓、五種姓、五種種性、五種乘姓、五乘種性）

(1)梵語 pañca-gotrāṇi。亦有將「**姓**」寫作「**性**」者。

(2)法相宗認為，眾生在「先天」上即具有「五種不同」之性質與素性，此係由「阿賴耶識」中之「本有種子」所決定，故立「五性」各別之說，進而定出「可成佛」或「不可成佛」之說。

❶**聲聞乘定性**（śrāvakayānābhisamaya-gotra 聲聞定性、定性聲聞、決定聲聞）：

　　乃具有可證「阿羅漢果」之無漏種子者。

❷**獨覺乘定性**（pratyekabuddhayānābhi-gotra 辟支佛乘性、緣覺定性、定性緣覺）：

　　乃具有可證「辟支佛果」之無漏種子者。

　　註：「**聲聞定性**」和「**緣覺定性**」此二種性，唯以法爾「生空」無漏之種子，故深厭生死，專修「自利樂寂」之法，唯斷煩惱障，證「生空」之理，定得自乘之果而入「無餘涅槃」。以其不具佛種，故不成佛，即二乘所被之根機，故「**聲聞定性、緣覺定性**」兩者合稱為「**二乘定性**」。

❸**如來乘定性**（tathāgatayānābhi-gotra 如來乘性、菩薩定性、定性菩薩）：

　　乃具有可證「佛果」之無漏種子者。以法爾具有「生空智、法空智」之無漏種子，故修「自利利他」之行，斷「煩惱障」與「所知障」，證「二空真如」（生空智和法空智），得「菩提、涅槃」二轉之妙果，即入「無住處涅槃」而成「大覺圓滿」之極果。此為大乘所被之根機。

❹**不定種性**（aniyataikatara-gotra 不定性、三乘不定性）：

　　「不定種性」乃同時具有「菩薩、獨覺、聲聞」三性之種子，因為他們的「根性」是不定的，時而「發心」做「菩薩」，時而退墮成「獨覺、聲聞」。這類的修行者多先作「二乘」的修行，再轉向「大乘」而得「佛果」。因為「不定種性」的「根性」是不定的，所以其果位亦是不定的，底下有四類型的「不定種性」：

　　①「**菩薩、聲聞**」二性不定：同時具有「菩薩、聲聞」二性，時而「發心」做「菩薩」，時而退墮成「聲聞」，故所得之果也不定。

　　②「**菩薩、獨覺**」二性不定：同時具有「菩薩、獨覺」二性，時而「發心」做「菩薩」，時而退墮成「獨覺」，故所得之果也不定。

③「聲聞、獨覺」二性不定：同時具有「聲聞、獨覺」二性，時而做「聲聞」，時而做「獨覺」，故所得之果也不定。

④「聲聞、獨覺、菩薩」三性不定：同時具「聲聞、獨覺、菩薩」等三性，時而「發心」做「菩薩」，時而退墮成「聲聞」或「獨覺」，而所得之果不定。

其中第三者「聲聞、獨覺」二性不定➜永無成佛之期外，其他三者皆可成佛。

❺無性(a-gotra 無種性、無有出世功德種性、人天乘性)：

雖無「三乘」之無漏種子，然卻具有可成「人天」果之有漏種子。

(3)前面四種「聲聞乘定性、獨覺乘定性、如來乘定性、不定種性」統稱為「**有般涅槃法**」。第五「無性」則稱「**無般涅槃法**」。

(4)第五種「**無性**」不具無漏種子，唯具「有漏」之種子，故不起「出世無漏智」，不能解脫生死，但以修習世間之善業，得人天之善果，即所謂「無性闡提」。「無性」有情眾生是永遠沈於迷界，無法離苦，僅能修「五戒、十善」之善因而生於人天者。

(5)五性之中，「**定性聲聞、定性緣覺、無性**」三者，皆無佛種子，畢竟不成佛，故稱「**三無**」。

(6)「**定性菩薩**」及「**不定性菩薩**」中之具有「佛果」者，係有佛種子而必定成佛，故稱「**二有**」。

(7)以上五性各別為根據《楞伽經·卷二》及《解深密經·卷二》之所說，在《法華經》中有「**一切眾生悉皆成佛**」之說，此乃勉勵「不定種性」眾生轉入大乘之方便法門而已。

五性成佛

據《華嚴經疏·卷二》載，依眾生成佛種性之不同，而分為五，即：

(1)**不定性半成佛**：「不定性」指根性不定。

謂：「不定性」者若近「聲聞」，則習「聲聞法」。

若近「緣覺、菩薩」，則亦隨順而習其法。

若習「聲聞、緣覺」之法者，則沈滯於小果，不樂於度化眾生，也不求佛道，故不成佛。

若習「菩薩」利生之行者，則轉而取證「菩提」而得成佛。以上皆稱為「**不定性半成佛**」。

(2)**無種性不成佛**：謂無有「正信善根」之人，撥無因果，不受化度，甘溺生死，不求解脫，故稱為「**無種性不成佛**」。

(3)**聲聞性不成佛**：「聲聞」指聞「佛聲教」而悟道之人。謂「聲聞」根性，唯習生滅「四諦」之法，而證「真空涅槃」之果，樂著「空寂」，怖畏「生死」，不能起行度化眾生，也不進求「佛道」，故稱為「**聲聞性不成佛**」。

(4)緣覺性不成佛：「緣覺」指由觀「因緣」而覺悟真理者。謂「緣覺」根性，唯觀「十二因緣」之法，而證「真空涅槃」之果，固執「偏空」，也不求「佛道」，故稱為「**緣覺性不成佛**」。

(5)菩薩性全成佛：謂菩薩能「自覺、覺他」，悲智雙運，冤親等觀，廣集眾因，證菩提果，故稱為「**菩薩性全成佛**」。

8-2 何謂「聲聞乘種性」？

劉宋・求那跋陀羅譯《楞伽阿跋多羅寶經》	元魏・菩提流支譯《入楞伽經》	唐・實叉難陀與復禮等譯《大乘入楞伽經》
云何知「聲聞乘無間種性」？	大慧！何者「聲聞乘性證法」？謂：	大慧！云何知是「聲聞乘種性」？
(1)若聞說得「陰、界、入、自、共相」(等法義)。(於)斷、(於)知(諸法義)時，(則)舉身毛孔，熙怡欣悅，及「樂修」相智。	(1)(聞)說「陰、界、入」法故，(聞)說「自相、同相」。(於)證、(於)智(諸)法(義)故，(則)彼身毛孔，熙怡欣悅，「樂修」相智。	(1)謂若聞說於「蘊、界、處、自相、共相」(等法義)。若知、若證(於諸法義時)，(即)舉身毛豎，心樂「修習」。
(2)(聲聞人)不(善)修「緣起」發悟之相(因為為聲聞人無法修到「於相而離相」、於因緣法中而能離因緣法)，(此)是名「聲聞乘無間種性」。	(2)(聲聞人)不(善)修「因緣」(相)，不(能於)相(而)離相故。大慧！(此)是名「聲聞乘性證法」故。	(2)(聲聞人)於「緣起」相不(善)樂(於)觀察，應知此是「聲聞乘種性」。
(3)聲聞無間(聲聞乘無間種性)，(竟謂自己已)見「第八地」(境界)，(所生)起(的)「煩惱」(已經完全)斷(盡之妄想)。	(3)彼聲聞人(以)「邪見」證智，(雖可)離(所生)起(之)「麁煩惱」，(但仍)不離「無明薰習」(之)煩惱。(聲聞人於)見己身(所)證(之)相(時)，(竟)謂(自己已得)「初地」中，乃至(已得)「五地、六地」，(已)離諸煩惱，同己所離(之)故。	(3)(聲聞人)彼於自乘(中)，見(自己)所證已，(竟謂)於(已達)「五、六地」，(已完全)斷煩惱結。
(4)(其實於)「習煩惱」(仍)不斷。	(4)(其實仍)薰習(於)「無明煩惱」故。	(4)(其實仍)不斷(於)「煩惱習」。

（5）（聲聞者）不（能越）度「不思議變易死」，（只能越）度「分段死」。	（5）（聲聞者只能）墮（於）「不可思議變易死」故（中而不能超越）。	（5）（聲聞者可）住（於）「不思議死」。 （聲聞乘種性只能住「不可思議變易生死」，而不能超越「不可思議變易生死」）
（6）（聲聞乘無間種性）正師子吼：「我生已盡，梵行已立，不受後有」。 （7）（聲聞人）如實知修習「人無我」，乃至（謂自己已證）得「般涅槃」（的一種妄）覺（之謬）。	（6）（聲聞乘種性）而作是言：「我生已盡，梵行已立，所作已辦，不受後有」。 （7）如是等（聲聞人）得入「人無我」，乃至生「心」：（竟）以為（自己已證）得「涅槃」故。	（6）（聲聞乘種性）正師子吼言：「我生已盡，梵行已立，所作已辦，不受後有」。 （7）（聲聞人）修習「人無我」，乃至「生」（出）於（自己已證）得「涅槃」（妄）覺（之謬）。

8-3 何謂「聲聞乘」及「外道種性」？

劉宋・求那跋陀羅譯 《楞伽阿跋多羅寶經》	元魏・菩提流支譯 《入楞伽經》	唐・實叉難陀與復禮等譯 《大乘入楞伽經》
<u>大慧</u>！「各別無間」者： ❶（於）「我、人、眾生、壽命、長、養、士夫」（中），彼諸（外道）眾生（將上面之理）作如是覺（知），（且於其中）求「般涅槃」。 ❷復有異外道說：悉（必）由（有）「作者」（才能）見一切性（法）已，（即）言此（就）是「般涅槃」。 ❸（外道）作如是（之妄）覺：（於）「法無我」（之）見，非分（不能分別、不知見「法無我」），彼（外道）無（能獲得）「解脫」。 ❹<u>大慧</u>！此諸「聲聞乘無	<u>大慧</u>！ ❶復有餘外道求證「涅槃」，而作是言：（只要能）覺知「我、人、眾生、壽命、作者、受者、丈夫」，（即）以為（是）「涅槃」。 ❷<u>大慧</u>！復有餘外道見一切諸法，（其必）依「因」而有，（即於此而）生「涅槃」心故。 ❸<u>大慧</u>！彼諸外道無（能獲得）「涅槃解脫」，以不見「法無我」（之）故。 ❹<u>大慧</u>！（此）是名「聲聞乘、	<u>大慧</u>！ ❶復有（外道）眾生求證「涅槃」，（竟）言：（只要）能覺知「我人、眾生、養者、取者」，此（即）是「涅槃」。 ❷復有（外道）說言：（只要）見一切法，（其必）因「作者」（而）有，此（即）是「涅槃」。 ❸<u>大慧</u>！彼（外道）無「解脫」，以未能見「法無我」故。 ❹此是「聲聞乘」及「外道

間、外道種性」。	外道性」。	種性」。
(於)不「出」;(而生)「出」(之妄)覺。 (指於未「究竟出離解脫處」，而作已達「究竟出離解脫」之想)	於「非離」處;而生「離想」。 (指於未「究竟出離解脫處」，而作已達「究竟出離解脫」之想)	於「未出」(離)中;(而)生「出離想」，
為轉(化)彼(聲聞與外道之)「惡見」，故(汝)應當修學。	**大慧**！汝應轉此(聲聞人與外道之)「邪見」，修行「如實」(之)行故。	應勤修習捨此(聲聞人與外道之)「惡見」。

8-4 何謂「緣覺乘種性」？

劉宋·求那跋陀羅譯 《楞伽阿跋多羅寶經》	元魏·菩提流支譯 《入楞伽經》	唐·實叉難陀與復禮等譯 《大乘入楞伽經》
大慧！「緣覺乘無間種性」者：	**大慧**！何者「辟支佛乘性證法」？謂：	**大慧**！云何知是「緣覺乘種性」？謂：
①若聞說(有關)各別(之)「緣無間」(緣覺乘無間種性的法義)，(即)舉身毛豎，悲泣流淚。	①(若)聞說(有關)「緣覺證法」(緣覺乘種性的法義)，(即)舉身毛豎，悲泣流淚。	①若聞說(有關)「緣覺乘法」(緣覺乘種性的法義)，(即)舉身毛豎，悲泣流淚。
②(緣覺者乃)不相(習)近(世間憒閙之)緣，(於)所有(的外境諸色或因緣法皆)不(執)著。	②(緣覺者乃)不樂「憒閙」故，(能)觀察諸「因緣法」故，(亦)不(執)著諸「因緣法」故。	②(緣覺者乃)離「憒閙」緣，(於外境諸色皆)無所染著。
③(緣覺者於)種種(之)自身，(能具)種種「神通」，若離、若合，種種「變化」。(緣緣者能於)聞說(法義)是時，其「心」(即能)隨入。	③(緣覺者能於)聞說(法義之間即現)自身(之)種種「神通」，若離、若合，(具)種種「變化」。其「心」(即能)隨入故。	③(緣覺者)有時(能於)聞說(法義間)，(自身即可)現種種身，或聚、或散(具)「神通變化」。其「心」(皆能)信受，無所違逆。
④若知彼(為)「緣覺乘無間種性」(根器)已，(應)隨順	④**大慧**！(此)是名「緣覺乘性證法」(之根器)，汝當應	④當知此(即)是「緣覺乘種性」(之根器)，應為其說「緣

為說「緣覺之乘」，(此)是名「緣覺乘無間種性相」。	知(而)「隨順」(為)緣覺(者)說。	覺乘法」。

8-5 「如來乘種性」有四種

劉宋·求那跋陀羅譯《楞伽阿跋多羅寶經》	元魏·菩提流支譯《入楞伽經》	唐·實叉難陀與復禮等譯《大乘入楞伽經》
大慧！彼「如來乘無間種性」有四種。謂： ①(能證)「自性(所具之)法」(的)無間種性。 ②(能)「離自性法」(之)無間種性。 ③(能)得「自覺聖」(自內身聖智證法之)無間種性。 ④(能現)「外(諸佛)剎(莊嚴)殊勝」(之)無間種性。	大慧！何者「如來乘性證法」？大慧！「如來乘性證法」有四種。何等為四？ 一者「證實法性」。 二者「離實法證性」。 三者「自身內證聖智性」(自內身聖智證法)。 四者(能現)「外諸國土勝妙莊嚴證法性」。	大慧！「如來乘種性」所證法有三種(其實應該是四種，因為「斷句」造成的問題)，所謂： ①「自性」(法)。 ②「無自性法」。 ③「內身自證聖智法」(自內身聖智證法)。 ④(能現)「外諸佛剎廣大法」。

8-6 若有得聞四種「如來乘種性」，及阿賴耶識能變現「身、財、器世界」之理，而不驚不怖者，當知此人即名為「如來乘現觀種性」

劉宋·求那跋陀羅譯《楞伽阿跋多羅寶經》	元魏·菩提流支譯《入楞伽經》	唐·實叉難陀與復禮等譯《大乘入楞伽經》
❶大慧！若聞此「四事」(四種「如來乘種性」之)一一(分別)說時。 ❷及(聞)說(由)「自心」(之阿賴耶識所)現(之)身、財，(皆由阿賴耶識所)建立(之)不思議	❶大慧！若聞說此(四種「如來乘種性」之)一一法(義)時。 ❷但(由)「阿黎耶心」(所建)，(能)見外身所依(之)「資生、器世間」不可思議境	❶大慧！若有聞說此(四種「如來乘種性」之)一一法(義時)。 ❷及(聞說於)「自心所現」(之)身、財，(而)建立「阿賴耶識」(之)不思議境。

境界時。	界。	
❸（聞後於）心不（生）「驚、怖」者。	❸（聞後於心）不驚、不怖、不畏者。	❸（聞後於心）不驚、不怖、不畏。
❹（此）是名「如來乘無間種性相」。	❹大慧！當知是證「如來乘」性人。	❹當知此是「如來乘性」。
	大慧！是名「如來乘性證法」人相。	

8-7 何謂「三乘不定種性」？

劉宋・求那跋陀羅譯《楞伽阿跋多羅寶經》	元魏・菩提流支譯《入楞伽經》	唐・實叉難陀與復禮等譯《大乘入楞伽經》
大慧！「不定種性」者（又名「三乘不定性」，指同時具有「菩薩、獨覺、聲聞」三性之種子），謂：	大慧！何者「不定乘性證法」（三乘不定性）？	大慧！「不定種性」（三乘不定性）者，謂：
①說彼「三種時」（三乘不定種性之時），隨（其根器而）說而入，隨彼而成。	①大慧！若人聞說此「三種法」（三乘不定種性之法），（若）於一一中有所樂者，（則）隨順（應）為（彼人而）說。	①（有眾生）聞說彼「三種法」（三乘不定種性）時，（應）隨（其根器而）生信解，而（隨）順修學。
②大慧！此是（欲令眾生能發起至「定性菩薩」的）「初治地」(parikarma-bhūmi)者，（而）謂（的一種「三乘不定」）種性（之）建立。	②大慧！（為眾生）說（此）「三乘」（不定種性）者，（乃）為（欲令彼眾生）發起（能至「定性菩薩」的）「修行地」(parikarma-bhūmi)故，（而）說（有）諸性差別，（但此三乘不定種性仍）非「究竟地」。	②大慧！（此乃）為（欲令彼眾生發起能至「定性菩薩」的）「初治地」(parikarma-bhūmi)人而說（的一種不定）種性。
為（欲令三乘不定種性眾生能）超入（最高的）「無所有地」(nirābhāsa-bhūmi)，故（先）作是（理論之）建立。	（此說乃）為欲（令彼三乘不定種性眾生能）建立（最高的）「畢竟能取寂靜之地」(nirābhāsa-bhūmi)故。	（為）欲令其（三乘不定種性眾生能）入（最高的）「無影像地」(nirābhāsa-bhūmi)，（故先）作此（理論之）建立。

pari-kartana 形 切断する，細断する．

pari-karma 甲 (?) 漢訳 陶冶，陶冶人 *Laṅk.*

parikarma-kṛta 形 漢訳 修，修行，已修，已具足，瑩，瑩飾，修營，造作，治 *Aṣṭ-pr., Daś-bh.*

pari-karmaṇa 男 漢訳 ((治))，浣，浣染 *Mvyut.*

parikarmaṇa-vastu 甲 漢訳 補戒分 *Mvyut.* ➡ parikarma-vastu.

parikarman 甲 崇拝；身を飾り整えること，身に油を塗ること，浄化，浄化の手段；(一切)に対する準備；漢訳 治，修治，錬治，善治，修行，浄，浄修，浄業；瑩飾，嚴具；成弁；業 *Aṣṭ-pr., Daś-bh., Gaṇḍ-vy., Kāśy., Laṅk., Mvyut., Śikṣ.*

parikarma-bhāvanā 女 漢訳 熱治修習 *Madhy-vibh.*

nir-ābhāsa 形 悪い形態のない；漢訳 無現，無相，無影，無所有，無影像，絶衆影像 *Laṅk., Mvyut.*；無受，無所受，寂静 *Laṅk.*

nirābhāsa-bhūmi 女 漢訳 無影像地，無所有地，寂静之地 *Laṅk.*

nirābhāsa-lakṣaṇa 甲 漢訳 無所有相，無影像相 *Laṅk.*

8－8 屬於「三乘不定種性」中的「聲聞、緣覺」者，若能由內觀「藏識」(阿賴耶識)而見「諸法無我」，當可得成就「如來最勝種性之身」

劉宋·求那跋陀羅譯《楞伽阿跋多羅寶經》	元魏·菩提流支譯《入楞伽經》	唐·實叉難陀與復禮等譯《大乘入楞伽經》
彼(若能)自覺(自心之)「藏」(藏識·阿賴耶識)者： (此處指屬於「三乘不定種性」中的「聲聞、緣覺」者)	大慧！	大慧！ (「彼」字是指屬於「三乘不定種性」中的「聲聞、緣覺」者)
❶(能將)自「煩惱習」(而盡)淨。	❶彼「三種人」(具「三乘不定種性」之人)，(若能)離「煩惱障薰習」，(則)得(獲)清淨故。	❸彼住「三昧樂聲聞」，若能證知自「所依識」(阿賴耶識)。
❷(能)見「法無我」。	❷(能)見「法無我」。	❷(能)見「法無我」。

❸（能）得「三昧樂住聲聞」。	❸（即能）得「三昧樂行」故。	❶（能）盡淨「煩惱習」。
❹（不定種性的「聲聞、緣覺」者將來）當得「如來最勝之身」。	❹（若是屬於「三乘不定種性」中的）「聲聞、緣覺（者），（即）畢竟（能由此而）證得「如來法身」故。	❹（不定種性的「聲聞、緣覺」者將來）畢竟（能）常得「如來之身」。

8-9 偈頌內容

劉宋・求那跋陀羅譯《楞伽阿跋多羅寶經》	元魏・菩提流支譯《入楞伽經》	唐・實叉難陀與復禮等譯《大乘入楞伽經》
爾時世尊欲重宣此義而說偈言：	爾時世尊重說偈言：	爾時世尊即說頌言：
須陀槃那果。往來及不還。逮得阿羅漢。是等心惑亂。	逆流修無漏。往來及不還。應供阿羅漢。是等心亂惑。	預流一來果。不還阿羅漢。是等諸聖人。其心悉迷惑。

8-10 偈頌內容

劉宋・求那跋陀羅譯《楞伽阿跋多羅寶經》	元魏・菩提流支譯《入楞伽經》	唐・實叉難陀與復禮等譯《大乘入楞伽經》
三乘與一乘。非乘我所說。愚夫少智慧。諸聖遠離寂。	我說於三乘。一乘及非乘。諸聖如實解。凡夫不能知。	我所立三乘。一乘及非乘。為愚夫少智。樂寂諸聖說。

8-11 偈頌內容

劉宋・求那跋陀羅譯	元魏・菩提流支譯	唐・實叉難陀與復禮等譯

《楞伽阿跋多羅寶經》	《入楞伽經》	《大乘入楞伽經》
第一義法門。	第一義法門。	第一義法門。
遠離於二教。	遠離於二教。	遠離於二取。
住於無所有。	建立於三乘。	住於無境界。
何建立三乘。	為住寂靜處。	何建立三乘。

8-12 偈頌內容

劉宋·求那跋陀羅譯《楞伽阿跋多羅寶經》	元魏·菩提流支譯《入楞伽經》	唐·實叉難陀與復禮等譯《大乘入楞伽經》
諸禪無量等。	諸禪及無量。	諸禪及無量。
無色三摩提。	無色三摩提。	無色三摩提。
受想悉寂滅。	無想定滅盡。	乃至滅受想。
亦無有心量。	亦皆心中無。	唯心不可得。

8-13 有「捨一切善根」及「憐愍一切眾生，故無始來即為眾生發度盡之願」的二種「一闡提」

劉宋·求那跋陀羅譯《楞伽阿跋多羅寶經》	元魏·菩提流支譯《入楞伽經》	唐·實叉難陀與復禮等譯《大乘入楞伽經》
大慧！彼「一闡提」(而又)非「一闡提」(者)？(於)世間「解脫」(中有)誰(願意)轉(生起)？(有誰願意「生起」對世間的解脫呢？有誰竟然「不樂於解脫」呢？)	大慧！何者「無性乘」？謂：「一闡提」(icchantika)。大慧！「一闡提」者，無「涅槃」性，何以故？(一闡提者)於「解脫」中不生「信心」，(故)不(能)入「涅槃」。	復次大慧！此中「一闡提」(者)，何故(有人)於「解脫」中(而竟)不生「欲樂」(想)？
大慧！「一闡提」(icchantika)有二種：	大慧！「一闡提」者有二種，何等為二？	大慧！以；

①一者「捨一切善根」(者)。②及(為憐愍一切眾生)，(故)於無始(來即為)眾生發願(者)。	一者「焚燒一切善根」(者)。二者(為)憐愍一切眾生，作(願度)盡一切眾生界願」。	①「捨一切善根」故。②為無始(來即為)眾生(發)起(度盡之)願故。

8-14 何謂「捨一切善根」的「一闡提」？

劉宋・求那跋陀羅譯《楞伽阿跋多羅寶經》	元魏・菩提流支譯《入楞伽經》	唐・實叉難陀與復禮等譯《大乘入楞伽經》
⑤云何「捨一切善根」？謂：謗「菩薩藏」及作惡言：此非隨順「修多羅、毘尼(Vinaya律)、解脫」之說。	⑤大慧！云何「焚燒一切善根」？謂：謗「菩薩藏」，作如是言：彼非隨順「修多羅、毘尼(Vinaya律)、解脫」(之)說。	⑤云何「捨一切善根」？謂：謗「菩薩藏」(Bodhisattva-piṭaka)，言：此非隨順「契經、調伏(Vinaya律)、解脫」之說。
⑥(如此將)「捨一切善根」，故(永)不「般涅槃」。	⑥(如此將)「捨諸善根」，是故(永)不得「涅槃」。	⑥(若有)作是語時，(其)「善根」悉斷，(永)不入「涅槃」。

8-15 何謂「憐愍一切眾生，故無始來即為眾生發度盡之願」的「一闡提」？

劉宋・求那跋陀羅譯《楞伽阿跋多羅寶經》	元魏・菩提流支譯《入楞伽經》	唐・實叉難陀與復禮等譯《大乘入楞伽經》
⑤二者，菩薩本「自願方便」故。	⑤大慧！(為)「憐愍眾生，作(願度)盡眾生界願」者，(此)是為菩薩。大慧！菩薩「方便作願」：	⑤云何「為無始眾生起願」？謂：
⑥(我)非不「般涅槃」，(乃欲令)一切眾生而「般涅槃」。	⑥「若諸眾生不入涅槃者，我亦不入涅槃，是故菩薩摩訶薩不入「涅槃」。	⑥諸菩薩以「本願」方便，願一切眾生悉入「涅槃」。

⑧大慧！彼(此類菩薩之)「般涅槃」，(亦)是名(為)「不般涅槃」法相，此(類菩薩)亦(屬於是)到「一闡提」(所)趣(之境)。	⑧大慧！(以上)是名(有)二種「一闡提」，(皆)無「涅槃」性。以是義故，(此二種皆)決定取「一闡提」行。	⑧若一眾生未「涅槃」者，我終不入(涅槃)，此(類菩薩)亦住(於)「一闡提」(所)趣(之境)，此是無「涅槃種性」相。

8－16 菩薩之「一闡提」者亦「不入涅槃」，彼知一切法「本來涅槃」，故畢竟「不入涅槃」，或「入而不入」涅槃。諸「捨一切善根之一闡提」者，若得「如來神力或善知識」加持，亦能生「善根」而證「涅槃」

劉宋·求那跋陀羅譯《楞伽阿跋多羅寶經》	元魏·菩提流支譯《入楞伽經》	唐·實叉難陀與復禮等譯《大乘入楞伽經》
⑱大慧白佛言：世尊！此中(以上二種情形)云何畢竟「不般涅槃」？	⑱大慧菩薩白佛言：世尊！此二種「一闡提」，何等「一闡提」常「不入涅槃」？ 佛告大慧：菩薩摩訶薩(若屬於)「一闡提」(者)，(則)常「不入涅槃」。何以故？	⑱大慧菩薩言：世尊！此中(以上二種情形)何者畢竟「不入涅槃」？
⑳佛告大慧：菩薩「一闡提」者，知一切法「本來般涅槃」已，(故菩薩)畢竟「不般涅槃」，而非捨一切善根(之)「一闡提」也(並非是「捨一切善根之一闡提者」不能入涅槃)。	⑳以(菩薩)能善知一切諸法「本來涅槃」，是故「不入涅槃」，非捨一切善根(之)「闡提」(並非是「捨一切善根之一闡提者」不能入涅槃)。何以故？	⑳佛言：大慧！彼菩薩「一闡提」，知一切法「本來涅槃」，畢竟不入(涅槃)，非「捨善根」(並非是「捨一切善根之一闡提者」不能入涅槃)。何以故？
㊂大慧！捨一切善根(之)「一闡提」者，復(可)以「如來神力」故，或時(可令	㊂大慧！彼捨一切善根(之)「闡提」(者)，若(能得)值(遇)「諸佛、善知識」等，(即	㊂捨善根(之)「一闡提」(者)，(若以)以「佛威力」故，或時「善根」(即可重)生。所

其)「善根」(重新)生(起)。所以者何？	能令彼主動重)發菩提心，(重)生諸「善根」，便(能)證「涅槃」。何以故？	以者何？
㊣謂如來「不捨」一切眾生故。以是故，菩薩(之)「一闡提」(者乃畢竟)「不般涅槃」。	㊣大慧！諸佛如來不捨一切諸眾生故。是故大慧！菩薩(之)「一闡提」(者)常「不入涅槃」。	㊣佛於一切眾生「無捨」時故。是故，菩薩(之)「一闡提」(者乃畢竟)「不入涅槃」。

若得「如來神力或善知識」加持，亦能令「一闡提」者，重生「善根」而重發「菩提心」。前題是「自己」要主動發心的「生」出「菩提心」來，否則就算如來「神力」加持，仍舊是「無解」，仍舊永遠是「一闡提」者

《大般涅槃經》卷5〈如來性品 4〉
又「一闡提」，若(真獲得)盡滅(一闡提之心)者，則(亦)不得(再)稱(彼為)一闡提也。

《大般涅槃經》卷26〈光明遍照高貴德王菩薩品 10〉
(一闡提輩)若(自己)能(再)發(起)於「菩提之心」，則(彼等即)不復名「一闡提」也。

《大般涅槃經》卷26〈光明遍照高貴德王菩薩品 10〉
善男子！若「一闡提」，(若能深)信有「佛性」，當知是人(將)不至(於)「三惡」，是亦不名(為)「一闡提」也。
以(若)不自信(自己具)有「佛性」(的話)，故即(便會)墮「三惡」，(因)墮「三惡」故，(所以)名(之為)「一闡提」。

《大般涅槃經》卷26〈光明遍照高貴德王菩薩品 10〉
以(有)「直心」(質樸正直心)故，信有「佛性」，(因)信(有)「佛性」故，則(已)不得(被)名(為)「一闡提」也，以「直心」故，(已可)名(為)「佛弟子」。

8-17 何謂「三自性」？

請參閱 **53-55**

劉宋・求那跋陀羅譯《楞伽阿跋多羅寶經》	元魏・菩提流支譯《入楞伽經》	唐・實叉難陀與復禮等譯《大乘入楞伽經》
	【卷三・集一切佛法品第三之二】	
復次大慧!菩薩摩訶薩當善「三自性」,云何「三自性」?謂:	復次大慧!菩薩摩訶薩當善知「三法自體相」。大慧!何等「三法自體相」?	復次大慧!菩薩摩訶薩當善知「三自性相」,何者為三?所謂:
❶「妄想自性」。(遍計所執)	一者「虛妄分別名字相」。(遍計所執)	❶「妄計自性」。
❷「緣起自性」。(依他起性)	二者「因緣法體自相相」。(依他起性)	❷「緣起自性」。
❸「成自性」。(圓成實性)	三者「第一義諦法體相」。(圓成實性)	❸「圓成自性」。

第 9 節　善五法自性

9-1　「名相計著相」及「事相計著相」二種「遍計所執」妄想的定義

劉宋・求那跋陀羅譯《楞伽阿跋多羅寶經》	元魏・菩提流支譯《入楞伽經》	唐・實叉難陀與復禮等譯《大乘入楞伽經》
㊀大慧!「妄想自性」(遍計所執)從「相」生。大慧白佛言:世尊!云何「妄想自性」(遍計所執)從「相」生?	㊀大慧!何者「虛妄分別名字相」(遍計所執)?謂:從「名字」虛妄分別一切法相,是名「虛妄分別名字之相」(遍計所執)。	㊀大慧!「妄計自性」(遍計所執)從「相」生,云何從「相」生?
㊁佛告大慧:(依著)緣起自性(依他起性)事相相」行,(而)顯現(種種)「事相相」。	㊁大慧!何者「因緣法體(依他起性)自相相」?大慧!(依著)「因緣法體	㊁謂彼依(著)緣起事相(依他起性)種類」(而)顯現,(即)生「計著」(計量執著)故。

	(依他起性)「自相相」者，從「境界事」(而)生故。 　　**大慧**！「因緣法體」(依他起性)境界事相。	
㊂「計著」(計量執著)有二種「妄想自性」(遍計所執)，(此爲)如來應供等正覺之所建立，謂： ❶「名相計著相」。及 ❷「事相計著相」。	㊂諸佛如來應「正遍知」說：「虛妄分別差別」(遍計所執)有二種，何等二種？ 一者「妄執名字戲論分別」。 二者「妄執名字相分別境界相事相」。	㊂**大慧**！彼「計著」(計量執著)事相，有二種「妄計性」(遍計所執)生，(此)是諸如來之所演說。謂： ❶「名相計著相」。 ❷「事相計著相」。
㊃「名相計著相」者，謂：(於)「內、外」法(中)計著(爲眞實存有)。	㊃㊄**大慧**！何者妄執「名字相、境界相事相」？謂：即彼(執著)「內、外」法，(與)「自相、同相」。	㊃**大慧**！「事計著相」者，謂：計著「內、外」法(皆爲眞實存有)。
㊄「事相計著相」者，謂：即彼如是(於)「內、外」(法中又生)「自、共」相(的)計著。		㊄「相計著相」者，謂：即(於)彼「內、外」法中，(又)計著(其)「自、共」相。
㊅是名二種「妄想自性相」(遍計所執)。	㊅**大慧**！是名「因緣法體」(依他起性)二種「自相相」。	㊅是名二種「妄計自性相」(遍計所執)。
㊆若(從所)依、若(從所)緣(而)生(者)，(此即)是名「緣起」(依他起性)。	㊆以依「彼法」(去)觀「彼法」(而有)生故。**大慧**！(此)是名「因緣法體(依他起性)自相相」。	㊆**大慧**！(若)從「所依、所緣」(而生)起，(此)是「緣起性」(依他起性)。

9-2 「何謂「成自性如來藏心(圓成自性如來藏心)」？

劉宋・求那跋陀羅譯《楞伽阿跋多羅寶經》	元魏・菩提流支譯《入楞伽經》	唐・實叉難陀與復禮等譯《大乘入楞伽經》
⑤云何「成自性」(圓成實性)？謂：	⑤大慧！何者「第一義諦法體相」(圓成實性)？謂：	⑤何者「圓成自性」(圓成實性)？謂：
⑥(諸佛如來能)離「名相、事相」(等一切)妄想。	⑥諸佛如來(能)離「名字相、境界相、事相相」。	⑥(能)離「名相、事相」(等)一切分別。
⑦(此為)「聖智」所得，及「自覺聖智」趣所行境界(自內身聖智證法所趣、所行之境界)。	⑦(此為)「聖智」修行境界(之)行處(自內身聖智證法所行的境界處)。	⑦(此為)「自證聖智」所行「真如」(自內身聖智證法所行的真如境界)。
⑧是名(為)「成自性(圓成實性)如來藏心」。	⑧大慧！是名(為)「第一義諦相」(圓成實性)諸佛「如來藏心」。	⑧大慧！此是(名為)「圓成自性」(圓成實性)如來藏心」。

9-3 偈頌內容

劉宋・求那跋陀羅譯《楞伽阿跋多羅寶經》	元魏・菩提流支譯《入楞伽經》	唐・實叉難陀與復禮等譯《大乘入楞伽經》
爾時世尊欲重宣此義而說偈言： 名相覺想。 自性二相。 正智如如。 是則成相。	爾時世尊重說偈言： 名相分別事。 及法有二相。 真如正妙智。 是第一義相。	爾時世尊即說頌言： 名相分別。 二自性相。 正智真如。 是圓成性。

9-4 諸菩薩摩訶薩應當修學此「五法」

劉宋・求那跋陀羅譯《楞伽阿跋多羅寶經》	元魏・菩提流支譯《入楞伽經》	唐・實叉難陀與復禮等譯《大乘入楞伽經》
大慧！(此)是名觀察「五法(名、相、妄想、正智、如如)、(三)自性相」經(法門)，(此即是)「自覺聖智」趣所行(之)境界。汝等諸菩薩摩訶薩應當修學。	大慧！(此)是名觀察「五法(名、相、妄想、正智、如如)、(三)自相」法門，(此即是)諸佛菩薩修行「內證境界」之相。汝及諸菩薩應如是學。	大慧！(此)是名觀察「五法(名、相、妄想、正智、如如)、(三)自性相」法門，(此即是)「自證聖智」所行(之)境界。汝及諸菩薩摩訶薩當勤修學。

9-5 菩薩摩訶薩當善觀「人無我」和「法無我」

劉宋・求那跋陀羅譯《楞伽阿跋多羅寶經》	元魏・菩提流支譯《入楞伽經》	唐・實叉難陀與復禮等譯《大乘入楞伽經》
復次大慧！菩薩摩訶薩善觀二種「無我相」。云何二種「無我相」？謂：❶「人無我」及；❷「法無我」。	復次大慧！菩薩摩訶薩應當善觀「二無我」相。大慧！何等二種。一者「人無我智」。二者「法無我智」。	復次大慧！菩薩摩訶薩當善觀察「二無我」相。何者為二？所謂：❶「人無我相」。❷「法無我相」。

第四章　二無我相章

第１０節　二種無我

10-1 何謂「人無我智」？

劉宋‧求那跋陀羅譯《楞伽阿跋多羅寶經》	元魏‧菩提流支譯《入楞伽經》	唐‧實叉難陀與復禮等譯《大乘入楞伽經》
云何「人無我」？謂：	云何「人無我智」？謂：	大慧！何者是「人無我相」？謂：
①離「我、我所」(於)「陰、界、入」聚(中)。	①離「我、我所」(於)「陰、界、入」聚(中)故。	①(於)「蘊、界、處」(中能)離「我、我所」。
②(由)「無知、業、愛」(中而)生(起諸識)。	②(由)「無智、業、愛」(中而)生(起諸識)故。	②(由)「無知、愛、業」之所生起「眼」等識生。
③(於)「眼、色」等，攝受「計著」(計量執著)生(起諸)「識」。	③依「眼、色」等，(而)虛妄(生)「執著」故。	③取(著)於「色」等，而生(諸識之)「計著」(計量執著)。
④一切諸根，(由)「自心」(所)現，(而)器(世界)、身(根)，(亦皆是)藏自(自我藏識→阿賴耶識)「妄想」(之)相，(由種種的)施設(所)顯示。	④(由)「自心」現見一切「諸根、器(世界)、身、屋宅」故，(此皆由)自心(的)分別(所)分別故，(為能作)分別(之)「分別識」故。	④又「自心」所見(根)身、器世間，皆是「藏心」(阿賴耶識)所顯現，(自心所現諸境皆)剎那「相續」變壞(變異)不停。
(自心所現諸境皆剎那變異不住)	(自心所現諸境皆剎那變異不住)	
⑤如河流。	⑤如河流。	⑤如河流。
⑥如種子。	⑥種子。	⑥如種子。
⑦如燈。	⑦燈焰。	⑦如燈焰。
⑧如風。	⑧風。	⑧如迅風
⑨如雲，剎那展轉「壞」(滅)。	⑨(如)雲，念念展轉(變異)，前後(有變異)差別。	⑨如浮雲。
⑩躁動如猿猴。	⑩輕躁動轉如猨猴。	⑩躁動不安如猿猴。
⑪(如)樂(於)「不淨處」，如「飛蠅」(所趨一般)。	⑪(如飛)蠅等，愛樂(於)「不淨境界處」故。	⑪(如)樂(於)「不淨處」，如飛蠅(所趨一般)。

⑫「無厭足」如風火。	⑫「無厭足」如(風)火故。	⑫「不知厭足」如猛火。
⑬(以)無始「虛偽習氣」(為)因，如「汲水輪」(ghaṭīyantra，又作汲井輪，以汲井輪之輪轉不絕，比喻生死輪迴之相續無窮)。	⑬因無始來「戲論境界」薰習故，猶如「轆轤」車輪機關。	⑬(以)無始「虛偽習氣」為因，(於)諸(三)有(所)趣(之境)中，流轉不息，如「汲水輪」。
⑭(眾生於)生死趣(之三)有輪(迴中)，(現)種種「身、色」，(此皆)如(由)幻術神咒(所驅動)，(如)機(關而)發(種種)像(生)起。	⑭(眾生)於三界中，生種種「色」、種種「身」，(皆)如「幻起尸」(的咒術一樣)。	⑭(眾生之)種種「色、身、威儀」進止(行進舉止；行住坐臥)，譬如「死屍」(因)「咒力」故行，亦如「木人」因機(關而生)運動。
(若能)善(觀察)彼相(而)知，(此)是名「人無我智」。	大慧！如是觀諸法相(之善)巧方便智(慧)，(此)是名善知「人無我智」境界之相。	若能於此(而)善知其相，(此)是名「人無我智」。

汲水輪

10-2 「何謂「法無我智」？

劉宋‧求那跋陀羅譯《楞伽阿跋多羅寶經》	元魏‧菩提流支譯《入楞伽經》	唐‧實叉難陀與復禮等譯《大乘入楞伽經》
云何「法無我智」？謂：	大慧！何者「法無我智」？謂：	大慧！云何為「法無我智」？謂：
①覺(悟)「陰、界、入」，(皆由)妄想相自性(而生)。	①如實分別「陰、界、入」相。	①知「蘊、界、處」(皆)是(由)「妄計」(虛妄分別)性(而生)。
②如(觀察)「陰、界、入」，(皆)離「我、我所」。	②大慧！菩薩觀察「陰、界、入」等，(皆)無「我、我所」。	②如(觀察)「蘊、界、處」，(皆)離「我、我所」。
③(由)「陰、界、入」(之共)積聚，因(此被)「業、愛」(之)繩(索繫)縛。	③(由)「陰、界、入」(之共積)聚，因「業、愛」(之)繩(索)，(進而)迭共相(繫)縛。	③唯(陰界入之)共積聚，(因此被)「愛、業」(之)繩(索繫)縛。
④(於是)展轉(互)相(為)「緣生」，(其實於中並)無(令生起)動搖(的作者)。	④(於是展轉互相為)「因緣」生，故(其實於中是)無「我」、無「作者」。	④(於是)互(相)為「緣起」，(其實於中皆)無「能作者」。
⑤諸(陰界入)法亦爾，(皆)離「自、共」相，(此皆依)「不實」妄想相(而得名)。	⑤大慧！(於)「陰、界、入」等，(皆)離「同相、異相」故，(此皆)依「不實相」(非真實相)分別得名。	⑤(於)「蘊」等(諸法)亦爾，(皆)離「自、共」相。
⑥(具種種)「妄想」力，是「凡夫」(心所)生。(此)非「聖賢」也(虛妄諸相皆非「證聖賢者」之所見)。	⑥「愚癡凡夫」妄想分別，以為(諸法是真實存)有故。(此)非(已)證實(相之聖)者，(會將之)見以為(是真實的存)有。	⑥(愚夫以)「虛妄分別」(心)，(見)種種「相」現(時)，愚夫(即生種種)分別。(此)非諸「聖者」(虛妄諸相皆非「證聖賢者」之所見)。
⑦(菩薩應如是觀察諸法，於)「心、意識、五法(名、相、妄想、正智、如如)、(三)自性」(中皆)離故。	⑦大慧！菩薩(應)如是觀察「心、意、意識、五法(名、相、妄想、正智、如如)、(三)體相」，一切(皆)離故，(於)諸因緣(中皆)「無」(諸真實可得的因緣皆無，諸緣起法皆性空也)。(此)是名善知諸法「無我智」境界相。	⑦(菩薩應)如是觀察一切諸法，離「心、意、意識、五法(名、相、妄想、正智、如如)、(三)自性」。(此)是名菩薩摩訶薩「法無我智」。

10－3 菩薩得「法無我智」，不久當得「初地」，次第漸進至「九地、十地」，乃至「佛子地」，終得「如來法身」

劉宋·求那跋陀羅譯《楞伽阿跋多羅寶經》	元魏·菩提流支譯《入楞伽經》	唐·實叉難陀與復禮等譯《大乘入楞伽經》
⑤大慧！菩薩摩訶薩當善分別一切「法無我」，善(修)「法無我」菩薩摩訶薩，不久當得「初地菩薩」，(證)無所有觀(之)地相，觀察開(悟)覺(醒而心生)「歡喜」。	⑤大慧！菩薩善知「諸法無我」已，觀察「真如」，修寂靜行，不久當得「初歡喜地」(初地菩薩)，善能觀察「歡喜地」已。	⑤(菩薩)得此「智已知無」(法無我智)境界，了諸「地」相，(不久)即入「初地」(菩薩)，心生「歡喜」。
⑥(然後)次第漸進，超「九地」相，(乃至能)得「(第十)法雲地」。	⑥如是諸地，次第轉明，乃至得證「(第十)法雲」之地。	⑥(然後)次第漸進，乃至「(第九)善慧」及以「(第十)法雲」。
⑦於彼(第十法雲地)建立無量寶莊嚴，(於)「大寶蓮花王」像(上有)大寶宮殿。	⑦菩薩住彼「(第十)法雲地」已，(有)無量諸寶，間錯莊嚴，(於)「大蓮花王」座(上有)大寶宮殿。	⑦諸有所作，皆悉已辦。住是(第十法雲)地已，有「大寶蓮花王」，眾寶莊嚴，於其(大寶蓮)花上有「寶宮殿」，狀如蓮花。
⑧(菩薩之)「幻自性境界」修習(從中而)生，(並)於彼而坐(其上)。(時有)「同一像類」(之)諸最勝(佛)子眷屬(等共同)圍繞。	⑧(有)如「實業幻境界」(之)所生，而坐其上。(時有)一切同行(之)諸佛子等，(於前後)恭敬圍遶。	⑧菩薩(趣)往修(行)「幻性法門」之所成就，而坐其上。(時有)同行(之)佛子(於)前後圍繞。
⑨(然後)從一切佛剎來(之十方諸)佛，(以)手「灌頂」(十地菩薩)，如「轉輪聖王」(為其)太子灌頂(一樣)。	⑨(然後)十方諸佛申手(來對十地菩薩)「灌頂」，(並)授於「佛位」，如「轉輪王」(之)灌太子頂(一樣)。	⑨(然後從)一切佛剎(來的)所有如來，皆舒其手，(就)如「轉輪王」(之)子灌頂之法(一樣)而(對十地菩薩)灌其頂。

陸(此菩薩將)超(越)「佛子地」，(將得)到「自覺聖智」法趣。	陸(此菩薩將超)過「佛子地」，(超)過「佛子地」已，(即能)觀諸佛法(之)「如實修行」。	陸(此菩薩將)超(越)「佛子地」，獲(得)「自證法」。
柒(此菩薩)當得「如來自在法身」。	柒(此菩薩)於諸法中而得「自在」，得「自在」已，名得「如來無上法身」。	柒(此菩薩將)成就「如來自在法身」。
捌(以能)見「法無我」故，(此)是名「法無我相」。	捌以(能)見「法無我」故。大慧！(此)是名如實(見)「法無我相」。	捌大慧！(此)是名見「法無我相」。
玖汝等諸菩薩摩訶薩應當修學。	玖大慧！汝及諸菩薩應如是學。	玖汝及諸菩薩摩訶薩應勤修學。

第五章　遠離增減章

第１１節　離增減見

11－1 菩薩需離「建立恆常」（增益）及「誹謗斷滅」（減損）二邊惡見，遠離「斷、常」邪見，能疾得「阿耨多羅三藐三菩提」

劉宋・求那跋陀羅譯《楞伽阿跋多羅寶經》	元魏・菩提流支譯《入楞伽經》	唐・實叉難陀與復禮等譯《大乘入楞伽經》
❶爾時大慧菩薩摩訶薩復白佛言：世尊！（有關於諸法的）建立（samāropa 增益；建立；有）、誹謗（apavāda 損減；誹謗；無）相。唯願說之。	❶爾時聖者大慧菩薩復白佛言：世尊！世尊！（有關於諸法的）有（增益）、無（減損）謗相，願為我說。	❶爾時大慧菩薩摩訶薩復白佛言：世尊！願說（有關諸法的）建立（增益）、誹謗（減損）相。
❷令我及諸菩薩摩訶薩離「建立（增益）、誹謗（減損）」二邊惡見，（即）疾得「阿耨多羅三藐三菩提」。	❷世尊！我及諸菩薩摩訶薩，若聞得離「有、無」邪見，（即能）速得「阿耨多羅三藐三菩提」。	❷令我及諸菩薩摩訶薩離此「惡見」，（即能）疾得「阿耨多羅三藐三菩提」。
❸（待得）覺已，（即能遠）離「（恒）常建立、斷（減）誹謗」見（二邊之邪見），（令眾生而）不謗「正法」。	❸（待）得「阿耨多羅三藐三菩提」已，遠離「斷、常」（兩邊）邪見（之）建立，便能建立諸佛「正法」。	❸（待）得「菩提」已，（能）破（壞）「建立（恒）常、誹謗斷（減）」見（二邊之邪見），令（眾生）於「正法」（而）不生毀謗。

✳samāropa 增益；建立；有
✳apavāda 損減；誹謗；無
✳samāropāpavāda 有無；建立誹謗；增益損減

sam-āropa 男 (閉) の中に置くこと；(弓に弦を) ○ること；(閉) に移動させること；帰屬させるこ

■■ 立 *Madhy-v., Sūtr.*；増 *Abh-vy.*；益, *Laṅk.*；增益 *Abh-vy., Bodh-bh., Madhy-vib*

建立 *Bodh-bh., Laṅk.*： ～ṃ na karoti 不応安

立有 *Sūtr.* 11. ➡ pudgala～anta.

apa-vāda 男 論駁；廢除, 例外；非難；不正の彈劾；命令；誘致する聲； ■■ 訶, 謗；誹謗, 毁謗, 毁謗論, 語惡；損, 減, 損減 撥 無 [samāropa「有」に對す]、撥無, 非撥 *Lal-v., Sūtr., Laṅk., Śikṣ., Madhy-vibh., Abh-vy., Bodh-bh., Vijñ-v., Mvyut.*

samāropâpavāda 男 ■■ 有無 *Laṅk., Ratna-ut.*；損益, 建立誹謗 *Laṅk.*；增益損減 *Madhy-bh.*

11-2 偈頌內容

劉宋・求那跋陀羅譯《楞伽阿跋多羅寶經》	元魏・菩提流支譯《入楞伽經》	唐・實叉難陀與復禮等譯《大乘入楞伽經》
爾時世尊受大慧菩薩請已，而說偈言：	爾時世尊復受聖者大慧菩薩摩訶薩請已，而說偈言：	佛受其請即說頌言：
建立(增益)及誹謗(減損)無有彼心量。身受用建立。及心不能知。愚癡無智慧。	心中無斷(減損)、常(增益)。身資生住處。唯心 愚無智。(於)無物而見有。	身資財所住。皆唯心影像。凡愚不能了。起建立、誹謗。所起但是心。

建立及誹謗。		離心不可得。

11-3 外道凡愚有四種從「無」到「有」的「建立」（增益），以及「誹謗」（減損）相，菩薩需離此「二邊惡見」

劉宋・求那跋陀羅譯 《楞伽阿跋多羅寶經》	元魏・菩提流支譯 《入楞伽經》	唐・實叉難陀與復禮等譯 《大乘入楞伽經》
爾時世尊於此偈義，復重顯示，告大慧言：有四種（從）「非有」（而增益爲）「有」（的一種）建立，云何為四。謂：	爾時世尊於此偈義，復重宣說，告聖者大慧菩薩言：大慧！有四種（的）建立（增益）、謗相（減損），何等為四？	爾時世尊欲重明此義，告大慧言：有四種（從）「無有」（而增益爲）「有」（的一種）建立，何者為四？所謂：
①「非有相」（的）建立。 （此指愚人將非真實存在的「陰界入」與「自、共」相，皆執爲「真實」存有）	一者建立（了）「非有相」。 (asad-lakṣaṇa-samāropa 相無有而增益成有相)	①「無有相」（的）建立相。
②「非有見」（的）建立。 （此指愚人在非真實存在的「陰界入」中，建立了「我、人、眾生、壽者」邪見之相）	二者建立（了）「非正見相」。 (asad-dṛṣṭi-samāropa 外道見無有而增益成有見)	②「無有見」（的）建立見。
③「非有因」（的）建立。 （此指愚人欲建立「最初」的「第一因」，殊不知諸法皆「不自生、不共生、不他生、不無因生」，是故爲「空性」）	三者建立（了）「非有因相」。 (asad-dhetu-samāropa 因無有而增益成有因)	③「無有因」（的）建立因。
④「非有性」（的）建立。 （此指愚人欲建立「虛空、擇滅、涅槃」爲真實可得。殊不知這三法仍是「假名有」。正確之解例如：佛説「涅槃」，即非「涅槃」，是名「涅槃」）	四者建立（了）「非有體相」。 (asad-bhāva-samāropa 外境無有而增益成有外境)	④「無有性」（的）建立性。
是名四種（從「無」中而）「建立」（的一種增益）。	大慧！是名四種（從「無」中而）「建立」（的一種增益）。	是為四。
壹又「誹謗」(apavāda 減損)	壹大慧！何者是「謗相」	壹大慧！「誹謗」（減損）

者；	(減損)？	者；
⑫謂：(另有一種愚人，他們對)於彼(上面四種邪見)所(建)立(之法)，無所得(其「實相」)，(亦)觀察「非分」(不能分別、不能分辨、不能觀察其真實之相)，而(生)起(另一種)誹謗(的「減損」邪見)。(意即如果能對從「無」而建立增益為「有」的邪見，進行正確的觀察，探求其「實相」，那就不會落入「建立增益」的邪見中。相反的，如果無法對四種邪見作正確的觀察，那就會落入另一種「誹謗減損」的邪見中去了)	⑫大慧！(另有一種愚人在)觀察(上面四種)「邪見」(之)所建立(的)法，(而)不見(其)「實相」，即(生)謗諸法言：一切(皆是)「無」(的一種「減損」邪見)。	⑫謂：(另一種愚人)於(上面四種)諸「惡見」所建立(之)法，求(其「實相」而)「不可得」，(亦)不善(於)觀察(惡見)，遂生(出另一種)誹謗(的「減損」邪見)。
⑬(此)是名「建立(增益)、誹謗(減損)相」。	⑬大慧！(此)是名「建立(增益)、謗相(減損)」。	⑬此是(名)「建立(增益)、誹謗(減損)相」。

11-4 (一)何謂外道凡愚之「非有相的建立相」？

劉宋·求那跋陀羅譯《楞伽阿跋多羅寶經》	元魏·菩提流支譯《入楞伽經》	唐·實叉難陀與復禮等譯《大乘入楞伽經》
①復次大慧！云何「非有相建立相」？謂：	①復次大慧！何者「建立非有相」？謂：	①大慧！云何「無有相建立相」？謂：
②「陰、界、入」非(真實存)有，(而愚人於其)「自、共」相(中)而(生)起「計著」(計量執著)。此如是(指認為「陰界入」之「自、共」相為「真實」存有)，此「不異」(除此道理可説以外，沒有別的道理了)。是名「非有相建立相」。	②分別「陰、界、入」(乃)非(真實存)有法，(乃從)無始來(之)戲論(薰習)，非有「實」故，而(愚人)執著(於其中的)「同相、異相」。此法(指認為「陰界入」之「同、異」相為「真實」存有)如是，如是畢竟「不異」。	②於「蘊、界、處」(中)、(及於其)「自相、共相」(中)，(皆)本無所有，(愚人於此)而生「計著」(計量執著)。此如是(指認為「蘊界處」之「自、共」相為「真實」存有)，此「不異」(除此道理可説外，沒有別的道理了)。

㊤此「非有相建立妄想」，（乃是凡愚從）無始虛偽「過」（過失罪惡漏習），（與）種種「習氣」計著（計量執著）生。	㊤大慧！（凡愚）依此無量世（以）來，（皆由）「煩惱薰習」執著而（生）起。大慧！（此）是名「建立非有相」。	㊤而（凡愚之）此分別，（乃）從無始種種「惡習」所生。（此）是名「無有相建立相」。

11-5 （二）何謂外道凡愚之「非有見的建立相」？

劉宋・求那跋陀羅譯《楞伽阿跋多羅寶經》	元魏・菩提流支譯《入楞伽經》	唐・實叉難陀與復禮等譯《大乘入楞伽經》
㊀大慧！「非有見建立相」者，	㊀大慧！何者「建立非正見相」？	㊀云何「無有見建立見」？
㊁若（愚人於）彼如是（之）「陰、界、入」（中），（有）「我、人、眾生、壽命、長養、士夫」（邪）見（之）建立。	㊁大慧！（於）彼「陰、界、入」中，（本）無「我、人、眾生、壽者、作者、受者」，而（愚人於此）建立「邪見」（而）謂「有我」等故。	㊁謂：（愚人）於「蘊、界、處」（中），建立（了）「我、人、眾生」等（邪）見。
㊂（此）是名「非有見建立相」。	㊂大慧！（此）是名「建立非正見相」。	㊂（此）是名「無有見建立見」。

11-6 （三）何謂外道凡愚之「非有因的建立相」？

劉宋・求那跋陀羅譯《楞伽阿跋多羅寶經》	元魏・菩提流支譯《入楞伽經》	唐・實叉難陀與復禮等譯《大乘入楞伽經》
㊀大慧！「非有因建立相」者。謂：	㊀大慧！何者「建立非有因相」？謂：	㊀云何「無有因建立因」？謂：
㊁「初識」（最初之「未生識」）無因生（此指不從任何之「因」所生，諸法本無「第一因」也）。	㊁「初識」（最初之「未生識」）不從「因」生（此指不從任何之「因」所生，即不自生、不共生、不他生、不	㊁「初識」（最初之未生識）前，「無因」不生（此指不從任何之「因」所生，即是「空性」）。

	無因生,是故爲「空性」)。	
後(後生時,亦)不實(而)「如幻」,本「不生」(本來就沒有任何原因生成),(因假)「眼、色、明界、念」(爲緣,故生「初識」)。	本「不生」(本來就沒有任何原因生成),後時生(而皆)「如幻」,本「無因物」而有,因(假)「眼、色、明、念」(之緣)故「識」(之)生。	其「初識」本「無」(本來就沒有任何原因生成),後(假以)「眼、色、明、念」等為(所生之)因,(故皆)如「幻生」。
❸(識)前生,生已,實已(又)還壞。	❸(識)生已(又)還滅。	❸(識)生已「有」,「有」(已又)還滅。
❹(此)是名「非有因建立相」。	❹大慧!(此)是名「建立非有因相」。	❹(此)是名「無有因建立因」。

11-7 (四)何謂外道凡愚之「非有性的建立相」?

請參閱 40-8 40-9 43-13

劉宋・求那跋陀羅譯《楞伽阿跋多羅寶經》	元魏・菩提流支譯《入楞伽經》	唐・實叉難陀與復禮等譯《大乘入楞伽經》
❶大慧!「非有性建立相」者。謂:	❶大慧!何者「建立非有體謗法相」?謂:	❶云何「無有性建立性」?謂:
❷「虛空、滅(擇滅或非擇滅)、般涅槃」,(本)非「作」,(而外道凡愚卻爲之生起)計著(計量執著)性,(與)建立(之)。	❷「虛空、滅(擇滅或非擇滅)、涅槃」,(本)無「作」、(亦)無「物」,(而外道凡愚卻爲之)建立(與)執著。	❷於「虛空、涅槃、非數滅(還滅)」,(本)無「作性」,(而外道凡愚卻爲之)執著(與)建立。
❸此(虛空、涅槃、還滅)離「性(有)、非性(無)」。	❸大慧!彼三法(虛空、涅槃、還滅)離「有、無」故。	❸大慧!此(虛空、涅槃、還滅)離「性(有)、非性(無)」。
❹一切法(皆)如「兔、馬」等(之)角,(亦)如「垂髮」(之)現,(本來即是)離「有、非有」。	❹大慧!一切諸法(皆)如「兔、馬、驢、駝」(之)角,(與)「毛輪」等(相)故,(本來即是)離「有、無」建立相故。	❹一切諸法(本)離於「有、無」,猶如「毛輪」(之相)、(與)「兔、馬」等(之)角。

(五)(此)是名「非有性建立相」。		(五)(此)是名「無有性建立性」。

「毛」是多而細碎的意思，「輪」是指「旋轉」的意思，也就是當一個人眼睛有「病」時，會看見空中的「幻華」，會看見很多東西在眼前「轉來轉去」的，或者類似輪盤的「圓圈圈」在眼前轉來轉去的。

求那跋陀羅譯的《楞伽經》則喜歡用「垂髮」這個名詞，也是指一個人眼睛有「病」時，眼前會看見虛妄的「垂髮相」出現，正常人，頭髮成束下垂都是在「頭後面」放著，所以如果因眼睛有「病」，是有可能看見「垂髮相」竟然出現在「眼前」的一種「幻象」。

在天親菩薩造的《唯識論》則直接「毛月」來稱呼，也是指類似月盤的「圓圈圈」在眼前轉來轉去的。也可以用「飛蚊症」來做個比喻。但其實「毛」字還有更多解釋如下：

(1)指「鬢髮」。

(2)比喻「多而細碎」。

(3)比喻細小的微不足道。

(4)指物象的「模糊」狀。➜所以「毛輪」也可以解釋成：因眼睛有病，所以看見很多「細碎」且「模糊不清」的「圓圈圈」在眼前轉來轉去的。

(5)無。➜所以「毛輪、毛月」也可以解釋成「無有輪、無有月」的意思。

❶清・錢大昕　《十駕齋養新錄・古無輕唇音》：古讀「無」如「模」……「無」又轉如「毛」。

❷《後漢書・馮衍傳》：飢者，毛食。注云：按《衍集》「毛」字作「無」。

❸《漢書・功臣侯表序》：靡有子　遺，秏　矣。注：孟康曰：「秏，音毛。」師古曰：今俗語猶謂「無」為「秏」。大昕案：今江西、湖南方音讀「無」如「冒」，即「毛」之去聲。

❹清・趙翼《陔　餘叢考・毛作無字》：天津、河間等處，土音凡「無」字皆作「毛」字。

❺《佩觿　集》所謂河朔人謂「無」曰「毛」。參見「毛食」。

明・廣莫參訂《楞伽經參訂疏》卷3

毛輪，是燈上所見「圓影」。

垂髮，是「翳目」所見「覆面之髮」，而是下出「垂髮」之妄。謂「翳目」妄見「垂髮」，而不知「垂髮」，非有非無。

唐·玄奘譯《解深密經》卷2〈一切法相品 4〉

如眩瞖_^ 人，(將見)眩瞖_^(之)眾相：或「髮、毛輪、蜂蠅、巨勝」，或復(見)「青、黃、赤、白」等相，差別現前；(此為)「依他起相」，當知亦爾。

如「淨眼」人，遠離眼中眩瞖(之)過患，即此「淨眼」本性所行「無亂」(之)境界；(即)「圓成實相」，當知亦爾。

明·真貴述《仁王經科疏》卷3

「毛輪」原未「旋轉」，觀者如見「循環」。眾生妄計諸法，蓋類此矣。

唐·圓測撰《解深密經疏》卷4

然「毛輪」自有二種。

一者：「分別意識」所計(為真)實(之)「毛輪」等，即說此為「眼瞖」過患，以此過患，喻(其)所執(著之)性。

二者：即彼「分別意識」所「依」(與)所「託」，似「毛輪」(之)相，即說此為「眩瞖」眾相。(此)喻「依他起」，如後當說，此用「過患」喻(其)所執(著之)性故。

11－8 菩薩修行者，須遠離「建立」(增益)及「誹謗」(減損)二種惡見

劉宋·求那跋陀羅譯《楞伽阿跋多羅寶經》	元魏·菩提流支譯《入楞伽經》	唐·實叉難陀與復禮等譯《大乘入楞伽經》
㊀(有關諸法的)「建立」(samāropa 增益;建立)及「誹謗」(apavāda 損減;誹謗)，愚夫(因執著的)妄想，不善觀察(其)「自心現量」。(此)非「聖賢」也(增益與減損相皆非「證聖賢者」之所見)。	㊀大慧！(有關諸法的)「建立(增益)、謗相(減損)」者，諸凡夫虛妄分別故，不知但是(由)「心」(而)見諸法是「有」。(此)非「聖人」所見故。大慧！是名「建立非有體謗法相」。	㊀大慧！(有關諸法的)「建立(增益)、誹謗(減損)」，皆是凡愚不了「唯心」而生(出的)分別(心與執著)。(此)非諸「聖者」(增益與減損相皆非「證聖賢者」之所見)。
㊁是故(應)離「建立(增益)、誹謗(減損)」惡見，應當修學。	㊁大慧！汝當遠離不正見(之)「建立(增益)、謗法相(減損)」故。	㊁是故汝等當勤觀察，遠離此(二)見。

11－9 菩薩應善知「心、意、意識、五法、三自性、二無我相」，

遠離「生、滅、斷、常」及「二乘」之法

劉宋・求那跋陀羅譯《楞伽阿跋多羅寶經》	元魏・菩提流支譯《入楞伽經》	唐・實叉難陀與復禮等譯《大乘入楞伽經》
㊀復次大慧！菩薩摩訶薩善知「心、意、意識、五法(名、相、妄想、正智、如如)、(三)自性、二無我相」。	㊀復次大慧！諸菩薩摩訶薩如實知「心、意、意識、五法(名、相、妄想、正智、如如)、(三)體相、二種無我」。	㊀大慧！菩薩摩訶薩善知「心、意、意識、五法(名、相、妄想、正智、如如)、(三)自性、二無我相」已。
㊁(菩薩爲令眾生)趣究竟，為安(隱)眾生故，(而)作種種「類」(身類形像)。	㊁(菩薩)為「安隱」眾生，(能)現種種「類像」(身類形像)。	㊁(菩薩)為(度化)眾生故，作種種「身」(身類形像)。
㊂如「妄想自性」(遍計所執)處，(乃)依於「緣起」(依他起性)。	㊂如彼「虛妄」，(本)無所「分別」，(但)依「因緣法」(依他起性)而有種種(種種遍計所執而生起)。	㊂如依「緣起」(依他起性)，(生)起「妄計性」(遍計所執)。
㊃譬如(能顯現)眾色(的)「如意寶珠」，(諸菩薩能)普現(於)一切諸佛「剎土」(中)，(諸菩薩能於)一切如來大眾(中)集會，悉於其中(而)聽受佛法。	㊃大慧！菩薩摩訶薩亦復如是，(能)依眾生(而)現種種「色」，如(世間之)「如意寶」，(能)隨諸一切眾生心念(而現種種色)，(故菩薩能)於諸佛土大眾中現。	㊃亦如(世間之)「摩尼」(珠)，(能)隨心現色，(諸菩薩能)普入「佛會」(中而)聽聞佛說。
㊄所謂一切法(皆)如幻、如夢、光影、水月。	㊄(諸法)如幻、如夢、如響、如水中月、鏡中像故。	㊄諸法如幻、如夢、如影、如鏡中像、如水中月。
㊅(菩薩)於一切法，(皆)離「生、滅、斷、常」。	㊅(菩薩應)遠離諸法(之生滅斷常現象)，(而達)「不生、不滅、非常、非斷」故，(此爲菩薩於)現(前)佛如來(所聽聞的眞諦)。	㊅(菩薩應)遠離「生、滅」及以「斷、常」。
㊆及(遠)離「聲聞、緣覺」	㊆(菩薩皆)離諸「聲聞、緣	㊆(菩薩皆)不住(於)「聲聞、

之法。	「覺乘」故。	「辟支佛」道。

11-10 菩薩善知「心、意、意識、五法、三自性、二無我相」，證得「百千三昧」，生天宮，示現「佛身」

劉宋・求那跋陀羅譯《楞伽阿跋多羅寶經》	元魏・菩提流支譯《入楞伽經》	唐・實叉難陀與復禮等譯《大乘入楞伽經》
⑤(菩薩能)得「百千三昧」，乃至「百千億那由佗(nayuta)三昧」。	⑤(菩薩)聞諸佛法，即(能)得「無量百千萬億諸深三昧」。	⑤(菩薩)聞(諸佛法)已，(能)成就「無量百千億那由他(nayuta)三昧」。
⑥得(此)「三昧」已，(能)遊諸佛剎，供養諸佛。	⑥得(此)「三昧」已，依三昧力，(能)從一佛土至一佛土，供養諸佛。	⑥得此「三昧」已，(能)遍遊一切諸佛國土，供養諸佛。
⑦(能)生諸天宮，宣揚三寶，示現「佛身」。	⑦(能)示現生於諸宮殿中，讚歎三寶，現作「佛身」。	⑦(能)生諸天上，顯揚三寶，示現「佛身」。
⑧(有)「聲聞、菩薩」大眾圍繞，以「自心現量」(之法去)度脫眾生，分別演說外(境之)「性(有)、無性(非有)」。	⑧(有)菩薩、聲聞大眾圍遶，令諸一切眾生(皆)得入「自心」(所)見境，為說「外境」(之)「無物(無)、有物(有)」。	⑧為諸「聲聞、菩薩」大眾，說「外境界」皆唯是「心」。
⑨(悉)令遠離「有、無」等見。	⑨(悉)令得遠離建立「有、無」法故。	⑨悉令遠離「有、無」等執。

11-11 偈頌內容

劉宋・求那跋陀羅譯《楞伽阿跋多羅寶經》	元魏・菩提流支譯《入楞伽經》	唐・實叉難陀與復禮等譯《大乘入楞伽經》
爾時世尊欲重宣此義而說	爾時世尊重說偈言：	爾時世尊即說頌言：

偈言：

心量世間。	佛子見世間。	佛子能觀見。
佛子觀察。	唯心無諸法。	世間唯是心。
種類之身。	種類非身作。	示現種種身。
離所作行。	得力自在成。	所作無障礙。
得力神通。		神通力自在。
自在成就。		一切皆成就。

第六章　解釋深密章

第１２節　性空非實

12-1 諸菩薩悟此「法空、無生、無二、無自性相」，即得離「有、無」分別，疾得阿耨多羅三藐三菩提

劉宋・求那跋陀羅譯 《楞伽阿跋多羅寶經》	元魏・菩提流支譯 《入楞伽經》	唐・實叉難陀與復禮等譯 《大乘入楞伽經》
❶爾時大慧菩薩摩訶薩復請佛言：唯願世尊為我等說一切「法空、無生、無二、離自性相（無自性相）」。	❶爾時聖者大慧菩薩復請佛言：唯願世尊為我等說一切「法空、無生、無二、離自體相（無自性相）」。	❶爾時大慧菩薩摩訶薩復請佛言：願為我說一切「法空、無生、無二、無自性相」。
❷我等及餘諸菩薩眾覺悟是「空、無生、無二、離自性相（無自性相）」已，離「有、無」妄想，疾得「阿耨多羅三藐三菩提」。	❷我及一切諸菩薩眾知諸法「空、無生、無二、離自體相（無自性相）」已，離「有、無」妄想，速得「阿耨多羅三藐三菩提」。	❷我及諸菩薩悟此相故，離「有、無」分別，疾得「阿耨多羅三藐三菩提」。
❸爾時世尊告大慧菩薩摩訶薩言：諦聽！諦聽！善思念之！今當為汝廣分別說。	❸爾時佛告聖者大慧菩薩摩訶薩言：善哉！善哉！善哉！大慧！諦聽！諦聽！我今為汝廣分別說。	❸佛言：諦聽！當為汝說。
❹大慧白佛言：善哉！世尊！唯然受教。	❹大慧白佛言：善哉！世尊！唯然受教。	

12-2 「七種空」之説明

劉宋・求那跋陀羅譯	元魏・菩提流支譯	唐・實叉難陀與復禮等譯

《楞伽阿跋多羅寶經》	《入楞伽經》	《大乘入楞伽經》
❶佛告**大慧**：空空(「空」之「空」名)者，即是(對治)「妄想自性」(遍計所執之)處。	❶佛告**大慧**言：**大慧**！空(「空」之名)者，即是(對治)「妄想法體」(遍計所執之)句。	❶**大慧**！空(「空」之名)者，即是(對治)「妄計性」(遍計所執之)句義。
❷**大慧**！(依)「妄想自性」(遍計所執)計著者，(故)說「空、無生、無二、離自性相(無自性相)」。	❷**大慧**！依執著「妄想法體」(遍計所執)，(故)說「空、無生、無體相(無自性相)、不二」。	❷**大慧**！為執著「妄計自性」(遍計所執)故，(而)說「空、無生、無二、無自性」。
❸**大慧**！彼略說七種「空」，謂： ①「相空」。 (lakṣaṇa-śūnyatā)	❸**大慧**！「空」有七種，何等為七？ 一者「相空」。	❸**大慧**！略說「空性」有七種。謂： ①「相空」。
②「性(法)自性空」。 (bhāva-svabhāva-śūnyatā 諸有自性空)	二者「一切法有物無物空」。	②「自性空」。
③「行空」。 (pracarita-śūnyatā 所行空)	三者「行空」。 (pracarita-śūnyatā 所行空)	④「無行空」。 (apracarita-śūnyatā 無所行空)
④「無行空」。 (apracarita-śūnyatā 無所行空)	四者「不行空」。 (apracarita-śūnyatā 無所行空)	③「行空」。 (pracarita-śūnyatā 所行空)
⑤「一切法離言說空」。 (sarva-dharma-nirabhilāpya-śūnyatā 一切法不可說空)	五者「一切法無言空」。	⑤「一切法不可說空」。
⑥「第一義聖智大空」。 (paramārthārya-jñāna-mahā-śūnyatā)	六者「第一義聖智大空」。	⑥「第一義聖智大空」。
⑦「彼彼空」。 (itaretara-śūnyatā 相對空；互相空；更互空；彼彼空)	七者「彼彼空」。	⑦「彼彼空」。

12-3　(一)何謂「相空」？

劉宋・求那跋陀羅譯《楞伽阿跋多羅寶經》	元魏・菩提流支譯《入楞伽經》	唐・實叉難陀與復禮等譯《大乘入楞伽經》
⑱云何「相空」(lakṣaṇa-śūnyatā)？謂：	⑱大慧！何者是「相空」？謂：	⑱云何「相空」？謂：
⑲(應作)一切性(法之)「自、共」相(乃)「空」觀，(皆由)展轉(而)「積聚」故，(若分析觀察這些)分別(其實皆)無(自)性，(所有的)「自、共」相(皆)「不生」。(積聚=眾因緣之和合)	⑲(觀察)一切法(之)「自相、同相」(乃)「空」見，(皆是)迭共「積聚」(而來)。大慧！觀察一一法(之)「自相、同相」，(並)無一法可得。	⑲(觀察)一切法(之)「自相、共相」(乃)「空」，(皆是)展轉「積聚」(而)互相(對)待故，(若觀察)分析(與)推求，(並)「無所有」故。
⑳(所有的)「自、他、俱」性(皆)無(自)性，故「相」不住。	⑳(應)離「自相、他相」二相，(則)無「相」可住、可見。	⑳(所有的)「自、他」及「共」，皆「不生」故，「自、共」相(皆)「無生」亦「無住」。
㉑是故說一切性(法)「相空」，是名「相空」。	㉑是故名為「自相空」。	㉑是故名一切法「自相空」。

12-4　(二)何謂「性(法)自性空」？

劉宋・求那跋陀羅譯《楞伽阿跋多羅寶經》	元魏・菩提流支譯《入楞伽經》	唐・實叉難陀與復禮等譯《大乘入楞伽經》
⑱云何「性(法)自性空」(bhāva-svabhāva-śūnyatā 諸有自性空)？謂：(性自性空=法自性空)	⑱大慧！何者「一切法有物無物空」？謂：	⑱云何「自性空」？謂：
⑲(諸法)自己(之)「性自性」(皆)不生，是名一切法(之)	⑲(諸法之)「自體相」實有法生？大慧！諸法自體相	⑲一切法(之)「自性」(皆)不生。

「性自性空」。(性自性=法自性)	(之)「有、無」(實爲)俱空。	
㊅是故說「性(法)自性空」。	㊅是故名為「自體相有物無物空」。	㊅是名「自性空」。

12－5 (三)何謂「行空」？

劉宋・求那跋陀羅譯《楞伽阿跋多羅寶經》	元魏・菩提流支譯《入楞伽經》	唐・實叉難陀與復禮等譯《大乘入楞伽經》
①云何「行空」(pracarita-śūnyatā 所行空)？謂：	①大慧！何者是「行空」？謂：	①云何「無行空」？所謂：
②(諸)「陰」(皆)離「我、我所」，(諸陰皆依)「因」所成，(及由)「所作業」(而)方便生。 (凡是由「眾緣」而生起者，皆名「空性」)	②(於)諸「陰」等，(皆)離「我、我所」，(諸陰皆)依「因、作業」而得有生。	②諸「蘊」本來(由眾緣而起，即是寂靜，故名)涅槃，無有「諸行」。
③是名「行空」。	③大慧！是故名為「行空」。	③是名「無行空」。

註：本段《魏本》與《唐本》次序互異。

12－6 (四)何謂「無行空」？

劉宋・求那跋陀羅譯《楞伽阿跋多羅寶經》	元魏・菩提流支譯《入楞伽經》	唐・實叉難陀與復禮等譯《大乘入楞伽經》
①大慧！	①大慧！何者「不行空」？謂：	①云何「行空」？所謂：
②即此如是「行空」(指上文之「行空」義)展轉(為)「緣起」，(其)自性(皆)「無性」。 (由眾緣而生起，即是「無自性」)	②(於諸)「陰」法中(由眾緣而起，即是寂靜，故名)涅槃，未曾「行」。	②諸「蘊」(乃)由「業」及「因」和合而起，(皆)離我、我所。

| ⊗是名「無行空」(apracarita-śūnyatā 無所行空)。 | ⊗大慧！是名「不行空」。 | ⊗是名「行空」。 |

註：本段《魏本》與《唐本》次序互異。

12－7 (五)何謂「一切法離言說空」？

劉宋‧求那跋陀羅譯《楞伽阿跋多羅寶經》	元魏‧菩提流支譯《入楞伽經》	唐‧實叉難陀與復禮等譯《大乘入楞伽經》
⑴云何「一切法離言說空」(sarva-dharma-nirabhilāpya-śūnyatā 一切法不可說空)？謂： ⑵(諸法皆)「妄想自性」(遍計所執)，(故)無言(可)說故，一切法(皆)「離言說」。 ⑶是名「一切法離言說空」。	⑴大慧！何者「一切法無言空」？謂： ⑵「妄想分別」(遍計所執)一切諸法，(故)無言可說。 ⑶大慧！是名「一切法無言空」。	⑴云何「一切法不可說空」？謂： ⑵一切法(皆是)「妄計自性」(遍計所執)，(故)無可言說。 ⑶是名「不可說空」。

12－8 (六)何謂「一切法第一義聖智大空」？

劉宋‧求那跋陀羅譯《楞伽阿跋多羅寶經》	元魏‧菩提流支譯《入楞伽經》	唐‧實叉難陀與復禮等譯《大乘入楞伽經》
⑴云何「一切法第一義聖智大空」(paramārthārya-jñana-mahā-śūnyatā)？謂： ⑵(於)得「自覺聖智」(自內身聖智證法之智時)，一切「見過」(邪見過失)習氣(悉)空。	⑴大慧！何者「第一義聖智大空」？謂： ⑵(於得)「自身內證聖智法空」(自內身聖智證法之法空智時)，離諸「邪見薰習」之過(失)。	⑴云何「第一義聖智大空」？謂： ⑵(於)得「自證聖智」(自內身聖智證法之智)時，一切諸「見過」(邪見諸過失)習(習氣)悉離。

⊗是名「一切法第一義聖智大空」。	⊗大慧！是名「第一義聖智大空」。	⊗是名「第一義聖智大空」。

12-9 (七)見彼處無彼物，便説「空」。講堂只是無「象馬牛羊」，即言彼完全「空無」，此為「彼彼空」義，乃最粗陋之空義

劉宋・求那跋陀羅譯《楞伽阿跋多羅寶經》	元魏・菩提流支譯《入楞伽經》	唐・實叉難陀與復禮等譯《大乘入楞伽經》
壹云何「彼彼空」(itaretara-śūnyatā 相對空;互相空;更互空;彼彼空)？謂：	壹大慧！何者「彼彼空」(相對空)？謂：	壹云何「彼彼空」(相對空)？謂：
貳於彼無彼「空」(喻如在講堂之「彼地」，沒有彼等之「象馬牛羊」的一種空)，是名「彼彼空」。(指「彼地」沒有「某些東西」，就説「彼地」是完全「空無」的)。	貳何等何等法處，彼法「無」；(相對的就説)此法「有」。彼法「有」；(相對的又説)此法「無」，是故言「空」。	貳於此無彼(喻如在講堂「此地」，如沒有彼等之「象馬牛羊」)，是名「彼彼空」。(「彼彼空」亦名「互無空」，即於「彼地」沒有了「此物」，或於「此地」沒有了「彼物」，就説它是「空無」的。如在講堂「彼地」沒有「此地」之象馬牛羊，或在講堂「此地」沒有彼等之「象馬牛羊」)。
參大慧！譬如「鹿子母舍」，(只是暫時)無「象、馬、牛、羊」等，(所以可稱呼説「鹿子講堂」是「空」的)，「非無」(並非説完全沒有)比丘眾(等的存在)，而(只是)説彼(講堂目前暫時是)「空」。	參大慧！我昔曾為「鹿母」說殿堂(稱呼為)「空」者，(其實殿堂只是暫時)無「象、馬、牛、羊」等，(故)名為「空」。(假若)有諸比丘等(存在的話)，(則講堂)名為「不空」。	參譬如「鹿子母堂」(Mṛgāra-mātṛ-prāsāda)，(暫時)無「象、馬、牛、羊」等，我(則可稱呼)說彼(講)堂(為)「空」，「非無」(並非説完全沒有)比丘眾(等的存在)。(只是暫時沒有「象馬牛羊」等，故稱它為「空」)
肆非舍(並非説講堂)；舍性「空」(講堂一定沒有自體而空無。其實講堂只是暫時沒有象馬牛羊而已)。亦非比丘(並非説比丘)；比丘	肆而殿堂；殿堂「體」無(講堂一定沒有自體而成為空無斷滅嗎？其實講堂只是暫時沒有象馬牛羊而已)。比丘；比丘「體」亦不	肆大慧！非謂堂(並非説講堂)；無堂「自性」(就沒有了講堂之自體性，成為空無斷滅)。非謂比丘(並非説比丘)；無比丘「自性」

性「空」(比丘一定沒有自體而空無。其實講堂如果有比丘來坐,就不會是空無一物了)。非餘處無「象、馬」。(只是講堂中暫時無「象馬牛羊」,並非是指所有其餘地方也沒有「象馬牛羊」)	可得(比丘一定沒有自體而成爲空無斷滅嗎?其實講堂如果有比丘來坐,就不會是空無一物了)。而彼「象、馬、牛、羊」等,非餘處無。(只是講堂中無「象馬牛羊」,並非是指所有其餘地方也沒有「象馬牛羊」)	(就沒有了比丘之自體性,成爲空無斷滅)。非謂餘處無「象、馬、牛、羊」。(只是講堂中暫時無「象馬牛羊」,並非是指所有其餘地方也沒有「象馬牛羊」)
㊄是名一切法「自相」(與「同相」),「彼」(喻象馬牛羊)於「彼」(喻講堂),無「彼」(喻象馬牛羊),是名「彼彼空」(相對空)。(講堂的「空」,只是暫時沒有象馬牛羊,並非其餘地方沒有象馬牛羊。 (1)愚者認爲講堂沒有象馬牛羊,所以講堂的「自體」是「空無斷滅」的。其實講堂並非「空無斷滅」,它只是暫時沒有「比丘眾」來此聚會罷了。 (2)愚者認爲講堂沒有象馬牛羊,其餘地方也會沒有,也就是「此」地「無」,於是認爲「彼」地也一定「無」,這些都是「彼彼空」之義)	㊄大慧!如是諸法(之)「自相、同相」,亦不可得,離「此、彼」處(有了此,就有彼,這就是彼彼空的意思,所以要遠離此與彼),是故我言「彼彼空」(相對空)。	㊄大慧!一切諸法(之)「自、共」相,(於)彼、彼求,(皆)不可得,是故說名「彼彼空」(相對空)。
㊅是名七種「空」。	㊅大慧!是名七種「空」。	㊅是名七種「空」。
㊆「彼彼空」(相對空)者,是空最麁,汝當遠離。	㊆大慧!此「彼彼空」(相對空)最爲麁淺。大慧!汝當應離「彼彼空」(相對空),不須修習。	㊆大慧!此「彼彼空」(相對空),「空」中最麁,汝應遠離。

鹿子母堂(東園鹿子母講堂、鹿母講堂)

(1)梵名 Mṛgāra-mātṛ-prāsāda。音譯「蜜利伽羅磨多跋羅娑馱」。

(2)位於中印度舍衛國,係鹿母毘舍佉(Visākhā)嫁與彌伽羅(巴 Migāra)之子時,施捨價值

「九億錢」之「嫁衣」，然後為佛所打造的一座「大講堂」。

《中阿含經・卷第四十九・雙品小空經・第四》

(1)一時，佛遊舍衛國，在於「東園鹿子母堂」(Mṛgāra-mātṛ-prāsāda)……爾時世尊答：阿難！彼我所說，汝實善知、善受、善持……

(2)阿難！如此「鹿子母堂」空無「象、馬、牛、羊、財物、穀米、奴婢」。然有「不空」，唯「比丘眾」。

(3)是為阿難！若此中「無」(指講堂無象馬牛羊)者，以此故，我見「空」。若此「有餘」(指講堂有比丘眾)者，我見「真實有」。

12－10 「無生」之義為「不自生」，亦非「不生」。此唯「登地」諸大菩薩自住於「三昧地」中始能證得「無生」義

劉宋・求那跋陀羅譯《楞伽阿跋多羅寶經》	元魏・菩提流支譯《入楞伽經》	唐・實叉難陀與復禮等譯《大乘入楞伽經》
大慧！ ❶「不自生」。 ❷(亦)非(完全的)「不生」。 (諸法本「不生」，但亦能隨「眾緣」而能生種種「妙用」，所以「不生」不是完全的「斷滅」) 除住(於)「三昧」(者能證得)，是名「無生」。	大慧言：何者「不生」？大慧！ ❶自體「不生」，而 ❷(亦)非(完全的)「不生」。 依世諦故說名為(有)「生」，依本「不生」，故言「不生」。	復次大慧！「無生」者， ❶自體「不生」而 ❷(亦)非(完全的)「不生」。 除住(於)「三昧」(者能證得)，是名「無生」。

12－11 「無自性」即是「無生」，「無自性」乃依「無生」之密意而言

劉宋・求那跋陀羅譯《楞伽阿跋多羅寶經》	元魏・菩提流支譯《入楞伽經》	唐・實叉難陀與復禮等譯《大乘入楞伽經》
⑤「離自性」(無自性)即是「無生」。	⑤大慧言：何者「無體相」？大慧！我說「無體相」	⑤大慧！「無自性」者，以「無生」，故「密意」而說。

	(無自性)者，一切諸法體本「不生」。	
(貳)(諸法皆)「離自性」(無自性)，(於)剎那「相續流注」(中)及(有種種)「異性」(而)現。 (流注性＝相續性。例如吾人1小時有10億細胞死去的剎那變化)	(貳)是故我言諸法「無體相」(無自性)，而「相續體」(於)剎那剎那(皆)「不住」。大慧！以見「異」(而有種種)異相故。	(貳)大慧！一切法(皆)「無自性」，以剎那(皆)「不住」故，見後(即生)「變異」故。
(參)一切性(法)「離自性」(無自性)，是故一切性(法)「離自性」(無自性)。	(參)是故一切法「無體相」(無自性)。	(參)是名「無自性」。

12－12 何謂「不二法相(無二相)」？

劉宋‧求那跋陀羅譯《楞伽阿跋多羅寶經》	元魏‧菩提流支譯《入楞伽經》	唐‧實叉難陀與復禮等譯《大乘入楞伽經》
(壹)云何「無二」？謂：	(壹)大慧言：何者名為「不二法相」？	(壹)云何「無二相」？
(貳)一切法如陰(影)、熱(日光)，如長、短，如黑、白。大慧！(其實)一切法(皆是)「無二」(不是二種獨立的東西)。	(貳)大慧！「二法相」者，謂：日光、影，長、短，黑、白，彼如是等法各各(互相依待而有)「別名」，(所以)不得言(是)「不二」(不是二種獨立的東西)。	(貳)大慧！如光、影，如長、短，如黑、白，皆(由)「相待」(而成)立，(所以各自)「獨」(立)則不成。
(參)非於「涅槃」(外而另有)彼「生死」，非於「生死」(外而另有)彼「涅槃」。	(參)大慧！如「世間、涅槃」，一切諸法(看似)各各有「二」。大慧！何等「涅槃」彼處(而定)無「世間」？何處「世間」彼處(而定)無「涅槃」？	(參)大慧！非於「生死」外(而另)有「涅槃」，非於「涅槃」外(而另)有「生死」。

㊃(涅槃與生死皆以)**異相因**(不同的異相爲其因),(所以才能成爲)「**有**」**性**(法)故,是名「無二」。如「涅槃、生死」(之法是如此),(則)一切法亦如是。 (例如煩惱與菩提兩者即是「非一、非異;不即、不離。諸法爲「一相」而圓融,沒有第二相的存在。一相=無自性=無相=性空)	㊃(涅槃與世間皆)**以「異因」**(而成爲其存有之)**相故。是故我**言一切諸法(皆是)「**不二**」;(既)一切諸法(是)「不二」者,(則)「世間、涅槃」(亦)無二故。 (蓮華不離污泥。 有了煩惱=有了菩提。 業障很重=一定能成佛)	㊃「生死、涅槃」無(能有獨立的)「**相違**」相,如「生死、涅槃」(之法是如此),(則)一切法亦如是,是名「無二相」。
㊄是故「空、無生、無二、離自性相」(無自性相),應當修學。 (諸法皆無「獨立」的「自體性」,需待「眾緣」而生起,故稱諸法皆屬「無自性」,既是無自性,故諸法只歸於一種「無自性」的特質,沒有第二種,也沒有第二個)	㊄是故汝應修學諸法「空、不生、無體(無自性相)、不二」故。	㊄**大慧!**「空、無生、無二、無自性相」,汝當勤學。

12－13 偈頌內容

劉宋·求那跋陀羅譯 《楞伽阿跋多羅寶經》	元魏·菩提流支譯 《入楞伽經》	唐·實叉難陀與復禮等譯 《大乘入楞伽經》
爾時世尊欲重宣此義而說偈言: 我常說空法。 遠離於斷、常。 生死如幻夢。 而彼業(亦)不壞。 虛空及涅槃。	爾時世尊重說偈言: 我常說空法。 遠離於斷、常。 生死如幻夢。 而彼業不失。 虛空及涅槃。	爾時世尊重說頌言: 我常說空法。 遠離於斷、常。 生死如幻夢。 而業亦不壞。 虛空及涅槃。

滅二亦如是。	滅二亦如是。	滅二亦如是。
(虛空與涅槃，雖亦如幻夢，而其體性亦不滅，非斷非常、離有離無)		
愚夫作妄想。 諸聖離有、無。	凡夫分別生。 聖人離有、無。	愚夫妄分別。 諸聖離有無。

12－14 諸法「空、無生、不二、無自性」，隨眾生心而方便言說顯示其義。當依於「義」，莫著「言說」

劉宋・**求那跋陀羅**譯 《楞伽阿跋多羅寶經》	元魏・**菩提流支**譯 《入楞伽經》	唐・**實叉難陀與復禮**等譯 《大乘入楞伽經》
壹爾時世尊復告<u>大慧</u>菩薩摩訶薩言：	壹爾時佛告聖者<u>大慧</u>菩薩摩訶薩言：	壹爾時世尊復告<u>大慧</u>菩薩摩訶薩言：
貳<u>大慧</u>！「空、無生、無二、離自性相(無自性相)」，普入(於)諸佛一切(之)「修多羅」，凡所有經，悉說此義。	貳<u>大慧</u>！一切法「空、不生、無體(無自性相)、不二相」，(皆)入於諸佛如來所說(之)「修多羅」中，凡諸法門皆說此義。	貳<u>大慧</u>！此「空、無生、無自性、無二相」，悉入一切諸佛所說(之)「修多羅」中，佛所說經皆有是義。
參諸「修多羅」(皆)悉隨「眾生希望心」故，(而)為分別(解)說(與)顯示其義，而非「真實在於言說」。 (亦即諸法的「真實」只在「空、無生、無二、無自性」上，並非在於「隨機逗教」的「言說」上)	參<u>大慧</u>！一切「修多羅」(皆)隨諸「一切眾生心」故，(而)分別顯示。	參<u>大慧</u>！諸「修多羅」(皆)隨順「一切眾生心」(而)說，而非「真實在於言」中。
肆如鹿(因)渴(而生幻)想，誑惑群鹿，鹿於彼相計著(計量執著)水性，而彼(實)無水。	肆<u>大慧</u>！譬如(空中之)「陽焰」，迷惑(於)禽獸，(因)虛妄執著(而)生於水想，而「陽焰」中實無有水。	肆譬如(空中之)「陽焰」，誑惑(於)諸獸，令(諸獸)生水想，而實無水。

㈤如是一切「修多羅」所說諸法，為令愚夫，發歡喜故。(所以並)非「實聖智」(之義是)在於(方便的)「言說」(內)。	㈤大慧！一切「修多羅」說法亦復如是，為諸凡夫(之)自心分別，(而)令得歡喜。(所以並)非「如實聖智」(之義是)在於(方便的)「言說」(內)。	㈤眾「經」所說亦復如是，隨諸愚夫(之)自所分別，(而)令生歡喜。(所以這些方便言說並)非皆(是)顯示「聖智證處真實之法」。
㈥是故當依於「義」，莫著(於)「言說」。	㈥大慧！汝應隨順於「義」，莫著(於)所說「名字、章句」。	㈥大慧！(汝)應隨順「義」，(而)莫著(於)「言說」。

第13節　藏心無我

13-1 佛之「如來藏」常住不變、自性清淨、具三十二相，此與外道之「神我」論，有何不同？ → 解答：佛說「如來藏」，即非「如來藏」，是名「如來藏」。「如來藏」亦是假名也

劉宋・求那跋陀羅譯《楞伽阿跋多羅寶經》	元魏・菩提流支譯《入楞伽經》	唐・實叉難陀與復禮等譯《大乘入楞伽經》
【卷二・一切佛語心品之二】		
㈠爾時大慧菩薩摩訶薩白佛言：世尊！世尊(於)「修多羅」說：	㈠爾時聖者大慧菩薩摩訶薩白佛言：世尊！世尊如(於)「修多羅」說：	㈠爾時大慧菩薩摩訶薩白佛言：世尊(於)「修多羅」中說：
㈡「如來藏」自性清淨。	㈡「如來藏」自性清淨。	㈡「如來藏」，本性清淨，(具不生不滅之)常恒不斷，無有變易。
㈢轉(現)三十二相。	㈢具三十二相。	㈢具三十二相。
㈣(如來藏)入於一切眾生	㈣(如來藏)在於一切眾生	㈣(如來藏)在於一切眾生

身中，如大價寶，(為)垢衣所纏。「如來之藏」(為不生不滅之)常住不變，亦復如是。而(如來藏於)「陰、界、入」(中)，(為)垢衣所纏，(亦為)「貪欲、恚、癡」不實妄想(之)塵勞所汙，(此為)一切諸佛之所演說(理)。	身中，為「貪、瞋、癡」不實(之所)垢染。(如來藏於)「陰、界、入」(中)，(為)衣之所纏裹，如無價寶，(但為)垢衣所纏。如來世尊復說(如來藏乃)「常恒、清涼(無煩惱熱；無熱惱)、不變」。	身中，為「蘊、界、處」(中)，(為)垢衣所纏，(為)「貪、恚、癡」等妄分別垢之所汙染，如無價寶(處)在垢衣中。
(伍)云何世尊(之說好像也)同(於)外道(所)說(的神)「我」，(亦道亦)言有(個)「如來藏」耶？	(伍)世尊！若爾，外道亦說：我(亦)有(個)「神我」(且)常在不變，如來亦說「如來藏」(亦為)「常」，乃至「不變」。	(伍)(陸)外道(亦)說「我」是「常作者(kartṛ)、離於求那(nirguṇa)、自在(vibhū)、無滅(avyaya)」。世尊所說「如來藏」義，豈不同於外道(所說的神)「我」耶？
(陸)世尊！外道亦說有「常作者(kartṛ)、離於求那(nirguṇa)、周遍(vibhū)、不滅(avyaya)」。世尊說彼(外道)「有我」(而永恒不滅)。	(陸)世尊！外道亦說有「常作者(kartṛ)、不依諸緣自然而(即能存)有(nirguṇa)、周遍(vibhū)、不滅(avyaya)」。若如是者，「如來」(與)「外道」(之)說，(悉)無差別？	

註：kartṛ：譯為「常作者」，指「作者、能作、作業者」。
　　nirguṇa：譯為「離求那」，「無屬性」的，此指能不依「諸緣」而「獨立」存有的東西。
　　vibhū：自在、周遍。無所不在。

13－2 「如來為斷愚夫畏「無我」句，故說「無所分別、寂靜無相」之「如來藏」門。「如來藏」不同外道「神我」。「如來藏」仍是「空、無我、涅槃、無相、無生、無願」，故亦不應執也

請參閱 **43－3**

劉宋・求那跋陀羅譯《楞伽阿跋多羅寶經》	元魏・菩提流支譯《入楞伽經》	唐・實叉難陀與復禮等譯《大乘入楞伽經》
(壹)佛告大慧：我說(之)「如來藏」(乃)不同(於)外道所說之(永恒存在之神)「我」。	(壹)佛告聖者大慧菩薩言：大慧！我說「如來藏」(為不生不滅之)「常」，(乃)不同外道所有(永恒存在之)「神	(壹)佛言：大慧！我說(之)「如來藏」(乃)不同外道所說(永恒存在)之(神)「我」。

大慧！有時說：	我」。 大慧！我說「如來藏」；	大慧！如來應正等覺，以；
①「空」。	①「空」。	①「性空」。
②「無相」。		
③「無願」。		
④「如實際」。	④「實際」。	④「實際」。
⑤「法性」。		
⑥「法身」。		
⑦「涅槃」。	⑦「涅槃」。	⑦「涅槃」。
⑧「離自性」。(無自性)		
⑨「不生不滅」。	⑨「不生不滅」。	⑨「不生」。
⑩「本來寂靜」。	②「無相」。	②「無相」。
⑪「自性涅槃」。	③「無願」。	③「無願」。
如是等「句」，(皆)說(名為)「如來藏」已。	(如是)等「文辭章句」，(皆)說名(為)「如來藏」。	(如是)等諸「句義」，(皆)說(名為)「如來藏」。
貳如來應供等正覺為斷(除)愚夫畏(於)「無我」(法義之)句故，(我即爲彼)說「離妄想、無所有境界」(之)「如來藏」門。	貳大慧！如來應正遍知，為諸一切愚癡凡夫，(於)聞說「無我」(法義時)，(恐)生於驚怖，是故我(爲彼等人)說有「如來藏」。而「如來藏」(乃)「無所分別、寂靜無相」，說名「如來藏」。	貳(如來)為令愚夫(能遠)離(對)「無我」(法義之)怖(畏)，(即爲彼)說「無分別、無影像處(無相境界)」(之)「如來藏」門。
參大慧！未來、現在(諸)菩薩摩訶薩，不應(對「如來藏」)作「我見計著(計量執著)」。	參大慧！未來、現在諸菩薩等，不應(對「如來藏」)執著(生出)「有我之相」。	參未來、現在諸菩薩摩訶薩，不應於此(對「如來藏」生出)「執著於我」。

關於如來是「常住」法、不變異法、無為之法的正確解釋

「常住」指的是如來「法身」乃具「不生不滅」之「常住性」，並非獨指「永恆

之常」。所謂「常住真心、常住不變」都只是方便譬喻「不生不滅、非有非無」的一種「假名」，並非指向永恒之「常」

請參考下面經文：

《大般若經・卷三二九》

(1)一切法空，皆不可説。如來方便，

❶說為「無盡」。

❷或說「無數」。

❸或說「無量」。

❹或說「無邊」。(方便可云「無有邊際」，精準的説是「不落任何邊際」)

❺或說為「空」。

❻或說「無相」。

❼或說「無願」。

❽或說「無作」。

❾或說「無生」。

❿或說「無滅」。

⓫或說「離染」。

⓬或說「寂滅」。

⓭或說「涅槃」。

⓮或說「真如」。

⓯或說「法界」。

⓰或說「法性」。

⓱或說「實際」。

(2)如是等義皆是如來方便演説……

(3)如是！如是！「一切法性」皆不可説。

(4)所以者何？一切法性「皆畢竟空」，無能宣説，「畢竟空者」。

《大般涅槃經》卷3

(1)如來之身「非身」，是身不生不滅、不習、不修、無量無邊、無有足跡、無知無形、畢竟清淨，無有動搖、無受無行、不住不作、無味無雜，非是有為、非業、非果、非行、非滅、非心、非數，不可思議、常不可思議。

(2)無識、離心；亦不離心。其心平等，無有亦有，無有「去來」而亦去來，不破、不壞、不斷、不絕、不出、不滅、非主亦主，非有非無、非覺非觀、非字非不字、非

定非不定，不可見了了見，無處亦處，無宅亦宅，無闇無明，無有寂靜而亦寂靜。

(3)是無所有，不受不施、清淨無垢、無諍斷諍、住無住處、不取不墮。非法、非非法。非福田、非不福田、無盡不盡，離一切盡，是空離空，雖不常住，非念念滅，無有垢濁、無字離字、非聲非說、亦非修習、非稱非量、非一非異、非像非相、諸相莊嚴，非勇非畏、無寂不寂、無熱不熱、不可覩見、無有相貌。

(4)如來度脫一切眾生，無「度脫」故，能解眾生。無有解故，覺了眾生。無覺了故，如實說法。無有二故，不可量、無等等。

(5)平如虛空，無有形貌，同無生性，不斷不常。常行一乘，眾生見三。不退不轉，斷一切結。不戰不觸，非性住性、非合非散、非長非短、非圓非方、非陰入界亦陰入界、非增非損、非勝非負。

(6)如來之身，成就如是無量功德，無有知者，無不知者；無有見者，無不見者；非有為非無為、非世非不世、非作非不作、非依非不依、非四大非不四大、非因非不因、非眾生非不眾生、非沙門非婆羅門，是師子大師子，非身非不身，不可宣說。除一法相，不可算數，般涅槃時不般涅槃。

(7)如來「法身」皆悉成就如是無量微妙功德。

《大般涅槃經》卷 28

何故為得「大般涅槃」？為得「常樂我淨」法故。
何故為得「常樂我淨」？為得「不生不滅」故。
何故為得「不生不滅」？為見「佛性」故……
解脫涅槃、常樂我淨、不生不滅，見於「佛性」而自然得。何以故？法性爾故。

《大般涅槃經》卷 29

師子吼言：世尊！如佛所說，若「不生不滅」名「大涅槃」者。

《大般涅槃經》卷 32

(1)善男子！如來「常住」，則名為「我」。如來「法身」(是)「無邊、無礙、不生不滅」，得「八自在」，是(假)名為「我」。

(2)眾生(雖暫時)真實無如是「我」及以「我所」，但以「必定」當得畢竟(之)「第一義空」，故名「佛性」。

《大般涅槃經·卷第十六》

(1)而是「佛性」非「內」、非「外」。所以者何？佛性「常住」無變易故，是名菩薩摩訶薩觀於「內空」。

(2)「外空」者，亦復如是，無有「內法」。「內、外」空者，亦復如是。

《度一切諸佛境界智嚴經》

(1)如來「常住」，不生不滅，非心非色，非有非無。

(2)如琉璃地，見宮殿影，此影「非有」，亦復「非無」。

(3)眾生心淨，見如來身「非有非無」，亦復如是……

《大乘本生心地觀經‧卷第三》

(1)「佛寶」之恩最為上……「法身」體遍諸眾生，萬德凝然性「常住」。不生不滅、無來去，不一不異，非「常、斷」。

(2)法界遍滿如虛空，一切如來共修證，有為無為諸功德，依止法身常清淨。

《大乘本生心地觀經‧卷第八》

(1)如是「空性」，不生不滅、無來無去、不一不異、非斷非常。本無生處，亦無滅處，亦非「遠離」，非「不遠離」……

(2)此無垢性「非實非虛」，此無垢性是「第一義」……此無垢性「常住不變」，最勝涅槃。

《佛說仁王般若波羅蜜經‧卷上》

(1)佛與菩薩同用此忍，入「金剛三昧」……為第十一地「薩婆若」。

(2)覺「非有非無」，湛然清淨，「常住不變」，同「真際」，等「法性」，無緣大悲，教化一切眾生，乘「薩婆若」乘，來化三界。

《大乘密嚴經‧卷下》

諸佛出於世，或不出於世，法性本「常住」，不常亦不斷。

《大佛頂如來密因修證了義諸菩薩萬行首楞嚴經》卷2

圓滿(圓融完滿)菩提，不生滅性，清淨「本心」(本元真心)，「本覺」常住。

《大佛頂如來密因修證了義諸菩薩萬行首楞嚴經》卷3

了然(了悟皎然)自知，獲本妙心(妙明真心)，常住不滅(不生不滅)。

《楞嚴經‧卷十》	白話
(行陰末那識)為「浮根塵」(浮根四塵)究竟	「行陰末那識」為一切眾生「浮根四塵」(色香味觸四塵)所成之根身，亦是眾生究竟

樞穴(樞紐竅穴)，此則名為「行陰」區宇(區域範圍)……

流轉與解脫的關鍵「樞紐」及「竅穴」之處。這就叫做真心被「行陰末那識」所覆蓋的區域範圍……

❸第三種外道➜立一分常，一分無常論

……

於「自他」(自我和他境)中，起「計度ﾄｸ」(邪計測度)者。是人墜入「四顛倒見」，一分「無常」，一分「常」論。

此時行者若於「自我」與「他境」中生起「虛妄」的「邪計測度」，是人則將墜入外道「四種顛倒」的邪見，計執諸法皆是一分(一半)「無常」，而另一分(另外一半)是「恒常」的邪論。

1計「我為常，他人為無常」之邪見

一者：是人觀「妙明心」(勝妙明淨真心)遍十方界，湛然(澄湛寂然的真心)以為究竟「神我」(puruṣa)。

第一種是：此人在觀察「行陰」的「幽清常擾動元」後，竟誤以為「行陰末那識」就是「勝妙明淨的真心」，是周遍十方法界的，於是便將「行陰末那識」認作是「澄湛寂然的真心」，並以為這是最殊勝究竟的「神我」。

從是則計「我」遍十方，凝明(凝住於光明)不動。

從這裡則妄計「神我」是「永恒」的周遍於十方法界，永遠凝住於光明而如如不動。

一切眾生於我心中自生自死，則我「心性」名之為「常」。彼生滅者，真「無常」性。

一切眾生在我心中乃「自生自死、有生有滅」的「無常」，而我凝明不動的「神我」心性，則名為「永恆的常」。那些「自生自死」的眾生則是真正的「無常性」。
(此計「我」是「恒常」，眾生於我心中則為「生滅、無常」)

如果將佛「周遍圓滿」的理論又誤以為是「永恆存在且真實究竟的神我」，那又會落入生滅的「外道之見」。「周遍圓滿」之義仍是「無我」的，仍是「假名」的，仍是「性空」的，這才完全符合佛之「了義」說。

13-3 諸佛或說「如來藏」，或說「無我」，種種善巧而說。為離
外道見，當依「無我」之「如來藏」義

參閱 **46-2**

劉宋・求那跋陀羅譯《楞伽阿跋多羅寶經》	元魏・菩提流支譯《入楞伽經》	唐・實叉難陀與復禮等譯《大乘入楞伽經》
㊀譬如「陶家」(kumbha-kāra)於一「泥聚」，以「人工、水、木輪、繩」(等種種)方便(力而)作種種器。	㊀**大慧**！譬如「陶師」依於「泥聚」微塵，(再以種種的)「輪繩、人功、手、木」(等種種)方便力故，(而)作種種器。	㊀**大慧**！譬如「陶師」於「泥聚」中，以「人功、水、杖、輪繩」(等種種)方便(力而)作種種器。
㊁如來亦復如是，於「法無我」(及)「離一切妄想相」(中)，以「種種智慧」(而)善巧方便，	㊁**大慧**！如來世尊亦復如是，彼法(於)「無我」(及)「離諸一切分別之相」(中)，(以種種)智慧巧便，	㊁如來亦爾，於「遠離一切分別相」(及)「無我法」中，(仍)以「種種智慧」，方便善巧，
㊂或說「如來藏」，或說「無我」。	㊂說名「如來藏」，或說「無我」，或說「實際」及「涅槃」等，(以)種種「名字、章句」示現，如彼「陶師」(能)作種種器。	㊂或說「如來藏」，或說為「無我」，(以)種種名字，各各差別(而宣說)。
㊃以是因緣，故說(佛之)「如來藏」不同外道所說之(神)「我」。(如)是名說「如來藏」，(乃為)開引(開示導引)計(計執於有)「我」(之)諸外道故。	㊃是故**大慧**！我說(佛之)「如來藏」不同外道(所)說(之)有「我相」。**大慧**！我說「如來藏」者，為(開示導引)諸外道執著於(有)「我」。	
㊄(為)說「如來藏」(法)，(乃欲)令(彼外道)離不實(之)「我見妄想」。(令彼外道亦能)入「三解脫門」境界，希望疾得「阿耨多羅三藐三菩	㊄(為)攝取(攝受度化)彼(外道)，故說「如來藏」，令彼外道離於「神我」妄想見(及)心執著之處。(令彼外道亦能)入「三解脫門」，速得「阿耨	㊄**大慧**！我說「如來藏」(法)，(乃)為攝(攝受度化)「著我」(之)諸外道眾，令(彼外道)離「妄見」。(令彼外道亦能)入「三解脫」，速得證於「阿耨

提」。	多羅三藐三菩提」。	多羅三藐三菩提」。
㊅是故如來應供等正覺作如是說「如來之藏」，若不(作)如是(說者)，則同外道(所執的「神我」思想)。	㊅大慧！以是義故，諸佛如來應正遍知(所)說(之)「如來藏」，是故我說有「如來藏」，(乃)不同外道(所)執著(的)「神我」。	㊅是故諸佛(所)說(之)「如來藏」，(乃)不同外道所說之(神)「我」。
㊆是故大慧！為離外道(邪)見故，當依「無我如來之藏」(tathāgata-nairātmya-garbha)。	㊆是故大慧！為離一切外道「邪見」，諸佛如來(皆)作如是說，汝當修學「如來無我相法」。	㊆若欲離於外道(邪)見者，應知(佛法之)「無我如來藏」義。

13-4 偈頌內容

劉宋·求那跋陀羅譯《楞伽阿跋多羅寶經》	元魏·菩提流支譯《入楞伽經》	唐·實叉難陀與復禮等譯《大乘入楞伽經》
爾時世尊欲重宣此義而說偈言： 人相續陰。 緣與微塵。 勝自在作。 心量妄想。	爾時世尊重說偈言： 人我及於陰。 眾緣與微塵。 自性自在作。 唯心妄分別。	爾時世尊即說頌言： 士夫相續蘊。 眾緣及微塵。 勝自在作者。 此但心分別。

第七章　修勝解行章

第１４節　修正行

14－1 世尊為菩薩說「如實修行法」，便得能成就為「如實大修行者」

劉宋・求那跋陀羅譯《楞伽阿跋多羅寶經》	元魏・菩提流支譯《入楞伽經》	唐・實叉難陀與復禮等譯《大乘入楞伽經》
爾時大慧菩薩摩訶薩觀未來眾生，復請世尊唯願為說「修行無間」(法)，(能)如諸菩薩摩訶薩(所得的)「修行者大方便」。	爾時聖者大慧菩薩觀察未來一切眾生，復請佛言：唯願世尊為諸菩薩說「如實修行法」，彼諸菩薩聞說「如實修行之法」，便得成就(為)「如實修行」者。	爾時大慧菩薩摩訶薩普觀未來一切眾生，復請佛言：願為我說「具修行法」，如諸菩薩摩訶薩(能)成(就)「大修行」。

14－2 菩薩摩訶薩若具「四法成就」，則可名為「大如實修行者」

劉宋・求那跋陀羅譯《楞伽阿跋多羅寶經》	元魏・菩提流支譯《入楞伽經》	唐・實叉難陀與復禮等譯《大乘入楞伽經》
佛告大慧：菩薩摩訶薩成就四法，得「修行者大方便」。云何為四？謂： ①「善分別自心現」。 (svacitta 自心-dṛśya 所見;現量 vibhāvanatā 觀察) ③「觀外性(法)非性」。 (bāhya 外-bhāvābhāvopa 有&無有-lakṣaṇatā 境) ②「離生住滅見」。	佛告聖者大慧菩薩摩訶薩言：大慧！有四種法，得名為「大如實修行者」。何等為四？ 一者「善知自心現見」故。 二者「遠離生住滅」故。 三者「善解外法有無」故。	佛言：大慧！菩薩摩訶薩具四種法，成「大修行」。何者為四？謂： ①「觀察自心所現」故。 ②「遠離生住滅見」故。 ③「善知外法無性」故。

(utpāda 生-sthiti 住-bhaṅga 滅-dṛṣṭi 見-vivarjanatā 遠離) ④「得自覺聖智善樂」。(svapratyātmārya-jñāna-dhigamā-bhi-lakṣaṇatā)	四者「樂修內身證智」故。	④「專求自證聖智」故。
是名菩薩摩訶薩(若能)成就四法，(將)得「修行者大方便」。	大慧！菩薩(若)成就如是四法，(則)得成就「大如實修行者」。	若諸菩薩成(就)此四法，則得名為「大修行者」。

14−3 菩薩摩訶薩如何觀察善分別「自心所現」之相？

劉宋・求那跋陀羅譯《楞伽阿跋多羅寶經》	元魏・菩提流支譯《入楞伽經》	唐・實叉難陀與復禮等譯《大乘入楞伽經》
云何菩薩摩訶薩「善分別自心現」？謂：	大慧！何者菩薩摩訶薩；「善分別自心現」？謂：	大慧！云何「觀察自心所現」？謂：
(1)如是觀三界(皆由)「唯心」(所生)分齊(種種差別的分際齊限)。	(1)觀察三界但是「一心」作故。	(1)觀(察)三界唯是「自心」(所現)。
(2)(應)離「我、我所」。	(2)(應)離「我、我所」故。	(2)(應)離「我、我所」。
(3)(諸識皆)無「動搖」。	(3)(諸識皆)無「動」無「覺」故。	(3)(諸識皆)無「動作」(與生起)。
(4)(亦)離「去、來」。	(4)(亦)離「取、捨」故。	(4)(亦)無「來、去」。
(5)(皆由)無始虛偽習氣所薰(習)。	(5)從無始來虛妄執著。	(5)(皆由)無始執著過習(過失習氣)所薰(習)。
(6)(為)三界種種「色、行」(所)繫縛。	(6)(被)三界薰習「戲論」心故，(為)種種「色、行」常繫縛故。	(6)(為)三界種種「色、行、名言」(所)繫縛。
(7)(吾人全部的)「身、財」建立，(皆由)「妄想」隨入(而顯)現。	(7)(吾人於)「身」及「資生、器世間」中，(皆於)「六道」(中)虛妄(顯)現故。	(7)(吾人全部的)「身、資、所住(器世間)」，(皆由)「分別」隨入之所顯現。
(此)是名菩薩摩訶薩「善分	大慧！是名諸菩薩摩訶薩	菩薩摩訶薩如是「觀察自

別自心現」。	「善知自心現見相」。	心所現」。

14—4 菩薩摩訶薩如何善解外法「有、無」之相？如何善觀「外法無性」？

請參閱 **14-8**

劉宋・求那跋陀羅譯《楞伽阿跋多羅寶經》	元魏・菩提流支譯《入楞伽經》	唐・實叉難陀與復禮等譯《大乘入楞伽經》
云何菩薩摩訶薩「善觀外性(法)非性」？謂： ①(如)燄、夢等一切性(法)。 ②(皆由)無始虛偽妄想(薰)習(為)因。 ③(應)觀一切「性(法)自性」。 菩薩摩訶薩作如是善觀「外性(法)非性」，是名菩薩摩訶薩善觀「外性(法)非性」。		

14—5 菩薩摩訶薩如何得離「生、住、滅」之相？

劉宋・求那跋陀羅譯《楞伽阿跋多羅寶經》	元魏・菩提流支譯《入楞伽經》	唐・實叉難陀與復禮等譯《大乘入楞伽經》
云何菩薩摩訶薩善離「生、住、滅」見？謂： (1)(應觀)如幻夢。 (2)一切性(法)「自、他、俱」	大慧！云何一切菩薩摩訶薩見遠離「生、住、滅」法？謂： (1)(應)觀諸法如幻、如夢故。 (2)一切諸法(之)「自、他」二	大慧！云何得離「生、住、滅」見？所謂： (1)(應)觀一切法如幻夢生。 (2)(諸法之)「自、他」及「俱」(共

性，(皆)不生。	種無故，(皆)不生。	生)，皆不生故。
(3)(此皆)隨入(由)自心(之所)「分齊」(差別的分際齊限)故。	(3)(此皆)以隨自心(所)現(之)「知見」故。	(3)(此皆)隨自「心量」之所現故。
(4)見外性(法)「非性」。	(4)以無「外法」故。	(4)見「外物」無有故。
(5)見識(皆)「不生」。	(5)諸識(皆)「不起」。	(5)見諸識(皆)「不起」故。
(6)及(由眾)「緣」(而生起，故)不(是屬於真實之)積聚。	(6)觀諸「因緣」(皆)無(真實之)積聚故。	(6)及(由)「眾緣」(而生起，故)無(真實之)積(聚)故。
(7)見(由)妄想(以眾)「緣」(而)生。	(7)見諸三界(皆由)「因緣」(而)有故。	(7)(皆由)分別(心之)「因緣」，(而生)起「三界」故。
(8)於三界內外、一切法(皆)「不可得」。	(8)不見內外一切諸法，(皆)「無實體」故。	(8)如是觀時，若內、若外，一切諸法皆「不可得」。
(9)見「離自性」(無自性)，(所有能)「生」(之)見悉(應)滅。	(9)遠離(能)「生」諸法(之)「不正見」故。	(9)知(諸法)「無體」，(則)實(能)遠離「生」見。
(10)(證)知「如幻」等諸法(之)自性。	(10)(證)入一切法(皆)「如幻相」故。	(10)證(諸法)「如幻」性。
(11)得「無生法忍」。	(11)菩薩爾時名「得初地無生法忍」。	(11)即時逮得「無生法忍」。
		(12)住「第八地」。
	(13)遠離「心、意、意識、五法(名、相、妄想、正智、如如)、(三)體相」故，得「二無我」。	(13)了「心、意、意識、五法(名、相、妄想、正智、如如)、(三)自性、二無我」境。
	(14)如意(之)「意身」，	(14)轉所依止(身)，(而)獲「意生身」。
	(12)乃至得「第八不動地」如意(之)「意身」故。	
得「無生法忍」已，(能)離「生、住、滅」見，是名菩薩摩訶薩善分別離「生、住、滅」見。		

14－6 云何菩薩摩訶薩能獲得「自覺聖智善樂」？

劉宋・求那跋陀羅譯《楞伽阿跋多羅寶經》	元魏・菩提流支譯《入楞伽經》	唐・實叉難陀與復禮等譯《大乘入楞伽經》
云何菩薩摩訶薩「得自覺聖智善樂」？謂： ❶得「無生法忍」。 ❷住「第八菩薩地」。 ❸得離「心、意、意識、五法 （名、相、妄想、正智、如如）、（三） 自性、二無我相」。 ❹得「意生身」。	**14－5** 魏本(12)～(14) 的內容	**14－5** 唐本(12)～(14) 的內容

14－7 「意生身」的定義與境界

劉宋・求那跋陀羅譯《楞伽阿跋多羅寶經》	元魏・菩提流支譯《入楞伽經》	唐・實叉難陀與復禮等譯《大乘入楞伽經》
世尊！「意生身」者何因緣？ 佛告大慧：「意生身」者： (1)譬如「意」去，迅疾無礙，故名「意生」。 (2)譬如「意」去，（能於）「石壁」（而）無礙（的往來），（能）於彼異方（而穿越）無量「由延」(yojana)， (3)因先（前）所見（之諸境），（能）憶念不忘，（於）自心（能）「流注」（相續而）不絕，於「身」（而）無（有能）障礙（其	大慧菩薩白佛言：世尊！何故名為如「意」（之）「意身」？佛告大慧： (1)隨「意」速去，如念即至，無有障礙，名如「意（生）身」。 (2)大慧！言如「意」者，（能）於「石壁、山障」無量百千萬億由旬（而無礙的往來）， (3)（能憶）念（原）本所見（之）種種境界，（原本來）自心中（之繫）縛，（皆）不能（為之）障礙，（已能）自在而（來）去。	大慧言：世尊！以何因緣名「意生身」？ 佛言：大慧！「意生身」者： (1)譬如「意」去，速疾無礙，名「意生身」。 (2)大慧！譬如「心意」，（能）於無量百千由旬之外（而無礙的往來）， (3)（能）憶（念）先（前）所見（之）種種諸物，（令）念念相續，（能）疾詣（至）於彼。非是其「身」及「山河、石壁」

		(之)所能為(障)礙。
(4)大慧！如是「意生身」，(能)得(於)一時(即)俱(生)。	(4)大慧！如「意(生)身」者，亦復如是。	(4)「意生身」者，亦復如是。
(5)菩薩摩訶薩(之)「意生身」(者)，(能得)「如幻三昧、(十)力、自在、神通」妙相莊嚴。	(5)(能)得「如幻三昧、自在、神(通)、(十)力」莊嚴其身。	(5)(能得)「如幻三昧、(十)力、(神)通、自在」諸相莊嚴。
(6)(所有的)聖(智)種類身，(皆能於)一時(即)俱生。	(6)(能)進趣(於)一切(的)「聖智種類」(之身)。	
(7)猶如「意」(而)生，無有障礙。	(7)(獲)「身」無障礙，(能)隨「意」而去。	
(8)(能)隨所憶念(其)「本願」(欲度眾生之)境界。	(8)以(能憶)念(欲度眾生之)「本願力」境界故。	(8)(能)憶(念)本(所欲)成就眾生(之)「願」故。
(9)為成就眾生，	(9)為(度)化一切諸眾生故。	(6)(7)猶如「意」去，(能)生於一切「諸聖眾」中。
(故能)得「自覺聖智善樂」。	大慧！是名菩薩摩訶薩遠離「生、住、滅」相。	是名菩薩摩訶薩得遠離於「生、住、滅」見。

14－8 菩薩摩訶薩如何善解外法「有、無」之相？如何善觀「外法無性」？

劉宋・求那跋陀羅譯《楞伽阿跋多羅寶經》	元魏・菩提流支譯《入楞伽經》	唐・實叉難陀與復禮等譯《大乘入楞伽經》
云何菩薩摩訶薩善觀「外性(法)非性」？謂：	大慧！云何菩薩摩訶薩善解「外法有、無之相」？所謂：	大慧！云何觀察「外法無性」？謂：
①(如)饑、夢等一切性(法)。	①菩薩見一切法，如陽焰、如夢、如毛輪故。	①觀察一切法，如陽焰、如夢境、如毛輪。
②(皆由)無始虛偽妄想習因。	②因無始來執著種種「戲論」，「分別妄想」薰習故。	②無始戲論，種種執著，「虛妄惡習」為其因故。

③(應)<u>觀一切「性(法)自性」</u>。 <u>菩薩摩訶薩作如是善觀「外性(法)非性」，是名菩薩摩訶薩善觀「外性(法)非性」</u>。 (注意：本段文字乃出現在上文「身、財建立，妄想隨入現，是名菩薩摩訶薩善分別自心現」後面的 `14-4` ，今複製一份至此處，乃方便與其它經文相對照用)	③見一切法「無體相」，求「證聖智」境界修行故。 <u>大慧</u>！是名菩薩善解「外法有、無之相」。	③如是觀察一切法時，即是專求「自證聖智」。

`14-9` 菩薩摩訶薩得「無生法忍」，至最終證得「自覺聖智善樂」

劉宋・求那跋陀羅譯 《楞伽阿跋多羅寶經》	元魏・菩提流支譯 《入楞伽經》	唐・實叉難陀與復禮等譯 《大乘入楞伽經》
如是菩薩摩訶薩； ①得「無生法忍」。 ②住「第八菩薩地」。 ③轉捨「心、意、意識、五法」 （名、相、妄想、正智、如如）、(三) 自性、二無我」相身。 ④及得「意生身」。 ⑤得「自覺聖智善樂」。 是名菩薩摩訶薩成就「四法」，得修行者大方便，當如是學。	即成就「大如實修行」者，<u>大慧</u>！汝應如是修學。	<u>大慧</u>！是名菩薩具「四種法」，成「大修行」，汝應如是勤加修學。

第15節　離妄想(離四句)

15-1 若了「因緣之法」，則離「有、無」見，亦不妄執諸法之「漸次」(次第)與「俱生」(同時)之過

請參閱 **15-5**

劉宋・求那跋陀羅譯 《楞伽阿跋多羅寶經》	元魏・菩提流支譯 《入楞伽經》	唐・實叉難陀與復禮等譯 《大乘入楞伽經》
壹爾時大慧菩薩摩訶薩復請世尊， 貳唯願為說一切諸法「緣因之相」，以覺「緣因相」故，我及諸菩薩離一切性(法)「有、無」妄見。 參無妄想見「漸次(次第)、俱生(同時)」。	壹爾時聖者大慧菩薩復請佛言：世尊！ 貳唯願世尊說一切法「因緣之相」，我及一切諸菩薩等，善知諸法「因緣之相」，離於「有、無」不正見等。 參(遠離)妄想分別諸法「次第、一時(同時)」生過(過失罪惡)。	壹爾時大慧菩薩摩訶薩復請佛言： 貳願說一切法「因緣相」，令我及諸菩薩摩訶薩了達其義，離「有、無」見。 參不妄執諸法「漸生(次第)、頓生(同時)」。

15-2 何謂諸法「外緣」？

劉宋・求那跋陀羅譯 《楞伽阿跋多羅寶經》	元魏・菩提流支譯 《入楞伽經》	唐・實叉難陀與復禮等譯 《大乘入楞伽經》
佛告大慧：一切法二種「緣相」，謂「外」及「內」。「外緣」者，謂：	佛告大慧菩薩言：大慧！一切諸法有於二種「因緣集相」，所謂：「內、外」。 大慧！「外法因緣」集相者，所謂：	佛言：大慧！一切法「因緣生」有二種，謂「內」及「外」。「外」者，謂： (眾因緣生法，我說即是空) 眾因緣的「眾」＝內緣＋外緣
(1)(以)「泥團、柱、輪繩、水、	(1)(以)「泥團、輪柱、輪繩、	(1)以「泥團、水、杖、輪繩、

| 木、人工」(等)諸方便(之)緣，(而)有瓶生。
(2)如(由)泥(所生之)瓶、
(3)(由)縷(所生之)疊(毛布)、
(4)(由)草(所生之)蓆、
(5)(由)種(所生之)芽、
(6)(由)酪(所生之)酥等，(皆由)方便(之眾)「緣」(而)生，亦復如是。

(7)(此皆)是名(由)「外緣」(而令)「前、後」轉生(起)。 | 人功」方便(諸)緣故，則有瓶生。
(2)大慧！如「泥團」等因緣(而)生瓶，
(3)如是(由)縷(所生之)疊(毛布)、
(4)(由)草(所生之)席、
(5)(由)種(所生之)芽、
(6)(由)湩㲦(乳汁)等「人功」(而)生「酪」。生「酪」已，(再)生「酥」。生「酥」已，(方能)得「醍醐」。
(7)大慧！(此皆)是名(為由)「外法因緣」(之)集相，(然後)從下(而依次的)上上，應知。 | 人工」等(諸)緣，和合(而)成瓶。
(2)如(由)泥(所生之)瓶、
(3)(如由)縷(所生之)疊(毛布)、
(4)(由)草(所生之)席、
(5)(由)種(所生之)芽、
(6)(由)酥(所生之)酪，悉亦如是。

(7)(此皆)是名(由)「外緣」(而令)「前、後」轉生(起)。 |

15－3　何謂諸法「內緣」？

劉宋‧求那跋陀羅譯 《楞伽阿跋多羅寶經》	元魏‧菩提流支譯 《入楞伽經》	唐‧實叉難陀與復禮等譯 《大乘入楞伽經》
云何「內緣」？謂： (一)(以)「無明、愛、業」等(十二因緣)法(而)得(為內)緣(之)名。 (二)從彼(無明、愛、業等法)生「陰、界、入」法，得(名為由內)緣所起(之)名。 彼(指「外緣」與「內緣」本)無差別，	大慧！何者「內法因緣集相」？大慧！所謂： (一)(以)「無明、業、愛」如是等(十二因緣)法，(則)名(為)「內因緣集相」。 (二)大慧！因「無明」等「陰、界、入」等，而得名為(內)因緣(所)集(之)相。 而諸凡夫虛妄「分別」各見	「內者」，謂： (一)(二)(由)「無明、愛、業」等(十二因緣法而)生「蘊、界、處」法，是為「內緣」(之)起。 此但愚夫之所分別。

而愚夫妄想(因妄想遂成有差別),是名「內緣法」。	別相(各種差別之相)。	

註：龍樹菩薩造《十二門論》

「眾緣」所生法，是即「無自性」。若「無自性」者，云何「有是法」？

「眾緣」所生法有二種。一者「內」。二者「外」。

「眾緣」亦有二種。一者「內」。二者「外」。

「外因緣」者，

  (1)如「泥團、轉繩、陶師」等「和合」，故有「瓶」生。

  (2)又如「縷、繩、機杼、織師」等「和合」故有「氎」(毛布也)生。

  (3)又如「治地、築基、樑、椽、泥、草、人功」等和合故有「舍」生。

  (4)又如「酪器、鑽、搖、人功」等「和合」故有「酥」生。

  (5)又如「種子、地、水、火、風、虛空、時節、人功」等「和合」，故有芽生。

    當知「外緣」等法皆亦如是。

「內因緣」者，所謂「無明、行、識、名色、六入、觸、受、愛、取、有、生、老死」，各各先「因」而後生。

如是「內、外」諸法，皆從「眾緣」生。從「眾緣」生故，即非是「無性」耶？若法「自性無、他性亦無、自他亦無」……「內因緣」生法皆亦如是「不可得」。

15-4 「當有因」、「相續因」、「相因」、「作因」、「顯示因」、「待因」等「六種因」的詳細解說

劉宋·求那跋陀羅譯《楞伽阿跋多羅寶經》	元魏·菩提流支譯《入楞伽經》	唐·實叉難陀與復禮等譯《大乘入楞伽經》
大慧！彼因者有六種，謂：	大慧！因有六種，何等為六？	大慧！因有六種，謂：
①「當有因」。(bhaviṣyad-hetu)	一者「當因」。	①「當有因」。
②「相續因」。(saṃbandha-hetu)	二者「相續因」。	②「相屬因」。
③「相因」。(lakṣaṇa-hetu)	三者「相因」。	③「相因」。
④「作因」。(kāraṇa-hetu)	四者「作因」。	④「能作因」。
⑤「顯示因」。(vyañjana-hetu)	五者「了因」。	⑤「顯了因」。
⑥「待因」。(upekṣa-hetu)	六者「相待因」。	⑥「觀待因」。

劉宋・求那跋陀羅譯	元魏・菩提流支譯	唐・實叉難陀與復禮等譯
㈠「當有因」者： (凡有)作因(而生果)已，(即有)「內、外」法生。	大慧！「當因」者： (凡)作因(而生果)已，(即)能生(起)「內、外」法。	大慧！「當有因」者： 謂「內、外」法(的生起)，(是由)作因(而)生果(時發生的)。
㈡「相續因」者： (於先)作(種種)攀緣已，(再由)「內、外」法(而)生(出)「陰」種子等(果報來)。	大慧！「相續因」者： (以)能攀緣(的)「內、外」法(後再生出)「陰」種子等(果報來)。	㈡「相屬因」者： 謂(以)「內、外」法作(為)所(攀)緣(而再)生(出)果(來)，(例如生出)「蘊」種子等(果報來)。
㈢「相因」者： (能)作「無間相」(與)「相續」相生(之果)。	㈢大慧！「相因」者： 能生「相續次第」作事(之果)，而(永)不「斷絕」。	㈢「相因」者： (能)作「無間相」(與)生(出)「相續果」。
㈣「作因」者： (能)作(為)「增上事」(之因)，(就)如「轉輪王」(有無上權力，所以就像是主要的「增上因」一樣)。	㈣大慧！「作因」者： 能(對果)作「增上因」，(就)如「轉輪王」(有無上權力，所以就像是主要的「增上因」一樣)。	㈣「能作因」者： 謂(能)作「增上」(之因)而生於果，(就)如「轉輪王」(有無上權力，所以就像是主要的「增上因」一樣)。
㈤「顯示因」者： (待)妄想(心之)事生已，(即能)相(顯)現(能)作、所作(事)，如燈(能)照色(一樣)等。	㈤大慧！「了因」者： (待)妄想(心之)事生已，(即)能顯示(境相)，如燈(能)照色(一樣)等。	㈤「顯了因」者： 謂(待)分別(心)生，(即)能顯(現)「境相」，如燈(能)照物(一樣)。
㈥「待因」者： (於)「滅」時，(其所)作(之)「相續」(事即)斷(絕)，不「妄想」性生。 (不妄想=無妄想。 不妄想生=無妄想生=無生妄想)	㈥大慧！「相待因」者： 於(妄想)「滅」時，(即)不見「虛妄」(所)生(之)法，(此時)「相續事」(即)斷絕故。	㈥「觀待因」者： 謂(於)「滅」時，(其)「相續」(事即)斷(滅)，(已)無「妄想」生。

15-5 諸法非「漸次第生」，亦非「一時俱生」。如未有「子」時，不得稱呼為「父」名；若有「子」，則必有「父」名

請參閱 15-1

劉宋・求那跋陀羅譯	元魏・菩提流支譯	唐・實叉難陀與復禮等譯

《楞伽阿跋多羅寶經》	《入楞伽經》	《大乘入楞伽經》
㊀大慧！彼(皆是由)自(心)「妄想」相(之)愚夫。	㊀大慧！如是諸法，(皆是)凡夫自心(之)「虛妄分別」。	㊀大慧！此是愚夫自(心)所分別。
㊁(諸法皆)不「漸次生」(次第生)，(亦)不「俱生」(同時生)。所以者何？	㊁大慧！是諸法(皆)非「次第生」，(亦)非「一時生」(同時生)。何以故？	㊁(諸法皆)非「漸次生」(次第生)，亦非「頓生」(同時生)。何以故？
㊂(諸法)若復「俱生」(同時生)者，則「(能)作、所作」(即變成)無分別，(亦)不(能)得(其)「因相」(因果之相)故。	㊂大慧！若一切法(是)「一時生」(同時生)者，(則其)「因果」(即變成)不可差別，以不(能)見(其)「因果」(之)身相故。	㊂大慧！(諸法)若(是)「頓生」(同時生)者，則「(能)作」與「所作」(就會變成)無有差別，求其「因相」(因果之相)不可得故。
㊃(諸法)若「漸次生」(次第生)者，(亦)不得「相我」(我之自體身相)故，「漸次生」不生。如不生「子」(之時)，(則)無(有)「父」(之稱)名。 (俱生=一時生=頓生=一=即。 漸次生=次第生=漸生=異=離。 諸法=非一非異=不即不離 因果=非一非異=不即不離 業力=非一非異=不即不離)	㊃(諸法)若「次第生」者，(亦)未得「身相」(自體身相)，不得言「次第生」。如(尚)未有「子」，不得言「父」(之稱呼)。	㊃(諸法)若「漸生」(次第生)者，(則)求其「體相」(自體身相)亦不可得。如(尚)未生「子」(之時)，云何(就)名(為)「父」？

15－6 諸法非「次第漸生」，亦非「同時俱生」

劉宋·求那跋陀羅譯 《楞伽阿跋多羅寶經》	元魏·菩提流支譯 《入楞伽經》	唐·實叉難陀與復禮等譯 《大乘入楞伽經》
㊀大慧！(凡愚者認為諸法必由)「漸次生」(次第生)相續(不絕的)方便(相)。(此實)不然！	㊀大慧！愚癡凡夫(以)自心觀察(認為諸法必為)「次第」(生的)相續(不絕相)。(此實)	㊀諸「計度人」(指印度「因明」學派哲學)言：

但(仍是一種凡夫的)妄想耳。 (外道辯說：必有)「因(緣)、攀緣、次第(緣)、增上緣」等(而生起諸法)，(具真實的)「(能)生、所生」故。	不相應(於理的)。 故(外道)作如是言：(必有)「因緣、次第緣、所緣緣、增上緣」等，(而)能生(起)諸法。	(必)以「因緣、所緣緣、無間緣、增上緣」等(而生諸法)，(其)「所生、能生」(皆)互相(眞實的)繫屬。 (外道認爲：能生與所生，都是緊緊的相扣繫屬。無能、亦無所)
(貳)大慧！(外道認爲必由)「漸次生」(次第生)；(其實是)不生(的)。(此皆是)「妄想自性」(遍計所執)計著相故。	(貳)大慧！如是(外道認爲必由)「次第」(生)諸法；(其實是)不生(的)。大慧！(此皆)「虛妄分別」(而)取「法體相」。	(貳)(外道認爲諸法必由)「次第生」者，(其)理不得成，(此)皆是(由)「妄情執著相」故。
(參)「漸次(次第生)、俱(同時生)」不生。	(參)「一時(同時生)、次第」俱亦不生。	(參)大慧！「漸次」(次第生)與「頓」(同時生)皆悉不生。
(肆)(都是由)「自心」(所顯)現(之種種)受用故。	(肆)復次大慧！(都是由)「自心」中(所顯)見(之)「身」及「資生」故。	(肆)但有「心」(而顯)現(出)「身、資」等故。
(伍)(所有的)「自相、共相」，(及種種)外性(法)「非性」(無自性)。大慧！「漸次(次第生)、俱(同時生)」不生。	(伍)大慧！(所有的)「自相、同相」，(及種種)外法(皆)「無法」(無自性)，是故「次第、一時(同時生)」不生。	(伍)(所有的)外(法)，(與)「自、共」相，皆「無性」(無自性)故。
(陸)除(僅由)「自心」(所)現(顯現的)「不覺妄想」(「次第生」或「同時生」乃自心所起之分別邪見)，故(有種種諸)相(而)生(起)，	(陸)大慧！但(由)虛妄「識」(所)生(的)「自心見」(「次第生」或「同時生」乃自心所起之分別邪見)故。	(陸)唯除(僅由)「識」(所生)起(的)「自分別見」(「次第生」或「同時生」乃自心所起之分別邪見)。
(柒)是故(諸法皆由)「因緣作事」(因緣和合而作之諸事)方便相，(更應)當離(其中所生起的)「漸次(次第生)、俱(同時生)」	(柒)大慧！汝當應離(由)「不正見」(的)「因緣」生事(因緣和合而生之諸事)，(更應遠離其中所生起的)「次第、一時(同時	(柒)大慧！是故應離(由)「因緣」所作(之)「和合相」，(更應遠離由其)中(所生起的)「漸(次第生)、頓(同時生)」生見。

見。	(生)」生法。	

15－7 偈頌內容

劉宋・求那跋陀羅譯《楞伽阿跋多羅寶經》	元魏・菩提流支譯《入楞伽經》	唐・實叉難陀與復禮等譯《大乘入楞伽經》
爾時世尊欲重宣此義而說偈言：	爾時世尊重說偈言：	爾時世尊重說頌言：
一切都無生。	因緣，無「不生」。	一切法無生。
亦無因緣滅。	不生故不滅。	亦復無有滅。
於彼生滅(相)中。	生滅因緣虛。	於彼諸緣中。
而(妄)起因緣想。	非生亦非滅。	分別生滅相。
非遮滅復生。	為遮諸因緣。	非遮諸緣會。
相續因緣起。	愚人虛妄取。	如是滅復生。
唯為斷凡愚。	有無緣不生。	但止於凡愚。
癡惑妄想緣。	故諸法不起。	妄情之所著。
有無緣起法。	以於三界中。	緣(因緣)中法有無。
是悉無有生。	薰習迷惑心。	是悉無有生。
習氣所迷轉。		習氣迷轉心。
從是三有現。		從是三有現。

15－8 偈頌內容

劉宋・求那跋陀羅譯《楞伽阿跋多羅寶經》	元魏・菩提流支譯《入楞伽經》	唐・實叉難陀與復禮等譯《大乘入楞伽經》
真實無生緣。	因緣本自無。	本來無有生。
亦復無有滅。	不生亦不滅。	亦復無有滅。
觀一切有為。	見諸有為法。	觀一切有為。
猶如虛空華。	石女虛空華。	譬如虛空華。
攝受及所攝。	轉可取能取。	離能取所取。
捨離惑亂見。	不生惑妄見。	一切迷惑見。

非已生當生。 亦復無「因緣」。 一切無所有。 斯皆是言說。	現本皆不生。 「緣」本亦不有。 如是等諸法。 自體是空無。 亦無有住處。 為世間說有。	無能生所生。 亦復無「因緣」。 但隨世俗故。 而說有生滅。

15－9 若能善知「言說」與「妄想」，通達「能說」與「所說」，則疾得「阿耨多羅三藐三菩提」

劉宋・求那跋陀羅譯 《楞伽阿跋多羅寶經》	元魏・菩提流支譯 《入楞伽經》	唐・實叉難陀與復禮等譯 《大乘入楞伽經》
		【卷三・集一切法品第二之三】
⑤爾時大慧菩薩摩訶薩復白佛言： ⑥世尊！唯願為說(從)「言說」(所生起的四種)妄想相(之)心經(法門)，世尊！我及餘菩薩摩訶薩若(能得)善知(由「言說」(所生起的四種)妄想相(之)心經(法門)。 ⑥則能通達「(能)言說、所說」二種義，疾得「阿耨多羅三藐三菩提」。以「(能)言說、所說」二種(法義)，(即能)趣「淨」(於)一切眾生(指能令一切眾生趣至於清淨)。	⑤爾時聖者大慧菩薩復白佛言： ⑥世尊！唯願世尊為我說「名分別言語相」(之)心法門(此指由四種「言語」所生起「名分別相」)，我及一切諸菩薩等若得善知「名分別言語相」(之)心法門(由四種「言語」所生起「名分別相」)。 ⑥則能通達「言說」(能言之說)及「義」(所言之義)二種之法，速得「阿耨多羅三藐三菩提」。得菩提已，「言說」(能言之說)及「義」(所言之義)，能令一切眾生得清淨解。	⑤爾時大慧菩薩摩訶薩復白佛言： ⑥世尊！願為我說(從)「言說」(所生起的四種)分別相(之)心法門，我及諸菩薩摩訶薩(能)善知此故。 ⑥(則能)通達「能說、所說」二義，疾得「阿耨多羅三藐三菩提」，令一切眾生於「二義」(能說、所說)中而得清淨。

15- 10 有四種「言説妄想相」

劉宋・求那跋陀羅譯《楞伽阿跋多羅寶經》	元魏・菩提流支譯《入楞伽經》	唐・實叉難陀與復禮等譯《大乘入楞伽經》
佛告大慧：諦聽！諦聽！善思念之，當為汝說。大慧白佛言：善哉！世尊！唯然受教。佛告大慧：有四種(由)「言説」(所生起的)妄想相，謂：	佛告聖者大慧菩薩言：善哉！大慧！諦聽！諦聽！當為汝說。大慧菩薩言：善哉！世尊！唯然受教。佛告大慧菩薩言：大慧！有四種「妄想言說」(指由四種「言說」所生起的妄想相)，何等為四？	佛言：大慧！有四種(由)「言說」(所生起的)分別相，所謂：
(一)「相言說」。(lakṣaṇa-vāc)。	一者「相言說」。	(一)「相言說」。
(二)「夢言說」。(svapna-vāc)	二者「夢言說」。	(二)「夢言說」。
(三)「過(過失罪惡)妄想計著言說」。(dauṣṭhulya 惡習;虛妄;過失-vikalpa 計著;虛妄分別-abhiniveśa 執著;妄執-vāc)	三者「妄執言說」。	(三)「計著過惡。言說」。
(四)「無始妄想言說」。(anādi 無始-vikalpa 計著;虛妄分別-vāc)	四者「無始言說」。	(四)「無始妄想言說」。

15- 11 何謂「相言說」？「夢言説」？「過惡妄想計著言說」？「無始妄想言說」？

劉宋・求那跋陀羅譯《楞伽阿跋多羅寶經》	元魏・菩提流支譯《入楞伽經》	唐・實叉難陀與復禮等譯《大乘入楞伽經》
①「相言說」(lakṣaṇa-vāc)。	①大慧！「相言說」者：	①大慧！「相言說」者：

者： 從自(心)妄想(而對)「色相」計著(計量執著)生。	所謂執著(於)「色」等諸相而生。	所謂執著自分別(之)「色相」(而)生。
②「夢言說」(svapna-vāc)者： (於)先所經(歷之)境界，(皆)隨「憶念」(而)生，(待)從(醒)覺已，(知)境界(乃從)「無性」(非眞實)生。	②大慧！「夢言說」者： (憶)「念」本受用(之)虛妄境界，依(於)境界(之)夢，(待醒)覺已，知(夢中)依(著)「虛妄」境界，(皆由)「不實」而生。	②「夢言說」者： 謂夢先所經(歷之)境界，(待醒)覺已，(知此)「憶念」(皆)依「不實境」(而)生。 (吾人憶念的對象--皆由夢中幻事而來)
③「過(過失罪惡漏習)妄想計著言說」(dauṣṭhulya 惡習；虛妄；過失 -vikalpa 計著；虛妄分別 -abhiniveśa 執著；妄執-vāc)者： 先怨(過去以怨懟)所作(之)「業」，(皆)隨「憶念」(而)生。 (人不能一直活在「追憶」過去，因爲過去心、過去事，皆不可得)	③大慧！「執著言說者」： (憶)「念」本(過去)所聞、所作「業」(而令)生。	③「計著過惡(過失罪惡漏習)言說」者： 謂「憶念」怨讎等，(這些都是由)先(過去)所作「業」(而令)生。 (不去追憶「過去」的怨仇，就不會一直想要「報復」，不計較過去的恩怨)
④「無始妄想言說」(anādi 無始-vikalpa 計著；虛妄分別-vāc)者： (由)無始「虛偽」計著過(過失罪惡)，(皆由)自種(自心種子之)「習氣」(而)生。 (自心取自心，非幻成幻法，吾人都是不斷的習氣「薰習」者)	④大慧！「無始言說者」： 從無始來執著(之)「戲論」，「煩惱」種子(皆由)「薰習」而生。	④「無始妄想言說」者： 以無始(來之)「戲論」，(皆從)妄執「習氣」(而)生。
是名四種「言說妄想相」(由四種「言語」所生起「妄想相」)。	大慧！我言四種「言說虛妄執著者」，我已說竟。	是為四。

15－12 何處？何故？云何？何因？會有眾生的「妄想」與「言說」產生？

劉宋・求那跋陀羅譯《楞伽阿跋多羅寶經》	元魏・菩提流支譯《入楞伽經》	唐・實叉難陀與復禮等譯《大乘入楞伽經》
爾時大慧菩薩摩訶薩，復以此義勸請世尊，唯願更說「言說、妄想」所現(的)境界，世尊！ (於)何處？ 何故？ 云何？ 何因？ 眾生(之)「妄想、言說」(而)生？	爾時聖者大慧菩薩，復以此義勸請如來，而白佛言：世尊！唯願為我重說四種「虛妄執著言語之相」， 眾生言語何處出？ 云何？ 出何？ 因出？	大慧復言：世尊！願更為說「言語、分別」所行之相。 何處？ 何因？ 云何？ 而起？

15－13 「言說」與「妄想」、「語言」與「分別」、「言語」與「虛妄」，皆是非「異」、非「不異」(一)也

請參閱 **33－2**

劉宋・求那跋陀羅譯《楞伽阿跋多羅寶經》	元魏・菩提流支譯《入楞伽經》	唐・實叉難陀與復禮等譯《大乘入楞伽經》
壹佛告大慧：(由)「頭、胸、喉、鼻、唇、舌、齗ㄧㄣˊ(牙齗)、齒」，(眾因緣)和合(而)出(言語)音聲。 貳大慧白佛言：世尊！「言說、妄想」為異？為不異(一)？ 參佛告大慧：「言說」(與)	壹佛告大慧菩薩言：大慧！從「頭、胸、喉、鼻、唇、舌、齗(牙齗)、齒」轉故，(眾因緣)和合(而)出(言語之)聲。 貳大慧菩薩白佛言：世尊！口中「言語、虛妄法相」為異？為不異(一)？ 參佛告大慧言：大慧！	壹佛言：大慧！依「頭、胸、喉、鼻、唇、齶ㄜˋ(齶骨➜牙齗，可發揮咀嚼功能)、齒、舌」，(眾因緣)和合而(生)起(言語之聲)。 貳大慧復言：世尊！「言語、分別」為異？不異(一)？ 參佛言大慧：非「異」非

「妄想」(乃)非「異」、非「不異」，所以者何？	「言語」(與)「虛妄」(乃)非「異」、非「不異」，何以故？	「不異」，何以故？
㈣謂(由)彼(妄想為)因，(然後)生(言語諸)「相」故。	㈣大慧！因彼「虛妄法相」(而)生(起)「言語」故。	㈣(以)「分別」(妄想)為因，(而生)起「言語」故。 (先起心動念的生出妄想，然後再生出語言)
㈤大慧！若「言說」(與)「妄想」(為)「異」者，「妄想」不應是因(指「妄想」即不成為「言語」之因)。	㈤大慧！若「言語」(與妄想為)「異」者，應「無因生」(指「妄想」即不成為「言語」之因)。	㈤(「言語」與「妄想」)若「異」者，「分別」(妄想)不應為(言語之)因(指「妄想」即不成為「言語」之因)。
㈥(「言語」與「妄想」)若「不異」(完全一樣)者，「語」(言便)不(能)「顯義」，而(言語的確)有顯示(義理的功能)。	㈥大慧！(「言語」與「妄想」)若「不異」(完全一樣)者，「言說」(便)不能了(別眼)前(之)「境界」。 大慧！說彼「言語」(確實)能了(別)「前境」(的功能)。	㈥(「言語」與「妄想」)若「不異」(完全一樣)者，「語言」(便)不能「顯義」(顯出義理的功能)。
㈦是故(「語言」與「妄想分別」)乃)非「異」、非「不異」。	㈦是故(「語言」與「妄想分別」乃)非「異」、非「不異」。	㈦是故(「語言」與「妄想分別」乃)非「異」，亦非「不異」。

15－14 「言說分別」不能顯示「第一義」，但「第一義」亦可隨順眾生根器而作種種「方便言說」

請參閱 33－1～33－4　43－5

劉宋・求那跋陀羅譯 《楞伽阿跋多羅寶經》	元魏・菩提流支譯 《入楞伽經》	唐・實叉難陀與復禮等譯 《大乘入楞伽經》
⓵大慧復白佛言：世尊！為「言說」即是「第一義」？為「(言語)所說者」(即)是「第一義」？	⓵大慧復白佛言：世尊！為「言語」即(是)「第一義」？為「言語所說」(即)為「第一義」？	⓵大慧復言：世尊！為「言語」(即)是「第一義」？為「(言語)所說」(即)是「第一義」？

㊉佛告大慧：非「言說」(即)是「第一義」，亦非(言語)所說(即)是「第一義」。所以者何？	㊉佛告大慧：非「言語」即(是)「第一義」。何以故？	㊉佛告大慧：非「言語」(即)是(第一義)、亦非(言語)所說(即是第一義)。何以故？
㊤謂「第一義」(是)「聖樂」(聖者所樂之勝境)，(雖可暫藉)「言說」所(證)入是「第一義」，非「言說」(即)是第一義。 (➜「第一義」與「言語」非「異」也) (➜「第一義」與「言語」非「一」也)	㊤大慧！為令(證入)「第一義」，隨順「言語」(而證)入「聖境界」故，(雖可暫)有「言語」說(描述)「第一義」，(但)非「言語」即(是)「第一義」。 (➜「第一義」與「言語」非「異」也) (➜「第一義」與「言語」非「一」也)	㊤「第一義」者是「聖樂處」(聖者所樂之勝境)，因「言」(語)而(可證)入(證入)，(但)非即是「言」(語為「第一義」也)。 (➜「第一義」與「言語」非「異」也) (➜「第一義」與「言語」非「一」也)
㊥「第一義」者，(由)「聖智自覺」(自內身聖智證法所覺之境)所得，(此)非「言說妄想」(所)覺(之)境界，是故「言說妄想」不(能)顯示(究竟之)「第一義」。	㊥大慧！「第一義」者(即是)「聖智內證」(自內身聖智證法之境界)，(此)非「言語」法(如是)(能顯現之)智境界。以「言語」(僅)能了(分別或描述)彼(第一義)境界。	㊥「第一義」者(即)是「聖智內自證境」(自內身聖智證法之境界)，(此)非「言語分別」(之)智境，(因)「言語分別」不能(究竟)顯示(第一義)。
(1)「言說」者，(有)「生滅」動搖，(皆從)展轉「因緣」(而生)起。 若(從)展轉「因緣」(生)起者，彼(皆)不(能)顯示(究竟之)「第一義」。	(1)大慧！(描敘)說「第一義」(之)「言語」者，(言語)是「生滅」法，念念不住。 (因果)「因緣」和合(而)有「言語」生。大慧！(凡是由)「因緣」和合者，彼(皆)不能了(別究竟的)「第一義」。何以故？	(1)大慧！「言語」者，(有)起滅動搖，(皆從)展轉「因緣」生。 若(從)展轉(之)「緣生」，(則言語)於「第一義」(仍然)不能(將之究竟的)顯示(出來)。 (言語：有生滅相。 第一義：無生無滅相)
(2)大慧！(第一義於)「自、他相」(皆是)無(自)性故。「言說」(有自、他)相，(所以)不(能究竟的)顯示(出)「第一	(2)(第一義)以無「自相、他相」故。是故大慧！「言語」不能了(知究竟之)「第一義」。	(2)「第一義」者，(必)無「自、他」相，「言語」(是)有(自、他)相，(所以言語並)不能(究竟的)顯示(出第一義)。

義」。		
③復次大慧！(「第一義」者乃)隨入「自心現量」。故種種(外)相，外性(法)「非性」(非眞實有)，「言說妄想」不(能)顯示(究竟之)「第一義」。	③復次大慧！(「第一義」者乃)隨順「自心」(之證量)。(所)見(之)外諸法(皆是)「無法」(無眞實法)分別，是故(言語分別)不能了知(究竟之)「第一義」。	③「第一義」者，但唯「自心」(之證量)。種種外相悉皆「無有」(非眞實有)，「言語分別」不能(究竟)顯示(第一義)。
④是故大慧！當離「言說諸妄想相」。	④是故大慧！汝當應離種種「言語妄分別相」。	④是故大慧！應當遠離「言語分別」。

15－15 偈頌內容

劉宋・求那跋陀羅譯《楞伽阿跋多羅寶經》	元魏・菩提流支譯《入楞伽經》	唐・實叉難陀與復禮等譯《大乘入楞伽經》
爾時世尊欲重宣此義而說偈言：	爾時世尊重說偈言：	爾時世尊重說頌言：
諸性(法)無自性。 亦復無言說。 甚深「空空」(空亦復空)義。 愚夫不能了。 一切性(法)自性。 言說法如「影」。 自覺聖智子。 實際我所說。	諸法本虛妄。 無有自體實。 是故諸言語。 不能說「有、無」。 「空」及與「不空」。 凡夫不能知。 諸法無體相。 說眾生亦爾。 虛妄分別無。 有如化夢等。 觀察一切法。 不住於涅槃。 亦不住世間。 如王長者等。	諸法無自性。 亦復無言說。 不見「空空」(空亦復空)義。 愚夫故流轉。 一切法無性。 離語言分別。 諸有如夢化。 非生死涅槃。 如王及長者。 為令諸子喜。 先示「相似物」。 後賜「真實」者。 我今亦復然。 先說「相似法」。

	為令諸子喜。 泥作諸禽獸。 先與「虛偽物」。 後乃授「實事」。 我說種種法。 自法鏡像等。 為諸佛子「喜」。 後說明「實際」。	後乃為其演。 「自證實際法」。

15－16 一切諸法皆「自心現量」，能離「自相、共相」，速得「阿耨多羅三藐三菩提」

劉宋·求那跋陀羅譯 《楞伽阿跋多羅寶經》	元魏·菩提流支譯 《入楞伽經》	唐·實叉難陀與復禮等譯 《大乘入楞伽經》
㊀爾時大慧菩薩摩訶薩復白佛言：世尊！唯願為說離「一、異;俱、不俱;有、無、非有非無;常、無常」。	㊀爾時聖者大慧菩薩復白佛言：世尊！唯願世尊為諸菩薩及我身，說離「有、無;一、異;俱、不俱;有無、非有非無;常、無常」。	㊀爾時大慧菩薩摩訶薩復白佛言：世尊！願為我說離「一、異;俱、不俱;有、無、非有非無;常、無常」等。
㊁(此為)一切外道所不行，(此乃為)「自覺聖智」(自內身聖智證法之)所行。	㊁(此為)一切外道(之)所不能行，(此乃)「聖智自證覺」(自內身聖智證法之)所行故。	㊁(此為)一切外道(之)所不能行，(此乃)「自證聖智」(自內身聖智證法之)所行(的)境界。
㊂(遠)離妄想(之)「自相、共相」。	㊂(遠)離於「自相、同相」法故。	㊂遠離妄計(之)「自相、共相」。
㊃入於「第一真實之義」。	㊃入「第一義實法性」故。	㊃入於「真實第一義境」。
㊄(於)諸「地」相續，(而)漸次上上增進(至)「清淨之	㊄(於)諸「地」(而)次第上上「清淨」故，(最終能證)入「如	㊄(能)漸「淨」諸「地」，(最終能證)入「如來位」。

相」，(最終能)隨(證)入「如來地」相。	來地」相故。	
窿(以)「無開發(無功用)本願」(的修行)，譬如眾色「摩尼」(實珠而顯出無量)境界(與)無邊相行。	窿依「本願力」，如「如意寶」(而能普現)無量境界，(所有的)修行之相(皆是無功用道的)「自然行」故。	窿以「無功用本願力」(的修行)故，(即能)如「如意寶」(而)普現(出)一切無邊境界。
柒(此皆由)「自心」(所)現(所)趣(的)「部分」(差別)之相，(在於)一切諸法(上)。	柒(在)於一切法(上)，(皆由)「自心」(所)現、(所)見(的)差別相故。	柒(在於)一切諸法(上)，皆是(由)「自心」所見(之)差別。
捌我及餘菩薩摩訶薩，(能)離如是等「妄想自性」(遍計所執中之)「自、共」相見。	捌我及一切諸菩薩等，(能)離於如是「妄想分別」(遍計所執中之)「同相、異相」。	捌(能)令我及餘諸菩薩等，於如是等法(中)，離「妄計自性」(遍計所執中之)「自、共」相見。
玖(並)疾得「阿耨多羅三藐三菩提」。	玖(並)速得「阿耨多羅三藐三菩提」，(終)得菩提已。	玖(並)速證「阿耨多羅三藐三菩提」。
拾(普)令一切眾生一切安樂，具足充滿。	拾(普)與一切眾生安隱樂，具悉令滿足故。	拾普令眾生具足圓滿一切功德。

15— 17 凡夫不覺「唯心」，故執外法相為實有，起「一、異；俱、不俱；有、無、非有非無；常、無常」執

劉宋・求那跋陀羅譯《楞伽阿跋多羅寶經》	元魏・菩提流支譯《入楞伽經》	唐・實叉難陀與復禮等譯《大乘入楞伽經》
壹佛告大慧：善哉！善哉！汝能(代眾生)問我如是之義，多所安樂，多所饒益，哀愍一切諸天、世人。	壹佛告大慧：善哉！善哉！善哉！大慧！汝為哀愍一切天人，多所安樂，多所饒益，乃能(代眾生)問我如是之義。	壹佛言：大慧！善哉！善哉！汝哀愍世間，(代眾生)請(示)我此義，多所利益，多所安樂。

㈡佛告大慧：諦聽！諦聽！善思念之。吾當為汝分別解說。 ㈢大慧白佛言：善哉！世尊！唯然受教。佛告大慧： ①(愚凡)不知「心量」。 ②愚癡凡夫，取(著於)「內、外」性(法)。 ③(執著)依於「一、異;俱、不俱;有、無、非有非無;常、無常」。 ④(因)「自性」習因(自心薰習所成之因)，(生)計著(計量執著之)「妄想」。	㈡善哉！善哉！善哉！大慧！諦聽！諦聽！我當為汝分別解說。 ㈢大慧白佛言：善哉！世尊！唯然受教。佛告大慧： ①愚癡凡夫，不能覺知(諸法皆)唯「自心」見。 ②執著外諸種種法相(而)以為「實有」。 ③是故虛妄分別(執著於)「一、異;俱、不俱;有、無、非有非無;常、無常」。 ④因自心「薰習」(為因)，依(於)「虛妄分別心」故。	㈡大慧！ ①凡夫無智，(所以)不知「心量」。 ②(以)「妄習」(虛妄習性)為因，執著「外物」。 ③(虛妄)分別(執著於)「一、異;俱、不俱;有、無、非有無;常、無常」等。 ④一切(皆由)「自性」(薰習所成之分別心)。

15－18 凡愚淺智如「群鹿逐水」，墮於「一、異；有、無」等諸邪執中

劉宋·求那跋陀羅譯 《楞伽阿跋多羅寶經》	元魏·菩提流支譯 《入楞伽經》	唐·實叉難陀與復禮等譯 《大乘入楞伽經》
譬如「群鹿」，為渴所逼，見春時(之)「燄」，而作「水想」，(於是)迷亂馳趣，不知(其實)「非水」。如是「愚夫」，	大慧！譬如「群獸」，為渴所逼，依(於)熱「陽燄」，(因)自心迷亂，而作「水想」，(於是)東西馳走，不知(其實)「非水」。大慧！如是「凡夫愚癡」， ④心見「生、住、滅」法，	大慧！譬如「群獸」，為渴所逼，於「熱」時(之)焰，而生「水想」，(於是)迷惑馳趣，不知(其實)「非水」。「愚癡凡夫」亦復如是。

	(5)不善分別。	
(1)(皆爲)無始「虛偽、妄想」(之)所薰習。	(1)因無始來「虛妄執著、戲論」(之)熏習。	(1)(皆爲)無始「戲論、分別」(之)所薰(習)。
(2)「三毒」燒心。	(2)(因)「貪、瞋、癡」熱，迷(於自)心(而遭)逼惱。	(2)「三毒」燒心。
(3)(即)樂(求於種種)「色境界」。	(3)樂求(於)種種諸「色境界」。	(3)樂(求於種種)「色境界」。
(4)見「生、住、滅」。		(4)見「生、住、滅」。
(5)取「內、外」性。		(5)取「內、外」法。
(6)墮於「一、異；俱、不俱；有、無、非有非無；常、無常」想，(於)妄見(中)攝受(執著)。	(6)是故凡夫墮於「一、異；俱、不俱；有、無、非有非無；常、無常」等。	(6)墮(於)「一、異」等「執著」之中。

15－19 「犍闥婆城」乃「非有城、非無城」也。外道無始「妄習」所薰，不了「自心所現」，著「一、異」種種言說

劉宋・求那跋陀羅譯《楞伽阿跋多羅寶經》	元魏・菩提流支譯《入楞伽經》	唐・實叉難陀與復禮等譯《大乘入楞伽經》
壹如「犍闥婆城」，凡愚無智，而(生)起「城想」(城市妄想)，(此由)無始「習氣」(之)計著(計量執著)，(於是有城之)相現。彼(實)「非有城、非無城」。	**壹**大慧！譬如凡夫，見「犍闥婆城」，生「實城想」。因無始來(之)「虛妄分別」，(因)城相(中之)「種子」薰習而見(有城)。大慧！彼城(實)「非城、非不城」。	**壹**大慧！如「乾闥婆城」，(乃)「非城、非非城」。無智之人，(自)無始時來，(即)執著「城種」(城市種子)，(因)「妄習」(虛妄習氣)薰故，而作(有真實)城(之)想。
貳如是外道，(由)無始「虛偽習氣」計著(計量執著)，(執著)依於「一、異；俱、不俱；有、無、非有非無；常、無常」見，不能了知「自心現量」。	**貳**大慧！一切外道亦復如是，因無始來「戲論」薰習，執著(於)「一、異；俱、不俱；有、無、非有非無；常、無常」法故。大慧！以不(能)覺知唯是「自心虛妄」見	**貳**外道亦爾，以無始來(之)「妄習」(虛妄習氣)薰故，不能了達「自心所現」，著「一、異」等種種言說。

	故。	

15－20 凡愚外道執著「一、異；有、無」等見，不知此皆為「自心現量」之分別

劉宋・求那跋陀羅譯《楞伽阿跋多羅寶經》	元魏・菩提流支譯《入楞伽經》	唐・實叉難陀與復禮等譯《大乘入楞伽經》
⑴譬如有人，夢見「男女、象馬、車步、城邑、園林、山河、浴池」種種莊嚴。自身(好像)入中(指大城中的「宮殿樓閣」)，覺(醒)已，(即生執著)憶念(彼宮殿樓閣)。	⑴大慧！譬如有人於睡夢中，見諸「男女、象馬、車步、城邑、聚落、牛與水牛、園林、樹木、種種山河、泉流浴池、宮殿樓閣」種種莊嚴，廣大嚴博。見身(好像)在中(指大城中的「宮殿樓閣」)，忽然即覺，覺(醒)已，(即生執著)「憶念」彼廣大城。	⑴大慧！譬如有人，夢見「男女、象馬、車步、城邑、園林」種種嚴飾。覺(醒)已，(即生執著)憶念彼「不實事」。(昨晚作一個怪夢，醒來後，一直追憶，然後想找「答案」，不肯放棄夢中的「幻境」，找人「解夢」。其實應該要放下夢中之境的)
⑵大慧！於意云何？如是士夫於前所夢(仍)「憶念」不捨，為「黠慧」(聰黠智慧)不？ 大慧白佛言：不也！世尊！	⑵大慧！於意云何？彼人名為是「聖者」不？ 大慧白佛言：不也！世尊！	⑵大慧！汝意云何？如是之人是「黠慧」(聰黠智慧)不？ (大慧)答言：不也！
⑶佛告大慧：如是凡夫，(由)「惡見」所(吞)噬，(因)外道(之小)智慧(並)不知(此皆)如「夢」，(此皆由)「自心」(所)現(之)性(法)。	⑶佛告大慧：一切「愚癡凡夫、外道」(之)邪見諸見，亦復如是，不能覺知諸法(如)「夢睡」，(由)「自心」(所)見故。	⑶大慧！外道亦爾，(由)「惡見」所(吞)噬，不了(諸法)「唯心」。
(外道執著)依於「一、異；俱、不俱；有、無、非有非無；常、無常」見。	(外道)執著(依於)「一、異；俱、不俱；有、無、非有非無；常、無常」見故。	(外道)執著(依於)「一、異；有、無」等見。

15-21 畫像本無高下，諸法亦無高下。欲求「勝法」者，當遠離「自、他、有、無」諸見

劉宋·求那跋陀羅譯《楞伽阿跋多羅寶經》	元魏·菩提流支譯《入楞伽經》	唐·實叉難陀與復禮等譯《大乘入楞伽經》
譬如畫像，(本)「不高、不下」，而彼凡愚(竟)作「高、下」想。	大慧！譬如畫像，(本)「不高、不下」。大慧！(但)愚癡凡夫(則)妄見諸法「有高、有下」。	大慧！譬如畫像，(本)「無高、無下」，(但)愚夫(則)妄見(並)作「高、下」想。
①如是(於)未來，外道(之)「惡見」習氣充滿，(執著)依於「一、異；俱、不俱；有、無、非有非無；常、無常」見，(而成就)「自壞、壞他」。 (自助而助人；自覺而覺他 自壞而壞他；自墮而墮他)	①大慧！於未來世，依諸外道(之)「邪見」心薰習，(於是)增長虛妄，分別(執著於)「一、異；俱、不俱；有、無、非有非無；常、無常」等。大慧！而彼外道(將成就)「自壞、壞他」說。	①(於)未來，「外道」亦復如是，(由)「惡見」(之)薰習，(於是)妄心增長，執(著於)「一、異」等，(而成就)「自壞、壞他」。 (種子起現行；現行薰種子) 八識中的惡種子起現行；然後現行再回薰八識的種子)
②(其)餘(已)離「有、無」(者)，(或已得)「無生」之論(者)，(外道)亦說言(彼等皆是斷滅虛)無。	②如是(於正見上)言：「諸法(本)不生不滅、有無(俱)寂靜。彼(外道)人(則)名(此)為「不正見」者(指外道認為「已離有無，已得無生者」是「不正見」者)。	②於(正見上的)離「有、無」(者)，(或已得)「無生」之論(者)，(外道)亦說(彼皆)為(斷滅之虛)無。
③(外道)謗「因果」見，拔「善根」本，壞「清淨」因。	③大慧！彼諸外道謗「因果」法，因「邪見」故，拔諸一切善根「白法清淨」之因。	③此(外道)謗「因果」，拔「善根」本。
④「勝求」(欲求殊勝法要)者，	④大慧！欲求「勝法」者，	④應知此(外道)人，分別

當遠離去「作如是說」(會作如上邪見之說者)，彼(外道)墮「自、他、俱」見，(具)「有、無」妄想已，(將)墮「建立(samāropa 增益；建立)、誹謗(apavāda 損滅；誹謗)，以是「惡見」，當墮(入)「地獄」。	當遠離「說如是法人」(會作如上邪見之說者)。彼(外道)人，心(執)著(於)「自、他」一見。執(著於)虛妄法，(將)墮於「誹謗(減損)、建立(增益)」，(因其)「邪心」(而)入於「惡道」。	「有、無」，(生)起「自、他」見，當墮「地獄」。欲求「勝法」(者)，宜速遠離(如上邪見之說者)。

15－22 因人有「翳目」，故見空中有「毛輪、垂髮」，此乃「非有非無」、「非見、非不見」、「非在、非不在」也

劉宋·求那跋陀羅譯 《楞伽阿跋多羅寶經》	元魏·菩提流支譯 《入楞伽經》	唐·實叉難陀與復禮等譯 《大乘入楞伽經》
㊀譬如(人有)「翳目」(故)見(虛空中)有「垂髮」，(乃)謂眾人言：汝等觀此(正觀如此之事)！而是「垂髮」畢竟非性(有)、非「無性」(無)，(而眾生有)「見」(與)「不見」(之分別)故。	㊀大慧！譬如(人有)「目翳」(故)見虛空中有於「毛輪」，(乃)為他說言：如是！如是！(虛空中有)青、黃、赤、白，汝何不觀？大慧！而彼「毛輪」(實)「本自無體」。何以故？(眾生有)有「見」(與)「不見」(之分別)故。	㊀大慧！譬如(人有)「翳目」(故)見(虛空中)有「毛輪」，(乃)互相謂言：此事希有！而此毛輪(實為)「非有、非無」，(而眾生有)「見」(與)「不見」(之分別)故。
㊁如是外道(之)「妄見希望」，(執著)依於「一、異；俱、不俱；有、無、非有非無；常、無常」見，誹謗「正法」，(造成)「自陷、陷他」。	㊁大慧！諸外道等，依「邪見心」虛妄分別，亦復如是，虛妄執著(於)「一、異；俱、不俱；有、無、非有非無；常、無常」生諸法故。	㊁外道亦爾，(由)「惡見分別」執著(於)「一、異；俱、不俱」等，誹謗「正法」，(造成)「自陷、陷他」。

15－23 火輪「非輪」。水泡非「摩尼」、非「非摩尼」、非「寶珠」、非「不寶珠」。非「取」、非「不取」

劉宋·求那跋陀羅譯	元魏·菩提流支譯	唐·實叉難陀與復禮等譯

《楞伽阿跋多羅寶經》	《入楞伽經》	《大乘入楞伽經》
壹譬如「火輪」非(眞實之)輪,(但)愚夫(作)「輪想」,(此)非(是)有智者。如是外道(之)「惡見悕望」,(執著)依於「一、異;俱、不俱;有、無、非有非無;常、無常」想,(故令)一切性(法)生(起)。		壹譬如「火輪」,實非是「輪」,(但)愚夫取著,(此)非(是)諸「智者」。外道亦爾,(因)「惡見」樂欲執著(於)「一、異;俱、不俱」等,(故令)一切法生(起)。
貳譬如「水泡」似「摩尼珠」,(但)愚小無智(竟)作「摩尼想」,(並生)「計著」(計量執著)追逐。	貳大慧!譬如天雨,生於「水泡」,似「玻璨珠」,(但)愚癡凡夫妄見「執著」,(竟)生於「珠想」,(而)東西走逐。	貳大慧!譬如「水泡」似「摩尼珠」,(但)愚夫「執實」,(竟)奔馳而取。
參而彼「水泡」,(實)「非摩尼、非非摩尼」。(眾生則有)「取、不取」(之分別心)故。	參大慧!而彼水泡(實)「非寶珠、非不寶珠」。何以故?(眾生則)有「取、不取」(之分別心)故。	參然彼水泡(實)「非珠、非非珠」。(眾生則有)「取、不取」(之分別心)故。
肆如是外道,(因)惡見「妄想習氣」所薰,於「無所有」(的非眞實法),(竟)說有(眞實的)生緣。	肆大慧!彼諸外道因「虛妄心分別」(之)薰習,亦復如是,(故)說「非有法」(非眞實法)依「因緣」(而有)生。	肆外道亦爾,(因)惡見「分別習氣」所薰,(故)說「非有」(而作)為(眞實之有)生。
(外道於眞實之)「有」(法)者,(又說)言(爲斷)滅。	復(外道於眞實之)「有」(法),(竟)說言「實有法」(是斷)滅(的)。	(然後外道又)壞(滅)於(從)緣(而生之眞實)「有」(法)。

15-24 諸外道亦建立「三種量、五分論」,而竟謂自己已得「自內身聖智證法」,其實彼外道仍處於執著「真實體性」的妄想中

《楞伽阿跋多羅寶經》	《入楞伽經》	《大乘入楞伽經》
復次大慧！(外道亦)有「三種量(證量、比量、聖言量)、五分論(宗、因、喻、合、結)」各建立。	復次大慧！彼諸外道建立「三種量(證量、比量、聖言量)、五分論(宗、因、喻、合、結)」。	復次大慧！(外道亦)立「三種量(證量、比量、聖言量)」已。
(外道竟謂自己)已得(佛法中的)「聖智自覺」(自內身聖智證法)，(並已)離(能所)「二(取)自性事」。	(外道)而作是言：(自己已證)實有「聖者內證」之法(自內身聖智證法)，(並已)離(能所)「二(取)自體」。	(外道竟謂自己)於「聖智內證」(自內身聖智證法已獲得)，(並已)離(能所)「二(取)自性法」。
(其實彼外道仍)而作「有性」(有真實自體性)妄想「計著」(計量執著)。	(其實彼外道仍然是處於)「虛妄分別」故。	(其實彼外道仍)起「有性」(有真實自體性)分別。

「現量、比量、聖言量」的「三量」說

三量之內容與名稱，各宗所說互異，佛法與外道皆說「三量」學。

1 唯識宗所立的「三量」：

現量(真現量)	比量(真比量)	非量(似現量、似比量)
顯現(現)、量度(量)。 直覺知識。	比擬(比)、量度(量)。 推論知識。	錯謬(非)、量度(量)。 錯誤的覺知與推論。
起作用：前五識、**第六識**、 第八識的「**見分**」。 所有八個識的「**自證分**」。 所有八個識的「**證自證分**」。	起作用：**第六識**	起作用：**第六識**、第七識
於第一念	於第二念	時而第一念、時而第二念
如鏡子現象，不假分別。	隨見隨分別。 「舉一反三」。	境不稱心(不順我時)， 分別人我(起錯覺時)。
例：見玫瑰花的瞬間，還未	例：藉由言語知覺確	

判斷那是玫瑰花之前	認--那是玫瑰花。	
喻：月無圓缺。 見屋解屋。 見山是山。 見水是水。	喻：月行傾轉。 見煙知火。 隔牆見角，知彼有牛 隔山見煙，知彼是火	喻：以繩為蛇。以火為輪。 見玫瑰為康乃馨。 見柳枝為幽靈。 見黃色為紅色。

2 「數論外道」所立之三量：

證量	比量	聖言量
①指從「根塵」所生之「五知根」，緣「五塵」所顯現之「覺知」作用。 ②相當於上述之「現量」。	①分為「有前、有餘、平等」三種。 ②「有前」乃推知「未來」之作用。 ③「有餘」為推知「過去」之作用。 ④「平等」為推知「現在」之作用。	①相當於「聖教量」，雖非由五官感知，亦非經「推比」而來。 ②以篤信「聖者」之故，亦得信知「聖教聖言」。 ③如「北鬱單越」之存在，既非吾人所能「感知」，亦非「推比」可得，然以「聖言」之故，遂得信知其存在。

「五支」作法 (五分論、五分作法)

(1)梵語 pañca-avayava-vākya。此為古「因明」之用語。由「**宗**」(pratijñā)、「**因**」(hetu)、「**喻**」(udāharaṇa)、「**合**」(upanaya)、「**結**」(nigamana)五支組成之推理論式。

(2)論證方法茲舉例如下：

(一)立宗	(二)辯因	(三)引喻	(四)合	(五)結
相當於今之「命題」	立此命題之「理由」	說明之「例證」	命題「肯定」後之應用	結論之陳述，即「宗」之重述
如謂此山正燃著火。	由於它有煙。	①分成「同喻、異喻」兩種。 ②「同喻」：凡有煙必有火，如「廚房」。 ③「異喻」：凡無火必無	此「山」也是如此。	故謂此山正燃著火。

| | | 煙,如「湖」。 | | |

(3)筏蹉衍那所作《正理經注》對「五支作法」有重要發展,原例如下:

(一)宗	(二)因	(三)同喻	(四)合	(五)結
「聲音」是無常的。	因為是造出來的。	①凡是所造出來者,皆是「無常」的,如「盆、碟」等。 ②「異喻」,凡不是所造出來者,皆是「常住」的,如「神我」等。	①「聲言」也是如此,是造出來的(屬「同喻」之合)。 ②「聲音」不像「神我」,不屬於不是造出來的(屬「異喻」之合)。	故「聲音」是無常的。

「三支」作法 (三分作法、三支、三分論)

(1)依「宗」(命題)、「因」(理由)、「喻」(譬喻) 等「三支」成立之因明論式。

(2)此為陳那及其弟子商羯羅主等新因明論師所立,唯設「宗、因、喻」三段之推論式。

(一)宗	(二)因	(三)喻
sādhya	sādhana	dṛṣṭānta
命題	理由	譬喻
所立	能立	表示「立、敵」共認之真理
為議論之主題,乃即將「被論證之命題」。	為論證之「根據」。	①為議論根柢之「一般原理」,相當於「論理學」之大前提。 ②由「喻體」及「喻依」組成。「喻體」為一般之真理,「喻依」為其實例。 ③「喻」又分「同喻、異喻」。 ④「同喻」為宗論證之「積極」基礎。 ⑤「異喻」為其「消極」基礎。
如言「聲是無常」是。	如云「所作性故」是。	①見「諸所作皆無常」,譬如瓶等(屬「同喻」)。

		②「諸常住皆非所作」，譬如虛空 (屬「異喻」)。

15－25 若能轉「心、意、識」，則捨「能取、所取」，「有、無」不生，便得「如來地自覺聖智」

劉宋・求那跋陀羅譯《楞伽阿跋多羅寶經》	元魏・菩提流支譯《入楞伽經》	唐・實叉難陀與復禮等譯《大乘入楞伽經》
⑤大慧！(若能將)「心、意、意識」身心「轉變」(轉依)，(則)自心(所)現「(能)攝、所攝(取)」諸妄想斷。	⑤大慧！(若能)離「心、意、意識」，「轉身」(轉依)便得「聖種類身」。修行諸行，無如是心(心、意、意識)，離自心(所)見(之)「能取、可取」虛妄境界故。	⑤大慧！諸修行者，(若能)轉「心、意、識」，離「能、所取」。
(便能入)「如來地」自覺聖智(自內身聖智證法之智)，修行者不於彼作「性(有)、非性(無)」想。	(便能)入「如來地」，自身進趣(上進趣向於)「證聖智」(自內身聖智證法之智)故。如實修行者，不生「有、無」心故。大慧！如實修行者，必得如是境界故。	(便能)住「如來地」自證聖法(自內身聖智證法)，於「有」及「無」，不起於「想」(指不起於「有想」與「無想」)。
⑥若復(一位)修行者，(於)如是境界(之)「性(有)、非性(無)」攝(取執著)，(而)取「相」生(執著)者，彼即(執)取「長養」及取「我、人」(相)。	⑥大慧！若取「有、無」法者，即(執著)為「我相、人相、眾生相、壽者相」故。	⑥大慧！諸修行者，若於境界(生)起「有、無」執，則(將執)著(於)「我、人、眾生、壽者」。

15－26 「化身佛」乃順彼愚夫而為說「有、無、自相、同相」諸法，此非「法身佛」所說之教也

劉宋・求那跋陀羅譯《楞伽阿跋多羅寶經》	元魏・菩提流支譯《入楞伽經》	唐・實叉難陀與復禮等譯《大乘入楞伽經》

⑤大慧！若說彼「性自性」(諸法自性)、自、共相」，(此)一切(法)皆是「化佛」(化身佛)所說，(此)非「法佛」(法身佛)說。	⑤大慧！(於諸法)說「有、無法；自相、同相」，(此)是名「應化佛」(所)說，(此)非「法佛」(法身佛)說。	⑤大慧！一切諸法(之)「自相、共相」是(為)「化佛」(化身佛)說，(此)非「法佛」(法身佛)說。
⑥又諸言說(皆是「化身佛」之法教)，(此)悉由「愚夫」希望(之)見(所)生。	⑥復次大慧！「應化如來」說如是法，(乃為)隨順「愚癡凡夫」(所)見(之)心，(欲)令其修行。	⑥大慧！「化佛」(化身佛)說法，但順「愚夫」所起之見。
(所以這些法)不為(凡愚者特)別建立(而能)趣(至)「自性法」，(甚至能)得(究竟的)「聖智自覺」(自內身聖智證法)、三昧樂住」者(其所作出的)分別顯示。	(這些法並)非為(凡愚者所)建立(最究竟的)「如實修行」，(最究竟的法門只)示現「自身內證聖智(自內身聖智證法)、三昧樂行」故。	(所以這些法並)不為(愚凡者)顯示(最究竟的)「自證聖智(自內身聖智證法)、三昧樂境」。

15－27 水中樹影之妄現，此「妄影」乃「非影、非非影」，皆為「自心現量」而起也

劉宋・求那跋陀羅譯《楞伽阿跋多羅寶經》	元魏・菩提流支譯《入楞伽經》	唐・實叉難陀與復禮等譯《大乘入楞伽經》
⑤譬如水中有「樹影」現，彼(實)「非影、非非影」，「非樹形、非非樹形」。	⑤大慧！譬如人見水中(之)「樹影」。大慧！彼(實)「非影、非不影」。何以故？有樹則「有」，無樹則「無」故。	⑤大慧！譬如水中有「樹影」現，彼(實)「非影、非非影」，「非樹形、非非樹形」。
⑥如是外道(由邪)見習(過失罪惡漏習)所薰，(於是生)妄想「計著」(計量執著)，(執著)依於「一、異；俱、不俱；有、無非有非無；常、無常」想，而	⑥大慧！彼諸外道依「邪見心」(之)妄想「薰習」，亦復如是，分別(執著於)「一、異；俱、不俱；有、無、非有非無；常、無常」，妄想分別	⑥外道亦爾，(被)諸(邪)見所薰，不了「自心」，於「一、異」等而生分別(執著)。

不能知「自心現量」。	故。何以故？以(諸外道乃)不覺知「唯自心見」故。	

15-28 明鏡隨現一切「諸幻色相」，此「諸幻色相」乃「非像、非非像」，皆為「自心現量」而起也

劉宋・求那跋陀羅譯《楞伽阿跋多羅寶經》	元魏・菩提流支譯《入楞伽經》	唐・實叉難陀與復禮等譯《大乘入楞伽經》
壹譬如明鏡(能)「隨緣」(而)顯現一切色像，(但於明鏡自身則)而無妄想(心)。	壹大慧！譬如明鏡(能)「隨緣」得見一切色像，(但於明鏡自身則)無(有)分別心。	壹大慧！譬如明鏡(自身)無有「分別」(心)，(但能)隨順「眾緣」(而)現諸色像。
貳彼(諸色像實)「非像、非非像」，而「見像非像」(所見之色像，並非真實可得之像)。	貳大慧！彼(諸色像實)「非像、非不像」，何以故？「有緣」得見，「無緣」不見故。	貳彼(諸色像實)「非像、非非像」，而「見像非像」(所見之色像，並非真實可得之像)。
參(但)妄想愚夫，而作(真實之)「像想」。	參大慧！(但)愚癡凡夫(以)自心分別，(而)見像(於)「有、無」。	參(但)「愚夫」分別，而作(真實之)「像想」。
肆如是外道(之)「惡見」，(依著)自心(之)「像現，(生)「妄想計著」，(執著)依於「一、異；俱、不俱；有、無、非有非無；常、無常」見。	肆大慧！一切外道(由)自心「妄想分別」(生種種之)鏡像，亦復如是，(執著)見(於)「一、異；俱、不俱」故。	肆外道亦爾，於「自心所現」(之)種種形像，而執(著於)「一、異；俱、不俱」相。

15-29 風水和合而出「聲」，此「聲」乃「非有、非無」，皆為「自心現量」而起也

劉宋・求那跋陀羅譯《楞伽阿跋多羅寶經》	元魏・菩提流支譯《入楞伽經》	唐・實叉難陀與復禮等譯《大乘入楞伽經》
壹譬如「風、水」(之眾緣)「和	壹大慧！譬如諸響，因	壹大慧！譬如谷響，依

合」(而)出聲，彼(實)非性(有)、非「非性」(無)。	「人、山河、水、風、空屋」(眾緣)「和合」而聞，彼所聞響(乃)「非有、非無」。何以故？因(彼)聲(而有)聞聲故。	於「風、水、人」等音聲(眾緣)「和合」而(生)起，彼(實)「非有、非無」，以聞聲(而)「非聲」(非真實可得之聲)故。
(貳)如是外道(之)「惡見」妄想，(執著)依於「一、異；俱、不俱；有、無、非有非無；常、無常」見。	(貳)大慧！一切外道(由)「自心」虛妄分別(之)「薰習」，(執著)見「一、異；俱、不俱；有、無、非有非無；常、無常」故。	(貳)外道亦爾，(由)「自心」分別(之)「薰習」力故，(生)起(執著)於「一、異；俱、不俱」見。

15－30 大地無草木處，因陽燄而現「川流」，此「川流」乃「非有、非無」，皆為「自心現量」而起也

劉宋·求那跋陀羅譯《楞伽阿跋多羅寶經》	元魏·菩提流支譯《入楞伽經》	唐·實叉難陀與復禮等譯《大乘入楞伽經》
(壹)譬如大地，(於)無草木處，(因)熱燄(造成的)「川流」(假相)，(相似於)洪浪雲湧，彼(川流)「非性」(非有)、「非非性」(非無)，(但令眾生起)「貪、無貪」故。	(壹)大慧！譬如大地，(於)無諸草木園林之處，因於日光(所照之)塵土，和合見(有)「水」波動，而彼水波「非有、非無」，何以故？令眾生「歡喜」(貪也)、「不歡喜」(不貪也)故。	(壹)大慧！譬如大地，(於)無草木處，(有)日光照觸(時)，焰「水」波動，彼(水)「非有、非無」，(但令眾生)以「倒想」(顛倒想➔貪也)、「非想」(非顛倒想➔不貪也)故。
(貳)如是愚夫，(由)無始「虛偽習氣」(之)所薰。	(貳)大慧！一切「外道、愚癡凡夫」亦復如是，因無始來「煩惱心」(之)薰習。	(貳)愚癡凡夫，亦復如是，(由)無始「戲論惡習」(之)所薰。
(參)(愚夫生)妄想「計著」(計量執著)，(執著)依(於)「生、住、滅；一、異；俱、不俱；有、無、非有非無；常、無常」(等邪見)。	(參)(愚夫生)戲論分別，(執著於)「生、住、滅；一、異；俱、不俱；有、無、非有非無；常、無常」(等邪見)。	(參)(愚夫遂)於「聖智自證法性」(自內身聖智證法)門中(所示現的萬事諸法)，見(有)「生、住、滅；一、異；有、無；俱、不俱」性(等邪見)。

(譽)緣(於)「自住」事門(愚夫會去攀緣聖人以「自內身聖智證法」所示現的萬事諸法事門)，亦復如彼「熱燄波浪」。 (就像是去攀緣熱燄所幻化的波浪，而起生、住、滅、一、異……等執著)	(遂於)聖人「內身證智」(自內身聖智證法)門中(所)示現(之種種萬事諸法)，(亦如見有)「陽燄」(而生有)渴愛事故。	

15－31 咒力驅使「起屍鬼」，機關運轉「木人」動，此皆為幻也

劉宋・求那跋陀羅譯《楞伽阿跋多羅寶經》	元魏・菩提流支譯《入楞伽經》	唐・實叉難陀與復禮等譯《大乘入楞伽經》
㊀譬如有人咒術(指起屍鬼以咒力令屍起)機發(如用機關令木人發動)，以非眾生數(並非真是活的眾生數)，(由)「毘舍闍鬼」(piśāca)方便合成(而發生)動搖(的現象)，(無智者即)云：(木人有動搖之自力行)為。 凡愚妄想計著(計量執著)「往、來」。 ㊁如是外道「惡見」希望，(執著)依於「一、異；俱、不俱；有、無、非有非無；常、無常」見。(以)「戲論」計著(計量執著)，(於)不實(中而)建立。 ㊂大慧！是故欲(證)得	㊀大慧！譬如有人依咒術力「起於死屍」，(就像)機關「木人」無眾生體，(乃)依「毘舍闍」(piśāca)力，(及)依巧師力，(而令木人)作「去、來」事。 而諸愚癡凡夫執著以為「實有」，以(以為真實有)「去、來」故。 ㊁大慧！愚癡凡夫諸外道等，墮「邪見心」，亦復如是，執著虛妄(之)「一、異；俱、不俱；有、無、非有非無；常、無常」故。是故「凡夫、外道」(以)虛妄建立如是(之)法故。 ㊂是故大慧！汝當遠離	㊀大慧！譬如(有人依咒力驅使)「木人」及以「起屍」，(此乃)以「毘舍闍」(鬼的附身力)，(就像後面有個)「機關」力(在推動)故，(遂讓木人)動搖運轉，(凡愚者)云：(木人有動搖之自力行)為(而)不絕。 無智之人取以為「實」。 ㊁愚癡凡夫，亦復如是，隨逐(於)外道，(生)起諸「惡見」，(執)著(於)「一、異」等虛妄(之)言說。 ㊂是故大慧！當於「聖

「自覺聖智」(自內身聖智證法之)事,當(遠)離「生、住、滅;一、異;俱、不俱;有、無、非有非無;常、無常」等「惡見」妄想。	「生、住、滅」見,(遠離)「一、異;俱、不俱;有、無、非有非無;常、無常」(邪見)故,(這些都是屬於)「自身內證聖智」(之外的邪見)分別故。	「智所證」法(自內身聖智證法)中,(遠)離「生、住、滅;一、異;有、無;俱、不俱」等一切分別(邪見)。

15－32 偈頌內容

劉宋・求那跋陀羅譯《楞伽阿跋多羅寶經》	元魏・菩提流支譯《入楞伽經》	唐・實叉難陀與復禮等譯《大乘入楞伽經》
爾時世尊欲重宣此義而說偈言:	爾時世尊重說偈言:	爾時世尊重說頌言:
幻夢水樹影。	五陰及於識。	諸識蘊有五。
垂髮熱時燄。	如水中樹影。	猶如水樹影。
如是觀三有。	如幻夢所見。	所見如幻夢。
究竟得解脫。	莫依意識取。	不應妄分別。
譬如鹿渴想。	諸法如毛輪。	三有如陽燄。
動轉迷亂心。	如焰水迷惑。	幻夢及毛輪。
鹿想謂為水。	觀察於三界。	若能如是觀。
而實無水事。	一切如幻夢。	究竟得解脫。
如是識種子。	若能如是觀。	譬如熱時燄。
動轉見境界。	修行得解脫。	動轉迷亂心。
愚夫妄想生。	如夏獸愛水。	渴獸取為水。
如為翳所翳。	搖動迷惑心。	而實無水事。
於無始生死。	彼處無水事。	如是識種子。
計著攝受性。	妄想見為水。	動轉見境界。
如逆楔出楔。	如意識種子。	如翳者所見。
捨離貪攝受。	境界動生見。	愚夫生執著。
如幻咒機發。	愚癡取為實。	無始生死中。
浮雲夢電光。	彼法生如翳。	執著所纏覆。
觀是得解脫。	無始世愚癡。	退捨令出離。
永斷三相續。	取物如懷抱。	如因楔出楔。

於彼無有作。	如因楔(古同「楔」)出楔下切。	幻咒機所作。
猶如燄虛空。	誑凡夫入法。	浮雲夢電光。
如是知諸法。	幻起尸機關。	觀世恒如是。
則為無所知。	夢電雲恒爾。	永斷三相續。
言教唯假名。	觀世間如是。	此中無所有。
彼亦無有相。	斷有得解脫。	如空中陽燄。
於彼起妄想。	陽焰虛空中。	如是知諸法。
陰行如垂髮。	無有諸識知。	則為無所知。
如畫垂髮幻。	觀諸法如是。	諸蘊如毛輪。
夢犍闥婆城。	不著一切法。	於中妄分別。
火輪熱時燄。	諸識唯有名。	唯假施設名。
無而現眾生。	以諸相空無。	求相不可得。
常無常一異。	見陰如毛輪。	如畫垂髮幻。
俱不俱亦然。	何法中分別。	夢乾闥婆城。
無始過相續。	畫及諸毛輪。	火輪熱時燄。
愚夫癡妄想。	幻夢犍闥婆。	實無而見有。
明鏡水淨眼。	火輪禽趣水。	如是常無常。
摩尼妙寶珠。	實無而見有。	一異俱不俱。
於中現眾色。	常無常及一。	無始繫縛故。
而實無所有。	二俱及不俱。	愚夫妄分別。
一切性顯現。	依無始因縛。	明鏡水淨眼。
如畫熱時燄。	凡夫迷惑心。	摩尼妙寶珠。
種種眾色現。	鏡寶水眼中。	於中現色像。
如夢無所有。	現諸種種像。	而實無所有。
	妄見種種色。	心識亦如是。
	如夢石女兒。	普現眾色相。
	一切法無實。	如夢空中焰。
	如獸愛空水。	亦如石女兒。

第１６節　依禪定

16－1 為離「煩惱障」及「所知障」，故佛建「百八句」之無相法，

欲令眾生善分別「諸乘」及「諸地」相法

請參閱 **22-3**

劉宋・求那跋陀羅譯《楞伽阿跋多羅寶經》	元魏・菩提流支譯《入楞伽經》	唐・實叉難陀與復禮等譯《大乘入楞伽經》
⓵復次大慧！如來說法離如是「四句」，謂：「一、異；俱、不俱；有、無、非有非無；常、無常」，離於「有、無、建立(增益)、誹謗(減損)」。	⓵復次大慧！諸佛如來說法離「四種見」，謂：離「一、異；俱、不俱」故，遠離建立(之)「有、無」故。	⓵復次大慧！諸佛說法離於「四句」，謂：離「一、異；俱、不俱」，及「有、無」等(之)「建立」(增益)、(與)「誹謗」(減損)。
⓶分別結集(如來分別解說由惑而「結」成「集」之因等之)「(四)真諦、(十二)緣起、(八正)道、(寂)滅、解脫」，如來說法以是為首。	⓶大慧！一切諸佛如來說法依「(四)實際、(十二)因緣、寂滅、解脫」故。	⓶大慧！諸佛說法以「(四)諦、(十二)緣起、(寂)滅、(八正)道、解脫」而為其首。
⓷ (如來之教法與外道不同，諸法皆)非「性」(prakṛti 自性)、非「自在」(iśvara)、非「無因」、非「微塵」(aṇu)、非「時」(kāla)、非「自性相續」而為說法。	⓷大慧！一切諸佛如來說法，依「究竟」境界。(如來之教法與外道不同，諸法皆)非因：「自性(prakṛti 自性)、自在天(iśvara)、無因、微塵(aṇu)」時」(而生起)，(如法教法皆)不依如是(而)說法。	⓷ (如來之教法與外道不同，諸法皆)非與：「勝性(prakṛti 自性)、自在(iśvara)、宿作、自然、時(kāla)、微塵(aṇu)」等而共相應。
⓸復次大慧！(諸法說法皆)為(眾生)淨(除)「煩惱(煩惱障)、爾燄(jñeya 識境；所知；境界；智境)障故。	⓸復次大慧！諸佛說法，(為眾生能)離二種障「煩惱障、智障」。	⓸大慧！諸佛說法，(皆)為(眾生)淨(除)「惑(煩惱障)、智(所知障)」二種障故，次第令(眾生得)住(於)「一百八句」(之)無相法中。

譬如商主(般的導引大眾)，次第(令眾生得)建立(於)「百八句」(之)無所有(無相法中)。 (再令能)善分別「諸乘」及「諸地」相。	如大商主，將(帶領)諸人眾，次第(將眾人安)置於至未曾見「究竟安隱寂靜」之處。 (於)次第安置(後)，(再)令(能)善解知「(諸)乘、(諸)地」差別相故。	而(能)善分別「諸乘、(諸)地相」， 猶如商主，善(於)導(引)眾人。

16-2 有「愚夫所行禪」、「觀察義禪」、「攀緣如禪」、「如來禪」等四種禪的異別

劉宋‧求那跋陀羅譯《楞伽阿跋多羅寶經》	元魏‧菩提流支譯《入楞伽經》	唐‧實叉難陀與復禮等譯《大乘入楞伽經》
復次大慧！有四種禪，云何為四？謂： ①「愚夫所行禪」。 (bālopacārika 愚夫所行-dhyāna 禪) ②「觀察義禪」。 (artha 義-pravicaya 觀察；簡擇-dhyāna) ③「攀緣(真)如禪」。 (tathatālambana-dhyāna。tathata 如-ālambana 攀緣) ④「如來禪」。 (tathāgata-dhyāna)	復次大慧！有四種禪，何等為四？ 一者「愚癡凡夫所行禪」。 二者「觀察義禪」。 三者「念真如禪」。 四者「諸佛如來禪」。	復次大慧！有四種禪，何等為四？謂： ①「愚夫所行禪」。 ②「觀察義禪」。 ③「攀緣真如禪」。 ④「諸如來禪」。

16-3 何謂「愚夫所行禪」？

劉宋‧求那跋陀羅譯《楞伽阿跋多羅寶經》	元魏‧菩提流支譯《入楞伽經》	唐‧實叉難陀與復禮等譯《大乘入楞伽經》
云何「愚夫所行禪」	大慧！何者「愚癡凡夫所	大慧！云何「愚夫所行

(bālopacārika-dhyāna)？謂： (指)「聲聞、緣覺、外道修行」者，	行禪」？謂：(指)「聲聞、緣覺、外道修行」者，	禪」？謂：(指)「聲聞、緣覺、諸(外道)修行」者，
(1)(能)觀「人無我」性。	(1)(能)觀「人無我」。	(1)(能)知「人無我」。
(2)(觀察諸法所具的)「自相、共相」、(觀察)骨璅等(鎖鏈；連環。此喻不淨白骨觀)、無常、苦、不淨相，(然後)計著(計量執著)為首。	(2)(觀察諸法所具的)「自相、同相」、(觀察)骨璅等 故，(觀見)「無常、苦、無我、不淨」(之)執著諸相。	(2)(觀察諸法而)見「自、他」身(相)，(觀察)骨璅等 (鎖鏈；連環)相連(此喻不淨白骨觀)，皆是「無常、苦、不淨相」。
(3)(於上述)如是(法)相(而)「不異」(不離)觀。 聲聞–去我執，法執未斷，不捨法執。 菩薩--始斷法執。	(3)(於上述)如是如是(之法相)，決定畢竟「不異」(不離)故。	(3)(於上述)如是(諸法相)觀察，(而)堅著(堅定的執著與)「不捨」。
(4)(然後能)前後轉進，(最終才能獲得)「相不除滅」(即指「滅受想定」)。 相不除滅=想不除滅。 想不=不想=無想。 所以⇨想不除滅=無想除滅。 無想除滅=無想、除滅。 無想=無「受、想」。 除滅=在除滅「受、想」這二個蘊[陰]之後，即名為證得「滅盡定」。此為證得三果、四果、大乘菩薩、佛陀才能獲得之「定」。	(4)如是次第，因前(而)觀，(然後)次第上上，(最終)乃至(才以獲得)「非想滅盡定」(nirodha-samāpatti 滅受想定)解脫。	(4)(然後能)漸次增勝，(最終才能得)至「無想滅定」(nirodha-samāpatti 滅受想定；滅盡定)。
(此)是名「愚夫所行禪」。(法執深重的二乘行者)	(此)是名「愚癡凡夫外道聲聞」等禪。	(此)是名「愚夫所行禪」。(法執深重的二乘行者)

何謂「滅盡定」(滅受想定、滅盡三昧、滅定) ？

(1)梵語 nirodha-samāpatti。屬於「心不相應行法」之一。即滅盡「心」與「心所」(心之作用)，而住於「**無心位**」之定。

(2)「滅盡定」是「佛」及俱解脫之「**阿羅漢**」(通常指三果、四果的阿羅漢)遠離「定障」所得，其「定境」也可比喻為入「**無餘涅槃**」的一種寂靜。若有人依此「無心寂靜」而修此定，即可生「**無色界**」之第四「**非想非非想處地**」。

(3)諸宗派對此「滅盡定」仍有各種的異說，「唯識宗」認為於此「滅盡定」中仍未斷滅「**阿賴耶識**」。「分別論」者則認為，若入此「滅盡定」的聖者，其「**想**」與「受」已滅，但仍然有「細心」尚未完全滅除。

(4)據《宗鏡錄・卷五十五》所舉，「滅盡定」與「無想定」有四種不同，圖解如下：

	滅盡定	無想定
證得者之異	佛、羅漢所證「出世間」之定。	凡夫、外道所證「世間」之定。
祈願之異	唯求「出世功德」。	唯求「世間樂果」。
感果與不感果之異	無漏業，無漏定。 類似「涅槃」境界，已不感三界生死果報。	有漏業，有漏定。 能感招色界「無想天」果報。
滅識之異	能 "滅" 「前六識」之心、心所，兼能滅「第七識」之「染污」心所。	只能 "暫伏" 「前六識」之心、心所(或僅滅除第六識分別之見)，「第七末那」染污仍現行，均尚未能斷盡。

《宗鏡錄・卷五十五》

問：「滅盡定」與「無想定」，俱稱「無心」。二定何別？

答：有四義不同。古釋云：

一、約得人異：「滅盡定」是「聖人」得。「無想」是「凡夫」得。

二、祈願異：入「滅盡定」者，作正息想，求功德(指出世功德)。入「無想定」，作「解脫」入(指世間樂果的一種解脫)。

三、感果不感果異：「無想定」是「有漏」，能感「無想天」別報果。「滅定」是「無漏」，不感「三界」果。

四、滅識多少異：「滅盡定」滅「識」多，兼滅「第七染分末那」。「無想定」滅「識」少，空滅「前六識」。

《大明三藏法數·卷十一》

「滅盡定」與「無想定」四義不同(出《宗鏡錄》)

「滅盡定」者，謂「受、想」心滅(指此五陰中的「受」與「想」二陰)，出入息盡，身證此定，能斷「見思」煩惱而證「聖果」。

「無想定」者，謂能於「定」中「心想」不起，如冰魚蟄虫，不能斷惑證入聖果故。

此二定有四種「勝劣」之義也。

【一約得人異】謂「羅漢」聖人，由「受想」心滅而證「滅盡之定」。外道凡夫由妄計「無想」以為至道，而證「無想之定」。此之二定有「世間、出世間」之不同。故云「約得人異」也。

【二祈願異】謂入「滅盡定」者，則息諸「想念」，斷除「貪愛」之心，唯求「出世功德」。入「無想定」者，則妄計心無「想慮」以為解脫，唯求「世間樂果」，故云「祈願異」也。

【三感果不感果異】謂「無想定」是「有漏業」，能感「無想天」果報。「滅盡定」是「無漏業」，不感三界生死果報，故云「感果不感果異」也。

【四滅識多少】謂「滅盡定」既滅「第六識」已，兼能滅「第七識染分」。「無想定」但滅「第六識分別之見」，而諸「邪見」則未能盡斷，故云「滅識」多少也。

16-4 何謂「觀察義禪」？

劉宋·求那跋陀羅譯《楞伽阿跋多羅寶經》	元魏·菩提流支譯《入楞伽經》	唐·實叉難陀與復禮等譯《大乘入楞伽經》
云何「觀察義禪」(artha-pravicaya-dhyāna)？謂： ①(除了已能知)「人無我、自相、共相」(之外)。 ②(於)外道(所執的)「自、他、	大慧！何者「觀察義禪」？謂： ①(除了已能)觀「人無我、自相、同相」故。 ②(能)見「愚癡凡夫、外道」	云何「觀察義禪」？謂： ①(除了已能)知「自、共相、人無我」(諸相)已。 ②亦(更能)離外道(所執著的)

俱」(諸相)，(已能通達諸法皆爲)無(自)性已。	(所執的)「自相、同相、自他相」，(已能通達諸法皆)無實(自性)故。	「自、他、俱作」。
③(已能)觀「法無我」，(亦能觀)彼(諸)地「相」義，(然後能再更)漸次(的)增進。	③(已能)觀「法無我」，(與觀)諸地「行相」義，(然後能再更)次第(增進)故。	③(已能)於「法無我」，(及)諸地「相」義，(獲得)隨順觀察。
(此)是名「觀察義禪」。	大慧！(此)是名「觀察義禪」。	(此)是名「觀察義禪」。

16-5 何謂「攀緣如禪」？

劉宋・求那跋陀羅譯 《楞伽阿跋多羅寶經》	元魏・菩提流支譯 《入楞伽經》	唐・實叉難陀與復禮等譯 《大乘入楞伽經》
云何「攀緣如禪」(tathatālambana-dhyāna)？謂：	大慧！何者「觀真如禪」？謂：	云何「攀緣真如禪」？謂：
(1)妄想(是來自於對)「二無我」(所生的一種)妄想。(指對「二無我」之理產生虛妄分別，此即是一種妄想)	(1)觀察「虛妄分別」(之)因緣，(應)如實知「二種無我」(之義理)。	(1)若分別(於)「無我有二」(此指「二無我」)，(此即)是(一種)虛妄(之)念。
(2)(若能)「如實」(證知而)處(於「二無我」之理中)，(則)不(再)生「妄想」。	(2)(能)「如實」分別一切諸法(皆)「無實體相」，爾時(即)不住「分別」，心中(便)得「寂靜境界」。	(2)若(能)「如實」(證)知(「二無我」之理)，彼(虛妄)念(即)不(再生)起。
(此)是名「攀緣如禪」。 (凡有觀察—就會產生「能、所」，先觀察「人我、法我」二種，然後進步到「人無我、法無我」二種境界，然後再告訴你「人無我、法無我」，亦是從「分別心」的妄想中產生的)	大慧！(此)是名「觀真如禪」。	(此)是名「緣真如禪」。

16－6 何謂「如來禪」？

請參閱 25－1

劉宋・求那跋陀羅譯《楞伽阿跋多羅寶經》	元魏・菩提流支譯《入楞伽經》	唐・實叉難陀與復禮等譯《大乘入楞伽經》
云何「如來禪」(tathāgata-dhyāna)？謂：	大慧！何者「觀察如來禪」？謂：	云何「諸如來禪」？謂：
①(如實得)入「如來地」。 ②(能)得「自覺聖智相」(自內身聖智證法境界的)「三種樂」(三種意生身)住。 ③(能)成辦眾生(之)不思議事。	①如實(得)入「如來地」故。 ②(能住)入(於)「內身聖智相」(自內身聖智證法境界的)「三空三種樂」(三種意生身)行故。 ③能成辦(而為)眾生所作(之)不可思議(事)。	①(如實得)入「佛地」。 ②住(於)「自證智」(自內身聖智證法境界的)「三種樂」(三種意生身)。 ③(能)為諸眾生(而)作不思議事。
(此)是名「如來禪」。	大慧！(此)是名「觀察如來禪」。	(此)是名「諸如來禪」。

註：三種意生身➜「入三摩地樂意生身」(samādhi-sukha-samāpatti-manomaya-kāya)。
　　　　　　➜「覺法自性意生身」(dharma-svabhāva-bodha-manomaya-kāya)。
　　　　　　➜「無作意成就種類俱生意生身」(nikāyasahaja-saṃskārakriyā-manomaya-kāya)。

16－7 偈頌內容

劉宋・求那跋陀羅譯《楞伽阿跋多羅寶經》	元魏・菩提流支譯《入楞伽經》	唐・實叉難陀與復禮等譯《大乘入楞伽經》
爾時世尊欲重宣此義而說偈言：	爾時世尊重說偈言：	爾時世尊重說頌言：
愚夫所行禪。 觀察相義禪。 攀緣如實禪。 如來清淨禪。 譬如日月形。 鉢頭摩深險。	凡夫等行禪。 觀察義相禪。 觀念真如禪。 究竟佛淨禪。 譬如日月形。 鉢頭摩海相。	愚夫所行禪。 觀察義相禪。 攀緣真如禪。 如來清淨禪。 修行者在定。 觀見日月形。

如虛空火盡。	虛空火盡相。	波頭摩深險。
修行者觀察。	行者如是觀。	虛空火及盡。
如是種種相。	如是種種相。	如是種種相。
外道道通禪。	墮於外道法。	墮於外道法。
亦復墮聲聞。	亦墮於聲聞。	亦墮於聲聞。
及緣覺境界。	辟支佛等行。	辟支佛境界。
捨離彼一切。	捨離於一切。	捨離此一切。
是則無所有。	則是無所有。	住於無所緣。
一切剎諸佛。	時十方剎土。	是則能隨入。
以不思議手。	諸佛真如手。	如如真實相。
一時摩其頂。	摩彼行者頂。	十方諸國土。
隨順入如相。	入真如無相。	所有無量佛。
		悉引光明手。
		而摩是人頂。

第 1 7 節　向涅槃

17－1 什麼是「涅槃」的真義？

劉宋・求那跋陀羅譯 《楞伽阿跋多羅寶經》	元魏・菩提流支譯 《入楞伽經》	唐・實叉難陀與復禮等譯 《大乘入楞伽經》
爾時大慧菩薩摩訶薩復白佛言：世尊！「般涅槃」者，說何等法謂為「涅槃」？	爾時聖者大慧菩薩摩訶薩白佛言：世尊言「涅槃」，「涅槃」者，說何等法名為「涅槃」？	爾時大慧菩薩復白佛言：世尊！諸佛如來所說「涅槃」，說何等法名為「涅槃」？

17－2 若能轉「諸識之自體性、習氣、心、意、識」及「諸見薰習」者，即名為「涅槃」

劉宋・求那跋陀羅譯 《楞伽阿跋多羅寶經》	元魏・菩提流支譯 《入楞伽經》	唐・實叉難陀與復禮等譯 《大乘入楞伽經》

壹佛告大慧：(若能將)一切(識之)「自性」(與)習氣、(及)藏(阿賴耶識)、意(末那識)、意識(第六識)、(諸)見(薰)習「轉變」(轉依)，(此即)名為「涅槃」。	壹佛告聖者大慧菩薩言：大慧！言「涅槃」者，(若能)「轉滅」諸識「法體相」(即「識之自性相」)故，轉「諸見薰習」故，轉「心、意」(及)「阿梨耶識」(的)法相薰習，(此即)名為「涅槃」。	壹佛告大慧：(若能將)一切「識(之)自性」(與)「習氣」，及藏識(阿賴耶識)、意(末那識)、意識(第六識)、見習(諸見薰習)轉(轉依)已，我及諸佛(即)說(此)名「涅槃」。
貳諸佛及我(皆說)「涅槃」(即是)「自性空」事(之)境界。(轉識成智，成就「大圓鏡智」=自性空=涅槃。所以證入了「涅槃」=證入了「空性」)	貳大慧！我及諸佛(皆)說如是「涅槃」法體境界(即是)「空」(性)事故。	貳(此亦)即是諸法「性空」(之)境界。

17-3 涅槃「非常、非斷」的原理

劉宋·求那跋陀羅譯《楞伽阿跋多羅寶經》	元魏·菩提流支譯《入楞伽經》	唐·實叉難陀與復禮等譯《大乘入楞伽經》
壹復次大慧！涅槃者，(此是)「聖智自覺」(自內身聖智證法所行之)境界，離「斷、常」妄想(之)「性(有)、非性(無)」。	壹復次大慧！言涅槃者，謂：(此是)「內身聖智」(自內身聖智證法所)修行(之)境界故，離虛妄分別(之)「有、無」法故。	壹復次大慧！涅槃者，(為)「自證聖智」(自內身聖智證法)所行(之)境界，遠離「斷、常」及以「有、無」。
貳云何「非常」？謂：(涅槃已達)「自相、共相」妄想(皆)斷，故「非常」。	貳大慧！云何「非常」？謂：(涅槃已)離「自相、同相」分別法故，是故「非常」。	貳云何「非常」？謂：(涅槃已)離「自相、共相」諸分別故。
參云何「非斷」？謂：(涅槃乃)一切聖(者於)「(過)去、(未)來、現在」(所)得(的)「自覺」(自內身聖智證法)，故「非斷」。	參大慧！云何「非斷」？謂：(涅槃乃)「過去、未來、現在」一切聖人(之)「內身證」(自內身聖智證法所)得故，是故「非斷」。	參云何「非斷」？謂：(涅槃乃)「(過)去、(未)來、現在」一切聖者(的)「自證智」(自內身聖智證法之)所行故。

17-4 涅槃「不壞、不死」的原理

劉宋・求那跋陀羅譯 《楞伽阿跋多羅寶經》	元魏・菩提流支譯 《入楞伽經》	唐・實叉難陀與復禮等譯 《大乘入楞伽經》
壹大慧！涅槃(乃)「不壞、不死」。	壹大慧！般涅槃者(乃)「非死、非滅」。	壹復次大慧！大般涅槃(乃)「不壞、不死」。
貳若涅槃(有)「死」者，復應受「生相續」。	貳大慧！若「般涅槃」是(有)「死」法者，(那)應有「生縛」故。	貳若(有)「死」者，應更(有)受「生」。
參若(有)「壞」者，(那涅槃)應墮「有為相」。	參大慧！若「般涅槃」是(為)「滅」法者，(那)應墮「有為法」故。	參若(有)「壞」者，(那涅槃)應是「有為」(法)。
肆是故涅槃(乃)「離壞、離死」，是故(為)修行者之所歸依(的聖境與果位)。	肆是故大慧！「般涅槃」者，(乃)「非死、非滅」，(此是)如實修行者之所歸依故。	肆是故涅槃(是)「不壞、不死」，諸修行者之所歸趣(的聖境與果位)。

17-5 涅槃「非捨、非得；非此、非彼；非斷、非常；不一不異」也

劉宋・求那跋陀羅譯 《楞伽阿跋多羅寶經》	元魏・菩提流支譯 《入楞伽經》	唐・實叉難陀與復禮等譯 《大乘入楞伽經》
復次大慧！涅槃： ①「非捨、非得」。 ③「非斷、非常」。 ④「非一義、非種種義」。	復次大慧！言涅槃者： ①「非可取、非可捨」。 ②「非此處、非彼處」。 ③「非斷、非常」。 ④「非一義、非種種義」。	復次大慧！ ①「無捨、無得」故。 ③「非斷、非常」故。 ④「不一、不異」故。

是名涅槃。	是故名為涅槃。	說名涅槃。

17－6 「聲聞」及「緣覺」的「涅槃觀」

請參閱 7－11

劉宋・求那跋陀羅譯《楞伽阿跋多羅寶經》	元魏・菩提流支譯《入楞伽經》	唐・實叉難陀與復禮等譯《大乘入楞伽經》
復次大慧！「聲聞、緣覺」(所得的)涅槃者：	復次大慧！(所謂)「聲聞涅槃」者：	復次大慧！「聲聞、緣覺」(所得的涅槃者)；
(1)(能)覺(知)「自相、共相」。	(1)(能)觀察「自相、同相」，(能)覺諸法故，(此)名(為)「聲聞涅槃」。	(1)(能覺)知「自、共」相。
(2)不習近(世間憒鬧的)「境界」。	(2)大慧！「辟支佛」(所得之)涅槃者，(乃)不樂「憒鬧」。(4)見諸境界(而達)「無常、無樂、無我、無淨」。	(2)(能)捨離「憒鬧」。
(3)不(生)「顛倒」見。	(3)不生「顛倒」相。	(3)(已)不生「顛倒」(見)。
(4)「妄想」不生(起)。		(4)不(生)起「分別」。
彼(聲聞、緣覺)等，於彼(指「非究竟處」而竟)作「涅槃覺」。	是故「聲聞、辟支佛」(等，於)非「究竟處」，(竟)生「涅槃想」故。	彼(聲聞、緣覺)於其中(指「非究竟處」)，(竟)生「涅槃想」。

17－7 執著「言說」及「諸法世事」二者「自性相」的解說

劉宋・求那跋陀羅譯《楞伽阿跋多羅寶經》	元魏・菩提流支譯《入楞伽經》	唐・實叉難陀與復禮等譯《大乘入楞伽經》
復次大慧！二種「自性相」，云何為二？謂：	復次大慧！我為汝說二「法體相」，何等為二？	復次大慧！有二種「自性相」，何者為二？謂：

①「言說自性相計著」。 （abhilāpa 所言；言語-svabhāvābhiniveśa 自性相計著。整句譯作「執著言說而生起自性」）	一者「執著言說體相」。	①「執著言說自性相」。
②「事自性相計著」。 （vastu 物；事；世事；諸法；境界-svabhāvābhiniveśa 自性相計著。整句譯作「執著境事而生起自性」）	二者「執著世事體相」。	②「執著諸法自性相」。
壹「言說自性相計著」者，從無始（的）言說「虛偽習氣」計著（而）生。	壹大慧！何者「執著言說體相」？謂：無始來執著「言說戲論」薰習（令）生故。	壹「執著言說自性相」者，以「無始戲論」執著「言說習氣」故（生）起。
貳「事自性相計著」者，從不覺（悟此是由）自心（所）現（的）分齊（差別的分際齊限）生。	貳大慧！何者「執著世事體相」？謂：不（能）「如實」知（此）唯是「自心（所）見（的）外境界」故。	貳「執著諸法自性相」，以不覺（悟此是由）「自心所現」故起。

17-8 如來有「二種神力」加持「初地菩薩」，一者能令入「三昧正受」，以「佛身」將現其前的神力。二者佛能以手灌菩薩頂的神力

劉宋・求那跋陀羅譯 《楞伽阿跋多羅寶經》	元魏・菩提流支譯 《入楞伽經》	唐・實叉難陀與復禮等譯 《大乘入楞伽經》
復次大慧！如來（能）以二種「神力」（加持諸菩薩之神力）建立，菩薩摩訶薩（受加持後能）頂禮諸佛，（並）聽受「問義」（請問眾義）。云何二種「神力」建立？謂：	復次大慧！諸菩薩摩訶薩依二種（佛之）「願力住持」（神力加持）故，（菩薩摩訶薩能）頂禮諸佛如來應正遍知，問所疑（之）事。大慧！何等二種「願力住持」（神力加持）？	復次大慧！諸佛有二種「加持」，（加）持諸菩薩（後能）令（菩薩）頂禮佛足，（然後去）請問「眾義」。云何（加持諸菩薩之神力）為二？謂：

(1)（佛能令菩薩入）「三昧正受」（samāpatti 等至），（能）為（菩薩）現一切「身面」（與加持）言說神力。及 (2)（能以佛）手灌（菩薩）頂（之）神力。	一者（佛令菩薩能）依「三昧三摩跋提」（samāpatti 等至、正定現前），（此為諸佛的）住持力（神力加持）。 二者（能令菩薩）遍身得樂，謂佛如來（以佛）手摩其（菩薩）頂，授位（於）「住持力」（神力加持）。	(1)（佛能）令（菩薩）入「三昧」，及（以佛）身（而）現其前。 (2)（能以佛）手灌其（菩薩）頂。

17－9 初地菩薩蒙佛「二種神力」加持後，能得入「菩薩大乘照明三昧」，獲佛之「身口意加持」

劉宋·求那跋陀羅譯《楞伽阿跋多羅寶經》	元魏·菩提流支譯《入楞伽經》	唐·實叉難陀與復禮等譯《大乘入楞伽經》
❶大慧！菩薩摩訶薩（於住）「初菩薩地」（時），（能）住（於諸）佛（的）神力（加持），所謂（能得）入「菩薩大乘照明三昧」。	❶大慧！諸菩薩摩訶薩（於）住「初地」中，（能）承諸如來「住持力」（神力加持）故，（能得）名（為）入「菩薩大乘光明三昧」。	❶大慧！「初地」菩薩摩訶薩，（能承）蒙諸佛（加）持力故，（能得）入「菩薩大乘光明定」。
❷（待菩薩）入是（此菩薩大乘照明）三昧已，十方世界一切諸佛，（即）以「神通力」為（顯）現（於前），（然後以）一切「身面言說」（身口意加持）。	❷大慧！諸菩薩摩訶薩入「大乘光明三昧」已，爾時十方諸佛如來應正遍知，（即）與諸菩薩（之）「住持力」（神力加持）故，（對菩薩）現「身口意」（身口意加持）。	❷（待菩薩）入（此菩薩大乘光明定）已，十方諸佛（即）普現（於）其前，（並以）「身語」（身口意）加持。
❸（此就）如「金剛藏」菩薩摩訶薩，及（其）餘（已獲）如是「（性）相、功德」成就（的）菩薩摩訶薩（是一樣的）。	❸大慧！（此就）如（同）「金剛藏」菩薩摩訶薩，及餘（已）成就如是「功德、（性）相」（的）菩薩摩訶薩（是一樣的）。	❸（此就）如（同）「金剛藏」（菩薩），及（其）餘（已）成就如是「功德、（性）相」（的）菩薩摩訶薩者是（一樣的）。

17－10 若「初地」菩薩依此二種諸佛加持的「神力」，則能修至第十「法雲地」菩薩，亦能得親見一切諸佛

劉宋・求那跋陀羅譯《楞伽阿跋多羅寶經》	元魏・菩提流支譯《入楞伽經》	唐・實叉難陀與復禮等譯《大乘入楞伽經》
⑤**大慧**！是名「初菩薩地」，(初地)菩薩摩訶薩得「菩薩三昧、正受(samāpatti 等至)神力」。	⑤**大慧**！如是諸菩薩摩訶薩住「初地」中三昧、三摩跋提(samāpatti 等至、正定現前)」力「住持」(神力加持)故。	⑤**大慧**！此(初地)菩薩摩訶薩，(能承)蒙佛持力(而)入「三昧」已。
(能)於百千劫積習(的)「善根」之所成就，(然後)次第(漸入)「諸地」，(能於)「(能)對治、所(對)治」之相(而)通達究竟。	(能)以百千萬億劫(所)修集(之)「善根」力故，(然後)次第如實知(諸)地(的)「對治法相」(而令其)成就。	(能)於百千劫(所積)集(之)諸「善根」，(然後)漸入「諸地」，善能通達「(能對)治、所(對)治」之相。
⑥(能修)至(第十)「法雲地」(菩薩階位)，(能)住「大蓮華」微妙(的)宮殿，(能)坐「大蓮華寶」師子座。	⑥菩薩摩訶薩(修)至(第十)「法雲地」(菩薩階位)，(能)住「大寶蓮華王」(的)宮殿師子座上坐。	⑥(修)至(第十)「法雲地」(菩薩階位)，(能)處「大蓮華」微妙(的)宮殿，(而)坐於寶座(上)。
⑦(會有)同類菩薩摩訶薩眷屬圍繞，(身著)眾寶瓔珞，莊嚴其身，如黃金蕡蔔(campaka)，(如)日月光明(般)。	⑦(會有)同類(的)菩薩摩訶薩眷屬圍繞，(身著)寶冠瓔珞，莊嚴其身，如閻浮檀金(jambūnada-suvarṇa)蕡蔔(campaka)，(如)日月光明(般)，(殊)勝蓮華色。	⑦(會有)同類(的)菩薩所共圍繞，(身)首戴寶冠，身如黃金瞻蔔(campaka)花色，如盛滿月，放大光明。
⑧(爾時有十方)諸(佛以)最(殊)勝(之)手從十方(而)來，(菩薩)就(在)大蓮華宮殿座上，而(受十方諸佛以手為)「灌」其頂。	⑧爾時(有)十方一切諸佛各申其手，遙「摩」蓮花王座上(的)菩薩摩訶薩「頂」。	⑧(爾時有)十方諸佛(即)舒蓮華手，於其(菩薩)座上而「灌其頂」。

譬如「自在(王)、轉輪聖王」及「天帝釋」,(在爲其)太子灌頂(的方式)。	如得「自在王、帝釋王、轉輪王」(在)灌「太子頂」授位(的方式)故。	如「轉輪王太子」受(轉輪王)灌頂已,而得「自在」,此諸菩薩亦復如是。
(伍)(此)是名菩薩(被佛)手灌頂(之)神力。	(伍)大慧!彼(被)「授位」(之)菩薩及眷屬菩薩摩訶薩,(皆)依如來(之)手「摩頂」故,(即)得「遍身樂」,是故(此)言(以佛)手摩菩薩頂(的)「住持力」(神力加持)。	
(陸)大慧!(此)是名菩薩摩訶薩(受到佛的)二種「神力」。	(陸)大慧!是名諸菩薩摩訶薩(所受)二種「住持力」(神力加持)。	(陸)是名為二。
(柒)若菩薩摩訶薩住(於此)二種(被佛加持的)「神力」,(即能)「面見」諸佛如來。	(柒)大慧!諸菩薩摩訶薩依此二種(諸佛的)「住持力」(神力加持)故,(即)能「觀察」(親見)一切諸如來身。	(柒)諸菩薩摩訶薩為(諸佛的)二種(加)持之所「持」故,即能「親見」一切諸佛。
(捌)若(菩薩)不如是(依此二種神力),則不能(面)見(諸佛如來的)。	(捌)大慧!若(菩薩)無(此)二種「住持力」(神力加持者),則不得見諸佛如來。	(捌)(若)「異」(「離」此二種諸佛的神力)則(菩薩)不能(面見諸佛如來)。

17－11 菩薩若離佛之「二種神力」加持,則不能得「辯才說法」

劉宋·求那跋陀羅譯《楞伽阿跋多羅寶經》	元魏·菩提流支譯《入楞伽經》	唐·實叉難陀與復禮等譯《大乘入楞伽經》
(壹)復次大慧!菩薩摩訶薩凡所分別(獲得)「三昧、神足(神通具足)、諸法之行」,是等一切悉住(於)如來(的)二種「神力」(加持)。		(壹)復次大慧!諸菩薩摩訶薩(能)入於「三昧、現(神)通、說法」,如是一切(之所得)皆由諸佛二種「(加)持力」。

㉜**大慧**！若菩薩摩訶薩離(二種的)「佛神力」(後)，(仍然)能「辯說」者，一切凡夫亦應能說(法)。所以者何？謂不(需再依)住(佛之)「神力」故。	㉜**大慧**！若諸菩薩摩訶薩離二種(佛的)「住持力」(神力加持)，(仍然)能「說法」者，愚癡凡夫亦應(能)說法。何以故？謂不(需再)以得諸佛(之)「住持力」(神力加持)故。	㉜**大慧**！若諸菩薩離佛(之)「加持」(後)，(仍然)能「說法」者，則諸凡夫亦應能說(法)。
㉝**大慧**！(甚至遍及)山石、樹木，及諸「樂器、城郭、宮殿」，(皆能)以如來(所)入(的任何)城(中而現)「威神力」故，皆自然(可令生)出「音樂之聲」，(更)何況(汝是)「有心者」(之人啊)！	㉝**大慧**！依諸如來(之)「住持力」(神力加持)故，(甚至在)「山河、石壁、草木、園林」，及種種「伎樂、城邑、聚落、宮殿、屋宅」(中)，皆能出於「說法之聲」。(既然連大)「自然」皆(因佛之加持力而生)出「伎樂之音」。**大慧**！何況(汝是)「有心者」(之人啊)！	㉝**大慧**！(甚至遍及)「山林、草樹、城郭、宮殿」及諸「樂器」，如來(所)至(之)處，(皆能)以「佛持力」(的加持)，(令山河大地)尚演法音，(更何)況(汝是)「有心者」(之人啊)！
㉞(亦能令)聾、盲、瘖、瘂(者)，無量(之)眾苦，皆(獲)得解脫。	㉞(亦能令)聾、盲、瘖、瘂(者)，無量眾生，離諸苦惱。	㉞(亦能令)聾、盲、瘖、啞(者)，(能)離苦解脫。
㉟如來有如是等無量(的)「神力」，(能)利安(利益安樂)眾生。	㉟**大慧**！諸佛如來(的)「住持之力」(神力加持)，(有)無量利益，(能)安樂眾生。	㉟**大慧**！「如來持力」有如是等「廣大作用」。
(本段經文的啟示： 我們一生所有一點一滴的修行、成就、講經說法等，都是佛的「神力」加持所得。這樣我們就可保持「心中有佛、感恩佛陀」而不自滿、不自驕的心。 莫以為菩薩會「主動」問法，這後面仍然有佛的加持力)		

17－12 菩薩入「三昧、正受」時，及受佛灌頂時，佛為何要以「二種神力」加持於彼菩薩？

劉宋・求那跋陀羅譯《楞伽阿跋多羅寶經》	元魏・菩提流支譯《入楞伽經》	唐・實叉難陀與復禮等譯《大乘入楞伽經》
大慧菩薩復白佛言：世尊！以何因緣，如來應供等正覺，菩薩摩訶薩(於)住「三昧、正受(samāpatti 等至)」時，及(入)「勝進地」(而受佛之)灌頂時，(如來為何一定要對菩薩)加(持)其「神力」？ 佛告大慧：	大慧菩薩復白佛言：世尊！世尊！何故？諸菩薩摩訶薩(於)入「三昧、三摩跋提(samāpatti 等至、正定現前)」，及入諸「(殊勝)地」時，諸佛如來應正遍知，(皆)作(如是的)「住持力」(神力加持)？ 佛告大慧：	大慧菩薩復白佛言：何故如來以其「(加)持力」(而)令諸菩薩(能)入於「三昧」及「殊勝地」(viśeṣa-bhūmi)中，(並以)手灌其頂？ 佛言：大慧！
①為(菩薩能)離「魔、業、煩惱」故，及	①為(菩薩能)護(念而不受)「魔、業、煩惱、散亂心」故。	①為欲令(菩薩)其(能)遠離「魔、業、諸煩惱」故。
②(令菩薩)不(會再反)墮(於)「聲聞地」禪(定)故。	②為(菩薩)不(會再反)墮(於)「聲聞禪定地」故。	②為令(菩薩)不(會再反)墮(於)「聲聞地」故。
③為(菩薩能)得(久住於)「如來自覺地」(如來自內身聖智證法之地)故。(更不再發生退轉回「二乘」的情形)	③為(菩薩能得久住於)「內身證如來地」(如來自內身聖智證法之地)故。	③為令(菩薩能)遠入(「遠入」即等於「久入」的意思，能遠遠的久住於)「如來地」(如來自內身聖智證法之地)故。
④及(更)增進(其)「所得法」故。	④為(更)增長(其)「內身證法」(自內身聖智證法)故。	④(能)令「所得法」(更)倍增長故。

17－13 若不得諸佛「二種神力加持」，則易墮入「外道、聲聞、緣覺、眾魔之思惟」

劉宋・求那跋陀羅譯《楞伽阿跋多羅寶經》	元魏・菩提流支譯《入楞伽經》	唐・實叉難陀與復禮等譯《大乘入楞伽經》
⑤是故如來應供等正覺，咸(必)以(二種)「神力」建	⑤大慧！是故諸佛如來應正遍知，(必)為諸菩薩作	⑤是故諸佛(必)以(二種神力的)「加持力」(去加)持諸菩

立(加持菩薩)。	「住持力」(神力加持)。	薩。
㈡諸菩薩摩訶薩若不以「神力」建立(於菩薩)者,則(易)墮(於)「外道惡見」妄想,及諸「聲聞、眾魔」(之)希望(此指思惟),不得「阿耨多羅三藐三菩提」。	㈡大慧!若諸如來不為菩薩作「住持力」(神力加持)者,(則容易)墮(於)諸「外道、聲聞、辟支佛、魔事」故,(便)不(能)得「阿耨多羅三藐三菩提」。	㈡大慧!若不如是,彼諸菩薩便(易)墮(於)「外道」及以「聲聞、魔境」之中,則不能得「無上菩提」。
㈢以是故諸佛如來咸(必)以「神力」,(去)「攝受」諸菩薩摩訶薩。	㈢是故諸佛如來應正遍知,(能以)大慈「攝取」諸菩薩故。	㈢是故如來(必)以「加持力」攝(受)諸菩薩。

17-14 偈頌內容

劉宋・求那跋陀羅譯《楞伽阿跋多羅寶經》	元魏・菩提流支譯《入楞伽經》	唐・實叉難陀與復禮等譯《大乘入楞伽經》
爾時世尊欲重宣此義而說偈言: 神力人中尊。 大願悉清淨。 三摩提灌頂。 初地及十地。	爾時世尊重說偈言: 菩薩依自身。 本願力清淨。 入三昧授位。 初地至十地。 諸佛人中尊。 神力作住持。	爾時世尊重說頌言: 世尊清淨願。 有大加持力。 初地十地中。 三昧及灌頂。

第參門　入心量地門

第八章　正觀緣起章

第18節　心量離言

18-1 外道亦說「因緣」理，此與佛說「因緣」理，有何區別？➡
解答：佛說因緣，即非因緣，是名因緣
請參閱 **43-13**

劉宋・求那跋陀羅譯《楞伽阿跋多羅寶經》	元魏・菩提流支譯《入楞伽經》	唐・實叉難陀與復禮等譯《大乘入楞伽經》
	【卷四・集一切佛法品第三之三】	
㊀爾時大慧菩薩摩訶薩復白佛言：世尊！佛說「緣起」，即是說(眾)「因緣」(法)，(都)不(是從)「自」(自力之體)說(的)道(理)。	㊀爾時聖者大慧菩薩摩訶薩復白佛言：世尊！如世尊(所)說「十二因緣」，(乃)從「因」(而)生「果」，(亦)不說(諸法是由)自心(的)「妄想分別」(所)見(自)力而生。	㊀爾時大慧菩薩摩訶薩復白佛言：世尊！佛說「緣起」，是由(眾因緣所)「作」(而生)起，(而)非「自體」(自力之體的自然生)起。 (自體生=自生=獨自的體性而生)
㊁ 世尊！外道亦說「因緣」，謂：(諸法皆由) 「勝(pradhāna 勝性)、 　自在(īśara 自在天)、 　時(kāla)、 　微塵(aṇu)」生， 如是(等)諸性(法而)生。	㊁世尊！若爾，外道亦說從「因」(而)生「果」。世尊！(但)外道說言： (諸法皆)從於： 「自性(pradhāna 勝性)、 　自在天(īśara)、 　時(kāla)、 　微塵(aṇu)」等(為)因， (而)生一切法。	㊁ 外道亦說： (諸法由) 「勝性、(pradhāna 勝性) 　自在(īśara 自在天)、 　時(kāla)、 　(神)我、 　微塵(aṇu)」 (而)生於諸法。
然世尊所謂(由眾)「因緣」(而)生諸性(法的)言說(教義)。	如來(好像)亦說(相同的道理)，(也是)依於(眾)「因緣」而生諸	今佛世尊但以「異名」說(而)作「緣起」(之義)。

（佛理與外道理究竟是） 有間(有分別)悉檀(siddhānta 宗 　義;教理;成就)？ 無間(無分別)悉檀？	法，而不說有(獨)自(即能)建立(之)法(啊)！	非義有「別」(並非與外道所說的 義理有別嗎)？

18-2 外道不解世尊的「此有故彼有，此無故彼無」之論。→ 解答：佛說「此有」亦非真實有，佛說「此無」亦非真實無，「有」與「無」盡皆是「假名」也

劉宋·求那跋陀羅譯 《楞伽阿跋多羅寶經》	元魏·菩提流支譯 《入楞伽經》	唐·實叉難陀與復禮等譯 《大乘入楞伽經》
❶世尊！外道亦說(從)「有、無有」生。	❶世尊！外道亦說，從於「有、無」而生諸法。	❶世尊！外道亦說以「作者」故，(更能)從「無」(而)生「有」。
(外道認爲➡)世尊亦說(從)「無」(而)「有」生，生已(又還)滅。	(外道認爲➡)世尊說言：諸法本「無」，依「因緣」(而)生，生已(又)還滅。	(外道認爲➡)世尊亦說以「因緣」故，一切諸法本「無」而(有)生，生已(又)歸滅。
❷(又)如世尊(之)所說：(從)「無明」(而)緣「行」，乃至「老死」(之理)。	❷(如)世尊(之所)說：從「無明」(而)緣「行」，乃至於(緣)「有」。(又)依「眼識」等(而能)生(出)一切法。	❷如佛(之)所說：(從)「無明」(而)緣「行」，乃至「老死」(之理)。 (註:外道認爲佛的「十二因緣」乃從「無明」生起，「無明」就是諸法本「無」之意，所以「十二因緣」亦是從「無」而生起，這與外道之教法應該是相同的啊！)
❸(外道認爲➡)此是世尊(之)「無因」(從無而生有之「無因生」)說，(並)非(屬於)「有因」(之)說。	❸(外道認爲➡)如世尊(之所)說，亦有諸法(從)「無因」而生(從無而生有之「無因生」)。何以故？	❸(外道認爲➡)此說(就是一種)「無因」(從無而生有之「無因生」)，(並)非說(爲)「有因」(之理)。

㊵(外道認爲➜)世尊(曾)建立(而)作如是說：『此有故彼有』。(所以佛所教的法義,並)非(是)建立(在次第上的一種)「漸生」(論)。 (外道誤將佛的法義當了「同時生成」的理論,並認爲「同時生成」理論是不能成立的)	㊵(外道認爲➜佛所教之理乃)不從「因」生,(屬於)「一時」(同時而生,並)無(次第之)前後,以因「此法」(而)生「此法」。 (因爲)世尊(曾)自說：『因虛妄因法,生此法』,(所以佛所教導的法義並)非(是由)「次第」(而)生故。	㊵(外道認爲➜)世尊說言：『此有故彼有』,若(於)「一時」(同時而)建立,(則並)非(是屬於)「次第相待」者,(故)其(世尊所說的「同時生成」之)義(並)不(能)成(立)。 (外道誤將佛的法義當了「同時生成」的理論,並認爲「同時生成」理論是不能成立的)
㊄(所以)觀外道(之)說(則較爲殊)勝,(此)非如來(法教可比)也。所以者何？	㊄世尊!若爾,外道(的)說法(則較爲殊)勝,而如來(法教反而)不如。何以故？	㊄是故外道(之)說(較爲殊)勝,(此)非如來(法教可比)也。何以故？
㊅世尊!外道(所)說(的)「因」,(皆能)不從「緣生」而(仍)有所生(的)。	㊅世尊!外道(所)說(的)「因」,(於)「無因緣」(中反更)能生(出)果(來)。	㊅外道(所)說(的)「因」,(皆能)不從「緣生」而(仍)有所生(的)。
㊆(外道認爲➜)世尊(所)說(的法是)： 觀因(而)有事(bhāva 果), 觀事(而)有因。 sāmagrī(因果和合)-parīkṣā(觀) bhāva 的梵文有多種解釋,如「果、事、物、法、體……」等。 如是(佛所說之)因緣(是)「雜亂」(的),如是展轉(則會成爲)「無窮」(生的一種過失)。 (註:外道認爲佛所說的:「因依待於果,果依待於因」是指「有真實的因」生起,或「有真實的果」生起,這樣就會造成	㊆(外道認爲➜)如來(所)說(的)法(是)： 因亦「依」果, 果亦「依」因。 若爾,因緣(就會成爲)「無因、無果」(之義)。 世尊!若爾,彼(與)此(的)「因果」(即會)展轉(發展成爲)「無窮」(生的一種過失)。 ㊇世尊說言:『從此法生	㊆(外道認爲➜)世尊所說(的法是)： 果(依)「待」於因, 因復(又依)「待」於因。 (若因與果是)如是(的)展轉(下去),(即)成(爲)「無窮」(生的一種)過(失)。 ㊇又(佛所說之)『此有故彼

「展轉無窮而生」的過失。	彼法』。	有』者。
其實佛講的「因果相生」道理是：		
1 非於因中「一定有果」。	若爾，「無因生」（從「無」而生「有」之「無因生」）法。	則（屬於）「無有因」（從「無」而生「有」之「無因生」）。
2 非於因中「一定無果」。		
3 非於因中「亦有果亦無果」。		
4 非於因中「非有果非無果」。		
※ 「因」與「果」是「不自生、不他生、不共生、不無因生」及「不一不異」的關係。		
※ 「因」與「果」皆是「眾緣而起」，故「因」與「果」皆屬「無自性」。		
※ 「因」與「果」既屬「無自性」，如此就不會有「真實的因生」或「真實的果生」，也不會有「展轉無窮而生」的過失了。）		

bhāla . 956

bhāva 男 生成すること，生起すること，起ること；
（一゜）に変わること，（匎）に変形すること；在るこ
と，存在；永続，存続；［一゜-tā ならびに -tva の
ように 匝 を形成する］…である状態；あることま
たは成ること［動 の抽象的基礎概念，抽象名詞の表
わす意味，非人 复（囲 pacyate）に見られる意味］；
振舞，行状；状態，状況；階級，地位；（占星術にお
ける）（遊星の）視座；真の状態，真実［一゜ 副 実
際に］；あり方，性質；心境，性向，気質；考え方，
思想，意見，心情，感情；情緒［修辞 において八
種または九種の根本的の bhāva を数える，これは
rasa すなわち 情趣の数と一致する］；想定；意義，
趣旨［iti ～ḥ は常に ity arthaḥ または ity abhiprā-
yaḥ のように註釈者によって説明の最後に用いら
れる］；愛情，愛；情緒の所在，心臓，精神；物，
事物；実在，生類；思慮ある人［戯曲：呼 旦那様
（とくに劇場の支配人を呼ぶのに用いる）］；占星術上
の宿または宮（天を十二人するものの一つ）；漢訳 有，
有性，有法 有分，有果；本，性，法，体，自体
有体，物体，法体；身，事，物，事物，事用；資生
具 Abh-vy., Bodh-bh., Bodh-c., Cat-ś., Laṅk.,
Madhy-bh., Madhy-v., Madhy-vibh., Mvyut.,
Nyāy-pr., Saddh-p., Sāṃkhy-k., Sapt-pr., Sūtr.；
意，心 Bodh-bh., Divy., Sūtr.：～ena praviśati
能正悟入，此理得入 Madhy-bh. 63.；一゜作，
性，為，成，得 Abh-vy.；（複）諸法，万物，諸体
Madhy-v. →a～，ātma～，āmukhī，āvir～，
bhikṣu～．～o ～ṃ nigacchati 類をもって集ま
る．～ṃ dṛḍhaṃ Kṛ 固い決心をする．～ṃ Kṛ
または Bandh （匎）に対して愛情を抱く．～ṃ
amaṅgalaṃ Kṛ （匎）に対して悪意を抱く．～ṃ
pāpakaṃ Kṛ ［同上］．anyaṃ ～m āpadyate 死
ぬ．圓 ～ena まことに．

18-3 因緣和合而生諸法，非「無因生」，亦非「有因生」，無「能
取、所取」，「緣起」乃「性空」也

劉宋・求那跋陀羅譯《楞伽阿跋多羅寶經》	元魏・菩提流支譯《入楞伽經》	唐・實叉難陀與復禮等譯《大乘入楞伽經》
⑤佛告大慧：我非「無因說」及「因緣雜亂」，(我雖)說：『此有故彼有者』， (但諸法的能)攝、所攝(取)，(皆)非性(非真實之法)， (我能)覺(知諸法皆是)「自心現量」。 (外道抓著「有、無」不放，認為「此有故彼有」就是指「同時、一時生」的意思。外道一旦抓住「有、無」，就會衍生出「能有&所有」的問題了)	⑤佛告聖者大慧菩薩摩訶薩言：大慧！我今當說，因「此法」生「彼法」，(此乃)不同(於)外道所立(的)因果。(外道認為)「無因之法」亦從「因生」，我不如是(而說)。我說諸法(是)從(眾)「因緣」生，非「無因緣」，亦不「雜亂」，亦無「展轉無窮」之過(過失罪惡)。何以故？(諸法皆)以無「能取、可取」法故。大慧！外道不知(皆由)「自心」見故。	⑤佛言：大慧！我了諸法(皆)「唯心所現」， (諸法皆)無「能取、所取」， (我)說：『此有故彼有』，非是(為)「無因」(無因生)及(展轉無窮之)「因緣」過失。
⑥大慧！若(外道於諸法的能)攝、所攝(取)，(生)計著(計量執著)，(亦)不覺「自心現量」。	⑥(外道)執著「能取、可取」之法，不知不覺(此)唯「自心」(所)見(的)內外法故。	⑥大慧！若(外道)不了諸法(是)「唯心所現」，計有「能取」及以「所取」。
⑦(外道執著)外境界(是)「性(有)、非性(無)」，彼(外道)有如是過(過失罪惡)，(此)非我(所)說(的)「緣起」(之理)。	⑦大慧！彼諸外道不知「自心」內(所現的)境界，故見「有、無」物，是故外道有如是過(過失罪惡)，非我(的法教有)過(失)也。	⑦(外道)執著外境(的)「若有、若無」，彼有(如)是(之)過(失)，(此)非我所說(之「緣起」理)。
⑧我常說言：「因緣和合」而生諸法，(故諸法並)非「無因生」。	⑧我常說言：「因緣和合」而生諸法，(故諸法並)非「無因生」。	
(註：諸法乃「眾因緣而生」，故諸法乃非「無因生」，亦非「有因生」，亦即		

諸法是「不自生、不他生、不共生、不無因生」也。)		

18-4 有「言說名詞」必有其「諸法存在」是錯誤的理論

劉宋·求那跋陀羅譯《楞伽阿跋多羅寶經》	元魏·菩提流支譯《入楞伽經》	唐·實叉難陀與復禮等譯《大乘入楞伽經》
㊀大慧復白佛言：世尊！非(豈非有)「言說」(就)有性(法)？(必會)有一切性(法)耶？ ㊁世尊！若無性(法)者，「言說」(則)不生。 是故(只要有)「言說」(就會)有性(法)，(及)有一切性(法)？	㊀大慧復言：世尊！(只要)有「言語說」，(則必)應有「諸法」(存在吧)？ ㊁世尊！若無「諸法」者，(則)應不說(有)「言語」。 世尊！是故(只要是)依「言說」(的)應(該必)有「諸法」(的存在吧)？	㊀大慧菩薩復白佛言：世尊！(凡)有「言說」故，必有「諸法」(的存在吧)？ ㊁若無「諸法」(的存在)，(那)「言」(又)依何(而)起？

18-5 「兔角、龜毛、石女兒」等諸名詞言語，不代表其真有「角、毛、女兒」

劉宋·求那跋陀羅譯《楞伽阿跋多羅寶經》	元魏·菩提流支譯《入楞伽經》	唐·實叉難陀與復禮等譯《大乘入楞伽經》
㊀佛告大慧：(就算是)無性(法)而(仍能)作「言說」(的)。謂「兔角、龜毛」等，世間(皆)現「言說」。	㊀佛告大慧：亦有「無法」而(能)說(的)「言語」。謂「兔角、龜毛、石女兒」(vandhyā 新譯作「虛女」。《四分律行事鈔資持記·卷中二之一》云：「石女者，根不通淫者」故無子也。亦喻如龜毛兔角之理)」等，於世間中而有「言說」。	㊀佛言大慧：雖無「諸法」亦有(能說的)「言說」。豈不現見「龜毛、兔角、石女兒」等，世人於中皆(生)起「言說」。

<table>
<tr><td>（貳）大慧！（例如兔角等皆是）「非性（非有）、非非性（非非有）」，但（亦有）「言說」耳。</td><td>（貳）大慧！彼兔角（乃）「非有、非無」，而說「言語」。</td><td>（貳）大慧！彼（兔角等皆是）「非有、非非有」，而（亦）有「言說」耳。</td></tr>
<tr><td>（參）如汝所說：（凡有）「言說」（則必定）有性（法）、（必）有一切性（法）者，汝論則（已被破）壞。</td><td>（參）大慧！汝言：以有「言說」（必）應有「諸法」者，此義已破（解）。</td><td>（參）大慧！如汝所說：有「言說」故（必）有「諸法」（的存在）者，此論則（已被破）壞。</td></tr>
</table>

18－6 「言語說法」只是順入心而起也。有九種國土皆無「言語說法」的例證，故禪宗常效此而修

劉宋・求那跋陀羅譯《楞伽阿跋多羅寶經》	元魏・菩提流支譯《入楞伽經》	唐・實叉難陀與復禮等譯《大乘入楞伽經》
大慧！（並）非（所有）一切（的）剎土（皆必）有「言說」（方式來顯法）。 （所謂）「言說」者，（只）是「作」（假施設、假作）耳。	大慧！（並）非（所有）一切（的）佛國土（皆必有）「言語」（方式的）說法，何以故？ 以諸「言語」唯（只）是「人心」（的）「分別說」故。 是故大慧！	大慧！（並）非一切（的）佛土皆（必）有「言說」（方式來顯法）。 （所謂）「言說」者，（只是一種）「假安立」耳。 （高階的眾生都是用「意念」在溝通，低階的眾生才會使用文字、言說、文法、寫論文……等方式） 大慧！
❶或有佛剎（以）「瞻視」（而）顯法。	❶有佛國土（以）「直視不瞬，口無言語」，名為說法。	❶或有佛土（以）「瞪視」（而）顯法。
❷或有（以）「作相」（而顯法）。	❷有佛國土（以）「直爾示相」，名為說法。	❷或現（以）「異相」（而顯法）。
❸或有（以）「揚眉」（而顯法）。	❸有佛國土但（以）「動眉相」，名為說法。	❸或復（以）「揚眉」（而顯法）。
❹或有（以）「動睛」（而顯法）。	❹有佛國土唯（以）「動眼相」，名為說法。	❹或（以）「動目睛」（而顯法）。
❺或（以）「笑」（而顯法）。	❺有佛國土（以）「笑」，名（為）	❺或（以）示「微笑」（而顯法）。

	說法。	
❻或(以)「欠」(打呵欠)。 (vijṛmbhita。此梵字有多種意思:①欠呿、②嚬呻、③嚬呻欠呿。或「欠呿」只作「打呵欠」解,而「嚬呻」只作「伸懶腰」解。或「嚬呻欠呿」同時作「伸懶腰」和「打呵欠」解。有時「頻申」也譯作「奮迅、威武」之意,有時「頻申」也等同「顰蹙」之義)	❻有佛國土(以)「欠呿s 」,名(為)說法。	❻(或以)「嚬呻」(而顯法)。
❼或(以)「謦ㄑㄧㄥˇ 欬ㄎㄞˋ 」(而顯法的刹土)。 (也許「欠呿、謦欬」二個名詞可能是照地球人類的「習性」來說的「名詞」,說不定他方眾生看我們人類的這二種「動作」,並不是叫作「打呵欠」與「咳嗽」)	❼有佛國土(以)「咳」(咳嗽),名(為)說法。	❼(或以)「謦ㄑㄧㄥˇ 欬ㄎㄞˋ 」(咳嗽)。
❽或(以憶)「念」(而顯法的)刹土。 ❾或(以身體的)「動搖」(而顯法)。	❽有佛國土(以憶)「念」,名(為)說法。 ❾有佛國土(以)「身」(體的動搖),名(為)說法。	❽(或以)「憶念」(而顯法)。 ❾(或以身體的)「動搖」(而顯法)。 以如是等(九種方式)而顯於法。 (在其餘佛刹土,要顯現法義時,都不一定需要採用語言的)

vi-ṣṛmbh, ... ṛmbh

vi-jṛmbha 男（一）眉をひそめること

vijṛmbhaka 男 [ある Vidyādhara の名].

vijṛmbhaṇa 囲 あくび；開花，吹くこと，展開.

vijṛmbhā 女 ⬛⬛ 呵 Mvyut.

vi-jṛmbhikā 女 喘ぐこと，あくび.

vi-jṛmbhita 過受分 あくびした，開いた. 囲 あくび；
頭われ，結果；(vīra- とともに 一°) 行為：⬛⬛威，
奮迅；欠，欠呿 頓呻 頻申 頻申欠呿 ⬛⬛
尾日林毘多 Gaṇḍ-vy., Guhy-s., Lal-v., Laṅk.,
Mvyut., Saddh-p.

vijṛmbhya, ⬛⬛ 奮迅 Laṅk.

vi-jetṛ 男 征服者，勝利者；⬛⬛ 勝，大勝，能勝，
能降伏，普能降伏，尊勝者 Bodh-bh., Mvyut.,
Sūtr.

18-7 「不瞬世界、香積世界、普賢如來」等三國土，以「目不暫瞬」而證「無生法忍」及「諸勝三昧」

劉宋・求那跋陀羅譯《楞伽阿跋多羅寶經》	元魏・菩提流支譯《入楞伽經》	唐・實叉難陀與復禮等譯《大乘入楞伽經》
㊀大慧！如「瞻視」(不瞬世界)及「香積世界、普賢如來國土」。	㊀大慧！如「無瞬世界」及「眾香世界」，於「普賢如來」應正遍知。	㊀大慧！如「不瞬世界、妙香世界」及「普賢如來佛土」之中。
但以「瞻視」，令諸菩薩得「無生法忍」及「諸勝三昧」。	彼菩薩摩訶薩觀察如來「目不暫瞬」，得「無生法忍」，亦得「無量勝三昧法」。	但「瞪視不瞬」，令諸菩薩獲「無生法忍」及「諸勝三昧」。
㊁是故非「言說」(就必)有性(法)、(必)有一切性(法)。	㊁是故大慧！汝不得言有「言語說」應(必)有「諸法」。	㊁大慧！非由「言說」而(必)有「諸法」。
㊂大慧！見此世界(之)「蚊、蚋、蟲、蟻」，是等眾生，(以人類的角度來看雖)無有「言說」，而(仍)各(能成)辦	㊂大慧！如來亦見諸世界中一切「微蟲、蚊、蛇、蠅」等眾生之類，(以人類的角度來看彼等眾生雖)不說「言	㊂(於)此世界中(之)「蠅、蟻」等蟲，(以人類的角度來看彼等眾生)雖無「言說」，(而仍能)成(辦)自事故。

(諸)事(的)。	語」,(但仍可)共作自事,而得成辦(諸事的)。	

18-8 偈頌內容

劉宋·求那跋陀羅譯《楞伽阿跋多羅寶經》	元魏·菩提流支譯《入楞伽經》	唐·實叉難陀與復禮等譯《大乘入楞伽經》
爾時世尊欲重宣此義而說偈言:	爾時世尊重說偈言:	爾時世尊重說頌言:
如虛空兔角。及與槃大子。無而有言說。如是性妄想。因緣和合法。凡愚起妄想。不能如實知。輪迴三有宅。	如虛空兔角。及與石女兒。無而有言說。如是妄分別。因緣和合法。愚癡分別生。不知如實法。輪迴三有中。	如虛空兔角。及與石女兒。無而有言說。妄計法如是。因緣和合中。愚夫妄謂生。不能如實解。流轉於三有。

槃大子 (石女兒)

(1)「槃大子」(bandhyā-putra 或 vandhyā-putra)。比喻如龜毛兔角之虛幻不實。《楞伽阿跋多羅寶經·卷二》云:「**如虛空兔角,及與槃大子,無而有言說,如是性妄想,因緣和合法,凡愚起妄想,不能如實知,輪迴三有宅。**」

(2)「bandhyā-putra」一詞,於四卷之《楞伽阿跋多羅寶經》譯之為「槃大子」,係採前半「音譯」,後半「意譯」之譯法。而七卷之《大乘入楞伽經》則譯之為「石女兒」,係屬整個名詞之意譯。如《翻譯名義集·卷二》云:「**扇提羅,此云石女,無男女根故。槃大子,此出楞伽,若大乘入楞伽,則云石女兒。**」

(3)「石女兒」新譯作「虛女」。《四分律行事鈔資持記·卷中二之一》云:「**石女者,根不通淫者**」故無子也。

第19節 幻性唯心

19-1 聖人亦見「世間迷惑之法」諸相，然無「顛倒之心」也。彼「惑亂迷相」乃「非有非無」也

劉宋·求那跋陀羅譯 《楞伽阿跋多羅寶經》	元魏·菩提流支譯 《入楞伽經》	唐·實叉難陀與復禮等譯 《大乘入楞伽經》
㊀爾時大慧菩薩摩訶薩復白佛言：世尊！(所謂)「常聲」(之語義)者，(為)何事(而)說？	㊀爾時聖者大慧菩薩摩訶薩復白佛言：世尊！世尊(所)說(的)「常語」(之)法，依何等法(而)作如是說？	㊀爾時大慧菩薩摩訶薩復白佛言：世尊所說「常聲」(之語義)，(此乃)依何處說？
㊁佛告大慧：(此)為「惑亂」(造成)。	㊁佛告聖者大慧菩薩言：大慧！(此乃)依「迷惑法」，(故)我說為(有)「常」(法)。何以故？	㊁佛言：大慧！(此乃)依「妄法」(而)說。
以彼「惑亂」(法)，「諸聖」亦現(而見之)，而(聖人已)非「顛倒」(心)。 (若見諸相非相，即見如來。 當然還是有「見」到諸相的啊)	大慧！聖人亦(能)見「世間迷惑法」，(但已)非「顛倒心」。	以諸妄法，聖人(亦)示現(見之)，然(聖人已)不「顛倒」(心)。
㊂大慧！如「春時燄、火輪、垂髮、犍闥婆城、幻、夢、鏡像」。世間(人見之皆生)「顛倒」(解)，(此)非「明智」(有智慧者)也；然(諸幻相亦)非「不現」(如是「迷妄之相」並非都不會現在聖者之前)。	㊂大慧！譬如「陽焰、火輪、毛輪、乾闥婆城、幻、夢、水中月、鏡中像」。世間非智慧者見有諸像(而生)「顛倒見」故，「有智慧者」(見之而)不生分別。(有智者並)非(完全)不見「彼迷惑之事」。	㊂大慧！譬如「陽燄、火輪、垂髮、乾闥婆城、夢、幻、鏡像」。「世無智者」(對之)生「顛倒解」，有智(者)不然(指不會生顛倒解)；然非「不現」(如是「迷妄之相」並非都不會現在聖者之前)。
㊃大慧！彼「惑亂」(法)者，有種種(相顯)現，(但對愚	㊃大慧！有智慧者見彼種種「迷惑之事」，不生「實	㊃大慧！(當)「妄法」(顯)現時，(具有)無量差別，然

者來說亦)非(將)「惑亂」(法視)作(是完全)「無常」(之義)。所以者何?謂(諸惑亂迷相乃)離「性」(有)、非性(無)故。 (惑亂法對愚者來說,是「恒常」存在的,就像見到「陽焰、火輪、毛輪、乾闥婆城、幻、夢、水中月、鏡中像」,此對愚者來說,是「恒常」存在的,所以也不能將這些「惑亂法」當作是完全的「無常」現象看待,但對智者來說,「惑亂法」就是一種顛倒心所見)	心」(真實存有之心)。何以故?(諸惑亂迷相乃)離「有、無」法故。	(對愚者來說亦)非(屬於)「無常」。何以故?(因為諸惑亂迷相乃)離「有、無」故。

「惑亂迷法」對智者而言乃非「顛倒」、非「不顛倒」。對愚者而言「惑亂迷法」乃為「常性」也

劉宋・求那跋陀羅譯《楞伽阿跋多羅寶經》	元魏・菩提流支譯《入楞伽經》	唐・實叉難陀與復禮等譯《大乘入楞伽經》
壹大慧!云何離「性」(有)、非性(無)惑亂?謂一切愚夫(執取)種種境界故。 如彼恒河,餓鬼(有)見(水)、不見(水的區別)故。	壹佛復告聖者大慧菩薩言:大慧!云何「迷惑法」(是)離於「有、無」?謂諸愚癡凡夫,見有種種境界。如諸餓鬼(於)大海恒河(中有)見水、不見(水的區別)。	壹云何離「有、無」?一切愚夫(作)種種(錯)解故。 如(於)恒河水,有見(水)、不見(水的區別),餓鬼(則)不見(水)。 (餓鬼因業力感召,所以不見水,只見火、灰、膿血、便利等諸相)
貳(惑亂諸法對聖者來說是)無(真實的)惑亂性,(但這些惑亂法能)於(其)餘(愚夫眾人前顯)現故,(也)非(是完全)無性。	貳大慧!是「迷惑法」,(對聖者來說)不得言「有」,(但對愚夫眾人來說亦)不得言「無」。大慧!(有)餘眾生(的業力感召下仍)見彼是「水」,故不得言無(水)。	貳(迷惑諸法對聖者來說)不可言「有」,(但對其)餘(愚夫眾人之)所見故,(則)不可言「無」。

劉宋・求那跋陀羅譯《楞伽阿跋多羅寶經》	元魏・菩提流支譯《入楞伽經》	唐・實叉難陀與復禮等譯《大乘入楞伽經》
如是「惑亂」（法），諸聖（者於此已）離「顛倒、不顛倒」。	大慧！「迷惑之事」亦復如是，（唯）以諸「聖人」（已能）離「顛倒見」故。	（唯）聖（者）於（此）「妄法」，（已）離「顛倒見」。
㊟是故（愚夫將）「惑亂」（法視爲永恒的）"常"，謂（惑亂諸）相（其）相（是永恒存在的）「不壞」故。	㊟大慧！（愚夫）言「迷惑法」（是永恒的）"常"者，（因爲愚夫眾生）以（種種妄）想「差別」（分別心）故。	㊟大慧！（愚夫視）「妄法」是（永恒的）"常"，（並認爲惑亂諸）相（是永恒存在）不（變）異故。（愚夫執著「萬法」是「恒常」的，因爲他們沒有「無常」的概念）
㊟大慧！（對智者來說，並）非「惑亂」（法有）種種相（的差別相），（但愚夫生起）「妄想」相壞（又將惑亂諸相當作有變易與消壞）。	㊟大慧！因「迷惑法」，（愚夫便又）見（有）種種相，而「迷惑法」（對智者來說本來就是）不「分別、異差別」。（此指迷惑法本來就是「無有分別、無有相異」的區別）	㊟（對智者來說，並）非諸「妄法」（是）有「差別相」（的），（但愚夫眾生皆）以「分別」（心）故，而（又認爲妄法皆）有「別異」（差別變異相）。（愚夫有分別心，所以看出去的「萬法」都是有「差別變異」的。而聖者無有分別心，所以看見的「萬法」則無有差別）
㊟是故（愚夫將）「惑亂」（法視爲永恒的）"常"。	㊟是故大慧！（愚夫將）「迷惑法」（視爲永恒的）"常"。	㊟是故（愚夫將）「妄法」其體（視爲）是（永恒的）"常"。
註：《大方廣佛華嚴經不思議佛境界分》云：眾生之類，隨其自業，各見不同，如是如是，無量變異。譬如「餓鬼」，飢渴所逼，於殑伽河邊。或有見水、或有見灰、或見膿血、或見便利，不淨充滿，如是如是！		

19-3 聖者對「惑亂之法」無有「少分妄想」之生起，亦不生起「顛倒覺」與「非顛倒覺」，二覺皆不生

劉宋・求那跋陀羅譯《楞伽阿跋多羅寶經》	元魏・菩提流支譯《入楞伽經》	唐・實叉難陀與復禮等譯《大乘入楞伽經》
㊀大慧！云何（將）「惑亂」（法視爲是）「真實」？若復（乃由諸）因緣（之變化），諸聖（者）於此「惑亂」（法中已）不（生）起顛	㊀大慧！云何（將）「迷惑法」名之為（是）「實」？以諸聖人（於此）「迷惑法」中（已）不生（起）「顛倒心」，亦不生（起）	㊀大慧！云何而得（將）「妄法」（視爲是）「真實」？謂：諸聖者於「妄法」中（已）不（生）起「顛倒、非顛倒」覺。

倒覺」、(及)非「不顛倒覺」。	「實心」(非顛倒心)。	(愚夫對妄法生「顛倒覺」, 智者對妄法生「不顛倒覺」,而更高的聖人對妄法則是二覺都不生,不生「顛倒覺、不顛倒覺」)
(貳)大慧!除諸聖(者之外),(若)於此「惑亂」(法)有「少分」(妄)想(生起時),(則已)非(為)「聖智」(之)事相。	(貳)大慧!而諸聖人見彼「迷惑法」(後),(若仍生)起「少心」(妄)想(者),(則)不生「聖智」(之)事相。	(貳)若於「妄法」有(生起)「少分」(妄)想(者),則(已)非「聖智」(之事相)。
(參)大慧!凡有(生起少分妄想)者,(當知即是)愚夫(之)妄說,(此乃)非聖(者之)言說。	(參)大慧!(若於「迷惑法」中生)起少(分妄)想者,(即)是謂(為)凡夫,(此已)非謂(為)聖人(之言說)。	(參)(若於「妄法」中)有少(分妄)想(生起)者,當知則是(為)愚夫(之)戲論,(此已)非聖(者之)言說。

19-4 由「顛倒」與「非顛倒」,故能生「聖(智者)種性」與「凡夫種性」二類之種性

劉宋·求那跋陀羅譯 《楞伽阿跋多羅寶經》	元魏·菩提流支譯 《入楞伽經》	唐·實叉難陀與復禮等譯 《大乘入楞伽經》
(壹)(若於)彼「惑亂」(法)者,(生)「倒(顛倒)、不倒(非顛倒)」妄想(之分別)。(則生)起二種(的)「種性」。謂: ①聖(智者之)種性及 ②愚夫種性。 (貳)聖(智者)種性者,(有)三種分別,謂: 聲聞乘(srāvskayāna-gotra)、 緣覺乘(pratyekbuddha-gotra)、 (一)佛乘(buddha-gotra)。	(壹)大慧!(若去)分別彼「迷惑亂法」(為)「顛倒、非顛倒」者,(則)能生二(類之)「種性」。何等二種? 一者能生「凡夫性」。 二者能生「聖人性」。 (貳)大慧!彼「聖人性」者,能生三種差別之性,所謂:「聲聞、辟支佛、佛國土」差別性故。	(壹)大慧!若(去)分別「妄法」是「倒(顛倒)、非倒(非顛倒)」,彼則(將)成就二種(之)「種性」。謂: ①聖(智者之)種性。 ②凡夫(之)種性。 (貳)大慧!聖(智者)種性者,彼復(分)三種,謂:「聲聞、緣覺、(一)佛乘」別故。

19-5 為何愚者在分別「迷惑之法」時能生起「聲聞乘種性」?

劉宋・求那跋陀羅譯 《楞伽阿跋多羅寶經》	元魏・菩提流支譯 《入楞伽經》	唐・實叉難陀與復禮等譯 《大乘入楞伽經》
⑤云何「愚夫」(在)妄想(分別之後仍能生)起「聲聞乘種性」? ⑥謂:(聲聞乘種性即是於諸法的)「自、共」相計著(計量執著),(生)起「聲聞乘種性」,(此)是名(在)「妄想」(分別之後仍能)起「聲聞乘種性」。	⑤大慧!云何「毛道」凡夫(在)分別「迷惑法」(後),而(仍)能生彼「聲聞乘性」? ⑥大慧!所謂(聲聞乘種性即是)執著彼「迷惑法」(之)「自相、同相」,能成「聲聞乘性」。大慧!是名(由)「迷惑法」(仍)能生、能成「聲聞乘性」。	⑤大慧!云何愚夫(在)分別「妄法」(後仍能)生「聲聞乘種性」? ⑥所謂(聲聞乘種性即是)計著(計量執著於諸法的)「自相、共相」。

19-6 為何愚夫在分別「迷惑之法」時能生起「緣覺乘種性」?

劉宋・求那跋陀羅譯 《楞伽阿跋多羅寶經》	元魏・菩提流支譯 《入楞伽經》	唐・實叉難陀與復禮等譯 《大乘入楞伽經》
⑤大慧!即(於)彼「惑亂」(法)妄想(分別之後仍能生)起「緣覺乘種性」? ⑥謂:(緣覺乘種性)即(於)彼(執著)惑亂(法之)「自、共」相(之時),(能進一步)不親(近慣鬧)計著(計量執著於自、共相),(因此能生)起「緣覺乘種性」。	⑤大慧!云何「愚癡」凡夫(在)分別「迷惑法」(後),而(仍)能生彼「辟支佛乘性」? ⑥大慧!所謂:(緣覺乘種性在)執著彼「迷惑法」(之時),(能進一步)觀察諸法(之)「自相、同相」,不樂(於)「慣鬧」,(故)能生「辟支佛乘性」。 大慧!(此)是名(由)「迷惑法」(仍)能生、能成「辟支佛	⑤大慧!何謂復有愚夫(在)分別「妄法」(後仍能)成「緣覺乘種性」? ⑥謂:(緣覺乘種性)即(是在)執著(諸法的)「自、共」相(之)時,(能進一步遠)離於「慣鬧」。

	乘性」。	

19-7 為何「智者」在分別「迷惑之法」時卻能生起「佛乘種性」？

劉宋・求那跋陀羅譯《楞伽阿跋多羅寶經》	元魏・菩提流支譯《入楞伽經》	唐・實叉難陀與復禮等譯《大乘入楞伽經》
⑤云何「智者」即(於)彼「惑亂」(法分別之後仍能生)起「佛乘種性」？ ⑥謂：覺(悟諸法皆由)「自心」(之)現量，(於)外(法之)「性」(有)、非性(無)，不(生起)妄想相，(唯生)起「佛乘種性」。 (此)是名即(於)彼「惑亂」(法而生)起「佛乘種性」。	⑤大慧！云何「智者」即(在)分別彼「迷惑之法」(後)，(而仍)能生「佛乘性」？ ⑥大慧！所謂：見彼「能見、可見」，唯是「自心」(分別所見)，(因此)而不分別「有、無」法故。 大慧！如是觀察「迷惑之法」(後)，(即)能生、能成(就)「如來乘性」。 ⑦大慧！(此)如是名為(聖種性及愚夫種)性(二類之)義。	⑤大慧！何謂「智人」(在)分別「妄法」(後)而(能)得成就「佛乘種性」？ ⑥所謂：(智者能)了達一切唯是「自心」分別所見，(故)無有外法。

19-8 愚癡凡夫分別「迷惑之法」時能生起「生死流轉乘之種性」。「迷惑之法」乃非「真實」、亦非「不真實」

劉宋・求那跋陀羅譯《楞伽阿跋多羅寶經》	元魏・菩提流支譯《入楞伽經》	唐・實叉難陀與復禮等譯《大乘入楞伽經》
⑤又(於)種種事性，(因)凡夫(之)「惑想」(分別)，(於是生)起「愚夫種性」(愚夫生死流轉乘之種性)。	⑤大慧！何者一切「毛道凡夫」，即(於)分別彼「迷惑之法」(時)見(有)種種事，(於是)能生(出)「世間所有乘性」(世間生死流轉乘之種性)，(彼	⑤大慧！有諸「愚夫」，(在)分別「妄法」種種事物(時)。決定(諸法皆為)「如是」，(並)決定(其為)「不異」(已沒有別的其餘的意思)，此則(將)成就

(愚夫見妄法後，沒有覺悟，然後就以是「如是如是」之理而已，沒有別的其餘道理了。因此愚夫就會繼續在六道生死中輪迴)	愚夫)以觀察諸法(之)「如是」，(並以)如是(之)決定(而)「不異」(已沒有別的其餘的意思)。	「生死乘性」(生死流轉乘之種性)。
⑤彼(惑亂法)非「有事」(真實)、(亦)非「無事」(不真實)。(此)是名「種性」(愚夫生死流轉乘之種性)義。	⑤是故大慧！彼「迷惑法」(即是)「愚癡凡夫」虛妄分別(之)種種法體。大慧！彼「迷惑法」非是「實事」、(亦)非「不實事」。何以故？	⑤大慧！彼「妄法」中(之)種種事物，非「即是物」，亦非「非物」。 (妄法=非真實物、非非真實物) (妄法=非真、非假)

19-9 智者能轉「心、意、識、諸惡習氣、(三)自性、五法」等法，故名為「如如」(真如)

劉宋・求那跋陀羅譯 《楞伽阿跋多羅寶經》	元魏・菩提流支譯 《入楞伽經》	唐・實叉難陀與復禮等譯 《大乘入楞伽經》
⑤大慧！即(於)彼「惑亂」(法中)不「妄想」(分別)。諸聖(智者於此)「心、意、意識、過(失罪惡)習氣、(三)自性、(名、相、妄想、正智、如如五)法」(而作)「轉變」性，(即)是名為「如」。 (若能轉物，則同如來) (若能轉心意識，則同如來)	⑤大慧！「聖人」觀察彼「迷惑法」，(於中)不(作)虛妄(之)分別。是故聖人能轉「心、意、意識、身相」，離「煩惱習」故。是故聖人(若能)轉彼「迷惑法」，(即)名為「真如」。	⑤大慧！即(若將)彼「妄法」(入於)諸「聖智」者(時)，(即以此)「心、意、意識、諸惡習氣、(三)自性、(名、相、妄想、正智、如如五)法」(而作)「轉依」故，即說(若能轉)此「妄」(即)名為「真如」。
⑥是故說「如」，(即是)離(於一切)心(意識)。我說此(真如)句(時)，(為)顯示離(分別)想，即說「離一切想」。 (離一切相，則是真如) (離一切想，即是真如) (離一切心意識，即是真如)	⑥大慧！此名何等法？大慧！此名「真如」法，(即是)離(一切)分別法故。大慧！為此義故，我重宣說「真如法體」(乃)離(一切)分別法。(於)彼「真如」中，無彼「虛妄分別」法(之)故。	⑥是故「真如」(乃)離於(一切)「心(意)識」。我今明了顯示此(真如)句，(為)「離分別」者，悉離一切「諸分別」故。

19–10 「惑亂之法」乃「非有非無」也

劉宋·求那跋陀羅譯《楞伽阿跋多羅寶經》	元魏·菩提流支譯《入楞伽經》	唐·實叉難陀與復禮等譯《大乘入楞伽經》
㊀大慧白佛言：世尊！「惑亂」(法)為「有」？為「無」？	㊀大慧菩薩復白佛言：世尊！彼「迷惑法」為「有」？為「無」？	㊀大慧菩薩白言：世尊！所說「妄法」為「有」？為「無」？
佛告大慧：(皆)如幻！(皆)無「計著」(計量執著)相。若(有人於)惑亂(法中生)有「計著」相者，(則此人之)「計著」性(為)不可(轉)滅(之)。(其人的計量執著之心，不可再轉化)	佛告大慧：(於)彼迷惑法(中)「執著」種種相，故名「有」。大慧！彼「迷惑法」於妄想中若是(實)有者，(則)一切聖人皆應不離執著(其)「有、無」(之)虛妄法故。	佛言：(皆)如幻！(皆)無「執著相」故，若(有人)執著相體是(實)有者，(則此人之執著性)應不可(再)轉(滅之)。
㊁(若將「惑亂法」執著為「實有」，則十二)「緣起」(義)應如外道說(的)「因緣生法」。(➡外道之「因緣生法」皆有真實可生之因，及真實可得之緣起法，有能生與所生的相待法)	㊁大慧！(若將「迷惑法」執著為「實有」，則將)如外道說(的)「十二因緣」，有(能)從因生、不(能)從因生(的相待法產生)，此義亦如是。	㊁(若將「妄法」執著為「實有」)則諸(十二)「緣起」(義)，應如外道說(的變成有真實能生的)「作者」生。(十二因緣，無能生、無所生，假眾緣而生起，故十二因緣，亦是「性空」)

19–11 種種「幻事」大部份都從「他人的人力之功」與「明咒」而生起，「幻事」實「無自性」，乃愚夫心「迷惑」下的計量執著，所以「幻事」並不能生出「過失」與「罪惡」

劉宋·求那跋陀羅譯《楞伽阿跋多羅寶經》	元魏·菩提流支譯《入楞伽經》	唐·實叉難陀與復禮等譯《大乘入楞伽經》
㊀大慧白佛言：世尊！若「惑亂」(法)如「幻」者，復	㊀大慧言：世尊！若「迷惑法」(皆)如「幻」見者，此	㊀大慧又言：若諸「妄法」(皆)同於「幻」者，此則

當與「餘惑」作因？（→指「惑亂法」能生出另一個「惑亂法」，故此「惑亂法」即成為另一個「惑亂法」的生成之因也）	「迷惑法」（即是）異於（另一個）「迷惑」（異於「迷惑」→指另一個迷惑法」）？（並）以（此）「迷惑法」（而）能「生法」（→指「迷惑法」能生出另一個「迷惑法」嗎）故？	當與「餘妄」作因（此「妄法」當可成為另一個「妄法」的生起之因嗎）？（例如空中的毛輪相，已是虛假，然後再透過毛輪相而能生出更多的「陽焰相」嗎？）
㈡佛告大慧：非（幻事即為）「幻惑」（生起之）因，（幻事亦不）（生）起過（失罪惡）故。大慧！幻（事本）不（生）起過（失），（亦）無有「妄想」（分別）。（此指「幻事」乃實無自性，不可得；既不可得，故亦不能生出「其餘更多的幻事」，亦不能生出過失與罪惡）	㈡佛告大慧：大慧！非（此）「迷惑法」（而能）生煩惱過（失）。大慧！若不分別（於）「迷惑法」者，（則迷惑法並不）生諸過（失）。	㈡佛言：大慧！非（以諸）「幻事」為「幻惑」（生起之）因。以「幻」（乃）不生諸「過惡」（過失罪惡）故。以諸「幻事」（乃）無分別故。
㈢大慧！（人所見的）幻（事）者（大部份都）從他（人之功）、明（咒）處（而產）生，（幻事並）非（由）自（心）妄想（之）過（失罪惡）習氣處生（起），是故（諸幻事本）不（生）起（諸）過（失）。	㈢復次大慧！一切「幻法」（大部份都）依於「人功」（人力之功）、咒術」而生，非（由）自心分別煩惱而生。是故大慧！彼「迷惑法」（本）不生（起）諸過（失罪惡的）。	㈢大慧！夫（人所見之）「幻事」者，（大部份都）從「他（人之功）、明咒」而得生起，（幻事並）非（從）自（心）分別（的）過（失）習（氣）力（生）起，是故「幻事」（本）不生（起諸）過惡（過失罪惡的）。
㈣大慧！此（諸幻事乃）是愚夫心（迷）惑（的）計著（計量執著），（此）非（為）「聖賢」（之行）也。	㈣（此）唯是愚癡人（所）見（的）「迷惑法」故。大慧！愚癡凡夫執著（於）「虛妄微細之事」而生諸過（失），（此）非謂「聖人」（之行）。	㈣大慧！此「妄惑法」唯是愚夫心（之）所執著，（此）非諸「聖者」（之行）。

19—12 偈頌內容

劉宋‧求那跋陀羅譯	元魏‧菩提流支譯	唐‧實叉難陀與復禮等譯

《楞伽阿跋多羅寶經》	《入楞伽經》	《大乘入楞伽經》
爾時世尊欲重宣此義而說偈言：	爾時世尊重說偈言：	爾時世尊重說頌言：
聖不見惑亂。	聖不見迷惑。	聖不見妄法。
中間亦無實。	中間亦無實。	中間亦非實。
中間若真實。	迷惑即是實。	以妄即真故。
惑亂即真實。	實法決迷惑。	中間亦真實。
捨離一切惑。	捨離諸迷惑。	若離於妄法。
若有相生者。	若有相生者。	而有相生者。
是亦為惑亂。	即彼是迷惑。	此還即是妄。
不淨猶如翳。	不淨猶如翳。	如翳未清淨。

19－13 諸法並非是完全虛幻的不存在。諸法本「如幻」的道理，是從自心的「計量執著心」生起；並非是說見了「幻相」之後才說諸法是「如幻」的

劉宋・求那跋陀羅譯《楞伽阿跋多羅寶經》	元魏・菩提流支譯《入楞伽經》	唐・實叉難陀與復禮等譯《大乘入楞伽經》
㊀復次大慧！ (諸法並)非(是完全虛)幻(的不存在)， (諸法亦)無有「相似」(於「幻法」)。 (應)見一切法(本來就具有)如「幻」(的性質)。	㊀復次大慧！ 汝不得言「幻」是(完全虛)無故， (或說)一切諸法亦(是虛)無(不存在的)。 (應說諸法本來就具有)如「幻」(的性質)。	㊀復次大慧！ (應)見諸法(並)非(是完全虛)幻(的不存在)， (諸法亦)無有「相似」(於「幻法」)。 故(應)說：一切法(本具有)如幻(的性質)。
㊁大慧白佛言：世尊！ 為(對所見的)種種「幻相」(而先生出)計著(計量執著後)，(然後才)言：一切法如幻？ (這是指見了「幻相」才說「諸法如幻」→此說是錯的)	㊁大慧言：世尊！(是先因)為執著(於所見的)「諸法」(皆)如幻相故，(然後才)言：「諸法如幻」(的嗎)？ (這是指見了「幻相」才說「諸法如幻」→此說是錯的)	㊁大慧言：世尊！(是先因)為依(於)執著(其所見的)種種「幻相」，(然後才)言：一切法猶如幻耶？(→此說是錯的)

參(若)為異相(異於上述之相，則先生出)計著(計量執著心)，若(於)種種「幻相」(先生出)計著(計量執著心)，

(所以)言：一切性(法)如幻者？

(這是指諸法本如幻，都是從自心的「計量執著心」造成的→此說是正確的)

肆世尊！(既然)有性(法的存在)，(那就)不(可能永遠都是)「如幻」者(的啊)！所以者何？

(愚者是先見了空中的「毛輪相」，然後才說「諸法是如幻」的。正確應該說：自心先有了「分別、執著」的人，就會看見空中的「毛輪」相，因此「諸法是如幻」的)

伍謂：(既然能見)色種種相，(此為)「非因」(並非是完全無因而生)。

世尊！(不可能)無有因(完全沒有任何原因)；(而能令)色種種「相」(顯)現(出)「如幻」(的啊)！

陸世尊！是故無種種「幻相」計著(不是先對所見的種種幻相而生出計量執著)，(然後才說幻相是)相似(於)性(的，是)如幻

參(還是因)為(自心本來就是有)執著(心)，(所以)「諸法」(皆為)顛倒相，

故言：諸法如幻也？

(這是指諸法本如幻，都是從自心的「計量執著心」造成的→此說是正確的)

肆世尊！若執著(於)諸法(必定)如「幻相」者(的不存在的話)。世尊！(那就)不得言：一切法皆如幻相！
若執著(於)諸法(必定為)「顛倒相」(的不存在)故言「如幻」者，
(那亦)不得言：一切法如幻！
何以故？

伍世尊！色(既然)有種種(相貌存在)，(皆有)因(而)相見故(所以並非是完全「無」因而生的啊)。

世尊！(不可能)無有「異因」(完全沒有任何其餘的原因)；(而能令)色有「諸相」可見(且「如幻」(的啊)！

陸是故世尊！不得說言：(是先)執著(於所見的)諸法，(然後才說)一切如幻(的這種道理)。

參(若)為異(於上述之說，則先)依此執著(心而生出)「顛倒相」耶？若(因)依(此執著心而再去)執著種種「幻相」，
(所以)言：一切法猶如幻者？(→此說是正確的)

肆世尊！(並)非「一切法」悉皆如幻(的完全不存在)，何以故？

伍(既然能)見種種「色相」，(此為)「不無因」(並非是完全「無因」而生)故。

世尊！(不可能)都「無有因」(完全沒有任何原因)；(而能)令種種「色相」顯現(出)「如幻」(的啊)！

陸是故世尊！不可說言：(是先)依於執著(其所見的)種種「幻相」，(才)言：「一切法」與「幻」(是)「相似」(的)。

(的)。 (相似性如幻=相似法如幻)		

19-14 諸法不實，本無自性，如幻如閃電，均依「自心分別」而生起

劉宋・求那跋陀羅譯 《楞伽阿跋多羅寶經》	元魏・菩提流支譯 《入楞伽經》	唐・實叉難陀與復禮等譯 《大乘入楞伽經》
⑤佛告大慧：(並)非(先對所見的)種種「幻相」(而生出)計著(計量執著)，(也並非諸法與「幻法」是屬於)相似(的)。 (因此才說)：一切法如幻。 (諸法本如「電光」剎那頃現之理一樣，所以才說諸法「本無實自性，皆如幻」；而不是說見了種種法相後，再生出「執著」，然後就說諸法與「幻法」是屬於「相似」的東西，所以諸法是「幻」的。但這種道理並非是愚夫所能理解、所能證知的)	⑤佛告大慧：(並)非(是)謂(先)執著(於所見的)種種「法相」(之後)， (才)說言：諸法一切如幻。	⑤佛言：大慧！(並)不(是先)依(於)執著(其所見的)種種「幻相」(之後)， (而)言：一切法如幻。
⑥大慧！然(而諸法)「不實」(本來就是)一切法(的性質)，(諸法)速滅如「電」，是則(即說諸法)「如幻」。 (不實一切法=一切法不實)	⑥大慧！諸法(本為)「顛倒」，速滅如「電」，故言(諸法本來即)「如幻」。	⑥大慧！以一切法(本為)「不實」，速滅如「電」，故說(一切法本來即)「如幻」。
⑦大慧！(諸法即)譬如「電光」，(於)剎那頃(顯)現，(隨)現已即(隨)滅，(此)非愚夫(之所能)現(現古通「見」)。 (諸法如「電光」剎那頃現之理，此非愚夫所能理解、所能證知)	⑦大慧！一切諸法譬如「電光」，即(隨)見即(隨)滅，(但)凡夫不見(此理)。 (諸法如夢幻泡影，如露亦如電)	⑦大慧！(諸法即)譬如「電光」，(隨)見已即(隨)滅，(對)世間凡愚(來說)悉皆(應去)現見(此理的)。 (有關諸法如「電光」剎那頃現之理，愚夫應去理解其中的道理)

| 肆如是一切（諸）性（法），（皆由）自（心）妄想（生起，然後再生起）「自、共」相（的執著）。

（應）觀察（諸法是）無（自）性（的），非現（就不會對所現的）色相（生起）「計著」（計量執著）。 | 肆大慧！一切諸法亦復如是，以一切法（皆從）自心（生起）分別，（再生起）「同相、異相」（的執著）。

（凡愚）以不能「觀察」（諸法）故，（以）不（能）「如實」見（諸法），（凡愚只能）以妄（想去）執著「色」等法故。 | 肆一切諸法，（皆）依自（心）分別（而生起），（故有）「自、共」相（而）現，亦復如是。

（凡愚）以不能觀察（諸法）「無所有」故，而妄「計著」（計量執著）種種色相。 |

19－15 偈頌內容

劉宋‧求那跋陀羅譯 《楞伽阿跋多羅寶經》	元魏‧菩提流支譯 《入楞伽經》	唐‧實叉難陀與復禮等譯 《大乘入楞伽經》
爾時世尊欲重宣此義而說偈言： 非幻無有譬。 說法性如幻。 不實速如電。 是故說如幻。	爾時世尊重說偈言： 非見色等法。 說言無幻法。 故不違上下。 我說一切法。 不見有本性。 如幻無生體。	爾時世尊重說頌言： 非幻無相似。 亦非有諸法。 不實速如電。 如幻應當知。

19－16 「諸法無生」與「諸法如幻」兩者是否有相違之處？答案是「沒有」

劉宋‧求那跋陀羅譯 《楞伽阿跋多羅寶經》	元魏‧菩提流支譯 《入楞伽經》	唐‧實叉難陀與復禮等譯 《大乘入楞伽經》
大慧復白佛言：如世尊所說：	大慧菩薩復白佛言：世尊！如世尊說：	爾時大慧菩薩摩訶薩復白佛言：世尊！如佛先說：

一切性(法)「無生」及(諸法)如「幻」。	諸法(本)「不生」,復言(諸法)如「幻」。	一切諸法皆悉「無生」,又言(諸法皆)如「幻」。
「將無」(莫非)世尊前後(之)所說,(有)自相違耶?	「將無」(莫非)世尊前後(之)所說,(有)自相違耶?	「將非」(如來之)所說,前後(有)「相違」?
說(諸法)「無生」;(其)性(又)如「幻」?	(如果相違的話,則)以如來(之)說:一切諸法不(是)如「幻」故(嗎)?	

19－17 為離外道「有真實可得之因果義」,故說「諸法如幻」而「無生」。諸法非「有、無」生,故名「無生」

劉宋・求那跋陀羅譯《楞伽阿跋多羅寶經》	元魏・菩提流支譯《入楞伽經》	唐・實叉難陀與復禮等譯《大乘入楞伽經》
㊀佛告大慧:(並)非我說(諸法)「無生」;(其)性(皆)如「幻」,(是為)前後(有)「相違」(之)過(失)!所以者何?	㊀佛告大慧:我說一切法(本)「不生」;(其性皆)「如幻」者,(此)不成前後有「相違」過(失)!何以故?	㊀佛言:大慧!(此乃)無有「相違」!何以故?
謂「生」(即是)「無生」,(皆是自)覺(於)自心(所)現量(之)有、非有(無)。	以諸一切愚癡凡夫不見「生法」及「不生法」。	我了於「生」即是「無生」,唯是「自心」之所見,故若「有」、若「無」(的生起)。
(於一切的)外性(皆見為)非(自)性,(諸法皆)「無生」(所)現。(一切外性=一切外法=無自性=不生=無性)	不能覺知自心(之)「有、無」,(也不能覺知)外法(之)「有、無」,何以故?以(彼愚夫)不能見(諸法為)「不生法」故。	(於)一切(的)外法,(皆)見其(為)無(自)性,(且)本「不生」故。
㊁大慧!非我前後(之)說(有)「相違」(之)過(失)!然(為了破)壞外道(有真實可得的)	㊁大慧!我如是說諸法,前後無有「相違」!大慧!我(為了)遮(遣除)外道	㊁大慧!為(遠)離外道(有真實可得的)「因生」(之)義,

「因生」(之義)， 故我說：一切性(法)「無生」。 (外道堅持「有因生」，有能生與所生=有真實可得之「生處」)	(所)建立(有真實可得的)「因果」(之生)，(其)義不「相當」(相對當然)， 是故我說：諸法「不生」。	故我說：諸法皆悉「不生」。
(參)大慧！外道癡聚(愚癡群聚)，欲令「有、無有」(而)生(生一切法)。	(參)大慧！一切外道愚癡群聚，(竟)作如是說：從於「有、無」(能)生(出)一切法。	(參)大慧！外道群聚，共興「惡見」，(竟)言：從「有、無」(能)生(出)一切法。
(外道)非自妄想(不知道這一切都是由自心妄想而生的執著)，(竟作)種種(的)「計著」(計量執著)，(並執著於真實可得的)緣。	(外道)不說(這一切都是由)「自心分別」(而來)，(故)執著(於真實可得的)「因緣」而生。	(外道)非自執著(不知道這一切都是由自心妄想而生的執著)，(並)分別(其)為(真實可得之)「緣」。
(肆)大慧！我非(從真實的)「有、無有」(而)生，是故我以(諸法是「無生」(之)說而說(法)。	(肆)大慧！我說諸法「有」亦「不生」，亦無「不生」。是故大慧！我說諸法(是)「不生、不滅」。	(肆)大慧！我說諸法非(從真實的)「有、無」(而)生，故名(諸法為)「無生」。

19－18 佛有時也說諸法是「有者」的二種原因

劉宋‧求那跋陀羅譯 《楞伽阿跋多羅寶經》	元魏‧菩提流支譯 《入楞伽經》	唐‧實叉難陀與復禮等譯 《大乘入楞伽經》
(壹)大慧！(我有時亦)說「性」(諸法是「有」)者，(乃)為攝受(弟子的)「生死」故， (性=法=有)	(壹)大慧！我(有時亦)說一切諸法(為)「有」者，(乃為)護(攝受)諸弟子，令知二法，何等為二？	(壹)大慧！(我亦)說諸法(是「有」)者，(乃)為令弟子知：
②(為破)壞「(虛)無見」(的一種)斷(滅)見故。	一者(為能)「攝取」諸世間(生死之處)故。 (諸法是「有」的，生死也是「有」的，所	①依諸業(力)，(然後能)「攝受」(其)生死(之處)。

| ①為我弟子(能)「攝受」(於)種種業(力)，(能攝)受(其)生(死之)處故。 | (以可攝受你的生死業力)二者為護諸(眾生不墮)「斷(滅)見」故。 | ②(為)遮(遺除)其「無有」(的一種)「斷滅」見故。 |
| ⑦以性聲(之)說(我有時亦以諸法是「有」的一種聲法之說教)，(此能)攝受(世間諸)生死(法)。(性=法=有) | ⑦何以故？以依業(力)故，有種種(之輪迴)身，(能)攝「六道」(之)生(死)。是故我(有時亦)說言：「有」諸法，(此能)攝取世間(諸生死法)。 | |

19－19 為令遠離執著「因緣生起之相」，故佛說一切法如夢幻，若能通達「唯心所現」即能「如實」見一切法

劉宋・求那跋陀羅譯《楞伽阿跋多羅寶經》	元魏・菩提流支譯《入楞伽經》	唐・實叉難陀與復禮等譯《大乘入楞伽經》
⓵大慧！說(如)幻(即是諸)性(之)「自性相」，(此乃)為(令)離(諸)性(之)「自性相」故。	⓵大慧！我說一切法「如幻」者，(乃)為令一切愚癡凡夫，(其)畢竟能離「自相、同相」故。	⓵大慧！說諸法相猶「如幻」者，(乃欲)令離諸法(之)「自性相」故。
(說諸法如幻乃為)墮愚夫(之)「惡見」相希望(貪欲者)，(彼等)不知(皆)「自心」現量。	以諸凡夫，(以)癡心執著，(故)墮於「邪見」，(彼等)以不能知但(皆)是「自心」虛妄(之)見故。	(說諸法如幻乃)為諸凡愚墮「惡見」(貪)欲(者)，(彼等)不知諸法(皆)「唯心所現」。
⓶(應破)壞(由)因所作、生緣(由緣而生的世間相)，(應遠離對種種的)「自性相」計著(計量執著)，(是故我)說(如)幻(如)夢，「自性相」一切法(一切諸法的「自性相」皆如幻如夢)。	⓶(為)令(遠)離執著(由)「因緣」(所)生(之)法，是故我說一切諸法「如幻、如夢」，無有「實體」。何以故？	⓶為令遠離執著(由)「因緣」(所)生起之相，(我)說：一切法「如幻、如夢」。

（自性相＝一切法＝一切法 自性相＝一切法的自性相）		
不令愚夫（生起）「惡見」（之）希望，計著（計量執著於）自（欺）及（欺）他，（對於）一切法（的）「如實」（住）處（之）見，作「不正」論（的見解）。	若不（作）如是說者，愚癡凡夫（則）執（於）「邪見心」，欺誑（於）「自身」及於「他身」，（遠）離「如實」見「一切法」故。	彼諸愚夫執著（於）「惡見」，欺誑（於）自（己與）他（人），不能明見一切諸法（之）「如實住處」。（此即指「自欺、欺人」）
㊌大慧！（如何於）「如實」（住）處（而）見一切法者？（此）謂： （應生）起自心（之所）現量。	㊌大慧！云何住（於）「如實」見（呢）？（此）謂： （應）入「自心」（所）見（之）諸法故。	㊌大慧！（如何）見一切法（之）「如實」（住）處者？（此）謂： （應）能了達「唯心所現」。

19-20 偈頌內容

劉宋・求那跋陀羅譯《楞伽阿跋多羅寶經》	元魏・菩提流支譯《入楞伽經》	唐・實叉難陀與復禮等譯《大乘入楞伽經》
爾時世尊欲重宣此義而說偈言： 無生作非性。 有性攝生死。 觀察如幻等。 於相不妄想。	爾時世尊重說偈言： 如汝言諸法。 一切不生者。 是則謗因果。 不生如實見。 我說有生法。 攝受諸世間。 見諸法同幻。 不取諸見相。	爾時世尊重說頌言： 無作故無生。 有法攝生死。 了達如幻等。 於相不分別。

第20節 文句施設

20-1 當善於觀察與了知「名身、句身、形身」相者，疾得「阿耨多羅三藐三菩提」，能開悟一切眾生

劉宋・求那跋陀羅譯《楞伽阿跋多羅寶經》	元魏・菩提流支譯《入楞伽經》	唐・實叉難陀與復禮等譯《大乘入楞伽經》
㊀復次大慧！當說「名、句、形身相」，善觀：	㊀復次佛告聖者大慧菩薩言：大慧！我今為諸菩薩摩訶薩說：	㊀復次大慧！我當說：
(1)「名」(nāman)。 (2)「句」(pada)。 (3)「形身」(vyañjana 便膳那；文；形；好；菜；味；身分；名句味；助味；語；字；文字；言辭)。	(1)「名」。 (2)「句」。 (3)「字身相」。	(1)「名」。 (2)「句」。 (3)「文身相」。
㊁菩薩摩訶薩(若能)隨入「義、句、形身」(者)，(則能)疾得「阿耨多羅三藐三菩提」。	㊁以諸菩薩(應)善知「名、句、字身相」故，依(此)「名、句、字身相」，(則能)速得「阿耨多羅三藐三菩提」。	㊁諸菩薩摩訶薩(應)善觀此(名、句、文)相，了達其義(後)，(能)疾得「阿耨多羅三藐三菩提」。
如是覺已，(復能再去)覺(悟)一切眾生。	得菩提已，(即再)為眾生說「名、句、字相」。	復能(再去)「開悟」一切眾生。
	大慧菩薩白佛言：善哉！世尊！唯願速說。	

名(nāman)
句(pada)
味；形身；字身；文身(vyañjana 便膳那；文；形；好；菜；味；身分；名句味；助味；語；字；文字；言辭。如唐・法寶《俱舍論疏・卷五》云：梵云「便杜那」，此云「文」，是能「彰顯」義。西方俗呼「醬、酢、鹽、扇」等物為「便社那」。以「醬、酢、鹽」等能顯於「味」，「扇」能顯風故，名「便社那」，舊譯為「味」。又如唐・定賓《四分律疏飾宗義記・卷六》云：

「便社那」此云「文」也，今律文云「句味」也)

vyagratā　　　　　　　　　　　　　1287

別,間, 不順... ...文字,
Abh-k., Ab... ...-bh.,
Mryut.,
Bodh-bh. 16... ...k.,
～hasta 執　　　　　　　　　　　男 調
杖 Divy. 7.　　　　　　　　　　　男
Divy. 159;　　　　　　　　　　　dh-b
Divy. 37.

vy-añjana 団 飾〈RV. 用例一回のみ〉;〈團〉:現わすこと
指示すること; 間接的または象徴的表現, 暗示; マ
ーク, しるし, 徽章; 王侯の標識; 思春期の徵候
(艶, 乳房, 等, 里 および 團); ソース, 調味料; 子
音; 嚴飾, 文飾, 令明 形, 好, 菜, 形相
相好; 身分: 根, 陽物, 隱処 味, 名句味 助味;
語, 文, 字, 文字, 言辞, 文辞, 文詞 Abh-vy.,
Bodh-bh., Das-bh., Kāśy., Laṅk., Madhy-vibh.,
Mryut., Laṅk., Rāṣṭr., Ratna-ut., Saddh-p.,
Sūtr.

vyagratā 女
vyagratva 中
vy-aṅkuśa 中
vy-aṅga 形 ...異り, 取り, 単報のない〈単〉; 正報 不
具支節, 支不具者 Bodh-bh.
vyaṅgâvyaṅgatā 女 正報 具支節不具支節 Bodh-bh.
vyaṅgatā 女 不具, 跛の状態; 不具にすること;
正報 不具支節 Bodh-bh.

vyañjana-sthāna 団
のかわりに.
vyañjana-svara-mātr
dh-bh.
vyañjana-hetu 男 正報

《解深密經・卷三》

由五種相，了知於法：一者、知「名」；二者、知「句」；三者、知「文」……

(1)云何為「名」？謂於一切「染、淨」法中，所(成)立(的)自性想(之)「假施設」(名相)。

　　(例如：桌子之「名」：名稱；名辭；名相)

(2)云何為「句」？謂即於彼「名」(之)聚集中，能隨(而)宣說諸「染、淨」(之)義，(並)依持
　　(而)建立。

　　(例如：桌子之「句」：定義；功能➔置物用；飯桌用；讀書用；電腦用；講課用；供佛神用；工作平台用)

(3)云何為「文」？謂即(於)彼(名、句)二；(其)所「依止」(之)字。

　　(例如：桌子之「名＋句」＝字辭＝形相＝文字➔置物桌。飯桌。書桌。電腦桌。講桌。佛神桌。工作平台桌)

20－2 何謂「名身」？「句身」？「形身」？

劉宋・求那跋陀羅譯《楞伽阿跋多羅寶經》	元魏・菩提流支譯《入楞伽經》	唐・實叉難陀與復禮等譯《大乘入楞伽經》
壹大慧！「名身」(nāman)者，謂若依「事」(而)立「名」，是名「名身」。 (例如：桌子之「名」：名稱；名辭；名相)	壹大慧！何者「名身」？謂依何等、何等法(萬)作名？「名身、事物」，(兩者是)「名」異「義」一。 大慧！是名我說「名身」。	壹大慧！「名身」者，謂依「事」(而)立「名」，「名」即是「身」，是名「名身」。

貳「句身」(pada)者，謂「句」有「義」身(之)自性，(能)決定(其)「究竟」(之義)，是名「句身」。 (例如：桌子之「句」:定義;功能➜置物用;飯桌用;讀書用;電腦用;講課用;供佛神用;工作平台用)	貳大慧！何者是「句身」？謂(顯)「義」事，(能)決定(其)「究竟見義」故，大慧！是名我說「句身」。	貳「句身」者，謂能顯(其)「義」，決定(其)「究竟」(之義)，是名「句身」。
參「形身」(vyañjana 文;形;身分;名句味;字;文字;言辭)者，謂(能)顯示「名(身)、句(身)」，是名「形身」。 (名+句=形=字=文=便膳那=便杜那=便社那) (例如：桌子之「名＋句」=字辭=形相=文字➜置物桌。飯桌。書桌。電腦桌。講桌。佛神桌。工作平台桌)	參大慧！何者是「字身」？謂「文句畢竟」故。大慧！復次「名身」者，依何等法了別「名(身)、句(身)」？能了知自「形相」故。	參「文身」者，謂由於此能成(就)「名(身)、句(身)」，是名「文身」。
	肆大慧！復次「句身」者，謂「句事畢竟」故。	肆復次大慧！「句身」者，謂「句事究竟」。
	伍大慧！復次「名身」者，所謂「諸字」(所)從(之)名(的)差別，(例如)從「阿(a)」字乃至「呵(ha)」字，名為「名身」。	伍「名身」者，謂「諸字名」各各差別，如從「阿(a)」字，乃至「呵(ha)」字。
陸又「形身」者，謂(聲韻有)「長、短、高、下」。	陸大慧！復次「字身」者，謂聲(有)「長、短」，音韻(之)「高、下」，名為「字身」。	陸「文身」者，謂(聲韻有)「長、短、高、下」。

20－3 再論「名身、句身、形身」

劉宋・求那跋陀羅譯《楞伽阿跋多羅寶經》	元魏・菩提流支譯《入楞伽經》	唐・實叉難陀與復禮等譯《大乘入楞伽經》
㊀又「句身」(pada)者，謂「徑跡」，如「象、馬、人、獸」等所行(之)徑跡，(故)得「句身」名。	㊀大慧！復次「句身」者，謂巷路(之)「行迹」，如「人、象、馬、諸獸」(所走之)行迹等，得名為「句(身)」。	㊀復次「句身」者，如「足跡」，如衢巷中(有關)「人畜」等(足)跡。
㊁大慧！「名(身)」及「形(身)」者，謂：(只能)以「名」說無色(陰之)「四陰」(即指受想行識四陰只有「名稱」而無真實之「色」可見，五陰去掉色陰即爲四陰)，故說「名(身)」。	㊁大慧！復次「名字(身)」者，謂：無色(陰之)「四陰」，(這四陰只能是)依「名」而說。	㊁「名(身)」謂：(例如)非色(之)「四蘊」(即指受想行識四陰，去掉色陰)，(只能)以「名」說故。(因爲受想行識不像是「色陰」而可見的)
㊂(由名身之)「自相」(所顯)現，故說(爲)「形(身)」，是名「名、句、形」身。(名＋句＝形＝字＝文)	㊂大慧！復次「名字相」者，謂能了別「名字相」故。大慧！是名「名、句、字」身相。	㊂「文(身)」謂(由)「名(身)」之「自相」，由「文(身)」顯故，是名「名、句、文」身。(名＋句＝形＝字＝文)
㊃說「名、句、形」身相(之)分齊(差別的分際齊限)，(汝)應當修學。	㊃大慧！如是(之)「名、句、字」相，汝應當學，為人演說。	㊃此「名、句、文」身相，汝應修學。

20－4 偈頌內容

劉宋・求那跋陀羅譯《楞伽阿跋多羅寶經》	元魏・菩提流支譯《入楞伽經》	唐・實叉難陀與復禮等譯《大乘入楞伽經》
爾時世尊欲重宣此義而說偈言： 名身與句身。 及形身差別。 凡夫愚計著。	爾時世尊重說偈言： 名身與句身。 及字身差別。 凡夫癡計著。	爾時世尊重說頌言： 名身與句身。 及字身差別。 凡愚所計著。

如(老)象溺深泥(而不能解脱)。	如象溺深泥。	如象溺深泥。

《成唯識論・卷二》

且依此土説,「名、句、文」依「聲」(而)假立,(此亦)非謂(即是包含)「一切」(法究竟之義)。

《大般若波羅蜜多經・卷五二二》

「名、句、文」身,是「有量法」,甚深般若波羅蜜多功德勝利非「有量法」。

《大乘法苑義林章》

佛所出(之)「言」無不如「義」。

佛一切「語」皆(是)「轉法輪」。

佛一切時不説「名」等,(因)常在「定」故。

然諸有情,謂説「名」等,(此)即是「無思」(所)成(的)「自事義」。

《楞嚴經・卷六》

	憍陳那是由「聲塵」成就。「音聲」是屬於「徑直簡捷」的表達方式,「語言」則屬於「曲意遷就」的表達方式(如明·交光 真鑒《楞嚴經正脈疏・卷六》云:「音聲」即「徑直聲」。「語言」即「屈曲聲」)。佛的「妙法音聲」一出,「聽者」就會夾雜諸多「人造的語言」去描敘它(如《說無垢稱經・卷三》云:從此「佛聲」演出「無常、苦、空、無我」究竟涅槃,寂靜義等「言詞」差別⋯⋯十方諸佛說法所有一切「名、句、文身」音聲差別,皆從如是「佛聲」中出,普令一切有情得聞。又如《說無垢稱經・卷一》云:佛以「一音」演說法,眾生隨類各得解,皆謂世尊同其語,斯則如來不共相),
「音聲」雜語言,	
但伊名(nāman)、句(pada)、味(vyañjana便膳那;文;形;好;菜;味;身分;名句味;助味;語;字;文字;言辭)。	但這些「人造語言」,例如:阿、阿(梵文的長音)、伊、伊(梵文的長音)⋯⋯等(如《阿毘達磨俱舍釋論・卷四》云:「字」謂無義文,如阿、阿、伊、伊等。

一非含一切，云何獲圓通？	又如《阿毘達磨順正理論・卷十四》云：「字」謂「裹ざ、阿、壹、伊」等字。又如《涅槃經疏三德指歸・卷九》云：「阿阿」者，謂短阿，長阿。又如《大乘法苑義林章決擇記》云：「阿、伊」二字也，西方說是「諸字母」諸類的「名、句、味(文)」解說方式，都是從「聲音」轉變出來的。 這些由一種「名、句、文」所構成的「人造語言」是依著「聲音」而假立出的，所以並非能包含「所有一切」究竟的意義。憍陳那雖然是從佛的「法音」中悟「四諦」理，此屬於觀「外聲塵之音」，沒有像觀音菩薩一樣觀「內聲塵之音」的「反聞聞自性」，所以如何以此「聲塵」來作為本修因，而令初發心的人依此修而獲得圓滿通達呢？

20-5 佛不回答八種「無記止論」的內容，是為了要遣除外道的種種「邪見說」

劉宋・求那跋陀羅譯《楞伽阿跋多羅寶經》	元魏・菩提流支譯《入楞伽經》	唐・實叉難陀與復禮等譯《大乘入楞伽經》
㊀復次大慧！未來世(有)「智者」，以(己)離「一、異；俱、不俱」見相。我所通義(我是已通達義理之智者)，(然後去反)問「無智者」(有關解脫四句的相待法問題)。 彼(無智者)即答言：此非「正問」！	㊀復次大慧！未來世中(有)「無智慧」者，以「邪見心」，不知「如實法」故。因世間論，(竟)自言(自己是)智者。(時)有「智者」問(此無智者有關)「如實之法」，(及)離邪見相「一、異；俱、不俱」(的問題)。 而彼「愚人」(竟)作如是言：是問非是！	㊀復次大慧！未來世中有諸「邪見、惡思覺」者，(己)離「如實法」。(彼邪見者)以見(於)「一、異；俱、不俱」相，(此邪見者被)問(於)諸智者(上文應作➡諸智者問邪見者「如何解脫四句相對法」？)。 彼(邪見者竟)即答言：此非「正問」！

(上文指「智者」已離「四句」相，故對「愚者」問彼是否知道如何解脫「四句」相待法？彼「愚者」竟對此問題而回答說「此非『正問』」，看來「愚者」是難以教導的人)	非「正念問」！	
謂：	謂：	謂：
(比如說)	(比如說)	(比如說)
①色等常？無常？為異？不異？	①色等法常？無常？為一？為異？	①色與無常，為異？為不異？
②如是「涅槃、諸行」。	②如是「涅槃、有為諸行」為一？為異？	②如是「涅槃、諸行」。
③「(能見)相、所(見)相」。	③相中所有「能見、所見」為一？為異？	③「(能見)相、所(見)相」。
④「求那(能作功德)、所求那(所作功德)」。	④「作者、所作」為一？為異？	④「(能)依、所依」。
⑤「(能)造、所造」。	⑤四大中「色、香、味、觸」為一？為異？	⑤「(能)造、所造」。
⑥「(能)見、所見」。	⑥「能見、所見」為一？為異？	⑥「(能)見、所見」。
⑦「塵(土地)」及「微塵」。	⑦「泥團、微塵」為一？為異？	⑦「(土)地」與「微塵」。
⑧「修」與「修者」。	⑧「智者、所知」為一？為異？	⑧「智」與「智者」，為異？為不異？
(貳)(於)如是(八種)比(類將)展轉(衍生出更多的諸)相，如是等問而言(說)。佛說(上述八種為)「無記止論」，(此)非彼「癡人」之所能知。謂「聞慧」(有智者)不具(不會去完整詳細的具答)故。	(貳)(於)如是等(更有)上上次第(展轉衍生諸)相。(更有上上的)「無記置答」(且)佛(亦有為這八種而作)如是(解)說。(外道邪見以為佛有為這八種「無記論」而作詳細解答，此則)是為謗我(佛)。	(貳)(於)如是等(有八種的)「不可記事」，(更有諸法)次第(展轉衍生)而問。世尊說此(上述八種的「無記止論」)當「止記答」(sthāpanīya-avyākrita)。(但)「愚夫無智」非所能知(指愚人無法理解其中的道理)。
(參)如來應供等正覺，(為欲)令彼(無智者能)離「恐怖句」		(參)佛欲令其(無智者能)離「驚怖處」，(故)不為(這些問題

故，說言(這類問題皆屬於)「無記」。		作)「記說」。
肆(這種)不為「記說」(的無記答)，又(能遮)止外道(邪)見論故，而不為說。	肆大慧！而我不說如是法(指八種「無記止論」法)者，(乃)為遮(除)外道(的)「邪見說」故。	肆大慧！(我)不(對這些問題作)「記說」者，(乃)欲令外道(能)永得出離「作者見」故。

20-6 諸佛如來有時亦以「四種記論」為「根器未熟」的眾生說法，但不為「根器已熟」的眾生而說

劉宋・求那跋陀羅譯《楞伽阿跋多羅寶經》	元魏・菩提流支譯《入楞伽經》	唐・實叉難陀與復禮等譯《大乘入楞伽經》
壹大慧！外道作如是說：謂 「命」(必)即是「身」。 如是等(皆屬於)「無記論」。	壹何以故？大慧！外道等說，謂： 「身」(必)即「命」， 「身」(必)異「命」異(即「身必異於命、命必異於身」)。 如是等法，外道所說(皆)是(為)「無記法」。	壹大慧！諸外道眾計(執於)「有作者」，(故)作如是說： 「命」(必)即是「身」，「命」(必)異「身」異(即「身必異於命、命必異於身」)。 如是等說(皆)名(為)「無記論」。
貳大慧！彼諸外道愚癡於(真實可得之)「因」，(故)作「無記論」。(此)非我所說(的法教)。	貳大慧！外道迷於(有真實可得的)「因果義」故，是故(有)「無記」(之論)。(此)非(為)我(之)法(教)中，(故)名(此為)「無記」也。	貳大慧！外道癡惑，(故)說「無記論」。(此)非我教中(所說)。
參大慧！(於)我(法教中)所說者，(應)離(能)攝、所攝(取)，(令)妄想不生。云何(有)「止」彼？ (如何還會存有「置答」之法呢？)	參大慧！(於)我佛法中，(應)離「能見、可見」虛妄之相，無「分別心」。是故(於)我法中無有「置答」(之法)！	參大慧！(於)我(法)教中說，(應)離「能、所」取，不起分別(心)。云何(有)「可止」(法)？ (如何還會存有「置答」之法呢？)

㉃大慧！若(能)攝、所攝(取)計著(計量執著)者，不知(有)「自心現量」故，(彼則有)「止」彼(法)。	㉃諸外道等執著「可取、能取」，不知但是「自心見法」。為彼(邪見)人故，我說言有「四種問法」，(然而這種)「無記置答」(並)非(為)我法(教)中。	㉃大慧！若有執著「能取、所取」，不了唯是「自心所見」，彼(則)應(有)「可止」(法)。
㊄大慧！如來應供等正覺，(有時仍)以「四種記論」，為衆生說法。	㊄大慧！諸佛如來應正遍知，為諸眾生(有時仍)有「四種說言置答」者。	㊄大慧！諸佛如來(有時仍)以「四種記論」為衆生說法。
㊅大慧！(所謂使用)「止記論」者，我(於某一)時(的時機)亦說(此理)，(但乃)為根(器)未熟(者說)，不為(根器成)熟者(說)。	㊅大慧！(我)為待時(機因緣)故，(方)說如是(之)法。(我只)為根(器)未熟(者說)，非為根(器成)熟(者說)，是故我(仍有)說「置答之義」(的時候)。	㊅大慧！(所謂使用)「止記論」者，我(將於特)別(的)時(機上而)說，(只)以(為)根(器)未熟(者說)，(對根器成熟者則)且「止說」故。

四記答(四記、四答、四種答、四種問答、四種記論、四記論、四種記答)

(1)梵語 catvāri praśna-vyākaraṇāni，謂解答諸質問時，依問題之性質而將「回答方式」分為四種。

(2)據《長阿含・卷八・眾集經》、《順正理論・卷四十九》、《大智度論・卷二十六》載，即：

(一)一向記	(二)分別記	(三)反詰記	(四)捨置記
ekāṃśa-vyākaraṇa	vibhajya-vyākaraṇa	paripṛcchā-vyākaraṇa	sthāpanīya-vyākaraṇa
直答、一定答、定答、決定答、決了答、必定論、一向論、一向記論、決定記論、應一向記。	解答、分別答、解義答、分別論、分別義答、分別記論、應分別記。	詰答、詰論、反問記、反問答、反問論、反質答、返問記、隨問答、詰問論、詰問記論、應反詰記。	置答、置論、止論、默置記、默然記、止記論、止住記論、應捨置記。
即對於所問，直接以「肯定」方式回	即對於所問一一「分析解剖」後，始	①即不直接作答，先「反問」對方，	①即對於所問，若屬於「不應答、不

答。	作「肯定」或「否定」之回答。	於反問中令其悟解。 ②或以「反問」顯明問意後，始給與回答。	值得答」者，則捨置不答。 ②或告知對方此為「不應答」者。

四記問（四記論、四記）

(1)與「四記答」相對。

(2)依「解答」而將所問之「問題」分類成為四種。

(3)據《集異門足論・卷八》載，即：「**應一向記問、應分別記問、應反詰記問、應捨置記問**」四種。

十四無記（十四不可記、十四難）

(1)乃「十四種」之「不記答」，為佛「四記答」中之「捨置記答」。即對於外道以顛倒之見來問難之十四種事，而佛則捨置不答。十四種，即：

①	②	③	④	⑤	⑥	⑦
世間「常」	世間「無常」	世間「亦常亦無常」	世間「非常非無常」	世間「有邊」	世間「無邊」	世間「亦有邊亦無邊」
⑧	⑨	⑩	⑪	⑫	⑬	⑭
世間「非有邊非無邊」	如來死後「有」	如來死後「無」	如來死後「亦有亦非有」	如來死後「非有非非有」	命身「一」	命身「異」

(2)《大智度論・卷二》載有「十四難」不答，如：「世界及我常？世界及我無常？世界及我亦有常亦無常？世界及我亦非有常亦非無常？世界及我有邊？無邊？亦有邊亦無邊？亦非有邊亦非無邊？死後有神去後世？無神去後世？亦有神去亦無神去？死後亦非有神去亦非無神去後世？是身是神？身異神異？」

20－7 為何諸法是「無自性、無來去、無取捨、不滅、無常、常」的解答

劉宋・求那跋陀羅譯 《楞伽阿跋多羅寶經》	元魏・菩提流支譯 《入楞伽經》	唐・實叉難陀與復禮等譯 《大乘入楞伽經》
復次大慧！一切法離「所	復次大慧！一切諸法若離	復次大慧！何故一切法

作」(指能作與所作)，因緣(故)「不生」(指由眾緣生起，故不生)。無(真實之)「作者」，故一切法「不生」。	「作者」及「因」，是故(皆為)「不生」。以「無作者」故，是故我說「諸法不生」。佛告大慧：一切諸法「無有體相」。大慧白佛言：世尊！	(皆)「不生」？以離「能作、所作」，無「作者」故。
①大慧！何故一切性(法)「離自性」？➔以「自覺」(自證聖智)觀時，(諸法之)「自、共」性相，(皆)不可得。故說一切法「不生」。	①何故一切諸法「無實體相」？➔佛告大慧：「自智」(自證聖智)觀察一切諸法(之)「自相、同相」，不見(有)諸法(可得)。是故我說一切諸法「無實體相」。	①何以一切法「無自性」？➔以「證智」(自證聖智)觀(察諸法之)「自相、共相」，(皆)不可得故。
②何故一切法不可持「來」，不可持「去」？➔以(諸法之)「自、共」相，(若)欲持(而)來；(則)無所來。(若)欲持(而)去；(則)無所去。是故一切法(皆)離持「來、去」。	②佛告大慧：一切諸法亦無「取」相。大慧言：世尊！以何義故，一切諸法亦無「取」相？➔佛告大慧：(諸法之)「自相、同相」，(乃)無法可取。是故我說「無法可取」。③佛告大慧：一切諸法亦無「捨」相。大慧言：世尊！何故諸法亦無「捨」相？➔佛告大慧：觀察(諸法之)「自相、同相」法，(亦)無法可「捨」。是故我說一切諸法亦無「捨」相。	②何故一切法「無來去」？➔以(諸法之)「自、共」相，(其)「來」無所從，(其)「去」無所至故。
④大慧！何故一切諸法「不滅」？	④佛告大慧：諸法「不滅」。大慧言：世尊！何故一	④何故一切法「不滅」？➔謂一切法(皆)「無性相」(無

→謂:「性自性相」(諸法自性相) "無"故,一切法不可得故。一切法「不滅」。	切諸法「不滅」？ →佛告大慧:觀一切法(之)「自相、同相」(為)「無體相」(無自體相)故。是故我說諸法「不滅」。	自性)故,不可得故。
⑤大慧!何故一切法「無常」？ →謂:(諸)相(之生)起(乃具)「無常」(之)性。是故說一切法「無常」。	⑤佛告大慧:諸法「無常」。大慧言:世尊!何故一切諸法「無常」？ →佛告大慧:一切諸法(有)「常、無常」相,(唯)常(法為)「不生」(不會永遠生起之)相,是故我說諸法(為)「無常」。	⑤何故一切法「無常」？ →謂諸「相」(之)起(乃具)「無常」(之)性故。
⑥大慧!何故一切法(又能說是為)「常」？ →謂:相起(諸相的生起)無生(並非是真實的生起)。「性無常」"常"(諸法「恆常」的具有「無常」的一種性格)。故說一切法「常」。 (性無常=法無常=諸法無常。 諸法是「無常」的,所以諸法「恆常」的具有「無常」的一種性格)	⑥復次大慧!我說一切諸法(恆「常」的具有)「無常」。大慧言:世尊!何故一切諸法(恆「常」的具有)「無常」？ →佛告大慧:以相「不生」,以「不生體相」,是故"常"「無常」(諸法「恆常」的具有「無常」的一種性格)。是故我說諸法(恆「常」的具有)「無常」(的一種性格)。	⑥何故一切法(又能說是為)「常」？ →謂:諸相(之生)「起」即是「不起」,「無所有」故。「無常性」"常"(諸法「恆常」的具有「無常」的一種性格)。是故我說一切法(為)「常」。 (諸法是「無常」的,所以諸法「恆常」的具有「無常」的一種性格)

註:具有「無常性」的諸法性格,也是一種「常」,也就是諸法乃「恆常」的具有「無常」的性格。

北涼‧曇無讖譯《大般涅槃經》卷20〈梵行品 8〉

(若是具有恒)常(的)「常見」者,(則)不得(對此人說業力將可轉)為「無」(的一種道理)。

何以故？

(若是具有恒)常(的執持)「常見」者,(則認定必會)有(真實可得之)「惡業果」故。

是故(若是具有恒)常(執持)「常見」者,(則)不得(對此人說業力將可轉)為「無」(的一種道理)。

20-8 偈頌內容

劉宋·求那跋陀羅譯 《楞伽阿跋多羅寶經》	元魏·菩提流支譯 《入楞伽經》	唐·實叉難陀與復禮等譯 《大乘入楞伽經》
爾時世尊欲重宣此義而說偈言：	爾時世尊重說偈言：	爾時世尊重說頌言：
記論有四種。	記論有四種。	一向及反問。
一向 反詰問。	直答 反質答。	分別與置答。
分別及止論。	分別答 置答。	如是四種說。
以制諸外道。	以制諸外道。	摧伏諸外道。
有及非有生。	有及非有生。	數論(Sāṃkhya)與勝論(Vaiśeṣika)。
僧伽(Sāṃkhya)毘舍(Vaiśeṣika)師。	僧佉(Sāṃkhya)毘世(Vaiśeṣika)師。	言有非有生。
一切悉無記。	而說悉無記。	如是等諸說。
彼如是顯示。	彼作如是說。	一切皆無記。
正覺所分別。	正智慧觀察。	以智觀察時。
自性不可得。	自性不可得。	體性不可得。
以離於言說。	是故不可說。	以彼無可說。
故說離自性。	及說無體相。	故說無自性。

僧佉（數論學派）

(1)數論，梵語 Sāṃkhya，音譯為「僧佉」，又作「僧企耶」。

(2)意譯作「數術、制數論」。相傳初祖為迦毘羅仙人(Kapila)。此派以「分別智慧」而計度諸法，並以此數為基礎，從而立名論說，故稱「數論派」。

(3)「數論學派」為印度「六派哲學」中成立最早者。早期學說主張「精神、物質」二者統一為「最高我」，即採取「有神論」與「一元論」之立場（見敘事詩），至晚期則否認最高我，成為「無神論」之二元論。「神我」為純粹意識，不具作用，僅觀照自性而已。

(4)於諸外道中，「數論派」乃最有力之學派；佛典中有甚多破斥此派學說之記載。今於印度之瓦拉那西附近，成為獨立學派而存在。

勝論學派（毘世師、最勝學派、異勝論學派、勝宗）

(1)勝論，梵名 Vaiśeṣika。音譯作「吠世色迦、吠世史迦、毘世師、衛世師、衛生息、鞞嵩迦」。

(2)印度「六派哲學」之一，外道「四執之一」，外道「十六宗之一」，「二十種外道」之一。

(3)創始者為優樓佉(Ulūka，一名羯那陀 Kaṇāda)。據傳，優樓佉著有《勝論經》(Vaiśeṣika-sūtra)，此書被視為「勝論學派」之根本聖典。

(4)近代學者根據原典批判研究之結果，謂約成立於西元「前三世紀」至「西元一、二世紀」間，優樓佉以後之傳承不明，然其學說於龍樹以前頗為盛行。

(5)其學說傾向於「實在論」，否認萬事萬物僅為概念之存在，以為一切事物皆有其「實體」，且世界所有之現象皆可析入「六大」範疇。即以優樓佉所立之「實、德、業、同、異、和合」等六句義(ṣaṭpadārtha)，統攝一切諸法之「實體、屬性」及其「生成壞滅」之原理。

第九章　善解果智章

第２１節　禪果差別

21-1 漸次證得四種「羅漢」的境界解說

劉宋・求那跋陀羅譯 《楞伽阿跋多羅寶經》	元魏・菩提流支譯 《入楞伽經》	唐・實叉難陀與復禮等譯 《大乘入楞伽經》
爾時大慧菩薩摩訶薩復白佛言：世尊！唯願為說諸「須陀洹」（及）「須陀洹」（所）趣（之種種）「差別通相」。	爾時聖者大慧菩薩摩訶薩白佛言：世尊！唯願世尊為我等說「須陀洹」等（所）行（之種種）「差別相」。	爾時大慧菩薩摩訶薩復白佛言：世尊！願為我說諸「須陀洹」，（以及）「須陀洹」（所）行（之種種）「差別相」。
若菩薩摩訶薩，（能）善解「須陀洹」（所）趣（之）「差別通相」，及「斯陀含、阿那含、阿羅漢」（所趣之）方便相，（應去）分別知已。	我及一切菩薩摩訶薩等，善知「須陀洹」等（的）「修行相」已。如實知「須陀洹」（srota-āpanna）、斯陀含（sakṛdāgāmin）、阿那含（anāgāmi）、阿羅漢」等（的修行相）。	我及諸菩薩摩訶薩聞是義故，於「須陀洹、斯陀含、阿那含、阿羅漢」（之）方便相，皆得善巧（明了）。
①如是！如是！（而）為眾生「說法」。 ②謂（能令眾生得）「二無我相」（人無我、法無我）。 ③及（於）「二障」（能）淨（除）。 ④（能）度（脫於）諸「地」相，（獲）究竟通達。 ⑤得諸「如來不思議究竟境界」。 ⑥如（能顯現）眾色（之）「摩尼」（珠），善能饒益（於）一切	①如是！如是！（而）為眾生（演）「說」。 ②眾生聞已（能得）入「二無我相」。 ③（能）淨「二種障」（煩惱障、所知障）。 ④（於）次第進取（後），（能得）「地地」（之）勝相。 ⑤得「如來不可思議境界」修行。 ⑥得修行處已，（能）如「如意寶」，隨眾生（心）念，（顯	①如是！而為眾生「演說」。 ②令其證得「二無我法」。 ③（能）淨除「二障」（煩惱障、所知障）。 ④（能）於諸「地」相，漸次（獲）通達。 ⑤獲於「如來不可思議智慧境界」。 ⑥如（能顯現）眾色（之）「摩尼」（珠），（能）普令眾生悉得

眾生，(能)以一切法(之)「境界」，無(窮)盡(之)「身、財」(而令眾生)攝養(於)一切。	現令眾生能)受用(於)「境界、身、口、意、行」故。	饒益。

21－2 初果「須陀洹」的三種差別相

劉宋・求那跋陀羅譯《楞伽阿跋多羅寶經》	元魏・菩提流支譯《入楞伽經》	唐・實叉難陀與復禮等譯《大乘入楞伽經》
⑤佛告大慧：諦聽！諦聽！善思念之，今為汝說。 大慧白佛言：善哉！世尊！唯然聽受。	⑤佛告大慧言：善哉！善哉！善哉！大慧！諦聽！諦聽！今為汝說。 大慧白佛言：善哉！世尊！唯然聽受。	⑤佛言：諦聽！當為汝說。 大慧言：唯！
⑥佛告大慧：有三種「須陀洹(向)、須陀洹果」差別。云何為三？謂「下、中、上」。	⑥佛告大慧言：大慧！「須陀洹」有三種果差別。大慧言：何等三種？佛告大慧：謂「下、中、上」。	⑥佛言：大慧！諸「須陀洹(向)、須陀洹果」差別有三，謂「下、中、上」。
⑦(最)「下」者：極(最多要)「七」(往返於三)有(中投)生(指於人間與天上投生共計七次)。	⑦大慧！何者須陀洹(為最)「下」(者)？謂(於彼)「三有」中，(最多要)「七返」受生(於人間與天上)。	⑦大慧！(最)「下」者：於「諸有」(諸三有)中，極(最多要)「七反」生(七次投生於天上與人間)。
⑧「中」者：(需要)「三、五」(往返於三)有(中投)生，(然後)而「般涅槃」。	⑧大慧！何者為「中」？謂(需要)「三生、五生」(投生於人間與天上)，(然後便)入於「涅槃」。	⑧「中」者：(需要)「三生、五生」(往返然後便入於涅槃)。
⑨(最)「上」者：即(能於)「彼生」而「般涅槃」(也有屬於這種「最特殊型」的初果羅漢，只證初果，	⑨大慧！何者為(最)「上」(者)？謂即(能於此)「一生」(中便)入於「涅槃」。	⑨(最)「上」者：即於「此生」而入「涅槃」。

但能於此生即入涅槃的「不可思議」法）。		

四向四果；四向四得；四雙八輩；四果向

(1)預流向：指入「見道」時，初見「四聖諦」之理，得「無漏清淨智慧眼」(清淨法眼、淨法眼、法眼淨)之階位。又因將直至「預流果」，所以已不再墮於「三惡趣」，故又稱「無退墮法」。但此位之聖者尚未證入其「果位」，故仍不稱「果」，而稱為「向」，蓋取其已經準備「趣向」於「初果」的意思。

(2)預流果：初果羅漢，已斷盡三界之「見惑」(八十八使)，準備預入「聖道」之法流。

(1)一來向。
(2)一來果。

(1)不還向。
(2)不還果。

(1)阿羅漢向。
(2)阿羅漢果。

《大乘莊嚴經論・卷十二》中比照「小乘」聲聞「四果」之名稱，立有「大乘四果」(即菩薩四果)之說。

「大乘四果」即指於「十地」菩薩中：

初地(即喻為證初果)。
第八地(即喻為證二果)。
第十地(即喻為證三果)。
佛地(即喻為證四果)。

無著菩薩造。唐・波羅頗蜜多羅譯《大乘莊嚴經論》卷12〈功德品 22〉

生在如來家，得記并受職。

及以得菩提，四果說希有。

釋曰：此偈顯示「果希有」。菩薩有四種果：

一者：(大乘菩薩)入「初地」時，生「如來」家，(此即)是(喻為證小乘初果)「須陀洹」果。

二者：(大乘菩薩)於「第八地」中而得「授記」，(此即)是(喻為證小乘二果)「斯陀含」果。

三者：(大乘菩薩)於「第十地」中而得「受職」，(此即)是(喻為證小乘三果)「阿那含」果。

四者：(大乘菩薩證得如來之)「**佛地**」，(此即)是(喻為證小乘四果)「阿羅漢」果。

前三(初果到三果)是(有)「學果」。第四(四果羅漢)是「無學果」。

關於「證初果羅漢者，須於人界與天界中各往返投生，總數最多需要七遍；亦即"最長"將在第七遍的投生間，必證得四果阿羅漢而得入小乘"無餘涅槃"果位」的經論引證

《大智度論·卷十三》

(1)如一「須陀洹」(初果)人，(轉)生(於)屠殺家；年向「成人」，應當修其「家業」，(但此初果之)而不肯「殺生」。(初果「須陀洹」最多只有七返「天上、人間」，所以每次的投生人間時，在「出胎」後，很可能會發生「短暫」性的迷失，但很快速的就會「自動覺悟」，但這只限於證初果、二果者，因為證三果是不再來人間的，直接去「五不還天」，證四果是直入「無餘涅槃」的，更不會再來人間)

(2)父母與(初果者)刀，并(置)一口羊，(將人與羊)閉著屋中，而語之(初果)言：若(你)不殺羊，不令汝出，(你將永不)得見日月，(亦不得)生活飲食！

(3)兒(初果者)自思惟言：我若殺此一羊，便當「終為此業」(終生從事這個殺生的行業)。豈以身(自身之活命)故，為此(殺生之)「大罪」？(初果者)便以刀「自殺」。

(4)父母開戶，見「羊」在一面立，兒已「命絕」。(初果羅漢)當「自殺」時，即(轉)生天上(已證「初果」羅漢者，須於「人界」與「天界」中各往返「投生」總數共達七遍；亦即「最長」將在「第七遍」的「投生」間必證得「四果」阿羅漢而得入「小乘無餘涅槃」果位。「初果」羅漢絕無「第八遍、第八生」再度的投生者，故「初果羅漢」的「七次往返」亦稱為「極七返有、極七返生」)。

(5)若如此者，是為不惜壽命，全護淨戒。

(6)如是等義，是名「不殺生戒」。

《大方等大集經》卷3

「須陀洹」人，得「第八有」，無有是處。

《大智度論》卷18〈序品 1〉

「須陀洹」已滿「七生」，不應「第八生」，自得成道。

《守護國界主陀羅尼經》卷5〈入如來不思議甚深事業品 5〉

(1)復次「須陀洹」人，受「第八生」，無有是處。若「須陀洹」無「第八生」，斯有是處。

(2)復次，若「斯陀含」，受「第三生」，無有是處。若「斯陀含」無「第三生」(指二果「斯陀含」尚須再一返「天上」至「人間」，一次到天上後，再下來人間投生，待壽終後即入涅槃，所以「斯陀含」也叫「一來果」，

不會有第三次了)，**一生「人、天」，能盡「苦際」，斯有是處。**

《增壹阿含經》卷 20〈聲聞品 28〉

或有一人，斷「三結使」，成「須陀洹」不退轉法，必至「涅槃」，極遲(指最久最遲)**經**(天上、人間)**「七死、七生」**(指初果「須陀洹」最多只有七返「天上、人間」，總共七次的投生，不會有第八次了)**。**

《增壹阿含經》卷 35〈莫畏品 41〉

如我眾中「最下道」(指初果羅漢)**者，不過**(天上、人間最多)**「七死、七生」而盡「苦際」。**(吾人這一生來地球，就算是一次「生」&一次的「死」。所以吾人若來地球輪迴「七遍」的話，那應該說是七次「生」&七次的「死」。所以如果講「七死七生」，其實還是算共「投生七次」的意思)

《長阿含經》卷 2

得「須陀洹」，不墮「惡趣」，必定「成道」，(最多)**往來**(天上、人間共)**「七生」，盡於「苦際」。**

《長阿含經》卷 5

得「須陀洹」，不墮惡趣，(最)**極**(天上、人間共)**「七往返」，乃盡「苦際」。**

《別譯雜阿含經》卷 10

得「須陀洹」，決定必至於「三菩提」，盡諸「苦際」。(如果是)**「極鈍根」者，任運**(天上、人間)**「七生」，不至「三惡」，**(即於)**「人、天」**(中)**流轉，自然得盡諸「苦邊際」。**

《別譯雜阿含經》卷 16

「須陀洹」，不墮「惡趣」，決定「菩提」，趣於「涅槃」，(最)**極至**(天上、人間共)**「七生、七死」，得盡「苦際」。**(吾人這一生來地球，就算是一次「生」&一次的「死」。所以吾人若來地球輪迴「七遍」的話，那應該說是七次「生」&七次的「死」。所以如果講「七死七生」，其實還是算共「投生七次」的意思)

《別譯雜阿含經》卷 8

得「須陀洹」，不墮「惡趣」，於「道」決定，(最多)**乃至人、天**(共)**「七生」，盡于「苦際」，是名「駿疾」具足。**

《佛說解憂經》卷 1

若滅「三界」煩惱，證「須陀洹」不空法，決定得「菩提」。由於(最多)**「七生」天、人之中，作斷「輪迴」，除滅煩惱。**(待)**「七生」滿已，**(即)**「聖諦」現前，正見智慧，滅盡餘惑，到「涅槃」寂靜，彼「補特伽羅」方得解脫「輪迴」之苦！**

《薩缽多酥哩踰捺野經》卷 1

證「須陀洹果」，(最多)受「天、人」報，經「七生」已，(即)成(四果)「阿羅漢」。

《雜寶藏經》卷 9

老比丘聞已，「繫念」不散，即獲「初果」。諸少比丘，復弄之言：向爾雖得「須陀洹果」，然其故有(天上、人間共)「七生七死」，更移一角，次當與爾「斯陀含果」。

《正法念處經》卷 25〈觀天品 6〉

世尊說如是言：「須陀洹」人，(最多於天上、人間共)「七生」之後，(即)入「無餘涅槃」。

《阿閦佛國經》卷 1〈弟子學成品 3〉

若「懈怠」者，得「須陀洹」，(最多)為(天上、人間共)「七生、七死」。

《道行般若經》卷 1〈難問品 2〉

(1)「須陀洹」道，(最多於天上、人間共)「七死、七生」便度去，是故「須陀洹」道不當於中住。

(2)「斯陀含」道不動成就，不當於中住，「斯陀含」道，成已不當於中住。何以故？「斯陀含」道，「一死、一生」(此指尚須再一返「天上」至「人間」，待壽終後)便度(可入小乘之「無餘涅槃」)。

《四十二章經》卷 1

次為「斯陀含」，「斯陀含」者，一上、一還(此指最多二返天上、人間)，即得(四果)「阿羅漢」。

次為「須陀洹」，「須陀洹」者，(最多於天上、人間共)「七死、七生」，便得(四果)「阿羅漢」。

《人仙經》卷 1

證「須陀洹」果，逆「生死」流，七來人間，七生天上，了苦邊際，決證菩提。

(吾人這一生來地球，就算是一次「生」&一次的「死」。所以吾人若來地球輪迴「七遍」的話，那應該說是七次「生」&七次的「死」。所以如果講「七來人間、七生天上」，其實還是算在「人間&天上」共「投生七次」的意思)

《正法念處經》卷 25〈觀天品 6〉

人中命終，當生何處？即自見身還生「天」中，具大神通，第一光明，共餘天眾食於雜食，心生愧恥，以業薄故，隨所作業，如業得食。後於生處，不見勝食，愧心思惟：「我當幾世受如是報？」

以善業故，於「殿壁」中自見其身，天中七生，人中七生，去來七返，無「第八生」。

(按照經文的意思，很明確的是「無第八生」，所以應該總數只有「投生七生、七次」的意思，但為何有「天中七生」與「人中七

生」總數達「十四生」的邏輯問題？例如吾人這一生來地球，就算是一次「生」&一次的「死」。所以吾人若來地球輪迴「七遍」的話，那應該說是七次「生」&七次的「死」。所以如果講「七生七死」或「天中七生，人中七生」，其實還是算在「人間&天上」共「投生七次」的意思)

21-3 「下、中、上」三種初果的「須陀洹」皆有「三種結」，應斷除之

劉宋・求那跋陀羅譯《楞伽阿跋多羅寶經》	元魏・菩提流支譯《入楞伽經》	唐・實叉難陀與復禮等譯《大乘入楞伽經》
此三種(指「下、中、上」三種初果羅漢)有「三結」(應斷之)，(或亦分為)下、中、上。云何「三結」？謂：	大慧！是三種須陀洹，(皆)有「三種結」(應斷之)，謂：(或亦分為)「下、中、上」。大慧！何者「三結」(而應斷之)？謂：	大慧！此三種人(指「下、中、上」三種初果羅漢人應)斷「三種結」，謂：
❶「身見」。❷「疑」。❸「戒(禁)取」。	❶「身見」。❷「疑」。❸「戒(禁)取」。	❶「身見」。❷「疑」。❸「戒禁取」。
(初果者於)是「三結」(之)差別(應斷之)，(於)「上上昇進」(後可)得(四果)「阿羅漢」。	大慧！(初果者斷)彼三種結，(能於)「上上勝進」(後可)得(四果)「阿羅漢果」。	(初果者斷此三結後能)「上上勝進」，(最終可)得(四果)「阿羅漢果」。

21-4 初果「須陀洹」須斷除由後天「妄想」而生之「身見」

劉宋・求那跋陀羅譯《楞伽阿跋多羅寶經》	元魏・菩提流支譯《入楞伽經》	唐・實叉難陀與復禮等譯《大乘入楞伽經》
(壹)大慧！「身見」有二種，謂：	(壹)大慧！「身見」有二種，何等為二？	(壹)大慧！「身見」有二種，謂：
❶(由先天)「俱生」(起的身見)及❷(由後天)「妄想」(而生的身見)。(先天的「俱生身見」都跟五陰有關。後天的「妄想身見」都跟邪師、邪人、邪	一者(由先天)「俱生」(的身見)。二者(由後天)「虛妄分別」而生(的身見)。	❶(由先天)「俱生」(的身見)及❷(由後天妄想)「分別」(而生的身見)。

教、邪思惟有關)		
㊉(先介紹由後天妄想而生的「身見」，例)如(依)「緣起」(依他起性)妄想(而有)「自性妄想」(遍計所執之生起)。	㊉(先介紹由後天妄想而生的「身見」，例)如(依)「因緣」(依他起性，而有)「分別法」(遍計所執之生起)故。	㊉(先介紹由後天妄想而生的「身見」，例)如依「緣起」(依他起性，而)有「妄計性」(遍計所執之生起)。
㊂譬如依「緣起自性」(依他起性)，(而有)種種「妄想自性(遍計所執)計著」生(起)。	㊂大慧！譬如依諸「因緣法相」(依他起性)，(從)「虛妄分別」(遍計所執)而生「實相」。	㊂大慧！譬如依止「緣起性」(依他起性)故，(而有)種種「妄計執著性」(遍計所執)生。
以彼(法皆為)「非有非無」(之境)、(也)非「(亦)有、(亦)無」，(故皆)無實(的一種)妄想相故。	彼(於)「因緣法」(依他起性)中(皆為)「非有、非無」(之境)，以分別(於)「有、無」，(故皆)非「實相」故。	彼法但是「妄分別相」，(皆為)「非有、非無」、(也)非「亦有亦無」。
㊅愚夫妄想，(因)種種「妄想自性」(遍計所執)相計著(計量執著)，如熱時(之陽)燄，鹿渴(而當真實之)水想。	㊅愚癡凡夫，執著(於)「種種法相」，如諸禽獸見於「陽炎」，(而)取以為(是真實的)水。	㊅凡夫愚癡而橫「執著」，猶如渴獸，妄生(是真實的)水想。
㊄(此)是「須陀洹」(所執著的後天)妄想「身見」。	㊄大慧！(此)是名「須陀洹」(所)分別(之後天妄想)「身見」。何以故？以「無智」故，無始世來(之)「虛妄取相」故。	㊄此(是初果所執著的後天妄想)分別「身見」，(屬)無智慧，故久遠(無始來即與「虛妄取相」)相應。
㊅彼(後天的「妄想身見」需修到)以(證得)「人無我」(時)，(才能)攝受(這些「妄想身見」而證)無(我之)性，(也才能)「斷除」久遠(以來的)「無知」(無明)、(與)「計著」(計量執著)。	㊅大慧！此(後天妄想之)「身見」垢，(需修到)見「人無我」(時)乃能「遠離」。	㊅(需修到)見「人無我」(時)，(此後天的「妄想身見」)即時(才能)「捨離」。

俱生起：

(1)梵語 sahaja。在一切煩惱中；屬於「與生俱來」之「先天性」的煩惱名為「俱生起」。

(2)「俱生起」之性質微細，反而極難斷。

(3)「俱生起」之惑為佛道實踐第二階段之 修道位 _(即唯識五位的「第四修習位」) 方能斷除，才能斷其「修惑」。

分別起：

(1)梵語 parikalpasamutthita。由「邪教、邪師、邪思惟」等所引起者，或自己不當之推理分別所起之「後天性」煩惱。

(2)在十種「根本煩惱」中，其中「疑、邪見、見取見、戒禁取見」等四者均屬之。

(3)「分別起」之性質較強烈，但容易斷除，故能於佛道實踐第一階段之 見道位 _(即唯識五位的「第三通達位」)所斷，斷其「見惑」。在證得「生、法」二空之「真如」時，亦得以頓斷之。

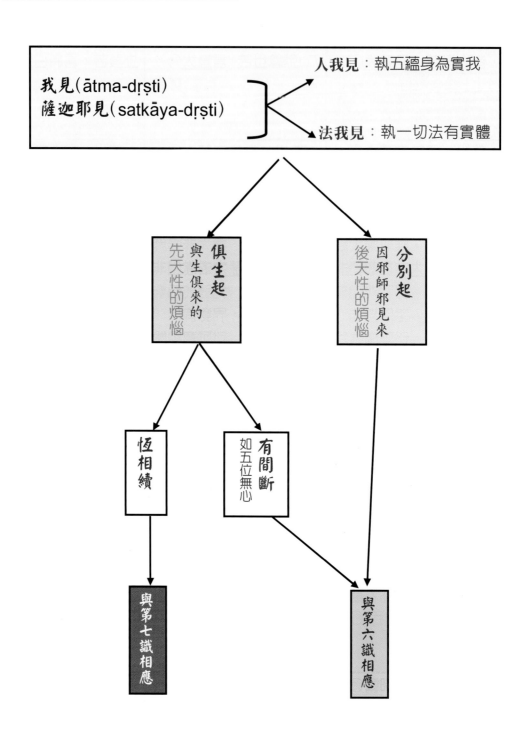

21-5 初果「須陀洹」須斷除由先天「俱生」起之「身見」

劉宋・求那跋陀羅譯《楞伽阿跋多羅寶經》	元魏・菩提流支譯《入楞伽經》	唐・實叉難陀與復禮等譯《大乘入楞伽經》
壹大慧！(由先天)「俱生」(起的「身見」)者，須陀洹(之)「身見」。 (先天的「俱生身見」都跟五陰有關。後天的「妄想身見」都跟邪師、邪人、邪教、邪思惟有關)	壹大慧！何者(是)須陀洹(先天)「俱生身見」？所謂：	壹大慧！(所謂由先天)「俱生」(起之)「身見」(者)：
貳(於觀察)「自、他」身等，(其受想行識)四陰(中雖)無「色相」故。	貳(於觀察)「自身、他身」，俱見彼二(自身與他身)，(其受想行識)「四陰」(皆)無色(陰)。	貳以普觀察(於)「自、他」之身，(其)受(想行識)等四蘊(皆)無「色相」故。
(而)色(陰)生(於能)造(的四大)，及所造(的四塵)故，(能造與所造之四塵彼此)展轉相因(為)相故。(其實四)大種及「色」(陰皆)不集(和積聚)故。 (色陰必是眾緣和合而有，所以色陰沒有真實的積聚)	(而)「色陰」生時，(皆)依於(能生之)「四大」及(所生之)四塵(色、香、味、觸)等，(能生與所生)彼此(依著)「因緣和合」(而)生色(陰)。	(而)色(蘊僅)由「(四)大種」而得生故，是諸(能造的四)大種(與所造的四塵，彼此是)互相(為)因故，(其實)色(陰皆)不集(和積聚)故。 (色陰必是眾緣和合而有，所以色陰沒有真實的積聚)
參「須陀洹」(者於)觀(察)「有、無」品(而知其)不現，(即令俱生)「身見」則斷，如是(俱生)「身見」斷，(即)「貪」則不(再)生(起)。	參而「須陀洹」(作如是)知已，能離「有、無」邪見，斷於(俱生起之)「身見」。斷(俱生)身見已，(即)不(再)生(起)「貪心」。	參(若初果預流洹者能作)如是觀已，(即能)明見(五陰之)「有、無」，即時(能)捨離，(而)捨「(俱生)身見」，故「貪」則(已)不(再)生(起)。
肆(此)是名(由先天俱生的)「身見」相。	肆大慧！(此)是名須陀洹(由先天俱生的)「身見」之相。	肆(此)是名(由先天俱生的)「身見」相。

21—6 初果「須陀洹」須斷除之「疑相」

劉宋・求那跋陀羅譯《楞伽阿跋多羅寶經》	元魏・菩提流支譯《入楞伽經》	唐・實叉難陀與復禮等譯《大乘入楞伽經》
⓵大慧！(所謂)「疑相」者，謂：	⓵大慧！何者(是)須陀洹(之)「疑相」？謂：	⓵大慧！(所謂)「疑相」者：
⓶(初果於)得法(而見其)「善見相」故，及先(之前的)「二種身見」(指俱生及妄想兩種身見)妄想斷故。(則)疑(於諸)法(之心便)不(再)生(起)。 (於法之「疑心」已斷，亦能知皆由「自心現量」所生之法，與「自內身聖智證法」之理。既如此，則此人即不再心外求法，而去追求更多的外法、外在的大師)	⓶(初果於所)得證法(獲)「善見相」已，先斷「身見」及於「二見」(指俱生及妄想兩種身見)分別之心。是故於諸法中(已)不生(起)「疑」心。	⓶(初果)於所證法(得其)「善見相」故，及先(之前的)「二種身見」(指俱生及妄想兩種身見)分別「斷」故。(則)於諸法中(之)「疑」(心即)不得(再)生(起)。
⓷(當疑心不生起時，不再心外求法，亦)不於「餘處」(而生)起(另外有)「大師」(之)見，為(分別有)「淨、不淨」。	⓷(當疑心不生起時，不再心外求法)復不生(分別)心於(其)餘尊者，以為(還有更)尊(貴之大師)想，為(分別有)「淨、不淨」故。	⓷(當疑心不生起時，不再心外求法)亦不於餘(處而另)生(更有)「大師」想，為(分別有)「淨、不淨」。
⓸(此)是名「疑相」，(為)「須陀洹」(之所)斷。	⓸大慧！(此)是名須陀洹(所斷之)「疑相」。	⓸(此)是名(初果所斷之)「疑相」。

21—7 初果「須陀洹」須斷除凡夫與外道所執著的「戒禁取」相

劉宋・求那跋陀羅譯《楞伽阿跋多羅寶經》	元魏・菩提流支譯《入楞伽經》	唐・實叉難陀與復禮等譯《大乘入楞伽經》
⓵大慧！「戒取」者，云何須陀洹「不取戒」？謂：	⓵大慧！何者(是)須陀洹(應斷除於凡夫與外道所執持的)：	⓵大慧！何故須陀洹(而)「不取戒禁」。謂：

	「戒取相」？謂：	
㈡（須陀洹）善見（輪迴）「受生處」（之）苦相故，是故「不取」（凡夫與外道所執著的「戒禁取」）。	㈡（須陀洹）善見（輪迴）「受生處」（之）苦相故，是故「不取」戒相。	㈡（須陀洹）以明見（其輪迴轉）「生處」（之）苦相，是故「不取」（凡夫與外道所執的戒禁取）。
㈢大慧！（凡夫與外道所執持的）「取」者，謂愚夫決定受習（於）「苦行」（之持戒），（只）為（追求世間）「眾具樂」，故求（能到此諸天樂處中）受生。	㈢大慧！（凡夫與外道所執持的）「戒取」者，謂諸凡夫（苦行於）「持戒」，精進（於）種種善行，（只為追）求（世間）「樂境界」，（願能）生（於）諸「天」中。	㈢夫（凡夫與外道）其（所）「取」者，謂諸凡愚於「諸有」（三有）中，貪著「世樂」，（並）苦行（於）「持戒」，願生於彼（世間安樂之天處）。
㈣彼（須陀洹）則不取（是凡夫與外道的「戒禁取」），除（此外，初果唯修證於）「回向自覺（之最）勝、離妄想、無漏法相」（所）行（之）方便，（並以這種方式）受持「戒支」（戒律支條種類）。	㈣彼「須陀洹」不取是（凡夫與外道的「戒禁取」）相，而（是）取（於）「自身內證（自內身聖智證法）、迴向進趣（上進趣向於）勝處、離諸妄想」，（並以這種方式）修「無漏」（的）戒分。	㈣「須陀洹」人不取是（凡夫與外道的「戒禁取」）相，（初果）唯求所證（於）「最勝、無漏、無分別法」（所）修行（的）「戒品」。
㈤（此）是名須陀洹（於凡夫與外道的）「取戒相」（應）斷（之）。	㈤大慧！（此）是名須陀洹（應斷凡夫與外道的）「戒取相」。	㈤（此）是名（須陀洹應斷凡夫與外道的）「戒禁取相」。

21－8 初果「須陀洹」斷「三結」（有身見結、戒禁取結、疑結）後，故得離「貪、瞋、癡」

劉宋‧求那跋陀羅譯《楞伽阿跋多羅寶經》	元魏‧菩提流支譯《入楞伽經》	唐‧實叉難陀與復禮等譯《大乘入楞伽經》
「須陀洹」（於）斷「三結」（有身見結、戒禁取結、疑結），（則於）「貪、癡」（已）不生。	大慧！「須陀洹」（於）斷「三結」（有身見結、戒禁取結、疑結）煩惱，（即能）離「貪、瞋、癡」。（但不能自稱，也不能生出「自己已真實能離」這三結之心）	大慧！「須陀洹」人（於）捨「三結」（有身見結、戒禁取結、疑結）故，（即能）離「貪、瞋、癡」。（但不能自稱，也不能生出「自己已真實能離」這三結之心）

若「須陀洹」作是念： (於)此「諸結」，我(若)不(能真實斷離而獲)成就者，(若生如是之心)應有「二過」(失)： 墮(於)「身見」，及 (於)「諸結」不斷。	參閱 **21-14**	參閱 **21-14**

21-9 初果「須陀洹」已斷「女色」等貪，故得「三昧正受樂」

劉宋·求那跋陀羅譯 《楞伽阿跋多羅寶經》	元魏·菩提流支譯 《入楞伽經》	唐·實叉難陀與復禮等譯 《大乘入楞伽經》
大慧白佛言：世尊！世尊說(有)眾多「貪欲」，彼(初果於)何者「貪」(而已)斷？	大慧白佛言：世尊！世尊說(有)眾多(之)貪，「須陀洹」(已)離何等「貪」？	大慧白言：「貪」有多種，(初果者已)捨何等「貪」？
❶佛告大慧：(若)愛樂「女人」，(將)纏綿(於)貪著。	❶佛告大慧：「須陀洹」(已)遠離與諸「女人」和合(之貪欲)。	❶佛言大慧：(初果已)捨(離)於「女色」纏綿(之)貪欲。
❷(更將於)種種方便(而造)「身、口」惡業，(若欲)受「現在」樂，(則將)種「未來」之苦。彼(須陀洹)則「不生」(如是對女色之貪欲)。所以者何？	❷(初果已)不為「現在」樂，(而去)種「未來」之苦因。(初果已)遠離(對女色之)「打、摑、嗚、抱、眄、視」。大慧！「須陀洹」(已)不生如是「貪心」。何以故？	❷(初果)見此「現樂」(現世之樂)生，(於)來(生將受)苦故。
❸(須陀洹已)得「三昧正受(samāpatti 等至)樂」故。	❸(須陀洹)以得「三昧樂行」故。	❸(須陀洹)又得「三昧殊勝樂」故。
❹是故(初果於)彼(女色貪欲已)斷，(此並)非(指把)趣(於)「涅槃」(之)貪(也)斷(除的意思)。	❹大慧！「須陀洹」(已)遠離如是等(女色之)「貪」，(此並)非(也要去遠)離(對)「涅槃」(之)貪。	❹是故(初果已)捨彼(女色貪欲)，(並)非(把趣於)「涅槃」(之)貪(也都捨棄)。

21-10 證得二果「斯陀含」的境界

劉宋・求那跋陀羅譯《楞伽阿跋多羅寶經》	元魏・菩提流支譯《入楞伽經》	唐・實叉難陀與復禮等譯《大乘入楞伽經》
大慧！云何「斯陀含相」？謂：	大慧！何者「斯陀含果相」？謂：	大慧！云何「斯陀含果」？謂：
(1)(於)頓照「色相」(時)，(仍有較微細的)「妄想」(分別心)生相，(斯陀含於)見相(時已)不生(起粗糙的分別心)。 (2)(斯陀含已)善見(於)「禪趣相」故。 (3)(斯陀含將)頓(速再)來此世(只有一次人間與一次的天上轉世，不會有第三次)，(即)盡「苦際」得「涅槃」。	(1)「一往」(斯陀含)見「色相」現前(仍有)生(微細的分別心)心，(但已)非「虛妄分別」(粗糙的分別心)想見。 (2)(斯陀含)以善見(於)「禪修行相」故。 (3)(斯陀含於)「一往來」(於)世間(與天上之後)，便斷「苦盡」，(而)入於涅槃。	(1)(尚)不(能完全究竟明)了(於)「色相」，(仍有生)起(對)色(相微細的)「分別」(心)。 (2)「一往來」(斯陀含)已善修(於)「禪行」。 (3)(斯陀含已)盡「苦邊際」，而般「涅槃」。
是故名「斯陀含」。	是故名「斯陀含」。	是名「斯陀含」。

21-11 證得三果「阿那含」的境界

劉宋・求那跋陀羅譯《楞伽阿跋多羅寶經》	元魏・菩提流支譯《入楞伽經》	唐・實叉難陀與復禮等譯《大乘入楞伽經》
大慧！云何「阿那含」？謂：	大慧！何者「阿那含相」？謂：	大慧！云何「阿那含果」？謂：
❶(於)過去、未來、現在(之諸)「色相」，(仍有微細的)「性(有)、非性(無)」生(起)。 ❷(但三果聖人)見「過患、使(煩惱)、妄想」(皆已)不(再令)生(起)故。	❶於過去、現在、未來(之諸)「色相」中，(仍有微細)生(起)「有、無」心。 ❷❸(但三果聖人)以見(於)「使(煩惱)、虛妄、分別心」(及於)「諸結」(皆已)不(再)生	❶於過(去)、未(來)、現在(之諸)「色相」(中)，(仍有微細生)起「有、無」(之)見。 ❷(但三果聖人見於)「分別、過惡、隨眠(煩惱)」不(再生)起。

	(起)，(更)不(再還)來(於人間)。	❸(已)永捨「諸結」，更不(再)還來(於人間)。
❸及(於諸)「結」(見惑)斷故。		
名「阿那含」。	故名「阿那含」。	是名「阿那含」。
(三果聖人，往生後，直接進入「色界第四禪天」的「五不還天」，又名五淨居處、五那含天、五淨居。①無煩天。②無熱天。③善見天。④善現天。⑤色究竟天)	(建議修道人應該鎖定二件事 一、必定要去西方作佛 二、不發願去西方的話，此世在人間也得修到「證個三果」吧！因為死後可直接到「五不還天」，然後就可得「涅槃」，不會像證初果二果的人，還要再來人間與天上「到此一遊」，所以證三果者已沒有任何的「風險」。若此世此生要證四果，那太難了，根本是微乎其微，而且是一定要現「出家僧相」修，才有證四果的「可能」，否則機會是零)	

關於「佛典上記載 "白衣居士" 身最多可證到 "三果"」的經論引證

《雜阿含經·卷三十四》

(1)**婆蹉** 白佛：(且)置(姑且不論)「比丘尼」，有一「優婆塞」修諸「梵行」，於此「法、律」度狐疑不？

(2)**佛告婆蹉**：不但一、二、三，乃至(有)五百「優婆塞」，乃(至)有眾多 優婆塞 修諸梵行，於此「法、律」，斷「五下分結」(pañca-āvarabhāgīya-saṃyojanāni。五順下分結。三界中之「欲界」下分界所具有的「五種結惑」，能繫縛眾生。欲貪、瞋恚、有身見、戒禁取見、疑)，得成(三果)「阿那含」，不復還生此！

(3)**婆蹉白佛**：復置「優婆塞」，頗有一「優婆夷」於此法、律修持梵行，於此「法、律」度狐疑不？

(4)**佛告婆蹉**：不但一、二、三「優婆夷」，乃至(有)五百，乃(至)有眾多 優婆夷 於此「法、律」斷「五下分結」(❶欲貪。❷瞋恚。❸有身見。❹戒禁取見。❺疑)，於彼「化生」，得(三果)

「阿那含」，不復還生此！

(5)婆蹉白佛：置「比丘、比丘尼、優婆塞、優婆夷」修梵行者，頗有「優婆塞」受「五欲」，而於此「法、律」度狐疑不？

(6)佛告婆蹉：不但一、二、三，乃至_(有)五百，乃_(至)有眾多「優婆塞」，居家_(有)「妻子」，_(且)香華嚴飾，_(亦)畜養奴婢，於此「法、律」斷「三結」_{(①有身見結;我見結。②戒禁取見結。③}_{疑結→斷三結者，證初果)}，「貪、恚、癡」薄，得_(二果)「斯陀含」，一往一來，究竟苦邊！

(7)婆蹉白佛：復置「優婆塞」，頗有一「優婆夷」受習「五欲」，於此「法、律」得度狐疑不？

(8)佛告婆蹉：不但一、二、三，乃至_(有)五百，乃_(至)有眾多「優婆夷」在於「居家」，畜養男女，服習「五欲」，華香嚴飾，於此「法、律」三結盡_{(①有身見結;我見結。②戒禁取見}_{結。③疑結)}，得_(初果)「須陀洹」，不墮「惡趣」法，決定正向「三菩提」，七有天人往生，究竟苦邊！

《大般涅槃經》卷19〈梵行品 8〉

(如來)不但獨令「出家」之人(能證)得「四道」_(阿羅漢)果，
亦令「在家」_(人能證)得「三道」_(阿那含)果。

《大智度論‧卷九十三》

如《婆蹉經》中，佛說：我「白衣」弟子，非一、非二，乃至_(超)出「五百人」，受「赤栴檀」塗身，及受好「香花」，_(有)「妻子」共臥，_(亦有)使令「奴婢」，而_(能)「斷三結」_{(①有}_{身見結;我見結。②戒禁取見結。③疑結)}，_(獲)得_(初果)「須陀洹」；_(亦有能)盡「三結」，「薄」三毒，_(而證)得_(二果)「斯陀含」。

《法句譬喻經‧卷四》

(1)昔佛在舍衛國為天人說法，時城中有「婆羅門」長者，財富無數，為人慳貪不好「布施」……

(2)佛現威神，令識「宿命」，長者見佛，即識「宿命」，尋則懺悔謝佛，便受「五戒」，佛為說法，即得_(初果)「須陀洹道」。

《彌沙塞部和醯五分律‧卷八》

(1)此間有質多、須達多二長者，及諸「優婆塞」，皆在「五欲」_(中)，_(彼諸優婆塞)為「欲」所吞，_(亦)為「欲」所燒。今_(以「白衣在家」身分而修證)得「須陀洹、斯陀含、阿那含道」。

(2)又諸外道，不捨「本見」，於_(佛之)「正法」出家，亦_(有證)得「四沙門果」。

《彌沙塞部和醯五分律・卷二十五》

(1)時<u>舍衛城</u>有長者名<u>須達多</u>……又問：今在何處？

(2)彼「長者」即偏露右肩，右膝著地，「右手」指「佛（之）所在」（處），言：佛在彼處。

(3)<u>須達多</u>聞已，歡喜踊躍，偏袒右肩，遙向佛，禮三反，稱「南無佛」，竟夜「念佛」……佛為說種種「妙法」，乃至「苦集盡道」，即於座上得「法眼淨」（指小乘於證「初果須陀洹」者，其已見「四聖諦」理，但亦有指只證「須陀洹向」，仍未到「須陀洹果」。在大乘則指證入「初地」得「真無生法」者）。

(4)見法得（證）果已（也就是此須達多居士是先證「初果」位的），（然後方）受「三歸五戒」，白佛言：世尊！願佛及僧，受我<u>舍衛城</u>「夏安居」，如是三請。

《人仙經》

(1)佛亦說已，又彼<u>那提迦城</u>，次有五百「優婆塞」，亦已命終。彼「優婆塞」善斷三障，證（初果）「須陀洹果」，逆生死流，七來人間，七生天上，了苦邊際，決證菩提。

(2)又彼<u>那提迦城</u>，復有三百「優婆塞」，亦次命終，彼「優婆塞」亦斷三障及貪瞋癡，一來人間，了苦邊際，證（二果）「斯陀含果」。

(3)又彼<u>那提迦城</u>，有二百五十「優婆塞」，復次命終，彼「優婆塞」能斷五種煩惱及隨煩惱，證（三果）「阿那含果」，不還人間，不復輪轉。

《師子月佛本生經》

(1)爾時，<u>頻婆娑羅</u>(Bimbisāra)王聞說此偈，對佛懺悔慚愧自責，豁然意解，成（三果）「阿那含」（此時仍是「在家居士」身）。王所將眾八千人，求王出家，王即聽許。

(2)佛言：善來，比丘！鬚髮自落，袈裟著身，即成沙門，頂禮佛足，未舉頭頃成（四果）「阿羅漢」（此時已是「出家僧人」身），三明、六通，具八解脫。

《佛說觀無量壽佛經》

(1)爾時世尊即便微笑，有五色光，從佛口出，一一光照<u>頻婆娑羅王</u>(Bimbisāra)頂。

(2)爾時大王雖在幽閉，心眼無障，遙見世尊，頭面作禮；自然增進，成（三果）「阿那含」。

《大佛頂如來密因修證了義諸菩薩萬行首楞嚴經》卷4

何須待我「佛頂神咒」，<u>摩登伽</u>(Mātaṅgī)心，婬火頓歇，（直接）得「阿那含」。

翻譯：如果只要「多聞」就會有「真實道力」，那麼又何需要「如來佛頂」的「首楞嚴神咒」去破除摩登伽女「先梵天魔咒」及熄滅<u>鉢吉提</u>女心中的婬火呢？<u>鉢吉提</u>婬火頓歇、愛欲頓斷，則頓得「三果阿那含」位(沒有經過初果、二果的修證，是透過如來用「大佛頂首楞嚴咒」加持來的神力)

東晉・法顯《大般涅槃經》卷2

(1)<u>弗迦娑</u>(puṣkara sārin 在家居士)還至佛所，如來即復為說諸法，其聞法已，(直接)得「阿那含」果。時<u>弗迦娑</u>復白佛言：我今欲於佛法「出家」。

(2)佛即喚言：善來比丘。鬚髮自落，袈裟著身，即成沙門，得「阿羅漢」。

《中阿含經》卷41〈梵志品 1〉

(1)聞彼<u>彌薩羅</u>梵志<u>梵摩</u>以偈問佛事，彼便命終。世尊！彼至何處，為生何許，後世云何？

(2)世尊答曰：比丘！梵志<u>梵摩</u>極有大利，最後知法，為法故不煩勞我。比丘！梵志<u>梵摩</u>「五下分結」(❶欲貪。❷瞋恚。❸有身見。❹戒禁取見。❺疑。「五下」是指三界中的「欲界」，歸屬於「下分界」，相對的「五上分結」，則指三界中的「色界、無色界」，歸屬於「上分界」)盡，生彼得「般涅槃」，得不退法，不還此世。爾時，世尊記說<u>梵摩</u>得「阿那含」。

《雜阿含經》卷30

佛告諸比丘……<u>善生</u>「優婆塞」、<u>善生</u>「優婆夷」，「五下分結」(❶欲貪。❷瞋恚。❸有身見。❹戒禁取見。❺疑)盡，得「阿那含」，生於天上而般涅槃，不復還生此世。

《雜阿含經》卷37

(1)爾時，<u>給孤獨</u>長者得病，身極苦痛……世尊見已，即告之言：長者勿起！增其苦患。世尊即坐，告長者言：云何？長者，病可忍不？身所苦患，為增、為損？……

(2)佛告長者：善哉！善哉！即記長者(直接)得「阿那含」果。

《雜阿含經》卷37

(1)時，<u>婆藪</u>長者身遭苦患。

(2)爾時，世尊聞<u>婆藪</u>長者身遭苦患……如前<u>達摩提那</u>長者「修多羅」廣說，(直接)得「阿那含」果記。

《雜阿含經》卷37

爾時，<u>耶輸</u>長者疾病困篤……如是乃至得「阿那含」果記，如<u>達摩提那</u>「修多羅」廣說。

《菩薩本行經》卷2

(1)於是<u>須達</u>聞法踊躍無量，身心清淨(直接)得「阿那含」道。唯有五金錢，一日持一錢施佛，一錢施法，一錢施僧，一錢自食，一錢作本；日日如是，常有一錢在，終無有盡。

(2)即受「五戒」，長跪白佛言：我今日「欲心」已斷，處「在居家」，當云何也？

《中本起經》卷2〈須達品 7〉

五百「梵志」得「阿那含」，便作「沙門」。

《撰集百緣經》卷8〈比丘尼品 8〉

(1)爾時世尊，遙知王「女」，精誠求哀，求索救濟，恍惚之間，即現女前種種說法，心開意解，(直接)得「阿那含」果……

(2)爾時王女，聞是語已，尋詣祇洹，見佛世尊，求索「出家」。佛即聽許，作「比丘尼」，精懃修習，得「阿羅漢果」。

《賢愚經》卷1〈摩訶薩埵以身施虎品 2〉

其母聞法，(直接)得「阿那含」。爾時阿難，目見此事，歎未曾有，讚說如來若干德行。

《賢愚經》卷3〈貧女難陀品 20〉

(1)佛言阿難：過去有佛，名曰迦葉。爾時世中，有居士「婦」，躬往請佛及比丘僧，然佛先已可一「貧女」，受其供養，此女已得「阿那含」道……

(2)今值佛世，「出家」受記，合國欽仰。

《賢愚經》卷7〈梨耆彌七子品 32〉

時毘舍離，霍然情悟，(直接)得「阿那含」道，歡喜合掌，白世尊言：唯垂矜愍！見賜四願。

《雜寶藏經》卷3

有一長者，名曰婆伽，尊者舍利弗、目連，為說法要，(直接)得「阿那含」，命終生梵天上。

《雜寶藏經》卷4

兄弟四人，各思此偈，(直接)得「阿那含」，皆來佛所，求為「出家」，得「阿羅漢道」。

《雜寶藏經》卷8

聞是語已，即歸依佛，為佛弟子，手捉「小兒」，著「佛鉢」中，遂名小兒為曠野手，漸漸長大，佛為說法，(直接)得「阿那含」道。

《法句譬喻經》卷1〈惟念品 6〉

時「化沙門」在於窰中，為弗加沙說「非常之要」，弗加沙王思惟意定，即得「阿那含」道。佛知已解，為現「佛身」光明相好。

《出曜經》卷1〈無常品 1〉

(1)昔有「婆羅門」四人皆得神通，身能飛行神足無礙……四人說此偈已心開意解，得「阿那含」道。

(2)爾時四人……白世尊曰：唯願如來！聽在道次得為沙門。

(3)世尊告曰：善來比丘！快修梵行。爾時四人頭髮自墮，身所衣服變為「袈裟」，尋於佛前得「羅漢道」。

《出曜經》卷10〈學品 8〉

昔有旃陀利家生七男，六兄得「須陀洹」道，小者故處凡夫。母人旃陀利得「阿那含」道。兄弟七人盡受「五戒」，為佛弟子。

《佛說濡首菩薩無上清淨分衛經》卷2

(1)時「優婆夷」復謂須菩提：又如，賢者！諸佛要法，不但受食及與施者，當應了如幻如化，為本無，為無有……須菩提聞「優婆夷」所說，即惘漠不知所言……

(2)時須菩提便於所處忽而「滅定」，欲知「優婆夷」志求何乘？以為其證……(於)盡力「觀察」處，(終於知道此)「優婆夷」(已)為(是)「阿那含」(果人)。

《大寶積經》卷89

如是「在家」(人)，(若願意)順「如來」教，當得「阿那含」果。

《月燈三昧經》卷1

說是法門時……(有)五百「優婆塞」(直接)得「阿那含果」、八百「優婆夷」得「斯陀含果」。

《鼻奈耶》卷3

時世尊說「四聖諦」苦集盡道，時此「女人」即在坐上解「四聖諦」，父母(即)得「阿那含」道，女得「須陀洹」道。

《根本說一切有部毘奈耶》卷44

(1)佛及聖眾各還住處，時長者「婦」得果之日，即於其夜便覺有「娠」，於時時中，供佛僧眾，經九月已，請佛及僧就舍而食。

(2)佛為說法，「夫婦」二人(即)得(阿那含)「不還果」，即於是日，其「子」誕生，顏貌希奇，

人所愛樂。

《根本説一切有部毘奈耶》卷 47

(1)孩兒因此名曠野手,年漸長大。時曠野城未有君主,眾人共議,此曠野手童子有大福德,親蒙世尊之所護念……

(2)爾時世尊,為曠野手種種「説法」,示教利喜,即於座上(直接)證(阿那含)「不還果」,廣説如《阿笈摩經》。

《根本説一切有部毘奈耶藥事》卷 6

(1)更有二百五十一「鄔波索迦」(upāsaka 優婆塞)並悉身死,亦皆斷「五下分結」(❶欲貪。❷瞋志。❸有身見。❹戒禁取見。❺疑。「五下」是指三界中的「欲界」,歸屬於「下分界」,相對的「五上分結」,則指三界中的「色界、無色界」,歸屬於「上分界」),得受「化生」,於此涅槃證(阿那含)「不還果」,於此世中得「不退轉」。

(2)於彼聚落,復有三百「鄔波索迦」(upāsaka 優婆塞)亦皆身死,斷「三分結」故,及「貪、瞋、癡」由有「輕障」,證「一來果」。

《根本説一切有部毘奈耶雜事》卷 36

佛言:苾芻!於此村中,有二百五十諸「鄔波索迦」(upāsaka 優婆塞),斷「五下分結」(❶欲貪。❷瞋志。❸有身見。❹戒禁取見。❺疑),從此命過,得「化生身」,於彼涅槃更「不退轉」,證(阿那含)「不還果」,不復更來。

《根本説一切有部毘奈耶藥事》卷 8

世尊知彼「仙人」種性(之)「隨眠」意樂,(於是佛便為)應機説法,「仙人」聞已,便(直接)證(阿那含)「不還果」。

《根本説一切有部毘奈耶雜事》卷 26

于時「王子」亦禮佛足,在一面坐,爾時世尊順其「根性」意樂差別,而説法要,「王子」聞法,(直接)證(阿那含)「不還果」,并得神通。

《佛般泥洹經》卷 1

(1)中有「優婆塞」,名玄鳥、時仙、初動、式賢、淑賢、快賢、伯宗、兼尊、德舉、上淨,等十人,皆優婆塞,持「五戒」,今皆死。

(2)諸比丘俱問佛:是諸「優婆塞」,死者皆趣何道?佛言:玄鳥等十人,死皆在(阿那含)「不還道」中。

《優婆塞戒經》卷3〈受戒品 14〉

(1)聽汝受持「優婆塞戒」，是戒即是一切「善法」之根本也，若有成就如是戒者，當得「須陀洹」果，乃至「阿那含」果。若破是戒，命終當墮「三惡道」中。

(2)善男子！「優婆塞戒」不可思議。何以故？受是戒已，雖受「五欲」，而不能障(礙你修證)「須陀洹」果，(乃)至(得)「阿那含」果，是故名為不可思議。

21-12 證得四果「阿羅漢」的境界

劉宋・求那跋陀羅譯《楞伽阿跋多羅寶經》	元魏・菩提流支譯《入楞伽經》	唐・實叉難陀與復禮等譯《大乘入楞伽經》
大慧！(四果)「阿羅漢」者，謂： ①(已獲成就於)「諸禪、三昧、解脫、(十)力、明(三明六通)」。 ②(於諸)「煩惱、苦、妄想」(中已達其)非性(非有真實自性之境)。 (此)故名「阿羅漢」。	大慧！何者(四果)「阿羅漢相」，謂： ②(已)不生(微細之)「分別、思惟、可思惟」。 ①(已獲成就於)「三昧、解脫、(十)力、(神)通。(有關)「煩惱、苦」等「分別心」(已滅盡)。 (此)故名「阿羅漢」。	大慧！(四果)「阿羅漢」者，謂： ①(於)「諸禪、三昧、解脫、(十)力、(神)通」，悉已(獲)成就。 ②(於)「煩惱、諸苦、分別」(已)永(滅)盡。 (此)是名「阿羅漢」。

21-13 有三種四果「阿羅漢」，只有「得決定寂靜一乘道」為「實法」阿羅漢，其餘為「權法」阿羅漢

劉宋・求那跋陀羅譯《楞伽阿跋多羅寶經》	元魏・菩提流支譯《入楞伽經》	唐・實叉難陀與復禮等譯《大乘入楞伽經》
⑤大慧白佛言：世尊！世尊說(有)三種(四果)「阿羅漢」，此說何等「阿羅漢」？世尊！	⑤大慧菩薩白佛言：世尊！世尊說(有)三種(四果)「阿羅漢」，此說何等「羅漢」名「阿羅漢」？世尊(請)為說：	⑤大慧言：世尊！(四果)「阿羅漢」有三種，

❶為得(決定)「寂靜」(之)一乘道(的羅漢。此為「實法」之阿羅漢)？	❶(於)「得決定」寂滅(之)羅漢(此為「實法」之阿羅漢)？	❶謂「一向趣」(eka-āyana)寂(滅的羅漢。此為「實法」之阿羅漢)？
❷為菩薩摩訶薩(之)「方便示現」(的羅漢。此為「權法」之阿羅漢)？	❷為(本來)發(菩薩)「菩提願」(的)善根(者)，(然後好像)忘(失)「善根」(而變現為)羅漢？(此為「權法」之阿羅漢)	❷(為本來修菩薩行而好像)退(失)「菩提願」(而變現為羅漢)？(此為「權法」之阿羅漢)
❸「阿羅漢」為佛(所應)化(的)化(身羅漢。此為「權法」之阿羅漢)？	❸為(佛所變)化(的)「應化羅漢」？	❸佛所「變化」(的羅漢。此為「權法」之阿羅漢)？
		此說(是)何者？
㈡佛告大慧：(只有)得(決定)寂靜「一乘道」聲聞(才是「實法」之阿羅漢)，非(是指其)餘(的「權法」羅漢)。	㈡佛告大慧：為說(只有)得「決定寂滅」(的)聲聞羅漢(才是「實法」之阿羅漢)，非(是指其)餘(的「權法」)羅漢。	㈡佛言：大慧！此說(只有)「趣寂」(一向趣於「寂滅」的阿羅漢才是「實法」之阿羅漢)，非是(指)其餘(的「權法」羅漢)。
㈢(其)餘(二)者(都只能算是「權法」阿羅漢)：	㈢大慧！(其)餘(二種都只能算是「權法」)羅漢者，謂：	㈢大慧！(其)餘二種人(都只能算是「權法」阿羅漢)，謂：
(有已)行「菩薩行」(所化現的羅漢)，及(為)佛(所)化(現的)化(身羅漢)。	(有已)曾修行「菩薩行」(所化現的羅漢)者，(或)復有「應化佛」所化(現之)羅漢。	
(這二類羅漢皆以種種)「巧方便」(之)本願故，於大眾中「示現受生」，(乃)為莊嚴(諸)佛(而成為其護法)「眷屬」故。(有佛講法的地方，皆有菩薩、羅漢諸大眾，但菩薩、羅漢、諸眷屬可能也都是佛所變現的「觀眾」。查CBETA資料可知相關文句，一佛出世，下一句接「千佛擁衛、千佛讚揚、千佛已齊、千聖讚揚、千佛共贊、萬佛證明、萬佛讚揚、	(因菩薩)「本願」善根(之)方便力故，(示)現(於)諸佛(國)土(中)，(與受)生(於)「大眾」中，(為了)莊嚴「諸佛大會眾」故。	(有)已曾發「巧方便願」(的菩薩而化現的羅漢)，及為(了)莊嚴諸佛眾會，(於是)於彼(國土中)「示生」(示現受生的羅漢)。

多佛讚揚、十方諸佛同集」)		
㊜大慧！(阿羅漢已能)於「妄想」處(而作)種種說法。謂(已能於)「得果、得禪、禪者、入禪」(之境)，悉(皆)「遠離」(而不執著)故。	㊜大慧！(阿羅漢已能於)「分別」去來(而)說種種事。(能)遠離「證果、能思惟、所思惟、可思惟」故。	㊜大慧！(阿羅漢已能)於「虛妄」處(而)說種種法。所謂(彼等已能於)「證果、禪者」及「禪」，皆(於其)性(而)離故。
(阿羅漢已能)示現得「自心現量」(所)得(之)「果相」，(故)說名(為)得果。	以(其已)見「自心」為「(能)見、所見」(之因)，(與能)說(由自心所)得(的)「果相」。	(已能於)自心所見(其所)得(之)「果相」故。

六種阿羅漢

(1)就阿羅漢之種類而論，「聲聞四果」中之阿羅漢，依其根性「利、鈍」之差別，可分為六種。據《雜阿毘曇心論‧卷五》、《俱舍論‧卷二十五》等所舉，即：
  ❶「退法」阿羅漢：若遭疾病等異緣，即退失所得之果，乃阿羅漢中最鈍根者。
  ❷「思法」阿羅漢：懼退失「所得之法」，乃欲自殺，而入「無餘涅槃」，以保其所得的境界。
  ❸「護法」阿羅漢：指能自己「守護」所得之「證果」者。若輕怠「防護」之力時，則有退失之憂懼。
  ❹「安住法」阿羅漢：指不退、不進，「安住」其果位者。即若無「殊勝之退緣」則「不退」其所得，若無「特勝之加行」則「不轉」，屬較「優」之阿羅漢種姓。
  ❺「堪達法」阿羅漢：指善修練根而達不動法者。堪能行「練根修行」之事，速達「不動法」之阿羅漢種姓。
  ❻「不動法」阿羅漢：指根性最為「殊勝」，不退動其「所得之法」者。
(2)在六種阿羅漢中，前五種皆屬於「鈍根」，須待「衣食、住處、師友」等諸緣具足，方能證入「滅盡定」等，故稱「時解脫」，僅能證得「盡智」(kṣaya-jñāna，於證「無學位」所生起之智慧，即已斷盡一切煩惱，屬無漏智)。
(3)第六種「不動法阿羅漢」則屬「利根」，不待「衣食」等諸緣具足而能自解法理，隨時得證「阿羅漢果」，故稱「不時解脫」，能證得「盡智」與「無生智」。

七種阿羅漢

(1)第六種「不動法阿羅漢」又分為二種。

　❶本來生就不動種性者，稱為「不退法」阿羅漢、「不退相」阿羅漢。

　❷由精進修行而達不動法者，稱為「不動法」阿羅漢。

(2)「不動法阿羅漢」和「不退法阿羅漢」此兩者加上「退法、思法、護法、安住法、堪達法」等五種阿羅漢，合稱為「七種阿羅漢」。

(3)若再加「緣覺、佛」，則總稱「九種阿羅漢」，又稱為「九無學」。

九種阿羅漢(九無學)

(1)「無學位」之人有九種優劣差別，又作「九種阿羅漢」。

(2)前面「七種阿羅漢」再加：

　❶慧解脫：了斷慧障之煩惱，於慧得自由。

　❷俱解脫：了斷定障、慧障，斷不染污無知，得滅盡定，於定、慧能自在。

(3)另一說的「九無學」則根據《俱舍論·卷二十五》所載，「思法」乃至「不退法」之「七種阿羅漢」加入「獨覺」和「佛」而成「九無學」。

迴心七位

據《南本大般涅槃經·卷二十》、《起信論義記·卷上》等所載，由於根機利鈍之別，已入「無餘涅槃」之「不定性」二乘，其起心迴向（得阿耨多羅三藐三菩提之心）之時間，有七種遲速不等之位，稱為「迴心七位」，即：

　❶「須陀洹果」經八萬劫。

　❷「斯陀含果」經六萬劫。

　❸「阿那含果」經四萬劫。

　❹「阿羅漢果」經二萬劫。

　❺「辟支佛」經一萬劫。

　❻前面五類人中之「利根者」，未滿「一萬劫」。

　❼最利根者，於「一念」之迴心，即可得「阿耨多羅三藐三菩提之心」。

21-14 初果「須陀洹」不作「我已真實能離三結」之念，皆不生如是之心

劉宋·求那跋陀羅譯《楞伽阿跋多羅寶經》	元魏·菩提流支譯《入楞伽經》	唐·實叉難陀與復禮等譯《大乘入楞伽經》
圖若「須陀洹」作是念：	圖復次大慧！若「須陀	圖大慧！若「須陀洹」作

劉宋·求那跋陀羅譯《楞伽阿跋多羅寶經》	元魏·菩提流支譯《入楞伽經》	唐·實叉難陀與復禮等譯《大乘入楞伽經》
（於）此諸結，我（若）不（能真實斷離而獲）成就者。	洹」生如是心：此是「三結」，我（已真實得）離（身見結、戒禁取結、疑結）「三結」者。	如是念：我（已真實遠）離諸（身見結、戒禁取結、疑結三）結。（若生如是之心）則有「二過」（失），謂：
（若生如是之心）應有「二過」（失）：墮（於）「身見」，及（於）「諸結」不斷。	大慧！（若生如）是（心則）名見（有）「二法」：（一者）墮於「身見」。（二者）彼若如是，（則）不離「三結」。	墮「我見」，及「諸結」不斷。（證初果者，不能自稱、也不能生出「自己已真實能離」這三結之心）
（注意：本段文字乃出現在上文 *21-8*「須陀洹斷三結，貪、癡不生」的後面，今複製一份至此處，乃方便與其它經文相對照用）	大慧！是故「須陀洹」不生如是（已真實斷離之）心。	
⑥復次大慧！（若）欲超（越）「禪無量、無色界」者，（應）當（遠）離「自心現量」（之）相。	⑥復次大慧！若欲遠離（對）「禪無量、無色界」（之執著）者，應當遠離「自心」（所）見（之）相。	⑥復次大慧！若欲超過「諸禪無量、無色界」者，應（遠）離「自心」所見（之）諸相。
⑦大慧！（若已證）「受想正受」（滅盡定），（能）超（越）「自心現量」者？不然！何以故？（諸法唯）有「心量」故。	⑦（若已）遠離少相，（已證）「寂滅定三摩跋提」（滅盡定。samāpatti 等至、正定現前）相故。大慧！若不（能）如是（的超越自心現量），（因為）彼菩薩心，（所）見（之）諸法（仍）以「唯心」故。	⑦大慧！（若已證）「想受滅三昧」（滅盡定），（能）超「自心」所見（之）境者？不然！（因諸法仍）不離「心」故。

21-15 偈頌內容

劉宋·求那跋陀羅譯《楞伽阿跋多羅寶經》	元魏·菩提流支譯《入楞伽經》	唐·實叉難陀與復禮等譯《大乘入楞伽經》
爾時世尊欲重宣此義而說	爾時世尊重說偈言：	爾時世尊重說頌言：

偈言： 諸禪四無量。 無色三摩提。 一切受想滅。 心量彼無有。 須陀槃那果。 往來及不還。 及與阿羅漢。 斯等心惑亂。 禪者禪及緣。 斷知見真諦。 此則妄想量。 若覺得解脫。	諸禪四無量。 無色三摩提。 少相寂滅定。 一切心中無。 逆流修無漏。 及於一往來。 往來及不還。 羅漢心迷惑。 思可思能思。 遠離見真諦。 唯是虛妄心。 能知得解脫。	諸禪與無量。 無色三摩提。 及以想受滅。 唯心不可得。 預流一來果。 不還阿羅漢。 如是諸聖人。 悉依心妄有。 禪者禪所緣。 斷惑見真諦。 此皆是妄想。 了知即解脫。

第２２節　覺智差別

22-1 兩種應該建立的「覺智」境界。一、由「觀察」諸法的一種覺智。二、從「妄想相攝受計著」(妄想執著)中而應建立的一種「覺智」

劉宋·求那跋陀羅譯 《楞伽阿跋多羅寶經》	元魏·菩提流支譯 《入楞伽經》	唐·實叉難陀與復禮等譯 《大乘入楞伽經》
復次大慧！有二種「覺」，謂： ❶(由)「觀察」(諸法的一種智)覺，及 ❷(從)「妄想相攝受計著」(中而應)建立(的一種)覺(智)。	復次大慧！有二種「智」，何等為二？ 一者(由)觀察(諸法的一種覺)智。 (pravicaya-buddhi 觀察智;觀察覺;以智慧思惟觀察) 二者(從)「虛妄分別取相」(中而應)住(的一種覺)智。	復次大慧！有二種「覺智」，謂： ❶(由)觀察(諸法的一種覺)智，及 ❷(從)「取相分別執著」(中而應)建立(的一種覺)智。

(唯識上有轉「第六意識」為「妙觀察智」之理)	(vikalpa 分別 -lakṣaṇa 相 -grāhābhiniveśa 執著；妄取 -pratiṣṭhāpika 建立 -buddhi 智。整句譯作「取分別相計著建立智」)	

22－2 何謂由「觀察」諸法的一種覺智境界？

劉宋・求那跋陀羅譯 《楞伽阿跋多羅寶經》	元魏・菩提流支譯 《入楞伽經》	唐・實叉難陀與復禮等譯 《大乘入楞伽經》
壹大慧！(由)「觀察」(諸法的一種智)覺者，謂： 貳若(能)覺「性自性相」(諸法自性相)，選擇「離四句」，(皆)不可得。 參(此)是名(由)「觀察」(諸法的一種智)覺。	壹大慧！何者(由)觀察(諸法的一種覺)智？謂： 貳何等「智」觀察一切諸法(之)「體相」，離於「四法」，(皆)無法可得。 參(此)是名(由)「觀察」(諸法的一種覺)智。	壹(由)觀察(諸法的一種覺)智者，謂： 貳(應)觀一切法(之自性)，(皆)「離四句」，不可得。

22－3 何謂「四句」？

請參閱 **16－1**

劉宋・求那跋陀羅譯 《楞伽阿跋多羅寶經》	元魏・菩提流支譯 《入楞伽經》	唐・實叉難陀與復禮等譯 《大乘入楞伽經》
壹大慧！彼「四句」者，謂： 貳離「一、異；俱、不俱；有、無、非有非無；常、無常」。是名「四句」。	壹大慧！何者「四法」？謂： 貳「一、異；俱、不俱」，是名「四法」。	壹「四句」者，謂： 貳「一、異；俱、不俱；有、非有；常、無常」等。

㊢大慧！此「四句」(之)離，(即)是名一切法。	㊢大慧！若離「四法」，一切法不可得。	㊢我以諸法，(皆)離此「四句」，是故說言一切法(皆)離(此四句)。
㊣大慧！此(此)「四句」(去)觀察一切法，(汝)應當修學。	㊣大慧！若欲觀察一切法者，當依(此)「四法」而(去)觀(察)諸法。	㊣大慧！如是觀法，汝應(當)修學。

22－4 何謂從「妄想相攝受計著」(妄想執著)中而應建立的一種「覺智」境界？

劉宋・求那跋陀羅譯 《楞伽阿跋多羅寶經》	元魏・菩提流支譯 《入楞伽經》	唐・實叉難陀與復禮等譯 《大乘入楞伽經》
大慧！云何(從)「妄想相攝受計著」(中而應)建立(的一種)覺(智)？謂：	大慧！(從)「妄想分別取相」(中而應)住(的一種覺)智者？所謂：	云何(從)「取相分別執著」(中而應)建立(的一種覺)智？謂：
①(所謂被)「妄想相」(所)攝受(的)，(例如外道)計著(計量執著於)「堅、濕、煖、動」(的)不實妄想相(的)「四大」種(中)。	①(外道)執著(於外相的)「堅(地)、熱(火)、濕(水)、動(風)」，(與)虛妄分別(於)「四大相」故。 (此經文即指外道對「地水風火」四相的執著)	①(外道)於(外相)「堅、濕、煖、動」(的)諸「大種」性(中)，取相(而)「執著」，(與生起)虛妄分別。
②(外道用)「宗、因相、譬喻」(的方式去)計著(計量執著)，(於)「不實」(法的)建立(中)而(去)建立(為「實」)。	②(外道對諸相生起)執著(而)建立。(然後用)「因、譬喻相」故(而)建立(他的理論)，(於)「非實法」(中去建立)以為(之)「實」。	②(外道)以「宗、因、喻」而妄(生)建立(他的理論)。 (宗：命題。因：理由。喻：譬喻。為「三支」的因明論式。先立出自己的「宗旨義理」，再用「原因理由」來說明為何要立此宗，然後再以大家所共同承認的事物來作為「譬喻」，證明自己立的「宗旨」是對的)
(此)是名(從)「妄想相攝受計	大慧！(此)是名(從)「虛妄分	(此)是名(從)「取相分別執

著」(中而應)建立(的一種智)覺。	別執著取相」(中而應)住持(的一種覺)智。	著」(中而應)建立(的一種覺)智。
(以上)是名二種「覺相」。 (指一、由「觀察」諸法的一種覺智。 二、從「妄想相攝受計著」中而應建立的一種覺智)	大慧！(以上)是名二種「智相」。	(以上)是名二種「覺智相」。

22-5 菩薩通達由「觀察」諸法的一種覺智，與從「妄想相攝受計著」(妄想執著)中而應建立的一種「覺智」後的境界

劉宋·求那跋陀羅譯 《楞伽阿跋多羅寶經》	元魏·菩提流支譯 《入楞伽經》	唐·實叉難陀與復禮等譯 《大乘入楞伽經》
若菩薩摩訶薩成就此「二覺相」(指一、由「觀察」諸法的一種覺智。二、從「妄想相攝受計著」中而應建立的一種覺智)，(即能通達)「人、法」無我相。	大慧！諸菩薩摩訶薩畢竟知此「二相」(指一、由「觀察」諸法的一種覺智。二、從「妄想相攝受計著」中而應建立的一種覺智)，(即能)進趣(上進趣向於)「法無我相」。	菩薩摩訶薩知此「智相」(指一、由「觀察」諸法的一種覺智。二、從「妄想相攝受計著」中而應建立的一種覺智)，即能通達「人、法」無我。
①「究竟」善知(其)方便，(以)「無所有」(的智)覺，(去)觀察「行地」(此指「解行地」)，(便能)得(入)「初地」(菩薩)，入「百三昧」。	①善知「真實智」，(於觀察)「行地」(解行地)相，知已，即(便)得(入)「初地」(菩薩)，(能)得「百三昧」。	①以「無相智」，(能)於「解行地」(adhimukti 解-caryā 行-bhūmi 地。入「初地」之前，由思惟力而習得的一切善根階位)善巧觀察，(便能)入於「初地」(菩薩)，得「百三昧」。
②得「差別三昧」，(得)見「百佛」及「百菩薩」。	②依「三昧力」(得)見「百佛」、見「百菩薩」。	②以(殊)勝「三昧力」，(得)見「百佛、百菩薩」。
③(能)知「前、後」際各「百劫」事。	③能知「過去、未來」各「百劫」事。	③知「前、後」際各「百劫」事。
④光(明能)照(耀)百剎(佛)土。	④(光明能)照(耀)百佛世界，照百佛世界已。	④光明(能)照曜百佛世界。
⑤(善能了)知「上上」(諸)地	⑤善知諸地(之)「上上智」	⑤善能了知「上上」(諸)地

相。	相」。	相。
⑥(能現)「大願殊勝」神力(之)「自在」。	⑥以「本願力」故,能奮迅(精神振奮,行動迅速)示現種種「神通」。	⑥以「勝願力」(而)變現(出)「自在」(神力)。
⑦(能至第十)法雲(地而受佛之)灌頂,當得「如來自覺地」(如來自內身聖智證法之地)。	⑦(能)於(第十)法雲地中,依法雨(而被)「授位」,(能)證「如來內究竟法身智慧地」(如如自內身聖智證法之地)。	⑦(能)至(第十)法雲地而受(佛的)「灌頂」,(能)入於「佛地」(如來自內身聖智證法之地)。
⑧(能)善繫心(於)「十無盡句」。 (①眾生界無盡。②世界無盡。③虛空界無盡。④法界無盡。⑤涅槃界無盡。⑥佛出現界無盡。⑦如來智界無盡。⑧心所緣無盡。⑨佛智所入境界無盡。⑩世間轉、法轉、智轉無盡)	⑧依「十無盡善根願」(而)轉(起)。	⑧(能成就)「十無盡願」。
⑨(為)成熟眾生,(有)種種「變化」,(自身現)光明莊嚴。	⑨為教化眾生,(有)種種「應化」,自身(能)示現種種「光明」。	⑨(為)成就眾生,(有)種種「應現」,無有休息。
⑩得「自覺聖樂」(自內身聖智證法的)三昧正受(samāpatti 等至)。	⑩以得「自身修行證智」(自內身聖智證法的)三昧樂故。	⑩而恒安住(於)「自覺境界」(自內身聖智證法境界的)三昧勝樂。

十無盡句(十不可盡法、十無盡法)

(1)指十種「無盡法」。

(2)「初歡喜地」之菩薩發廣大願,而說「**十法有盡,我願亦盡;此十法無盡,我願亦無盡。**」即:

① 眾生界無盡	② 世界無盡	③ 虛空界無盡	④ 法界無盡	⑤ 涅槃界無盡
指一切眾生無盡。	指十方世界無盡。	指十方一切虛空遍至色非色處而無窮盡。	指真如之世界無盡。	指佛度生已,入涅槃界,入而復出,出而復入,永無窮盡。

⑥	⑦	⑧	⑨	⑩
佛出現界無盡	如來智界無盡	心所緣無盡	佛智所入境界無盡	世間轉、法轉、智轉無盡
指佛出現，度生說法，巧妙方便，神通智慧無盡。	指如來智慧能知自心所緣之法界無盡。	指佛智慧所照之境界無盡。	指佛之智即真性，了了常知，能入無盡境界。	指依世間、法與智三者，輾轉互攝上述之九無盡，此三種相互關係乃為無盡。

22-6 菩薩當善分辨了知「四大種」及「造色」之理論。三界皆離「能造」的「四大」及「所造」的「四塵」，亦離「四句」法

劉宋・求那跋陀羅譯 《楞伽阿跋多羅寶經》	元魏・菩提流支譯 《入楞伽經》	唐・實叉難陀與復禮等譯 《大乘入楞伽經》
⑤復次大慧！菩薩摩訶薩當善(了知)「四大(種)、造色」。云何菩薩(應)善(了知能造的)四大(種)、與所造(的四塵)色？	⑤復次大慧！菩薩摩訶薩應善知(能造的)「四大(種)」及(所造的)「四塵相」。大慧！云何菩薩善知「四大(種)」及「四塵相」？	⑤復次大慧！菩薩摩訶薩當善了知(能造的四)大種、(與所)造(的四塵)色。云何了知？
⑥大慧！菩薩摩訶薩(應)作是覺，彼「真諦」者，(能造的)「四大」(種乃)不生，於彼(所造的)「四大」(塵亦)不生。	⑥大慧！菩薩摩訶薩應如是修行，所言「實者」，(即)謂無「四大」(之)處，觀察「四大」(種)，本來(即)「不生」。	⑥大慧！菩薩摩訶薩應如是觀，彼諸「(四)大種」(乃)真實不生。
⑦作如是觀察，觀察已，覺(悟種種的)「名相妄想」分齊(差別的分際齊限)，(皆由)自心(所)現「分齊」(差別的分際齊限)，外性(法)「非性」(無有真實)，(此)是名(由)心(所)現(的)妄	⑦如是觀已，復作是念：言觀察者，唯「自心」(所)見(之)虛妄覺知，以見外塵「無有實物」，唯是「名字」分別心(之)見。	⑦以諸三界，但是「分別」，「唯心」所現，無有「外物」。

想「分齊」(差別的分際齊限)。		
㊤謂(應於)「三界」(中)觀彼(能造的)四大、(所)造(的四塵)色性。	㊤所謂(應觀察)「三界」(皆)離於(能造的)「四大」及(所造的)「四塵相」。	㊤(作)如是觀時,(能造的四)大種、與所造(的四塵)悉皆「性離」(性離=離性=離自性=自性離)。
㊄(皆)離「四句」,通(達清)淨(法),離「我、我所」。	㊄見如是已,離「四種見」(即指「離四句」),(即能)見清淨法,離「我、我所」。	㊄(皆)超過「四句」,無「我、我所」。
㊅知(能住於)「實相」自相(實相自相=自相實相=自相之如實相法);(所有)分段(四大種與四塵相),(皆)住(於)「無生」自相(之)成(就中)。	㊅(能)住於自相(之)「如實法」中。 大慧!(於)住自相(之)「如實法」中者,謂(能)住(於所)建立(的)諸法「無生」自相法中。	㊅(能)住(於)「如實處」,成(就)「無生相」。

22-7 「四大種」如何衍生「造色」?外道執著「邪諦」,「五蘊」聚集,於是「能造」的「四大」及「所造」的「四塵」遂生起

劉宋・求那跋陀羅譯 《楞伽阿跋多羅寶經》	元魏・菩提流支譯 《入楞伽經》	唐・實叉難陀與復禮等譯 《大乘入楞伽經》
大慧!彼(能造的)「四大種」(中),云何生(出所)造(的四塵)色?	大慧!於(能造的)「四大」中,云何有(所造的)「四塵」?	大慧!彼諸(能造的四)大種(中),云何造(出四塵)色?
❶謂(由)「津潤」(津沫濕潤)妄想(之)大種,(即能)生內、外(之)「水界」。	❶大慧!謂(由)妄想分別(的)「柔軟濕潤」,(即能)生內、外(之)「水大」。	❶大慧!謂(由)虛妄分別「津潤」(津沫濕潤之)大種,(即能)成內、外(之)「水界」。
❷(由)「堪能」妄想(之)大種,(即能)生內、外(之)「火界」。	❷大慧!(由)妄想分別(的)「煖增長力」(煖熱的一種增長力),(即能)生內、外(之)「火	❷(由)「炎盛」(火焰熾盛之)大種,(即能)成內、外(之)「火界」。

	大」。	
❸(由)「飄動」妄想(之)大種，(即能)生內、外(之)「風界」。	❸大慧！(由)妄想分別(的)「輕轉動相」，(即能)生內、外(之)「風大」。	❸(由)「飄動」(之)大種，(即能)成內、外(之)「風界」。
❹(由)「斷截色」(將色質之物作分段與截斷之)妄想(之)大種，(即能)生內、外(之)「地界」。(及生成)「色」及「虛空」俱。	❹大慧！(由)妄想分別(的)「所有堅相」，(即能)生內、外(之)「地大」。大慧！(由)妄想分別「內、外」，(即能)共「虛空」(而)生(成)「內、外」相。	❹(由將)「色分段」(色質之物作分段與截斷之)大種，(即能)成內、外(之)「地界」，(地界乃)離於「虛空」。
(由於外道)計著(計量執著於)「邪諦」，(能令)「五陰」集聚，(及令)「四大、造色」生(起)。	(外道)以執著虛妄「內、外」(之)邪見，(令)「五陰」聚落，(及令)「四大」及「四塵」生(起)故。	(外道)由執著(於)「邪諦」，(能令)「五蘊」聚集，(及令四)大種、造色(而)生(起)。

四塵 (四微)

(1)指「色塵、香塵、味塵、觸塵」。

(2)「色塵」➡指「青、黃」等顯色及「長、短、方、圓」等形色。

(3)「香塵」➡指「好、惡」等之氣味。

(4)「味塵」➡指「甘、醋」等之味。

(5)「觸塵」➡指能造之「地、水、火、風」四大及「滑、澀」等之性。

(6)《俱舍論・卷四》載，物質之最小單位「極微」形成之時，必須由「四大」(地、水、火、風)及「四塵」(色、香、味、觸)等八事俱生，缺一法而不可，稱為「八事俱生，隨一不減」。

(7)若加「身根」，或加「聲」，則稱為「九事俱生」。

(8)若再加「眼根」，則稱為「十事俱生」。並以「四大」(地、水、火、風)為能造，「四塵」為所造。亦即以「四大」之相倚而造「極微」，由「極微」相聚而成「色法」。

《佛性論・卷第一》

「四大、四微」等八物，皆「不一不異」。若言「冷、熱」等八物；一、異者。是義不然。

(「四大」與「四塵」兩者「不一不異、不即不離」，即為佛法觀點。若兩者是「一」或「異」，則為是外道之邪說)

《阿毘達磨俱舍論・卷第四》

八事俱生，隨一不減。云何八事？謂「四大種」(地水火風)及「四所造」(即)色、香、味、觸。

《彌勒菩薩所問經論・卷第九》

「四大」(地水火風)及「依四大」所生「四塵」(色香味觸)如是等法；名為「名色」。

《大薩遮尼乾子所說經・卷第七》

(1)如是觀「色」，略有二種。一者「四大」，二者「依四大」。

(2)「四大」者：謂「地、水、火、風」。

(3)「依四大」者：謂「色、香、味、觸」，如是廣有「八種色相」。

《佛說法集經・卷第三》

(1)菩薩如是觀「色」，略有二種：一者「四大」，二者「依四大」。

(2)「四大」者：謂「地、水、火、風」。

(3)「依四大」者：謂「色、香、味、觸」。如是廣有「八種色」。

22－8 外道虛妄分別「能造」的「四大」及「所造」的「四塵」理論，此非佛所說。其實「四大」亦不離「因緣」

劉宋・求那跋陀羅譯《楞伽阿跋多羅寶經》	元魏・菩提流支譯《入楞伽經》	唐・實叉難陀與復禮等譯《大乘入楞伽經》
⑤大慧！「識」者，因樂(於)種種(事)跡境界故，(造成於)餘趣(其餘的三有六趣中)相續(受生輪迴)。	⑤佛告大慧：「識」(者)能執著(於)種種「境界」，樂求(於)「異道」(其餘的三有六趣)，(貪)取彼「境界」故。	⑤大慧！「識」者，以執著種種「言說、境界」為因、(為生)起故。於「餘趣」(其餘的三有六趣)中「相續受生」。
②大慧！(如大)「地」等(之)「四大」及「造色」等，(皆)有「四大」(之)緣。(四大➜不離因緣)	②大慧！「四大」(亦)有(其)因，謂「色、香、味、觸」。(四大➜不離因緣)	②大慧！(如大)「地」等(之)「造色」，有「大種」(為其)因。(四大➜不離因緣)
(然亦)非彼(有)「四大」(之)緣。(四大➜不即因緣)	大慧！(然)「四大」(亦)無(其)因。	(然亦)非(有)「四大種」為(其)「大種」(之)因。

（四大➜不即因緣）	（四大➜不即因緣）
所以者何？	何以故？	何以故？
㈢謂：（例如於）「性（有）、形相、處所、作、方便」（中皆）無（自）性，（故四）大種（皆）不生。（性、形相、處所、作、方便➜不即四大）	㈢謂：（例如於）「地、自體、形相、長短」（中），（皆）不生（其）「四大」（之）相故。（地、自體、形相、長短➜不即四大）	㈢謂：若「有法、有形、相」者，則是（必須由眾緣和合而有）所作（用）。（所以「有法、有形、相」都並）非（是）「無形者」（完全虛妄的無形）。（有法、有形、相➜不離眾緣）
㈣大慧！（又如所有的）「性（有）、形相、處所、作、方便」（又必須眾緣）和合（而）生，（故）非（是）「無形」（完全虛妄無形）。（性、形相、處所、作、方便➜不離眾緣）	㈣大慧！（必須）依（依於）「形相、大小、上下」容貌（之眾因緣）而生諸法，（亦）不離（其）「形相、大小、長短」而有法故。（形相、大小、上下➜不離眾緣而生）	
㈤是故（此能造的）四大、（與所）造（的四塵）色相，（為）外道「妄想」。非我（佛門之法教）。（「四大」與「四塵」兩者「不一不異、不即不離」，即為佛法觀點。若兩者是「一」或「異」，則成為外道之邪說）	㈤是故大慧！外道虛妄分別（能造的）「四大」及（所造的）「四塵」。非我（佛）法中（有）如此（之）分別。	㈤大慧！此（能造的四）大種、（與所）造（的四塵）色相，（為）外道「分別」（心之說）。非是我（佛門之）說。

22-9 五蘊之「自性相」乃超越「數相」而離「數相」，亦離「有、無」等四句

劉宋‧求那跋陀羅譯《楞伽阿跋多羅寶經》	元魏‧菩提流支譯《入楞伽經》	唐‧實叉難陀與復禮等譯《大乘入楞伽經》
㊀復次大慧！當說「諸陰」（之）自性相。云何「諸陰」（之）自性相？謂「五陰」。云何五？	㊀復次大慧！我為汝說「五陰」（之）體相。大慧！何者（為）「五陰」相？	㊀復次大慧！我今當說「五蘊」（之）體相。

劉宋・求那跋陀羅譯《楞伽阿跋多羅寶經》	元魏・菩提流支譯《入楞伽經》	唐・實叉難陀與復禮等譯《大乘入楞伽經》
㈡謂:「色、受、想、行、識」,彼「四陰」非(屬於)「色」,謂「受、想、行、識」。	㈡謂:「色、受、想、行、識」。大慧!「四陰」(屬於)無「色相」,謂「受、想、行、識」。	㈡謂:「色、受、想、行、識」。(色陰--有物質;有相;有形)(受想行識陰--無物質;無相;無形)
㈢大慧!「色」者(即指能造之)「四大」及(所)造(之)色,(但此四大種)各各(皆)異相(而不相同)。	㈢大慧!「色」依(止於)「四大」(而)生,(但此「四大」種)彼此(亦)不同相。	㈢大慧!「色」謂「四大」及「所造色」,此(四大各)各異相(而不同),(例如)受(想行識)等(即屬於)非「色」。
㈣大慧!(並)非「無色」(的受想行識會)有(此地水火風之)「四數」,(受想行識即)如「虛空」(般)。	㈣大慧!「無色相」法(指受想行識)同如「虛空」(般)。云何(能)得成(此地水火風之)「四種數相」?	㈣大慧!非(有)色(相之受想行識)諸蘊,猶如「虛空」(般),(故)無有(地水火風之)「四數」。
㈤譬如「虛空」,(乃超越)過「數相」、離於「數」。而(吾人的自心)「妄想」(分別仍)言(此即是)一「虛空」。	㈤大慧!譬如「虛空」,(乃)離於「數相」。而(吾人仍以)「虛妄分別」(而言)此(即)是「虛空」。	㈤大慧!譬如「虛空」,(已)超過「數相」。然(吾人的自心)「分別」(而仍)言此(即)是「虛空」。
㈥大慧!如是(之)「陰」,(已超越)過「數相」,離於「數」,離「性」(有)、非性(無),離「四句」。	㈥大慧!「陰」之「數相」,(乃)離於「諸相」,離「有、無」相,離於「四相」。	㈥非(有)色(相之受想行識)「諸蘊」,亦復如是,(乃)離(於)諸「數相」,(亦)離「有、無」等四種句故。
㈦(所謂)「數相」者,(乃)愚夫(之)言說,(此)非(謂為)聖賢也。	㈦愚癡凡夫(好)說諸「數相」,(此)非謂(為)聖人。	㈦「數相」者,(乃)愚夫(之)所說,(此)非(為)諸聖者。

22－10 智者知五蘊如幻,離「異、不異」,故得種種殊勝境界

劉宋・求那跋陀羅譯《楞伽阿跋多羅寶經》	元魏・菩提流支譯《入楞伽經》	唐・實叉難陀與復禮等譯《大乘入楞伽經》

⑤大慧！聖者（但說五蘊即）「如幻」。	⑤大慧！我說（五蘊即）諸相「如幻」。	⑤諸聖但說（五蘊皆）「如幻」所作。
⑥（五陰）種種色像，（皆）離「異、不異（一）」，（諸法皆為假）「施設」（之假有）。	⑥（五陰之）種種形相，（皆）離「一（異）、二（不異）」相，（諸法皆）依「假名」（而）說（為有）。	⑥（五陰皆）唯「假施設」（而有），（皆）離「異、不異（一）」。
⑦又（五陰）如「夢、影、士夫身」，離「異、不異（一）」故。	⑦（五陰）如「夢、鏡、像」，不離所依。	⑦（五陰）如「夢」、如「像」，無別所有。
⑧大慧！「聖智」（者其所）趣（之境相）同，（五）「陰」（即由）妄想（顯）現，（愚者謂）是名「諸陰」（有）「自性相」， 汝當「除滅」（如是虛妄分別之相）。	⑧大慧！如「聖人智」（之）修行，分別見「五陰」（皆是）虛妄。 大慧！是名「五陰」（而）無「五陰」（之）體相。 大慧！汝今應「離」如是「虛妄分別」之相。	⑧（愚者）不了「聖智」所行（之）境故，見有「諸蘊」（五蘊）分別現前（時），（即）是名（為）諸蘊（有）「自性相」。 大慧！（於）如是（之）分別（心），汝應「捨離」。
❶（待）滅（妄想）已，（諸菩薩即為宣）說「寂靜法」。	❶（待）「離」如是（妄想）已，（即）為諸菩薩（為汝宣）說：（能）離諸法相（的）「寂靜之法」。	❶（待）捨離此（妄想）已，（諸菩薩即為汝宣）說「寂靜法」。
❷（能遮）斷一切佛剎（土之）諸「外道見」。	❷（能）為遮（斷）「外道諸見」之相。	❷（能）斷一切（佛）剎（土之）諸「外道見」。
❸大慧！說「寂靜」時，（於）「法無我見」（獲得清）淨，及（能）入（第八）「不動地」。	❸大慧！說「寂靜法」，（能）得證「清淨無我」之相，（能）入（第七）「遠行地」。	❸（得清）淨（之）「法無我」，（能）入（第七）「遠行地」。
❹入（第八）「不動地」已，（即得）「無量三昧自在」。	❹入（第七）「遠行地」已，（即）得「無量三昧自在」。	❹（即能）成就「無量自在三昧」。
❺及得「意生身」。	❺（獲）「如意生身」故。	❺獲「意生身」。
❻得「如幻三昧」。	❻以得諸法（之）「如幻三昧」故。	❻（得）「如幻三昧」。
❼通達（獲得）「究竟力、明（三明六通）、自在」。	❼以得「自在、神通、（十）力」（之）修行進趣（上進趣向）。	❼（於十）力、（神）通、自在，皆悉具足。

❽(能)救攝饒益一切眾生，猶如「大地」(能)載育眾生。	故。 ❽(能)隨一切眾生自在(而妙)用，如「大地」(能載育眾生之)故。	❽猶如「大地」，(能)普益(於)群牛。
㈤菩薩摩訶薩(能)「普濟」(於)眾生，亦復如是。	㈤大慧！譬如「大地」，一切眾生(能)隨意而用。 大慧！菩薩摩訶薩(能)隨眾生(而生妙)用，亦復如是。	

22－11 外道學派「四種涅槃」的辨別。若將「分別識境」之妄想「轉滅」，此即名為佛法真正的「涅槃」

劉宋·求那跋陀羅譯 《楞伽阿跋多羅寶經》	元魏·菩提流支譯 《入楞伽經》	唐·實叉難陀與復禮等譯 《大乘入楞伽經》
㊀復次大慧！諸外道有「四種涅槃」，云何為四？謂：	㊀復次大慧！外道說有「四種涅槃」，何等為四？	㊀復次大慧！(外道之)「涅槃」有四種，何等為四？謂：
❶(認為)性自性(諸法自性)「非性」(完全沒有性)涅槃。 (性自性=法自生=諸法自性。 非性=無性=完全沒有的虛無體性。 性自性非性=諸法自性為完全沒有的虛無之性)	一者(有一個堅固的)「自體」涅槃。 (外道的「涅槃觀」一定是落在「兩邊」，不是定義為「真實存有」，就是一種「滅絕、斷滅、虛無、頑空」的定義。 佛的「涅槃觀」則是遠離兩邊，而且是「轉」滅的「轉識成智」)	❶(認為)諸法自性(皆為)「無性」(的一種)涅槃。 (bhāva-svabhāvā-bhāva-nirvāṇa 見諸法自性為無性得涅槃)
❷(認為)種種「相性」(皆為)「非性」(的一種)涅槃。	二者(認為)種種「相」(是從)有(成為)無(的一種)涅槃。	❷(認為)種種「相性」(皆為)「無性」(的一種)涅槃。 (lakṣaṇa-vicitra-bhāvābhāva-nirvāṇa 見種種相之性相為無性得涅槃)

❸(認爲諸法的)「自相、自性」(皆爲)「非性」(妄)覺(的一種)涅槃。	三者(認爲)「自覺體」(是從)有(成爲)無(的一種)涅槃。	❸(認爲所)覺(的)「自相性」(皆爲)「無性」(的一種)涅槃。(sva-lakṣaṇa-bhāvābhāva-bodha-nirvāṇa 證具自相之有法爲無有得涅槃)
❹(認爲於)諸陰(之)「自、共」相(上),(將其)相續流注(性都)斷(滅後所獲得的一種)涅槃。	四者(認爲將)諸陰(之)「自相、同相」(都)斷(滅),(在斷滅其)相續體(後所獲得的一種)涅槃。	❹(認爲)斷(滅)諸蘊(之)「自、共」相流注(後所獲得的一種)涅槃。(skandhānāṃ-sva-sāmānya-lakṣaṇa-saṃtatiprabandha-vyuccheda-nirvāṇa 斷諸蘊受縛束而成之自共相續得涅槃)
⑳(此)是名諸外道(所得的)「四種涅槃」,(此)非我(佛)所說(的涅槃)法。	⑳大慧!(此)是名外道(所得的)「四種涅槃」,(此)非我(佛)所說(的涅槃法)。	⑳大慧!此「四涅槃」(皆)是「外道義」,非我(佛)所說(的涅槃法)。
㊂大慧!我所說(的涅槃法)者,(是指能將)妄想識(轉)"滅"(的道理),(此即)名爲(佛法眞正的)「涅槃」。	㊂大慧!我所說(的涅槃法)者,(是指將所)見(的)虛妄境界分別識(轉)"滅",(此即)名爲(佛法眞正的)「涅槃」。	㊂大慧!我所說(的涅槃法)者,(是指將有)分別(的)「爾炎識」(jñeya 識境;所知;境界;智境)"滅",(此即)名爲(佛法眞正的)「涅槃」。

22-12 「第六意識」妄想若能「轉滅」,則「餘七識」亦得漸次「轉滅」的道理

請參閱 4-4 49-6

劉宋・求那跋陀羅譯《楞伽阿跋多羅寶經》	元魏・菩提流支譯《入楞伽經》	唐・實叉難陀與復禮等譯《大乘入楞伽經》
㊀大慧白佛言:世尊!(豈)不建立八(個)識耶?佛言:建立!	㊀大慧白佛言:世尊!世尊可不說「八種識」耶?佛告大慧:我說「八種識」!	㊀大慧言:世尊!豈不建立「八種識」耶?佛言:建立!

㊉大慧白佛言：若建立者，云何(說只需遠)離(第六)意識，(而)非(去轉滅其餘的)七識(呢)？	㊉大慧言：若世尊說「八種識」者，何故但言(只需將第六)意識轉滅，(而)不言(要將其餘的)七識(去)轉滅(呢)？	㊉大慧言：若建立者，云何但說(只需將第六)意識(轉)滅，(而)非(令其餘的)七識(去轉)滅(呢)？
㊂佛告大慧：(修行上是以)彼(第六識為)因，及(以)彼(第六識為)攀緣(的主力)，故(只需第六識轉滅的話，則餘)七識(亦可漸達)不生(之境)。 (八識中乃以「第六識」為造業之主因，亦是對外「攀緣」之主因，其餘七個識並非是生起諸業的「主因」)	㊂佛告大慧：以依彼(第六識為)念、(而去)觀有(外境諸有)故，(若能)轉(第六)識(而令)滅，(則餘)七識亦(能漸轉而令)滅。 (唯識理云：六七因中轉，五八果上轉。故先轉第六識，餘七識則次第而轉)	㊂佛言：大慧！以彼(第六識)為因，及(為主要)所(攀)緣(之力)故，(然後才能讓餘)七識得(以)生(起諸業之薰習)。 (八識中以「第六識」為造業之主因，亦為外境「所攀緣」之因。諸業經「第七識」之思量與執著，再由「第八識」薰習執藏。故「第六識」為造業之「主因」，其餘七個識方次第生起諸業薰習)
㊃(第六)意識者，(於外)境界分段(而生)計著(計量執著)，(不斷造業增)生(業力之)習氣，(然後再去)長養「藏識」(阿賴耶識)。	㊃復次大慧！(第六)意識執著，取境界生，(不斷造業增)生(業力習氣)已，(然後再以)種種「薰習」，(去)增長「阿黎耶識」。	㊃大慧！(第六)意識(能)分別境界，(於生)起執著時，(能)生諸(業)「習氣」，(然後再去)長養「藏識」(阿賴耶識)。
㊄意(第七識)俱「我、我所」計著，(能)思惟(思量計度)。「因(藏識為第七識的生起之因)、緣(藏識為第七識所緣的對象)」生，不壞身相「藏識」(阿賴耶識)。	㊄共「意(第七)、識(第六)」故，(第七識具)「我、我所」相，(執)著「虛妄」(之)空而生分別。大慧！彼二種識「無差別相」(指第六與第七無差別相)，(皆)以依(止於)「阿黎耶識」。	㊄由是意(第七識)俱「我、我所」執，(能)「思量」隨轉，(第七識自己)無「別體相」(個別的體相；自體相)，(因為)藏識(阿賴耶識)為(第七識生起之)「因」、(亦)為(第七識)所緣(的對象)故。
㊅因攀緣「自心」(所)現境界(而)計著(計量執著)，(所有的)心(識皆)積聚(而)生(起)，(諸識彼此)「展轉」相(互為)因。	㊅因觀「自心」(所顯)見境，(而生)妄想執著，生種種(分別)心，(諸識)猶如「束竹」(捆成束的竹子)，(乃彼此)迭共(展轉)為因。	㊅執著「自心所現」(之)境界，(所有的)心(識)聚(積而)生起，(諸識彼此)「展轉」(互相)為因。

| ㈦譬如「海浪」(大海喻第八識，浪喻第七識)，「自心」(顯)現境界，風(喻六根、六境、六識)吹，(便有)「若生、若滅」(的現象)，亦如是。 | ㈦如「大海波」，以「自心」(顯)見境界，風(喻六根、六境、六識)吹而有「生、滅」(的現象)。 | ㈦大慧！譬如「海浪」，(由)「自心所現」境界，風(喻六根、六境、六識)吹而有「起、滅」(的現象)。 |
| ㈧是故(修行上只需將第六)意識(轉)滅，(則餘)七識亦(將次第逐漸而轉)滅。 | ㈧是故大慧！(只需先將第六)意識轉滅，(則餘)七種識(將次第逐漸)轉滅。 | ㈧是故(第六)意識(轉)滅時，(則餘)七識亦(將次第逐漸轉)滅。 |

22–13 偈頌內容

劉宋・求那跋陀羅譯《楞伽阿跋多羅寶經》	元魏・菩提流支譯《入楞伽經》	唐・實叉難陀與復禮等譯《大乘入楞伽經》
爾時世尊欲重宣此義而說偈言：	爾時世尊重說偈言：	爾時世尊重說頌言：
我不涅槃性。	我不取涅槃。	我不以自性。
所作及與相。	亦不捨作相。	及以於作相。
妄想爾燄識。	轉滅虛妄心。	分別境識滅。
此滅我涅槃。	故言得涅槃。	如是說涅槃。
彼因彼攀緣。	依彼因及念。	意識為心因。
意趣等成身。	意趣諸境界。	心為意境界。
與因者是心。	識與心作因。	因及所緣故。
為識之所依。	為識之所依。	諸識依止生。
如水大流盡。	如水流枯竭。	如大瀑流盡。
波浪則不起。	波浪則不起。	波浪則不起。
如是意識滅。	如是意識滅。	如是意識滅。
種種識不生。	種種識不生。	種種識不生。

第十章　遠離妄想章

第２３節　離妄想

23-1 佛宣說外道十二種「妄想自性」（遍計所執）差別相的目的，為令遠離外道所執的「能取、可取」境界

劉宋・求那跋陀羅譯 《楞伽阿跋多羅寶經》	元魏・菩提流支譯 《入楞伽經》	唐・實叉難陀與復禮等譯 《大乘入楞伽經》
❶復次大慧！今當（為汝）說（外道十二種）「妄想自性」（遍計所執）分別通相。	❶復次大慧！我為汝（宣）說（外道十二種）「虛妄分別法體」（遍計所執）差別之相。	❶復次大慧！我今當（為汝）說（外道十二種）「妄計自性」（遍計所執）差別相。
❷若（於）「妄想自性」（遍計所執）分別通相，（應）善分別，汝及餘菩薩摩訶薩（應知）。	❷汝及諸菩薩摩訶薩，（應）善分別知「虛妄法體」（遍計所執）差別之相。	❷令汝及諸菩薩摩訶薩，（應）善知此義。
❸（此能）離「妄想」，（亦能）到「自覺聖」（自內身聖智證法之境界）。	❸（此能）離「分別、所分別」法，（亦能）善知「自身內修行法」（自內身聖智證法之境界）。	❸（此能）超諸「妄想」，（亦能）證「聖智境」（自內身聖智證法之境界）。
❹（於）外道（所）通（之）趣（要）善見（之），（應）覺（能）攝（取）、所攝（取）妄想。	❹（應）遠離外道（所執的）「能取、可取」境界。	❹（應）知「外道法」，（應）遠離「能取、所取」分別。
❺（應）斷（除由）「緣起種種相」（依他起性而生起的）妄想自性（諸）行，不復（再執著）「妄想」。	❺（應）遠離（能生）種種虛妄分別（之）「因緣法體相」（依他起性），遠離已，不復（再）分別（執著）「虛妄之相」。	❺於「依他起」（所生起的）種種相中，不更取著（由妄想）所計（執之）相。

23-2 十二種外道「妄想自性」（遍計所執）的差別之相

劉宋・求那跋陀羅譯	元魏・菩提流支譯	唐・實叉難陀與復禮等譯

《楞伽阿跋多羅寶經》	《入楞伽經》	《大乘入楞伽經》
大慧！云何(外道十二種的)「妄想自性」(遍計所執)分別通相？謂：	大慧！何者(外道十二種的)「虛妄分別法體」(遍計所執)差別之相？ 大慧！「虛妄分別自體」(遍計所執)差別相有十二種，何等為十二？	大慧！云何(外道十二種的)「妄計自性」(遍計所執)差別相？所謂：
①「言說妄想」。	一者「言語分別」。	①「言說分別」。
②「所說事妄想」。	二者「可知分別」。	②「所說分別」。
③「相妄想」。	三者「相分別」。	③「相分別」。
④「利妄想」(artha-vikalpa)。	四者「義分別」(artha-vikalpa)。	④「財分別」(artha-vikalpa)。
⑤「自性妄想」。	五者「自體分別」。	⑤「自性分別」。
⑥「因妄想」。	六者「因分別」。	⑥「因分別」。
⑦「見妄想」。	七者「見分別」。	⑦「見分別」。
⑧「成妄想」(yukti-vikalpa)。	八者「建立分別」(yukti-vikalpa)。	⑧「理分別」(yukti-vikalpa)。
⑨「生妄想」。	九者「生分別」。	⑨「生分別」。
⑩「不生妄想」。	十者「不生分別」。	⑩「不生分別」。
⑪「相續妄想」。 (saṃbandha-vikalpa)	十一者「和合分別」。 (saṃbandha-vikalpa)	⑪「相屬分別」。 (saṃbandha-vikalpa)
⑫「縛、不縛妄想」。	十二者「縛、不縛分別」。	⑫「縛、解分別」。
是名(外道十二種)「妄想自性」(遍計所執)分別通相。	大慧！是名(外道十二種)「分別自體相」(遍計所執)差別法相。	大慧！此是(外道十二種)「妄計自性」(遍計所執)差別相。

23－3 何謂「言說妄想」(第一種)？

劉宋・求那跋陀羅譯 《楞伽阿跋多羅寶經》	元魏・菩提流支譯 《入楞伽經》	唐・實叉難陀與復禮等譯 《大乘入楞伽經》
㊥大慧！云何「言說妄想」？謂：	㊥大慧！「言語分別」者，謂：	㊥云何「言說分別」？謂：

㈡(以)種種「妙音歌詠」之「聲美樂」計著(計量執著)。㈢(此)是名「言說妄想」。	㈡樂著(於)種種「言語」、美妙「音聲」。㈢大慧！(此)是名「言語分別」。	㈡執著(於)種種美妙「音、詞」。㈢(此)是名「言說分別」。
(法師：若以「梵唄」方式去歌頌佛陀─這是佛陀允許的。居士：白衣無戒，所以要用「梵唄」，或用俗人歌詠方式，則不在此限)		

佛陀不允許僧人以「俗人歌詠方式」去唱頌佛經

《佛本行集經・卷五十》

(1)爾時，諸法師(在)讀誦經時，猶如(世)俗歌(曲)而說其法，是故為人(所)毀呰ㄗˇ 譏論：

(沙門僧人)如是(之)「說法」，(竟)似我「俗人歌詠」(而)無異。

剃頭沙門，豈如(世人之)「歌詠」而「說法」也？

(2)時，諸比丘聞是事已，具將白佛。

(3)佛告諸比丘：若有比丘，依世(俗)歌詠而「說法」者，而有五(過)失。何等為五？

一者：自(污)染(其)歌聲。

二者：他(人)聞(歌聲而)生(污)染，而不受(佛法)義(理)。

三者：以(歌)聲(之)出、沒，便失(經典)文句。

四者：俗人聞(歌聲)時，(將生)毀呰ㄗˇ(與)譏論(譏嫌議論)。

五者：將來(之)「世人」(若)聞此事(指僧人以「俗人歌詠方式」去唱頌佛經)已，即依(此)「俗行」以為(是佛有允許的一種)「恒式」(恒常之式)。

(4)若有比丘，依附「俗歌」(世俗歌詠)而「說法」者，有此五(過)失。是故不得依(世)俗「歌詠」而「說法」也。

(5)汝諸比丘！其有未解(無法理解)如上法者，若所遊止，應先諮問「和上、阿闍梨」等。

《十誦律》卷37

佛語諸比丘：從今不應「歌」(聲)。

(若作)「歌」(聲)者，(犯)「突吉羅」(duṣkṛta 惡作、惡語等諸輕罪)。

「歌」(聲)有五過失：

❶自心(將生)貪著(其歌聲)。

❷令他(人亦生起)貪著(歌聲)。

❸(於一個人)「獨處」(靜修、禪修時)，(將)多(生)起(妄想類的)「覺觀」(新譯作「尋伺」。覺→尋求推度之意，即對事理之粗略思考。觀→即細心思惟諸法名義等之精神作用。此應指對音樂、歌聲會有很多的妄念。可參考下面《四分律・

卷三十五》的經文說明）。

❹常為「貪欲」(遮)覆(其)心。

❺諸居士聞作是言：諸沙門釋子亦(作)「歌」(聲)，(竟)如(俗人)我(同)等(而)無異。

(歌聲)復有「五過失」：

❶自心(將生)貪著(其歌聲)。

❷令他(人亦生起)貪著(歌聲)。

❸(於一個人)「獨處」(靜修、禪修時)，(將)多(生)起(妄想類的)「覺觀」(此指對音樂、歌聲會有很多的妄念。可

參考下面《四分律・卷三十五》的經文說明）。

❹常為「貪欲」(遮)覆(其)心。

❺諸「年少」(之)比丘聞(後)亦隨(著跟)學、隨學已，(則)常起「貪欲心」便(違)反戒(律)。

《毘尼母經》卷6

爾時會中復有一比丘，去佛不遠(而站)立，「高聲」作「歌音」(而)誦經。佛聞即制(止而)不
聽(許)用此「音」(去)「誦經」，有五事過(失)，如上文(之)說。

用「外道歌音」(的方式去)說法，復有五種過患：

一者：不名(為)「自持」(自我持誦佛經)。

二、不(能)稱(心於)聽眾(即佛門四眾聽到這種「外道歌音」時，不能稱乎其心意，亦無法了解佛法)。

三、諸天(神皆)「不悅」(這種外道的歌音)。

四、(歌聲之)語(為)「不正」(不純正)，(故法義亦)難解。

五、(歌聲之)語(為)「不巧」(不善巧)，故(法)義亦難解。

是名(用外道歌音方式說法，有)五種過患。

《四分律》卷35

(1)時諸比丘二人，(以)「共同聲」(而)合「唄」，

佛言：不應爾！

(2)時諸比丘欲(作沒有「過失差錯」的)「歌詠聲」(的)說法(方式)。

佛言：聽(許)！

(3)時有一比丘，去世尊不遠，(用)極(非常)過差(過失差錯)「歌詠聲」說法。

佛聞已即告此比丘：汝莫(以)如是「說法」，汝當如「如來處」中(而)說法，勿與「凡世
人」(而)同。(凡)欲說法者，當如舍利弗、目揵連(之)「平等」說法，勿與「凡世人」(相)
同(的)說法。

(4)諸比丘！若(用)「過差」(過失差錯的)歌詠聲(的)說法，有五過失。何等五？

❶若比丘(用)「過差」(過失差錯的)歌詠聲說法：便(將)自(心)生「貪著」，愛樂(其所唱的)「音聲」，

(此)是謂第一過失。

❷復次若比丘(用)「過差」(過失差錯的)歌詠聲説法：其有(人)聞者，(亦)生「貪著」，愛樂其聲，(此)是謂比丘第二過失。

❸復次若比丘(用)「過差」(過失差錯的)歌詠聲説法：其有(人)聞者，(即)令其(跟著)「習學」，(此)是謂比丘第三過失。

❹復次比丘過(用)「過差」(過失差錯的)詠聲説法：諸「長者」(居士)聞(後)，皆共(生)「譏嫌」(而)言：我等(居士)所習(之)「歌詠聲」，比丘(竟然)亦如是(歌詠聲而)説法！

便(對比丘僧人)生「慢心」(而)不「恭敬」，是謂比丘第四過失。

❺復次若比丘過(用)「過差」(過失差錯的)詠聲説法：若在「寂靜」之處(觀照)思惟(修行之時)，(即容易)緣憶(剛剛所唱的歌)「音聲」，(如此將)以(擾)亂(修行上的)「禪定」，是謂比丘第五過失。

23-4 何謂「所說事妄想」(第二種)？

劉宋・求那跋陀羅譯 《楞伽阿跋多羅寶經》	元魏・菩提流支譯 《入楞伽經》	唐・實叉難陀與復禮等譯 《大乘入楞伽經》
⑤大慧！云何「所說事妄想」？謂： ⑥(外道執著)「有所說事」(之)自性(自體性)。(然後認為此亦是)「聖智」(之)所(同)知(的事)，(外道皆)依彼(指「有所說事的實自體性」)而生「言說妄想」。 ⑦(此)是名「所說事妄想」。	⑤大慧！「可知分別」者，謂： ⑥(外道)作是思惟：應有前法「實事之相」。(然後認為此亦是)「聖人」修行(之所)知(事)，(外道)依彼法(依「實有、實事」之法)而生「言語」，如是「分別」。 ⑦大慧！(此)是名「可知分別」。	⑤云何「所說分別」？謂： ⑥(外道)執「有所說事」。(然後認為此亦是)是「聖智」所說(之)境，(外道)依此(指「有所說事的實自體性」)起(語言之)說。 ⑦(此)是名「所說分別」。

23-5 何謂「相妄想」(第三種)？

劉宋・求那跋陀羅譯 《楞伽阿跋多羅寶經》	元魏・菩提流支譯 《入楞伽經》	唐・實叉難陀與復禮等譯 《大乘入楞伽經》
⑤大慧！云何「相妄	⑤大慧！「相分別」者，	⑤云何「相分別」？謂：

想」？謂：	謂：	
❷(外道)即(於)彼所說事(中)，如「鹿渴」(所生的妄)想，(於)種種計著(計量執著)而計著，謂(於)堅(地)、濕(水)、煖(火)、動(風)相一切性(法中生執著)妄想。	❷(外道)即彼(於)可知(的)境界中，(將)「熱、濕、動、堅」(等)種種相，執以為實。如空(中之)「陽焰」，諸禽獸見(之)，(轉)生於水想。	❷(外道)即於彼所說事中，如「渴獸」(所生的妄)想，分別執著(於)「堅、濕、煖、動」等一切諸(外)相。
❸(此)是名「相妄想」。	❸大慧！(此)是名「相分別」。	❸(此)是名「相分別」。

23－6 云何「利妄想」(第四種)？

劉宋·求那跋陀羅譯《楞伽阿跋多羅寶經》	元魏·菩提流支譯《入楞伽經》	唐·實叉難陀與復禮等譯《大乘入楞伽經》
❶大慧！云何「利妄想」(artha-vikalpa)？謂：	❶大慧！「義分別」(artha-vikalpa)者，謂：	❶云何「財分別」(artha-vikalpa)？謂：
❷樂(著)種種「金、銀、珍寶」。	❷樂(著於)「金、銀」等種種(以為是)實境界。	❷取著(於)種種「金、銀」等寶，而(生)起(妄想)言說。
❸(此)是名「利妄想」。	❸大慧！(此)是名「義分別」。	❸(此)是名「財分別」。

arṇava-sarid- 　　　　　　　　　　　129

arṇava-sarid-āśrita 围 海と川との近くに住む者.
arṇas 囲 波, 川; 洪水; 海潮, 海; 空界.
arṇa-sāti 囡 河川の獲得又は征服.
arti 1. [動詞語根 Ṛ].
arti 2. 囡 [＝ārti] 苦痛, 痛 Divy. → śiro～.
artiyate, ṛtiyate, ritiyate, → Bt. 羞恥, 慚
愧 Mvyut.
artu- 1. ＝ṛtu-.
artu (a-ṛtu) 2. 围 非節, 非時 Laṅk.
artha (囲 囡), 围 仕事; 目的; 原因, 動機; 意味;
利益, 使用, 利用, 有用; 褒美; 利得; 財産, 富, 金
錢; 物, 事, 事物; 場合, 事件, 訴訟; 義, 要義,
事義, 妙義, 義趣, 義品, 義理, 道理, 利, 利事, 財利,
義利, 利樂, 利樂事; 益, 饒益, 利益, 利益事; 財, 財
物, 珍財 Divy., Lal-v., Aṣṭ-pr., Vajr-pr., Sapt-pr.,
Sam-r., Gaṇḍ-vy., Saddh-p., Rāṣṭr., Suv-pr., Laṅk.,
Śikṣ., Abh-vy., Bodh-bh., Madhy-vibh., Nyāy-pr.,
Sāṃkhy-k., Mvyut., 用, 意用 Samkhy-k.;
法, 事, 物, 體 Divy., Laṅk., Madhy-v., Bodh-bh.,
Abh-vy., Sāṃkhy-k., Mvyut.; 境, 境相, 境界, 外境,
外境界, 塵, 外塵, 色塵, 塵境 Laṅk., Cat-ś., Sūtr.,
Abh-k., Abh-vy., Vijñ-v., Madhy-vibh.; 果 Madhy-
v.; 致 梵千; 求, 求覓, 追求, 欲求; 欲(一°) Lal-v.,
Rāṣṭr., Bodh-bh.; 義類 Avh-vy., 阿哩他
Guhy-s.: me puṇyair ～o na vidyate 我不求世
福, 於福德心無求覓 Lal-v. 261. → an～, alpa-
～, nir～, nir～ka, yathā-～. ～m Kṛ
饒益, 利樂 Aṣṭ-pr. ～m car, ‥‥の利益
の爲に行動す.

23-7 何謂「自性妄想」（第五種）？

劉宋・求那跋陀羅譯 《楞伽阿跋多羅寶經》	元魏・菩提流支譯 《入楞伽經》	唐・實叉難陀與復禮等譯 《大乘入楞伽經》
⑤大慧！云何「自性妄想」？謂：	⑤大慧！「自體分別」者，謂：	⑤云何「自性分別」？謂：
⑥(外道於)「自性」(自體性)持此如是(堅決之妄見)，不異(沒有別的不同道理了)，(此乃)「惡見」(的一種)妄想。	⑥(外道)專念「有法自體形相」(自體性)，此法(堅決的)如是如是(而)「不異」(沒有別的不同道理了)，(此)非「正見」(所)見(之)分別。	⑥(外道)以「惡見」(而)如是分別此「自性」(自體性)，(甚至非常)決定(的認定這種邪見，除此外)非餘(沒有別的道理了)。

參(此)是名「自性妄想」。	參大慧！(此)是名「自體分別」。	參(此)是名「自性分別」。

23－8 何謂「因妄想」(第六種)？

劉宋·求那跋陀羅譯《楞伽阿跋多羅寶經》	元魏·菩提流支譯《入楞伽經》	唐·實叉難陀與復禮等譯《大乘入楞伽經》
壹大慧！云何「因妄想」？謂： 貳若因、若緣，(外道皆作)「有、無」(的)分別；(並以此)「因相」(作為能)生(之故)。 參(此)是名「因妄想」。	壹大慧！「因分別」者，謂： 貳何等、何等因？何等、何等緣？(外道皆作)「有、無」(之)了別(分別)，(並以此)「因相」(作能)生「了別」(分別之)想。 參大慧！(此)是名「因分別」。	壹云何「因分別」？謂： 貳於「因緣」(法中而)分別「有、無」，(並)以此「因相」而(作為)能生(之)故。 參(此)是名「因分別」。

23－9 何謂「見妄想」(第七種)？

劉宋·求那跋陀羅譯《楞伽阿跋多羅寶經》	元魏·菩提流支譯《入楞伽經》	唐·實叉難陀與復禮等譯《大乘入楞伽經》
壹大慧！云何「見妄想」？謂： 貳(所有的)「有、無；一、異；俱、不俱」(等四句的)惡見，(皆是)外道妄想「計著」(計量執著)妄想。 參(此)是名「見妄想」。	壹大慧！「見分別」者，謂： 貳(所有的)「有、無；一、異；俱、不俱」(等四句的)邪見，(皆是)「外道」(的)執著分別。(佛法正見的修行是遠離四句) 參大慧！(此)是名「見分	壹云何「見分別」？謂： 貳諸「外道」(以)「惡見」執著(於)「有、無；一、異；俱、不俱」等(四句)。(佛法正見的修行是遠離四句) 參(此)是名「見分別」。

| | 別」。 | |
| | | |

23-10 何謂「成（建立）妄想」（第八種）？

劉宋・求那跋陀羅譯《楞伽阿跋多羅寶經》	元魏・菩提流支譯《入楞伽經》	唐・實叉難陀與復禮等譯《大乘入楞伽經》
⑴大慧！云何「成妄想」（yukti-vikalpa）？謂： ⑵（外道執著於）「我、我所」想，（並建立）成（爲）「決定」論。 ⑶（此）是名「成妄想」。	⑴大慧！「建立分別」（yukti-vikalpa）者，謂： ⑵（外道）取「我、我所」相，（並建立）說「虛妄法」。 ⑶大慧！（此）是名「建立分別」。	⑴云何「理分別」（yukti-vikalpa）？謂： ⑵（外道）有執著（於）「我、我所」相，而（生）起（種種）「言說」。 ⑶（此）是名「理分別」。

---

yukta-mada　　　　　　　　　　　　1095

Mvyut.

yukti 囡 合同，連結；（語の）結合，文［まれに］；（動詞状 圐 の 圀 または 一・）のための準備；適用，使用，利用；（動詞状 圐 の 圐 または 囮，または yathā＋圀）のための方法・方策・工夫・術策または計略；魔術的作用；推理，論議；論証［立証］理由，動機［まれに］；相当，穏当，適当，正当；聡明な熟慮，状況の考察（藍曲）；漢訳 ⌈理⌉ ⌈道理⌉ ⌈正理⌉ ⌈理趣⌉；法，和合之法 ⌈成⌉，合，相応；随機；事；善解，方便 *Abh-vy., Bodh-bh., Gaṇḍ-vy., Laṅk., Madhy-bh., Madhy-v., Madhy-vibh., Mañj-m., Mvyut., Nyāy-pr., Raṣṭr. Sūtr.*: sarva-gandha～調理之法，調理和合之法 *Gaṇḍ-vy.* 153. ━➤a～　～ṃ Kṛ 方策を発見する，計略を用いるまたは指示する. ～tas，一°，圓（圏，復）（一・）によって．°一，圓復 巧妙に，術策を弄して；奸策によって，ある口実の下に．圓，～tas 相応に，適当に，正しく．～tas 副・論証によって．

yukti-kathana 田 論証の陳述，理由を述べること.

yukti-kara 圀 適当な，正当とされるべき.

```
pt-pr., Stks.
vi-kalpa 男 二者択一，選択；結合，工夫；変化；区
別（まれ）；不決定，躊躇，疑惑；謬見，空想；（衣
服等の）贈与，布施；[漢訳]分，思，念，想，思惟，
分別，能…分別，想作，計著，執著，異分別，虛分
別，種々分別；易脱，差別；疑，妄想，虛妄分別
Abh-k., Abh-vy., Aṣṭ-pr., Bodh-bh., Bodh-c.,
Daś-bh., Gaṇḍ-vy., Lal-v., Laṅk., Madhy-bh.,
Madhy-vy. Madhy-vibh., Ratna-ut., Saddh-p.,
Sapt-pr., Sāṃkhy-k., Sūtr., Suvik-pr., Vijñ-t.;
浄施 Bodh-bh.: ～patita 虛妄分別 Laṅk.16., ～
```

23-11 何謂「生妄想」(第九種)？

劉宋・求那跋陀羅譯《楞伽阿跋多羅寶經》	元魏・菩提流支譯《入楞伽經》	唐・實叉難陀與復禮等譯《大乘入楞伽經》
⑴大慧！云何「生妄想」？謂：	⑴大慧！「生分別」者，謂：	⑴云何「生分別」？謂：
⑵(依眾)緣(而於)「有、無」性(法)，生「計著」(計量執著)。	⑵依眾緣(而於)「有、無」法中，生「執著心」。	⑵計(執)諸法「若有、若無」，(皆)從(真實之)「緣」而生。
⑶(此)是名「生妄想」。	⑶大慧！(此)是名「生分別」。	⑶(此)是名「生分別」。

23-12 何謂「不生妄想」(第十種)？

劉宋・求那跋陀羅譯《楞伽阿跋多羅寶經》	元魏・菩提流支譯《入楞伽經》	唐・實叉難陀與復禮等譯《大乘入楞伽經》
⑴大慧！云何「不生妄想」？謂：	⑴大慧！「不生分別」者，謂：	⑴云何「不生分別」？謂：
⑵(外道執著)一切性(法)本(來是斷滅虛無的)「無生」，無(需)種(種的)「因緣」，(且)生(皆來自	⑵(外道執著)一切法本來(是斷滅虛無的)「不生」，以本(來是虛)「無」故，依「因緣」(而變	⑵(外道)計著一切法本來(是斷滅虛無的)「不生」，未有「諸緣」而(就)先有體，(且)不從

「無因」(之)身(此即指「無因生」之果)。	成)有,而(成為)「無因」(之)果(此即指「無因生」之果)。	「因」起。
⁂(此)是名「不生妄想」。	⁂大慧!(此)是名「不生分別」。	⁂(此)是名「不生分別」。

23-13 何謂「相續(相屬)妄想」(第十一種)?

劉宋·求那跋陀羅譯《楞伽阿跋多羅寶經》	元魏·菩提流支譯《入楞伽經》	唐·實叉難陀與復禮等譯《大乘入楞伽經》
⑴大慧!云何「相續妄想」(sambandha-vikalpa)?謂:	⑴大慧!「和合分別」(sambandha-vikalpa)者,謂:	⑴云何「相屬分別」(sambandha-vikalpa)?謂:
⑵彼俱(是)相續(的),如「金、縷」(黃金與金縷衣。此指黃金與金縷衣是能「和合」的「一」)。	⑵何等、何等法和合?如「金、縷」共。何等、何等法和合,?如「金、縷」(是能)和合(的「一」)。	⑵此與彼,(是)遞相(而)繫屬(的),如「針」與「線」(是能「和合」的「一」)。
⑶(此)是名「相續妄想」。(外道的邪見認為:「金、縷」是和合的「一」。佛法正見則認為:「金、縷」是非「一」、非「異」、非「和合」、非「不和合」)	⑶大慧!(此)是名「和合分別」。	⑶(此)是名「相續分別」。

saṃ-bandha 圓 集めること（まれ）；（…との，…に対する，圓 ±saha, 一•）連関，関係；（…との，圓 ±saha, 両，一•）（結婚による）結合，縁組，親族関係，友情または親交；男の同族；友人，味方；一•。しばしば sambaddha の 不種；同，合，属，続，相属，相続，能続，相依，憑附，等続起 *Abh-vy.*；相応 *Abh-vy., Madhy-vibh.*；和合 *Madhy-vibh., Śikṣ*；相符 *Nyāy-pr.*；相続，互相 *Laṅk.*：～ṃ Kṛ, 結婚，結婚姻 *Divy. 622.*

23－14 何謂「縛、不縛妄想」(第十二種)？

劉宋・求那跋陀羅譯 《楞伽阿跋多羅寶經》	元魏・菩提流支譯 《入楞伽經》	唐・實叉難陀與復禮等譯 《大乘入楞伽經》
⑤大慧！云何「縛、不縛妄想」？謂： ⑥(外道於)「縛、不縛」因緣(中)計著(計量執著)。如士夫(以)方便(而結繩)，若「縛」(復)若「解」。 ⑦(此)是名「縛、不縛妄想」。 (外道的邪見認爲： 有「能縛」必有「所縛」。 有「縛」必有「不縛」。 佛法正見則認爲： 無「能縛」、無「所縛」。 無「縛」、無「不縛」)	⑤大慧！「縛、不縛分別」者，謂： ⑥(因能)縛(之)因(而去)執著(必)如(其)「所縛」。大慧！如人(以)方便(而)結繩作結，「結」已(復)還「解」。 ⑦大慧！(此)是名「縛、不縛分別」。	⑤云何「縛、解分別」？謂： ⑥執(著)因(有)「能縛」而(必)有「所縛」。如人以繩(之)方便力故，「縛」已復「解」。 ⑦(此)是名「縛、解分別」。

23－15 種種妄想分別皆從凡愚計著「有、無」而來

劉宋・求那跋陀羅譯《楞伽阿跋多羅寶經》	元魏・菩提流支譯《入楞伽經》	唐・實叉難陀與復禮等譯《大乘入楞伽經》
於此(外道的十二種)「妄想自性」(遍計所執)分別通相，一切愚夫計著(計量執著於)「有、無」。	大慧！(此)是名(外道的十二種)「虛妄分別法體」(遍計所執)差別之相，以此「虛妄分別法體」差別之相，一切凡夫執著(於)「有、無」故，執著(於)「法相」種種因緣。	大慧！此是(外道的十二種)「妄計性」(遍計所執)差別相，一切凡愚於中執著「若有、若無」。

23-16 能生的「幻事」，與所生的「種種諸法事物」，兩者乃「非異、非不異」

劉宋・求那跋陀羅譯《楞伽阿跋多羅寶經》	元魏・菩提流支譯《入楞伽經》	唐・實叉難陀與復禮等譯《大乘入楞伽經》
㊜大慧！(外道)計著(計量執著於)「緣起」(依他起性)而(生)計著者，(有)種種「妄想計著自性」，如(依於)幻(而)示現(的)種種(事物)之身。凡夫(生)妄想，(竟謂其所)見(的)種種(諸法事物是)異(於)「幻」(的)。	㊜是故大慧！「分別法體」(遍計所執)差別之相，見種種法，「執著」為實。如(凡夫)依於「幻」(而)見(有)種種事(物之理)。凡夫(有)分別，(竟謂其所)知(的種種諸法事物是)異於「幻」(的)，有如是法。	㊜大慧！於「緣起」(依他起性)中執著種種「妄計自性」(遍計所執)。如依於「幻」(而)見(有)種種(事)物(之理)。凡愚(有)分別，(竟謂其所)見(的種種諸法事物是)異於「幻」(的)。
㊉大慧！(其實)「幻」與「種種」(諸法事物兩者乃)非「異」、非「不異」(一)。(幻[能生]與種種諸法事物[所生]=非異非一)	㊉大慧！我於「種種」(諸)法(事物)中，(乃)「不異」(於)「幻」說，亦「非不異」。何以故？	㊉大慧！「幻」與「種種」(諸法事物兩者乃)非「異」、非「不異」。(幻與種種諸法事物=非異非一=非異非不異)
㊋若(兩者完全相)「異」者，「幻」即非(為)「種種」(諸法事物之)因。	㊋若「幻」異於「種種」(諸)法(事物)者，(則)不應因「幻」而生(出)「種種」(諸法事物)。	㊋若(兩者完全相)「異」者，應「幻」非(為)「種種」(諸法事物之)因。

㊕若(兩者完全)「不異」(一)者，「幻」與「種種」(諸法事物則變成)無差別。	㊕若「幻」即是「種種」(諸)法(事物)者，(兩者就會成為完全一樣而)不應(有)「異」見。	㊕若(兩者完全)「一」(不異)者，「幻」與「種種」(諸法事物則)應(變成)無差別。
㊎(然於兩者)而(仍)見(有)差別，是故(幻與種種諸法事物兩者是為)非「異」、非「不異」。	㊎此是「幻」，此是「種種」(諸法事物)，(在這兩者中)而(仍)見(有)差別，是故我說(幻與種種諸法事物兩者是為)「不異、非不異」。	㊎然(於兩者仍)見(有)差別，是故(幻與種種諸法事物兩者是為)非「異」、非「不異」。
㊍是故大慧！汝及餘菩薩摩訶薩，(於)如「幻」緣起(的)「妄想自性」(過計所執中)，(於其)「異、不異、有、無」(中皆)莫(生)「計著」(計量執著)。	㊍是故大慧！汝及諸菩薩摩訶薩，莫「分別」(於)幻(的)「有實、無實」。	㊍大慧！汝及諸菩薩摩訶薩於幻(之)「有、無」(中)，(皆)不應生(執)著。

23-17 偈頌內容

劉宋・求那跋陀羅譯《楞伽阿跋多羅寶經》	元魏・菩提流支譯《入楞伽經》	唐・實叉難陀與復禮等譯《大乘入楞伽經》
爾時世尊欲重宣此義而說偈言：	爾時世尊重說偈言：	爾時世尊重說頌言：
心縛於境界。	心依境界縛。	心為境所縛。
覺想智隨轉。	知覺隨境生。	覺想智隨轉。
無所有及勝。	於寂靜勝處。	無相最勝處。
平等智慧生。	生平等智慧。	平等智慧生。
妄想自性有。	妄想分別有。	在妄計是有。
於緣起則無。	於緣法則無。	於緣起則無。
妄想或攝受。	取虛妄迷亂。	妄計迷惑取。
緣起非妄想。	不知他力生。	緣起離分別。
種種支分生。	種種緣生法。	種種支分生。

如幻則不成。	即是幻不實。	如幻不成就。
彼相有種種。	彼有種種想。	雖現種種相。
妄想則不成。	妄分別不成。	妄分別則無。

23-18 偈頌內容

劉宋・求那跋陀羅譯 《楞伽阿跋多羅寶經》	元魏・菩提流支譯 《入楞伽經》	唐・實叉難陀與復禮等譯 《大乘入楞伽經》
彼相則是過。	彼想則是過。	彼相即是過。
皆從心縛生。	皆從心縛生。	皆從心縛生。
妄想無所知。	愚癡人無智。	妄計者不了。
於緣起妄想。	分別因緣法。	分別緣起法。
此諸妄想性。	此諸妄想體。	此諸妄計性。
即是彼緣起。	即是緣起法。	皆即是緣起。
妄想有種種。	妄想有種種。	妄計有種種。
於緣起妄想。	眾緣中分別。	緣起中分別。

23-19 偈頌內容

劉宋・求那跋陀羅譯 《楞伽阿跋多羅寶經》	元魏・菩提流支譯 《入楞伽經》	唐・實叉難陀與復禮等譯 《大乘入楞伽經》
世諦第一義。	世諦第一義。	世俗第一義。
第三無因生。	第三無因生。	第三無因生。
妄想說世諦。	妄想說世諦。	妄計是世俗。
斷則聖境界。	斷則聖境界。	斷則聖境界。

23-20 偈頌內容

劉宋・求那跋陀羅譯 《楞伽阿跋多羅寶經》	元魏・菩提流支譯 《入楞伽經》	唐・實叉難陀與復禮等譯 《大乘入楞伽經》
譬如修行事。	譬如修行者。	如修觀行者。

於一種種現。	一事見種種。	於一種種現。
於彼無種種。	彼法無種種。	於彼無種種。
妄想相如是。	分別相如是。	妄計相如是。
譬如種種翳。	如目種種翳。	如目種種翳。
妄想眾色現。	妄想見眾色。	妄想見眾色。
翳無色非色。	翳無色非色。	彼無色非色。
緣起不覺然。	無智取法爾。	不了緣起然。
譬如鍊真金。	如真金離垢。	如金離塵垢。
遠離諸垢穢。	如水離泥濁。	如水離泥濁。
虛空無雲翳。	如虛空離雲。	如虛空無雲。
妄想淨亦然。	真法淨亦爾。	妄想淨如是。

23-21 偈頌內容

劉宋・求那跋陀羅譯 《楞伽阿跋多羅寶經》	元魏・菩提流支譯 《入楞伽經》	唐・實叉難陀與復禮等譯 《大乘入楞伽經》
無有妄想性。	無有妄想法。	無有妄計性。
及有彼緣起。	因緣法亦無。	而有於緣起。
建立及誹謗。	取有及謗無。	建立及誹謗。
悉由妄想壞。	分別觀者見。	斯由分別境。
妄想若無性。	妄想若無實。	若無妄計性。
而有緣起性。	因緣法若實。	而有緣起者。
無性而有性。	離因應生法。	無法而有法。
有性無性生。	實法生實法。	有法從無生。
依因於妄想。	因虛妄名法。	依因於妄計。
而得彼緣起。	見諸因緣生。	而得有緣起。
相名常相隨。	相名不相離。	相名常相隨。
而生諸妄想。	如是生虛妄。	而生於妄計。
究竟不成就。	虛妄本無實。	以緣起依妄。
則度諸妄想。	則度諸妄想。	究竟不成就。
然後智清淨。	然後知清淨。	是時現清淨。
是名第一義。	是名第一義。	名為第一義。

23-22 偈頌內容

劉宋・求那跋陀羅譯 《楞伽阿跋多羅寶經》	元魏・菩提流支譯 《入楞伽經》	唐・實叉難陀與復禮等譯 《大乘入楞伽經》
妄想有十二。	妄想有十二。	妄計有十二。
緣起有六種。	緣法有六種。	緣起有六種。
自覺知爾焰。	內身證境界。	自證真如境。
彼無有差別。	彼無有差別。	彼無有差別。
五法為真實。	五法為真實。	五法為真實。
自性有三種。	及三種亦爾。	三自性亦爾。
修行分別此。	修行者行此。	修行者觀此。
不越於如如。	不離於真如。	不越於真如。

23-23 偈頌內容

劉宋・求那跋陀羅譯 《楞伽阿跋多羅寶經》	元魏・菩提流支譯 《入楞伽經》	唐・實叉難陀與復禮等譯 《大乘入楞伽經》
眾相及緣起。	眾想及因緣。	依於緣起相。
彼名起妄想。	名分別彼法。	妄計種種名。
彼諸妄想相。	彼諸妄想相。	彼諸妄計相。
從彼緣起生。	從彼因緣生。	皆因緣起有。
覺慧善觀察。	真實智善觀。	智慧善觀察。
無緣無妄想。	無緣無妄想。	無緣無妄計。
成已無有性。	第一義無物。	真實中無物。
云何妄想覺。	云何智分別。	云何起分別。
彼妄想自性。	若真實有法。	圓成若是有。
建立二自性。	遠離於有無。	此則離有無。
妄想種種現。	若離於有無。	既已離有無。
清淨聖境界。	云何有二法。	云何有二性。
妄想如畫色。	分別二法體。	妄計有二性。
緣起計妄想。	二種法體有。	二性是安立。
若異妄想者。	虛妄見種種。	分別見種種。

則依外道論。	清淨聖境界。	清淨聖所行。
妄想說所想。	見妄想種種。	妄計種種相。
因見和合生。	因緣中分別。	緣起中分別。
離二妄想者。	若異分別者。	若異此分別。
如是則為成。	則墮於外道。	則墮外道論。
	妄想說妄想。	以諸妄見故。
	因見和合生。	妄計於妄計。
	離二種妄想。	離此二計者。
	即是真實法。	則為真實法。

第十一章　聖智自覺章

第２４節　自覺聖智

24─1 菩薩若能善解「自覺聖智」及「一乘法行相」者，則能通達佛法，從此不再由「他人」的教導與啓悟

劉宋・求那跋陀羅譯《楞伽阿跋多羅寶經》	元魏・菩提流支譯《入楞伽經》	唐・實叉難陀與復禮等譯《大乘入楞伽經》
㊀大慧菩薩摩訶薩復白佛言：世尊！唯願為說：	㊀爾時大慧菩薩摩訶薩復白佛言：世尊！唯願為說：	㊀大慧菩薩摩訶薩復白佛言：世尊！唯願為說：
①「自覺聖智相」(自內身聖智證法之行相)及②「一乘」。(「一乘行相」梵文作 eka-yāna-gati lakṣaṇa。「一佛乘」梵文作 eka-buddha-yāna 或 eka-buddhatā-yāna。「一乘行相」與「一佛乘」兩者的梵文雖不同，但經文的義理仍然是強調唯有獲得「自內身聖智證法」、與捨離「能所妄想」、而獲得「自般涅槃法、究竟成佛」的「一乘」道，除此外，別無它法)	①「自身內證聖智修行相」(自內身聖智證法之行相)及②「一乘法」。	①「自證聖智行相」(自內身聖智證法之行相)及②「一乘行相」。
㊁若(於)「自覺聖智相」及「一乘」(法中)，我及餘菩薩善(能獲證)「自覺聖智相」(自內身聖智證法之行相)及「一乘」(法)，(則可)不由於「他」(人的教導與啓悟，即能)通達佛法。	㊁(若能獲證此二法則可)不由於「他」(人的教導與啓悟)，(即能)遊行(於)一切諸佛國土，(與)通達佛法。	㊁我及諸菩薩摩訶薩得此善巧，(即能)於佛法中不由「他」(人的教導與啓)悟(而能通達於佛法中)。

24-2 何謂「自內身聖智證法之行相」？

劉宋·求那跋陀羅譯 《楞伽阿跋多羅寶經》	元魏·菩提流支譯 《入楞伽經》	唐·實叉難陀與復禮等譯 《大乘入楞伽經》
壹佛告大慧：諦聽！諦聽！善思念之，當為汝說。大慧白佛言：唯然受教。	壹佛告聖者大慧菩薩言：善哉！善哉！善哉！大慧！諦聽諦聽！當為汝說！大慧言：善哉！世尊！唯然受教。	壹佛言：諦聽！當為汝說：大慧言：唯！
貳佛告大慧：(於之)前(的)聖(教法義中)所知，(應)轉相傳授「妄想」無性(無自性)。(即傳授「無妄想自性」之法。應去修證諸法「無自性」的法門)	貳佛告大慧：菩薩摩訶薩(應)離阿含(āgama教理)名字法(相)，(及離)諸論師所說(的)「分別法相」。(應修「無妄想、無名相、離一切相」的法門)	貳佛言：大慧！菩薩摩訶薩依諸聖教(法義而修)「無有分別」(之理)。
參菩薩摩訶薩(於)獨一靜處(而)「自覺觀察」，(即能)不由於「他」(人之啟悟)，(即能)離「見妄想」。	參(菩薩)在「寂靜處」獨坐思惟，(以)「自內智慧」(而)觀察諸法，(即能)不隨「他」(人之)教，(即能)離種種(所)見(的)「虛妄之相」。	參(菩薩於)獨處閑靜(而)「觀察自覺」，(即能)不由「他」(人之啟)悟，(即能)離「分別見」。
肆(然後再)上上昇進，(最終能證)入「如來地」。	肆當勤修行，(最終能證)入「如來地」，(獲)上上證智。	肆(然後再)上上昇進，(最終能證)入「如來地」。
伍(此)是名(為)「自覺聖智相」(自內身聖智證法之行相)。	伍大慧！(此)是名(為)「自身內證聖智修行之相」(自內身聖智證法之行相)。	伍(以)如是修行，(即)名(為)「自證聖智行相」(自內身聖智證法之行相)。

24－3 何謂「一乘法行相」？此唯如來始能證得「一乘法」

劉宋‧求那跋陀羅譯《楞伽阿跋多羅寶經》	元魏‧菩提流支譯《入楞伽經》	唐‧實叉難陀與復禮等譯《大乘入楞伽經》
⑤大慧！云何「一乘相」？ （「一乘行相」的義理是強調唯有獲得「自內身聖智證法」、與捨離「能所妄想」、而獲得「自般涅槃法、究竟成佛」的「一乘」道，除此外，別無它法）	⑤大慧！更有（於）三界中（而）修「一乘相」(eka-yāna-gati lakṣaṇa)。 大慧！何者「一乘相」？	⑤云何名「一乘行相」？
⑥謂：（能）「得」一乘道（之）覺，我說（此即名為）「一乘」。	⑥大慧！（能）「如實覺知」一乘道故，我說（此即名為）「一乘」。	⑥謂：（能）「得、證知」一乘道故。
⑦云何「得」一乘道（之）覺？	⑦大慧！何者（能）「如實覺知」一乘道相？	⑦云何名為「知」一乘道？
⑧謂：（應捨離能）攝（取）、所攝（取之）妄想，（而能於）「如實處」（而）不生妄想（指遠離二取妄想分別而能「如實而住」），（此）是名「一乘覺」。	⑧謂不分別（於）「可取、能取」（的）境界，不生如是「諸法相」住，以不分別（於）一切諸法故。大慧！（此）是名（為）「如實覺知一乘道相」。	⑧謂（應捨）離「能取、所取」（之）分別，（而能）「如實而住」（指遠離二取妄想分別而能「如實而住」）。
⑨大慧！「一乘覺」者，非餘「外道、聲聞、緣覺、梵天王」等之所能得，唯除「如來」（只有佛陀一人能證此「一乘覺」）。	⑨大慧！如是「覺知一乘道相」（者），（於）一切「外道、聲聞、辟支佛、梵天」等未曾得知，唯除於「我」（只有佛陀一人能證此「一乘覺」）。	⑨大慧！此「一乘道」，唯除「如來」，非「外道、二乘、梵天王」等之所能得。
⑩以是故說名「一乘」。	⑩大慧！是故我說名「一乘道相」。	

24－4 佛為何只對「聲聞、緣覺」宣說「三乘」，而不說「一乘」的原因？因為二乘者無法獲得佛的「自內身聖智」大般涅槃法

劉宋·求那跋陀羅譯《楞伽阿跋多羅寶經》	元魏·菩提流支譯《入楞伽經》	唐·實叉難陀與復禮等譯《大乘入楞伽經》
⑤大慧白佛言：世尊！何故（只為二乘者宣）說「三乘」？而不說「一乘」？	⑤大慧白佛言：世尊！世尊！何因（只為二乘者宣）說於「三乘」？（而）不說「一乘」？	⑤大慧白佛言：世尊！何故（只為二乘者宣）說有「三乘」？（而）不說「一乘」？
⑥佛告大慧：（聲聞、緣覺）不（能得證）自般涅槃法（自內身聖智的大般涅槃法，所以只能為二乘者宣說三乘法），故不（為彼宣）說一切「聲聞、緣覺」（亦能獲得佛的究竟）「一乘」。	⑥佛告大慧：「聲聞、緣覺」不能（得）自知證於涅槃（自內身聖智的大般涅槃法，所以只能為二乘者宣說三乘法），是故我說（其實）唯（有）一乘道（才是究竟的諸法實相）。	⑥佛言：大慧！「聲聞、緣覺」無（能得證）自般涅槃法（自內身聖智的大般涅槃法，所以只能為二乘者宣說三乘法），故我說（其實唯有）一乘（才是究竟的諸法實相）。
⑦以一切「聲聞、緣覺」（等二乘），（只依）如來（所說的）調伏（法），（傳）授「寂靜方便」而（令彼）得解脫，（彼二乘）非自己力（指二乘非依「自證聖證力」而得解脫），是故不（為彼）說（其實唯有）「一乘」。	⑦大慧！以一切「聲聞、辟支佛」（等二乘），（只）隨受佛（之）教，（修）厭離世間（而得解脫），（但彼於）自（證聖智中）不能（獲）得解脫（指二乘並非依「自證聖證力」而得解脫），是故我說（其實）唯（有）「一乘道」。	⑦以彼（二乘）但依如來所說（的）調伏（諸法教），（而）遠離（世間），如是（二乘）修行而（所）得（的）解脫，（並）非（由）自（證聖智）所得。
⑧復次大慧！（二乘於）煩惱障、業習氣」不斷，故（仍然）不（能為彼宣）說一切「聲聞、緣覺」（亦能獲得佛的究竟）一乘（道）。	⑧復次大慧！一切「聲聞、辟支佛」，不離「智障」，（亦）不離「業煩惱習氣障」故。是故我說（其實）唯（有究竟的）「一乘道」。	⑧又彼（二乘者）未能除滅「智障」及「業習氣」。
（凡夫）不（能）覺（悟）「法無我」，（所以仍）不離「分段死」。（上述經文指，若有能證「法無我」者，	大慧！「聲聞、辟支佛」（仍）未證「法無我」，（故仍）未得（超越）不可思議變易生。	（二乘者仍）未覺「法無我」，（仍）未名（已能超越）「不思議變易死」。

就能脫離「分段生死」而證得「變易生死」，而一般的「凡夫」當然只能住在「分段生死」的輪迴而已）		（二乘者只能住在「不可思議變易生死」，而仍不能超越「不可思議變易生死」）
㈤故（我只能爲彼二乘者宣）說（有）「三乘」（之道）。	㈤是故我為諸聲聞故，（便不爲彼宣）說（其實唯有）「一乘道」（而已）。	㈤是故我（只能爲彼二乘者宣）說以為（有）「三乘」（之道）。

24-5 「聲聞、緣覺」若能離諸惡習氣，即能獲得如來「自在法身」功德

劉宋‧求那跋陀羅譯 《楞伽阿跋多羅寶經》	元魏‧菩提流支譯 《入楞伽經》	唐‧實叉難陀與復禮等譯 《大乘入楞伽經》
①大慧！彼（二乘於）諸一切（所生）起（的）煩惱過（失）習氣斷（除）。	①大慧！「聲聞、辟支佛」，若（能）離一切「諸過薰習」。	①若彼（二乘）能除一切「過習」（過失習氣）。
②及（便能）覺「法無我」。	②（便能）得證「法無我」。	②（便能）覺「法無我」。
③彼一切（所生）起（的）煩惱過（失）習氣斷（除）。	③爾時（始）離於諸過（失）。	③是時（過失習氣）乃離。
④（遠離對）「三昧樂」（的）味著（執）；非性（非有實性），（應）「無漏界」（而得）覺（悟）。	④三昧，無漏，醉法。 （上文應作：不迷醉執著於「三昧樂」，應覺悟「無漏界」法。詳看後面世尊重說偈言內容便知。**24-8**與**53-54**）	④（遠離對）「三昧」所（沈）醉（的）執著，於「無漏界」而得「覺悟」。
⑤（待）覺已，復入「出世間」（修習）上上無漏界（的功德）。	⑤（待）覺已，（再）修行「出世間無漏界」中一切功德。	⑤既覺悟已，於「出世上上無漏界」中，修諸功德。
⑥滿足眾具（之功德），當得如來不思議「自在法身」。	⑥修行（功德）已，（當）得（如來）不可思議「自在法身」。	⑥普使（功德）滿足，（當）獲（如來）不思議「自在法身」。

24-6 偈頌內容

劉宋・求那跋陀羅譯《楞伽阿跋多羅寶經》	元魏・菩提流支譯《入楞伽經》	唐・實叉難陀與復禮等譯《大乘入楞伽經》
爾時世尊欲重宣此義而說偈言：	爾時世尊重說偈言：	爾時世尊重說頌言：
諸天及梵乘。	天乘及梵乘。	天乘及梵乘。
聲聞緣覺乘。	聲聞緣覺乘。	聲聞緣覺乘。
諸佛如來乘。	諸佛如來乘。	諸佛如來乘。
我說此諸乘。	我說此諸乘。	諸乘我所說。
乃至有心轉。	以心有生滅。	乃至有心起。
諸乘非究竟。	諸乘非究竟。	諸乘末究竟。
若彼心滅盡。	若彼心「滅盡」。	彼心轉滅已。
無乘及乘者。	無乘及乘者。	無乘及乘者。
無有乘建立。	無有乘差別。	無有乘建立。
我說為一乘。	我說為一乘。	我說為一乘。
引導眾生故。	引導眾生故。	為攝愚夫故。
分別說諸乘。	分別說諸乘。	說諸乘差別。

24-7 偈頌內容

劉宋・求那跋陀羅譯《楞伽阿跋多羅寶經》	元魏・菩提流支譯《入楞伽經》	唐・實叉難陀與復禮等譯《大乘入楞伽經》
解脫有三種。	解脫有三種。	解脫有三種。
及與法無我。	及二無我法。	謂離諸煩惱。
煩惱智慧等。	不離二種障。	及以法無我。
解脫則遠離。	遠離真解脫。	平等智解脫。
譬如海浮木。	譬如海浮木。	譬如海中木。
常隨波浪轉。	當隨波浪轉。	常隨波浪轉。
聲聞愚亦然。	諸聲聞亦然。	聲聞心亦然。
相風所漂蕩。	相風所漂蕩。	相風所漂激。
彼起煩惱滅。	離諸隨煩惱。	雖滅起煩惱。
餘習煩惱愚。	薰習煩惱縛。	猶被習氣縛。

24-8 偈頌內容

請參閱 53-54

三昧樂境醉，住彼無漏界。如世間醉人，酒消然後寤……

如是三昧醉，聲聞沒亦爾

劉宋・求那跋陀羅譯 《楞伽阿跋多羅寶經》	元魏・菩提流支譯 《入楞伽經》	唐・實叉難陀與復禮等譯 《大乘入楞伽經》
味著(於)三昧樂。	味著(於)三昧樂。	(於)三昧酒(之)所醉。
(應)安住(於)無漏界。	(應)安住(於)無漏界。	(應)住於無漏界。
無有究竟趣。	無有究竟趣。	彼非究竟趣。
亦復不退還。	亦復不退還。	亦復不退轉。
得諸三昧身。	得諸三昧身。	以得三昧身。
乃至劫不覺。	無量劫不覺。	乃至劫不覺。
譬如昏醉人。	譬如惛醉人。	譬如昏醉人。
酒消然後覺。	酒消然後悟。	酒消然後悟。
彼覺法亦然。	得佛無上體。	聲聞亦如是。
得佛無上身。	是我真法身。	覺後當成佛。

第25節 得意生身

25-1 菩薩入「初地」後，漸次證得三種「意生身」，如「入三昧樂、覺法自性、種類俱生無作行」三種

劉宋・求那跋陀羅譯 《楞伽阿跋多羅寶經》	元魏・菩提流支譯 《入楞伽經》	唐・實叉難陀與復禮等譯 《大乘入楞伽經》
【卷三・一切佛語心品之三】	【卷五・佛心品第四】	【卷四・無常品第三之一】
電爾時世尊告大慧菩薩摩訶薩言：「意生身」(有三種)分別通相，我今當說。諦聽！諦聽！善思念之。	電爾時佛告聖者大慧菩薩言：大慧！我今為汝說「意生身」(的三種)修行差別。大慧！諦聽！諦聽！當為	電爾時佛告大慧菩薩摩訶薩言：今當為汝說「意成身」(的三種)差別相。諦聽！諦聽！善思念之。

	汝說。	
㉒大慧白佛言：善哉！世尊！唯然受教。佛告<u>大慧</u>：有三種「意生身」(manomaya-kāya 意生身)，云何為三？所謂：	㉒大慧白佛言：善哉！世尊！唯然受教。佛告<u>大慧</u>：有三種「意生身」，何等為三？	㉒大慧言：唯！佛言：大慧！「意成身」有三種，何者為三？謂：
❶「三昧樂正受(samāpatti 等至)」意生身。	一者「得三昧樂三摩跋提(samāpatti 等至、正定現前)」意生身。	❶「入三昧樂」意成身。(samādhi-sukha-samāpatti-manomaya-kāya 入三摩地樂意生身)
❷「覺法自性性」意生身。	二者「如實覺知諸法相」意生身。	❷「覺法自性」意成身。(dharma-svabhāva-bodha-manomaya-kāya 覺法自性意生身)
❸「種類俱生無行作」意生身。	三者「種類生無作行」意生身。	❸「種類俱生無作行」意成身。(nikāyasahaja-saṃskārakriyā-manomaya-kāya 無作意成就種類俱生意生身)
㉓修行者(於)了知「初地」(後)，(然後再)上上增進相，(即可獲)得三種身。	㉓菩薩從於「初地」(後再)如實修行，(即可漸)得「上上地」證智之相。	㉓諸修行者，(於)入「初地」已，(即可)漸次證得。

三種意生身

(1)意生身，又名「意成身、意成色身、摩奴末耶身」，此非父母所生之身體，乃「初地」以上之菩薩為濟度眾生，依「意」所化生之身。

(2)「中有」之身、「劫初」之人、「色界」、「無色界」、「變化身」、「三界之外」之「變易身」等，均屬「意生身」。

(3)「通教」的「登地菩薩」得「如幻三昧」，能示現無量自在神通，普入一切佛剎，隨意無礙，意欲至彼，身亦隨至，故稱意生身。

(4)據《楞伽經‧卷三》之一切佛語心品載，通教菩薩有三種意生身，即：

（一） 三昧樂正受意生身	（二） 覺法自性性意生身	（三） 種類俱生無行作意生身
①三昧為梵語 samādhi 之音譯，以「定性」為樂，異於「苦樂」等受，故意譯為「正受」。 ②謂「三昧樂正受」，乃華梵雙舉。通教「第三、第四、第五地菩薩」修三昧時，證得「真空寂滅之樂」，普入一切佛剎，隨意無礙。	①通教「第八地菩薩」覺了一切諸法自性之性，如幻如化，悉無所有。 ②以無量神力普入一切佛剎，迅疾如意，自在無礙。	①通教「第九、第十地」菩薩覺知一切法皆是佛法。 ②若得一身，無量身一時普現，如鏡中之像，隨諸種類而得俱生，雖現眾像，而無作為。

25-2 何謂「三昧樂正受」意生身？

劉宋‧求那跋陀羅譯 《楞伽阿跋多羅寶經》	元魏‧菩提流支譯 《入楞伽經》	唐‧實叉難陀與復禮等譯 《大乘入楞伽經》
大慧！云何「三昧樂正受 (samāpatti 等至)」意生身？謂：	大慧！何者菩薩摩訶薩得「三昧樂三摩跋提(samāpatti 等至、正定現前)」意生身？謂：	大慧！云何「入三昧樂」意成身 (samādhi-sukha-samāpatti-manomaya-kāya 入三摩地樂意生身)？謂：
①(於菩薩)「第三、第四、第五」地(中)，(得)「三昧樂正受(samāpatti 等至)」故，(遠離)種種(行)，(然後令)自心(處)「寂靜」(中)。 ②(能)安住(於)心海(喻第八識)，(所有)起浪(之)「識相」(前七識)不生。	①(於菩薩)「第三、第四、第五」地中，(令)「自心寂靜」(而遠離)行種種行。 ②(於安住於)大海心(喻第八識)波，(不再生)「轉識」(前七識)之相。(能得)「三摩跋提(samāpatti 等至、正定現前)樂」，(此是)名(為由)「意識」	①(於菩薩第)「三、四、五」地(而)入於「三昧」，(遠)離種種(分別)心，(然後令心)寂然不動。 ②(能安住於)心海(喻第八識)，不(再生)起「轉識」(前七識)波浪。

| ③（能）知「自心」（所）現境界，（能如實知其）「性（有）、非性（無）」。 | （所）生。③以（能）見「自心」（所現之）境界故，（能）如實知「有、無」相。 | ③（能）了（知外）境（皆由）「心現」，（外境）皆無所有。 |
| （此）是名「三昧樂正受（samāpatti 等至）」意生身。 | 大慧！（此）是名「意生身」相。 | （此）是名「入三昧樂」意成身。 |

25－3 何謂「覺法自性」意生身？

劉宋・求那跋陀羅譯《楞伽阿跋多羅寶經》	元魏・菩提流支譯《入楞伽經》	唐・實叉難陀與復禮等譯《大乘入楞伽經》
大慧！云何「覺法自性性」意生身（dharma-svabhāva-bodha-manomaya-kāya 覺法自性意生身）？謂：	大慧！何者「如實覺知諸法相」意生身？謂：	云何「覺法自性」意成身？謂：
❶「第八地」（菩薩應）觀察覺了（諸法）「如幻」等法，悉「無所有」。	❶菩薩摩訶薩於「八地」中，（能）觀察覺了，（能）得諸法「無相」（與）「如幻」等法，（諸法）悉「無所有」。	❶（菩薩於第）「八地」中，（能）了（諸）法（皆）「如幻」，皆「無有相」。
❷（能令）身心轉變，（能）得「如幻三昧」及「餘三昧門」。	❷（能令）身心轉變，（能）得「如幻三昧」，及「餘無量三摩跋提（samāpatti 等至、正定現前）樂門」。	❷心（即能）「轉所依」，（能）住「如幻定」及「餘三昧」。
❸（能現具有）「無量相、（十）力、自在、明（三明六通）」。	❸（能具有）「無量相、（十）力、自在、神通」。	❸能現（具有）「無量（相）、自在、神通」。
❹（能）如妙華（之）莊嚴，（能）迅疾如「意」。	❹（能如）妙華（之）莊嚴，（能）迅疾如「意」。	❹（能）如華（之）開敷，（能）速疾如「意」。
❺（諸法皆）猶如「幻夢、水月鏡像」。	❺（諸法皆）猶如「幻夢、水中月、鏡中像」。	❺（諸法皆）如幻、如夢、如影、如像。
❻非（能）造、非「所造」，（但亦）"如"「造、所造」。	❻非「四大」生，（但亦）"似"「四大」相，（亦似）具足身	❻非「四大」造，（但又）與「造」"相似"。

(諸法如幻夢、月影,故非四大所造,然亦不離四大所造➔不即不離)	分(諸相)。 (諸法如幻夢、月影,故非四大所生,然亦不離四大所生➔不即不離)	(諸法如幻夢、月影,故非四大所造,然亦不離四大所造➔不即不離)
❼(於)一切「色種種支分」(皆)具足莊嚴。 ❽(能)隨入一切佛刹大眾(中),(能)通達「自性法」故。	❼(於)一切修行,(皆)得如意自在。 ❽(能)隨入諸佛國土大眾(之中)。	❼(於)一切「色相」(皆)具足莊嚴。 ❽(能)普入(於諸)佛刹(土),(能)了(知)諸法(之)性。
(此)是名「覺法自性性」意生身。	大慧!(此)是名「如實覺知諸法相」意生身。	(此)是名「覺法自性」意成身。

25-4 何謂「種類俱生無作行」意生身?

劉宋・求那跋陀羅譯 《楞伽阿跋多羅寶經》	元魏・菩提流支譯 《入楞伽經》	唐・實叉難陀與復禮等譯 《大乘入楞伽經》
㊀大慧!云何「種類俱生無行作」意生身(nikāyasahaja-saṃskārakriyā-manomaya-kāya 無作意成就種類俱生意生身)?所謂:	㊀大慧!何者「種類生無作行」意生身?謂:	㊀云何「種類俱生無作行」意成身?謂:
㊁(能)覺(悟)一切佛法,(能)緣(由)自(身所)得(的大)樂(法)相。	㊁(能於)自身(而)「內證」一切諸法,(能)如實(而證)「樂相、法相樂」故。	㊁(能)了達諸佛(之)「自證法相」(自內身聖智證法)。
㊂(此)是名「種類俱生無行作」意生身。	㊂大慧!(此)是名「種類俱生無作行」意生身。	㊂(此)是名「種類俱生無作行」意成身。
㊃大慧!(汝當)於彼「三種身相」(用功)觀察覺了,應當修學。	㊃大慧!汝當於彼「三種身相」,(應用功)觀察了知。	㊃大慧!(汝應於)「三種身相」,當(用功)勤(勞)觀察。

25－5 偈頌內容

劉宋·求那跋陀羅譯《楞伽阿跋多羅寶經》	元魏·菩提流支譯《入楞伽經》	唐·實叉難陀與復禮等譯《大乘入楞伽經》
爾時世尊欲重宣此義而說偈言：	爾時世尊重說偈言：	爾時世尊重說頌言：
非我乘大乘。	我乘非大乘。	我大乘非乘。
非說亦非字。	非說亦非字。	非聲亦非字。
非諦非解脫。	非諦非解脫。	非諦非解脫。
非無有境界。	非無有境界。	亦非無相境。
然乘摩訶衍。	然乘摩訶衍。	然乘摩訶衍。
三摩提自在。	三摩提自在。	三摩提自在。
種種意生身。	種種意生身。	種種意成身。
自在華莊嚴。	自在華莊嚴。	自在華莊嚴。

第２６節　入無間等

26－1 若是行五種內身的「五無間業」者，是不會入「無擇」(無間)地獄的。若是行外身的「五無間業」者，才會入「無擇」(無間)地獄的

劉宋·求那跋陀羅譯《楞伽阿跋多羅寶經》	元魏·菩提流支譯《入楞伽經》	唐·實叉難陀與復禮等譯《大乘入楞伽經》
❀爾時大慧菩薩摩訶薩白佛言：世尊！如世尊(之所)說：	❀爾時聖者大慧菩薩復白佛言：世尊！如世尊(之所)說：	❀爾時大慧菩薩摩訶薩復白佛言：世尊！如世尊(之所)說：
若男子、女人，(若有)行「五無間業」(者)，(將)不(會)入「無	善男子、善女人，(若)行(外身的)「五無間業」。	(有外身的)「五無間業」，何者為五？

擇」(無間)地獄(的例外情形嗎)？	世尊！何等是(外身的)「五無間業」？	
㈡世尊！云何男子、女人，(若)行「五無間業」(者)，(將)不(會)入「無擇」(無間)地獄(的例外情形呢)？ (經本不誤人，法本不誤人。讀經的人，沒有前後貫通造成「誤解」經文，然後就毀謗經文是「譯文」錯置，其實此乃「讀錯」經文造成)	㈡而善男子、善女人，(若)行(外身的)「五無間」，(將必)入於「無間」(地獄)。	㈡若人作(外身五無間業)已，(將必)墮「阿鼻獄」。
佛告大慧：諦聽！諦聽！善思念之！當為汝說。	佛告聖者大慧菩薩言：善哉！善哉！善哉！ 大慧！諦聽諦聽！當為汝說。	佛言：諦聽！當為汝說。
大慧白佛言：善哉！世尊！唯然受教。	大慧白佛言：善哉！世尊！唯然受教。	大慧言：唯！
佛告大慧：(一般來說)云何(是)「五無間業」(的名相定義)？所謂：	佛告大慧：(一般來說)「五無間」(業的名相定義)者。	佛告大慧：(一般來說)「五無間」(業的名相定義)者，所謂：
②「殺父」。 ①「母」。及 ③「害羅漢」。 ④「破壞眾僧」。 ⑤「惡心出佛身血」。	一者「殺母」。 二者「殺父」。 三者「殺阿羅漢」。 四者「破和合僧」。 五者「惡心出佛身血」。	①「殺母」。 ②「殺父」。 ③「殺阿羅漢」。 ④「破和合僧」。 ⑤「懷惡逆心出佛身血」。

26-2 「內身五無間業」的介紹。㈠何謂內身的「眾生母」？㈡何謂內身的「眾生父」？

劉宋・求那跋陀羅譯《楞伽阿跋多羅寶經》	元魏・菩提流支譯《入楞伽經》	唐・實叉難陀與復禮等譯《大乘入楞伽經》
壹大慧！云何(名為內身的)「眾生母」？謂：	壹大慧！何者(名為內身的)「眾生母」？謂：	壹大慧！何者為(內身的)「眾生母」？謂：
貳(由)「愛」(欲而)更受(後)生(的輪迴)，(愛欲與)「貪喜」俱(生起)，如(小孩是)緣(由)「母」(在養育而)立(的道理一樣)。	貳(由愛欲而)更受後生(的輪迴)，(愛欲與)「貪喜」俱生(起)，(此)如(同小孩皆是)緣「母」(在養育而)立(的道理一樣)。	貳引生(出)「愛」(欲)與「貪喜」(共)俱(生起)，(此)如(同小孩為)「母」養育(而成的道理一樣)。
參(眾生皆以)「無明」為父，(能令眾生)生「入處」(的)聚落(此即指人擁有的六入身聚落處➜六根身)。	參大慧！何者為父？謂(眾生皆以)「無明」為父，(能令眾生)生「六入」(的)聚落(此即指人擁有的六入身聚落處➜六根身)。	參何者為父？所謂「無明」，(無明能)令(眾生)生(於)「六處」(的)聚落中(此即指人擁有的六入身聚落處➜六根身)。
肆(若能)斷(貪愛與無明)「二根本」，(則)名(為內身的)「害父母」。	肆大慧！(若能)斷彼(貪愛與無明)「二種能生根本」，(則)名(為內身的)「殺父母」。	肆故(若能)斷(貪愛與無明)「二根本」，(則)名(為內身的)「殺父母」。

26-3 「內身五無間業」的介紹。(三)何謂內身的「殺阿羅漢」？

劉宋・求那跋陀羅譯《楞伽阿跋多羅寶經》	元魏・菩提流支譯《入楞伽經》	唐・實叉難陀與復禮等譯《大乘入楞伽經》
	大慧！何者(名為內身的)「殺阿羅漢」？謂：	云何(名為內身的)「殺阿羅漢」？謂：
壹(令)彼諸「使」(煩惱)不(起)現(行)，如「鼠」(中)毒(之)發(作)，(應將煩惱)諸法究竟斷彼(令不再生起)。	壹諸「使」(煩惱)如「鼠」(中)毒(之)發(作)，(應)拔諸「使」(煩惱)怨(敵)，(令)根本(的煩惱)不(再)生(起)。	壹(以)「隨眠」(煩惱)為怨(敵)，如「鼠」(中)毒(之)發(作)，(應)究竟斷彼(煩惱)。
貳(此是)名(為內身的)「害羅漢」。	貳大慧！(此)是名(為內身的)「殺阿羅漢」。	貳是故說名(為內身的)「殺阿羅漢」。

26－4 「內身五無間業」的介紹。（四）何謂內身的「破僧」？

劉宋・求那跋陀羅譯《楞伽阿跋多羅寶經》	元魏・菩提流支譯《入楞伽經》	唐・實叉難陀與復禮等譯《大乘入楞伽經》
①云何（名爲內身的）「破僧」？謂： ②（具五種）異相（之）「諸陰」，（乃由）「和合」（而）積聚，（故應）究竟斷彼（五陰）。 （若能照見五陰皆空、五蘊皆空的話，那就是「破和合僧」了） ③（此是）名爲（內身的）「破僧」。	①大慧！何者（名爲內身的）「破和合僧」？謂： ②「五陰」（之）異相，（乃由）「和合」（而）積聚，（故應）究竟斷破（五陰）。 ③（此是）名爲（內身的）「破僧」。	①云何（名爲內身的）「破和合僧」？謂： ②「諸（五）蘊」異相，（乃由）「和合」（而）積聚，（故應）究竟斷彼（五蘊）。 ③（此是）名爲（內身的）「破僧」。

26－5 「內身五無間業」的介紹。（五）何謂內身的「惡心出佛身血」？

劉宋・求那跋陀羅譯《楞伽阿跋多羅寶經》	元魏・菩提流支譯《入楞伽經》	唐・實叉難陀與復禮等譯《大乘入楞伽經》
	大慧！何者（名爲內身的）「惡心出佛身血」？謂：	云何（名爲內身的）「惡心出佛身血」？謂：
①大慧！不（能）覺（悟心）外（世間諸法的）「自、共」相；（皆由）「自心」（所）現量，（由）「七識身」（所生起的妄覺）。 （「七識身」指「前七識」，在「識」後面附加上一個「身」字，以表示「複數」，故稱爲「七識身」）	①（於心外諸法的）「自相、同相」，見「外」（於）自「心」（之世間諸法）相，（皆由）「八種識身」（所生起的妄覺）。 （妄生的思覺＝妄覺）	①（由於）「八識身」（所）妄生（的）「思覺」，（所以）見（有）「自心」（之）外（的諸法）「自相、共相」。 （妄生的思覺＝妄覺）

貳(應)以「三解脫」(門與)「無漏」(法去轉減其)「惡想」,(才能)究竟斷彼(生起妄覺的)「七種識佛」(Vijñāna-Buddha)。 (「七識身」皆由「第八意識」所變現。所以講「前七識」其實亦不離開「第八意識」的)	貳(應)依「無漏」(法與)「三解脫門」(去轉減其惡心),(才能)究竟斷「八種識佛」(所生起的妄覺)。 (註:八識應以「轉」識成智,非「斷」也。此處譯為「斷」字,易造成誤解)	貳(應)以「三解脫」(門與)「無漏」(法去轉減其)「惡心」,(才能)究竟斷彼「八識身佛」(所生起的妄覺)。 (註:八識應以「轉」識成智較圓滿,不是屬於「斷」的方式)
參(此即)名為(由內身所生起的)「惡心出佛身血」。	參(此即)名為(由內身所生起的)「惡心出佛身血」。	參(此即)名為(由內身所生起的)「惡心出佛身血」。
肆若男子、女人,行此(五種)名為「無間」事者,(亦)名(為由內身所生起的)「五無間」, 亦(得)名(為是一種)「無間」等。	肆大慧!(此)是名(為)「內身五種無間」。 若善男子、善女人,(若能)行此(內身的五)「無間」,(亦)得名(為是一種)「無間」者。 (若有斷除內身的五)「無間」(業)者,(即)名(為)「證如實法」故。 (將五種「內身無間業」全部斷除,則當證「如實法」也)	肆大慧!(此)是為「內(身的五)五無間」。 若有(造)作(此內身之五無間)者, (只要斷除內身的五)「無間」(業)即(能)得「現證實法」。 (如果能「轉」識成智,則當證實法也)

劉宋・求那跋陀羅譯 《楞伽阿跋多羅寶經》	元魏・菩提流支譯 《入楞伽經》	唐・實叉難陀與復禮等譯 《大乘入楞伽經》
壹復次大慧!(尚)有(一般的)外(身五)「無間」,今當(再)	壹復次大慧!我(再)為汝等說(一般的)外(身)「五種	壹復次大慧!今(再)為汝說(一般的)外(身)「五無間」,

演說，汝及餘菩薩摩訶薩聞是義已，於未來世不墮「愚癡」。	「無間」之相，諸菩薩聞是義已，於未來世不生「疑心」。	令汝及餘菩薩聞是義已，於未來世不生「疑惑」。
㊑云何（是外身的）「五無間」？（內容）謂：	㊑大慧！何者是外（身的）「五種無間」？謂：	㊑云何（是）外（身的）「五無間」？（內容）謂：
（此即我於）先（前的經教中）所說（外身的五種）「無間」。	❶殺父。 ❷母。 ❸羅漢。 ❹破和合僧。 ❺出佛身血。	（此即我於）餘教中所說（外身的五種）「無間」。
㊂若（有）行此（五種外身無間業）者，於「三解脫」（空、無相、無願），（於其）一一（任何一個皆）不（能）得（證）。 （如果可以得遇底下三類人的救度，則五無間業者，亦是有可度化的）	㊂（若）行此（五種外身的）「無間」者，於彼「三種解脫門」（空、無相、無願）中，（皆）不能得證（於其）一一（任何一個的）解脫。	㊂若有（造）作（五種外身無間業）者，（則）於「三解脫」（空、無相、無願中皆）不能「現證」（其中任何一個）。
㊃（外身的）「無間」等法，除此已（指除了無法得「三解脫門」之外），（其）餘（將由聖者變）化「神力」（示）現（造作同樣的五）「無間」等。 謂：（有）聲聞化神力、菩薩化神力、如來化神力為（其）餘（同樣造）作（五）「無間」罪者，（為了斷）除（其）疑（心與令）悔過（懺悔過失罪惡），為勸（令彼能）發（心）故。	㊃（唯）除（是）依如來力（的）「住持」（神力加持），（以及）「應化聲聞、菩薩、如來」（的）神力，（才能）為（這）「五種罪人」（生起）懺悔（與除）疑心，（並）斷此疑心，令生善根。	㊃唯除「如來、諸大菩薩」及「大聲聞」，見其有造「無間業」者，為欲（令）勸（其）發（心），令其改過。（則）以「神通力」示（現）同其事（指「如來、菩薩、大聲聞」亦示現造「無間業」者），尋即（令彼造罪者）悔除（而）證於「解脫」。
（所以「如來、菩薩、大聲聞」這三類人	（所以「如來、菩薩、大聲聞」這三類人	此「如來、菩薩、大聲聞」三類人所造

以)「神力」變化，(示)現(亦造作同樣的)「無間」等。	是)為彼罪人(所)作(的)「應化說」。 (此三類人並非是「真實」的造作了外身的「五無間業」)	的「無間業」者)皆「化現」，非是「實造」。
⑤無有(沒有)一向(造)作(了外身的五)「無間」事，(而)不得「無間」(的果報)等。	⑤大慧！若(真實)犯(外身的)「五種無間罪」者，畢竟不得「證入道分」。	⑤若有(真)實造(作外身的五)「無間業」者，終無(於現世此)身(中)而(即能獲)得「解脫」(者)。
⑥(唯)除(能)覺(悟)「自心現量」，(所以應)離「身、財、妄想」，(及)離「我、我所」攝受。	⑥(唯)除(能得)見(覺悟)「自心」，(諸法)唯是「虛妄」，(故應)離「身、資生、所依住處」，(及離由)分別見(之)「我、我所」相。	⑥唯除(能)覺了(諸法為)「自心所現」，(所以應離)「身、資、所住」(等)，(及)離「我、我所」(等)分別(的)執見。
⑦(曾造作外身五無間罪者)或時(能得)遇「善知識」(的教導)，(即可)解脫「餘趣」(其餘六趣道中的)相續(輪迴)妄想。	⑦(曾造作外身五無間罪者)於無量無邊劫中，(若能得)遇「善知識」(的教導)，(即能)於「異道身」(其餘六道之身)離於(由)「自心虛妄」(所生起的)見過(邪見過失罪惡)。	⑦(曾造作外身五無間罪者)或於來世(之)「餘處」(其餘六趣道中)受生，(若能得)遇「善知識」(的教導)，(即能)離(由)「分別」(心所生起的諸多)過(失)，方(能得)證「解脫」。 (如果沒有「福報、緣份」得遇「善知識」，那就無能得「解脫」了)

關於「大小乘對"五逆"重罪」的經論解說

小乘部派佛教的五逆（單五逆）

(1)殺掉母親。(棄恩田)

(2)殺掉父親。(棄恩田)

(3)殺掉阿羅漢。(壞德田)

(4)破和合僧：破壞修「六和敬」(❶身和敬。❷口和敬。❸意和敬。❹戒和敬。❺見和敬。❻利和敬)的「修行眾」(亦含「在家」的「修行團眾」)，意思就是破壞「出家僧團」或「在家修行團眾」的「和諧」。

(壞德田)

(5)出佛身血：如提婆達多欲以「大石」殺害釋迦牟尼佛，而取代佛所領導的「僧團」事件。出佛身血就是故意使「佛的身體」流血。(壞德田)

大乘佛教的五逆（複五逆）

(1)犯了「小乘」版的「五逆罪」其中任何一條(即於「殺父、殺母、殺阿羅漢、破和合僧、以惡心出佛身血」中其中任何一條)。

(2)盜毀「常住」：自己或教唆他人去破壞盜取「塔寺、經像」等「三寶」之物。

(3)誹謗「大乘」：誹謗「大乘法」，或毀謗「聲聞、緣覺」之法也算在內的。

(4)殺害「僧人」或妨礙「僧人」修行：如歌利王凌遲忍辱仙人的本生故事。

(5)不信「因果」：主張所有的業行皆無果報，或不畏果報，自己或教唆他人行「十惡」之事。

《正法念處經》卷13〈地獄品 3〉

(1)又復觀察，云何彼比丘，得「十二地」。彼修行者，如是觀察。見彼比丘，不惓精進，復更諦觀惡業因果「七大地獄」(「八熱地獄」中的「等活、黑繩、眾合、號叫、大號叫、焦熱、大焦熱」等七大地獄)，并及別處，如業報法，諦觀察已，彼見聞知。

(2)又復更有最大地獄，名曰「阿鼻」。(若將)七大地獄(「八熱地獄」中的「等活、黑繩、眾合、號叫、大號叫、焦熱、大焦熱」等七大地獄)，并及別處，以為一分。阿鼻地獄(則有)「一千倍」勝，眾生何業？生彼地獄，彼見聞知。

(3)若人重心❶殺母、❷殺父，復有❸「惡心」出佛身血，❹破和合僧，❺殺阿羅漢。彼人以是惡業因緣，則生「阿鼻」大地獄中。經一劫住，若減劫住，業既平等，而減劫住，以劫中間，造作惡業，墮「阿鼻」故。彼人減劫，「阿鼻」燒煮，何以故？

(4)時節已過，不可令迴，是故於彼「減劫」燒煮，苦惱堅鞕(同「硬」)，以「多惡業」少時受故，如是造作「阿鼻」之業，有悲堅心，軟中心作，受苦不重。

(5)如人造作一「阿鼻」業，若「重心」作，彼受勝苦。一切作業，及業果報，一切皆是「心心數法」，皆心自在，皆心和合，心隨順行。

(6)復有「六結」繫縛眾生。若心寂靜，眾生解脫，如彼次第，在於「阿鼻」地獄之中，苦因緣故，所受苦惱，身有軟麤。

若「五逆」人，於地獄中，其身長大，「五百」由旬。

若「四逆」人，(其身長為)「四百」由旬。

若「三逆」人，(其身長為)「三百」由旬。

若「二逆」人，(其身長為)「二百」由旬。

若「一逆」人，(其身長為)「一百」由旬。

《正法念處經》卷64〈7 身念處品〉

又見眾生，作「五逆」業，五種「惡業」，以是因緣，墮「阿鼻」地獄。云何「五逆」？若有眾生，①殺父、②殺母、③殺阿羅漢、④破和合僧、⑤若以惡心出佛身血」。如是「五種大惡業」故，墮「阿鼻」地獄。思惟如是地獄業報，於諸眾生，起悲愍心。

《大薩遮尼乾子所說經》卷4〈5 王論品〉

大王！有五種罪，名為根本。何等為五？

❶一者：破壞塔寺，焚燒經像，或取「佛物、法物、僧物」。若教人作、見作助喜。(此)是名「第一根本重罪」。

❷若謗(小乘的)「聲聞、辟支佛法」及「大乘法」，(對佛法進行)毀呰ℙ 留難ℙ (無端阻留：故意刁難)、(與)隱蔽覆藏(遮掩隱蔽➜指將佛法眞義給隱蔽，不度眾生，或不宣教弘法，反而還到處障難佛法)。(此)是名「第二根本重罪」。

❸若有沙門，(已具)信心(而)出家，剃除鬚髮，身著「染衣」，或有「持戒」、或「不持戒」。(若將此沙門)繫閉(於)牢獄、(用)枷鎖打縛、(對沙門)策役驅使、(呵)責諸(罪然後將法師)發調ℙℙ (發遣與調離)。或(令沙門)脫袈裟，逼令(其)還俗，或斷其(生)命。(此)是名「第三根本重罪」。

❹於(小乘的)「五逆」中，若作「一業」(即於「殺父、殺母、殺阿羅漢、破和合僧、以惡心出佛身血」中其中任何一業)。(此)是名「第四根本重罪」。

❺謗無一切「善惡業報」，長夜常行「十不善業」，不畏「後世」，自作教人，堅住不捨，是名「第五根本重罪」。

《大乘入楞伽經》卷4〈3 無常品〉

❶大慧！何者(名)為(內身的)「眾生母」？謂：引生(出)「愛」(欲)與「貪喜」(共)俱(生起)，(此)如(同小孩爲)「母」養育(而成的道理一樣)。

➜(所以要殺「母」)

❷何者(名爲)為(內身之)父？所謂「無明」，(無明能)令生(於)「六處」(的)聚落中(此即指人擁有的六入身聚落處➜六根身)。故(若能)斷(貪愛與無明)「二根本」，(則)名(爲)「殺父母」。

➜(所以要殺「父」)

❸云何(名爲內身的)「殺阿羅漢」？謂：(以)「隨眠」(煩惱)為怨(敵)，如「鼠」(中)毒(之)發(作)，(應)究竟斷彼(煩惱)。是故說名「殺阿羅漢」。

➜(所以要殺「阿羅漢」)

❹云何(名爲內身的)「破和合僧」？謂：諸(五)蘊異相，(乃由)「和合」(而)積聚，(應)究竟斷彼

(五蘊)。名為「破僧」。

➔(所以要破「和合僧」)

❺云何(名為內身的)「惡心出佛身血」？謂：(由於)「八識身」(所)妄生(的)「思覺」，(所以)見(有)「自心」(之)外(的諸法)「自相、共相」。(應)以「三解脫」(門與)「無漏」(法去轉滅其)「惡心」，(才能)究竟斷彼「八識身佛」(所生起的妄覺)。(此即)名為(由內身所生起的)「惡心出佛身血」。(註：八識應以「轉」識成智較圓滿，不是屬於「斷」的方式)

➔(所以要「惡心出佛身血」)

大慧！(此)是為內(身之)「五無間」。

若有(造)作(此內身之五無間)者，(只要斷除內身的五)「無間」(罪)即得「現證實法」。

(註：如果能「轉」識成智，則當證實法也)

26-7 偈頌內容

劉宋・求那跋陀羅譯《楞伽阿跋多羅寶經》	元魏・菩提流支譯《入楞伽經》	唐・實叉難陀與復禮等譯《大乘入楞伽經》
爾時世尊欲重宣此義而說偈言：	爾時世尊重說偈言：	爾時世尊重說頌言：
貪愛名為母。	貪愛名為母。	貪愛名為母。
無明則為父。	無明則為父。	無明則是父。
「覺境識」為佛。	「了境識」為佛。	「識了」於境界。
諸使為羅漢。	諸使為羅漢。	此則名為佛。
陰集名為僧。	陰聚名為僧。	隨眠阿羅漢。
無間次第斷。	無間斷相續。	蘊聚和合僧。
謂是五無間。	更無有業間。	斷彼無餘間。
不入無擇獄。	得真如無間。	是名無間業。

第 2 7 節　悟佛知見

27-1 如何是「諸佛之覺性」？

| 劉宋・求那跋陀羅譯 | 元魏・菩提流支譯 | 唐・實叉難陀與復禮等譯 |

《楞伽阿跋多羅寶經》	《入楞伽經》	《大乘入楞伽經》
㊀爾時**大慧**菩薩復白佛言：	㊀爾時聖者**大慧**菩薩復白佛言：	㊀爾時**大慧**菩薩摩訶薩復白佛言：
㊁世尊！唯願為說「佛之知覺」。	㊁世尊！唯願為我說「諸如來知覺之相」。	㊁世尊！願為我說「諸佛(之)體性」。
㊂世尊！何等是「佛之知覺」？佛告**大慧**：	㊂佛告聖者**大慧**菩薩摩訶薩言：	㊂佛言：**大慧**！
❶覺「人、法無我」(人無我、法無我)。 ❷了知「二障」(煩惱障、所知障)。 ❸離「二種死」(分段生死、變易生死)。 ❹斷「二煩惱」(四住地「枝末」煩惱與無明住地「根本」煩惱)。	❶**大慧**！如實(覺)知「人無我、法無我」。 ❷如實能知「二種障」故。 ❹遠離「二種煩惱」。	❶覺「二無我」。 ❷除「二種障」。 ❸離「二種死」。 ❹斷「二煩惱」。
㊃(此)是名(為)佛之「知覺」。	㊃**大慧**！(此)是名(為)如來「如實」(之)「知覺」。	㊃(此即)是佛(之)「體性」。
㊄「聲聞、緣覺」(若能)得此法者，亦名為「佛」。	㊄**大慧**！「聲聞、辟支佛」(若能)得此法者，亦名為「佛」。	㊄**大慧**！「聲聞、緣覺」(若能)得此法已，亦名為「佛」。
㊅以是因緣故，我說(唯有此)「一乘」(法)。	㊅**大慧**！是因緣故，我說(唯有此)「一乘」(法)。	㊅我以是義但說(唯有此)「一乘」(法)。
(「一乘法」的義理是強調唯有獲得「自內身聖智證法」、與捨離「能所妄想」、而獲得「自般涅槃法、究竟成佛」的「一乘」道，除此外，別無它法)		

煩惱障	所知障
執著有「真實之人」、「真實之眾生」，遂執著於「我的存在」(我執)	至於執著有「實體萬法」之「法執」
以「我執」為根本	以「法執」為根本
障礙「涅槃」	障礙「菩提」
障礙「涅槃」之「正障」	給與「正障」力量之兼障，故僅有「所知障」並無障礙「涅槃」之能力。
可受「分段生死」 (指三界眾生之生死，三界眾生所感生死之果報各有類別、形貌、壽量等之「限度」與「差異」，故稱「分段生死」)	可受「變易生死」 (改轉原先的分段生死之粗身，而變爲細妙無有色形、壽命等之身。由心識之念念相續而前變後易，其身形與壽期皆「無定限」)
二乘以斷「煩惱障」之果位為理想	菩薩則以 "俱斷"「二障」，得佛果為理想
	對菩薩而言，「所知障」不會引起三界之果報，但能助無漏業受「變易生死」。

27-2 偈頌內容

劉宋・求那跋陀羅譯 《楞伽阿跋多羅寶經》	元魏・菩提流支譯 《入楞伽經》	唐・實叉難陀與復禮等譯 《大乘入楞伽經》
爾時世尊欲重宣此義而說偈言： 善知二無我。 二障煩惱斷。 永離二種死。 是名佛知覺。	爾時世尊重說偈言： 善知二無我。 二障二煩惱。 得不思議變。 是名佛知覺。	爾時世尊重說頌言： 善知二無我。 除二障二惱。 及不思議死。 是故名如來。

第２８節　等佛法身

28-1 佛爲何要說宿世的因果事蹟？

劉宋・求那跋陀羅譯 《楞伽阿跋多羅寶經》	元魏・菩提流支譯 《入楞伽經》	唐・實叉難陀與復禮等譯 《大乘入楞伽經》
壹爾時大慧菩薩白佛言：世尊！何故世尊於大眾中唱如是：	壹爾時聖者大慧菩薩復白佛言：世尊！世尊何故於大眾中說如是言：	壹爾時大慧菩薩摩訶薩復白佛言：世尊！如來以何「密意」，於大眾中唱如是言：
貳我是過去一切佛，及(曾作)種種(百千的)受生(相)，我爾時(曾)作： ❶「曼陀」(Māndhātṛi)轉輪聖王。 ❷六芽大象。及 ❸鸚鵡鳥。 ❹釋提桓因。 ❻善眼仙人。 如是等(有)百千(個本)生(事跡)，(皆於)經(中已)說。	貳我是過去一切佛，及(曾)說種種「本生」(jātaka)經(的故事)，我於爾時(曾)作： ❶頂生王。 ❷六芽大象。 ❸鸚鵡鳥。 ❺毘耶娑(vyāsa)仙人。 ❹帝釋王。 ❻善眼菩薩。 如是等(有)百千(個「本生」)經(故事)，皆(敘)說(吾之)「本生」(故事)。	貳我是過去一切諸佛，及說百千「本生」(jātaka)之事(跡)，我於爾時(曾)作： ❶頂生王。 ❷大象。 ❸鸚鵡。 ❹月光。 ❻妙眼(sunetra) (有)如是等(有百千個「本生」事跡故事)。

頂生王

(1)頂生，梵名 Mūrdhagata，音譯「文陀竭，略稱頂」；梵名又作 Māndhātṛ, Mandhātṛ, Māndhāta，音譯為「曼馱多、摩陀多，略作曼多」，意譯為「我持、持戒、持養、樂養、最勝」。

(2)印度太古之「轉輪聖王」。據《起世經・卷十》載，「頂生王」為轉輪王烏逋沙他(Uposatha，齋戒、長淨)之子，由彼頂上之肉皰而生，端正特殊，具三十二相，誕生時，自發聲唱「摩陀多」(māndhāta，持我)。又生後，六萬夫人見之俱生愛念，皆謂我養，故稱「持養」。及長，具神通，統治四大洲，其壽無量，由後「右髀」之皰生一童子，稱為「髀生」。

(3)《中阿含經・卷十一》載，「頂生王」昇「三十三天」，帝釋曾分半座與王，後王思奪另外半座，忽失如意足，墜閻浮洲，生極重病。其雖得閻浮等四洲，享五欲之樂，然皆不滿足，故取命終。爾時，「頂生王」即釋尊之前身也。

28-2 諸佛具有「字、語、法、身」四種平等義的解說

劉宋・求那跋陀羅譯《楞伽阿跋多羅寶經》	元魏・菩提流支譯《入楞伽經》	唐・實叉難陀與復禮等譯《大乘入楞伽經》
佛告大慧：以四(種平)等故，如來應供等正覺，於大眾中唱如是言：	佛告聖者大慧菩薩摩訶薩言：大慧！依四種平等，如來應正遍知，於大眾中唱如是言：	佛言：大慧！如來應正等覺，依四平等(之)「祕密意」故，於大眾中作如是言：
我(於)爾時(曾)作拘留孫(Krakucchanda 過去七佛的第四位)、拘那含牟尼(Kanakamuni 過去七佛的第五位)、迦葉佛(Kāśyapa 過去七佛的第六位)，云何(爲諸佛所具)四(種平)等(的「祕密意」呢)？謂：	我於爾時(曾)作拘留孫佛、拘那含牟尼佛、迦葉佛，何等為(諸佛所具)四(種平等的「祕密意」呢)？	我於(往)昔時(曾)作拘留孫佛、拘那含牟尼佛、迦葉佛，云何為(諸佛所具)四(種平等的「祕密意」呢)？所謂：
❶「字等」(akṣara-samatā)。 ❷「語等」(vāk-samatā)。 ❸「法等」(dharma-samatā)。 ❹「身等」(kāya-samatā)。	一者「字平等」。 二者「語平等」。 三者「法平等」。 四者「身平等」。	❶「字平等」 ❷「語平等」 ❸「身平等」 ❹「法平等」。
(此)是名(諸佛所具的)四(種平)等，以四種(平)等故，如來應供等正覺於大眾中(而)唱如是言。	大慧！依此(諸佛所具的)「四種平等法」故，諸佛如來在於(大)眾中(即)說如是言。	

28-3 (一)何謂「字平等」？

劉宋・求那跋陀羅譯《楞伽阿跋多羅寶經》	元魏・菩提流支譯《入楞伽經》	唐・實叉難陀與復禮等譯《大乘入楞伽經》
壹云何(諸佛之)「字等」？	壹大慧！何者(諸佛之)「字	壹云何(諸佛之)「字平

	平等」？謂：	等」？謂：
㈡若字稱我為「佛」,彼字亦稱一切諸「佛」。彼字(指「佛」字之)「自性」,(皆)無有差別。	㈡何等字？過去佛名「佛」,我同彼字(指「過去佛」)亦名為「佛」。不過「彼字」(指「佛」字)與「彼字」等,(皆)無異(亦)無別。	㈡我名「佛」,一切如來亦名為「佛」。
㈢(此)是名(諸佛之)「字等」。	㈢大慧！(此)是名(諸佛之)「字平等」。	㈢佛(之)名(稱乃)無(有分)別,(此)是謂(諸佛之)「字等」。

28－4 ㈡何謂「語平等」？

劉宋・求那跋陀羅譯《楞伽阿跋多羅寶經》	元魏・菩提流支譯《入楞伽經》	唐・實叉難陀與復禮等譯《大乘入楞伽經》
㈠云何(諸佛之)「語等」？謂：	㈠大慧何者諸佛(之)「語平等」？謂：	㈠云何(諸佛之)「語平等」？謂：
㈡我(有)「六十四種」梵音言語相生,彼諸如來應供等正覺,亦如「六十四種」梵音言語相生。	㈡過去佛有「六十四」種美妙梵聲言語說法,我亦(有)「六十四種」微妙梵聲言語說法。大慧！未來諸佛亦(能)以「六十四種」微妙梵聲言語說法。	㈡我(能)作「六十四種」梵音聲語,一切如來亦(能)作此語。
「無增、無減」,無有差別,(皆如)「迦陵頻伽」(kalaviṅka)梵音(之)聲性。	「不增、不減」,不異(亦)無差別,(皆如)「迦陵頻伽」(kalaviṅka)梵聲(之)美妙。	(皆如)「迦陵頻伽」(kalaviṅka)梵音(之)聲性,「不增、不減」,(亦)無有差別。
	㈢大慧！(此)是名諸佛(之)「語平等」。	㈢(此)是名(諸佛之)「語等」。

六十四梵音 (佛六十四種梵音、如來六十四種梵音)

(1)梵者,清淨之義。謂如來之音聲從虛室而出,具有六十四種清淨殊妙之相。

(2)據《如來不思議祕密大乘經・卷七・如來語密不思議品》所舉,即:

(一) 流澤聲	(二) 柔軟聲	(三) 悅意聲	(四) 可樂聲	(五) 清淨聲	(六) 離垢聲	(七) 明亮聲	(八) 甘美聲
snigdhā	mṛdukā	manojñā	manoramā	śuddha	vimalā	prabhāsvarā	valgu
流演潤澤之聲。	溫和柔軟之聲。	歡悅一切眾生意之聲。	巧妙而可愛樂之聲。	清淨而不雜染之聲。	遠離諸垢染之聲。	明顯流亮之聲。	能使聽者得法喜之聲
(九) 樂聞聲	(十) 無劣聲	(十一) 圓具聲	(十二) 調順聲	(十三) 無澀聲	(十四) 無惡聲	(十五) 善柔聲	(十六) 悅耳聲
śravaṇīyā	anelā	kālā 或 kalā	vinītā	akarkaśā	aparṣā	savinīt 或 suvinītā	karṇasukhā
令眾生樂聞而不捨之聲。	希有殊勝而不陋劣之聲。	於一音中具足一切音之聲。	隨機說法,調伏眾生,使其信順之聲。	融通和暢而無澀滯之聲。	嘉美而不粗獷之聲。	法音柔和善順而不卒暴。	法音悅可人意,令人愛聽無厭。
(十七) 適身聲	(十八) 心生勇銳聲	(十九) 心喜聲	(二十) 悅樂聲	(廿一) 無熱惱聲	(廿二) 如教令聲	(廿三) 善了知聲	(廿四) 分明聲
kāyaprahlādanakarī	cittodvilyakarī	hṛdayasaṃtuṣṭikarī	prītisukhajānani	niṣparidāhā	ājñeyā	vijñeyā	vispaṣṭā
能令聞者支體調適,而得輕安之聲。	令人發起勇猛之心而進修之聲。	法音美妙,能令聞者心生欣喜。	能令聞者歡喜快樂之聲。	法音能使聞者消除熱惱而得清涼。	如來音聲如法之教誡命令,能啟發蒙昧。	法音善解而遍知一切諸法。	如來法音於諸法如理分析,無不明了。
(廿五) 善愛聲	(廿六) 令生歡喜聲	(廿七) 使他如教令聲	(廿八) 令他善了知聲	(廿九) 如理聲	(三十) 利益聲	(卅一) 離重複過失聲	(卅二) 如獅子音聲
premaṇīyā	abhinandanīyā	ājñāpanīyā	vijñāpanīyā	yuktā	sahitā	punaruktadoṣajahā	siṃhasvaravegā

如來以善法音開化一切眾生，令其愛樂。	法音令人生歡喜之心。	法音能使聞者輾轉啟發於人，而皆如教令。	法音能使聞者善解一切諸法。	如來之音聲皆契合真如之理。	法音能利益一切有情。	法音契合理趣，從始至終皆無重複過失。	如來之音令一切聞者自然信伏，如獅子一吼則百獸畏伏。
(卅三) 如龍音聲	(卅四) 如雲雷吼聲	(卅五) 如龍王聲	(卅六) 如緊那羅妙歌聲	(卅七) 如迦陵頻伽聲	(卅八) 如梵王聲	(卅九) 如共命鳥聲	(四十) 如帝釋美妙聲
nāgasvaraśabdā	meghasvaraghoṣā	nāgendrarutā	gandharvasaṃgītighoṣā	kalaviṅkasvararutā	brahmasvararutāravitā	jīvaṃjīvakasvararutāravitā	devendramadhuranirghoṣā
如來法音清徹幽遠，猶如龍吟。	如來說法僅以一音而遠近普及，猶如雷吼。	如來說法音韻清遠，如龍王所發之聲。	如來所出之梵音，如緊那羅(歌神)之美妙，適悅一切眾生。	如來法音美妙，如迦陵頻伽(妙聲鳥)之聲。	如來法音如梵王之清淨聲音。	如來法音吉祥，如共命鳥之聲。	如來法音如帝釋之美妙。
(四一) 如振鼓聲	(四二) 不高聲	(四三) 不下聲	(四四) 隨入一切音聲	(四五) 無缺減聲	(四六) 無破壞聲	(四七) 無染污聲	(四八) 無希取聲
dundubhisvarā	anunnatā	anavanatā	sarvaśabdānupraviṣṭā	avāśabdāvigatā	avikalā	alīnā	adīnā
如來音聲震響如鼓，遠近皆聞。	如來之音渾圓而不尖銳，得於中道。	如來之圓音，不卑不下而得於中道。	如來法音普入群機而融通眾音。	如來之音圓滿具足。	如來法音真實不虛而無能破壞	如來之音純圓獨妙，離諸煩惱而無染著。	如來說法利樂一切眾生，無所希冀而離取著。
(四九) 具足聲	(五十) 莊嚴聲	(五一) 顯示聲	(五二) 圓滿一切音聲	(五三) 諸根適悅聲	(五四) 無譏毀聲	(五五) 無輕轉聲	(五六) 無動搖聲
prasṛtā	saritā	lalitā	sarvasv	sarvend	aninditā	acañcal	acapalā

			arapūraṇī	riyasaṃtoṣaṇī		ā	
如來法音稱性而說妙理具足。	如來所演之聲教，皆如實之談，端莊而嚴肅。	如來演妙法音，顯現妙理，開示眾生而無有隱晦。	如來說法音聲圓滿，具足一切音。	如來法音眾生一聞而諸根適悅。	如來法音不譏毀一切眾生，凡有言說皆令信順。	如來圓音普攝一切，不輕浮遷轉。	如來法音得無所畏，為外道天魔所不能動搖。
(五七)隨入一切眾會聲	(五八)諸相具足聲	(五九)令眾生心意歡喜聲	(六十)說眾生心行聲	(六一)入眾生心意聲	(六二)隨眾生信解聲	(六三)聞者無分量聲	(六四)眾生不能思惟稱量聲
sarvaparṣadanuravitā	sarvākāravaropetā	pramuditā	sakhilā				
如來法音普入眾會而隨機得聞。	如來法音具足一切諸相。	如來法音普令十方一切眾生心意歡喜。	如來所說無量眾生之心行，共有八萬四千種類，乃為令根性下劣之眾生易得解入之法門。	如來所語之祕密智由虛空而出，隨入於一切眾生之心意。	如來法音隨眾生之種種信解、心意成熟，普使隨應而悉令了知。	如來之音聲無有分量，世間一切之天、人、魔王、梵天、沙門、婆羅門等雖能聞之，然亦不能知其邊際分量。	如來宣說法音時，其音若遍滿三千大千世界，而一切眾生皆居於緣覺之地，然亦不能思惟稱量。

如來具足「八種音聲」以上的經論引證

1 《方廣大莊嚴經・卷八》

(1)爾時菩薩欲從「化人」而求「淨草」，出是語時，(菩薩具足)「梵聲」(之)微妙，所謂：(底

下共有 **32** 句的美妙之聲)

①真實聲、②周正聲、③清亮聲、④和潤聲、⑤流美聲、⑥善導聲、⑦不謇聲、⑧不澁聲、⑨不破聲、⑩柔軟聲、⑪憺(或譯作「恢」)雅聲、⑫分析聲、⑬順耳聲、⑭合意聲、⑮如迦陵頻伽聲、⑯如命命鳥聲、⑰如殷雷聲、⑱如海波聲、⑲如山崩聲、

⑳如天讚聲、㉑如梵天聲、㉒如師子聲、㉓如龍王聲、㉔如象王聲、㉕不急疾聲、㉖不遲緩聲、㉗解脱之聲、㉘無染著聲、㉙依義之聲、㉚應時之聲、㉛宣說八千萬億法門之聲、㉜順一切諸佛法聲。

(2)菩薩以此「美妙」之聲，語「化人」言：仁者！汝能與我「淨草」以不？

2《大寶積經・卷三十七》

(1)舍利子！諸佛如來(由於)先福(先世之福德)所感(召)，果報(在)「音聲」，其(聲)「相」(有)無量。所謂：(底下共有 **35** 句的美妙之聲)

①慈潤聲、②可意聲、③意樂聲、④清淨聲、⑤離垢聲、⑥美妙聲、⑦喜聞聲、⑧辯了聲、⑨不鞕ㄥ(同「硬」)聲、⑩不澁聲、⑪令身適悦聲、⑫心生踊躍聲、⑬心歡悅豫聲、⑭發起喜樂聲、⑮易解聲、⑯易識聲、⑰正直聲、⑱可愛聲、⑲可喜聲、⑳慶悦聲、㉑意悦聲、㉒師子王吼聲、㉓大雷震聲、㉔大海震聲、㉕緊捺洛歌聲、㉖羯羅頻伽聲、㉗梵天聲、㉘天鼓聲、㉙吉祥聲、㉚柔軟聲、㉛顯暢聲、㉜大雷深遠聲、㉝一切含識諸根喜聲、㉞稱可一切眾會聲、㉟成就一切微妙相聲。

(2)舍利子！如是等如來「音聲」，具足如是殊勝功德，及餘無量無邊功德之所莊嚴。舍利子！是名第二如來「不思議音聲」。

(3)是諸菩薩摩訶薩聞如來「不思議音聲」具足無量殊勝功德，信受諦奉清淨無疑，倍復踊躍，深生歡喜，發希奇想。

3《守護國界主陀羅尼經・卷六》

(1)如來(以)所有一切(的)「語業智」為先導，隨順「智行」，云何名為「隨順智行」？如來說法，無有障礙，能具足「說文義」(而)無缺。(如來)所發(出的)「言聲」，(能)入眾生心，(令眾生)發生「智慧」。謂：(底下共有 **109** 句的美妙之聲)

①不高聲、②不下聲、③正直聲、④不怯怖聲、⑤不謇澁聲、⑥不麁獷聲、⑦無稠林聲、⑧極柔軟聲、⑨有堪任聲、⑩不磩ㄙ 破聲、⑪恒審定聲、⑫不太疾聲、⑬不太遲聲、⑭無差互聲、⑮善分析聲、⑯妙言詞聲、⑰妙深遠聲、⑱妙廣大聲、⑲涌泉聲、⑳不斷聲、㉑潤熟聲、㉒深美聲、㉓和合聲、㉔莊嚴聲、㉕利益聲、㉖清徹聲、㉗無塵聲、㉘無煩惱聲、㉙無垢染聲、㉚無愚癡聲、㉛極熾盛聲、㉜無所著聲、㉝善解脱聲、㉞極清淨聲、㉟無委曲聲、㊱無下劣聲、㊲無堅硬聲、㊳無慢緩聲、㊴能生安樂聲、㊵令身清淨聲、㊶令心歡喜聲、㊷熙怡先導聲、㊸先意問訊聲、㊹能淨貪欲聲、㊺不起瞋恚聲、㊻能滅愚癡聲、㊼能呑眾魔聲、㊽能摧惡業聲、㊾能燒外論聲、㊿隨順覺悟聲、(51)如擊天鼓聲、(52)智者聞喜聲、(53)釋提桓因聲、(54)大梵天王聲、(55)大海波潮聲、(56)雲雷普震聲、(57)大地震動聲、(58)迦陵頻伽聲、(59)拘抧羅鳥聲、(60)命命之鳥聲、(61)鹿王聲、(62)牛王

聲、㊾雁王聲、㊿鶴唳聲、㉕孔雀聲、㉖箜篌聲、㉗箏篴ㄓ 聲、㉘琵琶聲、㉙箏聲、㉚笛聲、㉛蠡ㄌ 聲、㉜鼓聲、㉝易解聲、㉞分明聲、㉟可愛聲、㊱樂聞聲、㊲甚深聲、㊳無厭聲、㊴令耳安樂聲、㊵能生善根聲、㊶字句圓滿聲、㊷妙詞句字聲、㊸利益和合聲、㊹與法和合聲、㊺善知時節聲、㊻一切時合聲、㊼無有非時聲、㊽說昔諸根聲展轉相續聲、㊾莊嚴布施聲、㊿能持淨戒聲、㉑能生安忍聲、㉒猛利精進聲、㉓堪任靜慮聲、㉔廣大智慧聲、㉕大慈和合聲、㉖無倦大悲聲、㉗光明法喜聲、㉘深廣大捨聲、㉙安住三乘聲、⑩不斷三寶聲、⑪分別三聚聲、⑫淨三脫門聲、⑬修習諸諦聲、⑭修習諸智聲、⑮智者相應聲、⑯聖者讚歎聲、⑰隨順虛空聲、⑱無有分量聲、⑲諸相具足聲。

(2)善男子！如來(之)「語業」，具足(有)如是無量「音聲」故，說如來(以)一切「語業智」為先導，隨智慧轉，是為如來「第二十八正覺事業」。

④《阿毘達磨大毘婆沙論》卷177

佛於「喉藏」中有(微)妙(之)「大種」，能發(令人)「悅意」(的)「和雅」梵音，如「羯羅頻迦」(kalaviṅka)鳥，及發深遠「雷震」之聲，如「帝釋」(之天)鼓(聲)，如是音聲，具(有)八功德。

一者、深遠。(聲音深妙，近聞不大，遠聞不小，能周遍法界)

二者、和雅。(聲音非常的和諧雅正)

三者、分明。(聲音分辨明確清楚而不含糊)

四者、悅耳。(聲音悅耳令人生歡喜心)

五者、入心。(聲音易入人之心，讓大家獲得安樂法喜)

六者、發喜。(聲音令人生發歡喜心)

七者、易了。(聲音令人容易明了)

八者、無厭。(聲音令人聽了不生厭惡心)

⑤《梵摩渝ㄩˊ經》卷1

(當)阿難整服，稽首而問，(佛)即「大說法」，(其)聲有八種(美妙之聲)：

❶最好聲。(諸天、二乘、菩薩皆有「好音」，但唯有佛音是最究竟圓滿的「不可思議好聲」)

❷易了聲(聲音令人得無窮之深義，容易明了高深的義理)。

❸濡ㄖㄨˊ軟聲。(聲音具「溫濡柔軟」之功，能去眾生剛強執著心)

❹和調聲。(聲音具「和雅調適」之功)

❺尊慧聲。(聲音而令人生尊重，易入人心，能獲開啟智慧)

❻不誤聲。(聲音分辨明確清楚，不會令人發生誤解之聲，能生正見，遠離邪見之聲)

❼深妙聲。(聲音幽深微妙，近聞不大，遠聞不小，能周遍法界)

❽不女聲。(聲音令人聽了不生厭惡心，不極女之柔、不極男之剛，一切聞者皆敬畏而歸伏)

6 《中阿含經》卷41〈梵志品 1〉

尊！沙門「瞿曇」(佛陀)，**口出八種音聲：**

一曰：甚深。(聲音殊甚幽深，近聞不大，遠聞不小，能周遍法界)

二曰：毘摩樓籔(vimala 清淨；清徹；ghoṣa 聲音→聲音清透明徹)。

三曰：入心。(聲音易入人之心，讓大家獲得安樂法喜)

四曰：可愛。(聲音可令人獲敬愛喜愛)

五曰：極滿。(聲音能令生極大的滿足心，令人聽了不生厭惡心)

六曰：活瞿。(聲音能活絡悅耳而令人驚喜瞿然)

七曰：分了。(聲音分辨明了清楚，不會令人發生誤解之聲，能生正見，遠離邪見之聲)

八曰：智也。(聲音而令人生尊重，易入人心，能獲開啓智慧)

(佛陀的八種音聲為)**多人所愛**(悅)，**多人所**(喜)**樂，多人所念，令**(人)**得「心定」。**

7 《最勝問菩薩十住除垢斷結經》卷8〈法界品 23〉

如來(有)「**八種音聲**」：

❶不男音。(聲音「不」極「男」之剛烈)

❷不女音。(聲音「不」極「女」之陰柔)

❸不強音。(聲音「不」牽「強」而逼迫→尖硬刺耳)

❹不軟音。(聲音「不」弱「軟」而無力→有氣沒力)

❺不清音。(聲音「不」淒「清」而輕浮→高亢激昂)

❻不濁音。(聲音「不」沉「濁」而混淆→低沉粗重)

❼不雄音。(聲音「不」麤「雄」而健猛→震耳欲聾)

❽不雌音。(聲音「不」魅「雌」而淒厲→怨鬼號哭)

8 《最勝問菩薩十住除垢斷結經》卷7〈化眾生品 19〉

是時菩薩復作是念，「聞聲」眾生必欲聞我清淨之義，我今當演「如來」(之)八(種法義之)音，(以)**音演八**(種法義之)**句：**

❶苦音。(知、見)

❷習(集)音。(斷)

❸盡(滅)音。(證)

❹道音。(修)

❺見「苦」向「苦」。

❻見「習」(集)向「習」(集)。

❼見「盡」(滅)向「盡」(滅)。

❽見「道」向「道」。

⑨《中陰經》卷 2〈空無形教化品　10〉

爾時，「妙覺」如來，捨「中陰」形，入「虛空藏三昧」，以「佛吼」而吼出「八種音聲」。
何謂為八？
❶非男聲。
❷非女聲。
❸非長聲。
❹非短聲。
❺非「豪貴」聲。
❻非「卑賤」聲。
❼非「苦」聲。
❽非「甘露」(甜)聲。

⑩《長阿含經》卷 5

時(有)梵童子說此偈已，告「忉利天」曰：其有音聲，(具)五種清淨，乃名(為)「梵聲」。
何等五？
一者、其音「正直」。(聲音詳正誠直)
二者、其音「和雅」。(聲音和諧雅正)
三者、其音「清徹」。(聲音清透明徹)
四者、其音「深滿」。(聲音幽深而圓滿，能令人生滿足心)
五者、周遍「遠聞」。(聲音近聞不大，遠聞不小，能周遍法界)
具此五者，乃名(為)「梵音」。(這不是指誦咒的「梵文聲音」的「梵音」)

⑪《大智度論》卷 4〈序品　1〉

諸「相師」言：「地天太子」實有「三十二」大人相，若「在家」者，當作「轉輪王」，若
　　　　　　「出家」者，當成佛。
王言：何等「三十二相」？
「相師」答言：
一者、「足下安平立相」：足下一切著地，間無所受，不容一針……
二十八者、「梵聲」相：如「梵天王」，(有)五種聲從口出：
一、甚深如「雷」。(聲音殊甚幽深，聲音響亮，如雷灌耳，穿透雲層)
二、清徹遠聞(聲音清透明徹)，(令)聞者(能生)悅樂(欣悅喜樂)。
三、入心敬愛。(聲音易入人之心，令人生敬愛心)

四、諦了易解。(聲音令人諦聽明了而容易理解之聲)

五、聽者無厭。(聲音令人聽了不生厭惡心)

「菩薩」(之)音聲亦如是，(有)五種聲，從口中出「迦陵毘伽」(kalaviṅka)聲相，如「迦陵毘伽」(kalaviṅka)鳥聲(之)可愛；(如)鼓聲(之)相，(亦)如「大鼓音」(之)深遠。

12 《佛説瑜伽大教王經》卷5〈護摩品 9〉

(1)持誦者，誦此真言，以二手合掌……然後(應)辯認「護摩火焰」(生起的)善惡之相，若火焰(是)「白色」，或如「繖今 蓋幢形」，或似「閼伽瓶」(argha 功德；香花)右旋者，此皆(屬於)「善相」，當成(就)本法。

(2)「阿闍梨」見此「善相」(之相)，即(應)誦「微妙歌讚」，誦此「讚」時，以「唵」字為首，(以)「莎賀」字為尾。(誦時)「梵音」(要)相續、(要)嘹亮、(要)流美(流暢諧和優美)，其法必成(就)。

13 隋・智者大師撰《法界次第初門》卷3

八音初門第五十九

　　一、極好。

　　二、柔軟。

　　三、和適。

　　四、尊慧。

　　五、不女。

　　六、不誤。

　　七、深遠。

　　八、不竭。

次「相好」而辯「八音」者，若佛以「相好」(之)端嚴，(能)發「見」者之「善心」。(佛之)「音聲」，理當「清妙」，(能生)起「聞者」之「信敬」(心)。

故次「相好」而明「八音」也，此「八」通云「音」者，「詮理」之聲，謂之為「音」。佛所出「聲」，凡有「詮辯」。言辭清雅，聞者「無厭」，聽之「無足」。能為一切(而)作「與樂」拔苦(之)因緣。莫若「聞聲」之益，即是以「慈」修「口」，故有「八音」清淨之「口業」。

一「極好音」：一切諸天賢聖，雖各有「好音」，「好」之未(至)極(點)。佛(之果)報(為)「圓極」，故出音聲(為)「清雅」，能令聞者「無厭」，皆入「好道、好中」之「最好」，故名「極好音」也。

二「柔軟音」：佛德「慈善」故，所出「音聲」，巧順物情，能令「聞者」喜悅，「聽之」無足，(聞後)皆(令)捨「剛強」之心，自然(能)入「律」行，故名「柔軟音」。

三「和適音」：佛居「中道」之理，巧解「從容」，故所出音聲，調和「中適」，能令聞者，

心皆「和融」，因「聲」(而)會「理」，故名「和適音」。

四「尊慧音」：佛德「尊高」，「慧心」(智慧之心)明徹，故所出音聲，能令聞者(生)「尊重」(心)，解「慧」開明，故名「尊慧音」。

五「不女音」：佛住(於)「首楞嚴定」，常有「世雄」之(美)德。(佛)久已離於「雌軟」之心。故所出言聲，能令一切聞者(生)「敬畏」。天魔外道，莫不歸伏，故名「不女音」。

六「不誤音」：佛智圓明，照了(而)「無謬」，故所出音聲，(能)詮論(而)無失。能令聞者，各獲「正見」，(能)離於「九十五種」(外道)之「邪非」，故名「不誤音」。

七「深遠音」：佛智照窮，如如「實際」之底，行位高極，故所出音聲，從「臍」而(生)起(指從丹田)，(能)徹(遍)至「十方」，令「近聞」非大，「遠聞」不小，皆悟「甚深之理」，「梵行」高遠，故名「深遠音」也。

八「不竭音」：如來極果，「願、行」無盡，是以住於無盡「法藏」，故出音聲，「滔滔」無盡，其響不竭，能令聞者尋其「語義」，無盡無遺，至成無盡「常住之果」，故名「不竭音」也。

28-5 (三)何謂「身平等」？

劉宋・求那跋陀羅譯《楞伽阿跋多羅寶經》	元魏・菩提流支譯《入楞伽經》	唐・實叉難陀與復禮等譯《大乘入楞伽經》
⑧云何(諸佛之)「身等」？謂：	⑧大慧！何者諸佛(之)「身平等」？	⑧云何(諸佛之)「身平等」？謂：
⑧我與諸佛「法身」及「色身」，相好無有差別。	⑧大慧！我及諸佛「法身、色身」，相好莊嚴，無異(亦)無差別。	⑧我與諸佛「法身、色相」及「隨形好」(皆平)等(而)無差別。
除(了)為調伏彼彼「諸趣」差別(的)眾生故，(才會)示現種種差別(的)色身。	除(了)依(於)可度(化的)眾生，(才會於)彼彼眾生(之)種種生處，諸佛如來(即示)現種種(不同之)身。	除(了)為調伏種種眾生，(才會示)現隨類(不同之)身。
⑧(此)是名(諸佛之)「身等」。	⑧大慧！(此)是名諸佛(之)「身平等」。	⑧(此)是謂(諸佛之)「身等」。

28-6 (四)何謂「法平等」？

劉宋·求那跋陀羅譯《楞伽阿跋多羅寶經》	元魏·菩提流支譯《入楞伽經》	唐·實叉難陀與復禮等譯《大乘入楞伽經》
❶云何(諸佛之)「法等」？謂： ❷我及彼佛得「三十七菩提分法」，略說「佛法」(之)無障礙智。 (此)是名(諸佛所具的)四(種平)等(法)，是故如來應供等正覺，於大眾中唱如是言。	❶大慧！云何諸佛「法平等」？謂： ❷彼佛及我(皆)得「三十七菩提分法、十力、四無畏」等。 ❸大慧！(此)是名諸佛「法平等」。 大慧！依此(諸佛所具的)「四種平等法」故，如來於大眾中作如是說：我是過去頂生王(Māndhātṛi)等。	❶云何(諸佛之)「法平等」？謂： ❷我與諸佛皆同證得「三十七種菩提分法」。 ❸(此)是謂(諸佛之)「法等」。 是故如來應正等覺，於大眾中作如是說(諸佛所具的四種平等法)。

28-7 偈頌內容

劉宋·求那跋陀羅譯《楞伽阿跋多羅寶經》	元魏·菩提流支譯《入楞伽經》	唐·實叉難陀與復禮等譯《大乘入楞伽經》
爾時世尊欲重宣此義而說偈言： 迦葉 拘留孫。 拘那含是我。 以此四種等。 我為佛子說。	爾時世尊重說偈言： 迦葉 拘留孫。 拘那含是我。 說諸佛子等。 依四平等故。	爾時世尊重說頌言： 迦葉 拘留孫。 拘那含是我。 依四平等故。 為諸佛子說。

第２９節　證本住法

29-1 佛證得「自內身聖證智法」與「本住法」二種密法的解說

劉宋・求那跋陀羅譯《楞伽阿跋多羅寶經》	元魏・菩提流支譯《入楞伽經》	唐・實叉難陀與復禮等譯《大乘入楞伽經》
㊀大慧復白佛言：如世尊所說：我從某夜得「最正覺」，乃至某夜入「般涅槃」。	㊀大慧菩薩復白佛言：世尊！如來說言：我何等夜證「大菩提」，何等夜入「般涅槃」。	㊀爾時大慧菩薩摩訶薩復白佛言：世尊！如世尊說：我於某夜成「最正覺」，乃至某夜當入「涅槃」。
㊁於其（成正覺到入大般涅槃的）中間，（如來）乃至「不說一字」，亦不「已說、當說」，（所謂）「不說」（即）是佛說（無法可說，即是佛說）。	㊁我於（成正覺到入大般涅槃的）中間，（如來皆）「不說一字」，佛言（皆是）「非言」（無法可說，即是佛說）。	㊁於其（成正覺到入大般涅槃的）中間，（如來皆）「不說一字」，亦不「已說」、亦不「當說」，（所謂）「不說」（即）是佛說（無法可說，即是佛說）。
世尊！如來應供等正覺，何因說言：「不說」（即）是佛說？	世尊依何義說如是語：佛語（乃是）「非語」？	世尊！依何「密意」作如是語。
㊂佛告大慧：我因「二法」故，（而）作如是說。云何「二法」？謂：	㊂佛告大慧言：大慧！如來依「二種法」（而）說如是（之）言。何者為「二」？我說如是：	㊂佛言：大慧！（我）依二密法」故，（而）作如是說。云何「二法」？謂：
❶緣「自得法」（自內身聖智證法），及 ❷「本住法」（paurāṇa-sthiti-dharmatā）。	一者依「自身內證法」（自內身聖智證法）。 二者依「本住法」。	❶「自證法」（自內身聖智證法），及 ❷「本住法」。
㊃（此）是名「二法」，因此「二法」，故我（作）如是（之）	㊃我依此「二法」，（而）作如是（之）言。	

說。		

29-2 何謂佛所證得的「自內身聖智證法」？

劉宋·求那跋陀羅譯《楞伽阿跋多羅寶經》	元魏·菩提流支譯《入楞伽經》	唐·實叉難陀與復禮等譯《大乘入楞伽經》
云何緣「自得法」(自內身聖智證法)？ ①若彼如來所得，我亦得之(皆爲)「無增、無減」。 ②緣「自得法」(自內身聖智證法)究竟(之)境界。 ③離「言說、妄想」。 ④(遠)離(相對待的)「字二趣」。(指「名字、語言」所趣向的對立二邊，例如「黑」所趣的另一邊是「白」，「淨」所趣的另一邊是「染」)	大慧！云何依「自身內證法」(自內身聖智證法)？謂： ①彼過去諸佛如來所證得法，我亦如是證得，(皆爲)「不增、不減」。 ②(由)「自身內證」(自內身聖智證法)諸境界(之)行。 ③離「言語、分別相」。 ④(遠)離(相對待的)「二種字」故。	云何「自證法」(自內身聖智證法)？謂： ①諸佛所證，我亦同證，(皆爲)「不增、不減」。 ②(由內身)「證智」(自內身聖智證法之)所行。 ③離「言說、(分別)相」。 ④(遠)離(相對待的)「分別相」，離(諸)「名字相」。

29-3 何謂佛所證得的「本住法」？

劉宋·求那跋陀羅譯《楞伽阿跋多羅寶經》	元魏·菩提流支譯《入楞伽經》	唐·實叉難陀與復禮等譯《大乘入楞伽經》
電云何「本住法」(paurāṇa-sthiti-dharmatā)？謂： 貳(如恒常如是的)古先聖道(一樣，法爾如是，法法皆同)。(就)如「金、銀」等(所具有的恒常之)性(一樣)。	電大慧！何者「本住法」？大慧！謂： 貳(譬如)本行(之)路(爲)平坦(此爲道路之本性，喻法之本性爲平坦而相同，法爾如是)。(又)譬如「金、銀、真珠」等寶，(皆恒	電云何「本住法」？謂： 貳法(之)本性，(就)如「金」等(皆恒常)在(其)「礦」(之中)。

（金之性，恒常如是，永不變異）	常的同）在於「彼處」（指金銀真珠本應位於其所在的「彼處」一樣）。	
	大慧！（此）是名「法性本住處」。	
㈢「法界」常住，若如來出世，若不出世，（其）「法界」（皆為不生不滅之）常住，如趣彼「城道」（趣向彼「舊城古道」➔此喻「恆常如是，法爾如是」）。	㈢大慧！諸佛如來出世、不出世，（其）「法性、法界、法住、法相、法證」（皆為不生不滅之）常住，如「城本道」（舊城之本道➔此喻「恆常如是，法爾如是」）。	㈢若佛出世，若不出世，（其）「法住、法位、法界、法性」皆悉（不生不滅之）常住。
㈣譬如士夫，行（於）「曠野」中，見向（舊的）「古城」平坦正道（「舊城古道」➔此喻「恆常如是，法爾如是」），即隨入城，受「如意樂」。	㈣大慧！譬如有人行（於）「曠野」中，見向（舊的）「本城」平坦正道（舊城之本道➔此喻「恆常如是，法爾如是」），即隨入城，入彼城已，受種種樂，（與）作種種業。	㈣大慧！譬如有人行（於）「曠野」中，見向（舊的）「古城」平坦舊道（「舊城古道」➔此喻「恆常如是，法爾如是」），即便隨入，止息（於中與）遊戲（於中）。
㈤大慧！於意云何？彼（有）「作是道」？及（作）「城中種種（莊嚴之）樂」耶？ （大慧）答言：不也！	㈤大慧！於意云何？彼人始（有）「作是道」（而）隨入城耶？（有）始「作種種諸莊嚴耶」？ 大慧白佛：不也！世尊！	㈤大慧！於汝意云何？彼（有）「作是道」？及（作）以「城中種種物」耶？ （大慧）白言：不也！
㈥佛告大慧：我及過去一切諸佛（所證之理，如）； 「法界」常住（dharma-dhātu-sthititā），	㈥大慧！我及過去一切諸佛（所證之理，如）， 「法性」、 「法界」、 「法住」、 「法相」、 「法證」常住，	㈥佛言：大慧！我及諸佛所證（之理，如）； 「真如」、 「住」、 「法性」，

亦復如是。	亦復如是。	亦復如是。
㊱是故(如來)說言：我從某夜得「最正覺」，乃至某夜入「般涅槃」，於其中間，(皆)「不說一字」，亦不「已說、當說」。	㊱大慧！我依此義於大眾中作如是說：我(於)何等夜(證)得「大菩提」，(於)何等夜入「般涅槃」，(於)此二中間，(皆)「不說一字」，亦不「已說、當說、現說」。	㊱是故(如來)說言：始從「成佛」乃至「涅槃」，於其中間，(皆)「不說一字」，亦不「已說」，亦不「當說」。

29-4 偈頌內容

劉宋·求那跋陀羅譯《楞伽阿跋多羅寶經》	元魏·菩提流支譯《入楞伽經》	唐·實叉難陀與復禮等譯《大乘入楞伽經》
爾時世尊欲重宣此義而說偈言： 我某夜成道。 至某夜涅槃。 於此二中間。 我都無所說。 緣自得法住。 故我作是說。 彼佛及與我。 悉無有差別。	爾時世尊重說偈言： 我何夜成道。 何等夜涅槃。 於此二中間。 我都無所說。 內身證法性。 我依如是說。 十方佛及我。 諸法無差別。	爾時世尊重說頌言： 某夜成正覺。 某夜般涅槃。 於此二中間。 我都無所說。 自證本住法。 故作是密語。 我及諸如來。 無有少差別。

第30節　不住二邊

30-1 「有」和「無」兩種錯誤見地的分析

劉宋·求那跋陀羅譯	元魏·菩提流支譯	唐·實叉難陀與復禮等譯

《楞伽阿跋多羅寶經》	《入楞伽經》	《大乘入楞伽經》
㊀爾時大慧菩薩復請世尊，唯願為說一切法(之)「有、無有」相，令我及餘菩薩摩訶薩(能)離「有、無有」相，(然後)疾得「阿耨多羅三藐三菩提」。	㊀爾時聖者大慧菩薩復請佛言：唯願世尊說一切法(之)「有、無」相，令我及餘菩薩大眾，得聞是已，(能)離「有、無」相，(然後)疾得「阿耨多羅三藐三菩提」。	㊀爾時大慧菩薩摩訶薩復白佛言：世尊！願說一切法「有、無」相，令我及諸菩薩摩訶薩(能)離此相，(然後)疾得「阿耨多羅三藐三菩提」。
㊁佛告大慧：諦聽！諦聽！善思念之，當為汝說。大慧白佛言：善哉！世尊！唯然受教。	㊁佛告聖者大慧菩薩言：善哉！善哉！善哉！大慧！諦聽！諦聽！當為汝說。大慧白佛言：善哉！世尊！唯然受教。	㊁佛言：諦聽！當為汝說。大慧言：唯！
㊂佛告大慧：此世間(所)依有二種，謂依「有」(astitvaniśrita 有見)及「無」(nāstitvaniśrita 無見)。	㊂佛告大慧：世間人多墮於「二見」，何等「二見」？一者見「有」。二者見「無」。	㊂佛言：大慧！世間眾生，多墮「二見」，謂：「有見、無見」。
㊃墮「性」(有)、「非性」(無)欲見， (墮性非性欲見=墮性非性所樂欲之見=墮入於所樂欲的有見與無見中)， (故於)「不離」；(作)「離」相。 (在「不」出離解脫中，作「已」出離解脫的妄想)	㊃以見「有諸法」、見「無諸法」， 故(於)「非究竟法」(中)生「究竟」想。 (在「非」究竟解脫中，生出「已」得究竟解脫的妄想)	㊃墮二見， 故(於)「非出」；(作)「出」想。 (在「非」出離解脫中，作「已」出離解脫的妄想)

30-2 世間人為何墮於「有見」(真實存有)之因？→執真實有因有緣，有真

實法生，有真實因緣法可得

劉宋・求那跋陀羅譯《楞伽阿跋多羅寶經》	元魏・菩提流支譯《入楞伽經》	唐・實叉難陀與復禮等譯《大乘入楞伽經》
⑴大慧！云何世間(人所)依(止之)「有」(見)？謂：	⑴大慧！云何世間(人)墮於「有見」？謂：	⑴云何「有見」？謂：
⑵(墮「有見」者認爲實)「有」世間「因緣生」(實有世間法是從真實的因緣而生)，非不「有」。	⑵(墮「有見」者認爲)"實有"「因緣」而生諸法(實有真實的因緣而能生出一切法)，非不「實有」。	⑵(墮「有見」者認爲)"實有"「因緣」而生諸法，非不「實有」。
從(實)「有」(而)生，非(從)「無有」(而)生(出)。	「實有」法生，非(從)「無法」(而)生(出)。	「實有」諸法從「因緣」生(實有諸法是從真實的因緣而生)，非(從)「無法」(而)生(出)。
⑶大慧！彼(墮「有見」而作)如是說者，(即)是說世間(乃爲)「無因」(無因生)。	⑶大慧！世間人(作)如是說者，(此)是名爲說「無因無緣」，及謗世間(乃)「無因無緣」而生諸法。	⑶大慧！如是(墮「有見」之)說者，則說(世間乃爲)「無因」(無因生)。 (佛說因緣，即非因緣，是名因緣。外道說因緣，即是因緣，恒是因緣。外道有能生與所生的執著分別心。)

30-3 世間人爲何墮於「無見」(虛無斷滅)之因？➜明明「有」三毒，卻執著三毒爲「虛無斷滅」。凡愚者先以「三毒」爲「真實有」，而貪享之。之後再以「三毒」爲「虛無斷滅」，故造業即可不受報

劉宋・求那跋陀羅譯《楞伽阿跋多羅寶經》	元魏・菩提流支譯《入楞伽經》	唐・實叉難陀與復禮等譯《大乘入楞伽經》
⑴大慧！云何世間(人所)依(止之)「無」(見)？謂：	⑴大慧！世間人云何墮於「無見」？謂：	⑴云何「無見」？謂：

貳(墮「無見」者先)受(取)貪、恚、癡性已,然後妄想計著(計量執著)「貪、恚、癡」(之)性(成爲)「非性」(虛無)。	貳(墮「無見」者先)說言「貪、瞋、癡」(爲)實有「貪、瞋、癡」,而復說言(實)無「貪、瞋、癡」,(亦即)分別(貪瞋癡之實)有(爲虛)無。	貳(墮「無見」者)知(道應先)受(取)貪、瞋、癡已,而(後再)妄計言(三毒爲虛)無。
參大慧!若(眞能)不取(實)有性者,(即可達)性相寂靜故。	參大慧!若復有(墮「無見」)人,作如是言:(完全)「無有」諸法,以「不見」諸物相故。	參大慧!及(若)彼(能)分別(實)有相,而不(再執)受諸法(之)「有」(此人即可達「性相寂靜」之境)。
肆(此即)謂諸「如來、聲聞、緣覺」,(已)不取「貪、恚、癡」性為(實)「有」、(亦不取三毒)為(虛)「無」。 (諸佛如來、聲聞、緣覺不以三毒爲「實有」而貪圖三毒的享樂,亦不以三毒爲「虛無」而不畏因果的造惡。 貪瞋癡乃非實有、亦非虛無,聖人乃「轉」三毒,並非「斷滅」三毒)	肆大慧!若復有(墮「無見」)人作如是言:「聲聞、辟支佛」(雖已)無貪、無瞋、無癡,復(竟)言(彼等是)「先有」(竟還說二乘於「先前」皆有在執取三毒的人)。	肆復有(墮「無見」者)知諸「如來、聲聞、緣覺」(已)無「貪、瞋、癡」性,而(竟)計(如來與二乘已「無三毒」之事)為「非有」(虛無)。 (貪瞋癡與聖者乃➜非一非異,不即不離,非實有、亦非虛無。 聖人乃「轉」三毒,並非「斷滅」三毒)

30-4 凡愚者先以「三毒」為「真實有」,而貪享之。之後再以「三毒」為「虛無斷滅」,故造業即可不受報。貪、瞋、癡煩惱,於「內身、外法」皆不可得,三毒與「聖者」皆「非異、非不異;非真實、非虛無」

劉宋・求那跋陀羅譯《楞伽阿跋多羅寶經》	元魏・菩提流支譯《入楞伽經》	唐・實叉難陀與復禮等譯《大乘入楞伽經》
壹大慧!此中(墮「有見」與墮「無見」者)何等為壞(法)者?(答案當然是墮「無見」者)	壹此二人(墮「有見」與墮「無見」者),何等人(殊)勝?何等人「不如」(不如法;壞法者)?	壹此中(墮「有見」與墮「無見」者)誰為壞(法)者?(答案當然是墮「無見」者)

大慧白佛言：世尊！	大慧菩薩言：	大慧白言：謂：
㊉若彼(墮「無見」者，先執)取貪、恚、癡性，後(竟又)不復(承認其所執)「取」。 (指先以「三毒」為「真實有」，而貪享之。之後再以「三毒」為「虛無斷滅」，故造業即可不受報)	㊉若(墮「無見」)人言先有(執取)貪、瞋、癡，後時(竟言)「無」(沒有執取➜虛無)，此人(乃是)「不如」(不如法；壞法者)。	㊉(墮「無見」者，先)有(執取)貪、瞋、癡性，後(竟又)取於「無」(虛無➜沒有執取)，(此即)名為壞(法)者。
㊔佛告大慧：善哉！善哉！汝如是(已正)解。	㊔佛告大慧：善哉！善哉！善哉！大慧！汝(已能)解我(所)問。	㊔佛言：善哉！汝(已能)解我(所)問。 (墮「無見」者才是真正壞滅佛法的人)
㊕大慧！(墮「無見」者)非但(將)「貪、恚、癡」(之)性(成為)「非性」(虛無)，(即名)為壞(法)者，(此墮「無見」者)於「聲聞、緣覺」及「佛」，亦是(為)壞(法)者。	㊕大慧！(墮「無見」者)非但言先「實有」貪、瞋、癡，後時言(三毒是虛)無，(此即)同(外道)「衛世師」(Vaiśeṣika 勝論學派)等，是故(此人即為)「不如」(不如法；壞法者)。 大慧！(此人)非但(為)「不如」(不如法；壞法者)，(亦壞)滅(於)一切「聲聞、辟支佛」法。何以故？	㊕此(墮「無見」)人非止(虛)無(於)貪、瞋、癡(法)，(即)名為壞(法)者，亦(破)壞(於)「如來、聲聞、緣覺」(之)法。
㊖所以者何？(據聖教之理)謂(煩惱於)內(身)、外(法中皆)不可得故，煩惱(之)性(乃)「異、不異」故。 (貪瞋癡與聖者乃➜非一非異，不即不離，非實有、亦非虛無。聖人乃「轉」三毒，並非「斷滅」三毒)	㊖大慧！(據聖教之理謂煩惱)以實無(存在於)內(身)、外(法等)諸法故，(煩惱之體性)以「非一、非異」故，以諸煩惱(乃)「非一、非異」故。	㊖何以故？(據聖教之理謂)煩惱(於)內(身)、外(法中皆)不可得故，(煩惱之)體性(乃)「非異、非不異」故。

註：「衛世師」學派(Vaiśeṣika)，又作「勝論學派」，為第二世紀頃，出現於印度「婆羅門教系」中六種哲學學派的其中一種，以「實體、性質、運動、普遍、特殊、內屬」等六項原理，來闡明一切現象。

30－5「佛、聲聞、緣覺」已獲「自性解脫」，故無「能縛」與「所縛」。「外道」則認為必有能縛與所縛，故墮在「斷滅相」中

劉宋・求那跋陀羅譯《楞伽阿跋多羅寶經》	元魏・菩提流支譯《入楞伽經》	唐・實叉難陀與復禮等譯《大乘入楞伽經》
⑤大慧！（據聖教之理謂）貪、恚、癡，若（於）內（身）、若（於）外（法），（皆）不可得，貪恚癡性（皆）「無身」（無自體性）故，無（真實可）取（之三毒）故。	⑤大慧！（據聖教之理謂）貪、瞋、癡法（於）「內身」不可得，（於）「外法」中亦不可得（於中間亦不可得），「無實體」（無自體性）故，故我不（允）許（有「真實可得可取」之三毒）。	⑤大慧！（據聖教之理謂）貪、瞋、癡性，若（於）內（身）、若（於）外（法），皆不可得，「無體性」（無自體性）故，無（真實）「可取」（之三毒）故。
⑥（佛與二乘，皆把三毒解為「無自性、無自體、非真實可得」。此並非「佛、聲聞、緣覺」是（為）壞（法）者。（因為）「佛、聲聞、緣覺」（皆已獲）「自性解脫」（prakṛti-vimukta）故，（能）縛與（所）縛（之）因（皆為）非性（非真實可得，亦無自性）故。	⑥大慧！（墮「無見」者認為）我（之所）不（允）許者，（即誤解成是）不（允）許有（任何）貪、瞋、癡」（的存在。佛陀對三毒的本意是指「無自性、無自體」的意思。但墮「無見」者是把三毒當作是「斷滅虛無」的意思），是故彼（墮「無見」）人（即是為）滅（壞）「聲聞、辟支佛」法。何以故？諸佛如來（已能證）知「寂靜法」，「聲聞、緣覺」（亦已）不見（真實存有的外）法故，以（佛與二乘已）無「能縛、所縛」（之）因故。	⑥「聲聞、緣覺」及以如來（已獲）「本性解脫」（prakṛti-vimukta），（故）無有「能縛」及（所）縛（之）因故。
⑦大慧！若有（能）縛者，（則）應（必）有（所）縛（者），是（決定必有所繫）縛（之）因故。	⑦大慧！若有「能縛」（則）必有「所縛」，若有「所縛」（則又）必有「能縛」（之）因。	⑦大慧！若有「能縛」及以（繫）縛（之）因，則（決定必存在）有「所縛」（者）。
⑧大慧！（外道作）如是說（指作「先實有三毒，後又實無三毒」之	⑧大慧！（外道作）如是說者（指作「先實有三毒，後又實無三毒」	⑧（外道）作如是說（指作「先實有三毒，後又實無三毒」之說），（即

説)，(即名為)壞(法)者。	之說)，(即)名(為)滅(壞)諸法(者)。	名為壞(法)者。
(此)是名(為)「無有相」(墮在「虛無斷滅」相中)。	大慧！(此)是名(為)「無法相」(墮在「虛無斷滅」相中)。	(此)是(名)為「無有相」(墮在「虛無斷滅」相中)。

30－6 寧生起「我見」如須彌山之高，絕不生起「無所有、增上慢、空無斷滅」之見

劉宋・求那跋陀羅譯 《楞伽阿跋多羅寶經》	元魏・菩提流支譯 《入楞伽經》	唐・實叉難陀與復禮等譯 《大乘入楞伽經》
壹大慧！因是故我說：寧取「人見」如須彌山(之高)，(絕對)不(生)起「無所有、增上慢、空見」。	壹大慧！我依此義(於)餘經中說：寧起「我見」如須彌山(之高)，而起「憍慢」(心)，(絕)不言諸法是「空無」(斷滅)也。	壹我依此義「密意」而說：寧起「我見」如須彌山(之高)，(絕)不(生)起「空」見，懷「增上慢」(之邪見)。
貳大慧！(若生起)「無所有、增上慢」者，(此即)是名為壞(法者)。	貳大慧！「增上慢人」言：諸法(是虛)「無」者，(此即)是滅(壞)諸法(者)。	貳若(生)起此(「虛無之空」及「增上慢」)見，(此即)名為壞(法)者。
參(壞法者)墮(於)「自、共」相(所)見(的)希望(中)。	參(壞法者)墮(於)「自相、同相」(之所)見故。	參(壞法者)墮(於)「自、共」(相所)見(的)樂欲之中。
肆(壞法者)不知「自心現量」，(故)見外性(法)無常，剎那(有)展轉(的變)壞。 (彼「壞法者」見外法剎那展變壞，便又執一切皆悉「斷滅虛無」。若具「正見者」見外法剎那展變壞，即知諸法「無常」，所以不會去「執著」於外法，而不是認為外法都是「斷滅虛無」的)	肆(壞法者自)以(為已)見「自心」(而能)見法故，(彼人)以見「外物」(是)無常故，諸相(有)展轉(生滅)，彼彼(有)差別故。 (彼「壞法者」見外法剎那展變壞，便又執一切皆悉斷滅虛無)	肆(壞法者)不了諸法(乃)「唯心所現」，以不了故，見有(真實的)「外法」，(見外法皆)剎那無常，展轉(有)差別。 (彼「壞法者」見外法剎那展變壞，便又執一切皆悉斷滅虛無)
伍(壞法者見)「陰、界、入」相	伍(壞法者)以見「陰、界、入」	伍(壞法者見)「蘊、界、處」相，

續流注，(生起又還)變滅。(於是便執一切皆歸斷滅)	相續(之)體，彼彼因「展轉」而生。(此皆)以「壞法者其」「自心虛妄」(之)分別(而生)。	相續流轉，起已(又)還滅，(於是)虛妄(生起)分別(心)。(於是便執一切皆歸斷滅)
⑥(若是不知應)離「文字相」妄想(的分別)，(此即)是名為「壞(法)者」。	⑥是故大慧！如此(之)人者，(則為)滅(壞)諸佛法。	⑥(若是不知應)離「文字相」(的妄想分別)，(此)亦成(為)「壞(法)者」。

註： 若以色見我，以音聲求我，是人行邪道，不能見如來。

若離色見我，離音聲求我，亦人行邪道，不能見如來。請參校 **43-6** 、 **43-7**

30-7 偈頌內容

劉宋・求那跋陀羅譯《楞伽阿跋多羅寶經》	元魏・菩提流支譯《入楞伽經》	唐・實叉難陀與復禮等譯《大乘入楞伽經》
爾時世尊欲重宣此義而說偈言：	爾時世尊重說偈言：	爾時世尊重說頌言：
有無是二邊。	有無是二邊。	有無是二邊。
乃至心境界。	以為心境界。	乃至心所行。
淨除彼境界。	離諸境界法。	淨除彼所行。
平等心寂滅。	平等心寂靜。	平等心寂滅。
無取境界性。	無取境界法。	不取於境界。
滅非無所有。	滅非有非無。	非滅無所有。
有事悉如如。	如真如本有。	有真如妙物。
如賢聖境界。	彼是聖境界。	如諸聖所行。
無種而有生。	本無而有生。	本無而有生。
生已而復滅。	生已還復滅。	生已而復滅。
因緣有非有。	非有非無生。	因緣有及無。
不住我教法。	彼不住我教。	彼非住我法。
非外道非佛。	非外道非佛。	非外道非佛。
非我亦非餘。	非我亦非餘。	非我非餘眾。
因緣所集起。	從因緣不成。	能以緣成有。
云何而得無。	云何得言有。	云何而得無。
誰集因緣有。	若因緣不生。	誰以緣成有。

而復說言無。	云何而言無。	而復得言無。
邪見論生法。	邪見論生法。	惡見說為生。
妄想計有無。	妄想計有無。	妄想計有無。
若知無所生。	若知無所生。	若知無所生。
亦復無所滅。	亦知無所滅。	亦復無所滅。
觀此悉空寂。	觀世悉空寂。	觀世悉空寂。
有無二俱離。	彼不墮有無。	有無二俱離。

第十二章　兼通理教章

第３１節　宗通說通

31-1 諸佛如來、菩薩、聲聞、緣覺，必須通達「宗通」與「說通」義，方能不墮一切「虛妄覺觀魔事」

請參閱 **39-1** ～ **39-6**

劉宋・求那跋陀羅譯《楞伽阿跋多羅寶經》	元魏・菩提流支譯《入楞伽經》	唐・實叉難陀與復禮等譯《大乘入楞伽經》
⑤爾時大慧菩薩復白佛言：世尊！唯願為我及諸菩薩說「宗通相」（siddhānta-naya-lakṣana）。 （《六祖壇經》名此為「心通」，指證悟自己本來心性，遠離一切語言文字及種種妄想）	⑤爾時聖者大慧菩薩復白佛言：世尊！唯願如來、應、正遍知、天人師，為我及諸一切菩薩建立「修行正法之相」（siddhānta 宗義；教理；成就 -naya 理趣；正法；真實-lakṣana 相→宗趣法相）。	⑤爾時大慧菩薩摩訶薩復請佛言：世尊！唯願為說「宗趣之相」（宗通相）。
②若(能)善分別「宗通相」者，我及諸菩薩(即能)通達是相，通達是相已，(即能)速成「阿耨多羅三藐三菩提」，不(再)隨「(妄)覺想」及「眾魔外道」。	②(令)我及一切菩薩摩訶薩(能)善知「修行正法相」已，(能)速得成就「阿耨多羅三藐三菩提」，不(再)隨「一切虛妄覺觀魔事」故。	②令我及諸菩薩摩訶薩(能)善達此義，不隨「一切眾邪妄解」，(能)疾得「阿耨多羅三藐三菩提」。
③佛告大慧：諦聽！諦聽！善思念之，當為汝說。 大慧白佛言：唯然受教。	③佛告大慧菩薩言：善哉！善哉！善哉！ 大慧！諦聽！諦聽！我為汝說。 大慧言：善哉！世尊！唯然受教。	③佛言：諦聽！當為汝說。 大慧言：唯！
佛告大慧：一切「聲聞、緣	佛告大慧言：大慧！有二	佛言：大慧！一切「二乘

覺、菩薩」有二種「通相」。謂：	種法，(是)「諸佛如來、菩薩、聲聞、辟支佛」(所)建立(的)「修行正法之相」。何等為二？	及「諸菩薩」有二種「宗法相」。何等為二？謂：
❶「宗通」及 (siddhānta-naya-lakṣana)	一者「建立正法相」。 (siddhānta-naya-lakṣana 宗通)	❶「宗趣法相」。 (siddhānta-naya-lakṣana 宗通)
❷「說通」(指能隨眾生根機，以巧方便爲之説法)。 (deśanā-naya-lakṣana 所説；言説；巧説；能説；説法；説通)	二者「說建立正法相」。 (deśanā-naya-lakṣana 所説；言説；巧説；能説；説法；説通)	❷「言說法相」。 (deśanā-naya-lakṣana 所説；言説；巧説；能説；説法；説通)

naya 男 (陽) に導くこと，行状，態度，行為；理趣；……に対する思慮，分別；思慮のある行為；世間智，世俗の知識，政策；企図，計画；原理；組織，方法，教義；██ 理，**理趣**，聖教理，正理，**道理** 道，方便，**教** **門** 法，**正法**，**実相，真実，如実，**真実理，通，音，意趣 *Abh-k., Abh-vy., Aṣṭ-pr., Bodh-bh., Daś-bh., Gaṇḍ-vy., Lal-v., Laṅk., Mvyut., Saddh-., Sam-r., Śikṣ., Sūtr., Suv-pr.*

deśanā 因 指示，教授，教旨，教義；██ **説，所説，言説，説法，巧説，能説，演説，宣説，解説，語，**語言，教，**弘法，講** *Abh-k., Abh-vy., Aṣṭ-pr., Bodh-bh., Daś-bh., Laṅk., Saddh-p., Sūtr.*；懺，懺悔，悔法，発露 *Bodh-bh., Suv-pr., Śikṣ.*；経 *Suv-pr.*, dharma~ 説法 *Daś-bh. 12.*; dharma~ kṛtā 説法 *Av-ś. I. 148.*; māyā-nâsty-asti~ 説有幻無幻，説幻有無 *Laṅk. 294.*; deśeyam gambhīrām ~m imām 演説甚深経，演説微妙甚深悔法 *Suv-pr. 24.*

31-2 何謂「宗通相」？

劉宋・求那跋陀羅譯《楞伽阿跋多羅寶經》	元魏・菩提流支譯《入楞伽經》	唐・實叉難陀與復禮等譯《大乘入楞伽經》
<u>大慧</u>！「宗通」(siddhānta-naya-lakṣana)者，謂： (《六祖壇經》名此爲「心通」，指證悟自己本來心性，遠離一切語言文字及種種妄想)	<u>大慧</u>！何者「建立正法相」(siddhānta 宗義；教理；成就-naya 理趣；正法；真實-lakṣana 相➔宗趣法相)？謂：	「宗趣法相」(宗通)者，謂：
①(能)緣「自得勝進」相(自内身聖智證法殊勝之行相)。	①(能得)「自身内證諸勝法」相(自内身聖智證法殊勝之行相)。	①(能得)「自所證」殊勝之相(自内身聖智證法之境界)。
②遠離「言說、文字、妄想」。	②(能)離「文字、語言、章句」。	②(能)離於「文字、語言、分別」。
③(能)趣「無漏界」，(證)「自覺地」(之)自(性)相。	③能取「無漏」正戒，證「諸地修行」(之)相法。	③(能)入「無漏界」，成(就)「自(覺)地」(之)行。

④(能)遠離一切「虛妄覺想」。	④(能)離諸外道「虛妄覺觀諸魔境界」。	④(能)超過一切「不正思覺」。
⑤(能)降伏一切外道眾魔。	⑤(能)降伏一切外道諸魔。	⑤(能)伏魔外道。
⑥(能)緣「自覺」，趣(向)「光明」(之)輝發。	⑥(能)顯示「自身內證」之法(自內身聖智證法)，(與)如實修行。	⑥(能)生「智慧光」。
(此)是名「宗通相」。	大慧！(此)是名「建立正法之相」(siddhānta 宗義;教理;成就-naya 理趣;正法;真實-lakṣana 相→宗趣法相)。	(此)是名「宗趣法相」(宗通)。

(注意，底下是從「後面」將 39 節的經文先複製過來這邊，方便「比對」經文用)

39－5 何謂「自宗通」？

劉宋·求那跋陀羅譯《楞伽阿跋多羅寶經》	元魏·菩提流支譯《入楞伽經》	唐·實叉難陀與復禮等譯《大乘入楞伽經》
壹「自宗通」(siddhānta 宗義;教理;成就-naya 理趣;正法;真實-lakṣana 相→宗趣法相)者，謂：	壹大慧！何者「建立如實法相」(自宗通)？謂：	壹「如實法」(自宗通)者，謂：
❶修行者離「自心」(所)現(之)種種妄想。	❶依何等法而修正行？遠離「自心」虛妄分別諸法相故。	❶修行者於「心所現」，離諸分別。
❷謂不墮(於)「一、異;俱、不俱」品。	❷不墮「一、異;俱、不俱」朋黨(以「惡」相濟而結成的集團，兩邊均是「邪惡」的對立)聚中。	❷不墮「一、異;俱、不俱」品。
❸(能)超度一切「心、意、意識」。	❸離「心、意、意識」。	❸超度一切「心、意、意識」。
❹(於)「自覺聖」(自內身聖智證法所行之)境界(中)，(能遠)離(由諸虛妄)因(緣所)成(之一切)見相。	❹(於)「內證聖智」(自內身聖智證法)所行(之)境界(中)，(能遠)離(由)諸(虛妄)「因緣」(所)相應(之一切)見相。	❹(能行)於「自覺聖智」(自內身聖智證法)所行(之)境界(中)，(能遠)離(由)諸(虛妄)「因緣」(所)相應(之一切)見

		相。
❺(此是)一切「外道、聲聞、緣覺」(及)墮「二邊」者,(其)所不能知(之境界)。	❺(能遠)離一切「外道邪見」,(遠)離諸一切「聲聞、辟支佛」見,(遠)離於「有、無」(對立的)二「朋黨」(以「惡」相濟而結成的集團,兩邊均是「邪惡」的對立)見。	❺(此是)一切「外道、聲聞、緣覺」(及)墮「二邊」者,(其)所不能知(之境)。
貳我說(此)是名「自宗通」法。	貳大慧!(此)是名「建立如實法相」(自宗通)。	貳(此)是名「如實法」(自宗通)。
參大慧!(此)是名「自宗通」及「說通相」,汝及餘菩薩摩訶薩應當修學。	參大慧!汝及諸菩薩摩訶薩應當修學。	參此二種法,汝及諸菩薩摩訶薩當善修學。

31-3 何謂「說通相」?

劉宋・求那跋陀羅譯《楞伽阿跋多羅寶經》	元魏・菩提流支譯《入楞伽經》	唐・實叉難陀與復禮等譯《大乘入楞伽經》
壹云何「說通相」(指能隨眾生根機,以巧方便為之說法)?謂:	壹大慧!何者「建立說法之相」?謂:	壹「言說法相」(deśanā-naya 理趣;正法-lakṣana 所說;言說;巧說;能說;說法;說通)者。謂:
❶(能)說「九部」種種教法。(在十二部經中,除去「因緣、論議、譬喻」等三部,其餘九部稱為大乘九部)	❶(能)說「九部」種種教法。	❶(能)說「九部」種種教法。
❷(能)離「異、不異、有、無」等相。	❷(能)離於「一、異、有、無取」相。	❷(能)離於「一、異、有、無」等相。
❸(能)以(善)巧方便(法),隨順眾生(而度化之)。	❸(能)先說善巧方便(法),為令眾生(漸)入(於)所樂(之)處。	❸(能)以(善)巧方便(法),隨(順)眾生(而度化之)。
❹如(相)應(於眾生根機而)說	❹謂(能)隨眾生(所)信(之)	❹(能隨眾生)心(之根機而)令入

法，令(彼)得度脫。	「彼彼法」，(即為他)說「彼彼法」。	(於)此法。
(貳)(此)是名「說通相」。	(貳)大慧！(此)是名「建立說法相」。	(貳)(此)是名「言說法相」。
(參)大慧！汝及餘菩薩應當修學。	(參)大慧！汝及諸菩薩，應當修學如是正法。	(參)汝及諸菩薩當勤修學。

(注意，底下是從「後面」將39節的經文先複製過來這邊，方便「比對」經文用)

39-4 何謂「說通」？

劉宋·求那跋陀羅譯《楞伽阿跋多羅寶經》	元魏·菩提流支譯《入楞伽經》	唐·實叉難陀與復禮等譯《大乘入楞伽經》
(壹)「說通」(deśanā-naya 理趣；正法-lakṣaṇa 所說；言說；巧說；能說；說法；說通)者，謂：	(壹)大慧！何者「建立說法相」(說通)？謂：	(壹)「言說法」(說通)者，謂：
(貳)(能)隨「眾生心」之所(相)應(法)，(而)為說種種(功德)眾具(之)「契經」(sūtra)。	(貳)(以)種種功德，(以)修多羅(sūtra)、優波提舍(upadeśa 論議)，(能)隨「眾生信心」而為說法。	(貳)(能)隨眾生心，為說種種諸「方便」(之法)教。
(參)(此)是名「說通」。	(參)大慧！(此)是名「建立說法相」(說通)。	
註：優波提舍(upadeśa)。十二部經之一。意譯作「指示、教訓、顯示、宣說、論義、論義經、注解章句經」。即對佛陀所說之教法，加以注解或衍義，使其意義更加顯明，亦即經中問答論議之一類。		

31-4 偈頌內容

劉宋·求那跋陀羅譯《楞伽阿跋多羅寶經》	元魏·菩提流支譯《入楞伽經》	唐·實叉難陀與復禮等譯《大乘入楞伽經》
爾時世尊欲重宣此義而說	爾時世尊重說偈言：	爾時世尊重說頌言：

偈言： 宗及說通相。 緣自與教法。 善見善分別。 不隨諸覺想。	建立內證法。 及說法相名。 若能善分別。 不隨他教相。	宗趣與言說。 自證及教法。 若能善知見。 不隨他妄解。

31-5 偈頌內容

劉宋・求那跋陀羅譯 《楞伽阿跋多羅寶經》	元魏・菩提流支譯 《入楞伽經》	唐・實叉難陀與復禮等譯 《大乘入楞伽經》
非有真實性。 如愚夫妄想。 云何起妄想。 非性為解脫。	實無外諸法。 如凡夫分別。 若諸法虛妄。 何故取解脫。	如愚所分別。 非是真實相。 彼豈不求度。 無法而可得。

31-6 偈頌內容

劉宋・求那跋陀羅譯 《楞伽阿跋多羅寶經》	元魏・菩提流支譯 《入楞伽經》	唐・實叉難陀與復禮等譯 《大乘入楞伽經》
觀察諸有為。 生滅等相續。 增長於二見。 顛倒無所知。 一是為真諦。 無罪為涅槃。 觀察世妄想。 如幻夢芭蕉。	觀察諸有為。 生滅等相續。 增長於二見。 不能知因緣。 涅槃離於識。 唯此一法實。 觀世間虛妄。 如幻夢芭蕉。	觀察諸有為。 生滅等相續。 增長於二見。 顛倒無所知。 涅槃離心意。 唯此一法實。 觀世悉虛妄。 如幻夢芭蕉。

31-7 偈頌內容

劉宋・求那跋陀羅譯 《楞伽阿跋多羅寶經》	元魏・菩提流支譯 《入楞伽經》	唐・實叉難陀與復禮等譯 《大乘入楞伽經》
雖有貪恚癡。 而實無有人。 從愛生諸陰。 有皆如幻夢。	雖有貪瞋癡。 而無有作者。 從愛生諸陰。 有皆如幻夢。	無有貪恚癡。 亦復無有人。 從愛生諸蘊。 如夢之所見。

《六祖壇經》對「說通」與「心通」的解說

《敦博本》與《敦煌本》對校版原文	《宗寶本》原文
1 大師言：善知識！ 若欲修行，「在家」亦得，不由在「寺」 (不一定非在寺廟中修行)。 在寺不修(不好好修行)，如西方「心惡」之人。 在家若修行(好好修行)，如東方人「修善」。 但願「自家修清淨」，即是「西方」(即等 同是由自性所現的西方極樂世界般的清淨環境)。 **2** 使君(韋璩)問： 和尚！「在家」如何修？願為指授(指 導與傳授)。 **3** 大師言：善知識！ 惠能與「道俗(此處應指出家和在家)」作【無 相頌】，汝等盡誦取(讀誦與記取)，(若)依 此修行，(便能)常與惠能說「一處」無別 (經常與惠能同居「一處」討論修持佛法而沒有分別)。 頌曰：	師言：善知識！ 若欲修行，「在家」亦得，不由在「寺」 (不一定非在寺廟中修行)。 在家能行(好好修行)，如東方人「心善」。 在寺不修(不好好修行)，如西方人「心惡」。 但心清淨，即是「自性西方」(即等同是由 自性所現的西方極樂世界般的清淨環境)。 韋公(韋璩)又問： 「在家」如何修行？願為教授。 師言：吾與大眾說【無相頌】， 但依此修，(則)常「與吾同處」無別(經 常與惠能同居「一處」討論修持佛法而沒有分別)。 若不作此修，(就算)剃髮「出家」，於道 何益(於修道上又有增加什麼益處呢)？ 頌曰： 心平何勞持戒？ (若對「諸法」及「人事物」或「持戒、毀戒者」皆能保

持「心地平等」之境，則又何必勤勞嚴謹的「持戒」？）
（若能達）行直（修行直心之境，則）何用修禪？

（知）恩則「親養父母」，（知）義則「上下相憐」。
（謙）讓則「尊卑和睦」，忍（辱）則「眾惡無喧」。
若能（勤於）鑽木出火，淤泥定生紅蓮。

苦口的是良藥，逆耳必是忠言。
（知）改過必生智慧，護短（則）心內非賢。

日用常行饒益（他人），成道非由施錢（布施錢財）。
菩提（自性）只向「心」覓，何勞向「外」求玄？

聽說（聽我說偈）依此修行，西方只在目前。

師復曰：善知識！
總須依偈修行，見取「自性」，直成佛
道。

時不相待！眾人且散，吾（欲）歸曹溪。
眾若有疑，卻來相問。

時刺史、官僚、在會善男信女，各得
開悟，信受奉行。

善知識！吾有一【無相頌】，各須誦
取（讀誦與記取）。
在家、出家，但依此修。
若不自修（自己親身修行，言行合一），惟記吾
言，亦無有益。

聽吾頌曰：

4「說通」（能隨眾生根機，以巧方便爲之說法）及

「說通」（能隨眾生根機，以巧方便爲之說法）及

「心通」(即「宗通」，證悟自己本來心性，遠離一切語言文字及種種妄想)，**如日處虛空。惟傳「頓教」法，出世破「邪宗」。**	「心通」(即「宗通」，證悟自己本來心性，遠離一切語言文字及種種妄想)，**如日處虛空。惟傳「見性法」，出世破「邪宗」。**
5 **教即無「頓、漸」**，(但根機)**迷悟有遲疾。若學「頓法門」**，(此是)**愚人不可悉**(了解)**。**	**法即無「頓、漸」**，(但根機)**迷悟有遲疾。只此「見性門」，愚人不可悉**(了解)**。**

《永嘉證道歌》

「宗」亦通(《壇經》名為「心通」)，「說」亦通，「定、慧」圓明不滯空。

果濱佛學專長

一、佛典生命科學。二、佛典臨終與中陰學。

三、梵咒修持學(含《蘇婆呼童子請問經》)。四、《楞伽經》學。

五、《維摩經》學。

六、般若學(《金剛經》+《大般若經》+《文殊師利所說般若波羅蜜經)。

七、十方淨土學。八、佛典兩性哲學。九、佛典宇宙天文學。

十、中觀學(中論二十七品)。十一、唯識學(唯識三十頌+《成唯識論》)。

十二、《楞嚴經》學。十三、唯識腦科學。

十四、敦博本《六祖壇經》學。十五、佛典與科學。

十六、《法華經》學。十七、佛典人文思想。

十八、《華嚴經》科學。十九、唯識双密學(《解深密經+密嚴經》)。

二十、佛典數位教材電腦。二十一、中觀修持學(佛經的緣起論+《持世經》)。

二十二、《般舟三昧經》學。二十三、如來藏學(《如來藏經+勝鬘經》)。

二十四、《悲華經》學。二十五、佛典因果學。二十六、《往生論註》。

二十七、《無量壽經》學。二十八、《佛說觀無量壽佛經》。

二十九、《思益梵天所問經》學。三十、《涅槃經》學。

三十一、三部《華嚴經》。三十二、穢跡金剛法經論導讀。

果濱其餘著作一覽表

一、《大佛頂首楞嚴王神咒・分類整理》(國語)。**1994** 年 **10** 月 **15** 日編畢。**1996** 年 **8** 月印行。大乘精舍印經會發行。書籍編號 C-202。紙本結緣書，有 pdf 電子書。
字數：5243

二、《生死關初篇》。**1996** 年 9 月初版。1997 年 5 月再版。✸ISBN：957-98702-5-X。大乘精舍印經會發行。紙本結緣書，有 pdf 電子書。書籍編號 C-207。與 C-095。
字數：28396

《生死關全集》。**1998** 年 1 月修訂版。和裕出版社發行。✸ISBN：957-8921-51-9。字數：110877

三、《雞蛋葷素說》(同《修行先從不吃蛋做起》一書)。**1998** 年 4 月初版，2001 年 3 月再版。大乘精舍印經會發行。紙本結緣書，有 pdf 電子書。✸ISBN：957-8389-12-4。字數：9892

四、《楞嚴經聖賢錄》(上下冊)[停售]。**2007** 年 8 月及 **2012** 年 8 月。萬卷樓圖書股份有限公司發行。✸ISBN：978-957-739-601-3(上冊)。✸ISBN：978-957-739-765-2(下冊)。

《楞嚴經聖賢錄(合訂版)》。**2013** 年 12 月初版。萬卷樓圖書股份有限公司發行。✸ISBN：978-957-739-825-3。字數：262685

五、《《楞嚴經》傳譯及其真偽辯證之研究》。**2009** 年 8 月。萬卷樓圖書股份有限公司發行。✸ISBN：978-957-739-659-4。字數：352094

六、《果濱學術論文集(一)》。**2010** 年 9 月。萬卷樓圖書股份有限公司發行。✸ISBN：978-957-739-688-4。字數：136280

七、《淨土聖賢錄・五編(合訂本)》。**2011** 年 7 月。萬卷樓圖書股份有限公司發行。✸ISBN：978-957-739-714-0。字數：187172

八、《穢跡金剛法全集(增訂本)》[停售]。**2012** 年 8 月。萬卷樓圖書股份有限公司發行。✸ISBN：978-986-478-853-8。字數：139706

《穢跡金剛法全集(全彩本)》。**2023** 年 6 月。萬卷樓圖書股份有限公司發行。➔ISBN：978-957-739-766-9。字數：295504

九、《漢譯《法華經》三種譯本比對暨研究(全彩本)》。**2013** 年 9 月初版。萬卷樓圖書股份有限公司發行。✸ISBN：978-957-739-816-1。字數：525234

十、《漢傳佛典「中陰身」之研究》。**2014** 年 2 月初版。萬卷樓圖書股份有限公司發行。✸ISBN：978-957-739-851-2。字數：119078

十一、《《華嚴經》與哲學科學會通之研究》。**2014** 年 2 月初版。萬卷樓圖書股份有限公司發行。✸ISBN：978-957-739-852-9。字數：151878

十二、《《楞嚴經》大勢至菩薩「念佛圓通章」釋疑之研究》。**2014** 年 2 月初版。萬卷樓圖書股份有限公司發行。✸ISBN：978-957-739-857-4。字數：111287

十三、《唐密三大咒・梵語發音羅馬拼音課誦版》。**2015** 年 3 月。萬卷樓圖書股份有限公司發行。✸ISBN：978-957-739-925-0。〈260 x 135 mm〉規格[活頁裝] 字數：37423

十四、《袖珍型《房山石經》版梵音「楞嚴咒」暨《金剛經》課誦》。**2015** 年 4 月。萬卷樓圖書股份有限公司發行。✸ISBN：978-957-739-934-2。〈140 x 100 mm〉規

格[活頁裝] 字數：17039

十五、《袖珍型《房山石經》版梵音「千句大悲咒」暨「大隨求咒」課誦》。2015 年 4 月。萬卷樓圖書股份有限公司發行。✳ISBN：978-957 739-938-0〈140 x 100 mm〉規格[活頁裝] 字數：11635

十六、《《楞嚴經》原文暨白話語譯之研究(全彩版)》[不分售]。2016 年 6 月。萬卷樓圖書股份有限公司發行。✳ISBN：978-986-478-008-2。字數：620681

十七、《《楞嚴經》圖表暨註解之研究(全彩版)》[不分售]。2016 年 6 月。萬卷樓圖書股份有限公司發行。✳ISBN：978-986-478-009-9。字數：412988

十八、《《楞嚴經》白話語譯詳解(無經文版)-附:從《楞嚴經》中探討世界相續的科學觀》。2016 年 6 月。萬卷樓圖書股份有限公司發行。✳ISBN：978-986-478-007-5。字數：445135

十九、《《楞嚴經》五十陰魔原文暨白話語譯之研究-附:《楞嚴經》想陰十魔之研究》。2016 年 6 月。萬卷樓圖書股份有限公司發行。✳ISBN：978-986-478-010-5。字數：183377

二十、《《持世經》二種譯本比對暨研究(全彩版)》。2016 年 6 月。萬卷樓圖書股份有限公司發行。✳ISBN：978-986-478-006-8。字數：127438

二十一、《袖珍型《佛說無常經》課誦本暨「臨終開示」(全彩版)》。2017 年 8 月。萬卷樓圖書股份有限公司發行。✳ISBN：978-986-478-111-9。〈140 x 100 mm〉規格[活頁裝] 字數：16645

二十二、《漢譯《維摩詰經》四種譯本比對暨研究(全彩版)》。2018 年 1 月。萬卷樓圖書股份有限公司發行。✳ISBN：978-986-478-129-4。字數：553027

二十三、《敦博本與宗寶本《六祖壇經》比對暨研究(全彩版)》。2018 年 1 月。萬卷樓圖書股份有限公司發行。✳ISBN：978-986-478-130-0。字數：366536

二十四、《果濱學術論文集(二)》。2018 年 1 月。萬卷樓圖書股份有限公司發行。✳ISBN：978-986-478-131-7。字數：121231

二十五、《從佛典中探討超薦亡靈與魂魄之研究》。2018 年 1 月。萬卷樓圖書股份有限公司發行。✳ISBN：978-986-478-132-4。字數：161623

二十六、《欽因老和上年譜略傳》。紙本結緣書，有 pdf 電子書。2018 年 3 月。新北樹林區福慧寺發行。字數：9604

二十七、《《悲華經》兩種譯本比對暨研究(全彩版)》。2019 年 9 月。萬卷樓圖書股份有限公司發行。✳ISBN：978-986-478-310-6。字數：475493

二十八、《《悲華經》釋迦佛五百大願解析(全彩版)》。2019 年 9 月。萬卷樓圖書股份有限公司發行。✳ISBN：978-986-478-311-3。字數：83434

二十九、《往生論註》與佛經論典之研究(全彩版)》。2019 年 9 月。萬卷樓圖書股份有限公司發行。✳ISBN：978-986-478-313-7。字數：300034

三十、《思益梵天所問經》三種譯本比對暨研究(全彩版)》。2020 年 2 月。萬卷樓圖書股份有限公司發行。✳ISBN：978-986-478-344-1。字數：368097

三十一、《蘇婆呼童子請問經》三種譯本比對暨研究(全彩版)》。2020 年 8 月。萬卷樓圖書股份有限公司發行。✳ISBN：978-986-478-376-2。字數：224297

三十二、《悉曇梵字七十七字母釋義之研究(含華嚴四十二字母)全彩版》。2023 年 7 月。萬

《楞伽經》三種譯本比對暨研究(全彩版)

卷樓圖書股份有限公司發行。✳ISBN：978-986-478-866-8。字數：234593

三十三、**《毘首羯磨菩薩與雕刻佛像之研究（全彩版）》**。**2023** 年 9 月。萬卷樓圖書股份有限公司發行。✳ISBN：978-986-478-879-8。字數：86466

三十四、**《楞伽經》三種譯本比對暨研究（全彩版）》**。**2023** 年 9 月。萬卷樓圖書股份有限公司發行。✳ISBN：978-986-478-961-0。字數：764147

＊三十四本書，總字數為 7916553，即 791 萬 6553 字

國家圖書館出版品預行編目(CIP)資料

《楞伽經》三種譯本比對暨研究 ＝ Laṅkāvatāra-sūtra / 果濱編撰. -- 初版. -- 臺北市：萬卷樓圖書股份有限公司, 2023.09
　　面；　　公分
全彩版

ISBN 978-986-478-961-0(上下冊,全套二冊精裝)

1.CST: 經集部

221.751　　　　　　　　　　　　　　　　　　　　　　　112014885

ISBN　　978-986-478-961-0

《楞伽經》三種譯本比對暨研究(全彩版)-上冊

2023 年 9 月初版　上下冊全套精裝　　　二冊不分售總價：新台幣 2200 元

編　著　者：果濱
發　行　人：林慶彰
出　版　者：萬卷樓圖書股份有限公司
編輯部地址：106 臺北市羅斯福路二段 41 號 9 樓之 4
電話：02-23216565
傳真：02-23218698
E-mail：service@wanjuan.com.tw
　　　　　booksnet@ms39.hinet.net
萬卷樓網路書店：http://www.wanjuan.com.tw
發行所地址：10643 臺北市羅斯福路二段 41 號 6 樓之 3
電話：02-23216565
傳真：02-23944113
劃撥帳號：15624015
微信 ID：ziyun87619　支付宝付款
款項匯款後，煩請跟服務專員連繫，確認出貨事宜
服務專員：白麗雯，電話：02-23216565 分機 610
承印廠商：中茂分色製版印刷事業股份有限公司